Christian Haasz, Ulrich Dorn

Fotografieren

Die große Fotoschule für Einsteiger

BILDNER

Verlag: BILDNER Verlag GmbH
Bahnhofstraße 8
94032 Passau
http://www.bildner-verlag.de
info@bildner-verlag.de

ISBN: 978-3-8328-0366-7

Lektorat: Ulrich Dorn

Layout und Gestaltung: Nelli Ferderer

Autor: Christian Haasz, Ulrich Dorn

Herausgeber: Christian Bildner

Druck: CPI Clausen & Bosse GmbH Birkstr. 10, 25917 Leck

Fotos auf dem Cover:

Bild oben: ©puhhha – stock.adobe.com
Bild unten Mitte: ©luchschenF – stock.adobe.com
Bild unten rechts: ©Viktor Iden – stock.adobe.com
Bild unten links: Christian Haasz

Inhalt

KAPITEL 1

AUSRÜSTUNG

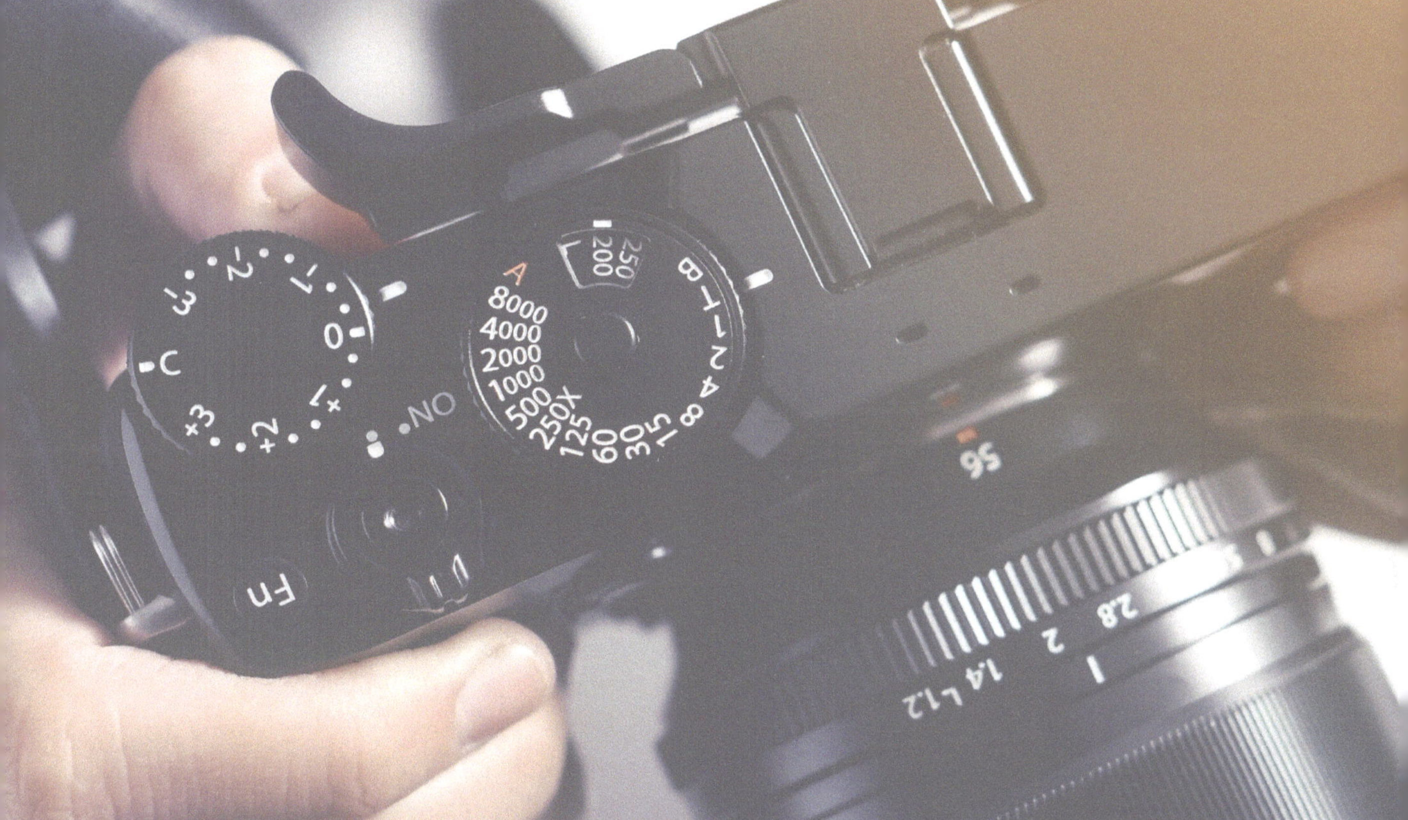

In diesem ersten Kapitel geht es um die technischen Grundlagen der Fotografie. Wie arbeitet ein Sensor, wo sind der Technik Grenzen gesetzt? Was ist Bildrauschen, und wie geht man dagegen vor? Worin unterscheiden sich die Angaben zur Auflösung? Möchten Sie lieber direkt loslegen und haben im Moment keine Lust, sich mit ein paar technischen Grundlagen zu befassen, sollten Sie sich dieses Kapitel für später aufheben, um gegebenenfalls zu erfahren, warum die eine oder andere Aufnahme nicht funktioniert hat. Denn eines ist sicher: Ohne ein wenig Hintergrundwissen werden Sie oft nicht verstehen, warum Fehler passiert sind oder warum die Bildqualität mancher Aufnahmen in Extremsituationen nicht optimal ist.

Alles eine reine Typfrage

■ Möchten Sie sich eine neue, bessere Kamera zulegen oder sogar das Kamerasystem wechseln, erfahren Sie auf den folgenden Seiten, welche Kameraklassen es gibt, welche Vor- und Nachteile sie haben und für wen welcher Kameratyp geeignet ist.

Welcher Fotografentyp bin ich?

Für jeden Typus gibt es das nahezu perfekte System. Von der kleinen mobilen Smartphone-Kamera, die man in der Jackentasche trägt, bis zum ausgewachsenen Spiegelreflexsystem ist alles nur eine Frage der Ansprüche und der finanziellen Ausstattung.

Stellen Sie sich am besten zuerst die Frage, welchem Fotografentyp Sie am ehesten entsprechen.

- Brauchen Sie die Kamera ab und zu, um besondere Augenblicke in Ihrem Leben festzuhalten?

- Legen Sie Wert auf einfache Bedienung, geringe Abmessungen, gute Bildqualität, einen günstigen Preis der Kamera oder auf die Erweiterbarkeit des Systems?

- Ist die Kamera eher Gebrauchsgegenstand oder Teil Ihres Hobbys?

- Sind Sie vielleicht für Ihre Lokalzeitung unterwegs und machen ab und zu Fotos, die veröffentlicht werden?

- Oder sind Sie enthusiastischer Amateur, der an Wettbewerben teilnimmt, seine Bilder in Ausstellungen zeigt oder sogar verkauft?

Und was noch viel wichtiger ist:

- Was tun Sie eigentlich mit Ihren Fotos?

- Sind es vor allem private Erinnerungen, von denen Sie für sich und vielleicht die Familie Abzüge bestellen?

- Oder bearbeiten Sie die Fotos am Computer weiter?

- Stellen Sie die Bilder ins Internet, stellen Sie sie in Communitys ein, tauschen Sie Erfahrungen mit anderen Fotografen aus?

Fakt ist: Je mehr man mit seinen Fotos anstellt, desto schneller ärgert man sich über schlechte Qualität. Das betrifft natürlich zum einen die gestalterische Qualität, die sich jedoch mit der Zeit und zunehmender Erfahrung steigern lässt, mehr jedoch wird Sie die mangelnde Bildqualität (Rauschen, schlechte Farbdarstellung, mangelnde Schärfe, Objektivfehler) ärgern, der sich nur mühsam oder gar nicht begegnen lässt. Sicher, in gewissem Rahmen lassen sich Aufnahmen im Postprocessing verbessern, fehlt es aber aufgrund eines schlechten Objektivs und unzureichender Auflösung grundsätzlich an Detailschärfe, kann man diese auch mit der besten Software nicht herbeizaubern.

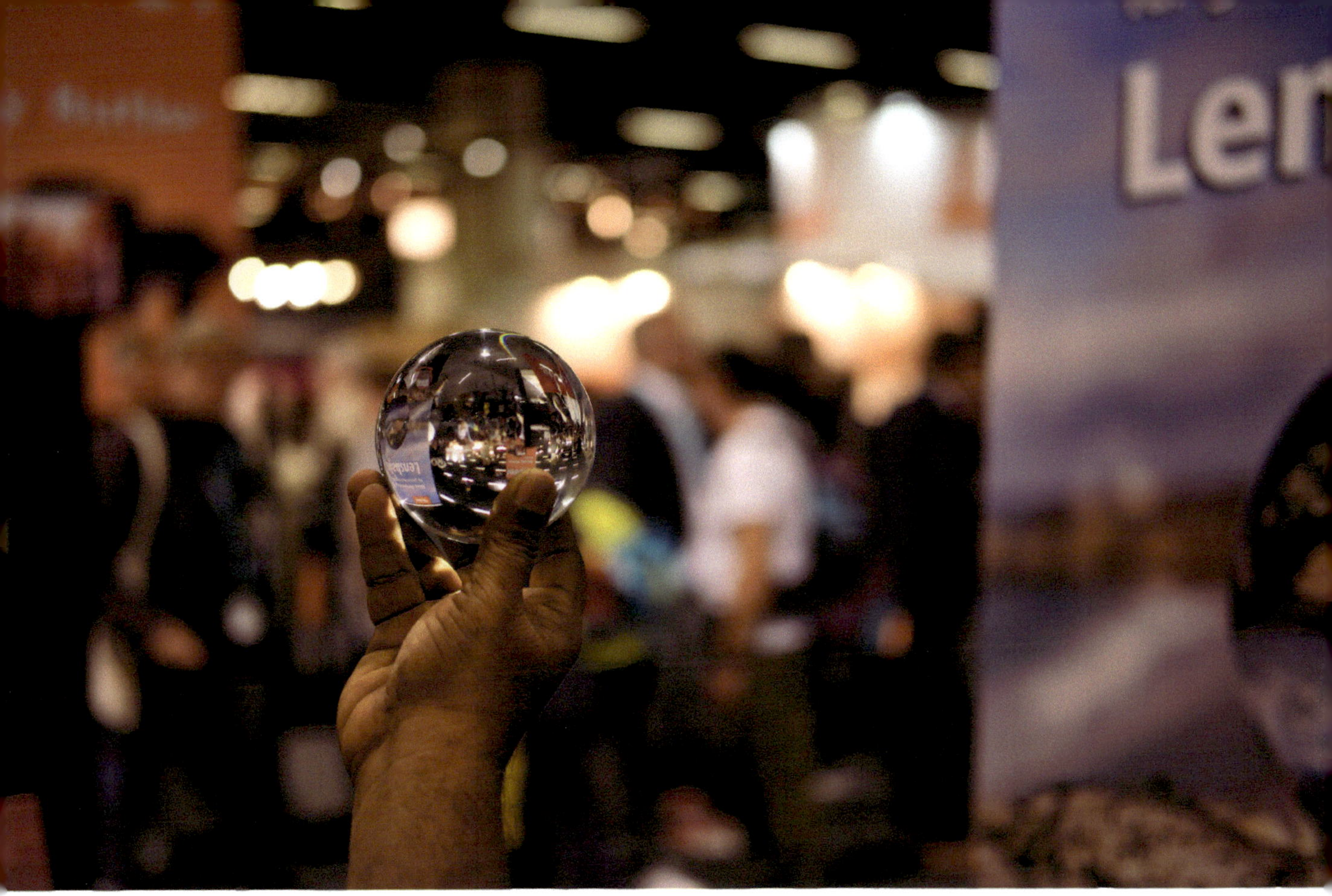

▲ *Die passende Fotoausrüstung zu finden, ist schwierig. Werfen wir also zuerst einen Blick in die Glaskugel, um festzustellen, welchem Fotografentypus wir entsprechen.*

Aktuelle Kameraklassen

Mittlerweile unterscheidet man in der digitalen Fotografie sechs Geräteklassen. Mit dabei ist jetzt auch die Smartphone-Kamera, die natürlich eine spiegellose Systemkamera oder eine Spiegelreflexkamera nicht ersetzen kann. Das soll sie auch nicht, aber aktuelle Premium-Smartphones machen Bilder von derart guter Qualität, dass man klassische Kompaktkameras nicht mehr zwingend braucht, es sei denn, Sie zoomen gern weiter entfernte Motive heran – hier stoßen Smartphones trotz immer besser werdender Optik immer noch an ihre Grenzen. Die in Smartphones verbauten Bildsensoren bewegen sich in der Regel auf dem Größenniveau herkömmlicher Kompaktkameras.

Smartphone-Kameras

Hat man ein Smartphone in der Tasche, bedeutet das „point and shoot immer und überall“. Eine gute Kamera ist eine, die man immer dabeihat. Damit hat das Smartphone bereits eine der wichtigsten Voraussetzungen erfüllt. Sie können jederzeit bequem drauflosfotografieren. Draufhalten und Auslöser drücken – bis der Speicher voll ist. Kleinere Bildfehler werden später mit entsprechenden Apps korrigiert.

Weil das Fotografieren mit dem Smartphone so viel unbeschwerter ist und Sie nicht an die Kosten denken müssen, können Sie bei Ihren Motiven so viel ausprobieren, wie Sie wollen. Mit Smartphone-Fotos sind Abzüge fürs Fotoalbum im Format 13 × 18 cm und größer kein Problem. Stellen Sie aber die bestmögliche Bildqualität ein, egal wie groß die Bilddateien werden. Schließlich gibt es Dropbox & Co., um Bilder in der Cloud zwischenzulagern.

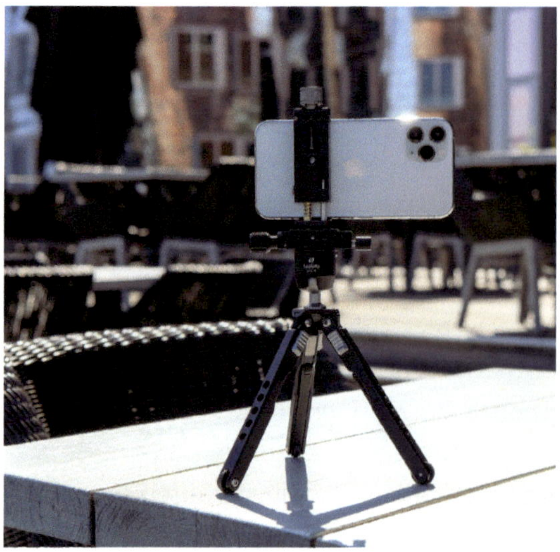

▲ *Eine gute Option für den Einstieg: Smartphone-Kamera mit einem guten Ministativ plus Kugelkopf.*

Smartphone-Kameras

- immer dabei für die Daily Action
- unverzichtbar auf Reisen und im Urlaub
- ideal für Social-Media- und eBay-Aktivitäten
- perfekt für Behind-the-Scenes-Fotos
- sehr gute Bildqualität im JPEG-Format

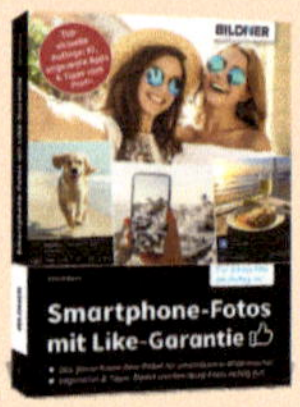

Smartphone-Fotos mit Like-Garantie

Auf dem Smartphone kann das Foto gleich mit verschiedenen Apps bearbeitet und auf Social Media präsentiert werden. Wie Sie mit Ihren Bildern begeistern, erfahren Sie in diesem Buch.

Kompaktkameras

Kompaktkameras sind klein und handlich, lassen sich schon nach kurzer Einarbeitung einfach bedienen und sind für die allermeisten Fotosituationen gerüstet. Technisches Zubehör wie Konverter zum Verlängern oder Verkürzen des Brennweitenbereichs gibt es zwar, sie sind jedoch in der Regel nicht nötig. Kompaktkameras haben ein fest eingebautes Objektiv, das meistens als Zoomobjektiv mit variabler Brennweite ausgelegt ist. Man bekommt also vom Weitwinkel für Landschaftsfotos oder Gruppenbilder bis zur Telebrennweite für Por-

Kompaktkameras

- kleine All-in-one-Kameras, die man immer dabeihat
- meist mit großem optischem Zoombereich
- ideal für vorzeigbare Urlaubsbilder
- Motivprogramme bei sehr guter Bildqualität
- für jeden eine erschwingliche Investition

träts und Motivdetails viele Variationsmöglichkeiten an die Hand, um den Bildausschnitt je nach Motiv und Intention festzulegen. Außerdem sind mit den meisten Kompakten einfache Videoaufnahmen möglich.

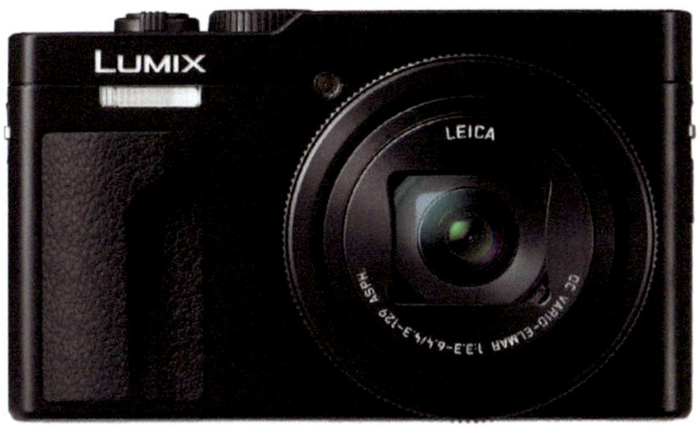

▲ *Die Panasonic LUMIX TZ99 mit 30x-Leica-Zoomobjektiv ist die ideale Reisekamera in Taschenformat. Die Bildqualität überzeugt in jeder Beziehung, und verwacklungsfreie 4K-Videos kann sie auch.*

Premium-Kompaktkameras

Die nahezu unüberschaubare Geräteklasse der Kompaktkameras wird im oberen Preissegment von den Premiumkompakten abgerundet. Zu nennen sind hier Leica D-Lux 8, Sony RX100 (in allen Versionen)und natürlich die Fujifilm X100VI. Sie überzeugen mit lichtstarken Objektiven, vielen manuellen Einstellungsmöglichkeiten und im Fall der Fujifilm X100VI mit einem Hybridsucher (optisch und elektronisch). Die in den Premiumkompakten verbauten Sensoren sind in der Regel größer als die Sensoren in einfachen Kompaktkameras, sodass die Bildqualität bereits auf extrem hohem Niveau liegt.

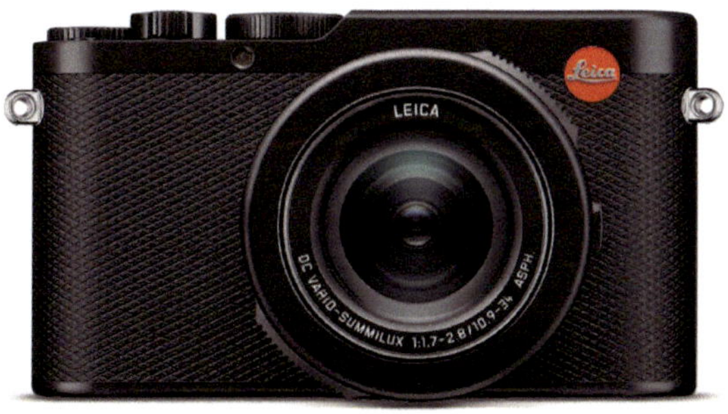

▲ *Leica D-Lux 8, das ist kompaktes Retro-Design mit modernster Technik und herausragender Bildqualität. Ideal für Reise- und Streetfotografie.*

Die Fujifilm X100VI mit großem 40,2 MP X-Trans CMOS Sensor konzentriert sich auf das Wesentliche. Weil ein Festbrennweitenobjektiv mit 35 mm Kleinbildbrennweite darauf verbaut ist, fotografiert man auf andere Art und Weise, als man es vielleicht gewohnt ist. Man konzentriert sich wieder mehr auf die Motivsituation. Kurz, alle Knöpfe und Tasten sind genau dort platziert, wo sie an einem Fotoapparat sein müssen, damit man die wichtigsten Funktionen der Kamera bedienen kann, und zwar ohne die Kamera vom Auge nehmen zu müssen. Die X100VI ist für das bewusste Fotografieren gemacht und steht für eine Rückbesinnung auf Qualität und praxisbezogene Handhabung im Kamerabau.

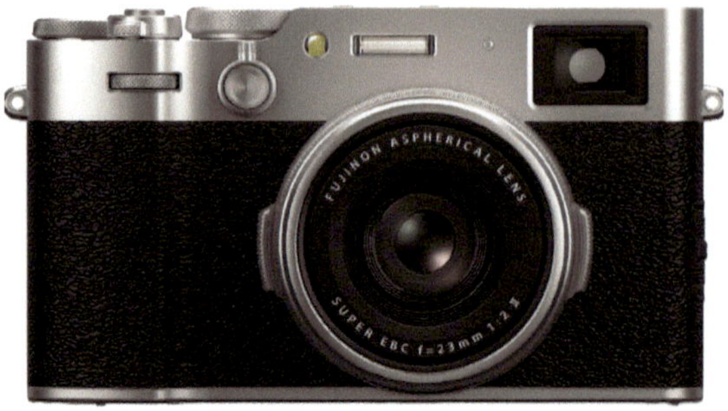

▲ *Anstatt weiterhin ein mechanisches System in der Kamera und in den Objektiven zu verwenden und die Filmebene gegen einen Sensor auszutauschen, hat Fujifilm mit der X100VI die Spezies der legendären Messsucherkameras konsequent und ohne Kompromisse in die digitale Zeit transportiert.*

Premium-Kompaktkameras

- 1-Zoll-Sensor, MFT- oder APS-C-Sensor
- herausragende Bildqualität in JPEG, RAW und HEIF
- ideal für Street, Dokumentation und Reisen
- viele manuelle Einstellungsmöglichkeiten
- regelmäßige Firmware-Updates

Warum stellen wir die X100VI hier genauer vor? Diese Kamera bringt wieder das Spannungsmoment, das man bei der Masse an digitalen Alleskönnern vermisst. Für alle, die den Drang verspüren, ihr fotografisches Handicap nach und nach zu verbessern, ist die X100V die perfekte Lehrmeisterin. Die Fotografie mit dieser Kamera funktioniert anders. Das fotografische Tun und Handeln mit einer X100V muss neu entdeckt werden. Keine Vollautomatik, keine Motivprogramme – nur das, worauf es ankommt: Blende und Belichtungszeit. Rein in die Zeitmaschine und zurück zu den Wurzeln. Die X100V verzeiht keine Fehler, liefert aber im Gegenzug Bilder von herausragender Qualität.

Bridge-Kameras

Bridge-Kameras fungieren als Lückenfüller zwischen Kompakt- und Wechselobjektivkameras. Sie haben einen elektronischen Sucher und einen Monitor zur Bildkontrolle. Allerdings ist das Objektiv wie bei Kompaktkameras fest mit dem Kameragehäuse verbunden. Bridge-Kameras punkten mit Brennweiten bis zum extremen Tele mit 200 mm, 400 mm und noch mehr. Sie liegen preislich deutlich über den Kompakten, liefern aber nicht unbedingt auch die bessere Bildqualität. Die Sensoren sind ähnlich klein wie die der Kompaktgeräte – mit all den Nachteilen –, und die extremen Brennweiten bringen ein weiteres Problem, das sich unmittelbar auf die Bildqualität auswirken kann.

Konstruktionsbedingt sind Objektive immer mit bestimmten Fehlern behaftet. Diese optischen Fehler (Verzerrungen, Unschärfe,

Farbränder auf den Bildern, dunkle Bildecken etc.) können bei der Konstruktion berücksichtigt und unterdrückt werden, am besten funktioniert das bei Objektiven mit einer einzigen festen Brennweite. Je größer der Brennweitenbereich eines Zoomobjektivs ist, desto weniger kann man gegen Objektivfehler tun. Das gilt natürlich gleichermaßen für die Wechselobjektive einer Spiegelreflexkamera.

das einer Spiegelreflexkamera. Statt eines Spiegels wird zur Fokussierung und Belichtung das Signal des Bildsensors genutzt. Im Aussehen erinnern viele Systemkameras an die Messsucherkameras vergangener Tage – Contax II, Leica M, Nikon F, Canon P oder Olympus 35 SP, um nur einige Modelle dieser legendären Kameraklasse zu nennen.

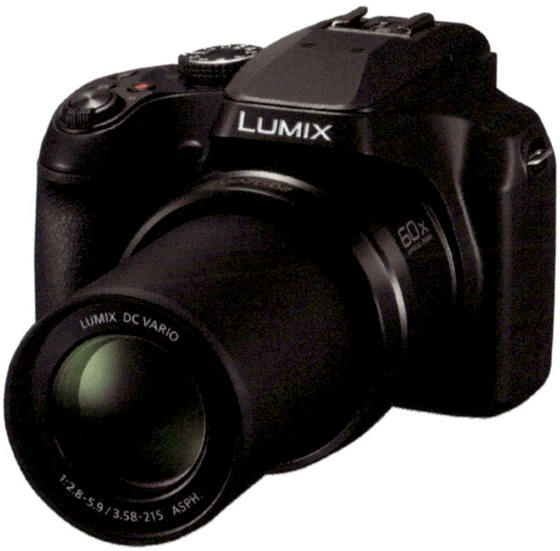

▲ *Mit dem extrem vielseitigen Superzoom von 20–1200mm bietet die LUMIX FZ82D vollste Flexibilität für Foto und Video. Der 18-Megapixel-MOS-Sensor und der Venus-Engine-Bildprozessor gewährleisten kurze Reaktionszeiten und atemberaubende Bilder.*

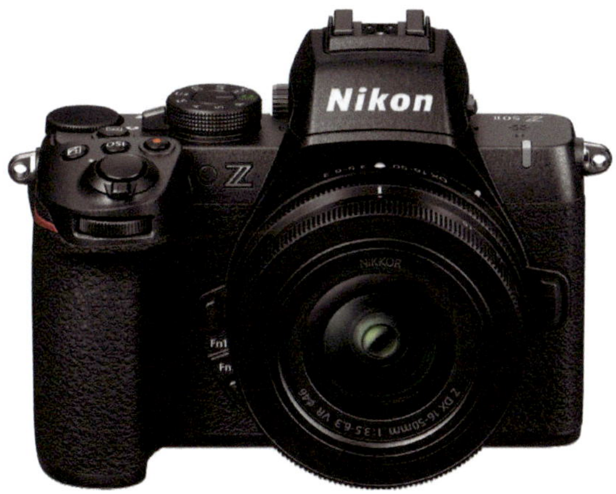

▲ *Spiegellose Systemkameras mit Wechselobjektiv sind die Gewinner im Rennen um Marktanteile. Mit einer DSLM ist man mit einer Vielzahl unterschiedlichster Brennweiten für wirklich jede Motivsituation bestens gerüstet. Hier die großartige Nikon Z50 II.*

Spiegellose Systemkameras

Die Gattung der spiegellosen Systemkameras, kurz DSLM (engl. *Digital Single Lens Mirrorless*), hat sich neben den Spiegelreflexkameras als ernst zu nehmende Alternative für Fotoenthusiasten und Profis etabliert. Durch das Weglassen des Spiegels ist das Kameragehäuse wesentlich kleiner und leichter als

In Sachen Bildqualität stehen die meisten Spiegellosen der Konkurrenz aus dem Spiegelreflexlager in nichts nach, und das Angebot an Objektiven ist mittlerweile genauso groß wie das im DSLR-Kamerasegment. Mehr und mehr Profifotografen entdecken die Spiegellosen für sich und setzen sie parallel zu ihren Spiegelreflexboliden ein. Fujifilm, Sony, Olympus und Panasonic sind die Player in dieser Geräteklasse und nutzen konsequent aus, was das Grundprinzip der spiegellosen Systemkamera zu bieten hat.

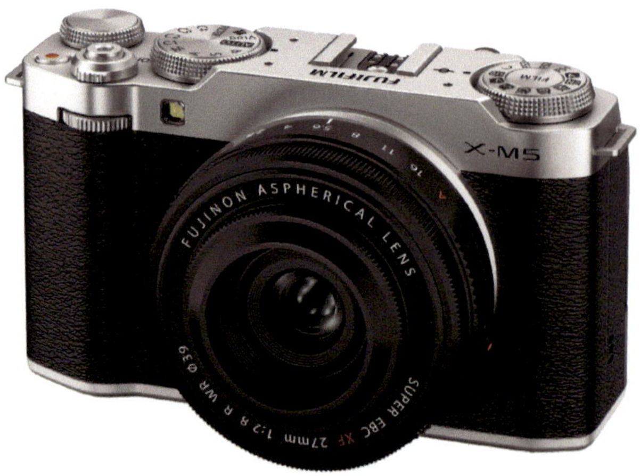

▲ *Die Fujifilm X-M5 ist für Einsteiger und Fotoenthusiasten gleichermaßen geeignet. Sie überzeugt mit einem kompakten Formfaktor, einer herausragenden Bildqualität und einfacher Bedienung. Das Bedienkonzept der Fuji ist durchdacht und das Angebot lichtstarker Festbrennweiten groß.*

Spiegellose Systemkameras

- APS-C- oder Vollformatsensor
- herausragende Bildqualität
- schneller Autofokus für Action
- erstklassige elektronische Sucher
- große Auswahl an Objektiven

Spiegelreflexkameras

Flexibilität durch Wechselobjektive war eines der Hauptargumente für die Spiegelreflexkamera, aber das hat sich mit dem Aufkommen der Spiegellosen erledigt. Dennoch ist die digitale Spiegelreflexkamera, kurz DSLR (engl. *Digital Single Lence Reflex*), für viele Fotografen das Werkzeug der Wahl. Zum einen schwören viele auf die optischen Sucher der DSLRs, zum anderen natürlich auf die große Auswahl an Objektiven.

Außerdem gibt es mehr bzw. bessere Möglichkeiten, manuell in den Belichtungsprozess einzugreifen. Zwar bieten die meisten Digital-SLRs auch einen Automatikmodus (anvisieren – auslösen – fertig), wenn man aber weiß, wie man Blende und Belichtungszeit, Weißabgleich und ISO-Empfindlichkeit sowie den (Zusatz-)Blitz für eine bessere Bildgestaltung einsetzen kann, sind DSLRs schneller und übersichtlicher zu bedienen. Außerdem liefern sie – natürlich – durch größere Sensoren und bessere Objektive eine deutlich höhere Bildqualität mit weniger Bildrauschen, mehr Schärfe und konstanteren Farben.

DSLRs sind schneller, bieten einen besseren Autofokus und mehr Bilder pro Sekunde, belichten und fokussieren zuverlässiger – einschließlich eines nachführenden Autofokus für bewegte Motive – und haben einen optischen Sucher. Das bedeutet, der Blick durch den Sucher (über den Klappspiegel, der der Kamera ihren Namen gibt) zeigt das Motiv praktisch unverändert. Vor allem die manuelle Fokussierung klappt mit einem optischen Sucher deutlich besser als mit einem elektronischen Sucher oder über einen Monitor. Die einzige Ausnahme bilden digitale Spiegelreflexkameras mit Four-Thirds-System (kleinerer Sensor, kleinere Bauweise der Kameras), die auf den optischen Sucher und das dafür notwendige Prisma oben im Gehäuse verzichten und stattdessen mit einem elektronischen Sucher ausgestattet sind.

Spiegelreflexkameras

- APS-C- oder Vollformatsensor
- herausragende Bildqualität
- schneller Autofokus für Action
- optischer Sucher mit 100 %
- große Auswahl an Objektiven

Kameratest beim Fotofachhändler

Ist die Bedienung einer Kamera zu kompliziert, erzeugt das Fotografieren über kurz oder lang Frust. Benötigt die Kamera z. B. mehrere Sekunden, bis sie für eine Aufnahme bereit ist, sind die Möglichkeiten für spontane Schnappschüsse zu sehr eingeschränkt. Je nach Motiv wirken sich die technischen und optischen Einschränkungen mehr oder weniger stark auf das Fotografieren aus. Tun Sie sich deshalb einen Gefallen und probieren Sie vor dem Kauf beim Fotofachhändler Ihres Vertrauens gründlich mehrere Kameras aus. Entscheiden Sie erst nach ein paar Versuchen, welche Kamera Ihnen liegt und mit welchem Modell Sie am besten umgehen können.

Praktisch ist, dass alle neuen Kameramodelle sogar als Videokameras eingesetzt werden können – früher noch eine Domäne der Kompakten. Je nach Hersteller ist der Verwacklungsschutz in die Objektive oder in die Kamera integriert. Letzteres ist von Vorteil, weil dann auch ältere Objektive vom Verwacklungsschutz profitieren, der in der Regel ca. zwei bis drei Blendenstufen bringt. Man kann also auch bei wenig Licht noch zuverlässig aus der Hand fotografieren.

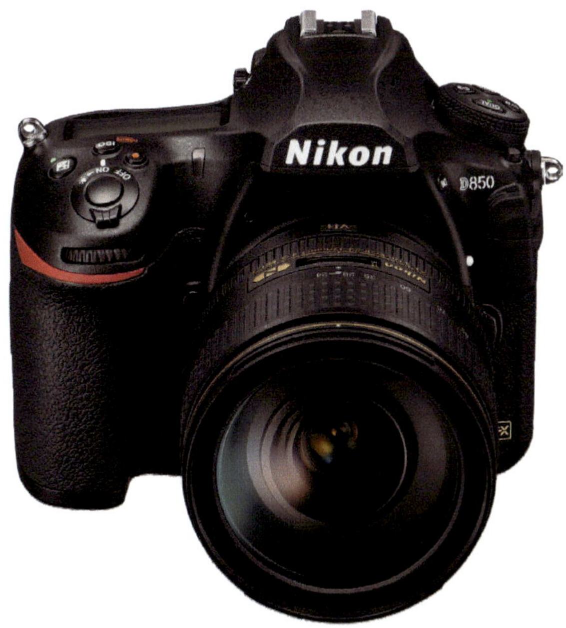

▲ *Die Nikon D850, eine APS-C-DSLR mit 45,4 Megapixeln Auflösung, ist immer noch das Werkzeug vieler Fotoenthusiasten.*

Brennweite und Cropfaktor

Wenn Sie von der analogen Fotografie kommen, sollten Sie eine kleine Umstellung einkalkulieren, sofern Sie sich nicht für eine Kamera mit Vollformatsensor entschieden haben, der dem 35-mm-Kleinbildnegativ entspricht. Bei den allermeisten anderen digitalen Kameras ist die Sensorfläche kleiner als die Sensorfläche einer Vollformatkamera. Mit der Auswirkung, das sich bei gleicher Brennweite der Bildausschnitt, den Sie im Sucher einer APS-C- oder MFT-Kamera im Vergleich zum Vollformat sehen.

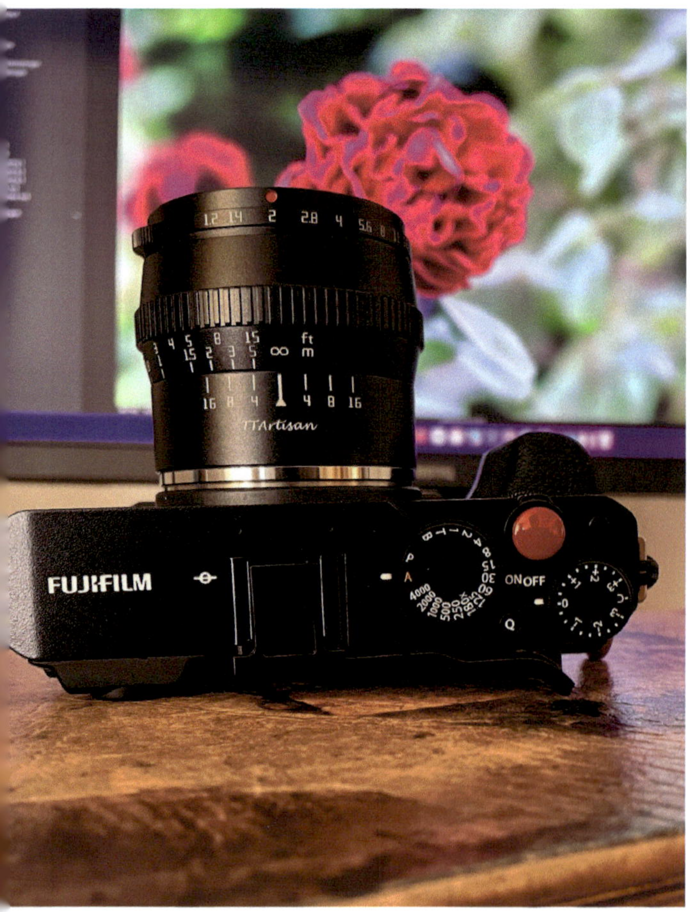

Kleinbildäquivalente Brennweite

Die Kamerahersteller geben deshalb einen **Cropfaktor** an, der ausdrückt, wie sich der Bildausschnitt einer bestimmten Brennweite im Vergleich zum analogen Kleinbildformat verändert. Hierbei taucht auch der Begriff **kleinbildäquivalente Brennweite** auf, die nichts anderes ist als der Cropfaktor – das Ergebnis aus der tatsächlichen Brennweite und dem Cropfaktor, bezogen auf das Kleinbildformat von 24 × 36 mm.

- Canon-Kameras mit APS-C-Sensor haben den Formatfaktor 1,6.
- Fujifilm- und Nikon-Kameras mit APS-C-Sensor haben den Formatfaktor 1,5.
- Olympus- und Panasonic-Kameras mit MFT-Sensor haben den Cropfaktor 2.

Der Vergrößerungsfaktor zur Abbildung eines weit entfernten Motivs bleibt natürlich gleich, lediglich der Bildausschnitt wird kleiner. Im Grunde genommen verlieren Sie also durch die Verwendung eines Objektivs an einer digitalen Spiegelreflexkamera sogar einiges an Bildinformation am Rand – was übrigens bei Objektiven, die mit Abschattungen und Unschärfe im Randbereich zu kämpfen haben, kein großer Nachteil sein muss, da der Sensor die schlecht abgebildeten Ränder gar nicht erst erfasst.

◀ *Bei diesem manuellen 50-mm-Objektiv an einer APS-C-Kamera kommt der Cropfaktor ins Spiel. Der Vergrößerungsfaktor bleibt gleich, der Bildausschnitt wird kleiner.*

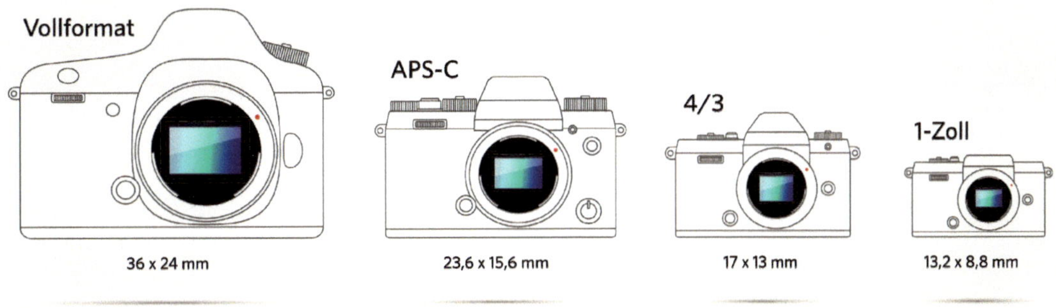

▲ *Sensorvergleich: Vollformat-, APS-C-, Micro-Four-Thirds- und 1-Zoll-Sensor.*

Cropfaktor: Umrechnungsbeispiele

- Fotografieren Sie mit einer Canon mit APS-C-Sensor und einer 23-mm-Festbrennweite, entspricht das bei einem Formatfaktor von 1,6 einer Brennweite von 36,8 mm an einer Kleinbildkamera.
- Fotografieren Sie mit einer Fujifilm oder einer Nikon mit APS-C-Sensor und einer 23-mm-Festbrennweite, entspricht das bei einem Formatfaktor von 1,5 einer Brennweite von 34,5 mm an einer Kleinbildkamera.
- Fotografieren Sie mit einer Olympus oder einer Panasonic mit Four-Thirds-Sensor und einer 23-mm-Festbrennweite, entspricht das bei einem Formatfaktor von 2 einer Brennweite von 46 mm an einer Kleinbildkamera.

Welches Objektiv?

Das **Objektiv** ist das Auge jeder Kamera. Einfach gesagt, bündelt ein Objektiv das vorn einfallende Licht auf einer Fläche hinter der Linse. Objektive erstellen Abbildungen der Licht emittierenden Umgebung vor der Linse. Die allermeisten Objektive für Fotokameras sind Konstruktionen aus (Glas-)Linsen, eine Sonderform sind Spiegelobjektive, in denen auch Spiegel verbaut werden. Nichts wird in der Fotografie so sehr unterschätzt wie der Einfluss des Objektivs auf die letztendliche Bildqualität. Wenn Sie mit der Schärfe, den Farben oder den Kontrasten Ihrer Fotos unzufrieden sind, liegt das in den allermeisten Fällen am Objektiv. Lesen Sie im Folgenden, warum das so ist.

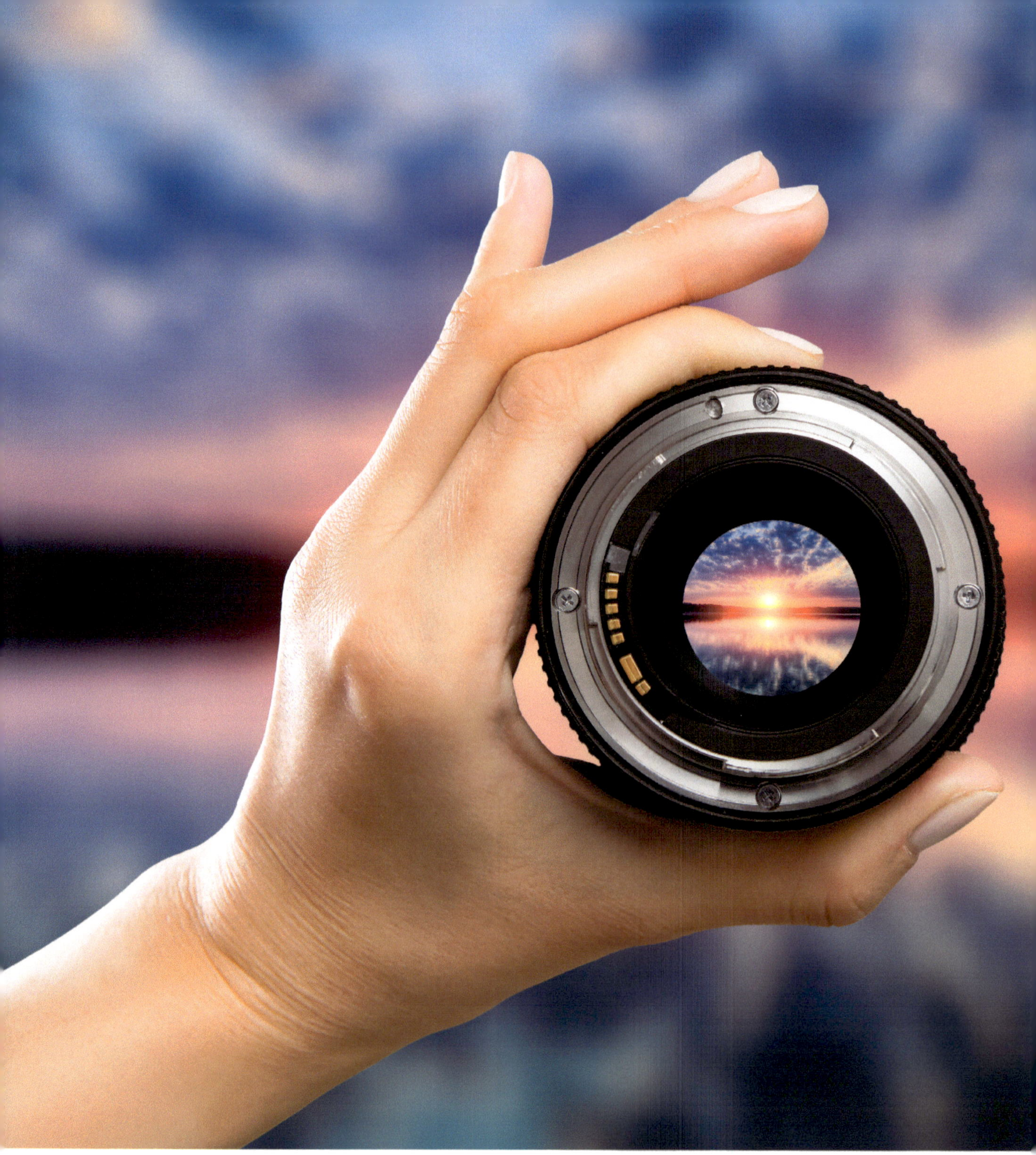

▲ *Das Objektiv ist das Auge der Kamera. Es bündelt das von vorn einfallende Licht auf der Sensorfläche in der Kamera.*

Fast jede Kamera mit Wechselobjektiv (DSLM und DSLR) wird zusammen mit einem Standardzoom verkauft, auch als Kitobjektiv bezeichnet. Darunter versteht man ein Objektiv, das den Bereich zwischen einem milden Weitwinkel und einem mittleren Tele abdeckt. Im Kleinbildformat entspricht das einem Brennweitenbereich zwischen etwa 24 und 120 mm. Lesen Sie jetzt, was Sie über die wichtigsten Objektivtypen wissen müssen.

Brennweite und Lichtstärke

Zwei wichtige technische Merkmale charakterisieren ein Objektiv für die digitale Fotografie: die Brennweite und die Lichtstärke. Die Brennweite beschreibt den Abstand zwischen dem Mittelpunkt der Linse und dem Sensor. Das durch das Objektiv auf den Sensor fallende Bild ist abhängig von der Brennweite. Mit einer langen Brennweite bilden Sie einen relativ kleinen Motivausschnitt groß ab. Mit einer kurzen Brennweite bilden Sie einen großen Motivausschnitt relativ klein ab.

- **Standardobjektiv** = mittlere Brennweite und mittlerer Blickwinkel
- **Teleobjektiv** = lange Brennweite und kleiner Blickwinkel
- **Weitwinkelobjektiv** = kurze Brennweite und großer Blickwinkel

Brennweite

Die Brennweite eines Objektivs wird in Millimetern gemessen. Je größer die Millimeterangabe ist, umso näher erscheint ein anvisiertes Motiv auf dem späteren Foto.

Universelle Standardzooms

Wer keine Lust auf ständige Objektivwechsel hat, ist mit einem Standardzoomobjektiv bestens bedient. Für jede digitale Spiegelreflexkamera gibt es für praktisch jeden Brennweitenbereich – von Weitwinkel über Standard bis Tele – ein passendes Objektiv. Ein Nachteil, der Zoomobjektiven häufig nachgesagt wird, ist ihre im Vergleich zu Festbrennweiten schlechtere Abbildungsqualität.

Während Festbrennweiten wenig mit kissen- oder tonnenförmigen Verzeichnungen, abfallender Helligkeit in den Bildecken und schlechter werdender Schärfeleistung zu den Bildrändern hin zu kämpfen haben, fallen diese technisch unvermeidlichen Objektivfehler bei Zoomobjektiven tatsächlich deutlicher ins Gewicht. Das gilt natürlich ebenso für die Zoomobjektive an Kompaktkameras.

Für Schnappschüsse im Urlaub, auf Partys oder generell in der Freizeit ist ein Zoomobjektiv immer die beste Wahl, weil man die Brennweiten durch Drehen des Objektivs schnell wechseln kann. Kommt es jedoch auf perfekte Bildqualität an, sollte es eher eine Festbrennweite sein.

Aufgenommen mit 85 mm Brennweite.

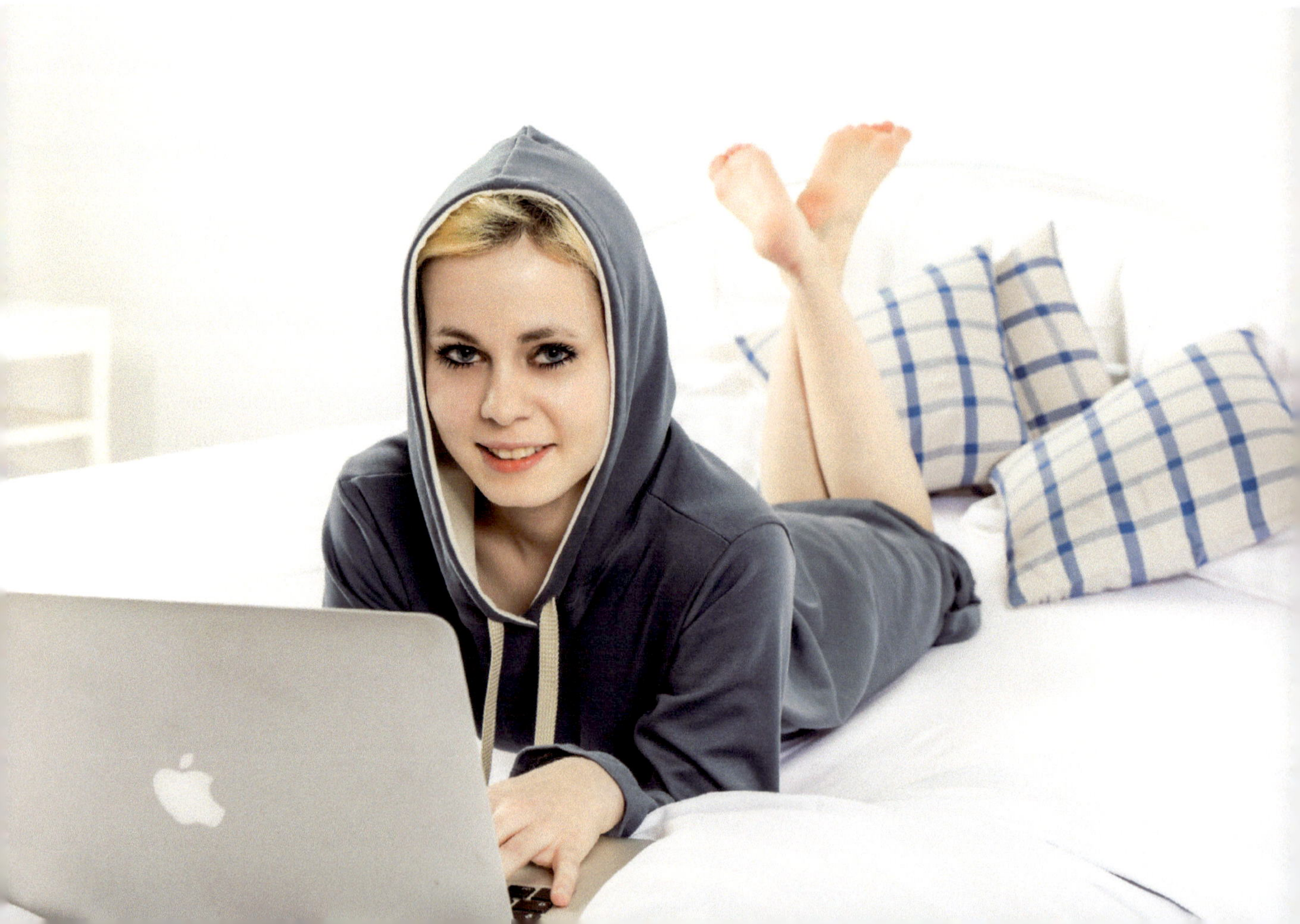

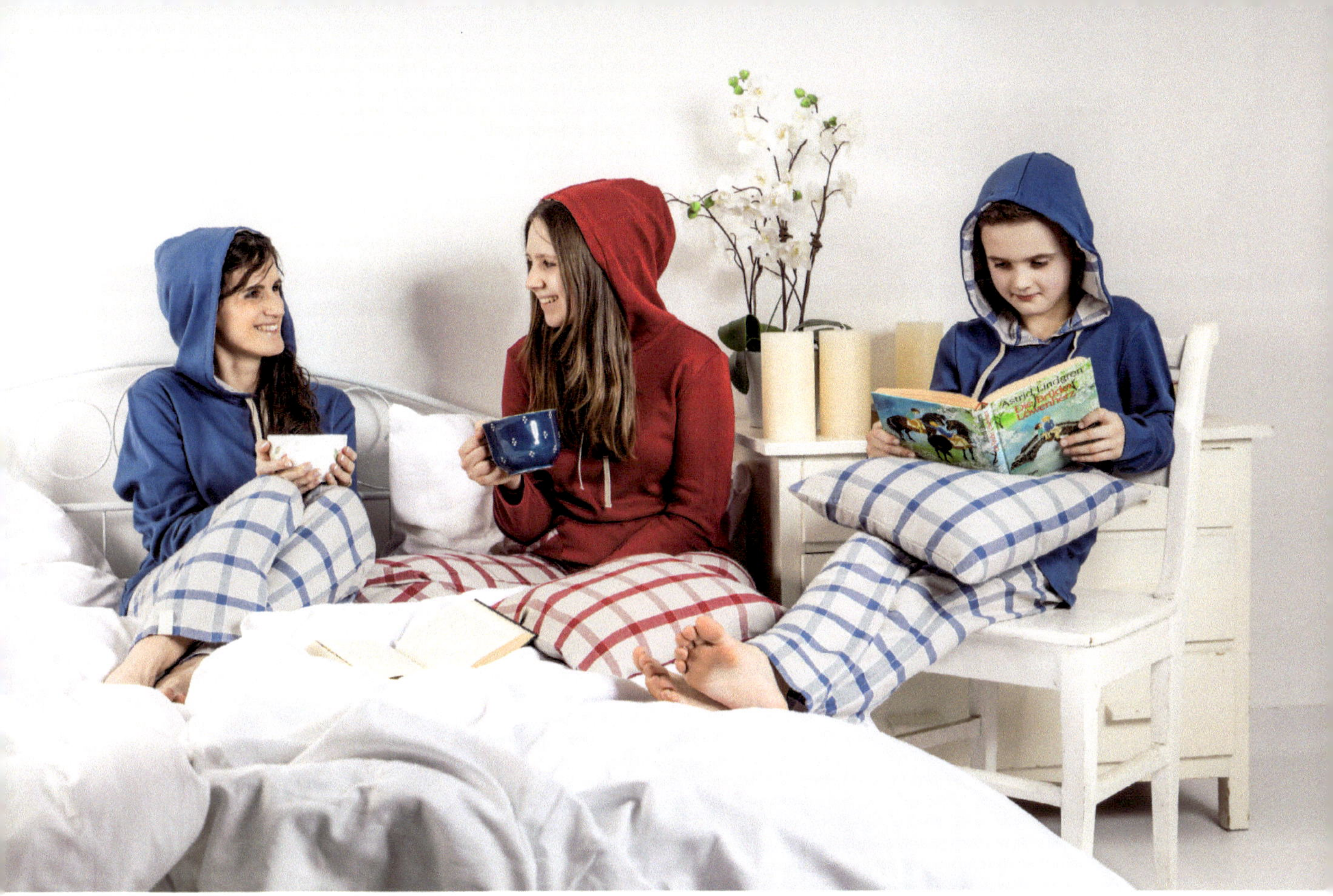

▲ *Wenn man mit der Kamera unterwegs ist, sind Zoomobjektive mit Brennweiten von 200 mm und mehr natürlich von Vorteil. Man kann, ohne den Standort zu wechseln, unterschiedliche Bildausschnitte wählen.* Aufgenommen mit 40 mm Brennweite.

Lichtstarke Festbrennweiten

Nicht nur früher, auch heute kann man die 50-mm-Festbrennweite als das Standardobjektiv an Spiegelreflex- und Systemkameras bezeichnen. Die Abbildungsqualität solcher Objektive ist nach wie vor hervorragend, der Bildwinkel entspricht ungefähr der menschlichen Wahrnehmung. Eine Vielzahl lichtstarker Festbrennweiten gibt es für jede Kameragattung.

Da Festbrennweiten in der Regel eine wesentlich bessere Bildqualität liefern als Zooms, weil keine dem Brennweitenbereich geschuldeten Kompromisse in der Konstruktion eingegangen werden müssen, sollten Sie sich für spezielle Aufgaben durchaus einmal bei den entsprechenden Objektiven umsehen.

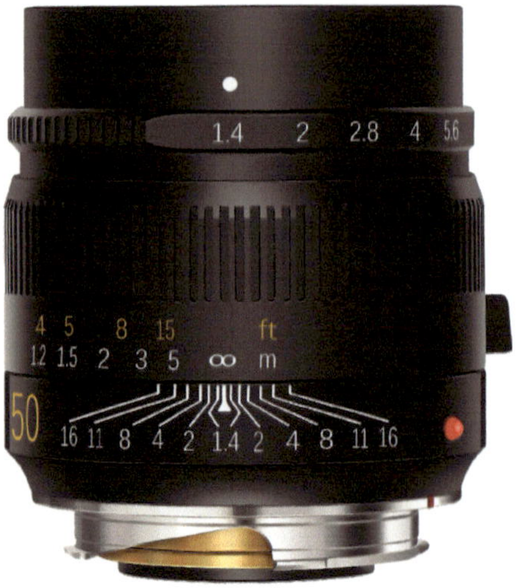

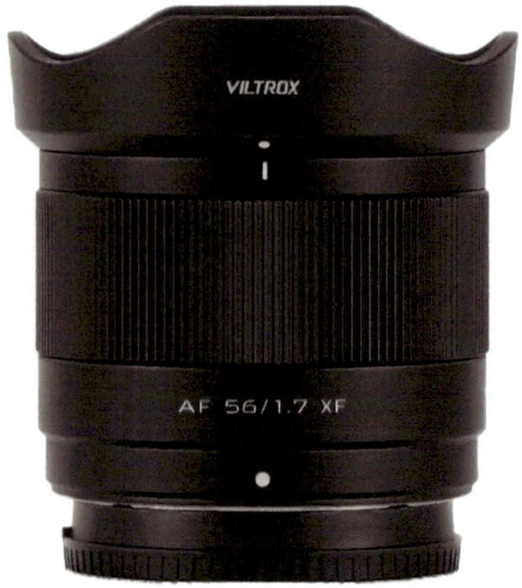

▲ ***Links*** *das TTArtisan 50 mm f1.2. Perfekt für alle, die auf den AF pfeifen und in die manuelle Fokussierung einsteigen möchten.* ***Rechts*** *das Viltrox AF 56 mm f1.7 für ambitionierte Porträt- Reise- und Streetfotografie.*

▼ *Und das kommt dabei heraus: ein erstes Testbild mit dem TTArtisan 50 mm an einer Fujifilm X-E4.*

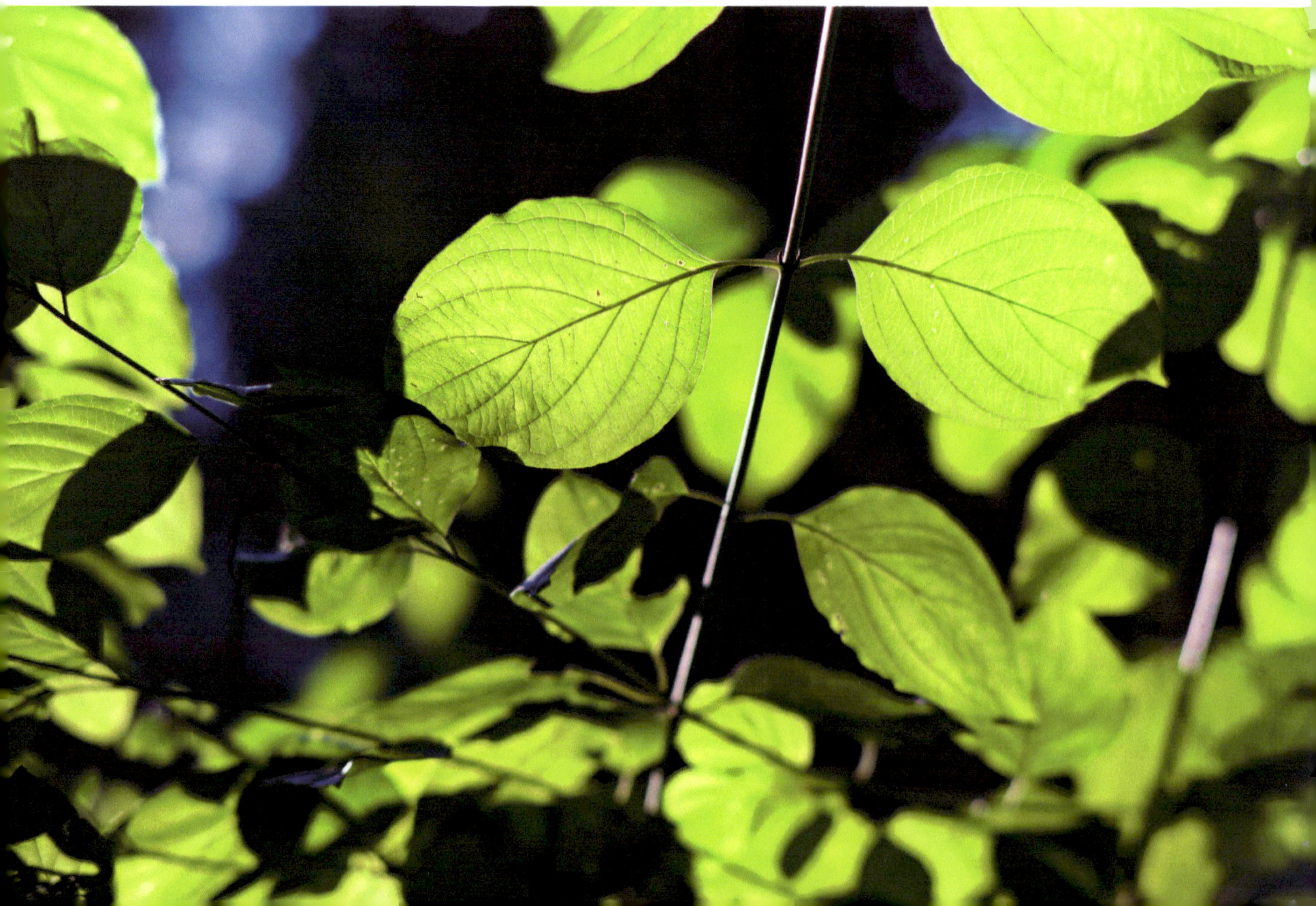

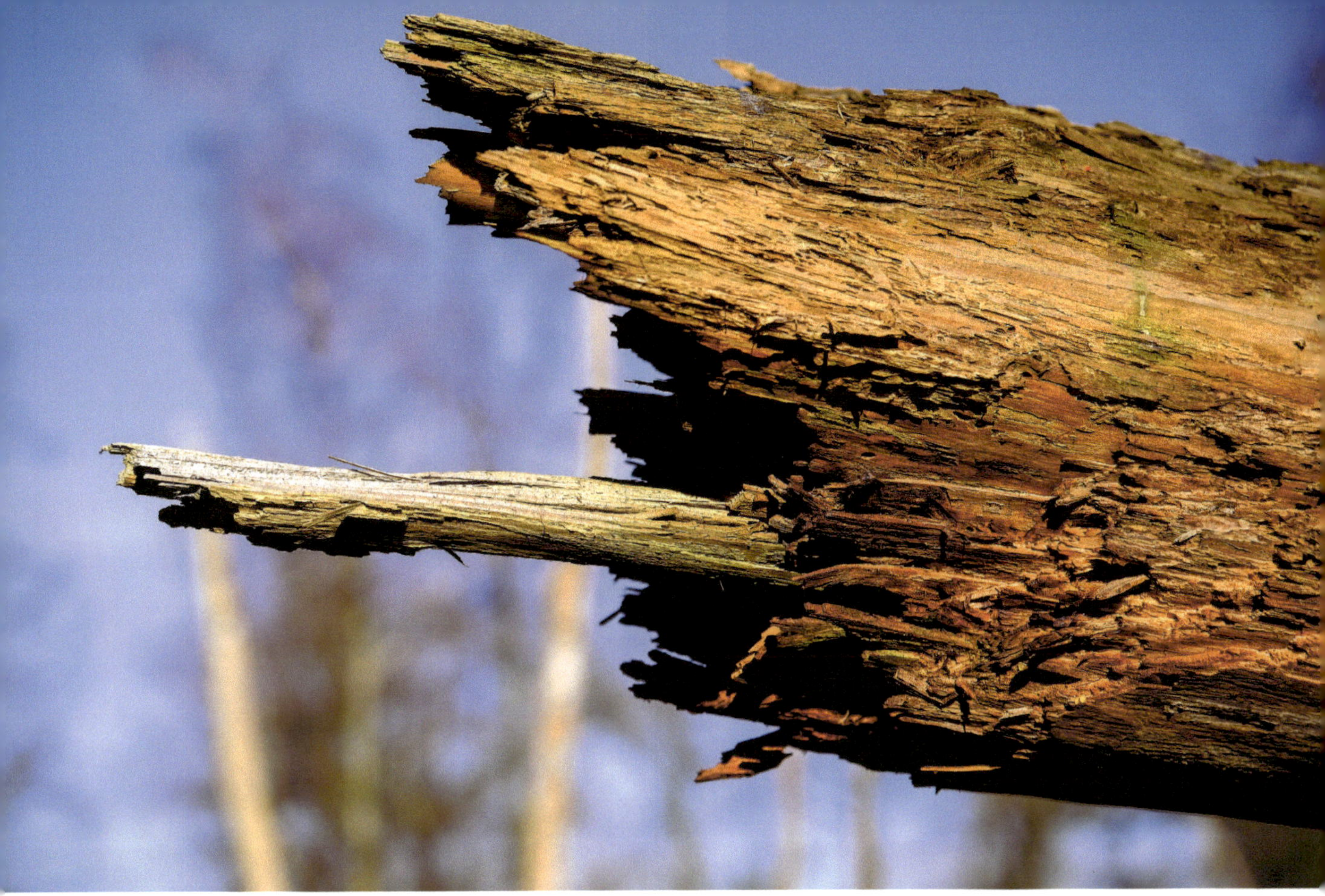

▲ *Testbild mit dem Viltrox AF 56 mm f1.7. Die Schärfe sitzt und das Bokeh ist angenehm weich.*

Für lichtstarke Festbrennweiten muss man in der Regel etwas tiefer in die Tasche greifen. Mittlerweile gibt es aber eine Vielzahl von preiswerten und sehr guten AF-Objektiven von Drittherstellern wie Viltrox, TTArtisan oder Sigma, die für jedes Bajonettsystem angeboten werden.

Haben sie eine Kamera mit nur einem Kit-Zoom-Objektiv (z.B. 15-45mm), ist eine Festbrennweite um 50mm die ideale Ergänzung. Damit hat man für den Anfang ein ideales Objektiv-Setup für Porträt-, Reise- und Straßenfotografie.

Auf einer kleinen Kamera wie der Fujifilm X-M5 sitzt das Viltrox 56mm f/1.7 wie maßgeschneidert. Die Blende reicht von f/1.7 bis f/16, der Autofokus ist treffsicher und die Schärfe in der Bildmitte überzeugt. Auch das Abblenden funktioniert einwandfrei, ohne Schleier oder Kontrastverlust. Chromatische Aberration oder Verzeichnung sind praktisch nicht vorhanden, abgesehen von einer leichten Vignettierung bei offener Blende. Das Bokeh ist überaus ansprechend, was will man mehr.

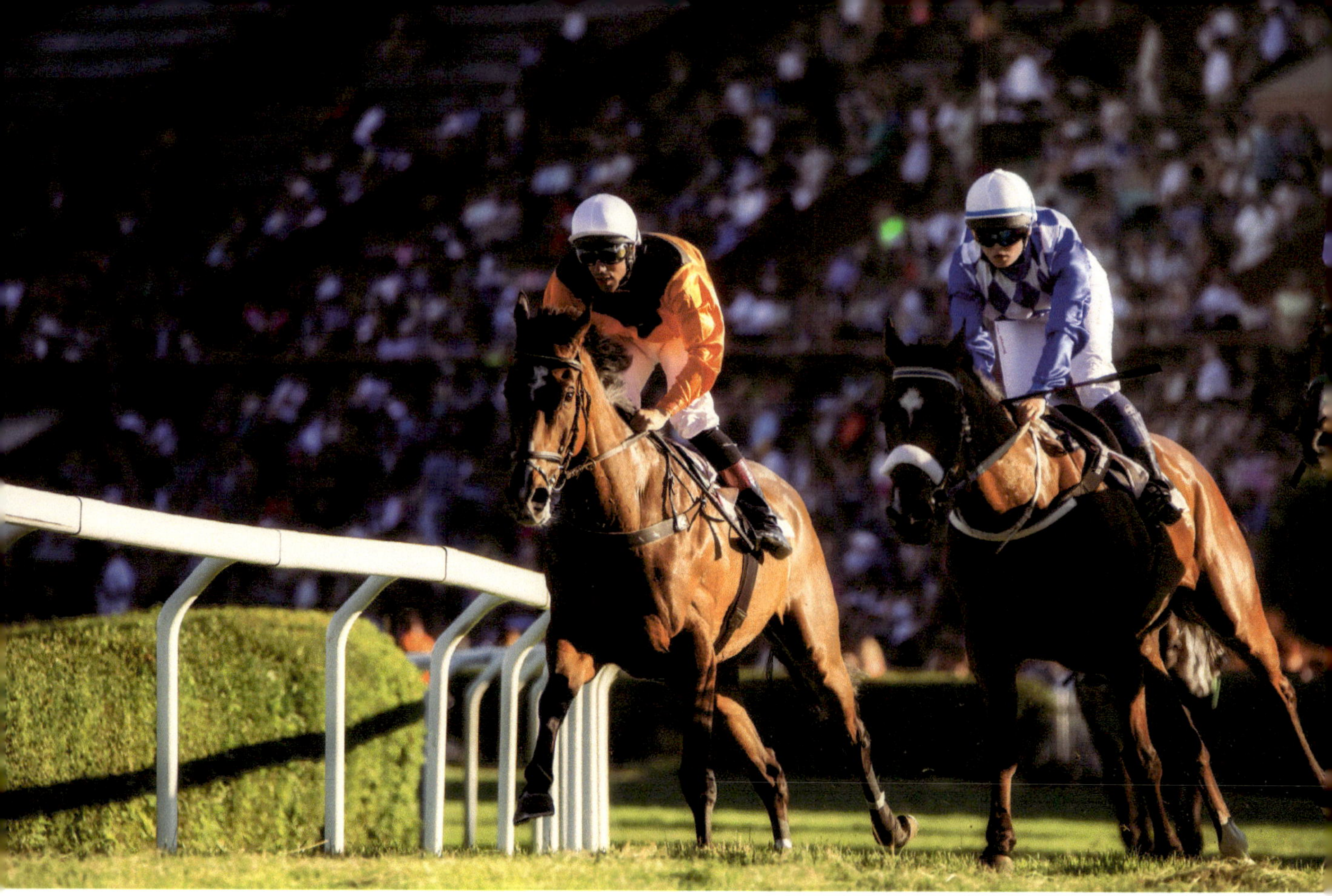

▲ *Professionelle Sportfotografie ist die Domäne der Superteleobjektive.*

Extreme Superteleobjektive

Superteleobjektive sind nur etwas für Fotografen, die mit einer Spiegelreflexkamera arbeiten und genügend Geld haben, um sich ein solches Objektivmonstrum zu leisten. Diese Megaoptiken sieht man auf jeder größeren Sportveranstaltung, sie gehören zur Standardausrüstung eines Profifotografen. Unter Superteleobjektiven versteht man Objektive mit langer Festbrennweite und sehr großer Lichtstärke sowie Superzooms mit variabler Brennweite. Man findet Superteleobjektive eigentlich nur bei den Fotografen (Naturfotografie, Sportreportage) im Einsatz, die die Kosten absetzen können. Wer aber gerade ein paar Tausend Euro übrig hat und sich so ein Extremobjektiv zulegen möchte, findet ab und zu etwas günstigere Varianten älterer Baureihen. Allerdings sollte man sich nicht der Illusion hingeben, dass derartige Objektive hohen Wertverlusten unterliegen würden. Die Preise auch für ältere Modelle bleiben sehr lange auf extrem hohem Niveau.

Detailreiche Makroobjektive

Freunde von Insekten, Blüten und anderen kleinen Motiven greifen, wenn sie mit einer Spiegelreflexkamera arbeiten, gern zu speziellen Makroobjektiven. Diese Optiken gibt es entweder vom jeweiligen Kamerahersteller oder aber von Fremdherstellern wie Sigma und Tamron. Man sollte einige Faktoren in die Kaufentscheidung einfließen lassen:

- Fotografiert man Kleinlebewesen, die sehr schreckhaft reagieren und schnell flüchten, benötigt man eine lange Brennweite, und das Objektiv muss möglichst leise arbeiten.

- Sind Sie eher auf die Pflanzenwelt spezialisiert, spielt das Arbeitsgeräusch keine Rolle.

- Darüber hinaus sollte man sich fragen, welchen Abbildungsmaßstab man erreichen möchte. Wenn die Motive lebensgroß erfasst werden sollen, muss das Objektiv einen Abbildungsmaßstab von 1:1 schaffen. Eine 10 mm große Ameise wird dann exakt mit 10 mm auf dem Sensor abgebildet.

Vor und hinter der Schärfentiefe

Bei jedem Foto wird entweder automatisch oder manuell auf einen bestimmten Punkt bzw., exakter gesagt, auf eine parallel zum Sensor verlaufende Ebene fokussiert. Alles, was auf der scharf eingestellten Ebene liegt, wird scharf abgebildet. Alles, was sich davor oder dahinter befindet, verschwimmt je nach Distanz zur Fokusebene mehr oder weniger in Unschärfe.

Da die menschliche Wahrnehmung ein Objekt aber erst ab einer bestimmten Unschärfe tatsächlich als unscharf wahrnimmt, ergibt sich bei der Berechnung der **Schärfentiefe** eine Strecke, die vor der fokussierten Ebene beginnt und dahinter endet. Diese Strecke, die auf dem Foto als scharf wahrgenommen wird, ist direkt beeinflussbar und von mehreren Faktoren abhängig.

Daumenregel

Die Schärfentiefe erstreckt sich ungefähr zu einem Drittel vor und zu zwei Dritteln hinter der fokussierten Ebene. Wäre die Schärfentiefe also 12 cm, würden 4 cm vor der fokussierten Ebene und 8 cm dahinter scharf abgebildet.

Optisch bedingte Abbildungsfehler

Jedes fotografische Objektiv leidet an Abbildungsfehlern (Aberrationen), die nichts mit Fertigungstoleranzen oder -fehlern zu tun haben, sondern rein optisch bedingt sind. Diese Fehler, die beim Durchtritt des Lichts durch das Linsensystem ganz zwangsläufig entstehen, weil unter anderem unterschiedliche Wellenlängen verschieden gebrochen werden, lassen sich durch geschickte Kombinationen aus Material, Linsenform und Konstruktion auf ein Minimum reduzieren.

Die Abbildungsfehler zeigen sich darin, dass Farbsäume auf den Fotos sichtbar werden (chromatische Aberration), keine optimale Schärfe erreicht oder das Motiv verzerrt dargestellt wird (monochromatische Aberration,

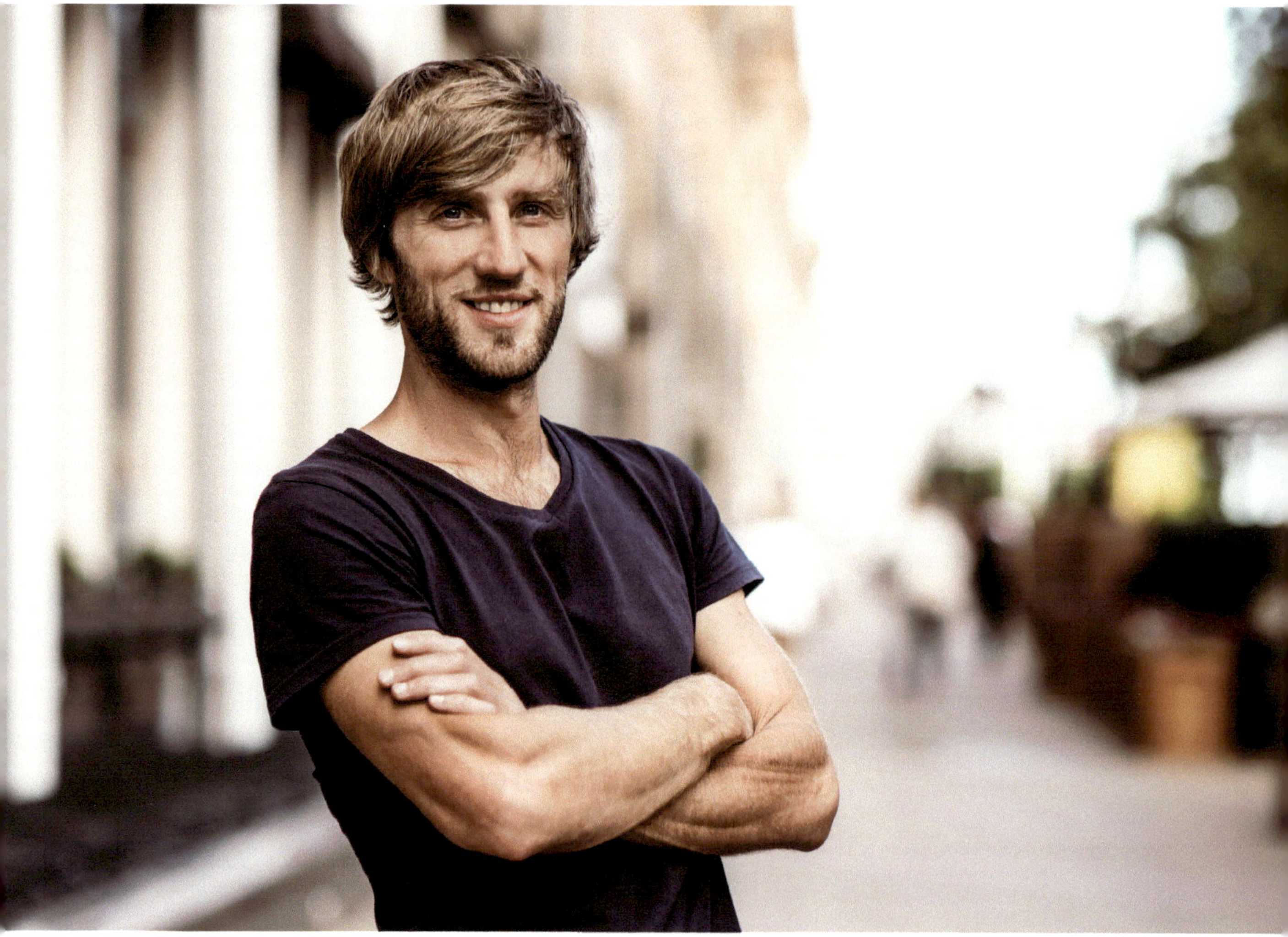

▲ *Um Personen oder andere Motive vom Hintergrund zu lösen, kann man mit offener Blende und langer Brennweite fotografieren. Dadurch wird die Schärfentiefe stark reduziert.*

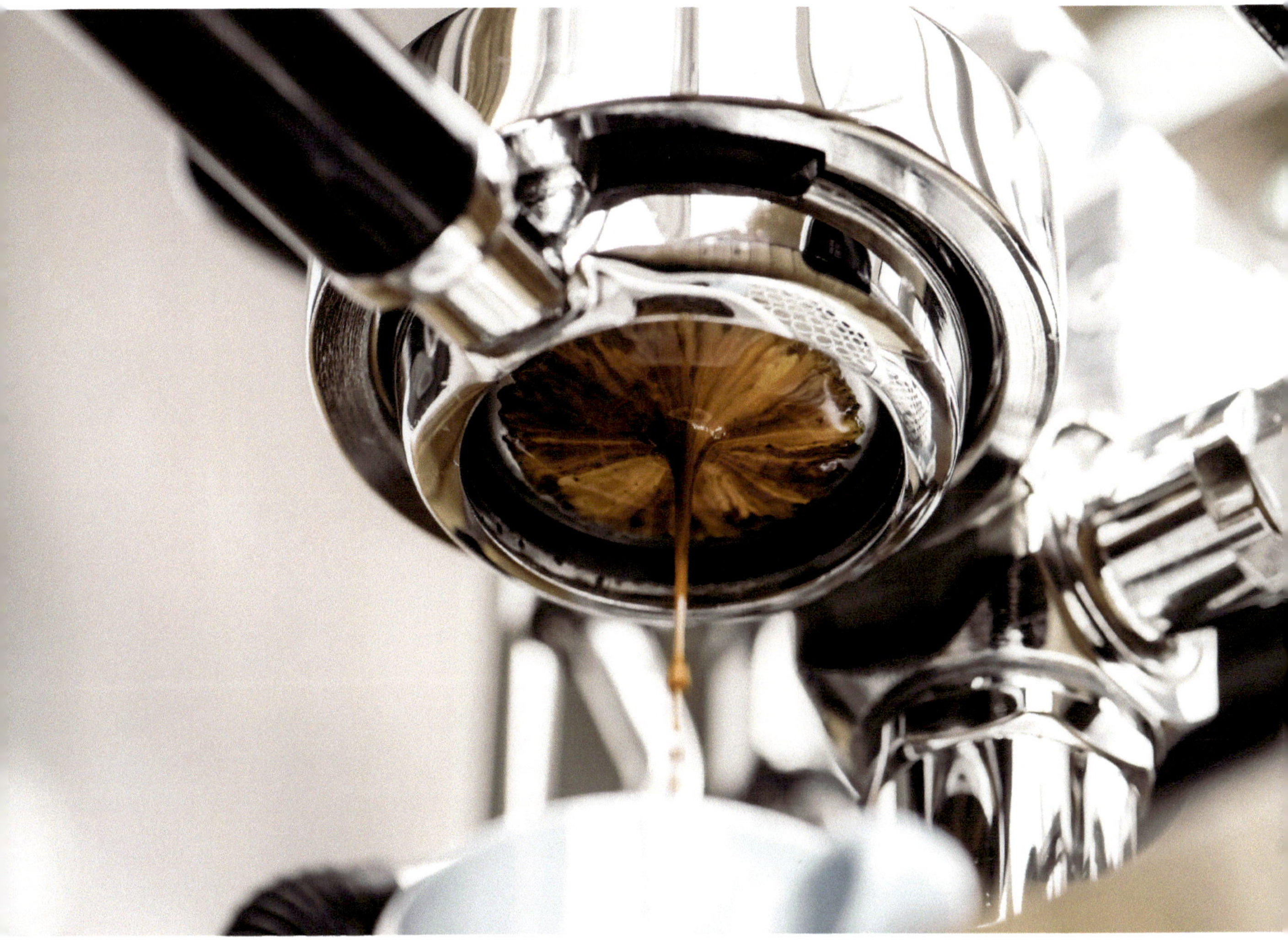

▲ *In der Produktfotografie kommt es normalerweise auf maximale Schärfentiefe an, hier wurde sie jedoch auf die Extraktion des Espressos begrenzt.*

Schärfe- und Lagefehler). Außerdem ist bei vielen Objektiven eine mehr oder weniger starke Randabschattung in den Ecken (Vignettierung) einzukalkulieren. Chromatische Aberration, mangelnde Schärfe und Vignettierung lassen sich mit modernen Bildbearbeitungsprogrammen am Computer fast komplett korrigieren.

Schärfentiefe und Tiefenschärfe

Die Schärfentiefe ist etwas anderes als die Tiefenschärfe. Während die Schärfentiefe exakt mess- und berechenbar ist, ist die Tiefenschärfe eine Bezeichnung für die Qualität des Bereichs vor und hinter dem Schärfebereich. Eine hohe Tiefenschärfe bedeutet, dass der Hintergrund des Motivs vergleichsweise scharf ist – wobei er eben nicht wirklich scharf, sondern nur nicht völlig unscharf ist –, eine geringe Tiefenschärfe bedeutet, dass der Hintergrund sehr stark verschwimmt.

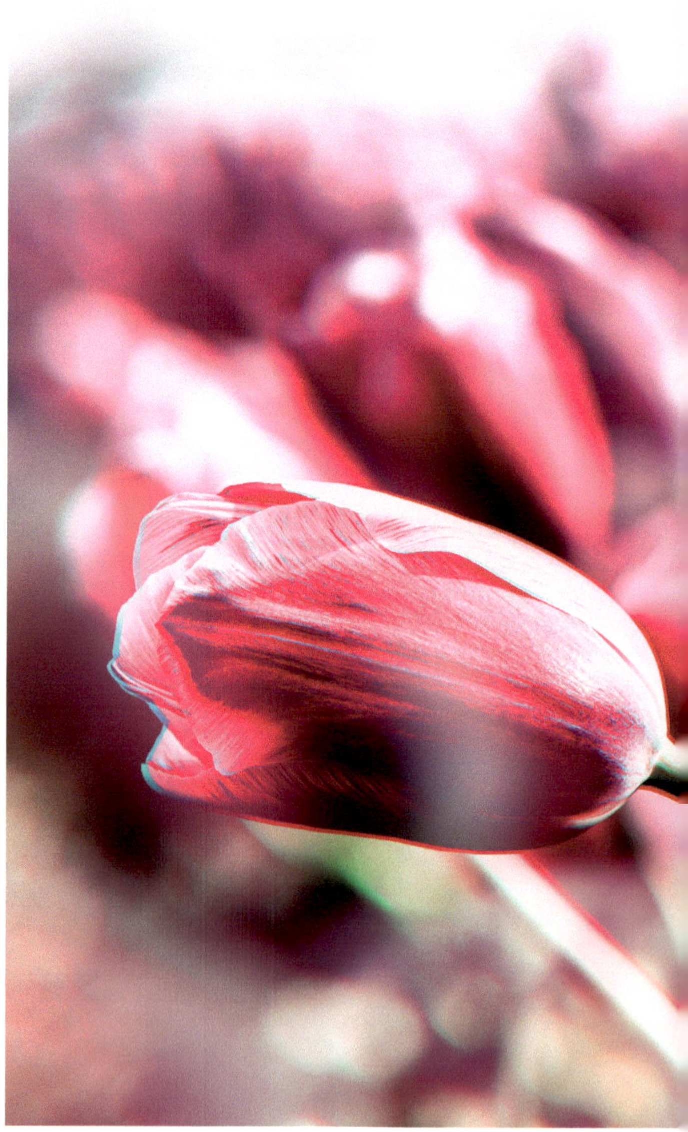

▶ *Der Objektivfehler der chromatischen Aberration zeigt sich in Farbverschiebungen an kontrastreichen Kanten, wie bei diesen pinkfarbenen Tulpen. Die Aberration ist vor allem an den Bildrändern ein Problem, lässt sich aber per Software recht gut korrigieren.*

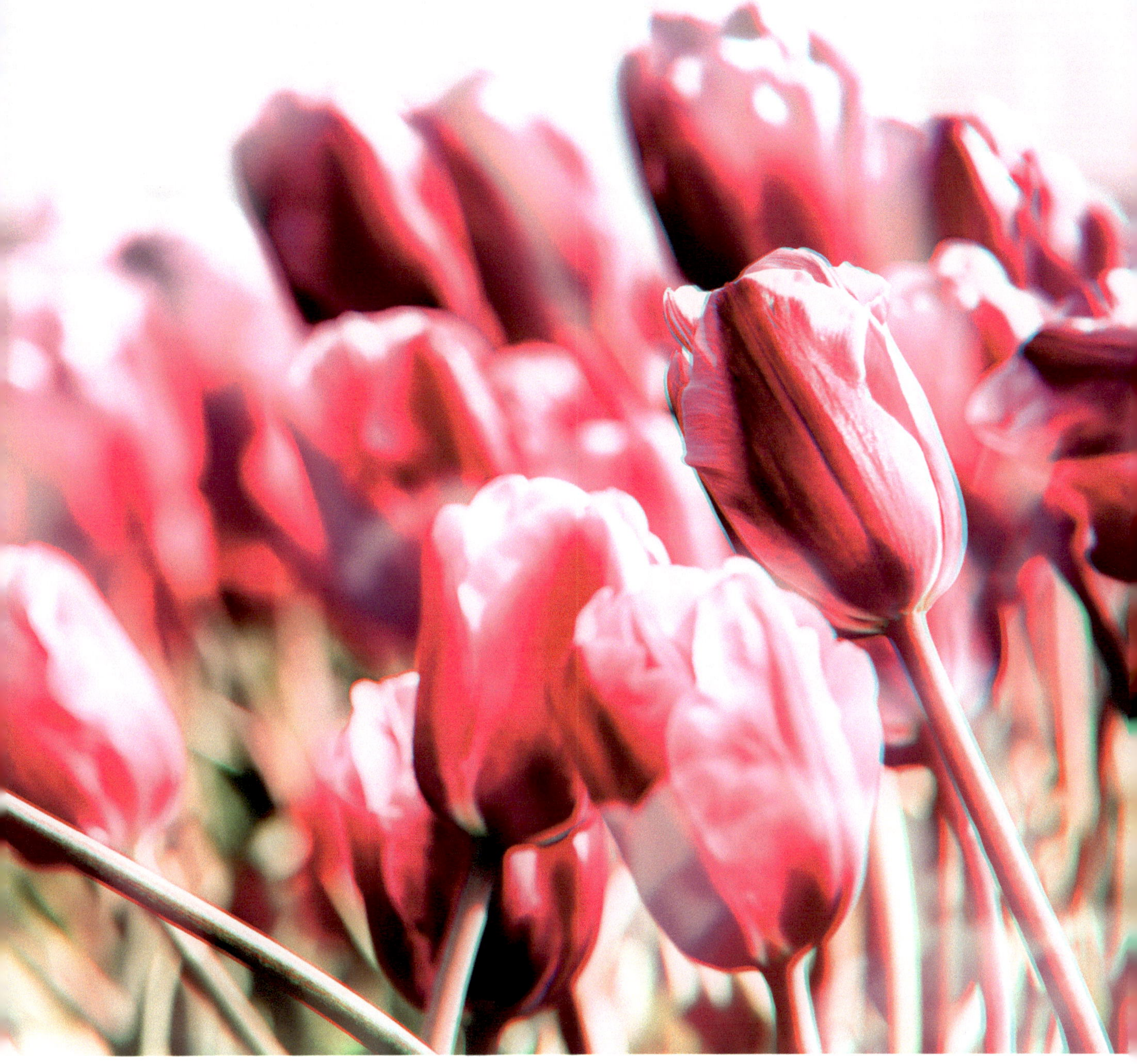

Was steckt hinter dem Bokeh?

Schönes **Bokeh**, nicht so schönes Bokeh – dabei geht es vor allem um den persönlichen Geschmack des Fotografen. Aber was bedeutet Bokeh eigentlich? Bokeh kommt aus dem Japanischen und heißt „unscharf, verschwommen". Das Wort bezeichnet die Darstellung von Bildelementen, die nicht in der Schärfeebene liegen (Vorder- und Hintergrund) und damit unscharf sind. Ist die Unschärfedarstellung bei offener Blende also subjektiv schön oder nicht? Je nach Objektivkonstruktion und Blendenöffnung ist das Bokeh mal eckiger, mal runder, mal härter, mal weicher. Mal sind die unscharfen Kreisflächen fast farblos, manchmal schimmern sie farbig.

Wie auch immer unscharfe Bereiche außerhalb des Fokus aussehen – das Bokeh ist keine feste, messbare Größe, sondern wird subjektiv wahrgenommen. Allerdings kann man beim Bokeh sehr einfacher Optiken durchaus einen deutlichen Unterschied im Vergleich zum Bokeh hochpreisiger Porträtobjektiven sehen. Fotografieren Sie viel im Porträtbereich mit offener Blende und unscharfen Hintergründen, lohnt es sich auf jeden Fall, auf das Bokeh Ihres Objektivs zu achten. Ein kleiner Test im Laden bringt schnell Klarheit. Fotografieren Sie einfach den Verkäufer mit maximal geöffneter Blende (z. B. f/1.4) vor einem möglichst weit entfernten Hintergrund – am besten mit Lampen oder anderen Spitzlichtern – und sehen Sie sich den unscharfen Hintergrund auf dem Display an.

▼ *Das Bokeh definiert sich über die Darstellung der Unschärfe besonders von Lichtpunkten vor und hinter der Fokusebene. Fotografieren Sie mit einem guten Objektiv, werden die Unschärfeformen sanft auslaufen. Bei weniger guten Linsen sind unscharfe Objekte eher kantig.*

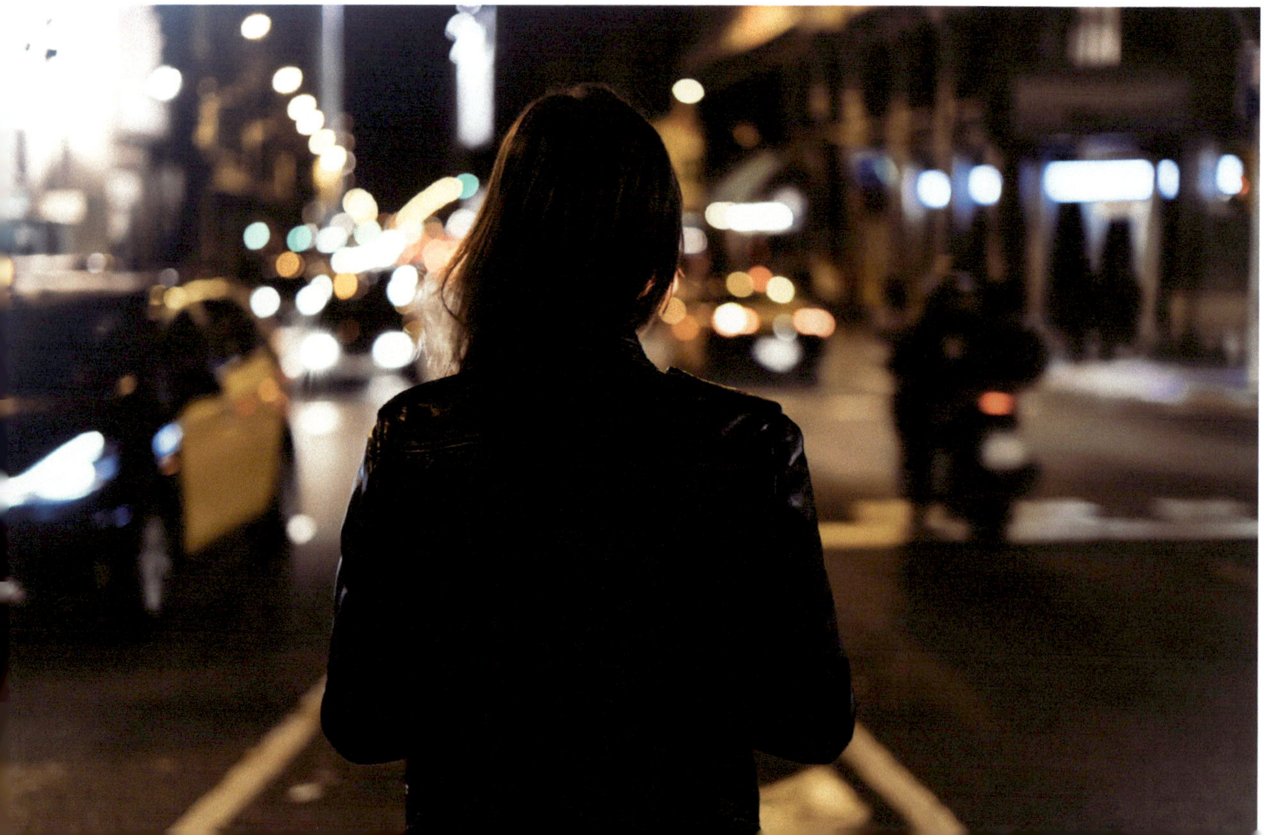

Ausrüstung erweitern

Jeder Kamerahersteller bietet für seine Kameras eine ganze Palette an Zubehör an. Hinzu kommt eine schier unüberschaubare Auswahl an Zusatzausstattung von Fremdherstellern. Ob die zusätzliche Ausrüstung sinnvoll oder sogar nötig ist, weiß man leider oft erst, wenn man vor einer überraschenden Motivsituation steht. Am leichtesten dürfte noch die Entscheidung für eine oder mehrere Speicherkarten fallen.

Schnelle Speicherkarten

Die neuen Kameras bekommen immer schnellere Prozessoren, die mit hohen Bildverarbeitungsgeschwindigkeiten und Datenraten punkten. Für die normale Fotografie genügen marktübliche **SD-Speicherkarten**. Wenn Sie aber schnelle Bildfolgezeiten abfordern oder gleich in den Genuss der 4K-Funktionen kommen möchten, benötigen Sie sehr schnelle Speicherkarten im **SDXC-Standard** mit hohen Kapazitäten ab 32 GByte. Gehen Sie also keine Kompromisse ein und legen Sie sich ein paar schnelle Speicherkarten von einem namhaften Hersteller zu, um alle Funktionen Ihrer Kamera kompromisslos nutzen zu können.

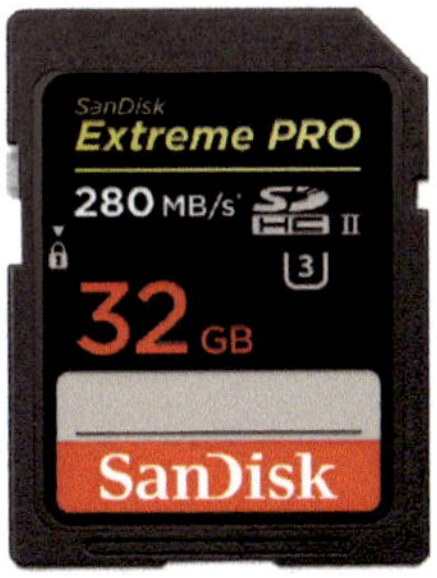

Die Speicherkarte SanDisk 32 GB Extreme PRO SD UHS II.

Speed-Ratings

Die sogenannten Speed-Ratings zeigen die maximale Datenübertragungsrate beim Lesen und Schreiben von Bildern auf eine Speicherkarte. Sie werden in Megabyte pro Sekunde (MByte/s) ausgedrückt. Die Speed-Class gibt Aufschluss über die minimale kontinuierliche Datenübertragung beim Schreiben von Videodateien auf eine Speicherkarte. Die Speed-Class-Nummer zeigt die Übertragungsrate in Megabyte pro Sekunde an.

Formatieren in der Kamera

Wenn Sie eine neue Speicherkarte verwenden oder eine bereits benutzte Speicherkarte komplett löschen möchten, sollten Sie das Speichermedium vor dem ersten Einsatz unbedingt in der Kamera formatieren – vor allem dann, wenn die Speicherkarte aus einer anderen Kamera kommt oder zuvor auf einem Computer formatiert wurde. So beugen Sie Schreib-/Leseproblemen und Datenverlust vor.

No-Name-Karten?

Kaufen Sie nicht irgendwelche No-Name-Karten, die unvermittelt den Dienst quittieren oder nur noch einen Teil der ursprünglichen Kapazität zur Verfügung stellen. Hersteller namhafter Produkte geben hohe Garantien auf die Hardware und führen sogar spezielle Karten für extreme Einsatz- und Temperaturbereiche in ihrem Sortiment.

USB-Kartenlesegerät

Eine echte Erleichterung beim Übertragen von Bildern auf den Computer bieten **USB-Kartenlesegeräte.** Diese kleinen Boxen werden per USB-Kabel mit dem Computer verbunden. Viele Computer sind zwar heute bereits mit fest eingebauten Kartenlesern ausgestattet, aber meistens sind die Kartenlesegeräte gleich für eine ganze Reihe verschiedener Speicherkartentypen ausgelegt. Der große Vorteil des Kartenlesers ist es, dass Sie Ihre Kamera nicht an den Computer anschließen müssen und so den Akku in der Kamera schonen. Außerdem lässt sich ein externes USB-Kartenlesegerät an jeden beliebigen Computer anschließen.

Stative für jeden Einsatzbereich

Ein stabiles **Stativ** ist für Landschafts-, Nah- und Makroaufnahmen unverzichtbar. Aber auch bei Stillleben oder Porträts fördert ein Stativ das bewusste Fotografieren, weil man sein Motiv in Ruhe ansehen kann, ohne die Kamera in der Hand halten zu müssen. Die Stabilität und das Gewicht des Stativs hängen vom Gewicht Ihrer Kamera ab. Je nach Kameramodell und Objektiv muss es nicht gleich ein mehrere Hundert Euro teures Hightechstativ sein, auch einfachere Modelle können ausreichen, wenn sie für das maximale Gewicht der Ausrüstung ausgelegt sind. Die meisten vernünftigen Stative sind aus Aluminium.

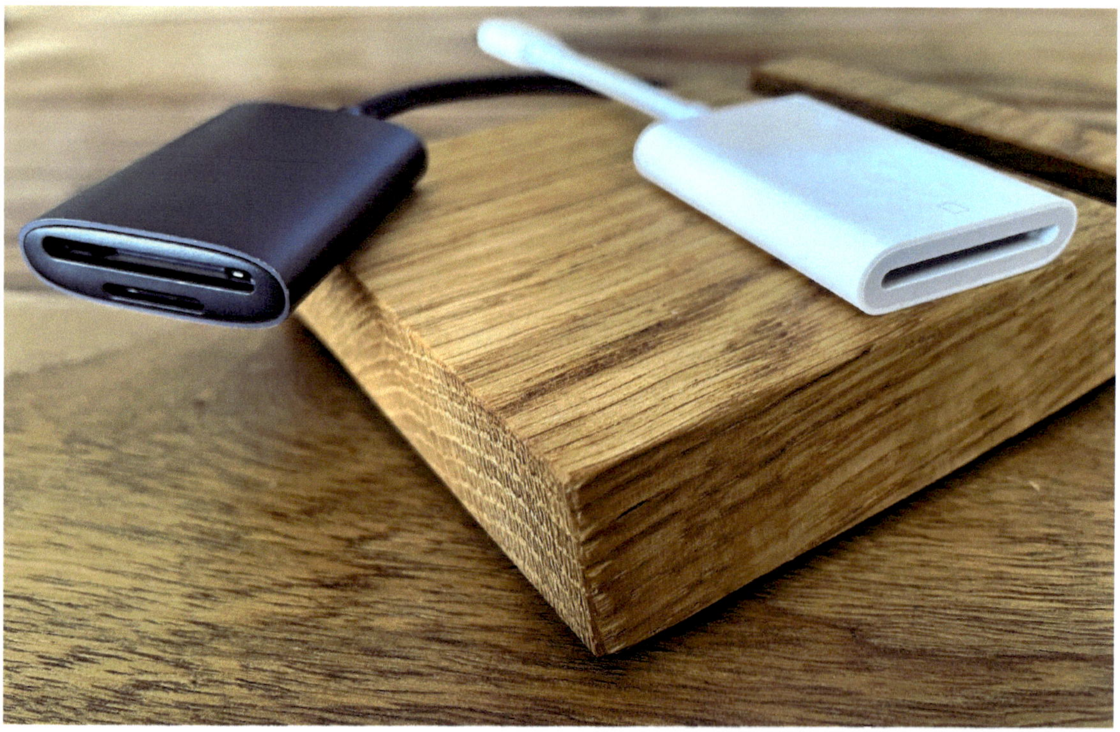

▲ *USB-Kartenlesegeräte von Ugreen (links) und Apple (rechts).*

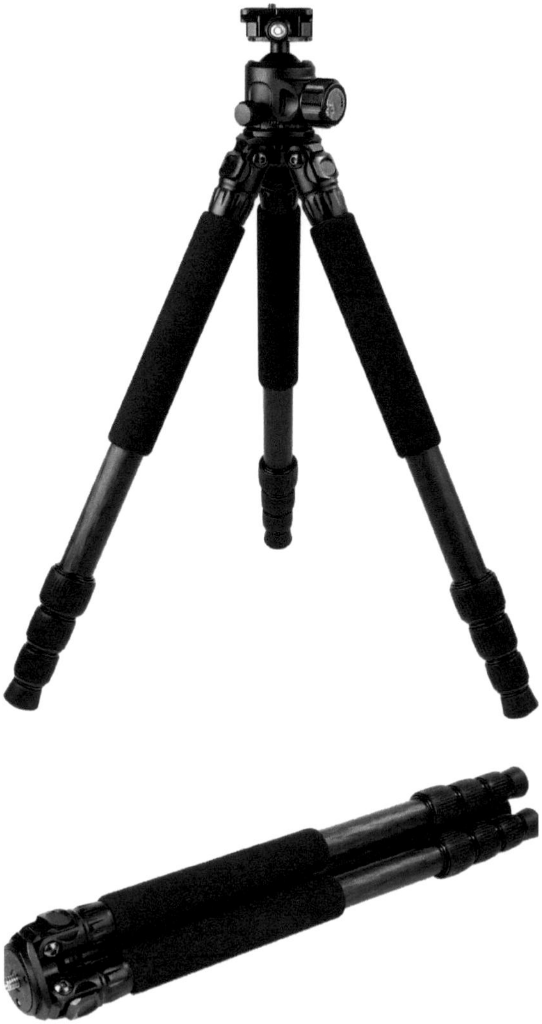

▲ *Das mit 1,4 kg sehr leichte TINKTEEK-Wing-Carbonstativ ist mit einem Packmaß von nur 46 cm das ideale Stativ für Städtetouren, knackige Citylightbilder, Landschaft und mehr.*

Wenn Sie oft zu Fuß mit der Fotoausrüstung unterwegs sind, sollten Sie sich die leichten Carbonstative ansehen, um Gewicht zu sparen. Carbonstative sind bei gleicher Stabilität deutlich leichter als Aluminiumstative, leider aber auch wesentlich teurer.

Vorsicht, Billigakkus

Jede Kamera benötigt elektrischen Strom, den sie üblicherweise aus einer austauschbaren und wiederaufladbaren Energiezelle bezieht. Im Lieferumfang der Kamera ist entweder ein Ladegerät enthalten, oder der leere Akku muss geladen werden, während er in der Kamera steckt. In dem Fall besitzt die Kamera einen Anschluss für ein Netzgerät.

Der Nachteil dabei: Solange die Kamera mit dem Netzteil verbunden ist, ist sie nicht einzusetzen. Mit Ladegerät und Zweitakku können Sie flexibler fotografieren. Beim Kauf eines Zweitakkus sollten Sie sich immer für einen Originalakku Ihres Kameraherstellers entscheiden. Im besten Fall kommunizieren Billigakkus nicht korrekt mit der Kamera, sodass diese den Ladestand nicht richtig anzeigt. Im schlechtesten Fall wird die Kamera durch die mangelhafte Verarbeitung des Billigakkus geschädigt – glauben Sie dem erfahrenen Autor, dem genau das mit seinem Camcorder schon passiert ist.

Heiße Akkus im Ladegerät

Achten Sie auch darauf, dass die Akkus im Ladegerät nie heiß werden. Einen Akkulader, in dem Ihre Akkus wärmer als etwa 40 °C werden, sollten Sie entsorgen. Diese Erhitzung ist eine Folge von Überladung – und die sorgt dafür, dass Sie bald neue Akkus kaufen müssen.

- **Mini- und Tischstativ** – Ein Mini- oder Tischstativ sollte sich jeder zulegen. Leider wird diese Stativklasse meist unterschätzt. Wozu braucht man so eins schon? Sie eignen sich nicht nur als Immer-dabei-Notlösung, wenn mal etwas länger belichtet werden muss, sondern auch als Handgriff für leichtere Kameras oder als Halter für LED-Fotoleuchten beim Erstellen von Produktfotos. Die meisten Minis wiegen nicht mehr als 100 g. Einige punkten mit biegsamen Gliederbeinen, andere mit einem regelbaren Kugelkopf, je nach Einsatzzweck.

- **Reisestativ** – Darf es vielleicht etwas mehr sein? Dann schauen Sie sich die Gattung der Traveller- oder Reisestative an. Jedes gute Reisestativ hat entweder einen 3-D-Kopf oder einen Kugelkopf mit Schnellwechselplatte und Friktion. Die Stativbeine bestehen meist aus jeweils drei bis vier Segmenten, die zusammengeschoben ein Packmaß um die 46 cm ergeben. Das hochwertige TINKTEEK-Wing-Carbonstativ ist vollständig aus Carbon und wiegt gerade mal 1,4 kg. Mit den teleskopischen Stativbeinen ist das Stativ ruck, zuck aufgebaut. Eine Drehung, und die vier Auszüge sind ausgefahren und arretiert.

- **Einbeinstativ** – Eine Alternative zu Dreibeinstativen sind Einbeinstative, die man wie einen Spazierstock leicht verstauen kann. Vorteil gegenüber Dreibeinern: Man ist mit einem Einbein sehr mobil und kann schnell den Standort wechseln. Professionelle Sportfotografen arbeiten sehr häufig mit Einbeinstativen, um flexibel bei der Wahl des Standorts zu sein. Aber auch bei Reportagen wie z. B. Hochzeitsfeiern kann ein Einbeinstativ wertvoll sein, um die Bilder nicht zu verwackeln. Wenn Sie häufig mit dem nachführenden Autofokus arbeiten, zeigt das Einbeinstativ ebenfalls seine Stärken, weil Sie damit schnell den Standort wechseln können.

- **Profistativ** – Professionelle Kameras und Objektive sind oft etwas größer und schwerer. Das verlangt nach entsprechend stabileren hochwertigen Stativen aus Aluminium oder Carbon mit einer Belastbarkeit von rund 5 kg. Profistative können im High-End-Bereich leicht die 500-Euro-Marke überschreiten. Ob das Stativ Klemmverschlüsse oder Drehverschlüsse hat, spielt keine Rolle, beides ist gut. Es kommt darauf an, was Ihnen mehr liegt.

Präziser und starker Kugelkopf

Zu einem guten Stativ gehört immer ein **Kugelkopf** oder ein Zwei- oder Dreiwegeneiger, auf den die Kamera geschraubt wird. Je nach Kameragewicht muss es eine mehr oder weniger schwere Variante sein, um für verwacklungsfreie Fotos zu sorgen. Kugelköpfe lassen sich mit einem Griff in verschiedene Richtungen bewegen. Sie sind relativ leicht und kompakt und deshalb ideal für unterwegs. Neiger besitzen mehrere Einstellgriffe. Für jede Verstellrichtung muss ein separater Griff betätigt werden. Für besonders präzise Ausrichtungen von schweren Kameras sind Neiger besser geeignet als Kugelköpfe. Kugelköpfe, die sich stufenlos in jede Richtung drehen lassen, sind im Vergleich zu Neigern relativ leicht und kompakt und können bequem über einen einzigen Drehknopf arretiert werden.

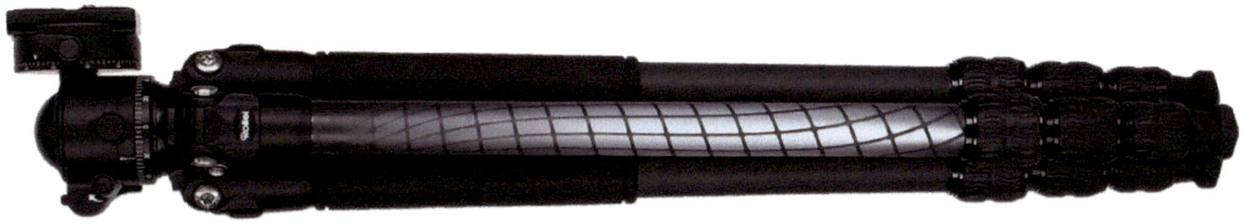

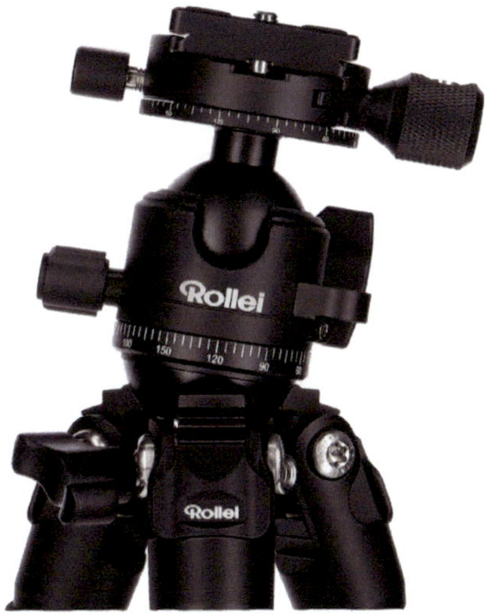

◄ ▲ *Der Kugelkopf des Rollei-Urban-Travellers.*

Zusatzblitzgeräte für jeden Zweck

Kleine in die Kamera integrierte Blitzgeräte sind aufgrund ihrer Leitzahl und ihres Abstrahlwinkels nur zum Ausleuchten der unmittelbaren Umgebung geeignet. Außerdem benötigen die Blitze eine Menge Strom und belasten den Akku der Kamera. Dazu sind die Blitzfolgezeiten eingebauter Blitze meist relativ lang. Unter Blitzfolgezeit versteht man die Zeit, die das Blitzgerät zum Wiederaufladen benötigt, um den nächsten Lichtblitz abfeuern zu können. Solche technischen Einschränkungen lassen sich umgehen, indem Sie Ihre Kamera mit einem Zusatzblitzgerät erweitern.

Infrage kommen **Aufsteckblitze**, die auf den Blitzschuh oberhalb des Suchers gesteckt werden, oder Zweitblitze, die mit einem Servoauslöser ausgestattet sind. Im Servoauslöser sitzt eine Fotozelle, die auf den Lichtimpuls des kamerainternen Blitzes reagiert. Sobald der Kamerablitz aufleuchtet, wird gleichzeitig der Zusatzblitz ausgelöst. Das geschieht ohne wahrnehmbare Zeitverzögerung.

Zusatzblitze, gibt es mit unterschiedlichen Leitzahlen. Je nachdem, für welche Zwecke Sie ein Blitzgerät benötigen, genügen Geräte mit Leitzahlen von 20 bis etwa 50. Blitze mit noch stärkerer Leistung sind eher etwas für Reportageprofis oder für Naturfotografen, die Tiere aus größerer Entfernung aufnehmen und auf weit reichendes Blitzlicht angewiesen sind.

Sowohl von den großen Kameraherstellern wie Canon, Nikon und Olympus als auch von Fremdherstellern werden Blitzgeräte angeboten. Sehr einfache Blitze werden an die Kamera angeschlossen und strahlen bei jedem Auslösen ihre volle Leistung ab. Für einen besseren Komfort beim Blitzen sollten Sie sich einen Blitz zulegen, der bestmöglich auf Ihre Kamera abgestimmt ist. Allerdings ist die Kommunikation zwischen Kamera und Blitzgerät nur dann optimal, wenn der Blitzschuh mehr als nur einen großen Mittenkontakt besitzt. Je nach Kameramodell ist der Blitzschuh mit zusätzlichen Kontakten ausgestattet.

Hat Ihre Kamera keinen Blitzschuh, muss ein Zweitblitz mit Servoauslöser angeschafft werden, sofern ein Anschluss dafür vorhanden ist. Die von der Kamera unterstützten Blitzfunktionen werden dann ebenso vom Blitzgerät verstanden, und Sie können z. B. automatisch zum Aufhellen blitzen, den Rote-Augen-Effekt unterdrücken oder die Blitzleistung manuell korrigieren. Solche systemkonformen Geräte sind etwas kostspieliger als einfache Modelle. Wenn Sie jedoch viel mit Blitz arbeiten, lohnt sich die Anschaffung, und die Ausbeute an gut belichteten Bildern ist größer.

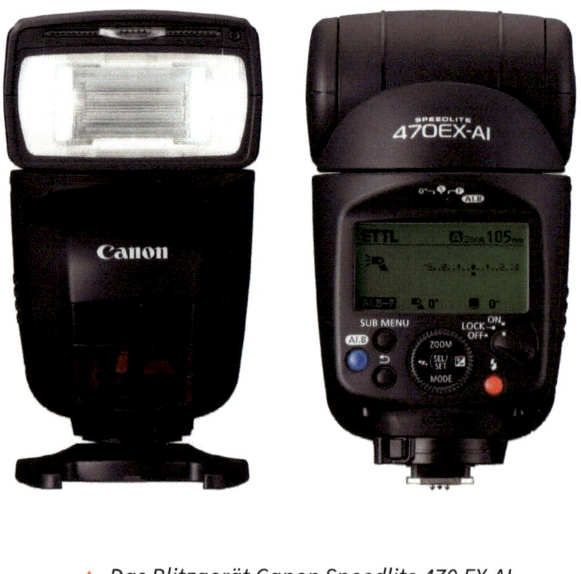

▲ *Das Blitzgerät Canon Speedlite 470 EX-AI.*

Master-Slave-Blitzen

Besitzen Sie bereits ein Zusatzblitzgerät und möchten es auch für Aufnahmen im Studio verwenden, können Sie Ihre Ausrüstung eventuell durch ein oder mehrere weitere Blitzgeräte aufstocken. Einige Modelle lassen sich im Master-Slave-Modus betreiben. Dabei dient eines der Blitzgeräte zur Steuerung (Master) der anderen Blitze (Slaves). Ob Ihr Blitzgerät diese Funktion beherrscht, erfahren Sie im zugehörigen Handbuch.

Filter für Spezialeffekte

Während in der analogen Fotografie eine wahre Flut an Filtern für verschiedene Aufgaben nötig war – Konversionsfilter gegen Farbstiche, Effektfilter für Spezialeffekte, Verlaufsfilter etc. –, sind für digitale Kameras nur noch einige wenige Filter sinnvoll. Dazu gehören UV-Filter, Skylight-Filter und Filter für Aufnahmen bei Neonlicht sowie neutrale Graufilter und Polarisationsfilter.

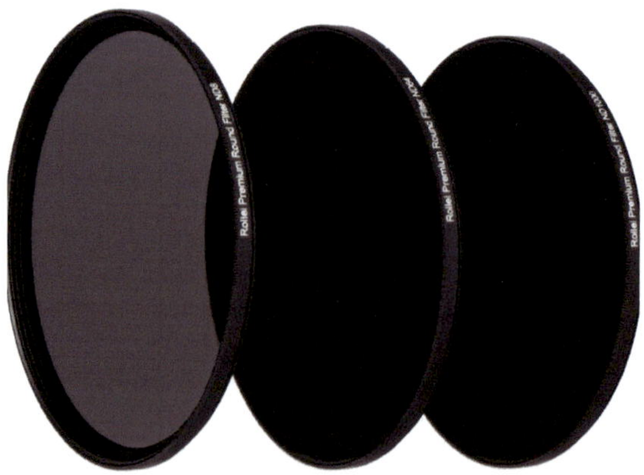

▲ *Die Rollei-Premium-Rundfilter ND8, ND64 und ND1000.*

■ **Polarisationsfilter** – Der für ernsthaft arbeitende Fotografen wichtigste Filter ist der Polfilter (Polarisationsfilter). Es gibt zwei Ausführungen: lineare und zirkulare Polfilter. Beide erzielen die gleiche Wirkung und reduzieren die Lichtmenge, die durch das Objektiv fällt. Man muss also die Belichtung der Kamera entsprechend anpassen. Wer mit einer modernen Spiegelreflexkamera fotografiert, benötigt den Zirkular-Polfilter. Nur mit diesem misst die Kamera die Belichtung korrekt, ein Linear-Polfilter kann zu Fehlmessungen führen. Polfilter sind drehbar. Je nach Stellung werden Reflexionen gemindert oder sogar völlig ausgeschaltet. Allerdings funktioniert das nicht bei metallischen Oberflächen. In der Landschaftsfotografie beseitigt der Filter effektiv Dunst, steigert Kontraste und sorgt vor allem für eine bessere Farbsättigung.

Polfilter reduzieren den durch Reflexionen des blauen Himmels entstehenden Blaustich, sodass Farben viel natürlicher wiedergegeben werden. Am besten wirkt der Polfilter, wenn die Sonne seitlich vom Fotografen steht. Justiert wird der Effekt durch das Drehen der Filterfassung. Ganz besondere Effekte erzielt man, wenn man zwei Polfilter gleichzeitig verwendet. Je nach Drehung der Filter gegeneinander wird das sichtbare Licht extrem reduziert. Dadurch können auch tagsüber Aufnahmen entstehen, die aussehen, als wären sie in der Nacht geschossen worden.

■ **Graufilter** – Graufilter reduzieren einfach die durch das Objektiv einfallende Lichtmenge. Der Sinn der Sache: Wenn Sie für selektive Schärfe mit offener Blende fotografieren möchten, die Umgebung aber zu hell ist und die Kamera keine genügend kurze Belichtungszeit steuern kann, wird die Lichtmenge durch den neutralen Graufilter einfach reduziert. Neutralfilter gibt es in verschiedenen Dichten (Stärken). Eine Besonderheit ist der Grauverlaufsfilter. Er dient dazu, den Himmel (oder einen anderen zu hellen Bereich) abzudunkeln und den Kontrastumfang eines Motivs auf diese Weise zu reduzieren.

■ **UV-Filter** – Standard-UV-Filter verringern den störenden UV-Lichteinfluss im Bild und werden heute vorwiegend nur noch als Schutzfilter für die empfindliche Frontlinse verwendet. Durch die hochwertige Vergütung von modernen Linsen sind UV-Filter optisch gesehen nicht mehr erforderlich.

Fernauslöser gegen Verwackler

Planen Sie Langzeitbelichtungen, Selbstauslöser oder Zeitrafferaufnahmen, brauchen Sie einen **Funkfernauslöser** mit Zeitschaltfunktion. Mit dem SRT-100 wird das Auslösen der Kamera besonders komfortabel, da Sie per Funk oder per Kabel auslösen können. Der Funkauslöser besitzt eine Reichweite von bis zu 100 Metern und verhindert Unschärfen durch Verwacklungen, die beim Betätigen des Auslösers an der Kamera entstehen können.

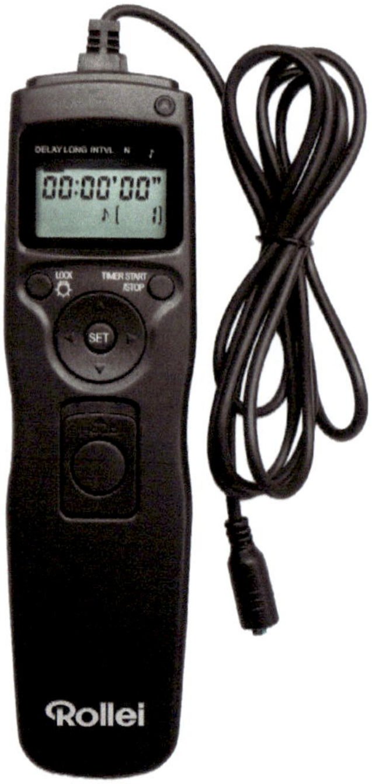

▲ *Kabelfernauslöser von Rollei.*

Aufnahmetisch oder Fotostudio?

Vielleicht verkaufen Sie häufig bei eBay? Oder Sie brauchen für andere Zwecke freigestellte Objekte ohne störenden Hintergrund? Eventuell erstellen Sie auch einfach gern fotografische Stillleben? Dann benötigen Sie eine stabile Aufnahmebox, ein Lichtzelt oder ein faltbares Mini-Fotostudio. Ein **Aufnahmetisch** sollte im Idealfall eine Breite von rund 60 cm und eine Tiefe von ebenfalls 60 cm haben. Das entspricht in etwa der Auflagefläche eines normalen Ceran-Kochfelds.

Zum Beispiel die faltbaren Fotostudios von Foldio – sie sind klein und perfekt für die Erstellung von Produktfotos. Schnell aufgeklappt, überzeugen sie mit sicherem Stand, nichts wackelt.

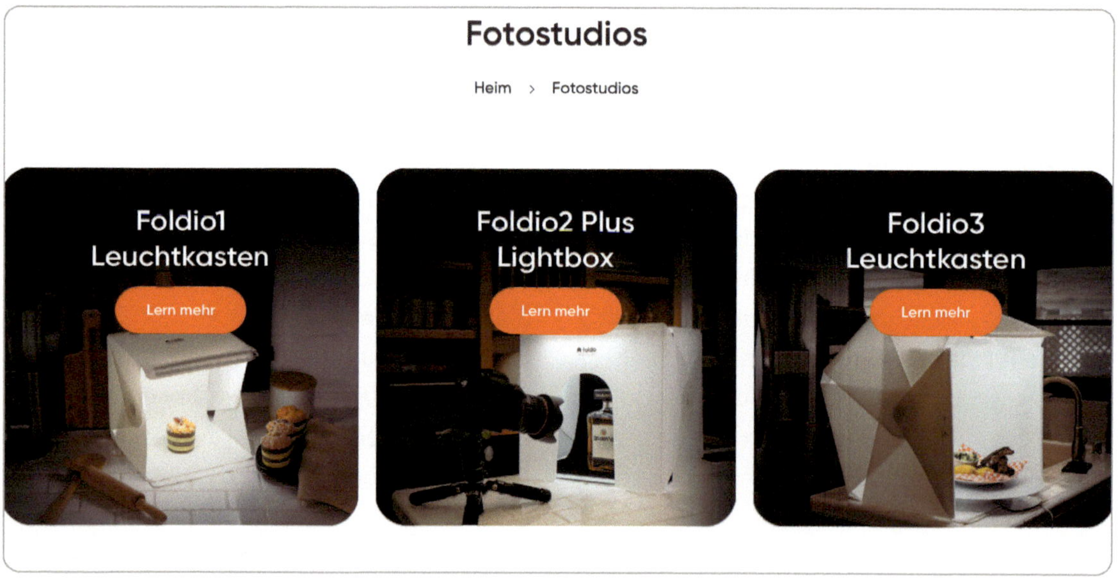

▲ *Foldio, faltbare Fotostudios mit LED-Beleuchtung – https://orangemonkie.com/de/pages/photo-studios.*

Für die Ausleuchtung sorgen selbstklebende LED-Lichtstreifen, und schon kann das eBay-Shooting beginnen. Perfekt, um all die kleinen Dinge abzulichten, die das Leben schöner machen. Mit der kostenlosen Foldio-App werden die Bilder sogar noch besser.

LED-Fotoleuchte oder Panel?

Fotografieren Sie häufig Produkte oder Stillleben, brauchen Sie mindestens eine **LED-Fotoleuchte**, die auf einem Lampen- oder einem Tischstativ mit 1/4-Zoll-Gewinde befestigt wird. Ihre Energie bezieht die LED-Fotoleuchte in der Regel aus zwei AA-Batterien oder AA-NiMH-Akkus.

Möchten Sie etwas mehr investieren, lohnt die Anschaffung eines LED-FX-Flex-Panels. Ausgestattet mit der neuesten LED-Technik, ist das Flex-Panel absolut flexibel in der Anwendung. Selbst in schwer zugänglichen Bereichen und auch auf kleinstem Raum sorgen die LED-Flex-Panels für eine gleichmäßige, helle Ausleuchtung. Falten oder aufrollen lassen sie sich auf eine Höhe von nur 10 mm und sind somit leicht zu transportieren. Befestigt wird das LED-Flex-Panel schnell und einfach an einem Lampenstativ.

Was in keiner Fototasche fehlen sollte, ist eine lichtstarke LED-Taschenlampe – vor allem wenn Sie am Abend oder in der Nacht in der Stadt unterwegs sind oder Lost Places fotografieren.

Fototaschen und Kameragurte

Fotografieren Sie nicht nur zu Hause, sondern nehmen Ihre Kamera auch auf Reisen und beim Wandern mit, sollten Sie Kamera und Ausrüstung schützen. Kleine Bereitschaftstaschen, in denen gerade einmal die Kamera und ein paar Speicherkarten Platz finden, genügen für einen Kurztrip und einige Schnappschüsse. Diese auf die jeweiligen Kameras zugeschnittenen Taschen werden häufig von den Kameraherstellern angeboten, man erhält sie aber oft günstiger von Fremdherstellern.

Größere Umhängetaschen und Rucksäcke, die je nach Modell (und Preis) sogar wasserdicht sind, können bei einer umfangreicheren Ausrüstung nötig werden. Ein Rat aus eigener Erfahrung: Wenn Sie Spaß an der Fotografie haben, kaufen Sie sich gleich zu Beginn eine Kameratasche oder einen Rucksack, der Platz für zukünftige Ausrüstungsgegenstände bietet. Denn wenn die Fotografie zu einem ernsthaften Hobby wird, kommt über kurz oder lang Ausrüstung hinzu. Mit Sicherheit!

Aber es muss nicht immer eine reine Fototasche sein. Umhängetaschen im beliebten Messenger-Stil passen zu jedem Outfit. Bequem und vor allem unauffällig transportieren Sie in der Stadt und auf Reisen damit Ihre kleine Fotoausrüstung, zum Beispiel mit der Sensai-Umhängetasche des Herstellers aunts & uncles. Die japanisch anmutende Tasche aus seidenmatt beschichtetem Baumwollgewebe

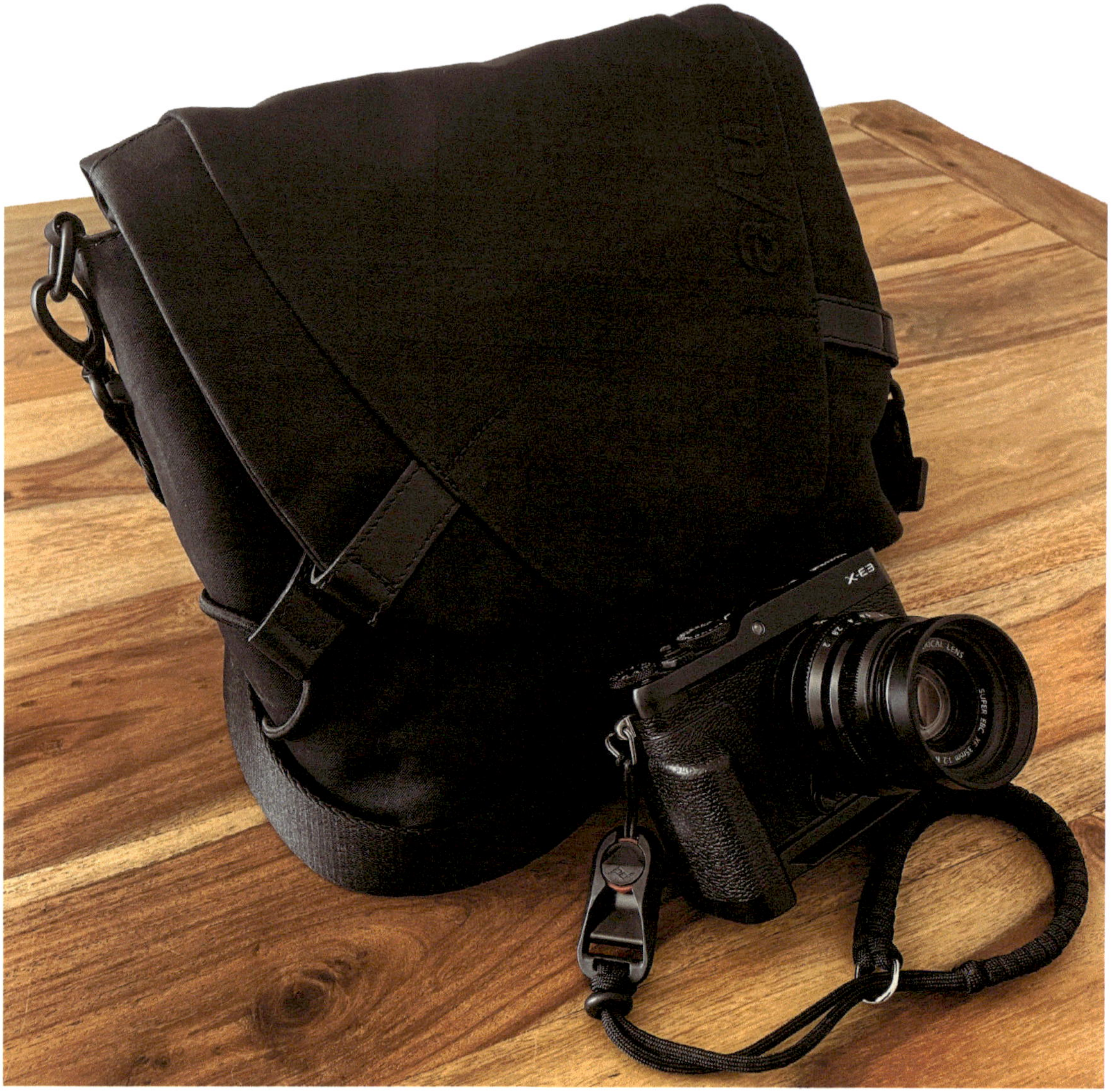

▲ *Die Sendai-Umhängetasche von aunts & uncles ist der perfekte Begleiter für die Streetfotografie. Mehr dazu erfahren Sie auf der Website des Herstellers unter www.auntsanduncles.com/sendai-black-10209-0-2585.*

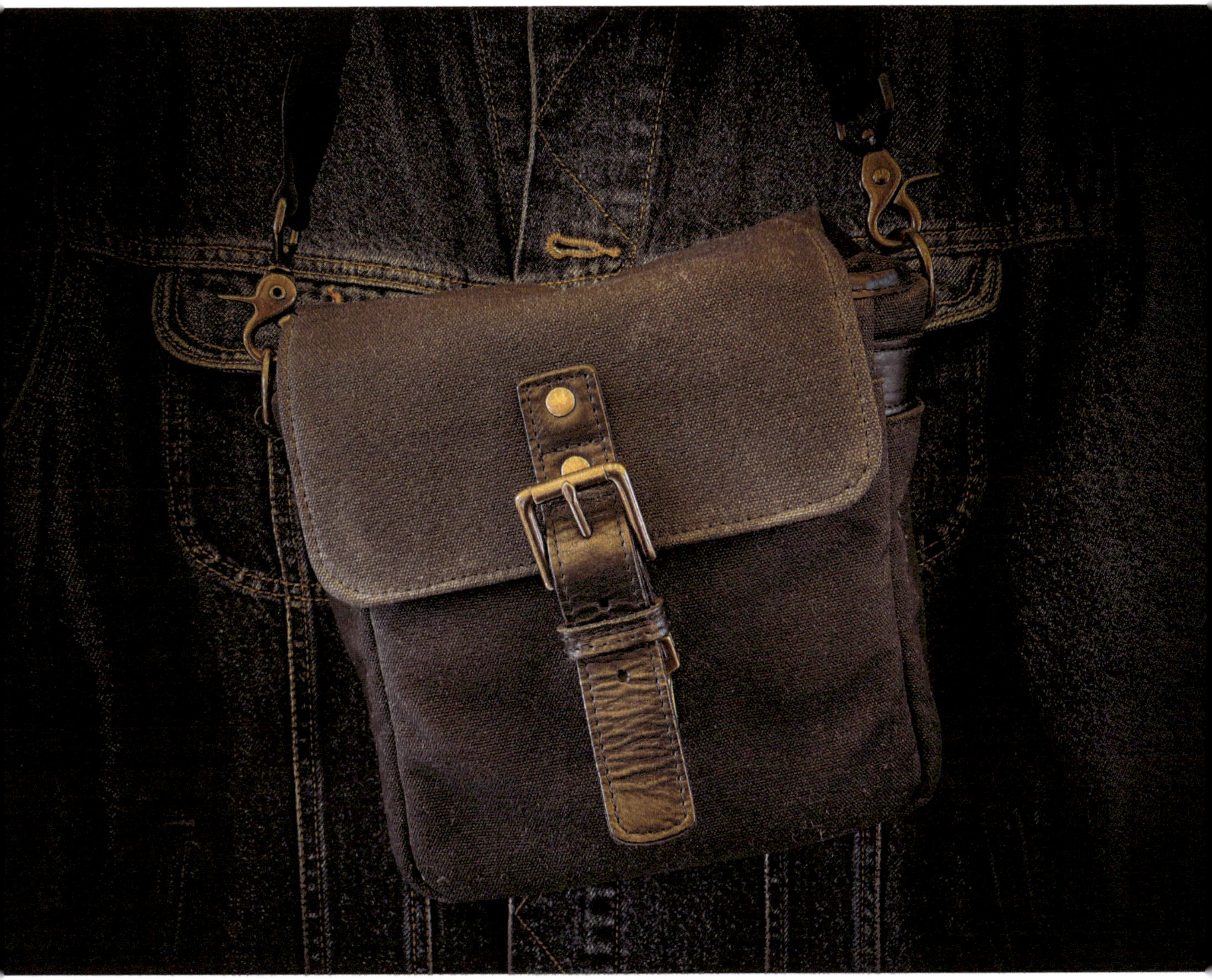

▲ *Eine weitere Empfehlung für Streetfotografen: die ONA Bond Street, handgefertigt aus hochwertigem gewachstem Canvas in Kombination mit echtem Leder und Schnallen im Antiklook. Neben einem Body passen ein bis zwei Objektive und ein paar persönliche Dinge in die Tasche. Mehr dazu erfahren Sie auf der Website des Herstellers: www.onabags.com. Hier finden Sie auch eine Liste mit Retailern in Deutschland, Österreich etc.*

Taschen im Messenger-Stil

Fototaschen im beliebten Messenger-Stil passen zu jedem Outfit. Bequem und vor allem unauffällig haben Sie Ihre kleine Fotoausrüstung in der Stadt und auf Reisen immer dabei.

Erlesene Kameragurte

Wie bei allen Kameras ist der mitgelieferte Gurt nicht mehr als ein Werbemittel. Es ist sofort klar, dass er als Erstes ersetzt wird. Damit Sie nicht lange suchen müssen, finden Sie hier eine Auswahl an Anbietern erlesener Kameragurte:

- Gordy's Camera Straps – *gordyscamerastraps.com*
- Lance Camera Straps – *lancecamerastraps.com*
- Angelo Pelle – *angelo-pelle.com*
- Hawkesmill – *hawkesmill.com*
- Tap & Dye – *tapanddye.com*
- Tanner Goods – *tannergoods. com*
- Hold Fast – *holdfastgear.com*
- Cord Weaver Straps – *cordweaver.co.uk*
- Hyperion Straps – *x-kamera.de*

ist ein wahres Leichtgewicht mit wasserabweisender Oberfläche. Der Schultergurt lässt sich lang genug einstellen, um die Tasche bequem crossbody tragen zu können. Die Innenaufteilung der Tasche scheint für handliche DSLM-Kameras wie gemacht. Obwohl die Tasche keinen Pouch hat, ist sie sehr gut gepolstert.

Auf den Boden des Hauptfachs legen Sie am besten noch ein zusammengerolltes T-Shirt, das als Stoßdämpfer (Bumper) fungiert. Das Hauptfach verfügt zudem über einen praktischen Zwei-Wege-Reißverschluss, sodass in hektischen Situationen nichts rausfallen kann. Am Körper spüren Sie die Tasche mit einem Leergewicht von 0,68 kg so gut wie gar nicht. Geschmeidig und weich liegt sie auf der Hüfte. Was passt rein? Neben der Kamera, hier eine Fujifilm X-E3, passen noch zwei Wechselobjektive, ein bis zu 10,5 Zoll großes iPad Pro und Kleinkram gut mit in die Tasche.

Pflege der Kamera

Jedes Jahr kommen neue, noch bessere und mit noch mehr Funktionen vollgestopfte Kameras auf den Markt. Wenn Sie also immer in der ersten Reihe sitzen möchten, ist es natürlich im Fall eines späteren Verkaufs unbedingt von Vorteil, wenn die Kamera einen gepflegten Eindruck macht. Eine Kamera muss man, eine pflegliche Behandlung vorausgesetzt,

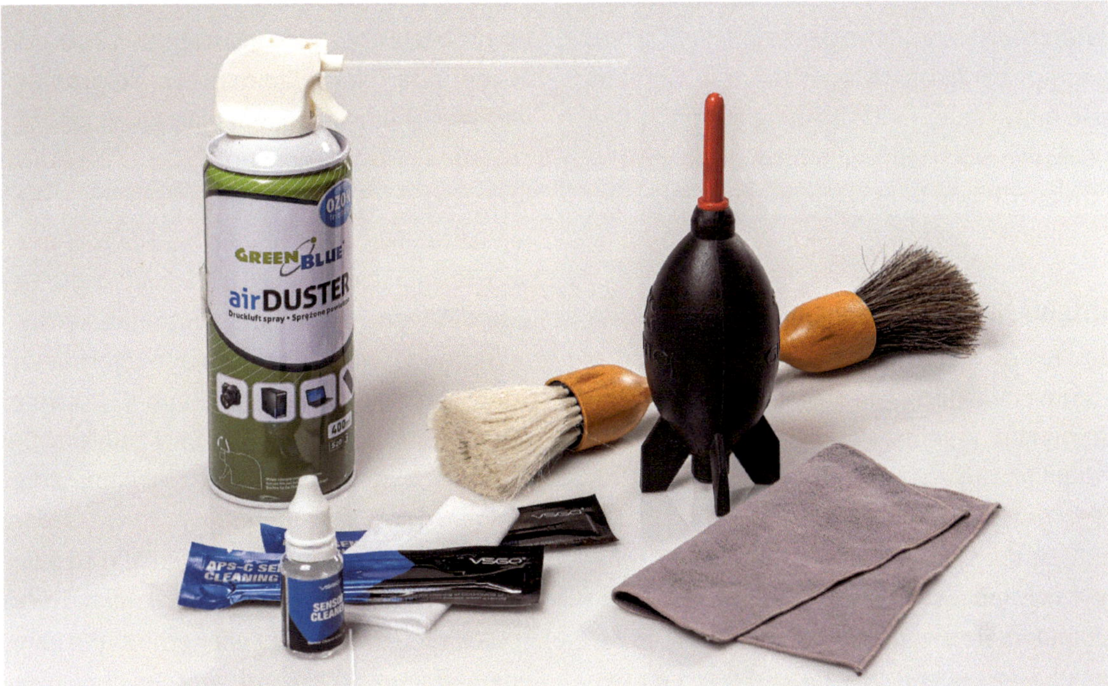

▲ *Ein paar Reinigungsmittel gehören in jede Fototasche, während andere eher für die Heimstudioumgebung sinnvoll sind. Blasebalg, fusselfreie Tücher, Brillenputzflüssigkeit sind unterwegs sinnvoll. Utensilien zum Reinigen des Sensors oder eine geeignete Dose mit sauberer Druckluft kann man zu Hause lassen und nur dann rausholen, wenn die Verschmutzungen zu deutlich sind.*

nur in absoluten Ausnahmefällen zur Wartung zum Fachhändler bringen. Man sollte jedoch auch nicht zu sorglos mit dem Stück Hightech umgehen, um Kamera, Objektiv und deren Innenleben nicht zu verunreinigen. Staub und, viel schlimmer noch, Feuchtigkeit können den mechanischen und elektronischen Bauteilen einer Kamera den Todesstoß versetzen – mal abgesehen davon, dass Staub auf dem Sensor einer Spiegelreflexkamera unschöne Flecken auf jedem Foto produziert.

Staub im Gehäuse vermeiden

Wird das Objektiv an einer Spiegelreflexkamera gewechselt, gelangen Luft und damit Staub ins Innere der Kamera. Um das Risiko eines verschmutzten Sensors zu minimieren, sollte man das Gehäuse nur in möglichst sauberer und staubfreier Umgebung öffnen. Halten Sie dabei die Kamera idealerweise nach unten. Zwar besitzen fast alle aktuellen Kameras mit Wechselobjektiv spezielle Antistaubsysteme, diese funktionieren aber nur dann zuverlässig, wenn der Staub nicht schon am Sensor klebt. Müssen Sie das Objektiv also mal in feuchter Umgebung oder draußen bei Regen wechseln, sollten Sie doppelt achtsam sein, damit keine Feuchtigkeit eindringt.

Automatische Sensorreinigung

Bei älteren Kameras mit Wechselobjektiv war Staub tatsächlich ein sehr großes Problem, dem man regelmäßig mit allerlei (teuren) Putzhilfen aus dem Fachhandel zu Leibe rücken musste. Gerade Profis, die je nach Job und Motiv häufig Objektive wechseln, müssen sich mit der Reinigung des Sensors auseinandersetzen oder ihre Ausrüstung in regelmäßigen Abständen zum Reinigen an den Kundendienst schicken. Um das Problem verschmutzter Sensoren zu entschärfen, haben alle großen Kamerahersteller ihren aktuellen Modellen entsprechende Antistaubsysteme spendiert. Zur Vermeidung verunreinigter Sensoren setzen sie auf drei Strategien:

- Die Staubentwicklung wird reduziert.
- Staub und Partikel werden vom Sensor abgewiesen.
- Der Staub wird entfernt.

Um Staub und Schmutz, den die Kamera selbst erzeugt, zu minimieren, müssen die Hersteller den Verschlussmechanismus und den Gehäusedeckel vorn am Bajonett so konzipieren, dass möglichst wenig Abrieb entsteht. Vor dem Sensor liegt im nächsten Schritt ein Filter, der antistatisch wirkt und so verhindert, dass Staub durch elektrostatische Anziehung auf den Sensor gelangt.

Kernstück der Strategie gegen Verschmutzungen ist bei fast allen DSLR- und DSLM-Kameras die Selbstreinigung des Sensors, die bei jedem Ein- und Ausschalten automatisch ausgeführt wird. Hierbei entfernen hochfrequente Vibrationen vorhandene Staubrückstände. Muss es mal schnell gehen und drücken Sie direkt nach dem Einschalten der Kamera den Auslöser, wird diese Funktion natürlich sofort deaktiviert, damit Sie schnell auslösen können. Der Reinigungsvorgang wird nach jedem Ausschalten der Kamera wiederholt und kann jederzeit manuell aktiviert werden.

Mikrofaserreinigungstücher

Reinigungstücher sind das absolute Musthave. Bei starker Beanspruchung ist der Kameramonitor oder das Objektiv schnell mit Fingerabdrücken oder Hautfett verschmutzt. Papiertaschentücher helfen nicht, feuchte Brillenputztücher können den Monitor stumpf machen. Weiches Küchenpapier, nebelfeucht mit einem Hauch Geschirrspülmittel, funktioniert zur Not, kann aber feine Kratzer produzieren. Was hilft, kaum etwas kostet und in jede Umhängetasche und auf jeden Schreibtisch gehört, sind Mikrofaserreinigungstücher.

Schmutz an Body und Objektiv

Um Kameragehäuse und Objektive äußerlich zu pflegen, gibt es mehrere Möglichkeiten. Handelt es sich bei den Verschmutzungen am Gehäuse lediglich um Staubpartikel, kann man mit einem einfachen Brillenputztuch ohne zusätzliche Reinigungsmittel arbeiten. Auch ein Blasebalg oder ein Reinigungspinsel mit Blasebalg kommt infrage.

Befinden sich Schlieren oder andere hartnäckigere Verschmutzungen auf dem Objektivglas, ist meist ein Feuchttuch, wie es auch zur Brillenreinigung verwendet wird, ausreichend. Diese feuchten Brillenputztücher gibt es z. B. beim Optiker. Feuchte Brillenputztücher kann man ebenfalls benutzen, wenn das Kameragehäuse Flecken und Fingerabdrücke abbekommen hat.

Firmware immer aktuell halten

Jede Kamera ist mit einem eigenen kleinen Betriebssystem ausgestattet, der sogenannten **Firmware**. Diese Software steuert alle Abläufe, von der Aufnahme über die Bildverarbeitung bis zur Speicherung der Fotos. Wie jede Software kann auch die Firmware aktualisiert werden, wenn der Kamerahersteller neue Funktionen oder einfach Verbesserungen zur Verfügung stellt. Diese Firmware-Updates erscheinen unregelmäßig bzw. nur dann, wenn es nötig ist.

Sie können sich auf der Website des Herstellers im Supportbereich darüber informieren, ob für Ihre Kamera ein Firmware-Update verfügbar ist. Falls ein Update angeboten wird, laden Sie es sich auf Ihren Computer herunter und übertragen es auf eine Speicherkarte. Auf welche Weise Sie das Update auf die Kamera überspielen können, hängt vom Modell ab. Ein wichtiger Hinweis: Gehen Sie beim Update exakt so vor, wie es das Kamerahandbuch verlangt. Geht etwas schief, reagiert Ihre Kamera nicht mehr und muss zum Kundendienst

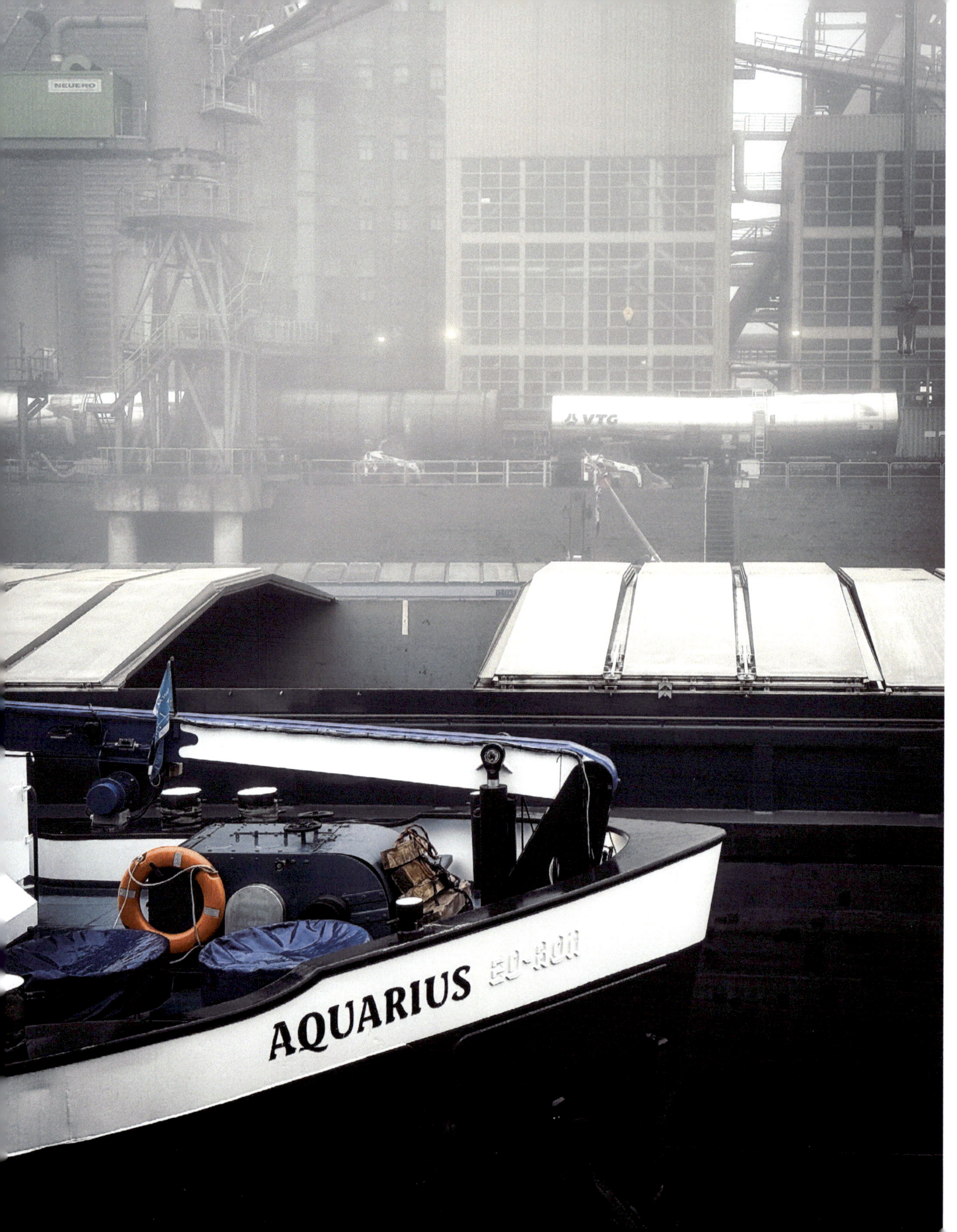
NEUERO
VTG
AQUARIUS

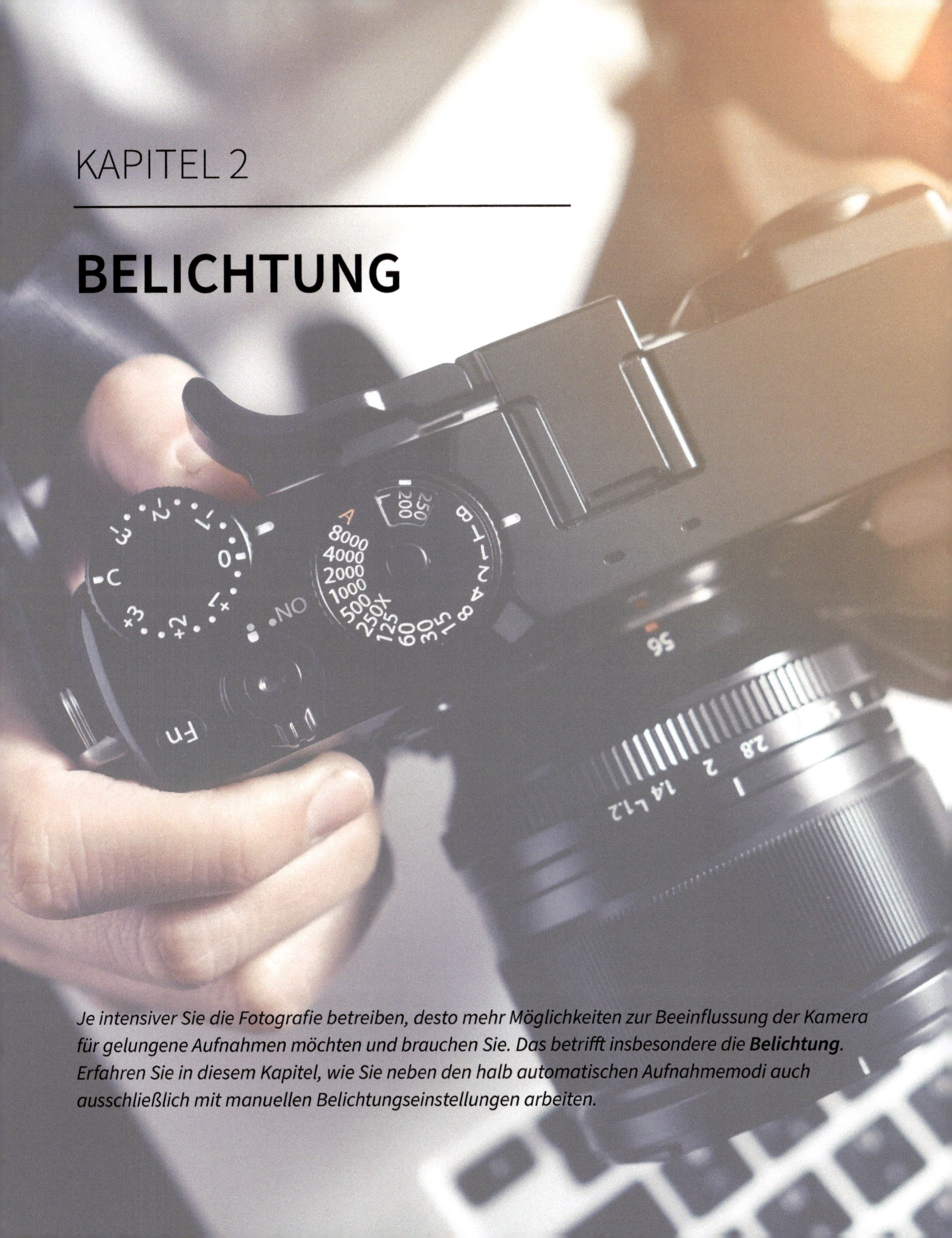

KAPITEL 2

BELICHTUNG

Je intensiver Sie die Fotografie betreiben, desto mehr Möglichkeiten zur Beeinflussung der Kamera für gelungene Aufnahmen möchten und brauchen Sie. Das betrifft insbesondere die ***Belichtung****. Erfahren Sie in diesem Kapitel, wie Sie neben den halb automatischen Aufnahmemodi auch ausschließlich mit manuellen Belichtungseinstellungen arbeiten.*

Blende, Zeit und ISO

Die Blende befindet sich im Objektiv und entspricht in ihrer Funktion der Pupille des menschlichen Auges. Je weiter geöffnet die Blende ist, desto mehr Licht fällt durch das Objektiv auf den Kamerasensor. Der Fotograf kann mit dem Blendenring am Objektiv oder mit einem Einstellrad der Kamera den Blendenöffnungsdurchmesser und damit die Lichtmenge regulieren. Ein hoher Blendenwert (f/11, f/16, f/22 oder mehr) entspricht einer kleinen Blendenöffnung, wodurch weniger Licht auf den Sensor trifft. Ein kleiner Blendenwert (f/2.8, f/1.8 oder weniger) entspricht einer großen Blendenöffnung, wodurch mehr Licht auf den Sensor trifft.

Basiswissen Blende

Die Menge an Licht, die auf den Sensor trifft, wird durch zwei weitere Faktoren gesteuert: die Belichtungszeit und die ISO-Empfindlichkeit, kurz ISO. Beides wird in den folgenden Abschnitten weiter erläutert. Weil die Blende also nicht allein für die Lichtmenge verantwortlich ist, kann man sie zusätzlich für die Bildgestaltung mit der Schärfentiefe einsetzen. Denn wenn die Blende verändert wird, werden einfach die beiden anderen Werte entsprechend angepasst.

Die Öffnung der Blende steuert neben der Lichtmenge zusätzlich, wie ausgedehnt die Schärfentiefe in einem Bild ist. Je kleiner die Blendenöffnung (Blende f/11, f/16 etc.), desto ausgedehnter ist der Bereich zwischen Vorder- und Hintergrund, der im Foto scharf abgebildet ist – Stichwort: weite Landschaften. Je weiter die Blende geöffnet wird, desto geringer ist die Schärfentiefe. Sie können also ein Motiv wie zum Beispiel eine Person für ein Porträt so fotografieren, dass der Hintergrund unscharf wird. Dabei ist exaktes Scharfstellen (Fokussieren) sehr wichtig.

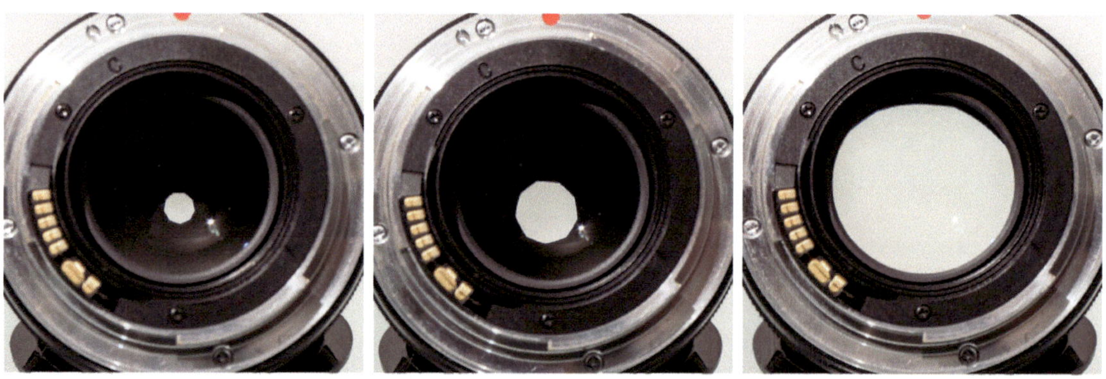

▲ *Je kleiner der Blendenwert, desto größer ist der Durchmesser der Blende. Dadurch gelangt mehr Licht durchs Objektiv, und die Schärfentiefe wird knapper.*

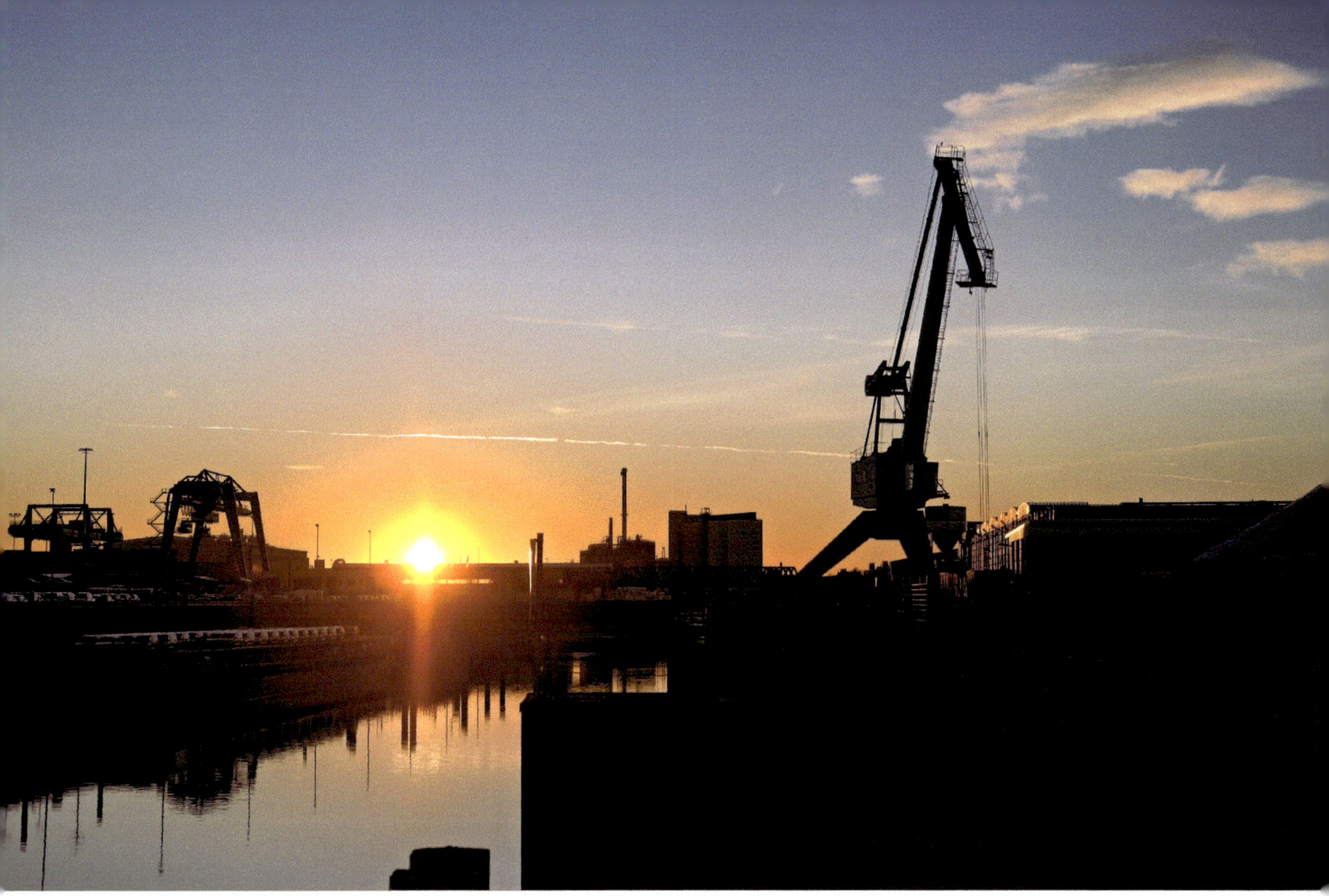

▲ *Mit der Blende wird gesteuert, wie viel Licht während der Belichtung durchs Objektiv fällt. Bleiben die Werte für Belichtungszeit und Empfindlichkeit (beides wird auf den folgenden Seiten erklärt) gleich, ist nur der Blendendurchmesser für die Belichtung maßgeblich. Je weiter offen die Blende ist, desto heller werden die Bilder.*

Blendenwerte in ganzen und in Drittelstufen									
1.4	2	2.8	4	5.6	8	11	16	22	32
1.2	1.8	2.5	3.5	5	7.1	14	14	20	29
1.13	1.6	2.2	3.2	4.5	6.3	13	13	18	25

▲ *Mögliche Blendenwerte.*

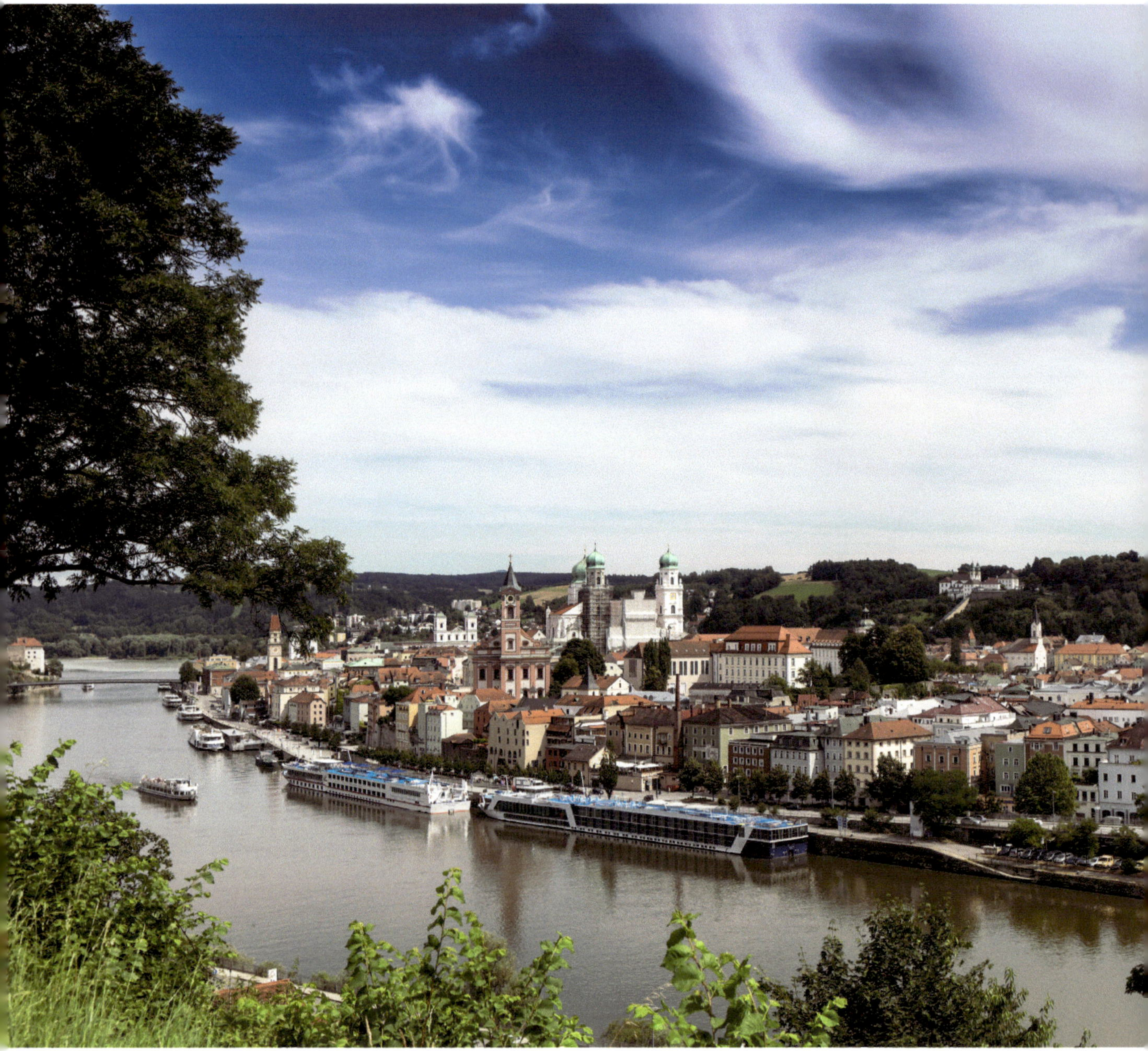

▲ *Landschaften und Porträts sind typische Motive, an denen man die Wirkung verschiedener Blendenöffnungen demonstrieren kann. Je größer der Wert, desto höher die Schärfentiefe, etwa für Landschaften. Umgekehrt gilt das natürlich auch, beispielsweise für Porträts.*

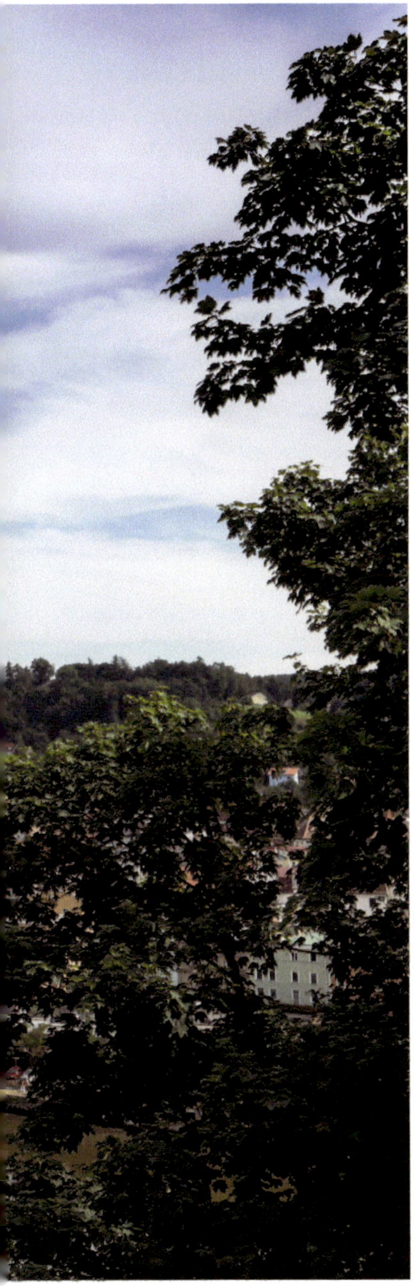

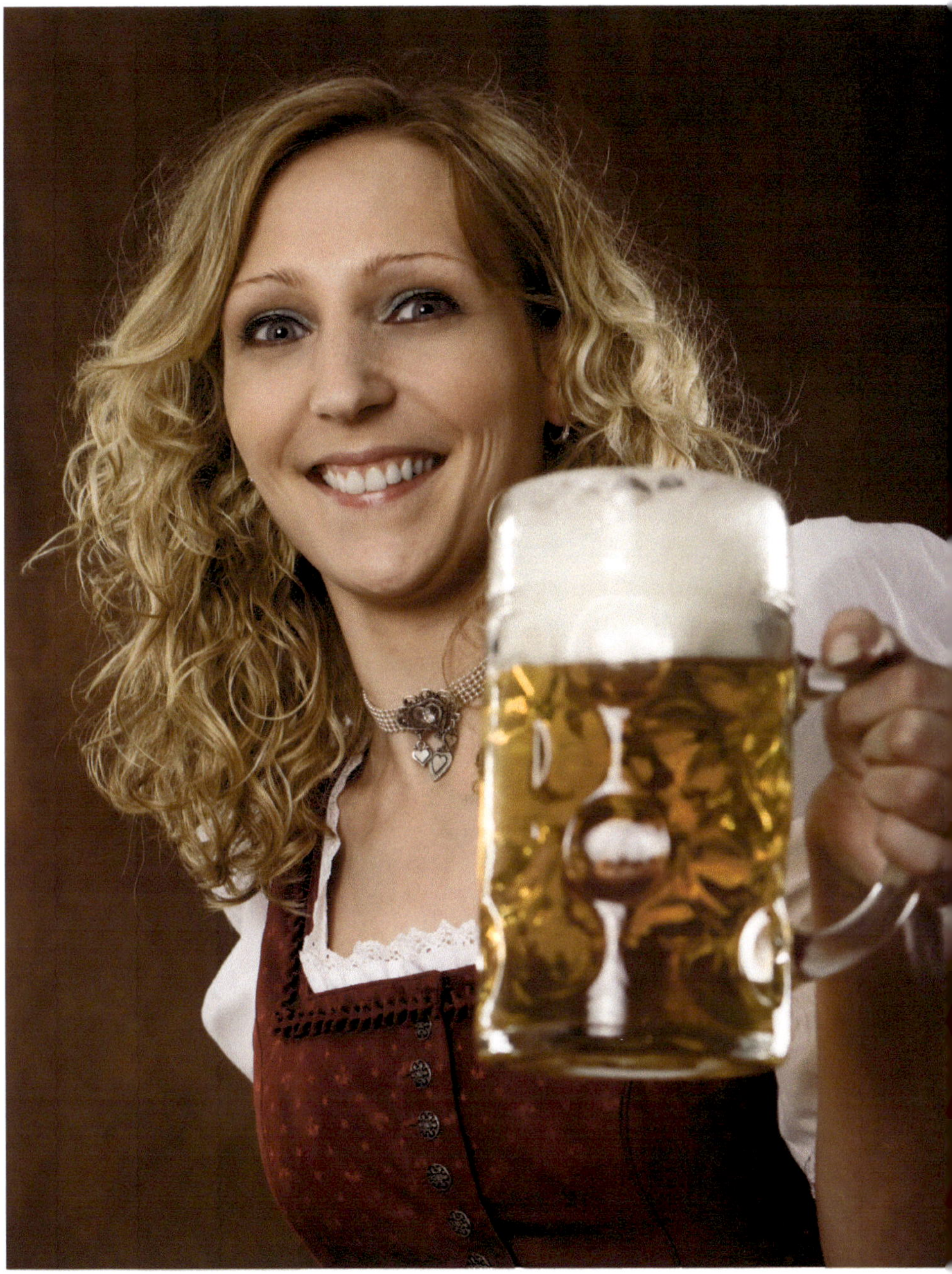

Basiswissen Belichtungszeit

Um von vornherein jedwedes Durcheinander auszuschließen, ein Wort zu den Begriffen **Belichtungszeit** und **Verschlusszeit**: Beide beschreiben exakt dasselbe. Die Belichtungszeit ist der mechanisch oder elektronisch gesteuerte Vorgang in der Kamera, von dem sich die Belichtungszeit eins zu eins ableitet. Es ist also der Zeitraum, in dem zwischen dem Öffnen und dem Schließen des Verschlusses Licht auf den Sensor fällt. Je dunkler ein Motiv bzw. eine Motivszene ist, desto länger muss der Verschluss bei gleicher Blende und ISO aufbleiben. Und je länger die Belichtungszeit ist, desto größer ist die Gefahr, dass ein Motiv unscharf wird – entweder durch die Bewegungen der Kamera oder die Bewegungen des Motivs.

■ **Wie lang ist eigentlich kurz?** Moderne Kameras sind in der Lage, Belichtungszeiten von ultrakurz bis beliebig lang zu realisieren. Ultrakurz heißt im Fall der Belichtungszeit 1/2000, 1/4000 oder sogar 1/8000 Sekunde. Und beliebig lang wird es, wenn die Kamera ein Aufnahmeprogramm für Langzeitbelichtungen (B = Bulb) bietet. Mit diesem Programm kann man den Verschluss quasi beliebig lang offen halten, indem man den Auslöser permanent mit einem arretierbaren Fernauslöser gedrückt hält.

In allen anderen Aufnahmeprogrammen mit Ausnahme von B ist die Belichtungszeit meistens auf 30 Sekunden beschränkt. Die im Alltag üblichen Belichtungszeiten bewegen sich zwischen 1/60 und 1/500 Sekunde, wenn man aus der Hand und ohne Stativ fotografiert. Werden die Zeiten länger, braucht man meistens ein Stativ, um die Kamera ruhig halten zu können.

■ **Immer an den Kehrwert halten!** Diese alte Regel hilft, eine verwacklungssichere Belichtungszeit zu wählen. Verwenden Sie stets einen Wert, der mit der Brennweite korreliert! Konkret heißt das: Arbeiten Sie mit einer Brennweite von 200 mm, sollte die Belichtungszeit höchstens 1/200 Sekunde lang sein. Liegt die Brennweite bei 50 mm, sollte die Zeit bei 1/50 Sekunde oder kürzer liegen. Bei 500 mm wäre die Belichtungszeit 1/500 Sekunde. Längere Zeiten führen zu verwackelten Bildern.

Besitzt die Kamera einen Bildstabilisator, können Sie etwas entspannter mit dieser Regel umgehen und die Belichtungszeiten noch etwas verlängern. Der Stabilisator bringt mindestens zwei oder drei Belichtungsstufen bzw. Belichtungszeitintervalle Spielraum. Bei

Belichtungszeiten in ganzen und in Drittelstufen															
30	15	8	4	2	1	1/2	1/4	1/8	1/15	1/30	1/60	1/125	1/250	1/500	1/1000
20	10	5	2,5	1,3	0,6	0,3	1/6	1/13	1/25	1/50	1/100	1/200	1/400	1(800	
25	13	6	3,2	1,6	0,8	0,4	1/5	1/20	1/40	1/80	1/160	1/320	1/640		

▲ *Die Tabelle zeigt die möglichen Werte für die Belichtungszeit in ganzen und in Drittelstufen.*

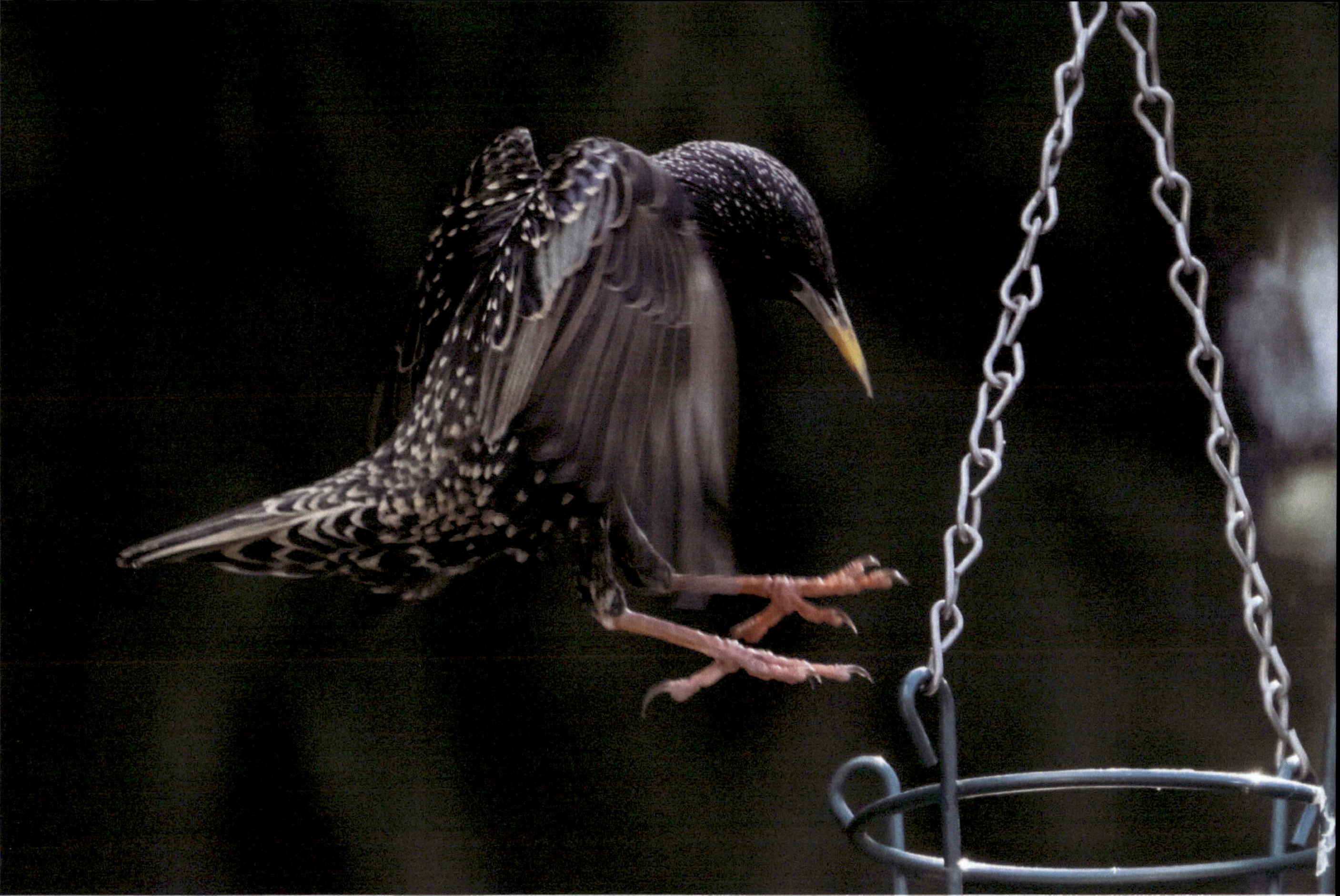

▲ ▶ *Bei gleicher Blende und Empfindlichkeit bestimmt die Verschlusszeit, wie viel Licht auf den Sensor fällt und wie hell oder dunkel ein Motiv wird. Je länger die Belichtungszeit, desto grösser ist die Gefahr, dass Motive verwackeln oder Bewegungen verschwimmen. Das Foto des Stars wurde mit 1/1250 Sekunde aufgenommen, die Meise mit 1/200 Sekunde, was für ein scharfes Bild schon deutlich zu lang ist.*

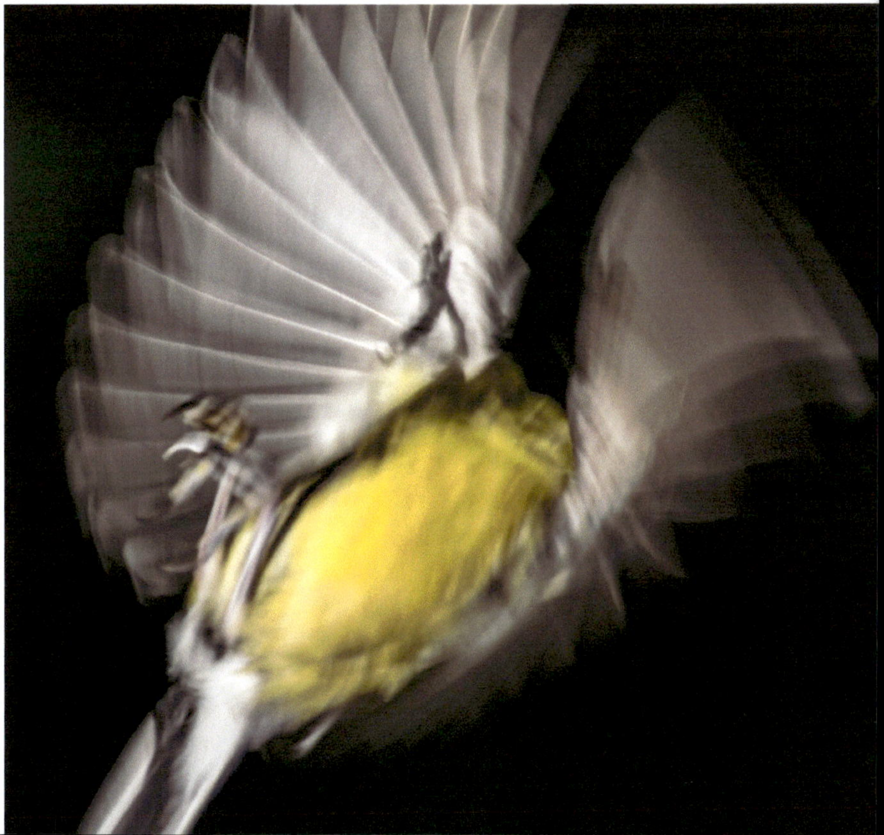

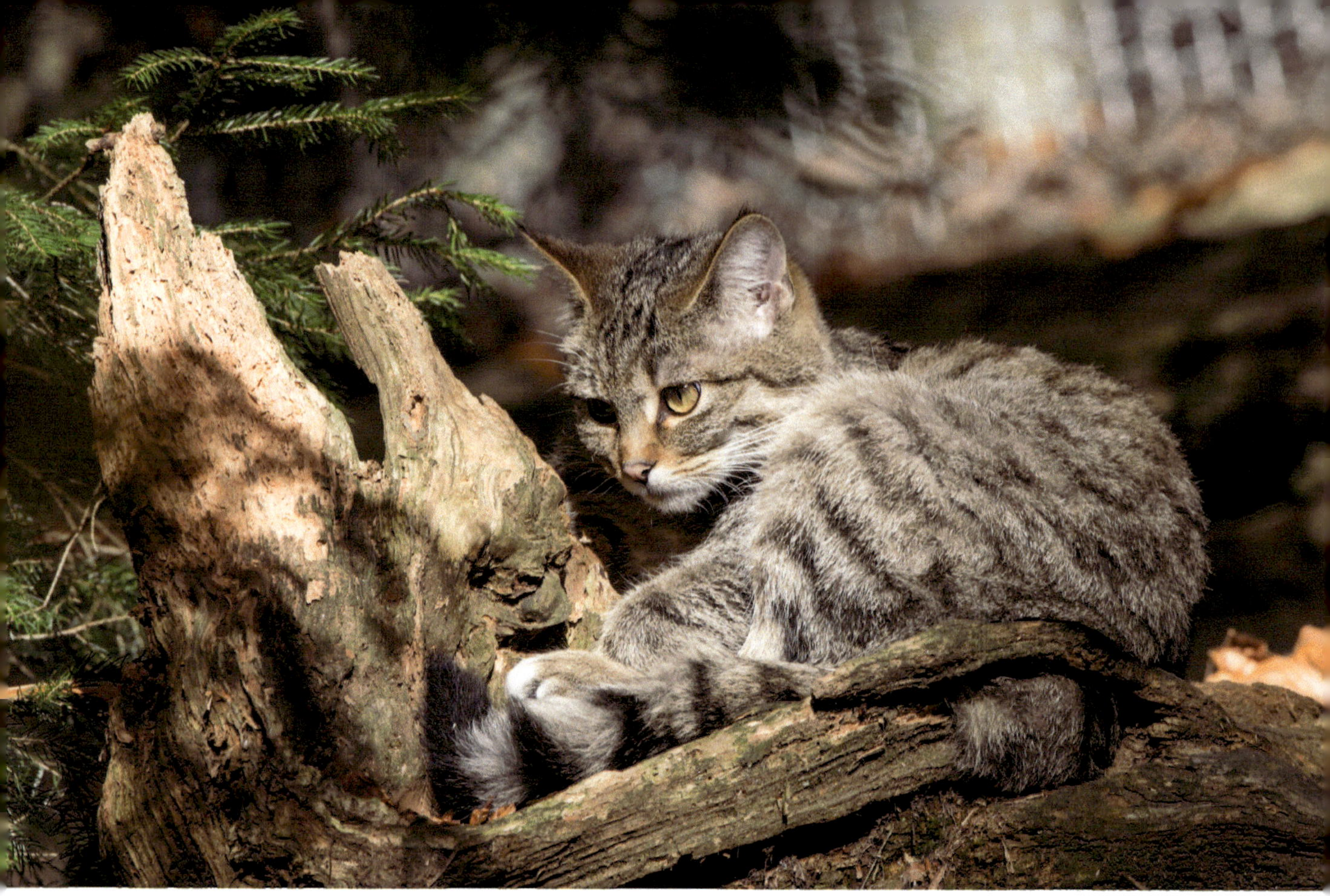

▲ *Je länger die Brennweite ist – hier waren es 400 mm –, desto kürzer sollte die Belichtungszeit sein. Denn je länger die Brennweite, desto stärker wirken sich schon kleinste Bewegungen von Kamera oder Motiv aus, und die Aufnahmen werden unscharf.*

Verschluss

Der Verschluss ist ein Bauteil der Kamera, der die Belichtungszeit steuert. Es gibt mechanische und elektronische Verschlüsse bzw. eine Kombination aus beiden. Beide Systeme machen im Grunde dasselbe, sie öffnen für einen festgelegten Zeitraum den Blick des Sensors durch das Objektiv. Es fällt also für den genannten Zeitraum Licht durch die Blende, sodass der Sensor Licht (Lichtmenge, Farben) erfasst.

Bildstabilisator

Immer mehr aktuelle Kameras haben einen eingebauten Bildstabilisator (engl. IBIS, *In-Body Image Stabilizer*). Er sorgt dafür, dass Bewegungen der Kamera, die der Fotograf verursacht, ausgeglichen werden. Die Gefahr zu verwackeln, ist also nicht so groß, und es sind auch beim Freihandfotografieren längere Belichtungszeiten möglich. Erwarten Sie keine Wunder von einem solchen Stabilisator, schalten Sie ihn aber trotzdem immer ein, wenn Sie ohne Stativ arbeiten.

50 mm Brennweite ließe sich z. B. auch noch mit 1/10 Sekunde aus der Hand fotografieren, wenn sich Ihr Motiv nicht bewegt.

Basiswissen ISO-Empfindlichkeit

Die **ISO-Empfindlichkeit** ist sozusagen ein Maß für die Mindestlichtmenge, die der Sensor zur Bilderzeugung benötigt. Als internationale Maßeinheit wird die Empfindlichkeit in ISO (engl. *International Organization for Standardization*) angegeben. Diese Größe setzt sich aus dem historischen amerikanischen System ASA (engl. *American Standard Association*) und einer alten deutschen DIN-Angabe zusammen, z. B. ISO 100/21. Bei dieser Angabe entspricht die Empfindlichkeit den amerikanischen 100 ASA, gleichbedeutend mit 21 DIN alter deutscher Größe. Die Angabe ISO 100/21 wird oft auf ISO 100 verkürzt.

Je nach Kamera kann die Empfindlichkeit deutlich höher liegen. Für die Praxis sollten Sie vor allem zwei Dinge wissen: Je höher die Empfindlichkeit, desto weniger Licht wird bei gleicher Blende und Belichtungszeit für eine korrekte Belichtung benötigt. Außerdem steigt mit höherer Empfindlichkeit das Bildrauschen, was je nach Stärke des Rauschens ein Kriterium für schlechtere Bildqualität sein kann.

ISO-Empfindlichkeit							
100	200	400	800	1600	3200	6400	12800

▲ *Hier die einfache Reihe heute üblicher ISO-Größen.*

▼ *Diese Ansicht, Am Platzl in München, wurde mit ISO 800 aufgenommen, da das vorhandene Kunstlicht ausreichte. Von Bildrauschen keine Spur.*

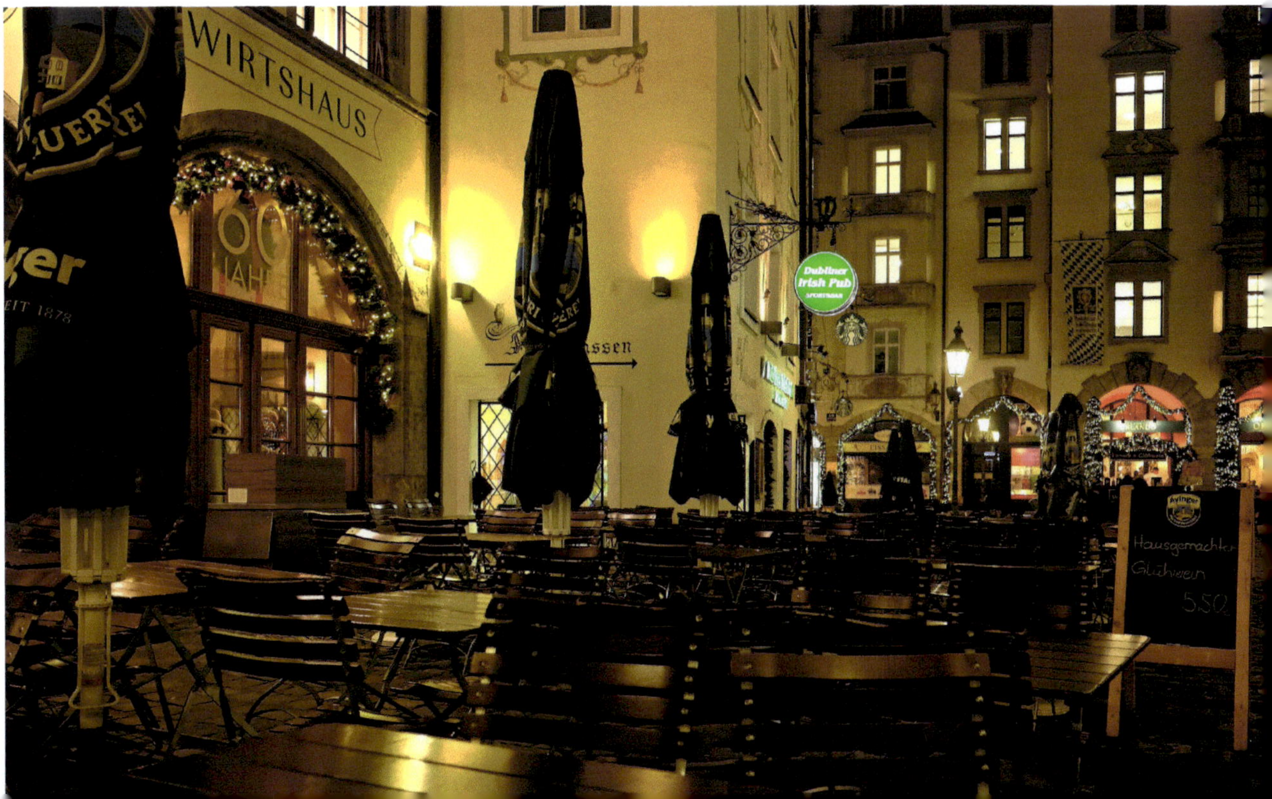

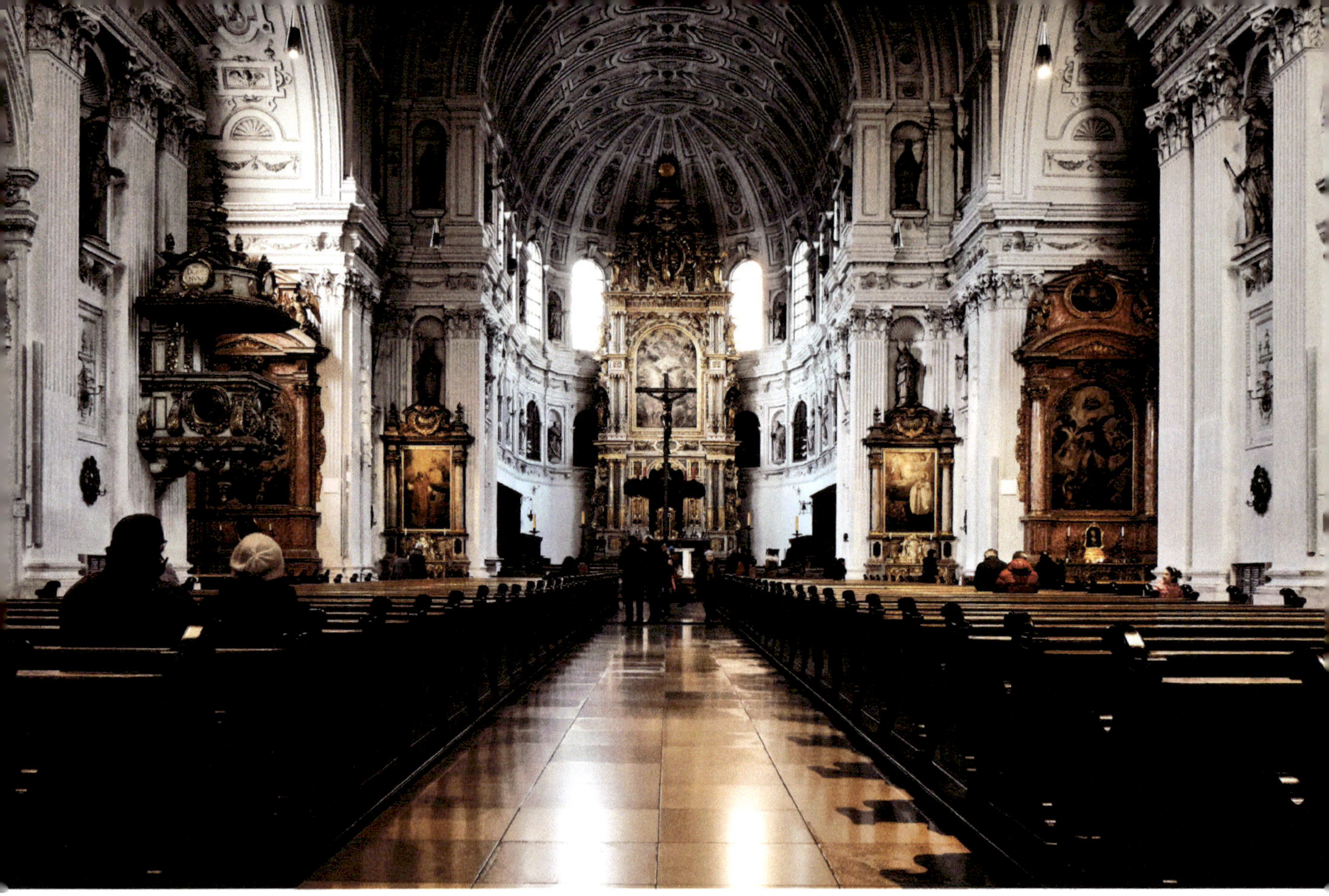

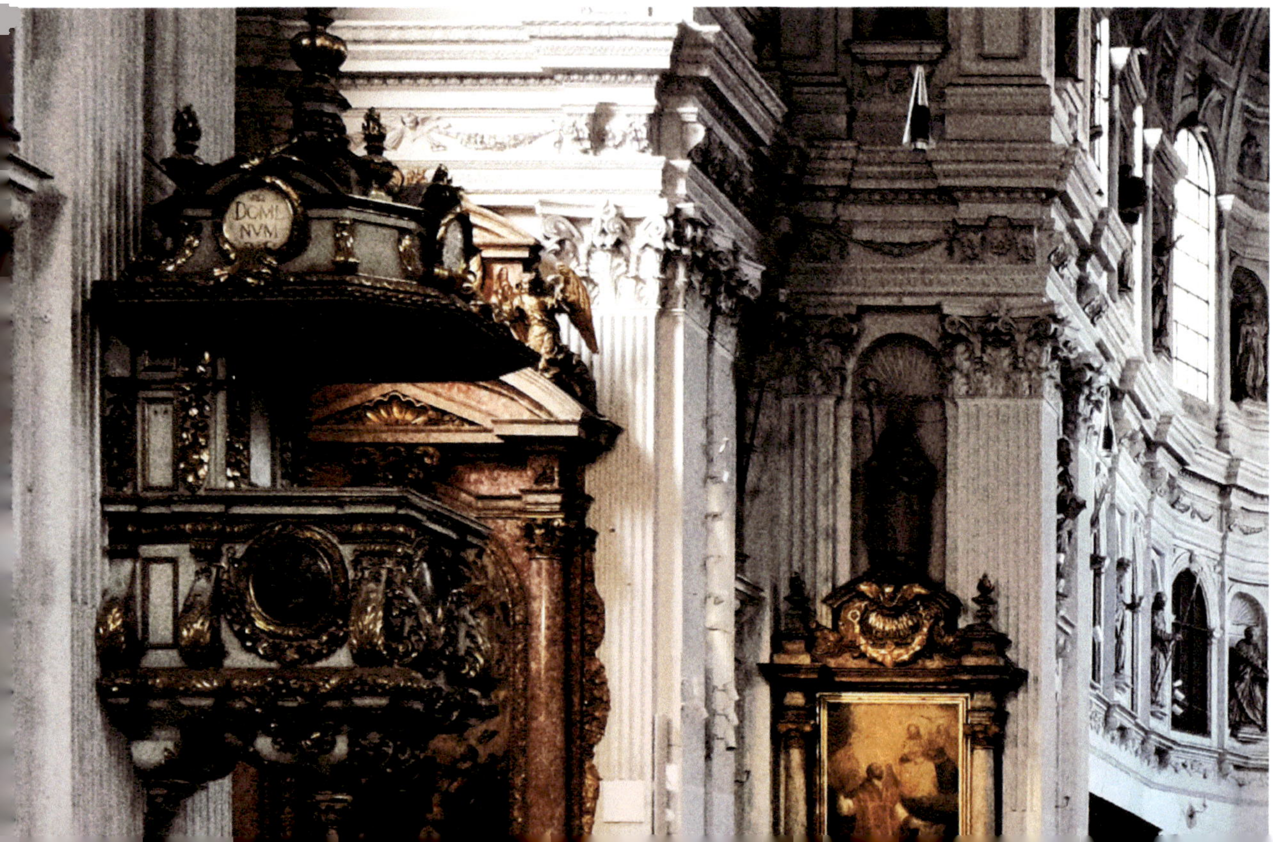
DOMI
NVM

Je höher der ISO-Wert, desto höher ist die Empfindlichkeit und desto geringer die erforderliche Mindestlichtmenge. Aktuelle Kameras haben meist als geringste Empfindlichkeit ISO 200 und eine höchste jenseits von ISO 12800. Eine Verdopplung der Maßzahl bedeutet auch eine Verdopplung der Empfindlichkeit. Die Verdopplung entspricht einer Verkleinerung der Blende um eine Blendenstufe bei der Kamera bzw. andersherum einer Halbierung der notwendigen Belichtungszeit.

Das bedeutet zum Beispiel: Bei schlechten Lichtverhältnissen, die nur eine sehr lange Belichtungszeit erlauben, kann man entweder die Blende öffnen, um mehr Lichteinfall zu bekommen, oder die Empfindlichkeitseinstellung erhöhen, um die Belichtungszeit entsprechend verkürzen zu können.

Wann das Rauschen beginnt

Die folgenden Ausschnittvergrößerungen zeigen deutlich, wie gut die Fotos selbst bei hoher Empfindlichkeit sind. Sogar mit ISO 3200 lassen sich, eine korrekte Belichtung vorausgesetzt, noch qualitativ brauchbare Fotos schießen. Die ISO-Einstellungen 6400, 12800 und höher sind eigentlich nur im Notfall sinnvoll, da das Rauschen hier bereits sehr deutlich wird.

▲ *Und genau diese Aufnahme zeigt einen solchen Notfall in der Jesuitenkirche St. Michael in der Münchner Innenstadt. Aufgenommen mit der Zeitautomatik A und der ISO-Automatik. Blende 5.6, Belichtungszeit 1/55 Sekunde, ISO 6400.*

◄ *Der Bildausschnitt zeigt, was ab ISO 6400 passiert. Das Rauschen ist deutlich sichtbar und ziemlich stark. Ob das Rauschen stört, muss jeder Fotograf selbst entscheiden.*

Im Belichtungsdreieck

Belichtung bedeutet, dass man etwas ablichtet oder etwas mit Licht bestrahlt. Am Anfang der Fotografie wurde lichtempfindliches Material belichtet, also quasi mit Licht bemalt. Heute fängt ein elektronisches Bauteil, der Sensor, Licht ein und schickt es an einen Bildprozessor, der aus den Informationen des Sensors ein Bild erzeugt. Das Wort Fotografie hat seinen Ursprung in der griechischen Sprache und heißt übersetzt „Malen mit Licht".

Spielerisch könnte der Fotograf zwar den Lichtpinsel (eine Taschenlampe) in die Hand nehmen und ein Motiv mit Licht bemalen, die Kamera ist aber trotzdem immer ein passives Medium, das das vom Motiv reflektierte Licht einsammelt. Den aktiven Part übernimmt der Fotograf, indem er Licht für sein Motiv interpretiert, manipuliert und somit gestaltet. Die Belichtung ist also ein technischer Vorgang, der bei der Gestaltung eines Fotos nur den letzten Schritt darstellt.

Für eine technisch richtige Belichtung müssen die drei Werte **Blende**, **Belichtungszeit** und **ISO** zusammenpassen. In den meisten Fällen der kreativen Fotografie wählt man einen festen ISO-Wert vor und stellt dann Belichtungszeit und Blende so ein, dass eine bestimmte Wirkung erzielt wird. Bei gegebener ISO-Empfindlichkeit muss das Größenpaar Blende/Belichtungszeit in einem bestimmten Verhältnis zueinander stehen.

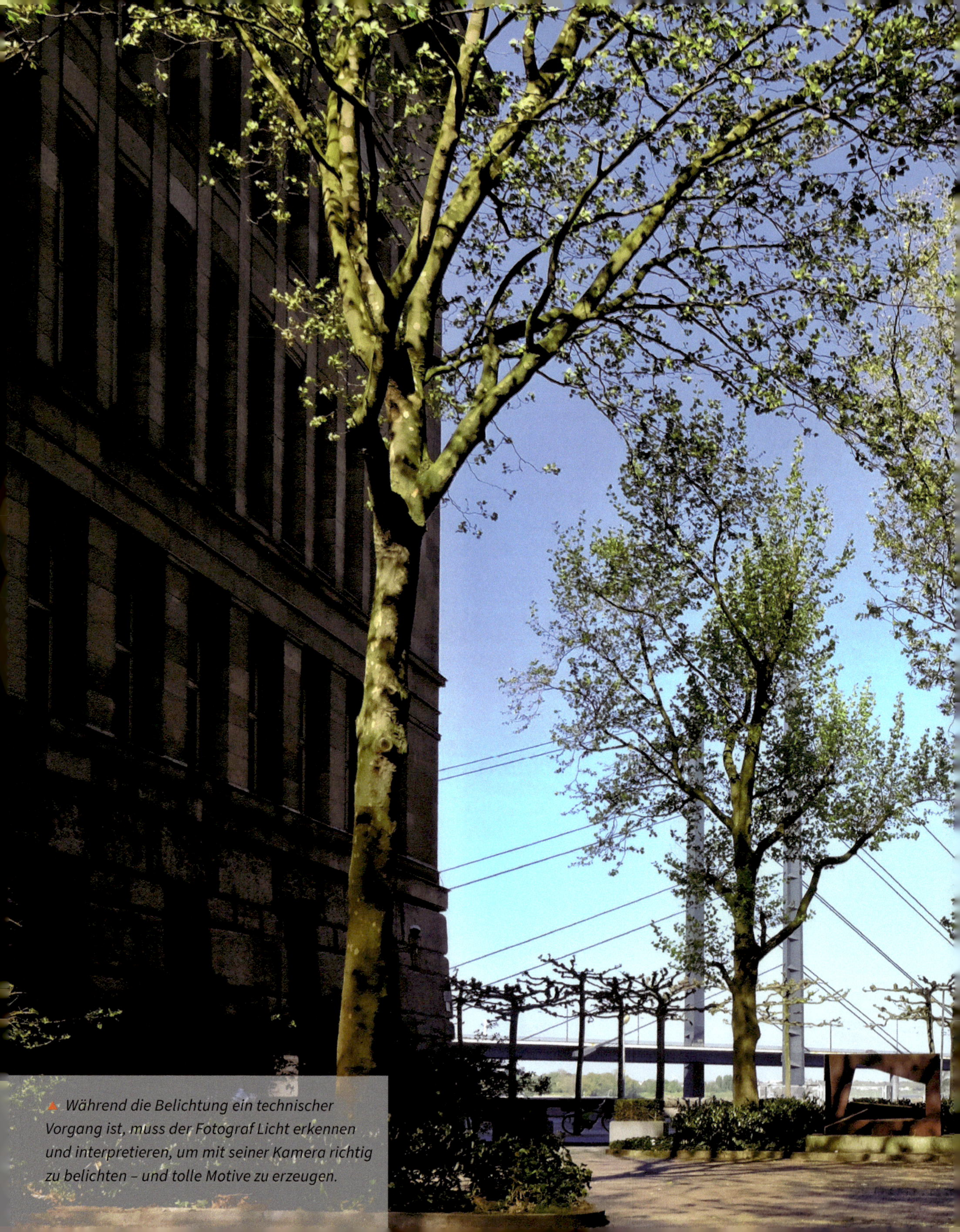

▲ Während die Belichtung ein technischer Vorgang ist, muss der Fotograf Licht erkennen und interpretieren, um mit seiner Kamera richtig zu belichten – und tolle Motive zu erzeugen.

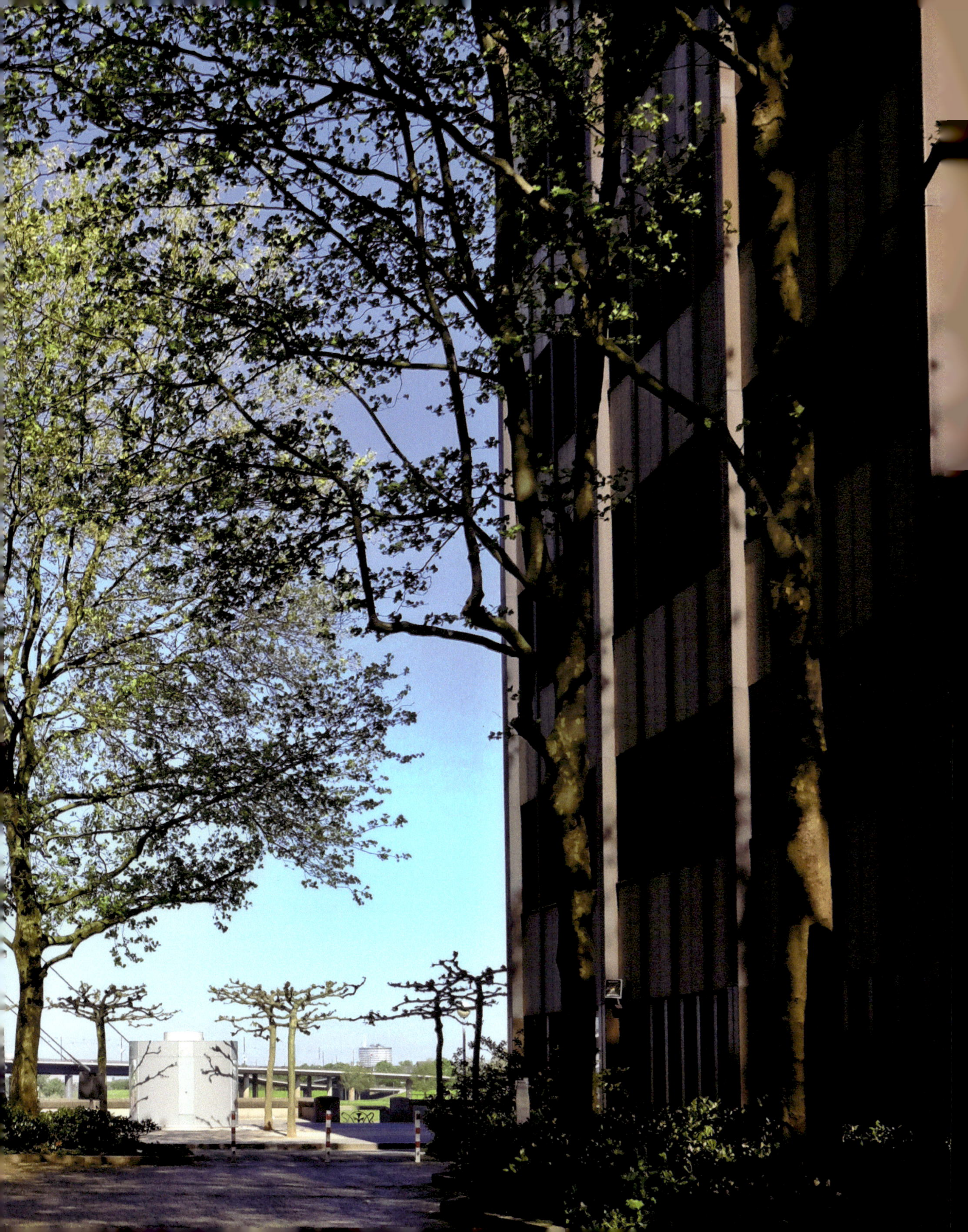

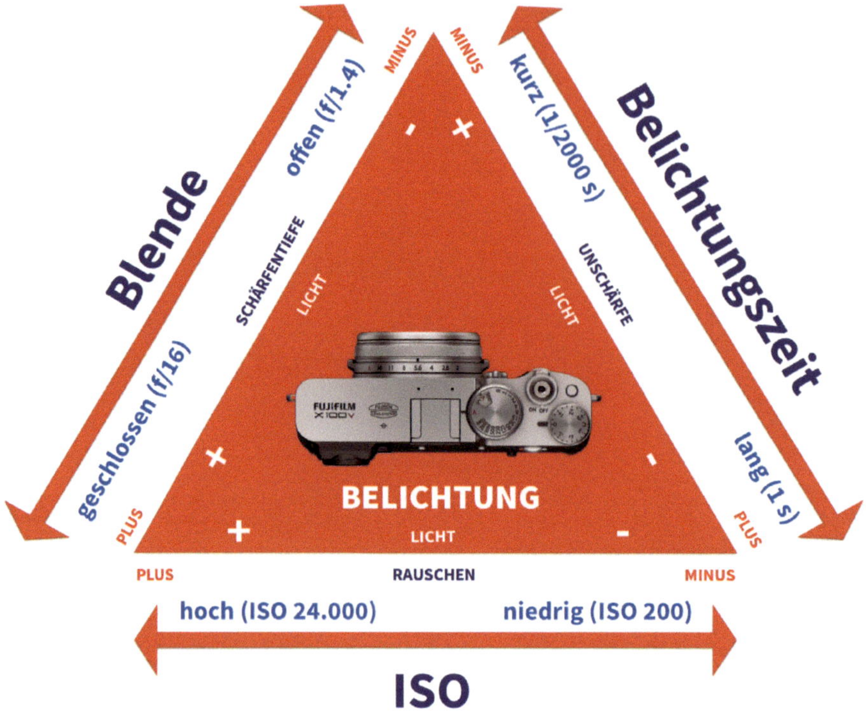

▲ *Das Belichtungsdreieck: Blende, Belichtungszeit und ISO im Zusammenspiel.*

Zwei wichtige Aspekte bei der Wahl von Blende und Belichtungszeit müssen Sie immer im Hinterkopf behalten:

- Aus der Wahl der **Blende** resultiert die Ausdehnung der Schärfentiefe.
- Bei der Wahl der **Belichtungszeit** ist der wichtigste Aspekt die Bewegung.

Zusammenspiel von Blende und Zeit

Sobald Sie auf den Auslöser Ihrer Kamera drücken, wird vor dem Sensor der Verschluss geöffnet, und durch die Blende hindurch fällt Licht auf den Sensor. Dieser nimmt das auftreffende Licht für jeden einzelnen Bildpunkt auf und leitet es an den Prozessor der Kamera zur Aufbereitung und Speicherung weiter.

Um ein korrekt belichtetes Foto zu bekommen, müssen Belichtungszeit (das Zeitintervall, in dem Licht durch das Objektiv auf den Sensor fallen kann) und Blende (Öffnung mit bestimmtem Durchmesser, durch die das Licht einfällt) präzise aufeinander abgestimmt sein. Nur bei jeweils ganz bestimmten Blende-Zeit-Paaren stimmt die Belichtung. Das bedeutet für den bewussten Einsatz von Blende und Belichtungszeit:

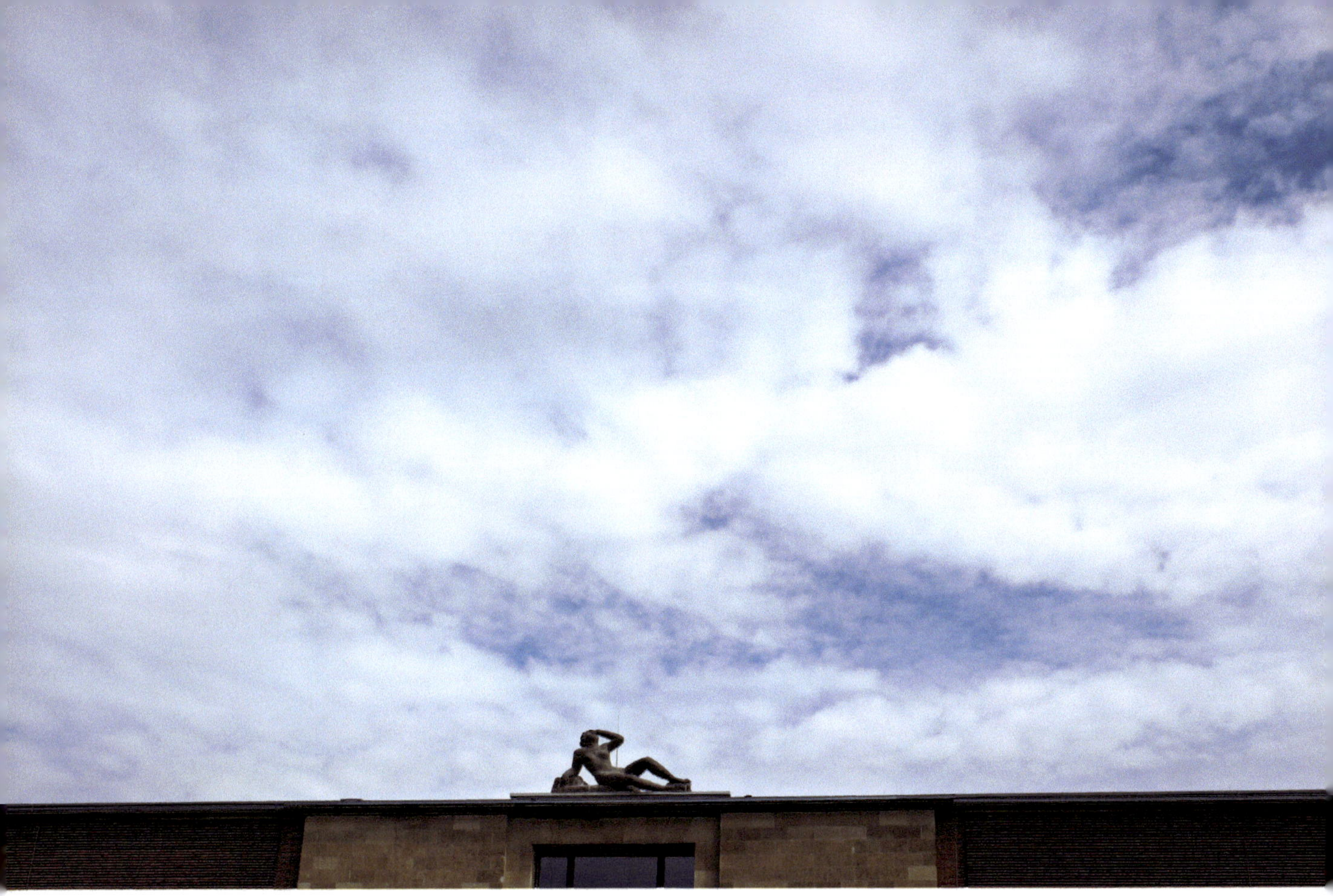

▲ *Mit Motiven, deren Helligkeit ausgewogen ist, hat eine moderne Kamera keine Probleme und findet sicher die richtigen Belichtungswerte. Falls nicht, müssen Sie per Belichtungskorrektur eingreifen.*

Wird einer der beiden Werte für gestalterische Zwecke verändert, muss der andere Wert angepasst werden. Ist etwa für die korrekte Belichtung eines Motivs eine Blende von f/5.6 bei einer Belichtungszeit von 1/250 Sekunde nötig und wird die Blende auf f/2.8 vergrößert (ein kleinerer Blendenwert bedeutet eine Vergrößerung der Blendenöffnung), muss die Belichtungszeit auf 1/500 Sekunde verringert werden, da eine Blende von 2.8 wegen der größeren Öffnung mehr Licht auf den Sensor fallen lässt. In der Summe muss das auf den Sensor fallende Licht also gleich bleiben.

Exakte Belichtungswerte ermitteln

Die exakten **Belichtungswerte** werden ganz einfach von der Kamera ermittelt. Sobald Sie den Auslöser leicht antippen bzw. halb durchdrücken, ermittelt die Kamera die für eine korrekte Belichtung nötigen Werte. Je nachdem, wie die Kamera konfiguriert ist, werden ISO-Wert, Blende und Belichtungszeit so eingestellt, dass mit großer Wahrscheinlichkeit ein richtig belichtetes Bild entsteht. Während in analoger Zeit der Film die Empfindlichkeit vorgab, bieten heute viele Kameras die Möglichkeit, neben Blende und Belichtungszeit auch den ISO-Wert automatisch zu regeln. Eine zweischneidige Angelegenheit, denn je höher der ISO-Wert ist, desto verrauschter sind die Bilder. Gerade bei kleinen Kompaktkameras ist das Bildrauschen schon ab ISO 400 ein echtes Problem, wenn man qualitativ hochwertige Bilder haben möchte.

Kreativ und bewusst fotografieren

Wenn Sie kreativ und bewusst fotografieren möchten, schalten Sie die Vollautomatik ab und ein Belichtungsprogramm zur manuellen Steuerung von Blende und Belichtungszeit ein. Die Vollautomatik führt zwar auch zu akzeptablen Bildern, über den Charakter von dokumentarischen Schnappschüssen werden Ihre Aufnahmen aber auf Dauer nicht hinauskommen. Vergleichen Sie einmal Ihre Bilder mit denen von Profis. Sie werden sehen, dass professionelle Porträts, Landschafts- oder Architekturfotos ganz anders wirken, denn Profis setzen Blende und Belichtungszeit bewusst ein. Hinzu kommen Faktoren wie Licht, Brennweite und Farbgestaltung.

Insbesondere bei Porträts wird der Hintergrund verschwommen oder unscharf ab-

▼ *Mit der Blende wird die Schärfentiefe gesteuert. Hier liegt die Schärfe auf dem Birkenstamm. Je kleiner der Wert, desto knapper die Schärfentiefe. Bei automatischer Belichtung steuert die Kamera die Blende je nach Lichtmenge.*

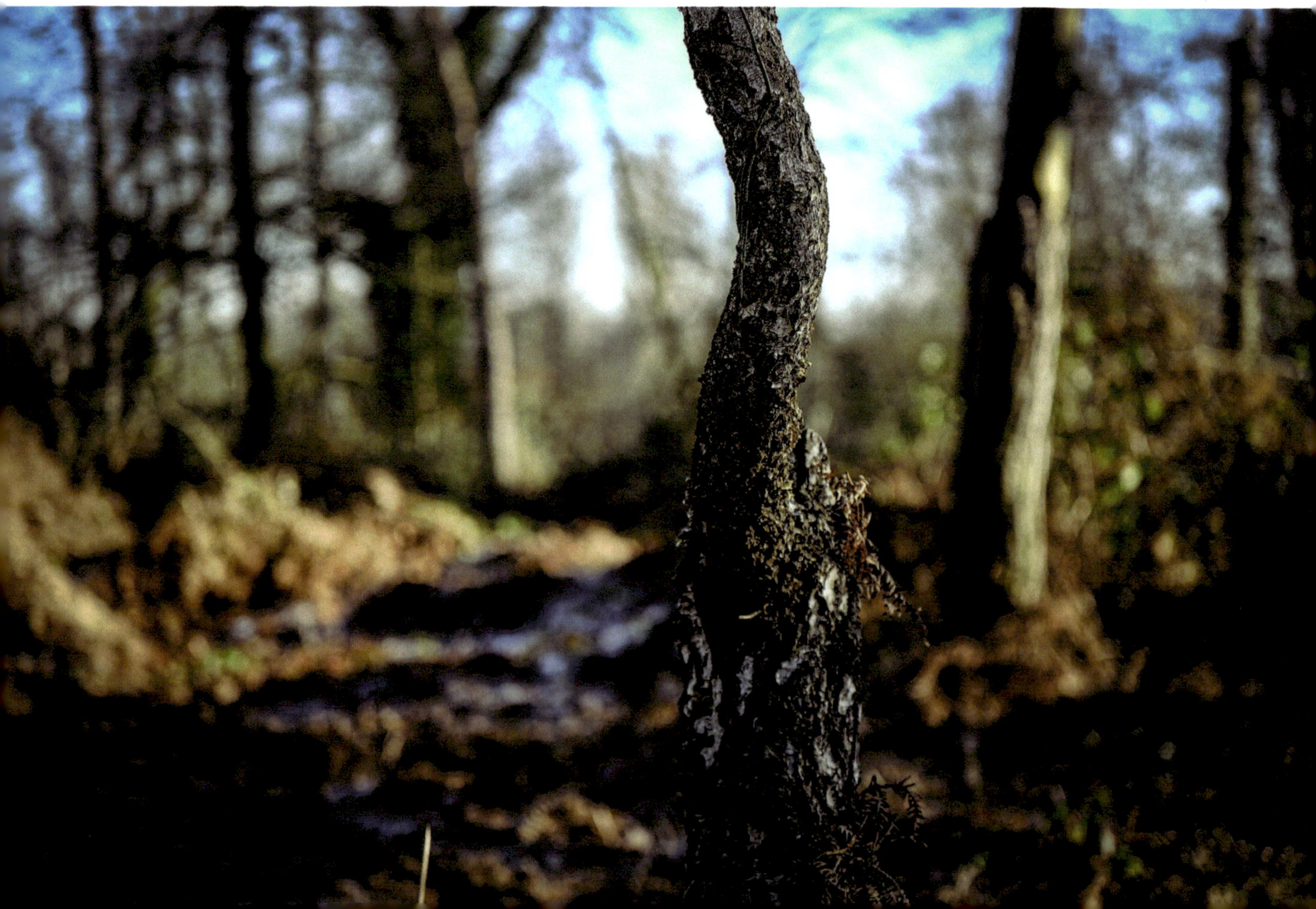

gebildet, damit er nicht vom Hauptmotiv ablenkt. Weil große Blendenöffnungen eine geringe Schärfentiefe verursachen, stellen Sie die Blende auf einen möglichst kleinen Wert von f/2.8 oder noch weniger und fotografieren mit mittlerer bis langer Brennweite. Machen Sie dann ein paar Aufnahmen und kontrollieren Sie sie am Bildschirm, um die Schärfentiefe beurteilen zu können. Ist sie zu gering und das Gesicht z. B. nicht ausreichend scharf, stellen Sie eine etwas kleinere Blende (mit größerem Blendenwert) ein, sodass die Schärfentiefe vergrößert wird.

Richtige Belichtungszeit einstellen

Die Wahl der richtigen Belichtungszeit ist von fundamentaler Bedeutung für die Qualität eines Fotos. Denn ist die Belichtungszeit zu lang, werden die Motive unscharf. Trotzdem ist die richtige Belichtungszeit kein absoluter Maßstab, sie hängt hauptsächlich von den Absichten des Fotografen ab. Man kann sehr lange Zeiten durchaus kreativ einsetzen, um Bewegungen bewusst zu verwischen und so Bewegung in einem Foto zu verdeutlichen.

Lichtwert, EV

Der Lichtwert entspricht der Menge Licht, die sich aus dem Zusammenspiel von Blende und Belichtungszeit ergibt. Die Abkürzung für den Lichtwert ist EV (engl. ***Exposure Value***). Tabellen mit Lichtwerten und Zeit-Blende-Kombinationen finden Sie in der Wikipedia unter der URL *https://de.wikipedia.org/wiki/Lichtwert*.

Wenn Sie z. B. einen moderat schnellen Radfahrer scharf abbilden möchten, muss die Belichtungszeit sehr kurz (1/1000 Sekunde oder kürzer) sein. Soll aber die Action im Bild zu sehen sein, kann man es auch mit längeren Zeiten versuchen und Fotos erzeugen, die mit der Bewegungsunschärfe spielen.

Belichtungsautomatiken

Die Vollautomatik nimmt Ihnen alle Entscheidungen bezüglich der Belichtungseinstellungen komplett ab. Sie können sich also voll und ganz darauf konzentrieren, wie Sie die Motive im Bild anordnen, oder einfach Schnappschüsse machen. Um die technischen Aspekte zur Belichtung kümmert sich die Kamera. Nahezu jedes Modell hat zumindest eine Vollautomatik und dazu eine Auswahl an **Motivprogrammen**. Zu den am häufigsten angebotenen zählen Landschaft, Porträt, Nacht und Sport. Eingestellt werden die Motivprogramme meist mit dem Wahlrad auf der Kameraoberseite.

Vollautomatik einsetzen

In der **Vollautomatik** entscheidet die Kamera, welche Blende, welche Belichtungszeit, welche Empfindlichkeit und welcher Weißabgleich (Farbwiedergabe) am wahrscheinlichsten zum Ziel führen. Die Belichtungszeit ist ein wichtiger Aspekt, da Sie schließlich keine verwackelten Bilder wollen. Die Belichtungszeit wird die Kamera also immer so wählen,

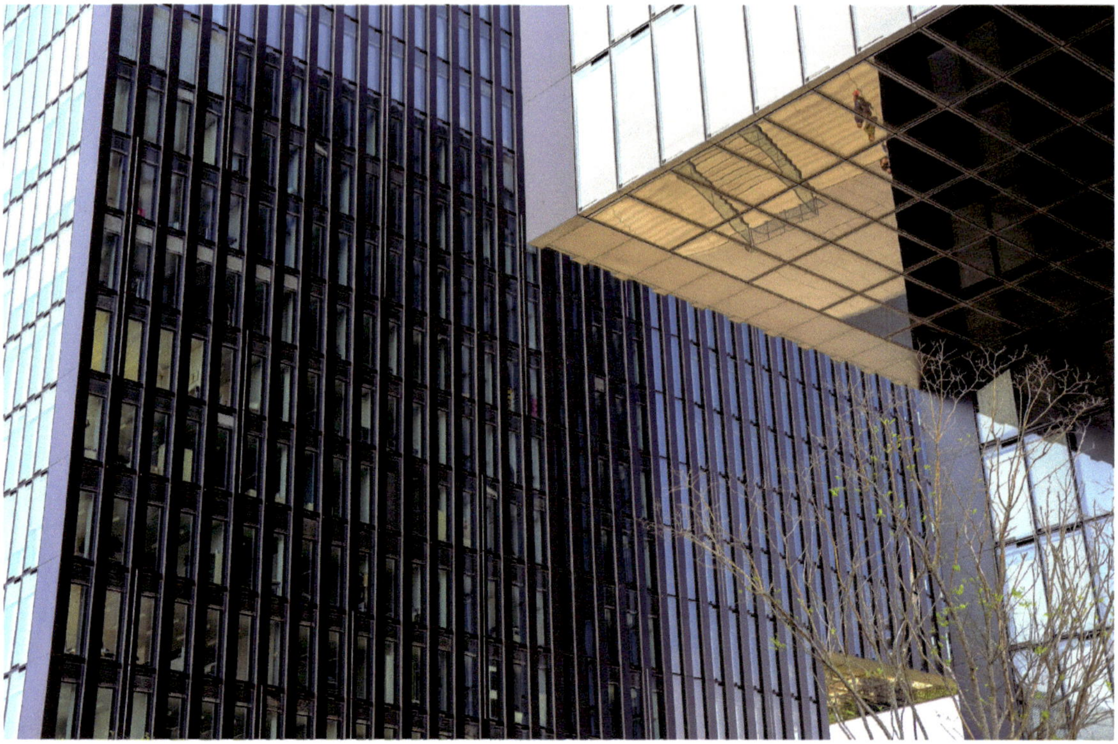

▲ *Schnappschüsse im Vorbeigehen macht man, wenn die Lichtverhältnisse nicht zu kompliziert sind, am besten mit der Vollautomatik.*

dass sie zur gewählten Brennweite passt und Sie auch aus der Hand fotografieren können. Passend dazu wird die Kamera eine relativ kleine Blendenöffnung wählen, um möglichst viel Schärfentiefe zu erzeugen.

Als letzter Wert wird die Empfindlichkeit automatisch eingestellt, wobei die Werte nicht allzu hoch werden, um Bildrauschen zu vermeiden.

Falls Ihre Kamera mit einer intelligenten Vollautomatik ausgestattet ist, erkennt diese anhand einer integrierten Motivdatenbank sogar, welches Motiv Sie gerade fotografieren, und stellt entsprechende Werte ein. Erkennt die Kamera eine Landschaft, wird sie einen dementsprechend anderen Blendenwert wählen als bei einem Porträt, um die Schärfentiefe zu steuern.

Motivprogramm Porträt

Die **Motivprogramme** sind die Alternativen zur Vollautomatik. Fast jede Consumer-Kamera hat solche Programme im Angebot, die man für bestimmte fotografische Situationen verwenden kann und die ähnlich wie die Vollautomatik funktionieren. Je nach Motiv setzen sie bei den Einstellungen unterschiedliche Schwerpunkte

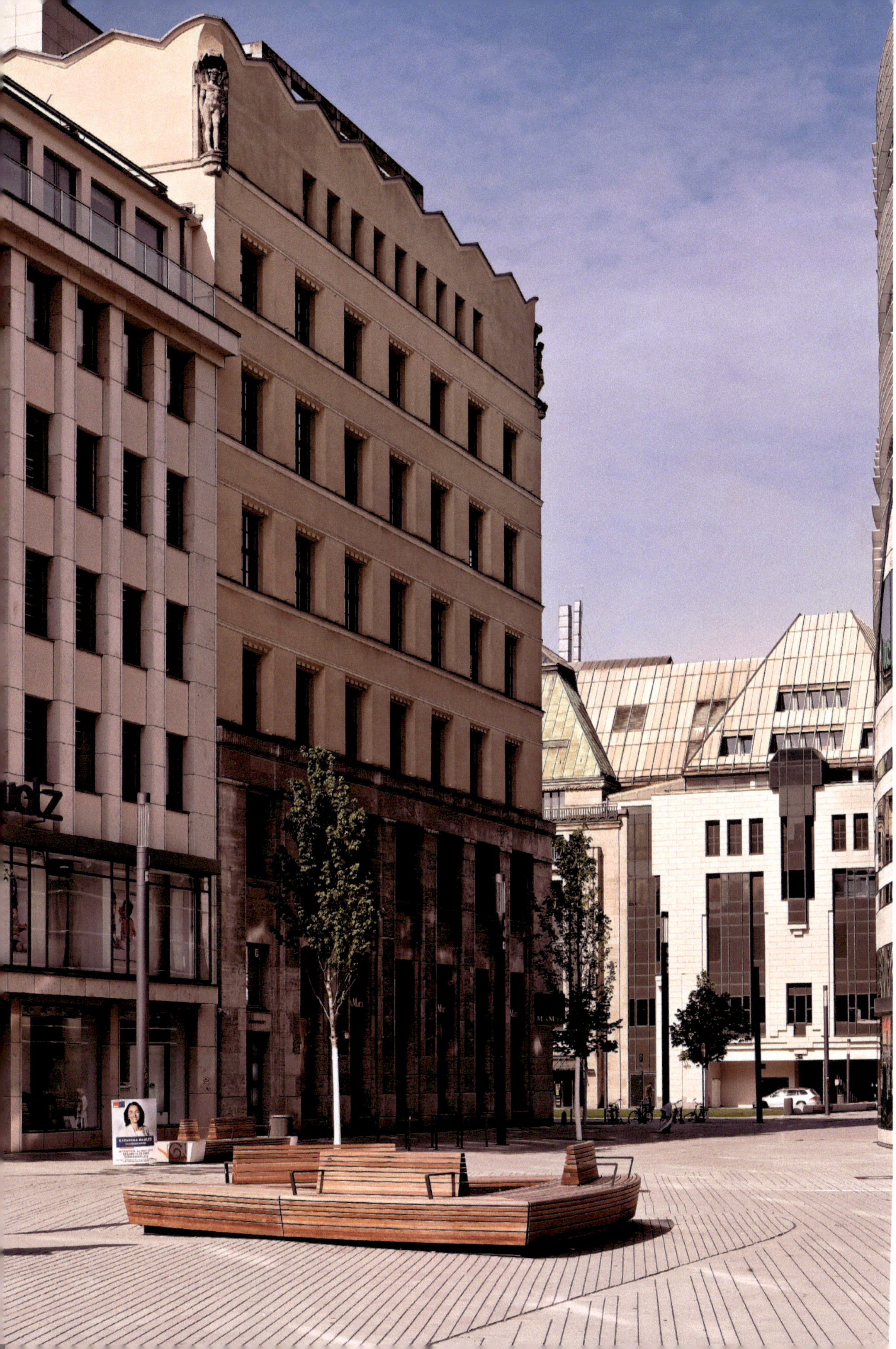

◀ *Ein Fall für die Vollautomatik. Gesamtansichten von Gebäuden lassen sich meistens sehr gut mit den Automatikprogrammen fotografieren.*

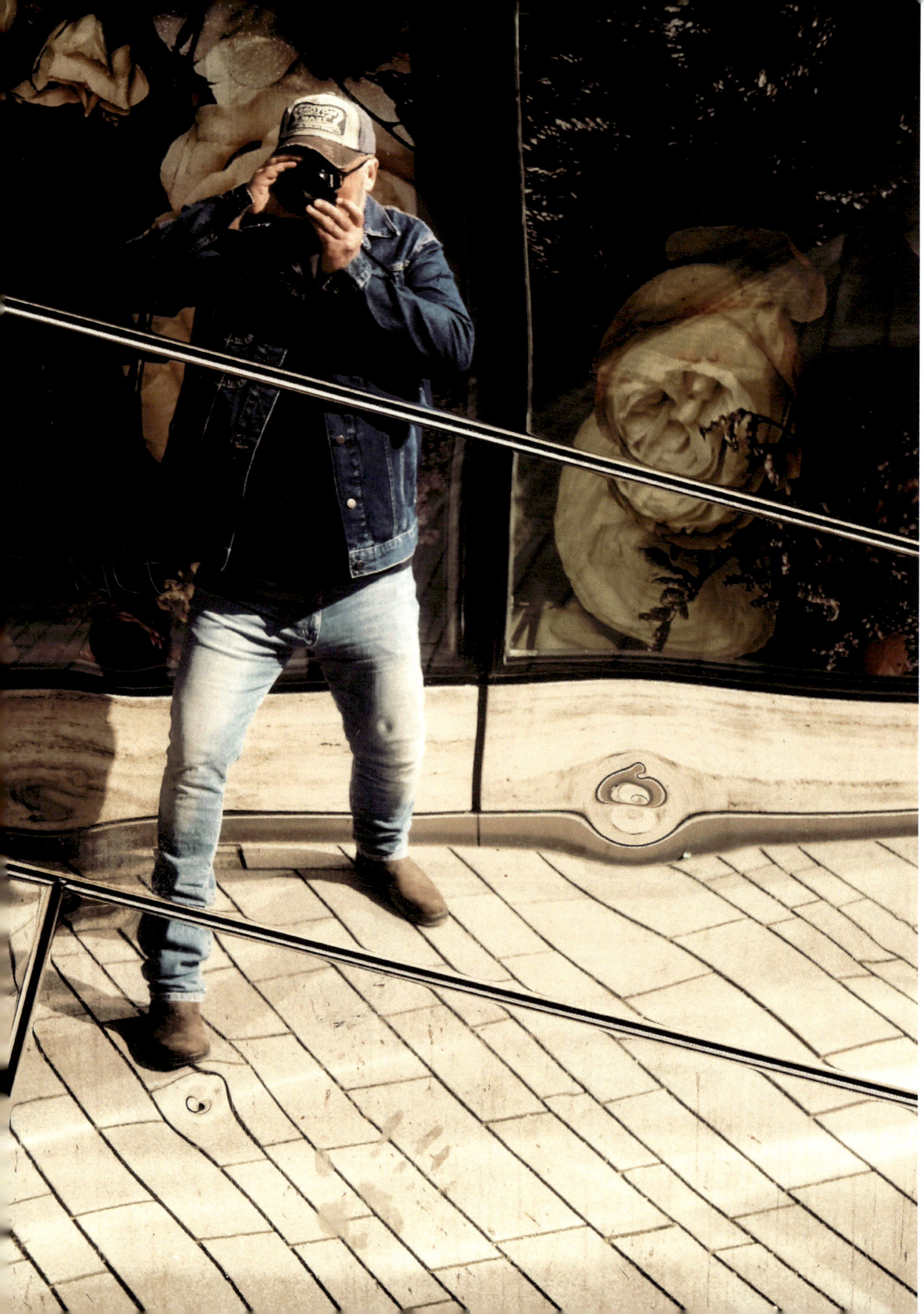

und stellen z. B. eher eine große Blende oder eine kurze Belichtungszeit ein. Im Folgenden erhalten Sie einen Überblick über die wichtigsten Motivprogramme.

Mit dem Porträtprogramm wählt die Kamera eine möglichst kleine Blende, um die Schärfentiefe zu reduzieren. Die Augen bzw. das Gesicht sollten sehr scharf sein und die Farben eher warm, um der Haut zu schmeicheln. Die Brennweite sollte im mittleren Telebereich liegen (ca. 85 bis 100 mm), um die Gesichtsform natürlich abzubilden. Da sich der Betrachter beim Porträt auf das Gesicht und die Augen konzentrieren soll – Ausnahmen bestätigen die Regel –, ist eine möglichst geringe Schärfentiefe sinnvoll. Das bedeutet, der Hintergrund muss möglichst unscharf sein, um nicht vom Menschen abzulenken. All das berücksichtigt die Kamera (bis auf die Brennweite, die Sie selbst einstellen müssen), wenn mit dem Porträtprogramm fotografiert wird.

Wichtigste Einstellung: Die Blende wird möglichst weit geöffnet (kleiner Blendenwert), weil dadurch die Schärfentiefe reduziert wird. Die große Blendenöffnung hat einen schönen Nebeneffekt, der für verwacklungsfreie Aufnahmen sorgt: Durch die große Öffnung kann die Belichtungszeit sehr klein gehalten werden, weil sehr viel Licht durchs Objektiv auf den Sensor fällt. Wenn Sie bei wenig Licht fotografieren, erhöht die Kamera automatisch die Empfindlichkeit (ISO) und schaltet, falls nötig, auch noch den Blitz ein. Denn schließlich hat die Verwacklungsfreiheit oberste Priorität.

◀ Haben Sie einen Menschen vor der Kamera (oder sich selbst) und sind die Lichtverhältnisse unproblematisch, können Sie sich in der Regel auf das Motivprogramm für Porträts verlassen.

Falls die Kamera Farbeffekte oder -stile unterstützt, wird sie die Farben des Motivs etwas in Richtung Gelb/Rot verschieben, um die Haut angenehmer darzustellen. Natürlich können Sie alle diese Einstellungen auch manuell vornehmen – dazu müssten Sie jedoch zunächst eine Probeaufnahme für die korrekten Belichtungswerte machen, bei Bedarf ISO-Wert, Blende und Belichtungszeit sowie falls möglich den Farbstil der Aufnahme manuell verändern, bei Bedarf den Blitz zuschalten und wären schließlich und endlich bereit für ein tolles Porträt. Da klappt's mit der Automatik doch wirklich weitaus bequemer.

Motivprogramm Landschaft

Bei Landschaftsaufnahmen achtet die Kamera automatisch auf ausgedehnte Schärfentiefe. Landschaftsaufnahmen sind meistens knackscharf vom Vordergrund bis zum Hintergrund, haben lebendige, satte Farben (oft etwas bläulich kühl) und zeigen – wenn überhaupt – nur minimales Bildrauschen. Mit dem Landschaftsprogramm, das auf dem Wahlrad bzw. im entsprechenden Kameramenü mit einer kleinen Gebirgskette symbolisiert wird, lassen sich in vielen Fällen ganz ausgezeichnete Fotos von Landschaften, Natur und Gebäuden machen – mit ein paar Einschränkungen.

Bei der Landschaftsfotografie kommt es wie gesagt auf ausgedehnte Schärfentiefe an. Dazu sind zwei Parameter entscheidend: Sowohl die

Brennweite als auch die Blende müssen möglichst klein sein. Bei der Blende bedeutet dies, dass der Blendenwert möglichst groß gewählt (f/11, f/16 etc.) wird. Die Brennweite stellen Sie natürlich selbst ein, aber um die Blende kümmert sich im Aufnahmeprogramm für Landschaften die Kamera.

Das Problem dabei: Weil die Blende sehr klein ist und somit wenig Licht auf den Sensor fällt, wird die Belichtungszeit je nach Lichtverhältnissen relativ lang ausfallen. Das kann zu Verwacklungen führen, daher ist ein Stativ sinnvoll. Ganz nebenbei: Sie können sich mit einem Stativ sowieso besser auf den Bildaufbau konzentrieren. Neben der Blende steuert die Kamera im Motivprogramm Landschaft je nach Modell noch die Farben und die Farbsättigung sowie die ISO.

Motivprogramm Sport

Im Sportprogramm reduziert die Kamera die Belichtungszeit so weit wie möglich, um auch schnellere Bewegungen scharf erfassen zu können. Bewegungen gut zu fotografieren, zählt eigentlich schon zur hohen Kunst der Fotografie. Das Frustpotenzial ist enorm

▼ *Schärfe von vorn bis hinten, knallige Farben und knackige Detailzeichnung. Mit dem Aufnahmeprogramm für Landschaften sind Sie auch in der Stadt meist gut beraten.*

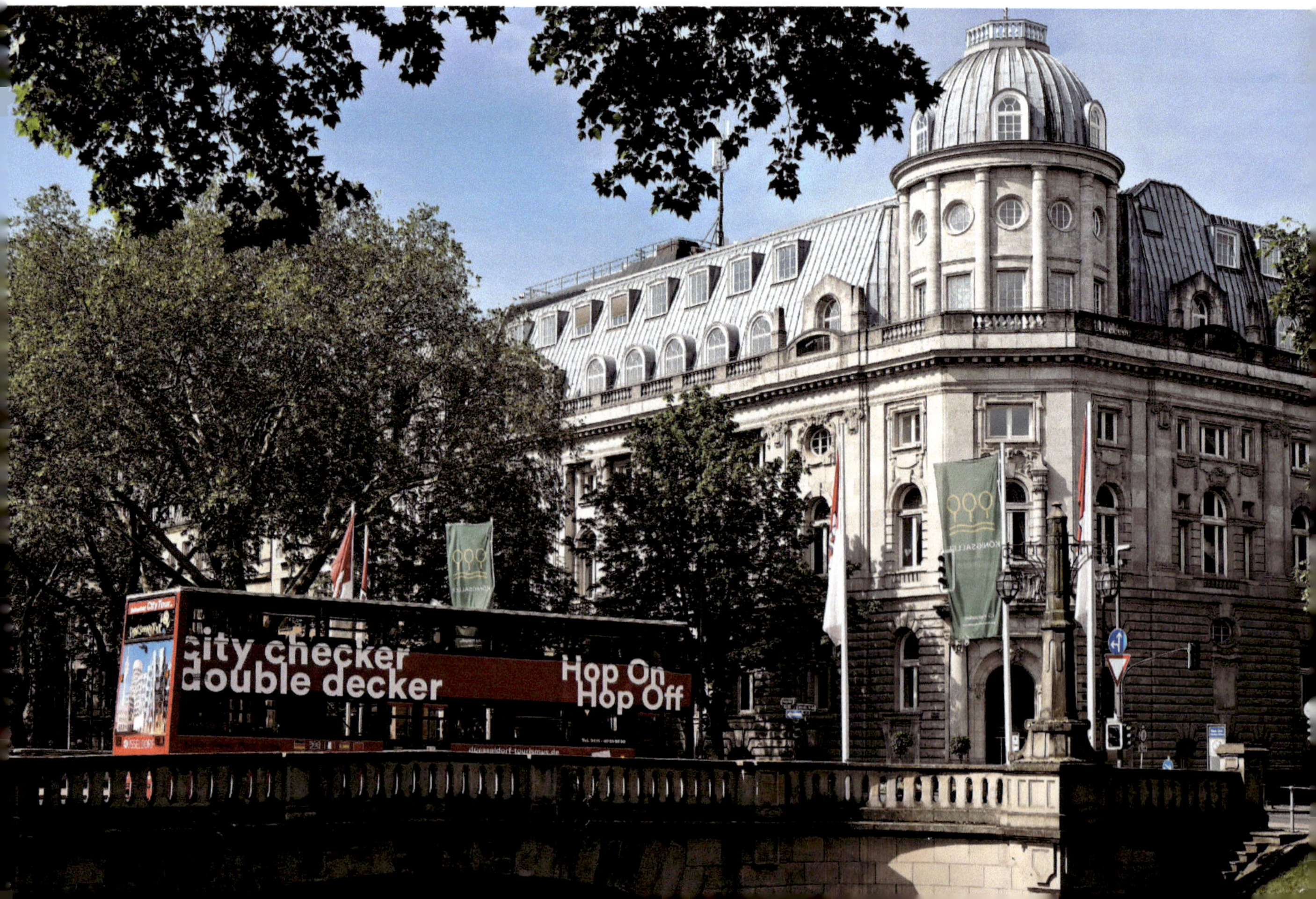

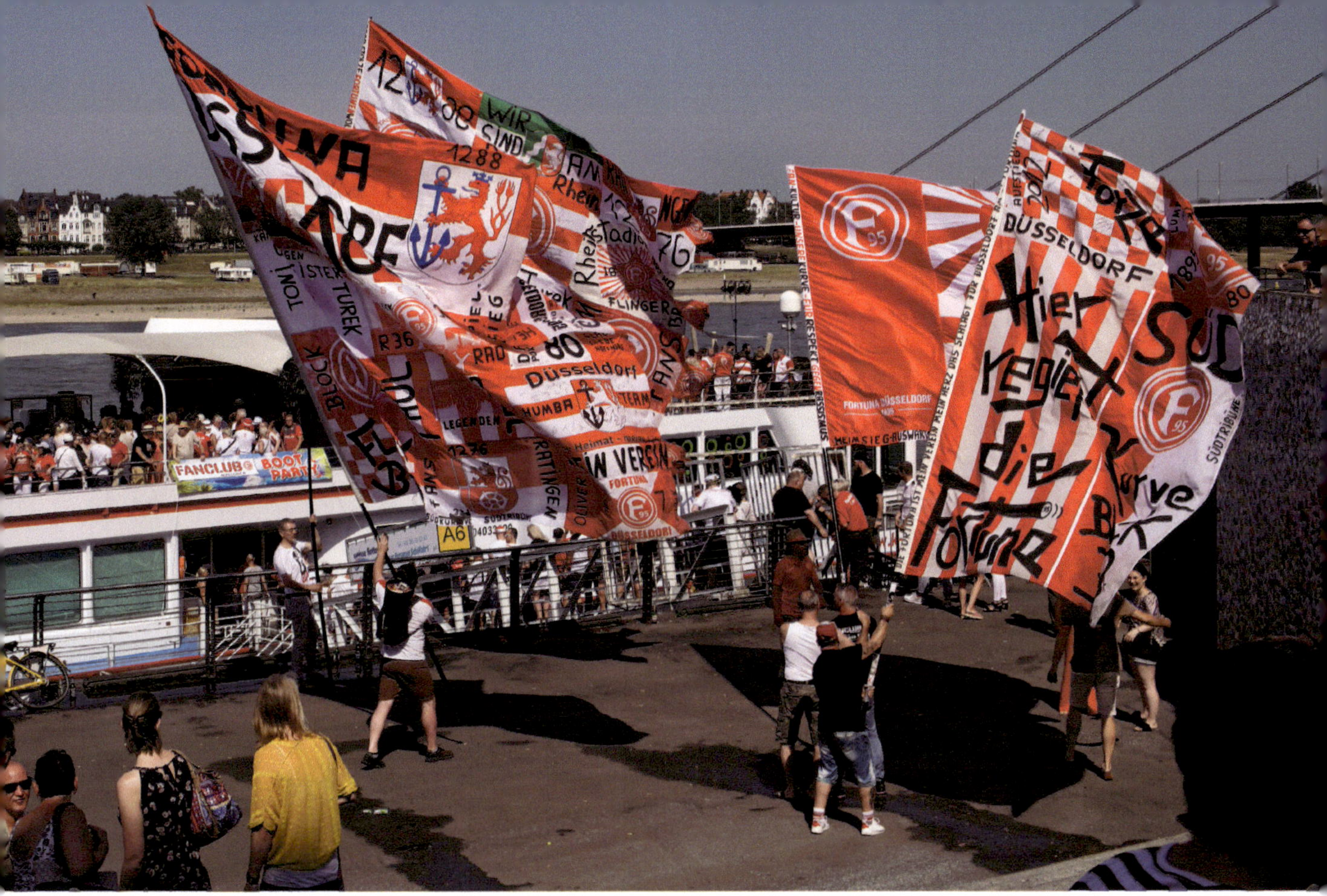

▲ *Wenn die Bewegungen nicht zu extrem sind, ist auch eine Amateurkamera mit dem Sportprogramm in der Lage, eine Fahnen schwenkende F95-Fangruppe scharf zu erwischen.*

hoch, weil viele Versuche notwendig sind, bis die Aufnahmen so werden, wie man sie sich vorstellt – wenn überhaupt. Man muss sich vorher gut überlegen, wie man die Bewegung darstellen möchte. Eigentlich ist es besser, die halb manuellen bzw. manuellen Aufnahmeprogramme zu verwenden, was einen Einsteiger jedoch mit ziemlicher Sicherheit überfordern würde. Deshalb gibt es ein spezielles Aufnahmeprogramm für sich bewegende Objekte wie Sportler, Radfahrer, Autos und – nicht zu vergessen – rennende oder spielende Kinder.

Um Bewegungen möglichst scharf zu erfassen, sind zwei Dinge wichtig: eine kurze Belichtungszeit und ein schneller, möglichst nachführender Autofokus. Für beides sorgt die Kamera. Dabei sollte man den Autofokus der eigenen Kamera im Blick behalten, denn von einer kleinen Kompaktkamera kann man nicht unbedingt erwarten, dass das Autofokussystem so schnell und zuverlässig reagiert wie das einer High-End-Kamera. Hier sind Besitzer von schnellen DSLRs und DSLMs samt lichtstarkem Objektiv klar im Vorteil.

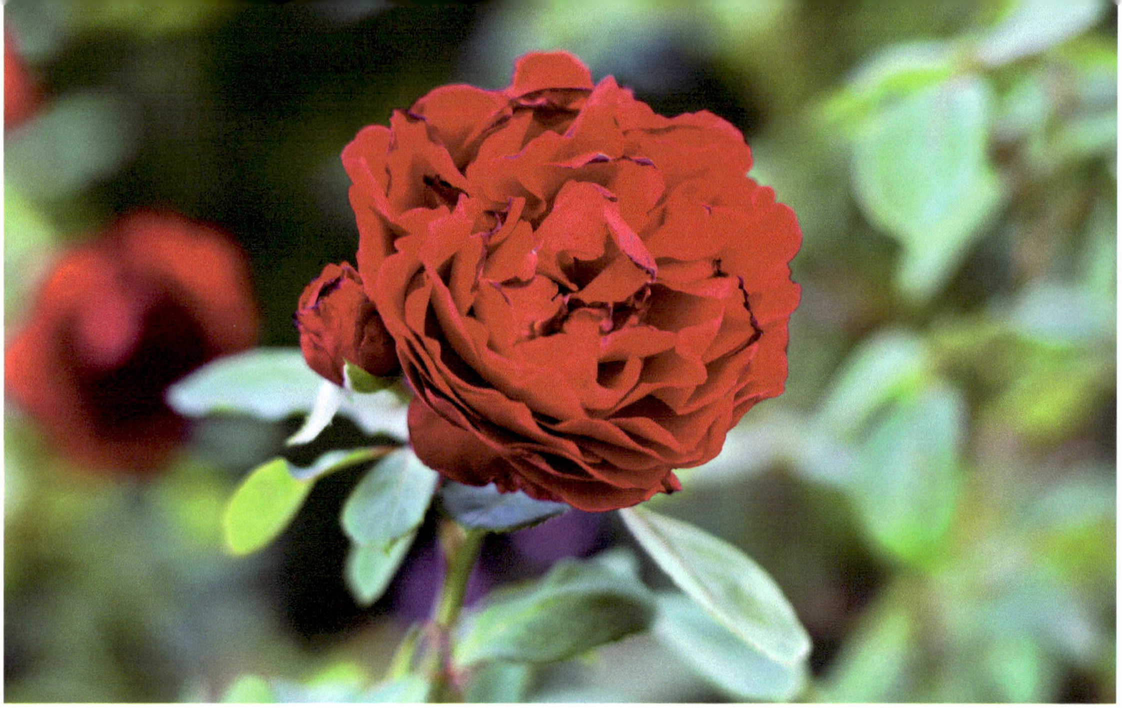

▲ *Ein typisches Motiv für das Makroprogramm.*

Und noch eine Anmerkung zur Belichtungszeit: Wenn sie sehr kurz ist, um Bewegungen einzufrieren, ist eine entsprechend große Blendenöffnung notwendig. Reicht die größtmögliche Blendenöffnung nicht aus, um schnelle Zeiten zu bekommen, wird die Empfindlichkeit automatisch erhöht, was je nach ISO-Wert zu kräftigem Bildrauschen führen kann. Aber wen interessiert schon Bildrauschen, wenn das Motiv vor Dynamik und Energie fast zu platzen scheint?

Motivprogramm Makro

Beliebt bei Naturfreunden: das Programm für Makroaufnahmen. Eine kleine Tulpe auf den Kameras weist seit Jahr und Tag auf dieses vollautomatische Programm hin, mit dem man sich an Blüten, Insekten und sonstige Winzigkeiten heranwagen kann. Der Makromodus ermöglicht Aufnahmen aus geringer Entfernung und sorgt im Prinzip für zweierlei: maximale Schärfentiefe und unverwackelte Bilder. Beide Parameter stehen sich leider gegenseitig im Weg – die kleine Blendenöffnung für große Schärfentiefe bedingt sehr lange Belichtungszeiten, was zu verwackelten Bildern führen kann. Kompromisse sind also nötig.

Ein grundsätzlicher Rat: Verwenden Sie bei Makroaufnahmen immer ein Stativ. Denn die Kamera wählt eine möglichst kleine Blende, um so viel wie möglich vom Motiv in die Schärfe zu bekommen. Und Vorsicht wegen des Blitzlichts! Ist das Motiv nicht ausreichend beleuchtet, schaltet die Kamera das Blitzlicht hinzu, was in den wenigsten Fällen gut aussieht. Die Motive verflachen, es entstehen harte Schatten. Wenn die Kamera also den Blitz auslöst, muss entweder mehr Licht her, oder Sie müssen mit manuellen Einstellungen fotografieren.

Halb automatische Belichtung

Für die halb automatische Belichtung bieten Spiegelreflex- und Systemkameras verschiedene Aufnahmemodi an, die in der Regel mit einem Drehrad auf der Kameraoberseite eingestellt werden. Bei aller Verschiedenheit der Kameras ist die Funktionsweise der halb automatischen Belichtungsprogramme zunächst gleich. Drei Varianten sind zu unterscheiden.

- Programmautomatik (P)
- Blendenautomatik (S oder Tv)
- Zeitautomatik (A oder Av)

Wenn es ganz schnell gehen muss, ist man mit der Vollautomatik oder einem Motivprogramm auf der sicheren Seite. Nehmen Sie sich aber die Zeit und probieren Sie die Aufnahmemodi Programmautomatik P, Blendenautomatik S/Tv und Zeitautomatik A/Av (Tv und Av nur bei Canon-Kameras) einmal aus.

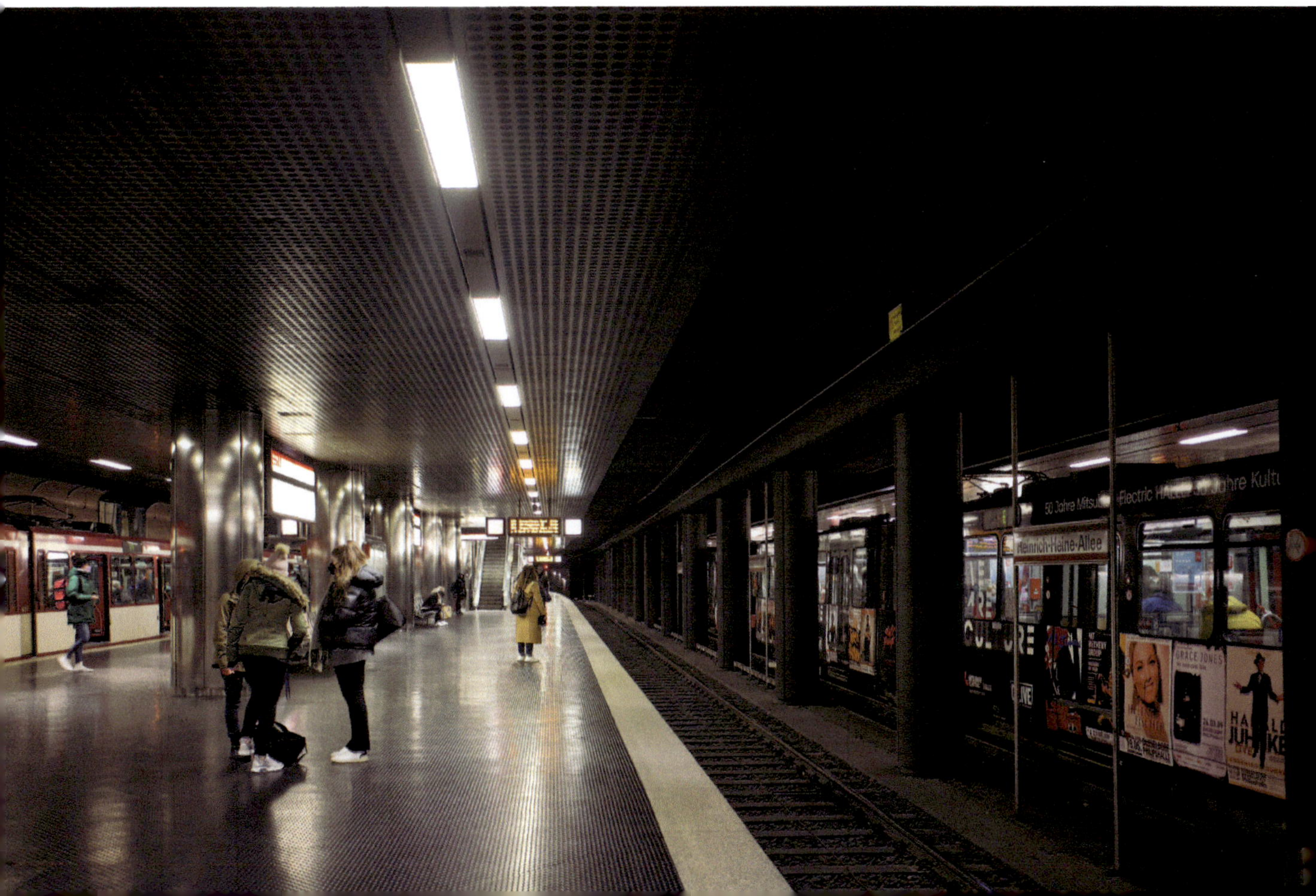

▼ *Ob man mit der Vollautomatik oder einem Kreativprogramm gearbeitet hat, erkennt man oft nicht. Aber Sie beeinflussen durch die Wahl der Belichtungswerte den Look und die Bildgestaltung.*

Denn erst mit diesen Programmen werden Sie die Zusammenhänge zwischen Brennweite, Blende, Belichtungszeit und ISO-Empfindlichkeit praktisch erfahren und begreifen, um dann auch im manuellen Aufnahmemodus M sicher fotografieren zu können.

Grundsätzlich macht es in Bezug auf die Belichtung keinen Unterschied, welches der halb automatischen Belichtungsprogramme Sie wählen. Die Ergebnisse hängen von der automatischen Belichtungsmessung durch die Kamera ab und sind identisch. Der Unterschied liegt nur in den Vorgaben Blende, Zeit und ISO, die Sie als Fotograf treffen. Mit den geeigneten Vorgaben erreichen Sie Ihr fotografisch gestecktes Ziel, wenn Sie wissen, welche Einstellungen welche Wirkungen zeigen.

Programmautomatik P

Der einfachste halb automatische Aufnahmemodus ist die Programmautomatik (P). Durch Antippen des Auslösers bis zum ersten

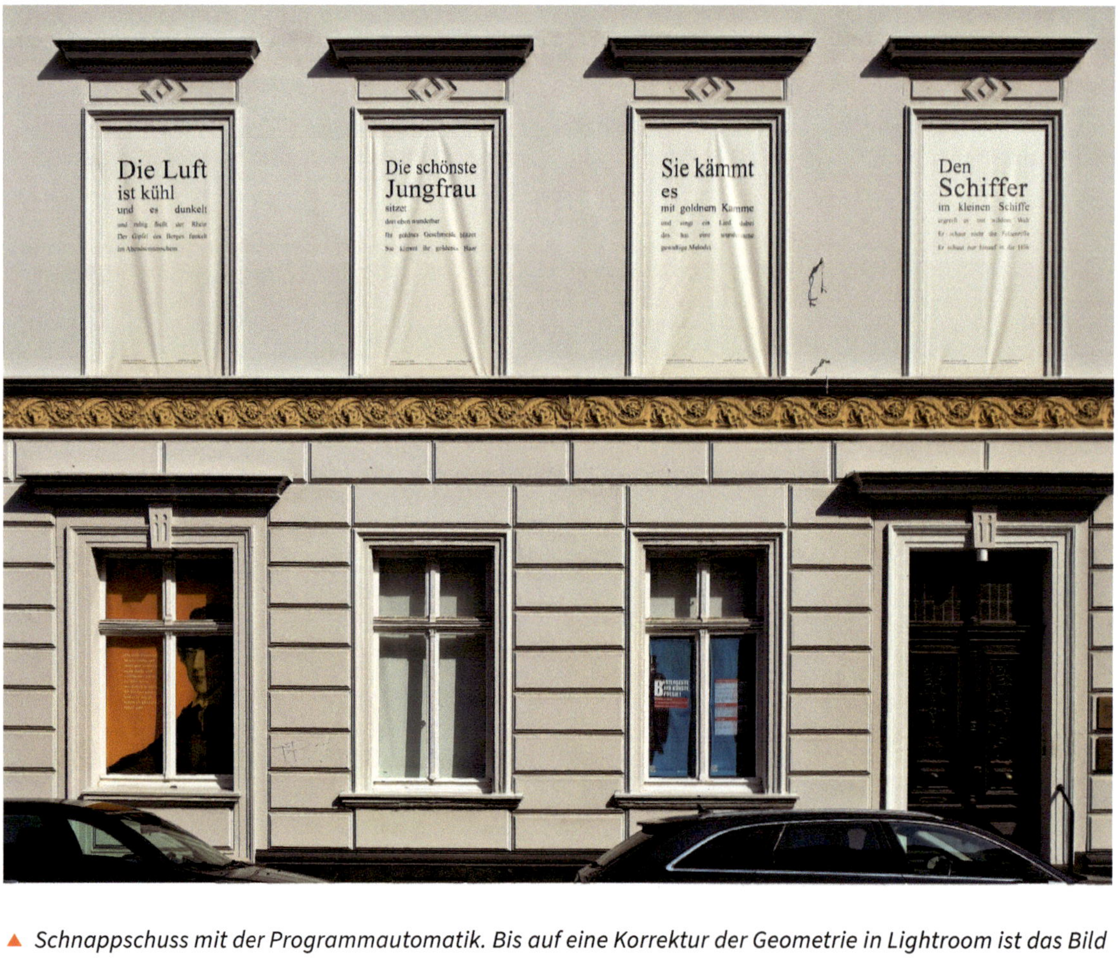

▲ *Schnappschuss mit der Programmautomatik. Bis auf eine Korrektur der Geometrie in Lightroom ist das Bild OOC (Out Of Cam).*

Druckpunkt ermittelt die Kamera den zur Belichtung passenden Lichtwert und stellt Belichtungszeit und Blende in Abhängigkeit von der ISO-Empfindlichkeit ein. Bei den meisten Kameras können Sie entscheiden, ob der ISO-Wert auch automatisch gesteuert wird oder ob Sie lieber einen Wert festlegen.

Das Interessante an der Programmautomatik ist, dass Sie nach dem Antippen des Auslösers mit einem Einstellrad an der Kamera die Werte für Blende und Belichtungszeit parallel verschieben können, um zum Beispiel für ein Porträt eine große Blendenöffnung zu wählen. Der ermittelte Lichtwert bleibt konstant, während die Belichtungszeit dann automatisch von der Kamera entsprechend der geänderten Blende angeglichen wird.

Programm-Shift

Dieser manuelle Eingriff in die Programmautomatik wird als **Programm-Shift** bezeichnet. Bedenken Sie dabei, dass die möglichen Blende-Zeit-Kombinationen von den Lichtverhältnissen, dem verwendeten Objektiv und der ISO-Empfindlichkeit abhängen. Ermittelt die Kamera Blende f/11 und eine Belichtungszeit von 1/125 Sekunde, kann man entweder in Richtung Blende f/8 – 1/250 Sekunde, Blende f/5.6 – 1/500 Sekunde, Blende f/4 – 1/1000 Sekunde etc. oder in Richtung Blende f/16 – 1/60 Sekunde, Blende f/22 – 1/30 Sekunde etc. verstellen.

Blick auf das Display

Falls Ihre Kamera kein Programmwahlrad hat, finden Sie die Aufnahmeprogramme nach einem Druck auf die entsprechende Taste auf dem Display.

Viele Profis vertrauen in Situationen mit sich schnell ändernden Lichtverhältnissen auf die Programmautomatik, um sich ganz auf die Motive konzentrieren zu können. Sie behalten dann je nach Anforderung entweder die Blende oder die Belichtungszeit im Blick und shiften die Werte entsprechend.

Blendenautomatik S oder Tv

Mit der **Blendenautomatik** S oder Tv, auch als Zeitvorwahl bezeichnet, gibt der Fotograf eine Belichtungszeit vor, und die Kamera passt die Blende automatisch an, um korrekt zu belichten. Das ist vor allem interessant in lichtkritischer Umgebung, wenn man nicht verwackeln möchte. Sie geben z. B. eine relativ sichere Belichtungszeit von 1/125 Sekunde vor, tippen den Auslöser an und kontrollieren, welche Blende die Kamera beisteuert. Blinkt die Blendenzahl, bedeutet das, dass die größtmögliche Blendenöffnung nicht für korrekte Belichtungen ausreicht.

Zwei Möglichkeiten haben Sie dann: Sie können entweder die Belichtungszeit verlängern (1/60 Sekunde, 1/30 Sekunde und länger – Verwacklungsgefahr) oder die Empfindlichkeit auf z. B. ISO 800 oder mehr erhöhen. Die dritte Alternative ist natürlich der Einsatz von Blitzlicht. Neben dem Fotografieren in düsterer Umgebung ist die Zeitvorwahl auch gut für Sportaufnahmen geeignet.

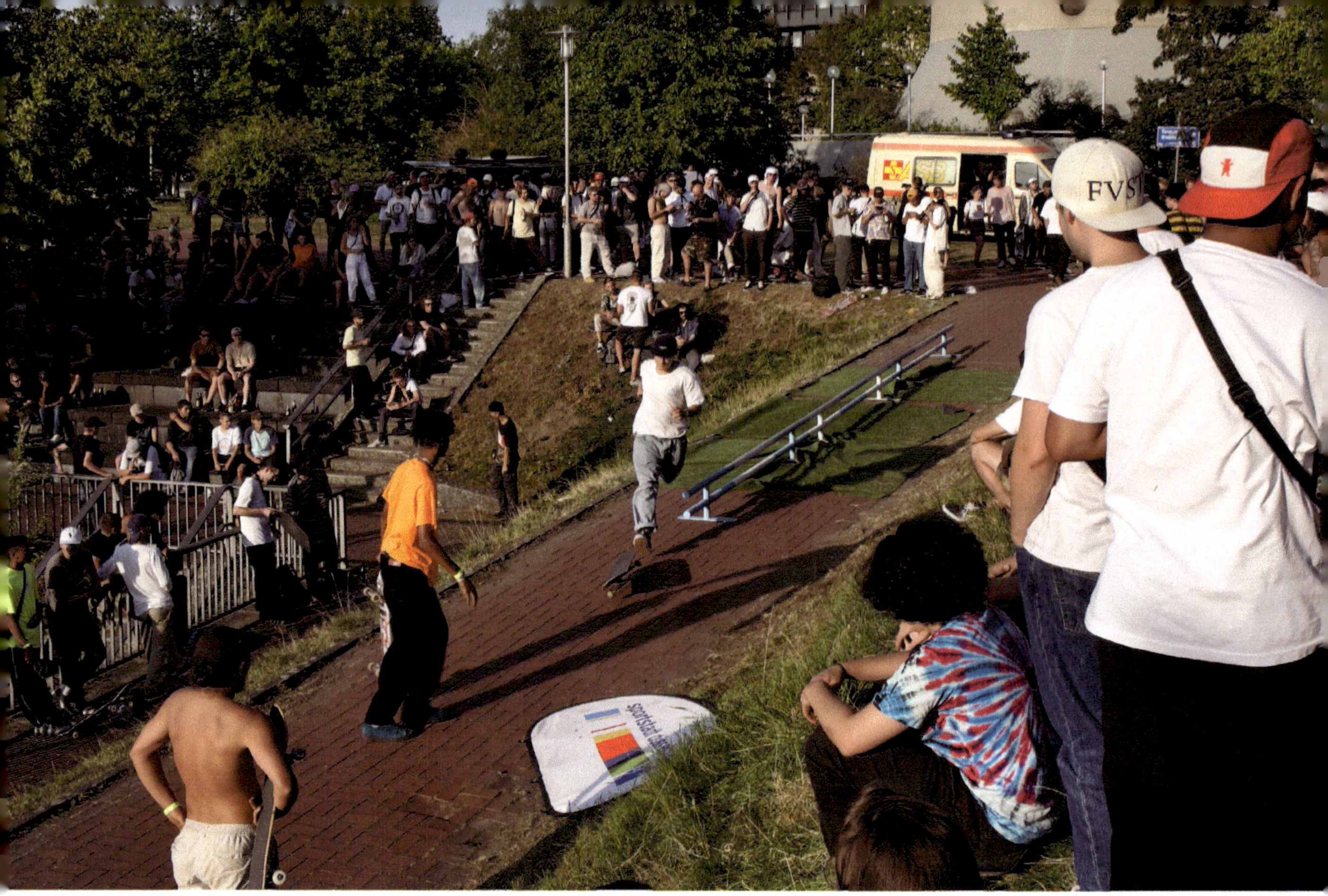

▲ *Wenn es mal schnell gehen muss und man nicht viel Zeit hat, mit Testfotos Belichtungswerte zu ermitteln, ist die Programmautomatik das sinnvollste der halb automatischen Aufnahmeprogramme.*

Um Bewegungen einzufrieren, wird einfach eine extrem kurze Zeit eingestellt.

Zeitautomatik A oder Av

Das Gegenteil der Blendenautomatik ist die **Zeitautomatik** A oder Av, auch als **Blendenvorwahl** bezeichnet. Der Fotograf gibt die Blende vor, und die Kamera passt die Belichtungszeit automatisch an. Die Zeitautomatik kommt immer dann zum Einsatz, wenn der Fotograf die zu erreichende Schärfentiefe, sei sie klein oder groß, gezielt mit der Blende steuern will. Die Kamera ermittelt dann automatisch die zur vorgegebenen Blende passende Belichtungszeit. Dabei ist aber darauf zu achten, dass die Belichtungszeit nicht zu lang wird, wenn man aus freier Hand fotografiert. Und es ist wieder ein Blick auf die Empfindlichkeit angeraten. Wird die Belichtungszeit zu lang, um aus der Hand zu fotografieren, muss man den ISO-Wert erhöhen.

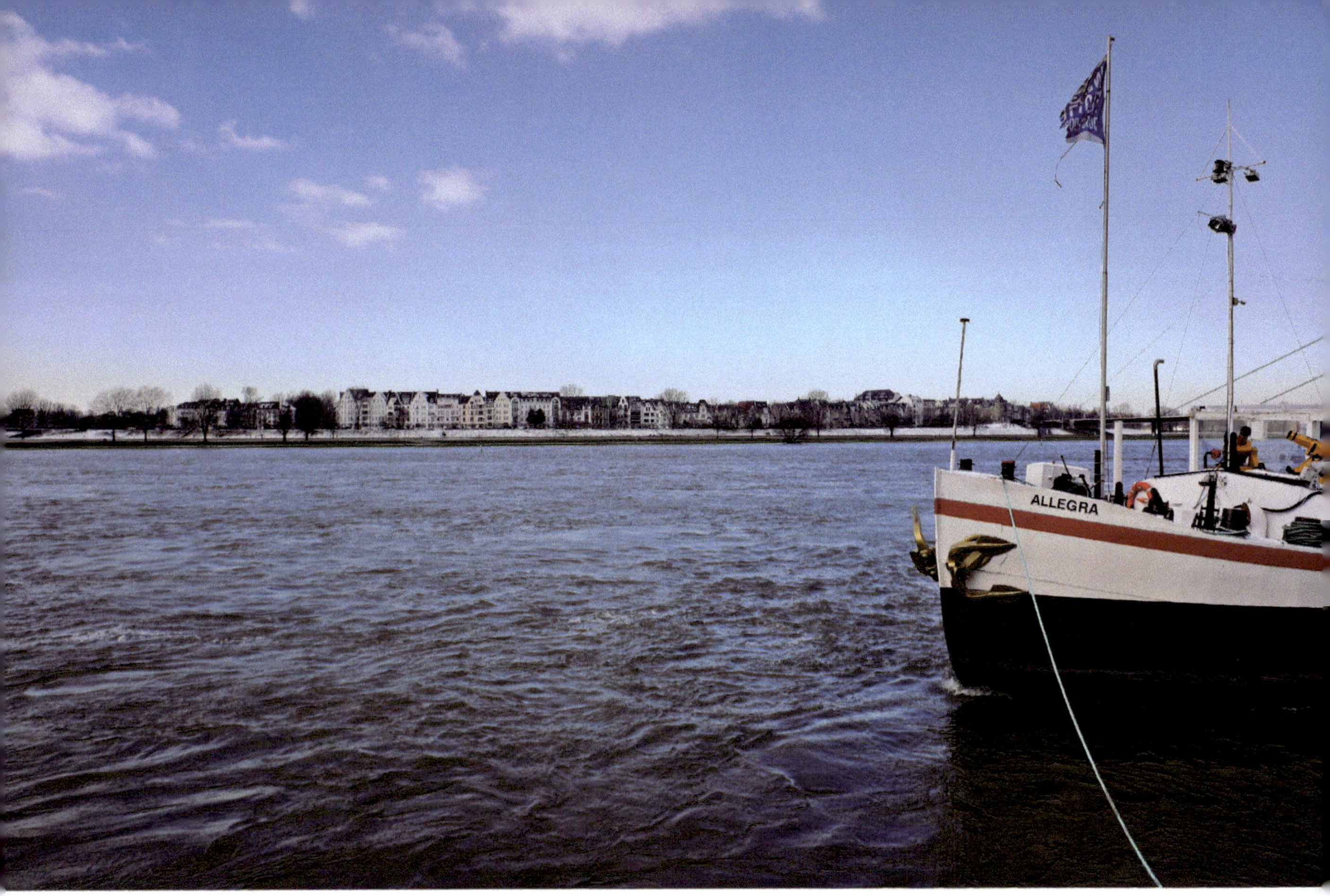

▲ *Die Zeitautomatik A oder Av ist immer dann sinnvoll, wenn man Einfluss auf die Schärfentiefe nehmen möchte. Blende 8 und die Sonne lacht.*

ISO-Automatik

Bei jeder dieser drei Varianten kann eine weitere Option hinzukommen – die **ISO-Automatik**. Stellt man statt einer festen Empfindlichkeit die ISO-Einstellung ebenfalls auf Automatik, wird neben der Blende oder der Belichtungszeit auch die ISO-Einstellung automatisch festgelegt. Werden bei dunklen Lichtverhältnissen die Grenzwerte für Blende oder Belichtungszeit für Freihandaufnahmen erreicht, wird die Empfindlichkeit automatisch erhöht. Mit dieser Option ergibt sich eine zusätzliche Variante: die ISO-Empfindlichkeitsautomatik. Entsprechend der eingestellten Blende und/oder Belichtungszeit legt die Kamera automatisch die beste ISO-Empfindlichkeit fest – immer mit dem Bestreben, den Wert so niedrig wie möglich zu halten, um Bildrauschen zu vermeiden.

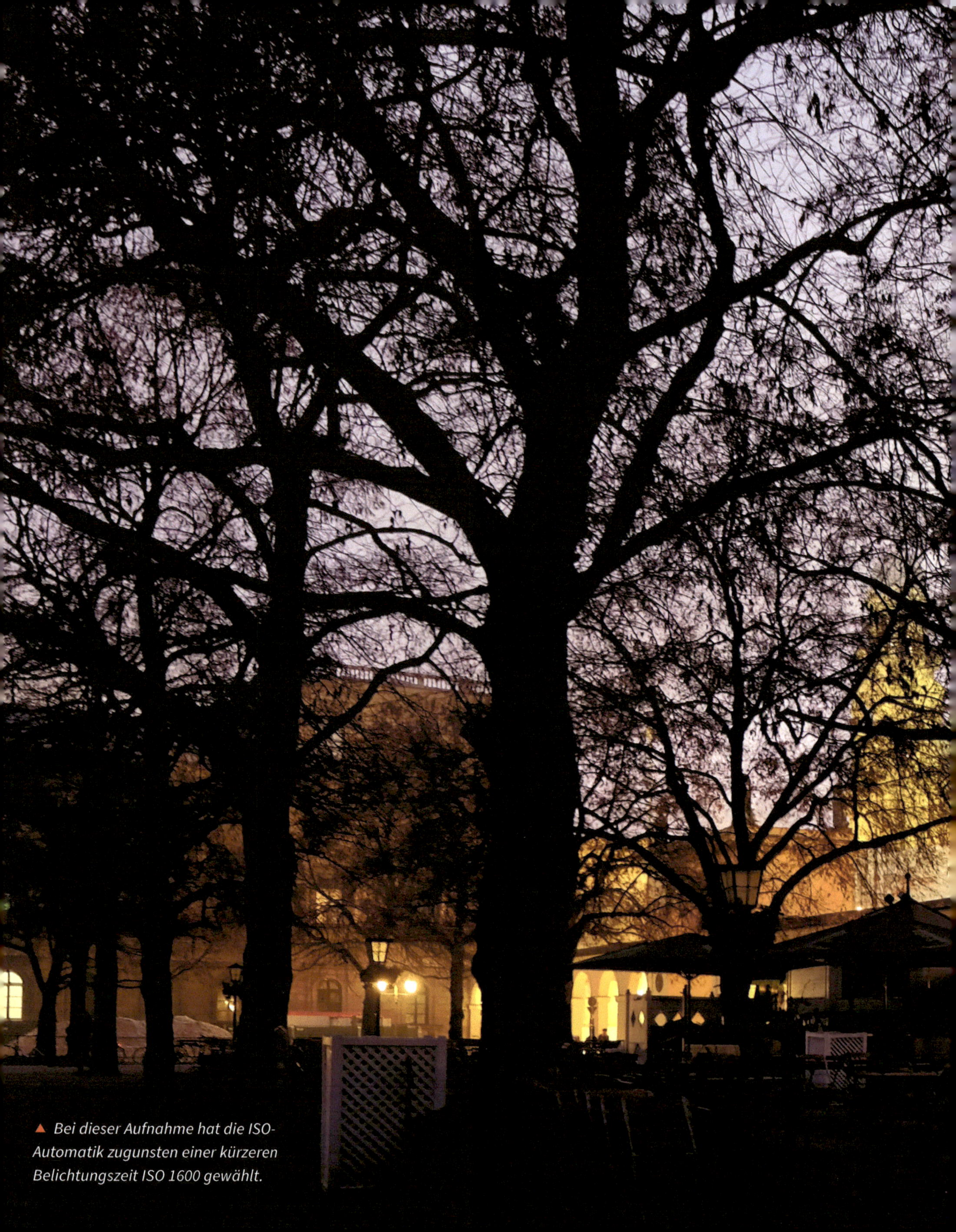

▲ *Bei dieser Aufnahme hat die ISO-Automatik zugunsten einer kürzeren Belichtungszeit ISO 1600 gewählt.*

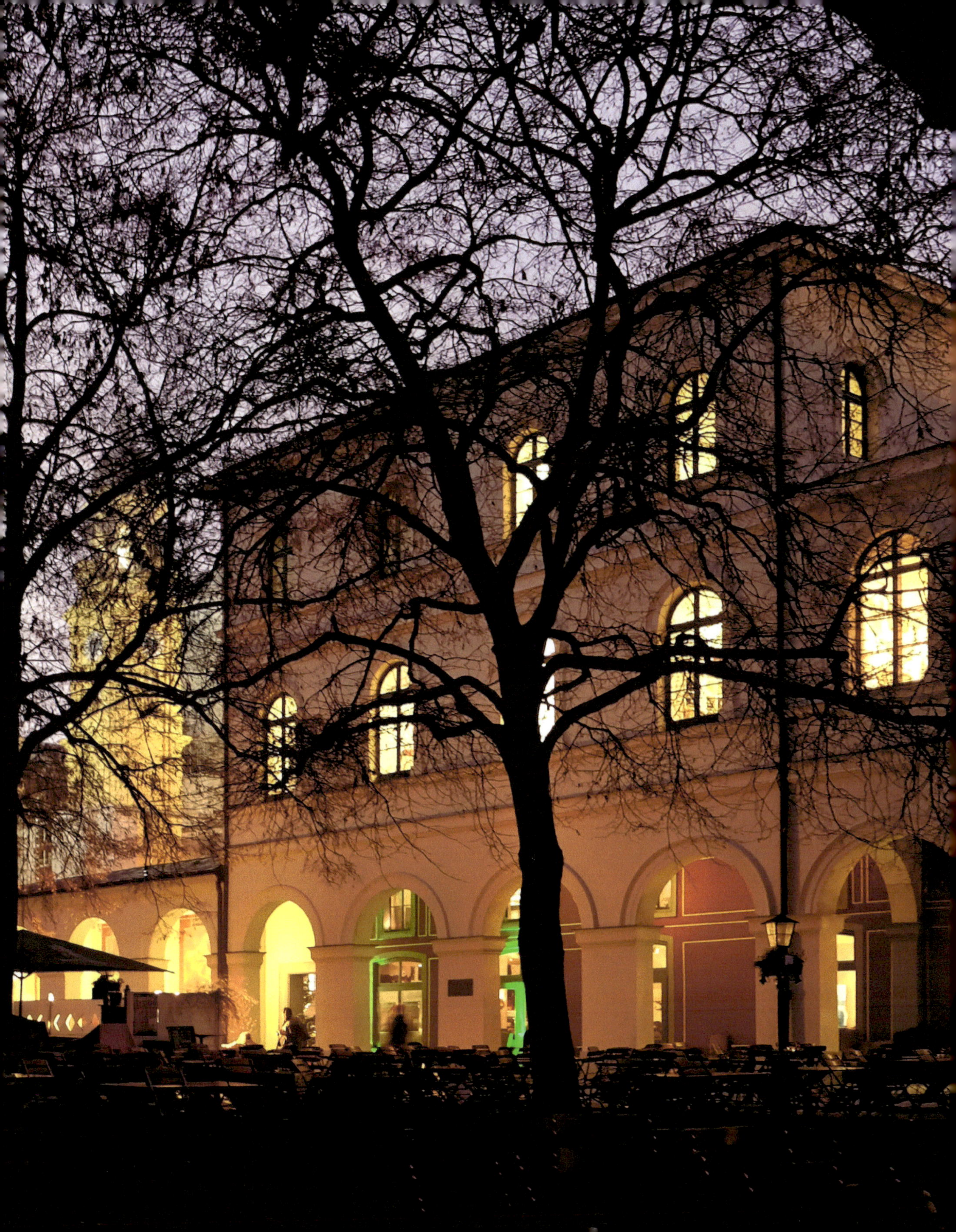

Manuelle Belichtung

Im manuellen Aufnahmemodus M hat der Fotograf alle Freiheiten bei der Belichtung. Hierbei zeigt die Kamera im Sucher oder auf dem Display lediglich an, ob die gewählten Werte für Blende und Belichtungszeit zu einer korrekten Belichtung führen. Verändern muss der Fotograf die Werte jedoch von Hand. Woher er diese Werte nimmt, bleibt ihm überlassen – aus Belichtungsmessungen, aus vorherigen Testaufnahmen, aus Erfahrung, durch Probieren, oder er belichtet absichtlich über oder unter.

Mit M hat man als kreativer Fotograf alles im Griff und die volle Verantwortung für sämtliche Aspekte der Belichtung und der Bildgestaltung. Um im Modus M zu fotografieren, brauchen Sie aber auf jeden Fall Zeit für Ihre Motive, um die besten Belichtungswerte zu ermitteln.

Bevorzugte Anwendungsgebiete

Anwendungsgebiete für manuelle Belichtungseinstellungen sind alle Arten der Fotografie, bei denen man die Bildgestaltung durch die verschiedenen Belichtungsfaktoren grundsätzlich im Griff behalten möchte. Das können Landschafts- und Architekturaufnahmen, Nah- und Makrofotos, Porträts und vor allem sämtliche Arten der (Studio-)Fotografie unter kontrollierten Lichtbedingungen sein. Natürlich benötigt man eine gewisse Zeit, um sich auf die Lichtverhältnisse einzustellen und Entscheidungen über Schärfentiefe oder Bewegungsdarstellung zu treffen. Deshalb ist der manuelle Modus M sicher nichts für spontane Schnappschüsse.

Schwierige Szenen

Auch Nachtaufnahmen gelingen nach ein paar Probeaufnahmen mit manuellen Einstellungen häufig besser – und ebenso Gegenlichtmotive, Motive in sehr heller Umgebung wie z. B. im Schnee oder in hellen Räumen oder spezielle Looks mit vielen Schatten und wenigen beleuchteten Bereichen, etwa in der Aktfotografie.

M statt Belichtungskorrektur

Statt eine Belichtungskorrektur mit der Automatik durchzuführen, kann man in schwierigen Lichtsituationen oftmals direkt zur manuellen Eingabe übergehen. Während automatische Belichtungen mit den halb automatischen Programmen zu über- und unterbelichteten Bildern führen können und man dann manuell kompensieren muss, ist man mit ein paar Testaufnahmen im manuellen Modus unter Umständen schneller. Denn manchmal genügen schon kleinste Veränderungen in der Blickrichtung der Kamera, damit plötzlich völlig neue Belichtungswerte ermittelt werden und die zuvor eingestellten Belichtungskorrekturen falsche Ergebnisse liefern. Im Modus M wird die Belichtung nicht vom Messsystem der Kamera ermittelt bzw. in Belichtungswerte überführt. Das machen Sie selbst mit dem Festlegen der Werte.

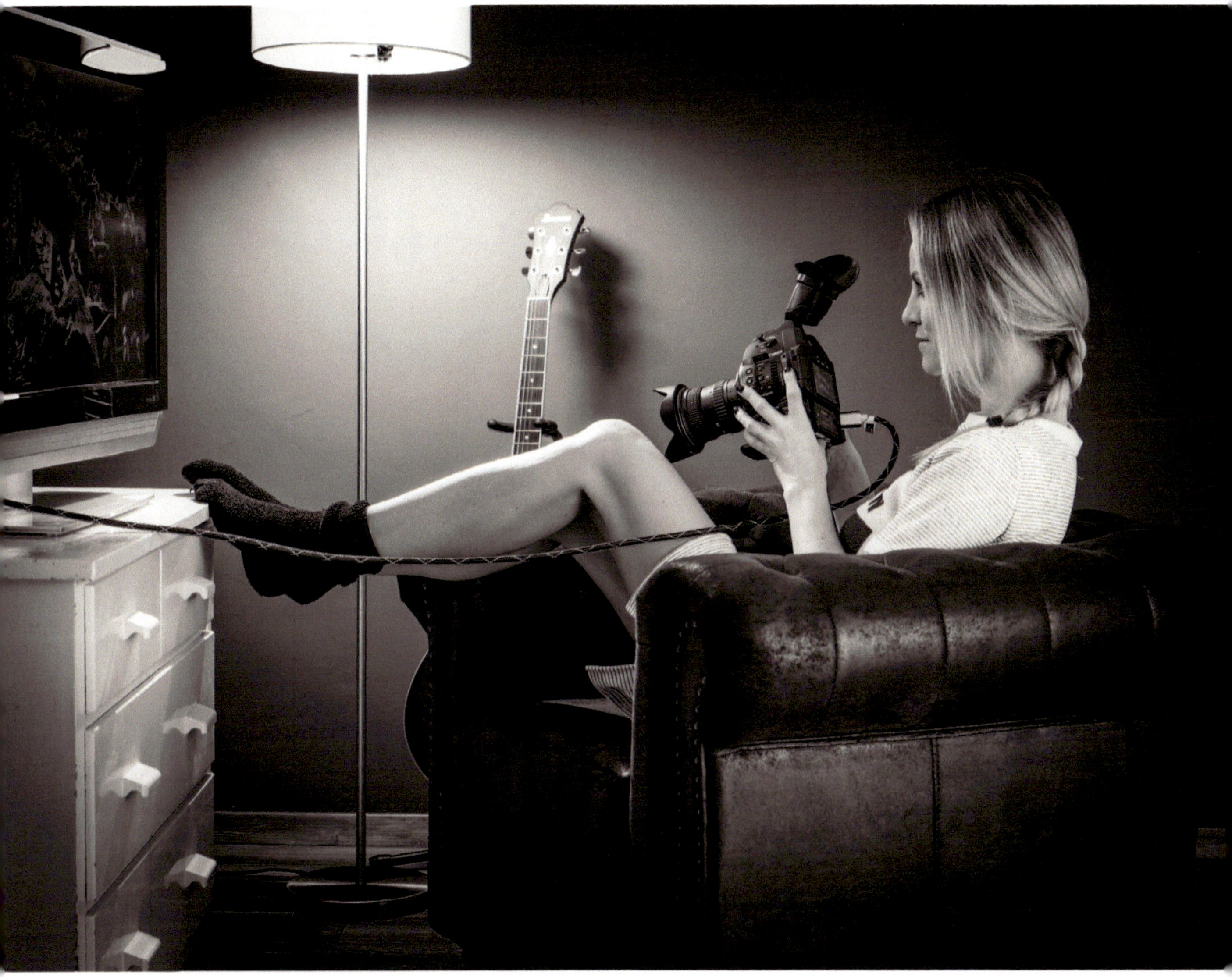

▲ *Wenn man unter kontrollierten Lichtverhältnissen fotografiert und genügend Zeit hat, ist der manuelle Aufnahmemodus M sicher die beste Wahl, um kreative Entscheidungen zu treffen.*

▶ ***Seite 84-85:*** *Nur ein paar Lichtflecken in ansonsten dunkler Umgebung – da steigt die automatische Belichtung komplett aus. Sie müssen in den Modus M wechseln.*

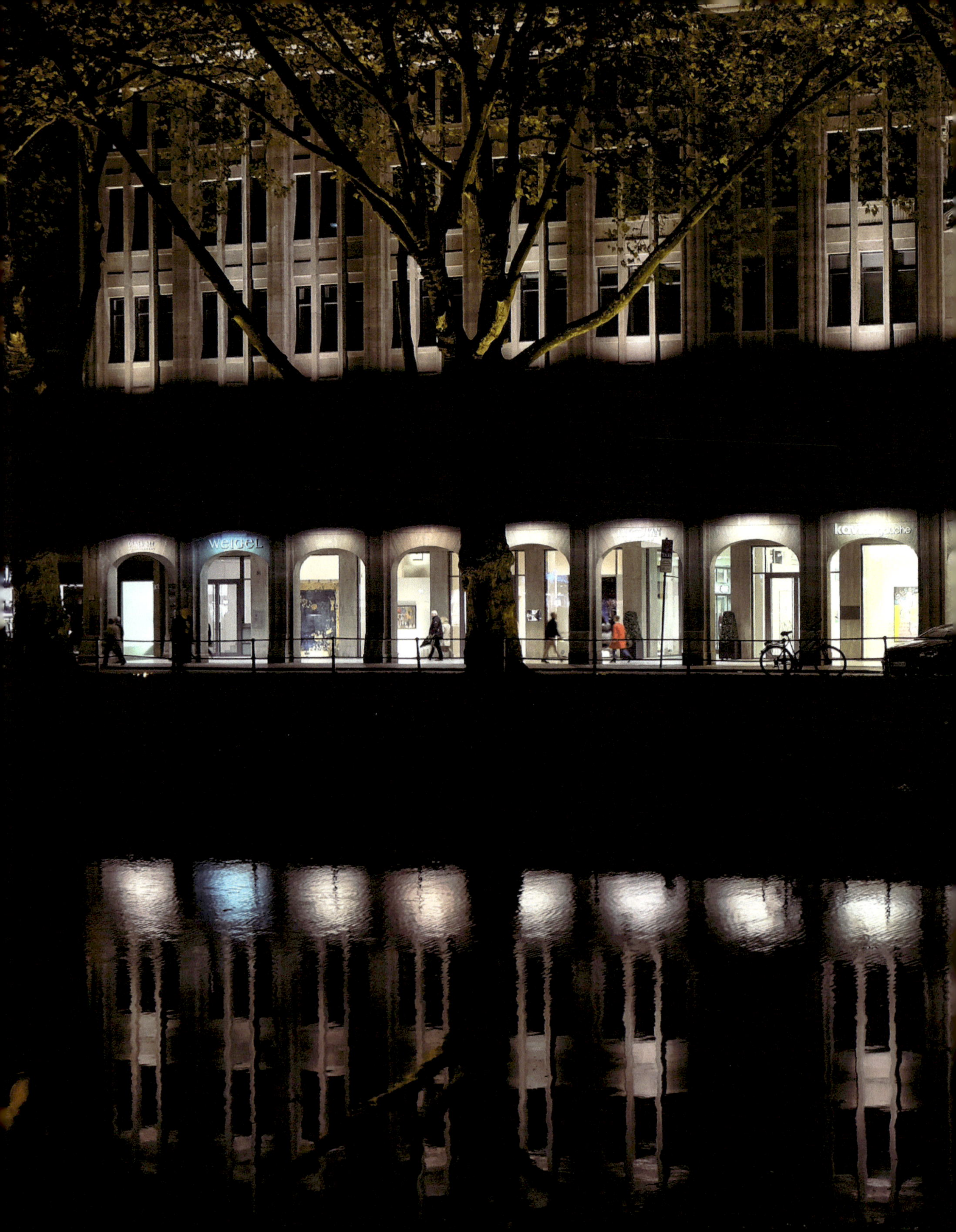
weigel

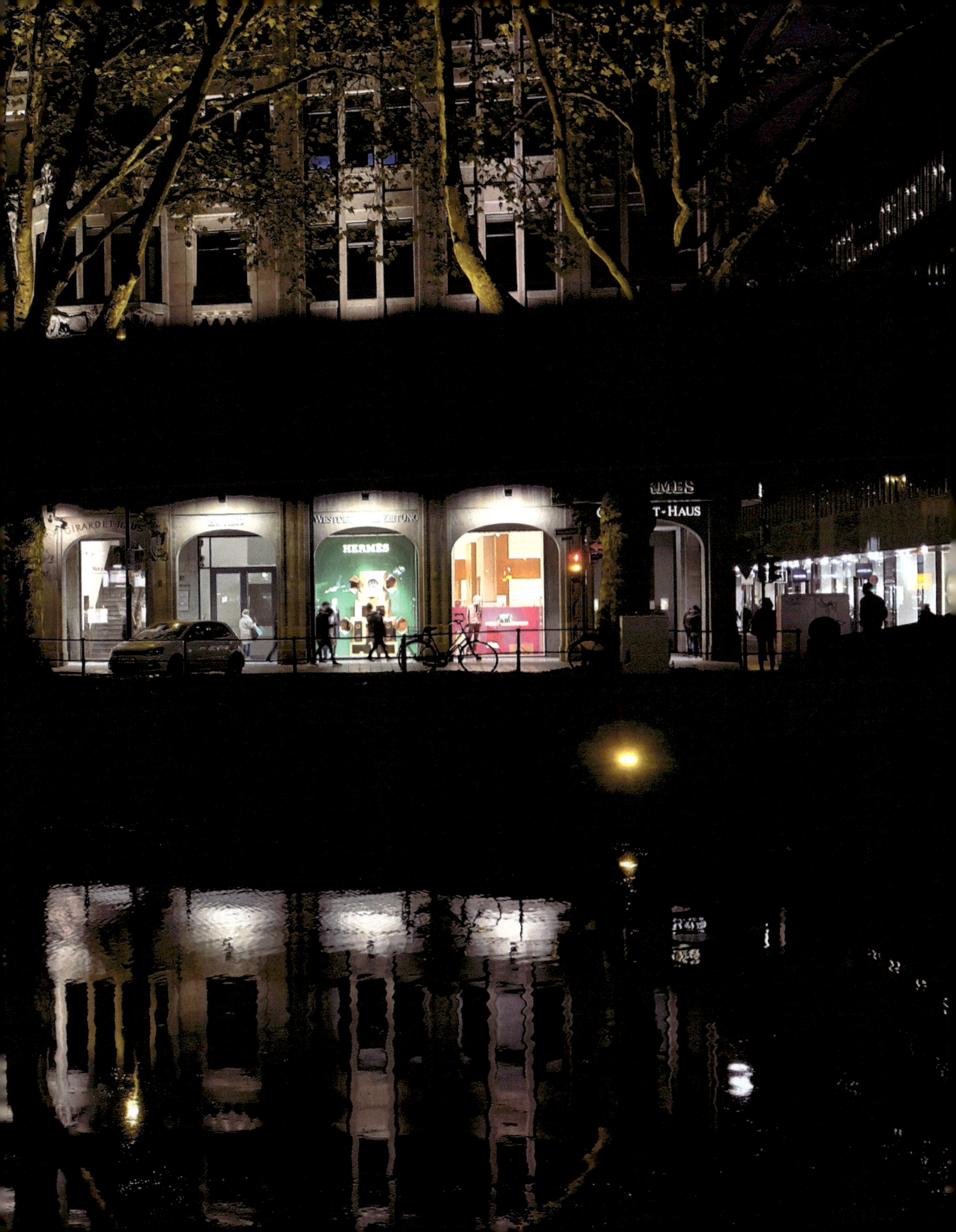
HERMÈS

Besondere Belichtungen

Einen sanft dahinplätschernden Brunnen mit kurzer Belichtungszeit einzufrieren, ist nicht allzu schwierig. Man stellt im Aufnahmeprogramm Blendenautomatik (S oder Tv je nach Kamera) die Empfindlichkeit auf ISO 100 und eine Belichtungszeit von 1/500 Sekunde ein. Dann überlässt man es der Kamera, die passende Blende zu wählen, sobald man den Auslöser antippt. Ist die Belichtung zu knapp/zu lang und das Bild zu dunkel/zu hell, greift man über die Funktion zur Belichtungskorrektur ein und verändert die Gesamtbelichtung. Alternativ können Sie natürlich auf die manuelle Belichtung M zurückgreifen, mit der man nach ein paar Testaufnahmen die korrekte Blende herausfindet und dann immer, unabhängig von der Messung der Kamera, exakt gleiche Ergebnisse erhält.

Extrem schnelle Bewegungen

Komplizierter wird es, wenn man unter erschwerten Bedingungen Bewegungen einfrieren möchte. Stellen Sie sich als Makromotiv zum Beispiel ein fliegendes Insekt vor, brauchen Sie noch viel kürzere Belichtungszeiten, um die Bewegung halbwegs scharf zu erwischen – mal abgesehen von den Problemen beim Fokussieren.

▶ *Bewegungen einzufrieren, ist keine große Kunst, wenn man eine kurze Belichtungszeit vorwählt.*

▼ *Kleine Wassertropfen in der Bewegung einzufrieren, ist oft nur mit einem schnellen Blitzgerät möglich. Die Leuchtdauer hochwertiger Blitze kann viel kürzer sein als die kürzeste Belichtungszeit einer Kamera.*

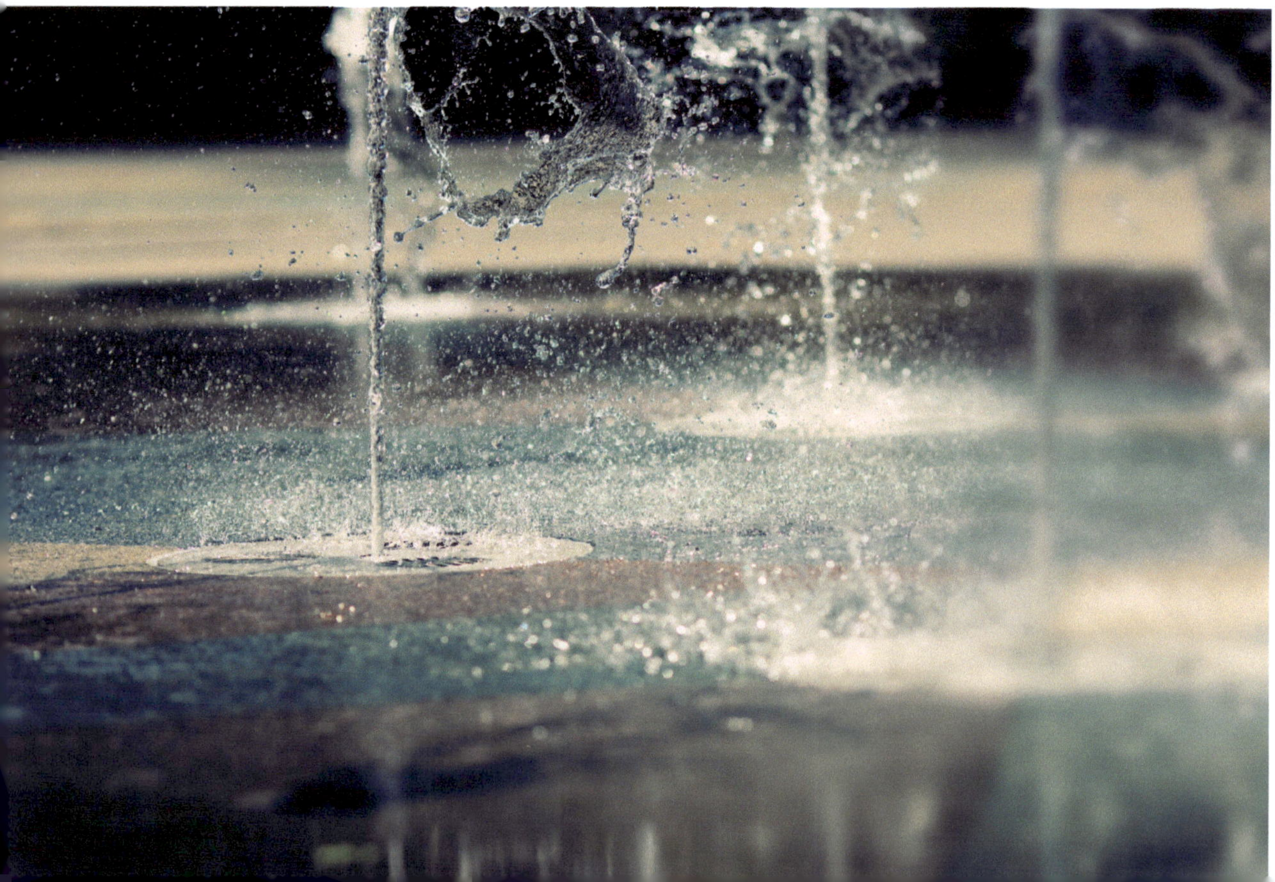

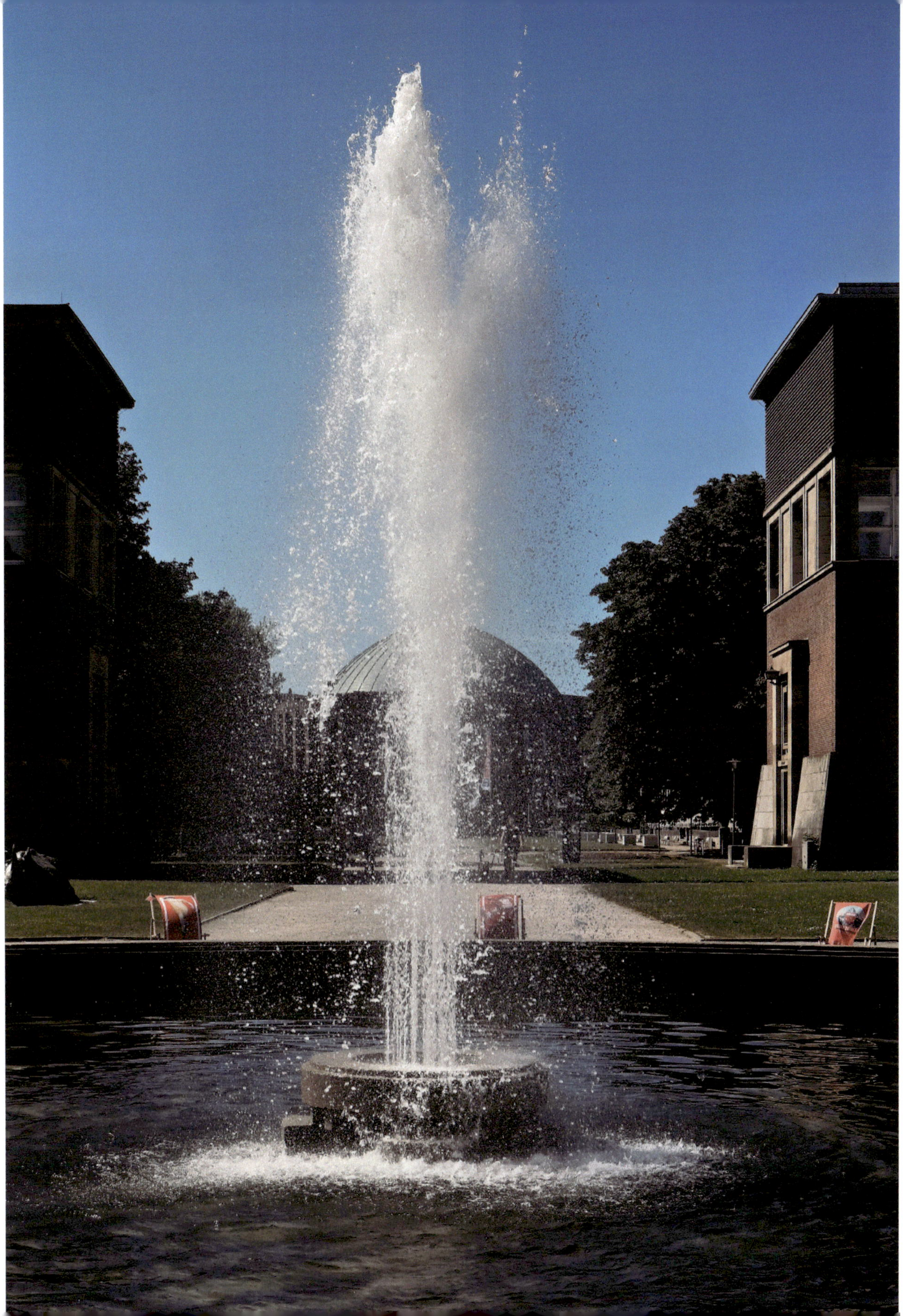

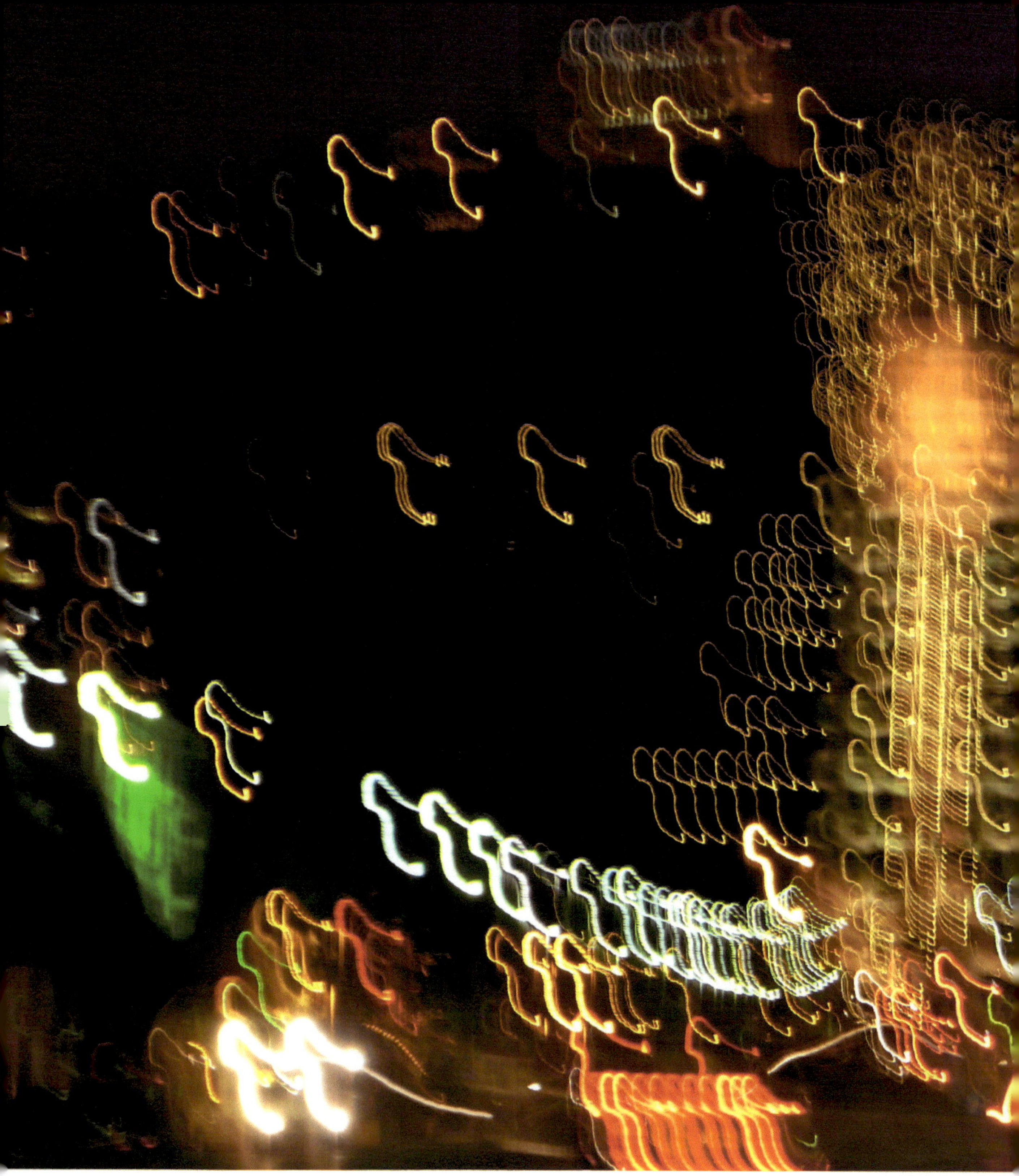

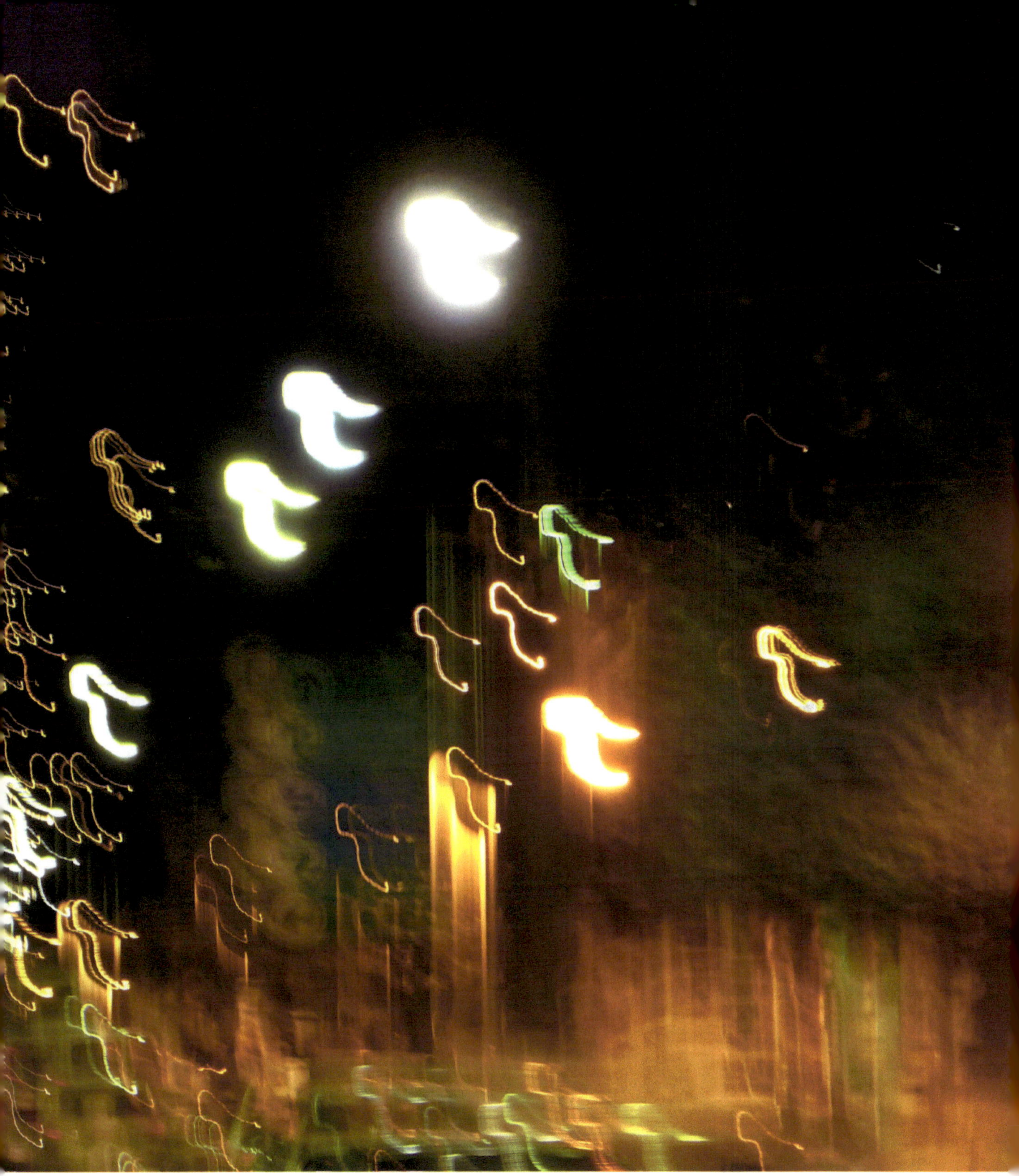

▲ *Es müssen nicht immer die Lichtspuren von Fahrzeugen sein. Mit offener Blende, ISO 200 und 1 Sek. Belichtungszeit entsteht ein solches Lichtwurmbild.*

Wenn die kürzeste Belichtungszeit Ihrer Kamera nicht ausreicht, hilft nur noch ein High-Speed-Blitzgerät. Dabei ist die Belichtungszeit zweitrangig, weil die extrem kurze Leuchtzeit des Blitzes jede noch so schnelle Bewegung festnagelt. Sollten Sie sich solche Motive wirklich erträumen, hilft nur ständiges Ausprobieren, Weiterentwickeln und Herausfinden, was es zu dem jeweiligen Thema im Internet oder an Fachliteratur gibt. Ein Patentrezept gibt es für ultrakurze Belichtungen leider nicht.

Extrem lange Belichtungen

Mindestens ebenso kompliziert wird die Fotografie, wenn Sie Motive über eine längere Zeit fotografieren möchten. Ein Klassiker dieses Genres sind natürlich die Lichterspuren von Sternen, für die man von mehreren Sekunden bis zu mehreren Stunden belichten kann. Extrem lange Belichtungen macht man entweder mit der manuelle Belichtung M oder mit dem Programm für **Langzeitbelichtungen** (B) (Bulb). Je nachdem, welche Belichtungszeit die längste Ihrer Kamera ist, genügt das Programm M vielleicht nicht. Wenn Sie eine Zeit von 30 Minuten benötigen, Ihre Kamera aber maximal 60 Sekunden im Programm M belichtet, müssen Sie den Verschluss im Programm B manuell offen und dafür den Auslöser gedrückt halten.

Während bei ultrakurzen Zeiten Verwacklungen kein Thema sind, ist dieser Bereich bei ultralangen Belichtungen am wichtigsten, denn jede noch so kleine Erschütterung der Kamera wird sich auf die Schärfe auswirken. Belichten Sie über mehrere Minuten, ist der Effekt minimal. Bei Belichtungen von z. B. einer Sekunde kann die Unschärfe schon sichtbar werden. Sie brauchen also auf jeden Fall ein stabiles Stativ und am besten einen Fernauslöser, um die Kamera nicht zu berühren. Ebenfalls gut gegen Verwackeln ist der Selbstauslöser, der die Belichtung erst nach zwei oder mehr Sekunden, nachdem man den Auslöser gedrückt hat, startet.

Weißabgleich einstellen

In den meisten Situationen wird der automatische **Weißabgleich** die Farben eines Motivs mit hoher Wahrscheinlichkeit ganz gut erfassen. Ein Rest Unsicherheit bleibt aber, und bei manchen Motiven geht es eben um dieses letzte Quäntchen Kontrolle. Soll es jedoch um eine bestimmte Farbstimmung im Bild gehen und weiß man dann nicht, wie man die Farben am besten fotografiert, gibt es schnell Probleme in Sachen realistische Farbwiedergabe.

Farben haben eine Temperatur

Farben kann man messen. Der Messwert für Farben hat die Einheit **Kelvin** (K). Je höher der Kelvinwert, desto höher ist der Blauanteil in der Farbe (kaltes Licht), je niedriger der Wert, desto höher ist der Anteil von Gelb/Rot (warmes Licht). Farblich neutral (Weiß) ist Licht mit einer Farbtemperatur von ca. 5.000 Kelvin.

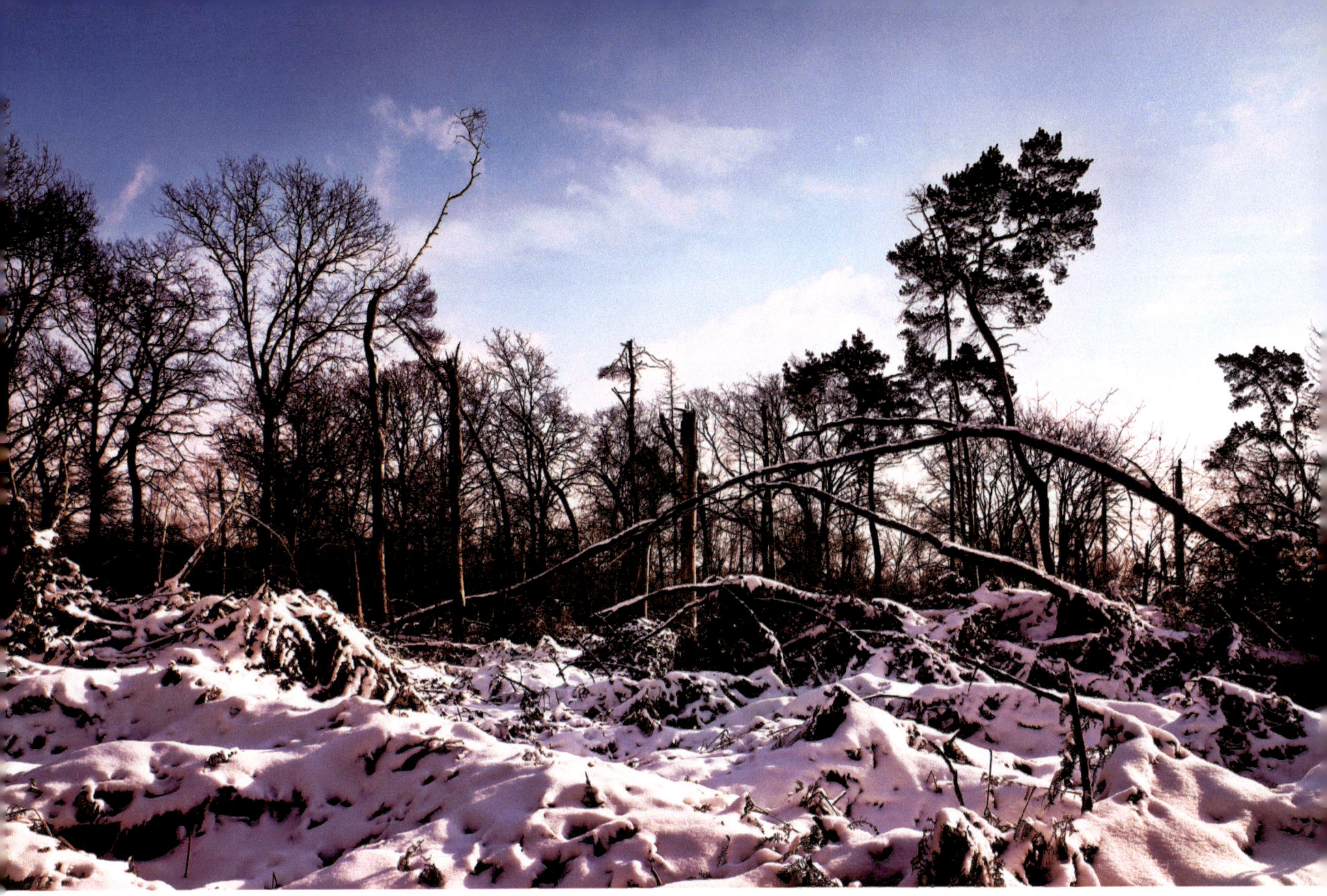

▲ *Dass man den Weißabgleich nicht immer der Kamera überlassen sollte, sieht man an dieser Aufnahme. Bei einem Motiv wie diesem sollte man annehmen, dass die Kamera den Weißabgleich gut hinbekommt. Leider ist dieses Bild etwas zu kühl geraten – sprich, der markante Blaustich und ein leichter Rotstich sind unübersehbar.*

Kameras unterscheiden Farbtemperaturen in einem Intervall von ungefähr 2.000 Kelvin (Kerzenlicht) bis 12.000 Kelvin (blaues Tageslicht im Schatten), das heißt, sie können diese Farbtemperaturen mehr oder weniger gut erkennen und die Bilder entsprechend ausgleichen. Ein Beispiel: Fotografiert man im Schein einer Kerze (gelbes Licht) eine weiße Wand und stellt dabei den Weißabgleich an der Kamera auf Glühlampenlicht oder auf 1.500 Kelvin (die exakte Einstellung der Farbtemperatur bieten nur hochwertige Geräte),

Lichtsituation	Farbtemperatur
Kerzenlicht	1.500 Kelvin
Glühlampe	2.500 Kelvin
Kunstlicht	3.500 Kelvin
Tageslicht	5.500 Kelvin
Bedeckter Himmel	7.500 Kelvin
Nebel	8.000 Kelvin
Blauer Himmel	9.500 Kelvin

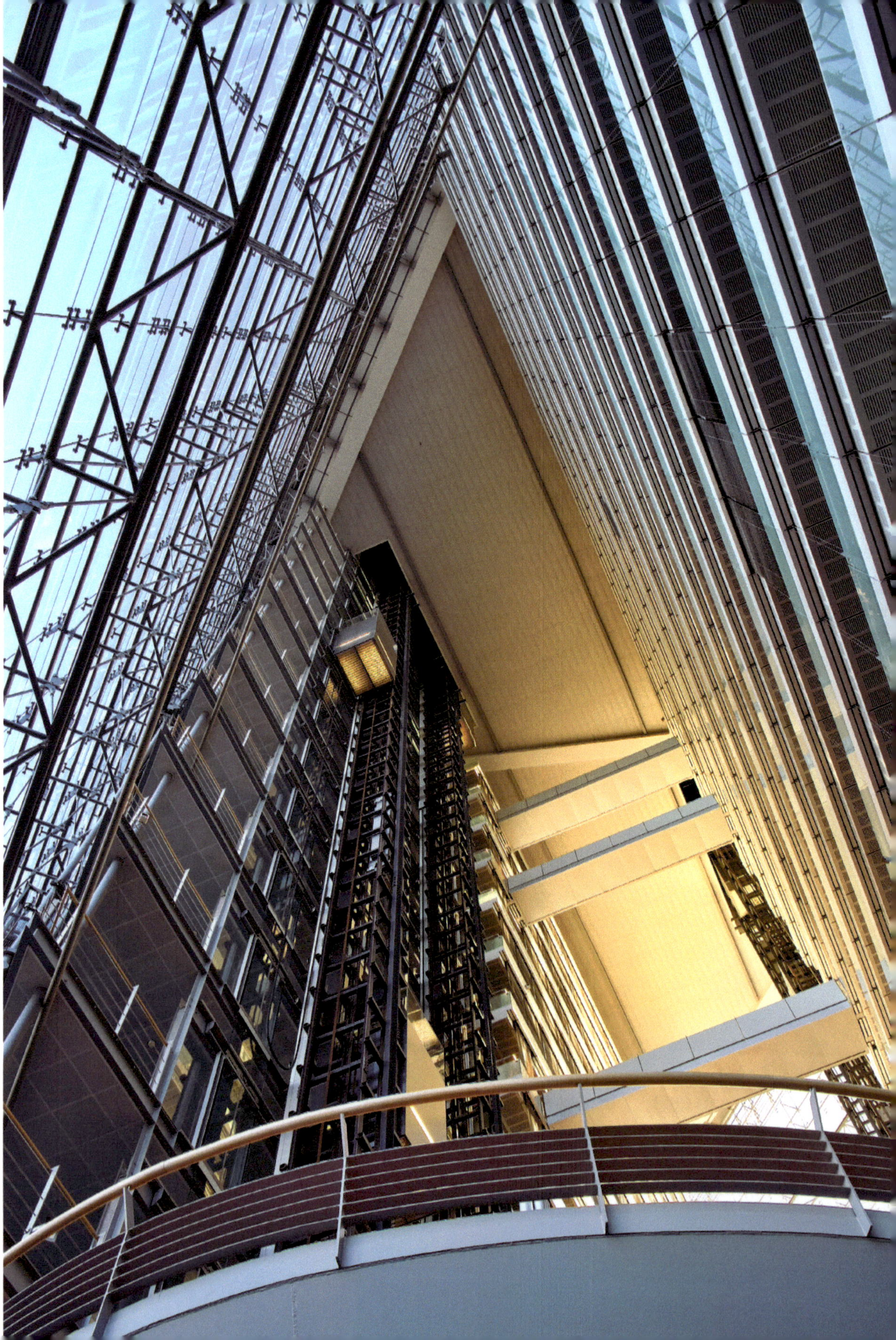

gleicht die Kamera die Farben im Bild so aus, dass die Wand tatsächlich mehr oder weniger weiß wiedergegeben wird.

Weißabgleichsvorgaben

Jede Kamera ist ab Werk so konfiguriert, dass der Weißabgleich automatisch vorgenommen wird. Ist man sich nicht sicher, ob der automatische Weißabgleich die gewünschten Ergebnisse bringt, oder hat man in einer Testaufnahme schon gesehen, dass die Farben nicht gut reproduziert werden, kann man sich an den Weißabgleichsvorgaben der Kamera orientieren.

Es gibt Voreinstellungen für Tageslicht, Neonlicht, Schatten, bewölkten Himmel, Blitzlicht etc., die man einstellen kann, wenn man in einer entsprechenden Situation fotografiert. Die Voreinstellungen sind je nach Kamera unterschiedlich, Tageslicht, Schatten, Blitz, Glühlampen und Neonlicht hat aber jede normale Kamera zu bieten

Mischlichtsituationen

Fotografiert man in einer **Mischlichtsituation**, also z. B. in einem mit Kunstlicht beleuchteten Raum, durch dessen Fenster Tageslicht dringt, wird es etwas komplizierter. Der Weißabgleich der Kamera wird je nach Intensität der beiden Lichtfarben die eine oder die andere mehr gewichten, was zu Farbstichen führen kann. Im konkreten Beispiel hilft es, die Farbtemperatur bzw. den Weißabgleich vorzuwählen, der dem Innenraum entspricht.

◀ Die Aufnahme zeigt, wie Mischlicht den automatischen Weißabgleich beeinflussen kann. Tageslicht von links und Kunstlicht von rechts. Das ursprüngliche Foto wurde viel zu kühl und zu blau. Das konnte aber per Bildbearbeitung mit Radient Photo ausgeglichen werden.

Man wählt also an der Kamera am besten das Preset Glühlampen, um die Farben im Innenraum neutral wiederzugeben. Würde man die Einstellung Tageslicht wählen, würde der Raum gelblich rot gezeigt, weil, einfach ausgedrückt, die Kamera das blaue Tageslicht mit Gelb ausgleichen würde. Je nach Mischlichtsituation muss man sich entscheiden, ob man der Kamera mit der Weißabgleichsautomatik die Entscheidung überlässt oder ob man eine Voreinstellung auswählt, die zumindest dem Großteil des Motivs entspricht.

Manueller Weißabgleich

Will man Farben ganz genau reproduzieren, muss man den Weißabgleich manuell vornehmen. Dazu braucht die Kamera allerdings ein wenig Hilfe in Form einer Fläche, die farblich völlig neutral ist. Das kann eine weiße Fläche, aber auch eine graue sein, die keinen Farbstich enthält. Das Problem bei weißen Flächen ist, dass die meisten infrage kommenden einfachen Flächen, wie Papier, Wände oder ein weißes Hemd, eben doch einen minimalen Farbstich haben, der dem Auge nicht auffällt. Man muss sich nur einmal weißes Papier verschiedener Hersteller und unterschiedlicher Grammatur ansehen und wird im direkten Vergleich das Problem erkennen.

Profis nutzen für den exakten Weißabgleich eine graue oder weiße Referenzkarte (gibt es in DIN A5 oder DIN A4 im Fotofachhandel). Diese Karte wird ins Motiv gehalten und so groß wie möglich abfotografiert. Anschließend wählt man über das entsprechende Menü der Kamera den manuellen Weißabgleich aus und stellt als Referenz das eben gemachte Foto von der Graukarte ein. Ändert sich die Lichtsituation, muss man die Graukarte neu fotografieren. Bei einem Livekonzert oder im Theater, wo die Beleuchtungsfarbe ständig wechselt, hat ein manueller Weißabgleich also keinen Sinn. Dort sollte man sich auf die Automatik verlassen.

Graukarte für Hauttöne

Mithilfe einer genormten Farb- oder Graukarte ist es möglich, Farben vollkommen neutral wiederzugeben. Der Trick: Man macht ein Foto mit und ein weiteres Foto ohne Farb-/Graukarte, korrigiert dann das erste Bild mithilfe der grauen Referenzfläche und merkt sich oder speichert die Einstellungen für die Korrektur des zweiten. Auch für die natürliche Wiedergabe von schwierigen Farben wie Hauttönen kann eine Farb-/Graukarte enorm hilfreich sein – wenn Zeit bleibt, sie einzusetzen.

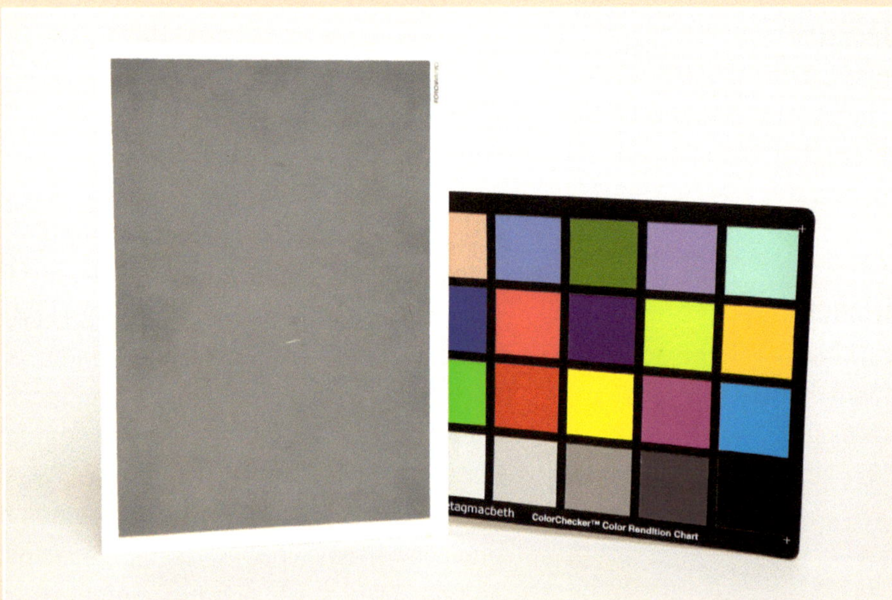

▲ *Mit einer Graukarte oder einer genormten Farbtafel hat man immer eine Farbreferenz, die man in der Bildbearbeitung zum Ausgleich der Farben nutzen kann. Für die Amateurfotografie genügt eine gute Graukarte vollkommen.*

Weißabgleich mal kreativ

Ein Beispiel: Fotografiert man bei Kerzenschein, der ziemlich warm (rotes, gelbes Licht) ist, kann man den Weißabgleich für Tageslicht (kaltes, blaues Licht) einstellen. Was passiert? Die Kamera gleicht den vermeintlichen Blaustich des Tageslichts aus, indem die Farben in Richtung Gelb/Rot verschoben werden. Die Fotos werden also eine extrem warme Lichtstimmung bekommen.

Interessanter wird es, wenn man draußen farbige Lichtquellen einsetzt und z. B. eine orangefarbene Folie vor das Blitzlicht hält. Steht der Weißabgleich auf Kunstlicht, wird ein Mensch in Reichweite des orangefarbenen Blitzes in Richtung Blau korrigiert und damit mehr oder weniger neutral erfasst. Doch die Umgebung hinter dem Menschen wird durch den falschen Weißabgleich sehr blau wiedergegeben.

▼ *Um die Hitze des Sommertags visuell noch zu verstärken, wurde mit dem Weißabgleich für Tageslicht fotografiert. Dadurch wurden die Farben in Richtung Rot/Gelb verschoben.*

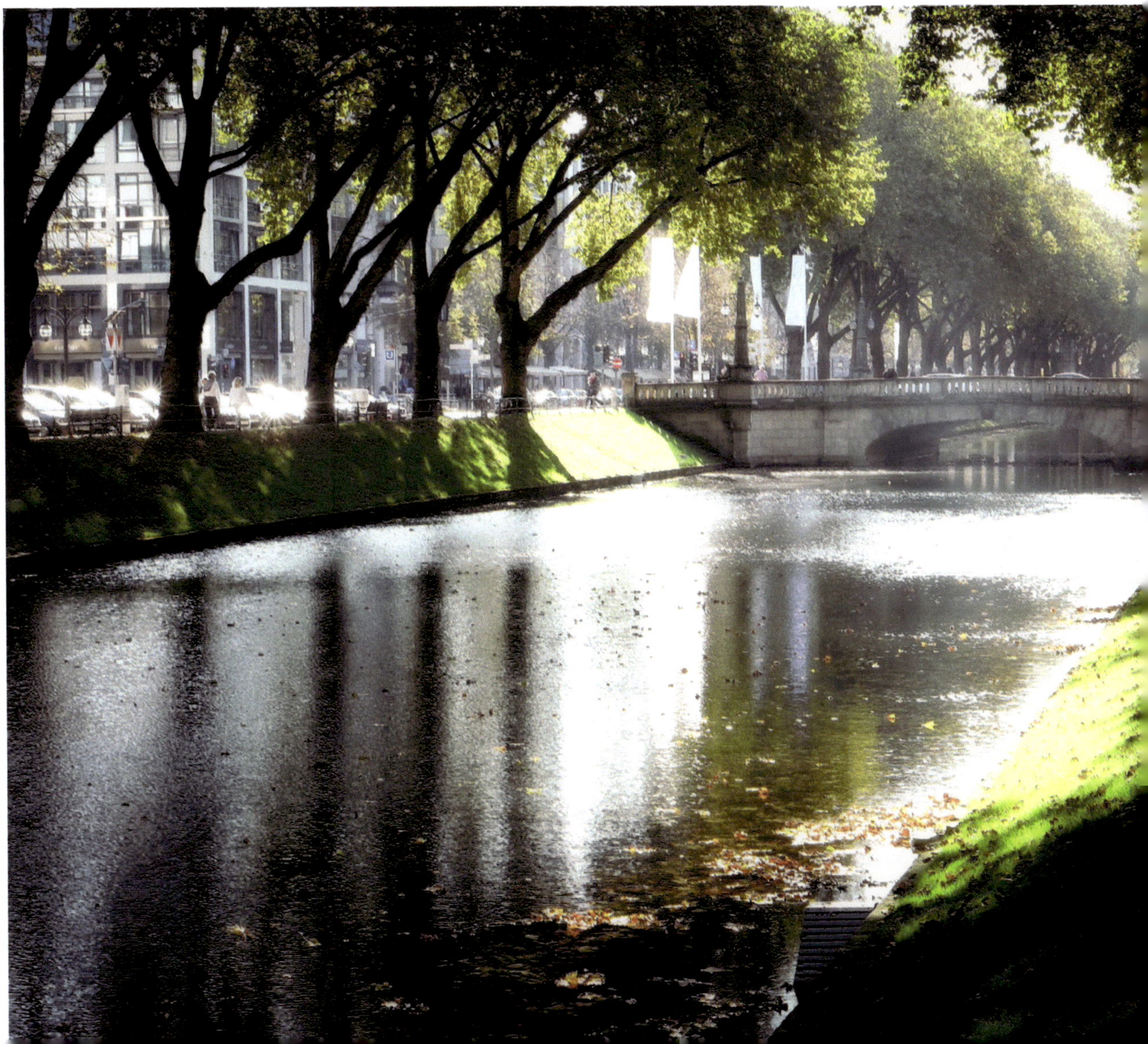

Messmethode wählen

Ein Belichtungsmesser, wie ihn jede Kamera eingebaut hat, ist geeicht, und zwar auf die Messung einer grauen Fläche, die 18 % Licht reflektiert. Das entspricht einem mittleren Grau, wie es z. B. nicht zu dunkler Asphalt hat. Aber nicht nur Asphalt, auch eine grüne Sommerwiese oder nicht im Schatten liegende Hauttöne reflektieren ungefähr 18 % Licht. Das heißt, wenn Sie mit Ihrer Kamera auf eine asphaltierte Straße „zielen" und den Auslöser halb durchdrücken, bekommen Sie eine perfekt belichtete Aufnahme, weil der integrierte Belichtungsmesser die richtigen Werte einstellt. Aber was, wenn man keine solche Referenzstelle im Motiv findet? Und warum haben Kameras in der Regel drei oder sogar vier Methoden der Belichtungsmessung?

Jede moderne Kamera hat zumindest drei verschiedene **Messmethoden**, um auf verschiedene Lichtverteilungen reagieren zu können. Je knapper der vermessene Motivbereich – hier ist die sehr eng begrenzte Spotmessung aktiv –, desto exakter kann man bestimmte Stellen ausmessen und korrekt belichten.

▼ *Alles Durchschnitt – bei diesem Tierporträt war die Belichtungsmessung unproblematisch, weil helle und dunkle Bereiche relativ ausgewogen waren.*

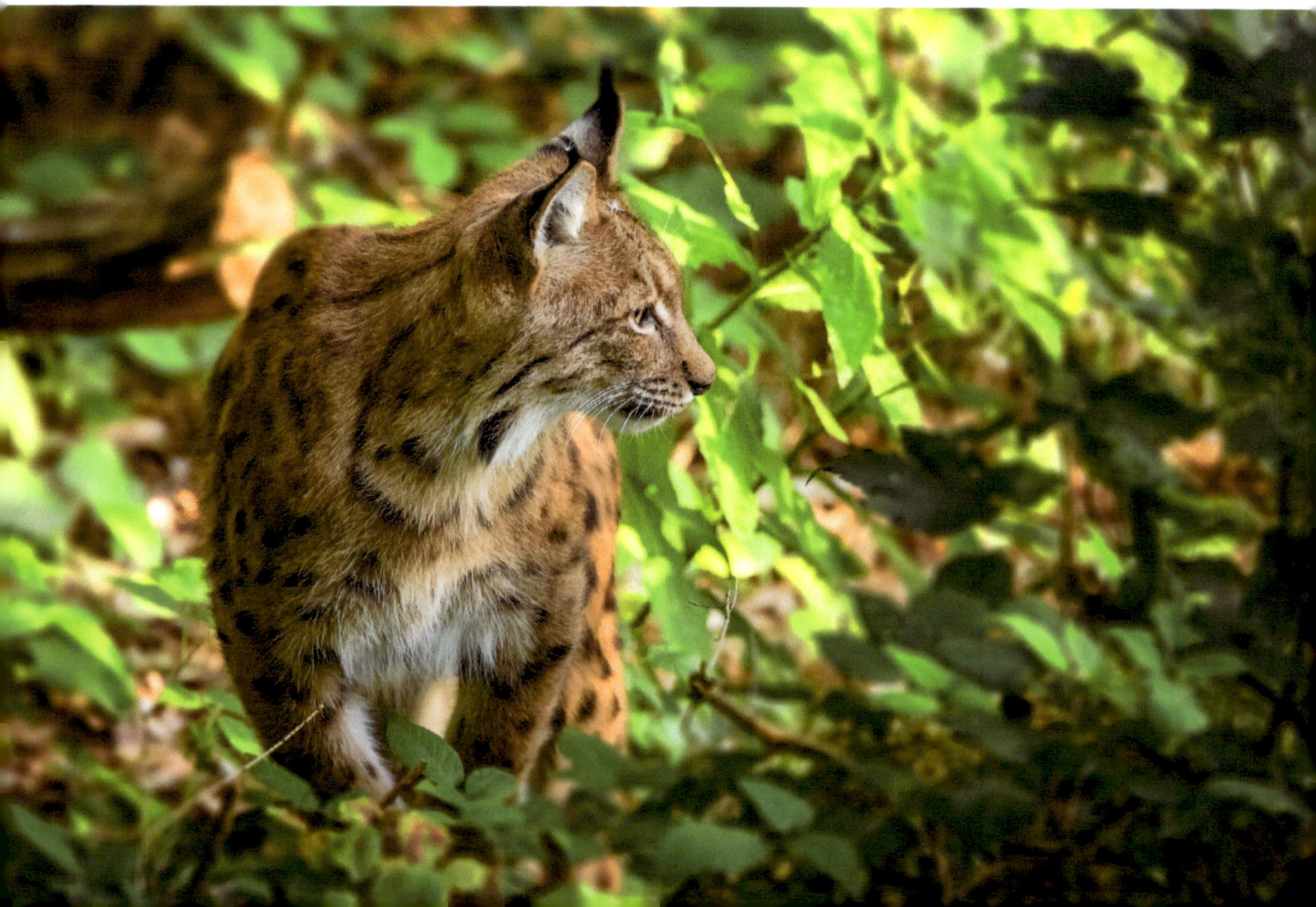

Objektmessung und Lichtmessung

Im Grunde gibt es zwei Methoden der Belichtungsmessung, die man unterscheiden können bzw. von denen man zumindest einmal gehört haben sollte: die Objektmessung und die Lichtmessung. Wenn Sie mit der Kamera auf ein Motiv zielen und den Auslöser halb durchdrücken, macht die Kamera eine Objektmessung. Sie misst das Licht, das vom Objekt oder Motiv reflektiert wird und durchs Objektiv auf den Sensor bzw. Belichtungsmesser fällt. Diese Art der Messung hat einen entscheidenden Nachteil: Entspricht der Reflexionsgrad des Motivs nicht der 18-%-Referenz, ermittelt der Belichtungsmesser falsche Werte. Je besser die Kamera, desto eher wird diese Fehlmessung erkannt und ausgeglichen.

Lichtmessung und Vorgehensweise

Die Lichtmessung funktioniert genau andersherum. Man geht mit einem externen Handbelichtungsmesser so nah wie möglich ans Motiv heran und hält das Messgerät in Richtung der Kamera. So wird die Lichtmenge gemessen, die auf das Motiv fällt. Wie man sich vorstellen kann, ist diese Methode viel exakter, leider aber auch aufwendiger, teurer (Handbelichtungsmesser kosten zusätzlich zur Kamera weiteres Geld) und oft nicht möglich – z. B. bei einem entfernt gelegenen Landschaftsdetail oder im Zoo bei den Löwen.

Belichtungswerte kompensieren

Praktisch jede Kamera verfügt über die Möglichkeit der Belichtungskompensation. Suchen Sie für die Belichtungskorrektur nach einem Drehrad, einem Knopf mit Plus/Minus-Zeichen oder einem Menüpunkt. Das Prinzip ist immer das gleiche: Man lässt die Kamera die Belichtungswerte ermitteln (Auslöser antippen) und korrigiert diese Werte dann nach unten (–) oder oben (+), sodass die Belichtung verlängert oder verkürzt wird. Mit der Funktion zur Belichtungskorrektur kann man die von der Kamera ermittelten Belichtungswerte manuell nach oben und unten korrigieren und die Aufnahmen so heller oder dunkler gestalten.

Das erfordert einige Erfahrung und einen wachen Geist. Fragen Sie sich immer, ob und wie sehr ein Motiv von 18%igem Grau abweicht, und korrigieren Sie die Belichtung entsprechend. Ist das Motiv heller, erhöhen Sie die Belichtung um eine oder zwei Stufen (+1, +2), ist es dunkler, verringern Sie die Werte.

Drei Belichtungsmessmethoden

Jede Kamera bietet verschiedene Möglichkeiten der Belichtungsmessung. In der Regel werden drei Methoden angeboten: die Mehrfeldmessung, die mittenbetonte Integralmessung und die Spotmessung:

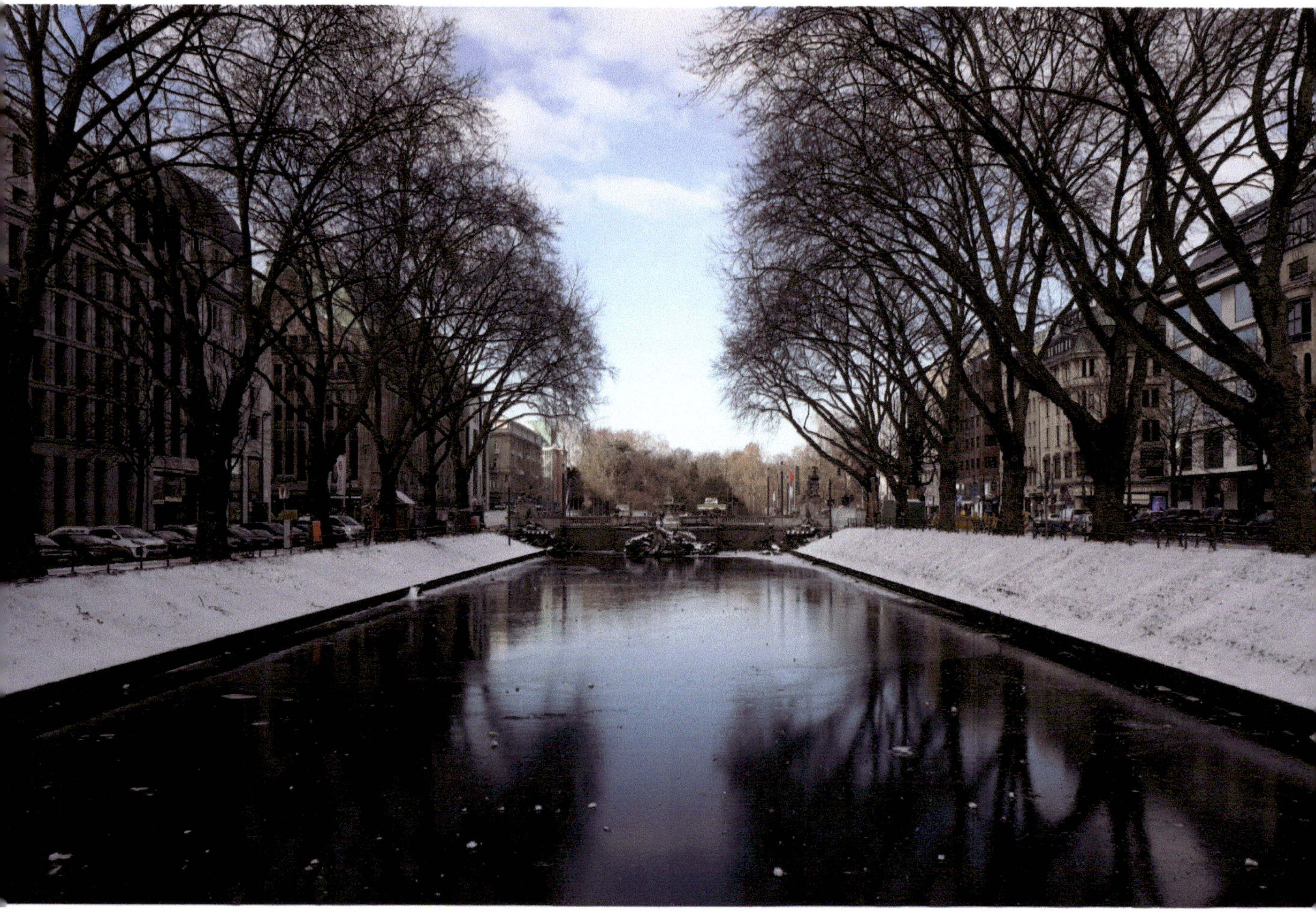

▲ *Ein typisches Beispiel für eine schwierige Belichtung: Ist viel Eis und Schnee im Motiv, neigt jede Kamera dazu, die Belichtung zu dunkel anzusetzen. Hier sollten Sie um mindestens eine Stufe nach oben korrigieren, um auch wirklich weißen Schnee zu bekommen.*

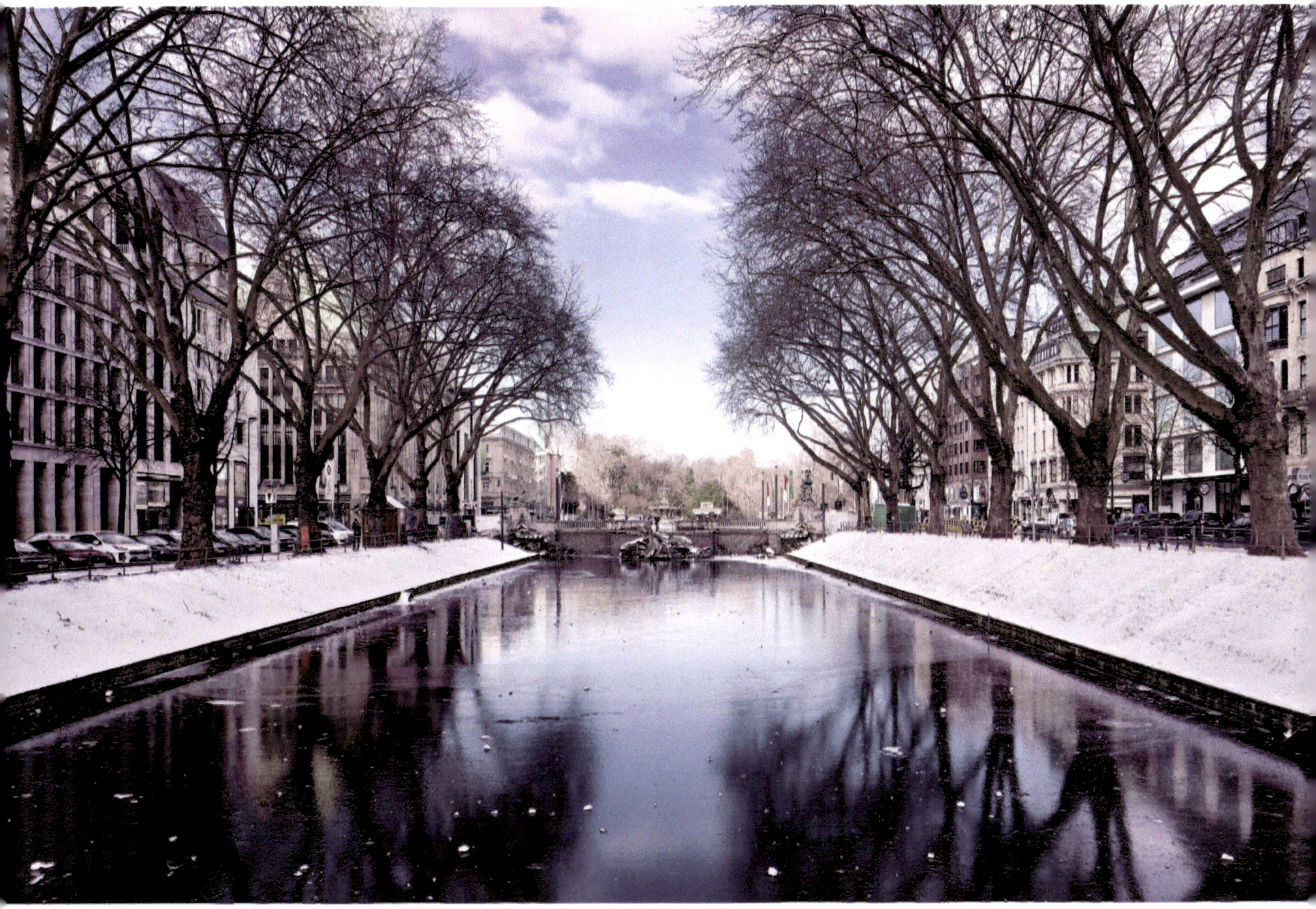

▲ *Hier wurde die Belichtungskorrektur der Kamera um 1,5 EV nach oben korrigiert.*

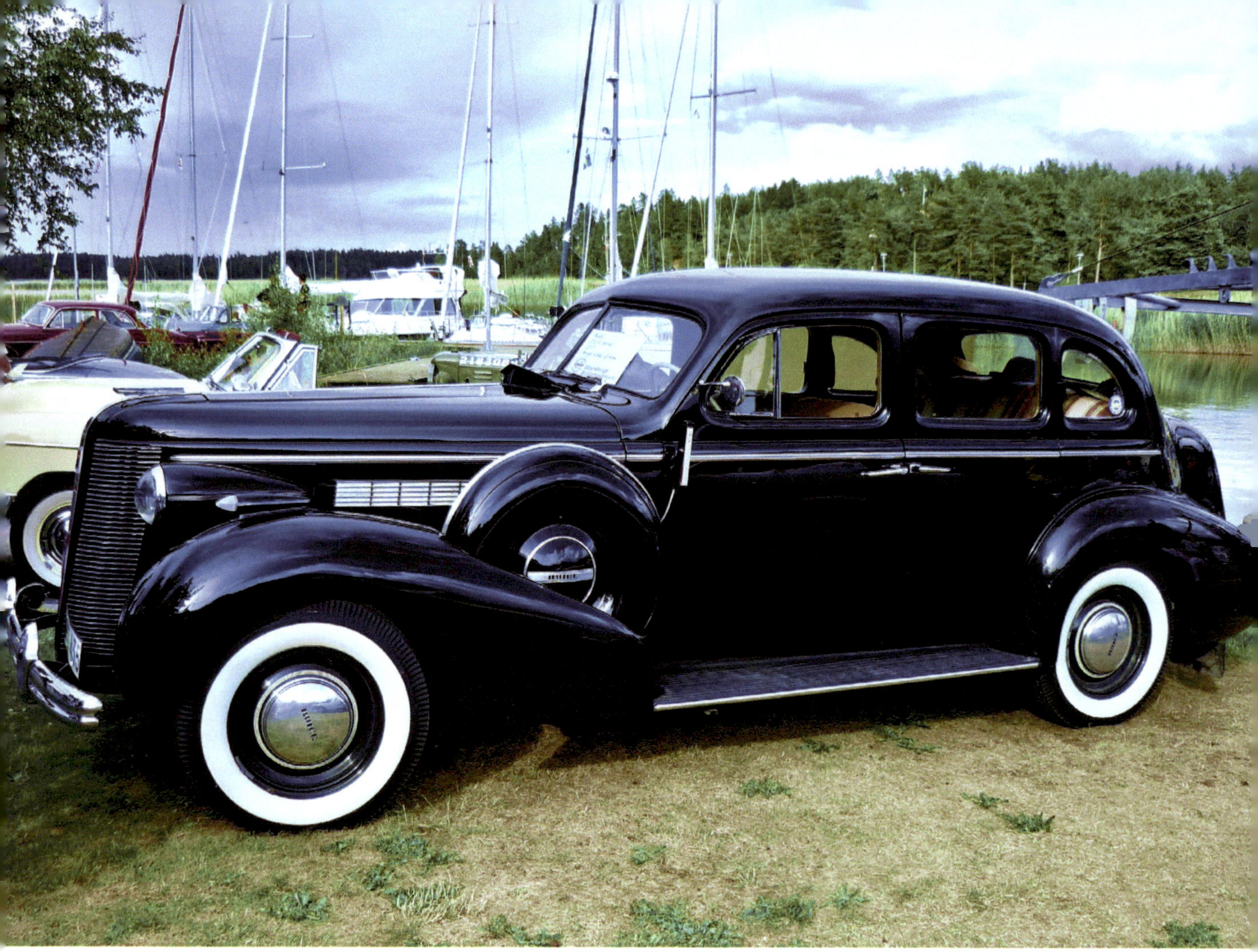

▲ *Ein Fall für die Mehrfeldmessung: Bei bedecktem Himmel waren Lichter und Schatten gleichmäßig verteilt, und die Kamera hat mit der Mehrfeldmessung einen perfekten Mittelwert für die Belichtung eingestellt.*

- **Mehrfeldmessung** – Bei der Mehrfeldmessung wird einfach das gesamte Sichtfeld der Kamera in gleich große Bereiche geteilt. Die Bereiche werden vermessen, wobei der mittlere Bildbereich ein wenig höher gewichtet wird, denn üblicherweise befindet sich das Hauptmotiv in der Mitte. Diese Methode ist Standard bei allen Kameras im Automatikmodus und führt in den allermeisten Fällen zu guten Belichtungen. Selbst bei Gegenlicht, das immer etwas knifflig ist, klappt es mit der Mehrfeldmessung ganz gut.

- **Mittenbetonte Messung** – Bei der mittenbetonten Messung wird die Belichtung zwar auch über das gesamte Bild ermittelt, die Kamera gewichtet aber bei der Messung den mittleren Sucherbereich etwas stärker. Diese Art der Belichtungsmessung eignet sich vor allem für formatfüllende Motive wie Landschafts- und Porträtaufnahmen.

- **Spotmessung** – Bei der Spotmessung wird die Belichtung ausschließlich in einem kleinen Radius im Bildzentrum gemessen, bei manchen Kameras auch dort, wo sich der gerade aktive Fokusbereich befindet. Der Radius kann gegebenenfalls je nach Kamera variiert werden. Die Spotmessung erlaubt die präziseste Belichtungsmessung für einen Teilbereich des Motivs, beispielsweise für ein Porträt. Es ist das Mittel der Wahl bei komplexen Lichtverhältnissen wie starken Helldunkel-Kontrasten, bei denen dann die eigentliche Motivhelligkeit detailliert ermittelt werden kann. Das Motiv muss anschließend nicht genau da im Bild liegen, wo es bei der Spotmessung gemessen wurde, nämlich im Mittelkreis, denn dort wird nur die Belichtung ermittelt, und diese kann bis zur Aufnahme gespeichert werden.

In manchen Kameras sind sogar zwei Messfelder – der Spotmesspunkt und der gerade aktive Autofokusmesspunkt – gekoppelt. Die Autofokuspunkte sind dann auch die Bereiche der Belichtungsmessung. Die Spotmessung erfordert vorher genaues Überlegen dahin gehend, warum wo gemessen wird. Daher ist sie nicht für Schnappschüsse oder als Standardeinstellung geeignet. Die Wahrscheinlichkeit, dass zufällig der richtige und wichtige Motivteil im Mittelkreis liegt, ist zu gering.

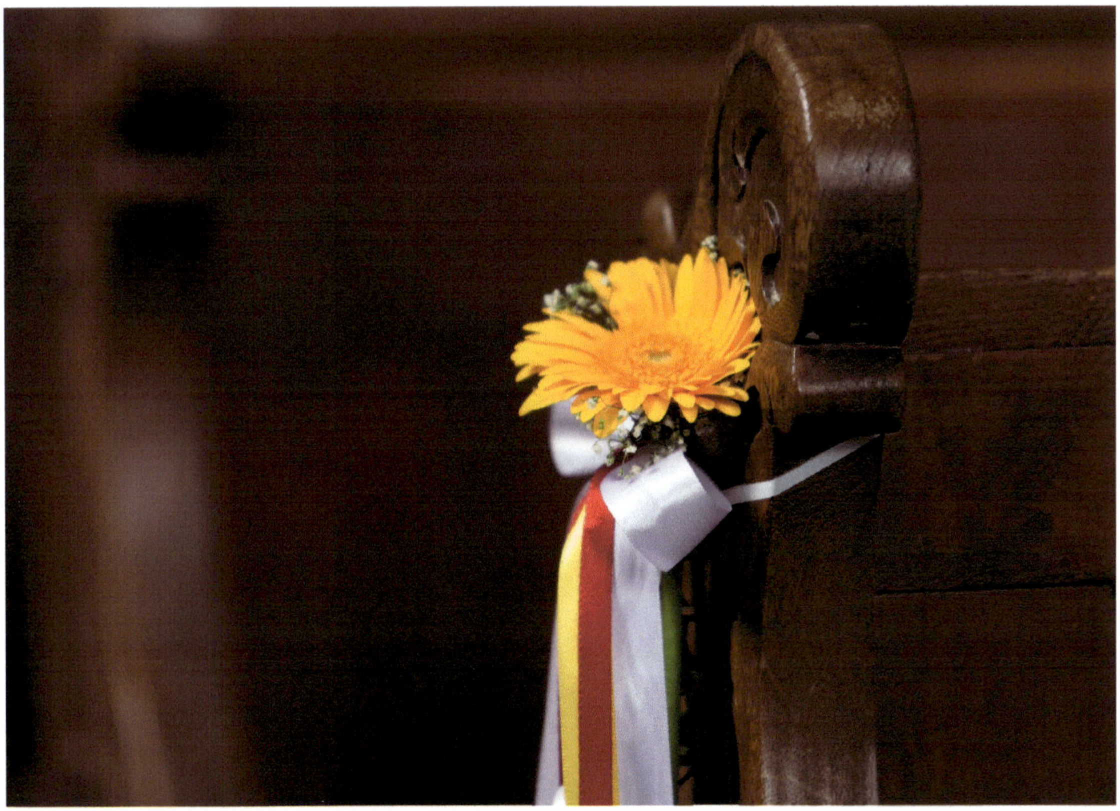

▲ *Die mittenbetonte Messung gewichtet das zentrale Motiv – die Blüte – etwas stärker. Bei einer Mehrfeldmessung wäre das Motiv wegen des dunklen Hintergrunds etwas zu hell geworden.*

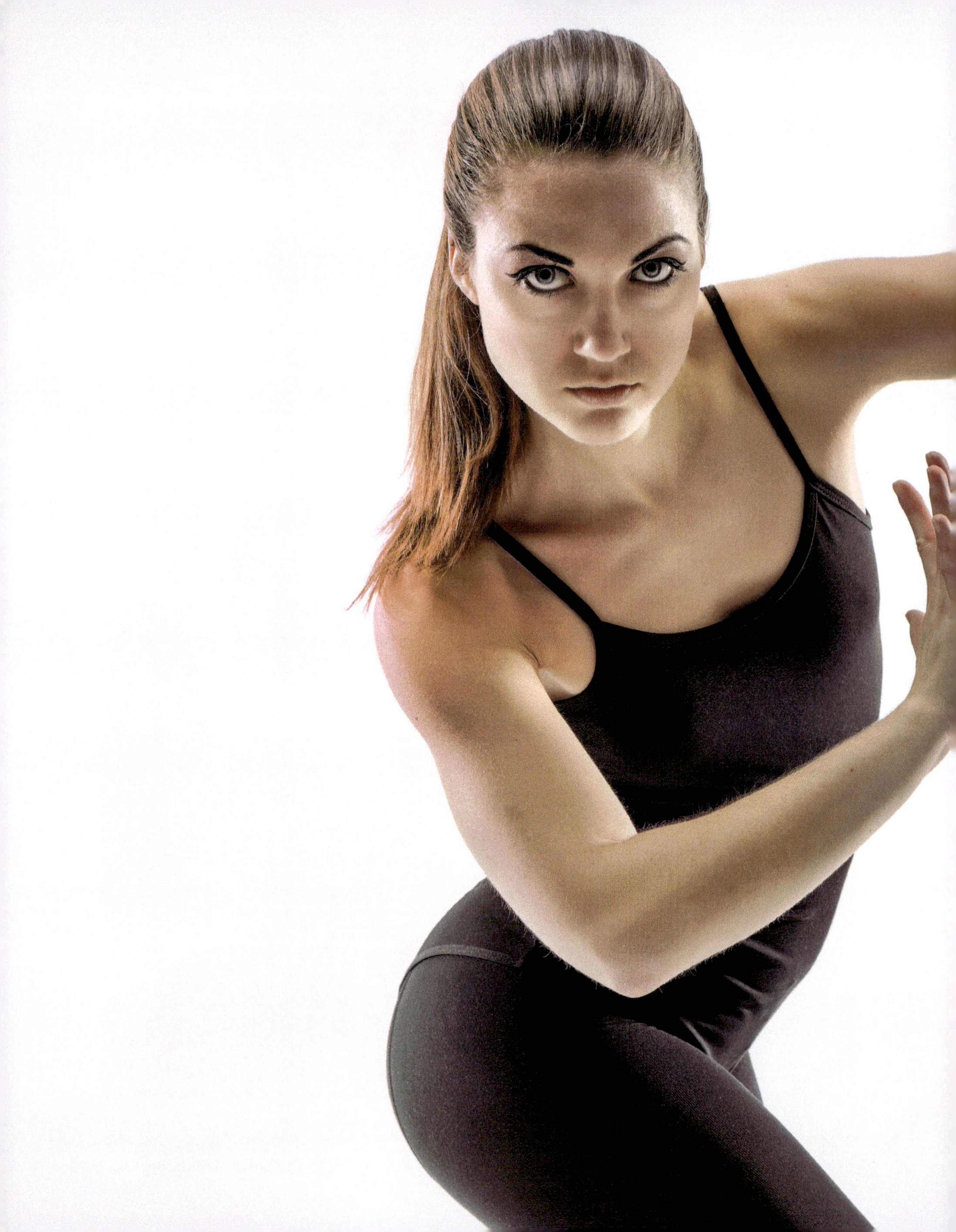

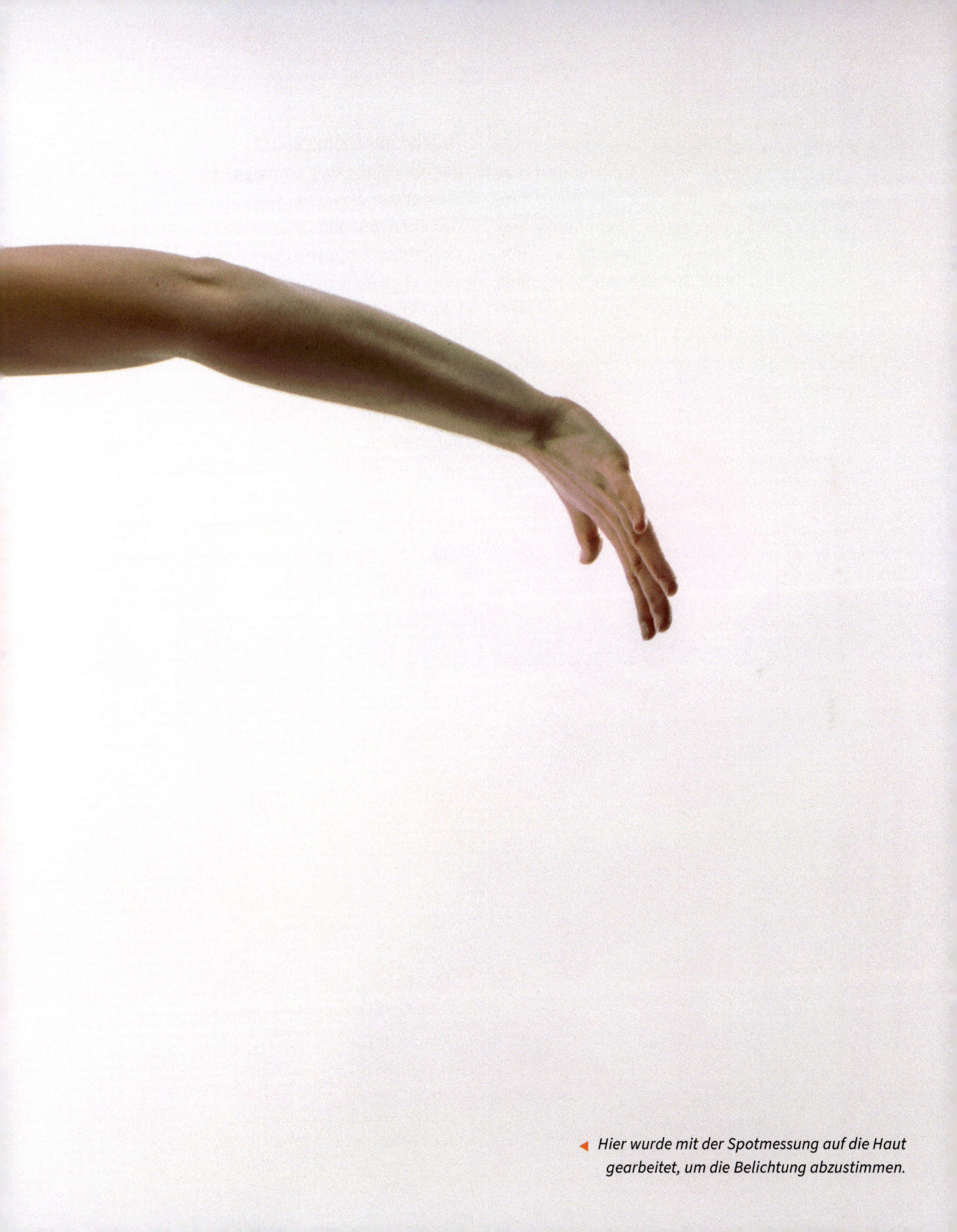

Hier wurde mit der Spotmessung auf die Haut gearbeitet, um die Belichtung abzustimmen.

Belichtung mit Blitz

Zur Ausstattung fast jeder Kamera zählt ein integriertes **Blitzgerät**, das jedoch meist eine relativ geringe Leistung hat. Die Blitzgeräte sind im Gehäuse integriert und ständig einsatzbereit. Bei besser ausgestatteten Kameras muss der Blitz, der sich meist oberhalb des Suchers befindet, erst ausgeklappt werden. Ein integriertes Blitzgerät kann, wenn es richtig eingesetzt wird, Aufnahmen enorm verbessern.

▼ *Solche Blitzschatten entstehen, wenn man den Kamerablitz einsetzt und das Motiv oder die Person, die man fotografiert, direkt an einer Wand steht. Halten Sie am besten Abstand zu Wänden und anderen Hintergründen, um Blitzschatten zu verhindern.*

Tückischer Kamerablitz

Der Blitz hilft dabei, eine zu dunkle Szene auszuleuchten. Er kann außerdem Farben zum Leuchten bringen und für effektvolle Bewegungsfotos eingesetzt werden. Der Blitz kann aber auch den berüchtigten Rote-Augen-Effekt verursachen. Die meisten Kameras verfügen jedoch über eine Blitzfunktion, die die Entstehung roter Augen zu verhindern hilft.

Wird der Blitz falsch eingesetzt, sieht man das den Fotos im besten Fall an, im schlechtesten Fall sind die Bilder unbrauchbar. Personen, die besonders nah vor der Kamera stehen, können vom Blitz leicht überbelichtet werden. Auch kräftige Schlagschatten, die einen

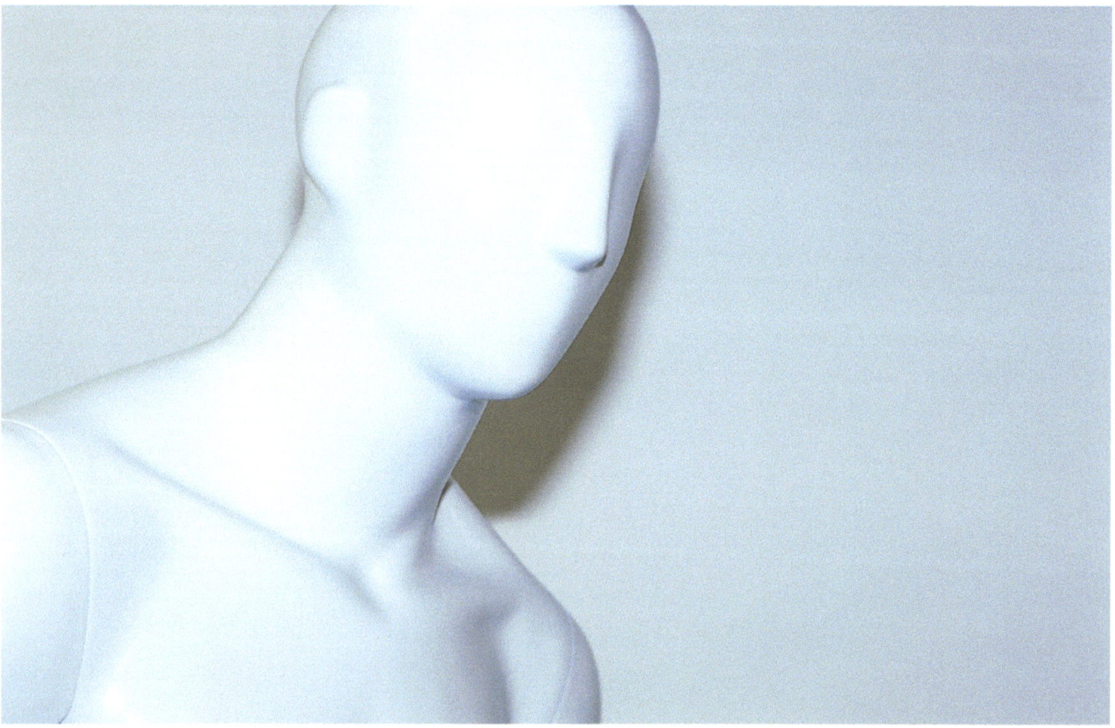

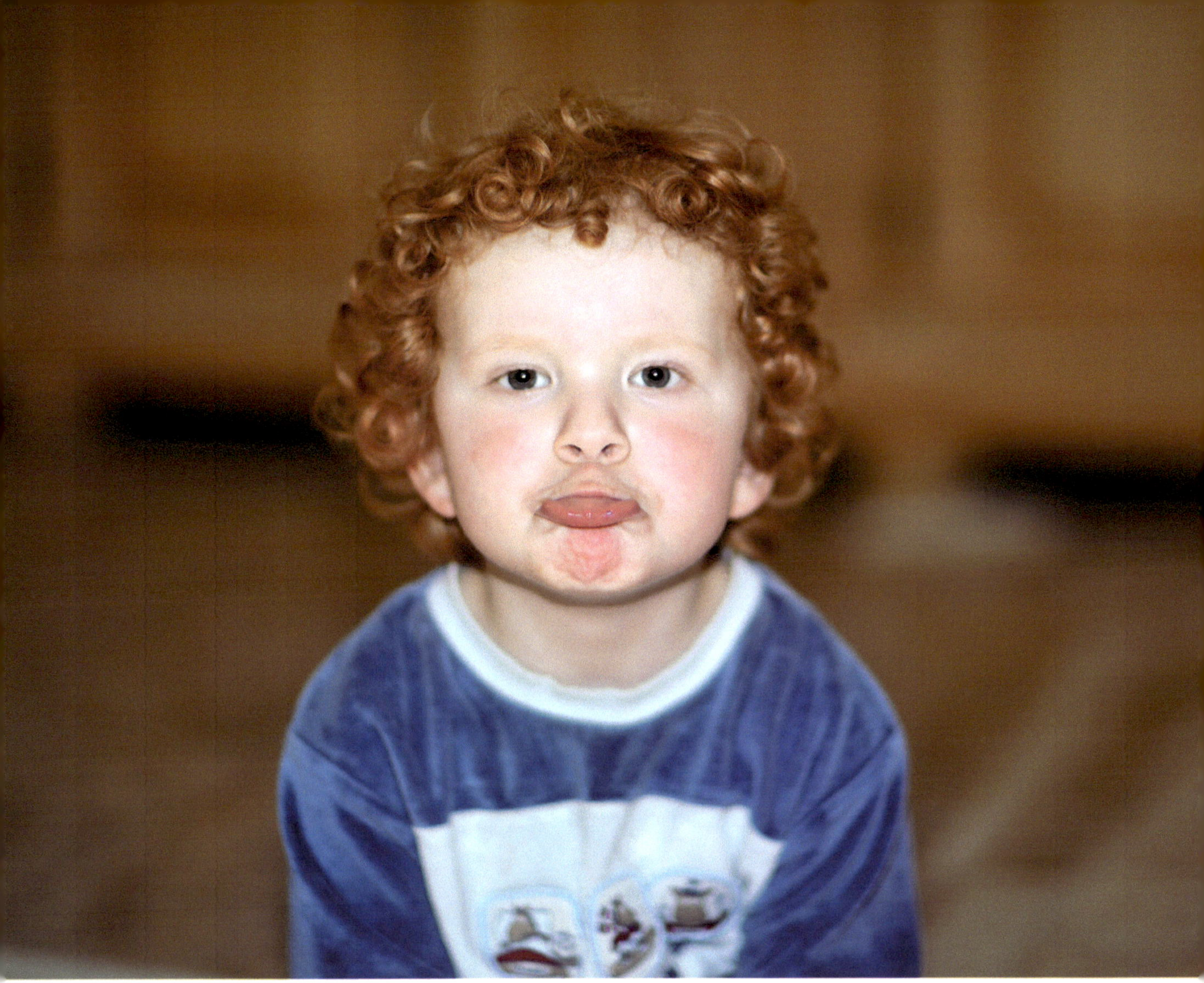

▲ *Hier wurde im Automatikmodus geblitzt, um ein wenig Brillanz ins Bild zu bekommen. Die vom Blitz erzeugten Schatten halten sich in Grenzen, man erkennt den Einsatz des Blitzes an den Spitzlichtern in den Augen und am harten Schatten unterm Kinn.*

vor einer hellen Wand stehenden Menschen hässlich umrahmen, sieht man beim Einsatz von Blitzgeräten häufiger.

Blitzverhalten im Automatikmodus

Fotografieren Sie mit Ihrer Kamera im Automatikmodus, werden sowohl Blende und Belichtungszeit als auch der integrierte Blitz automatisch gesteuert. Die meisten Kameras zeigen die von der Automatik vorgesehene Verwendung des Blitzes auf dem Display oder im Sucher mit einem kleinen Symbol an. Die Automatik schaltet den Blitz jedoch nur dann ein, wenn das Umgebungslicht nicht ausreicht. Erscheint in einer eher dunklen Umgebung kein Blitzsymbol, haben Sie entweder eine Einstellung gewählt, die den Blitz nicht automatisch zuschaltet, oder Sie nutzen eine relativ hohe ISO-Einstellung. Wenn Sie in hellem Tageslicht fotografieren und der Blitz Schatten aufhellen soll, müssen Sie manuell eingreifen und den Blitz bewusst zuschalten.

Aufhellen und Kontraste mildern

In vielen Situationen, etwa in der Dämmerung, in nur spärlich beleuchteten Räumen oder an hellen Sonnentagen, wenn die Schatten extrem sind, hilft der Blitz beim Aufhellen und Mildern von starken Kontrasten durch mehr Licht in den Schattenbereichen. Die kleinen Blitze in den Kameras haben zwar verglichen mit den Zusatzblitzgeräten zum Aufstecken keine besonders hohe Leistung

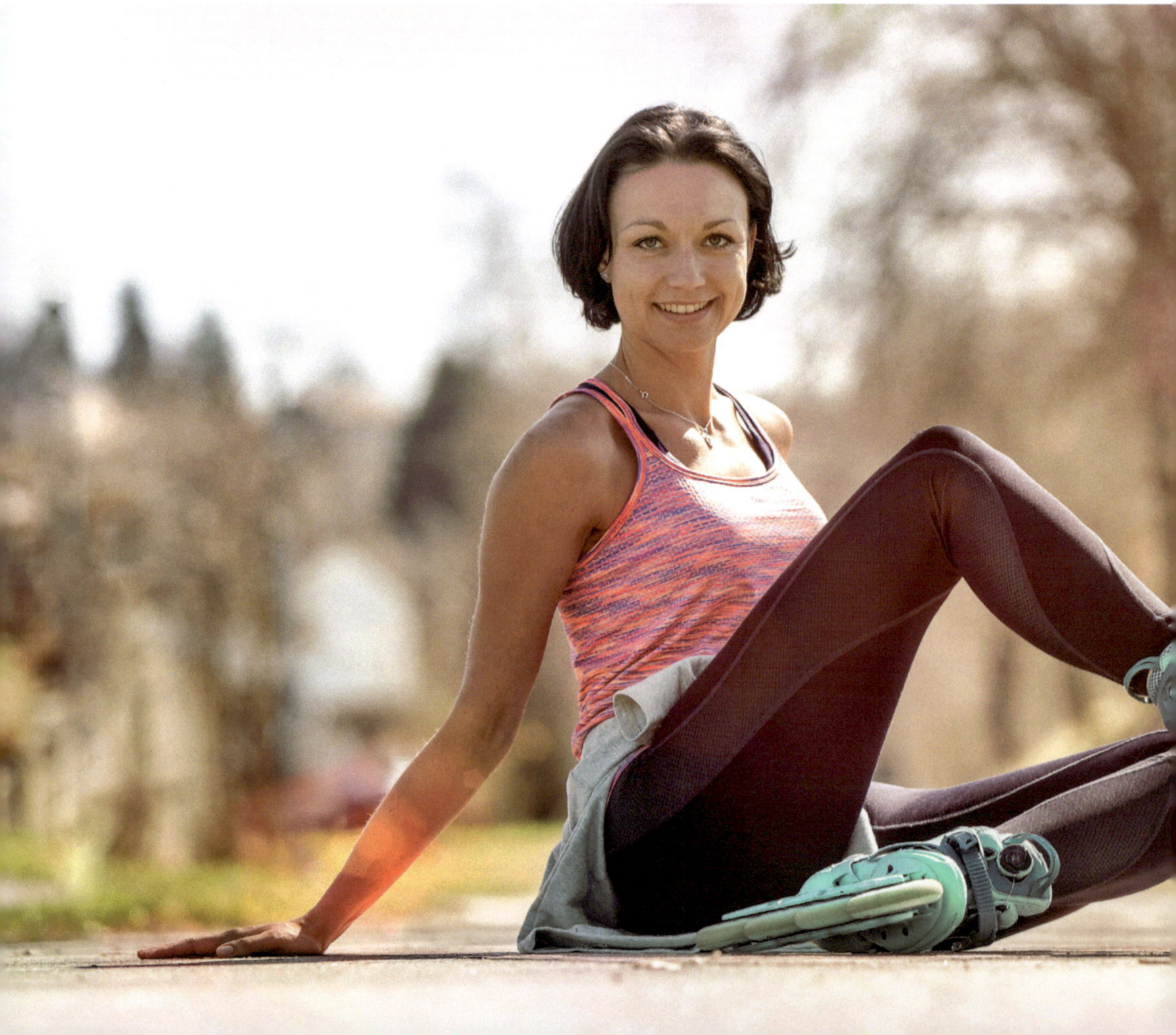

(Leitzahl), und auch ihr Abstrahlwinkel ist beschränkter, für in der Nähe befindliche Motive reicht die Leistung aber meist aus. Wenn Ihre Kamera über ein Zoomobjektiv verfügt, müssen Sie sich über die eingestellte Brennweite und den Abstrahlwinkel des Blitzes übrigens keine Gedanken machen. Die internen Blitze sind so ausgelegt, dass auch Weitwinkelfotos gelingen und der Blitz das Motiv bis in die Ecken ausreichend ausleuchtet.

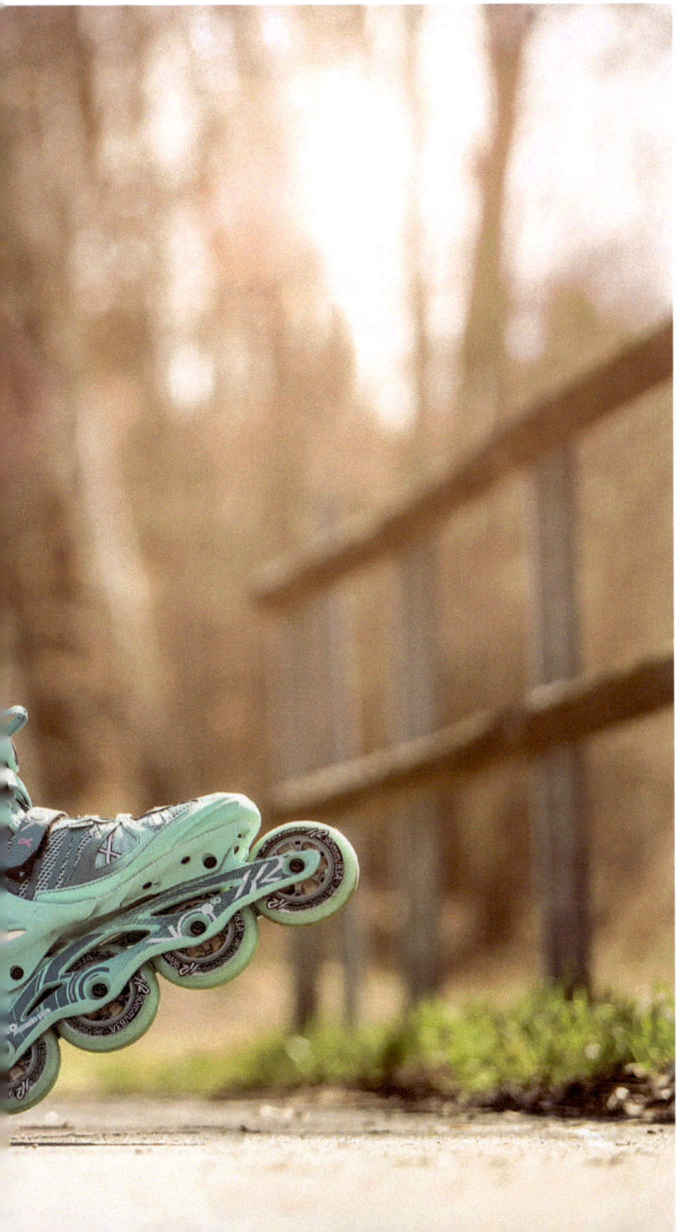

Blitzreichweite und Tunneleffekt

Beim Blitzen hat man immer mit einem je nach Motiv mehr oder weniger großen Problem zu kämpfen, das man als Tunneleffekt bezeichnen kann. Die Lichtstärke nimmt mit zunehmender Entfernung exponentiell ab. Von der Lichtmenge, die auf ein nur einen Meter entferntes Objekt trifft, kommt bei doppelter Entfernung lediglich noch ein Viertel an. Der Kamerablitz wird also ein in Blitzreichweite befindliches Hauptmotiv richtig ausleuchten, weiter hinten stehende Objekte aber nur unzureichend.

Mit Aufsteckblitz fotografieren

Integrierte Kamerablitze sind aufgrund ihrer Leitzahl und ihres Abstrahlwinkels nur zum Ausleuchten der unmittelbaren Umgebung geeignet. Außerdem benötigen die Blitze eine Menge Strom und belasten den Akku der Kamera. Zudem sind die Blitzfolgezeiten eingebauter Blitze meist relativ lang. Unter Blitzfolgezeit versteht man die Zeit, die das Blitzgerät zum Wiederaufladen benötigt, um den nächsten Lichtblitz abfeuern zu können. Solche technischen Einschränkungen lassen sich umgehen, indem Sie Ihre Kamera mit einem Zusatzblitzgerät erweitern.

◀ *In der professionellen Werbefotografie geht auch draußen bei hellem Sonnenschein kaum etwas ohne Blitzlicht. Das Model wurde durch einen etwa zwei Meter entfernt stehenden Blitz mit Reflektorschirm zusätzlich ausgeleuchtet, um die Farben zum Leuchten zu bringen.*

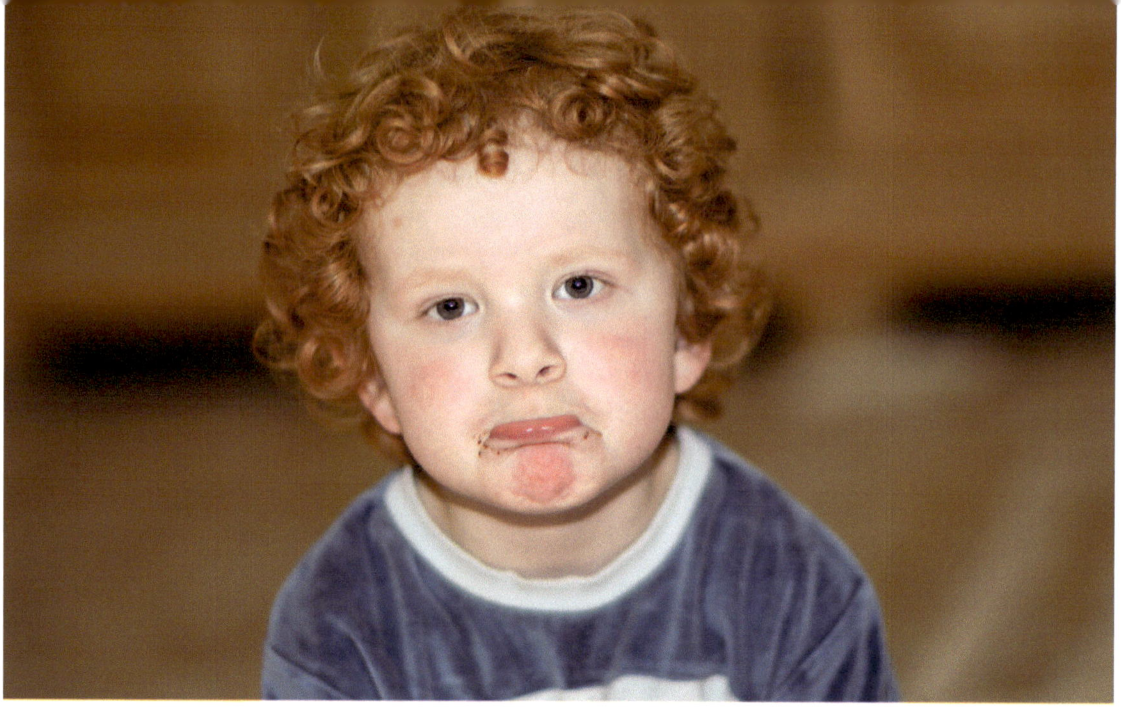

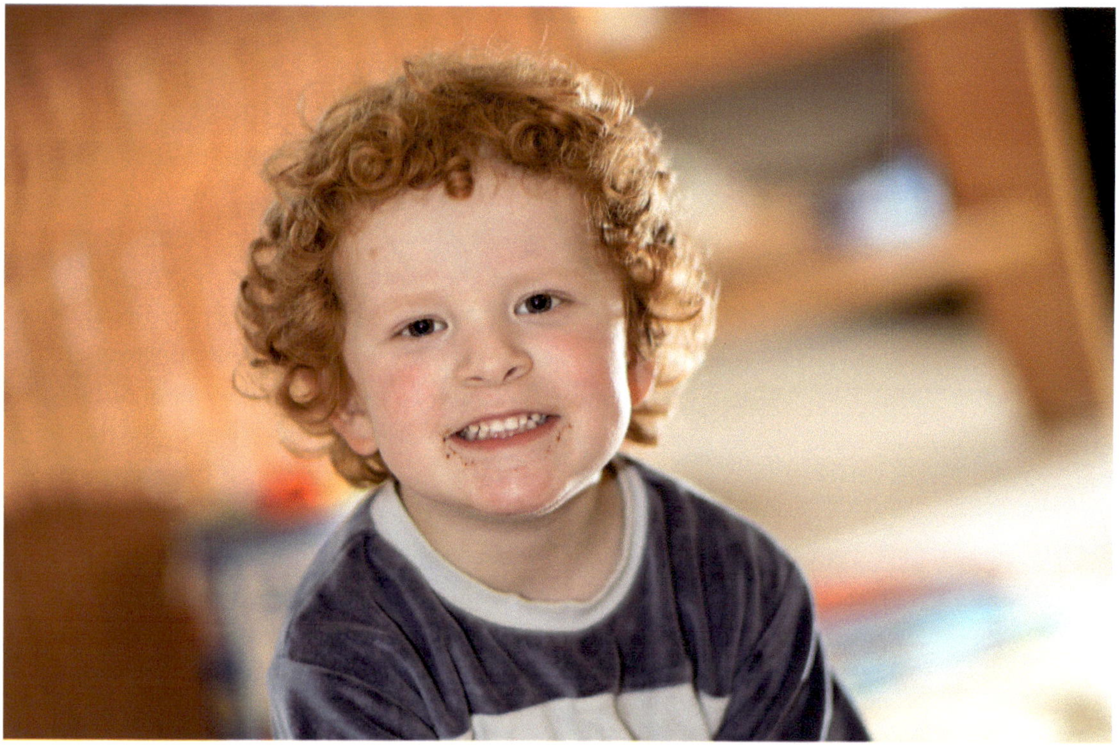

▲ *Zweimal Aufsteckblitz, zwei unterschiedliche Stimmungen: Bei dem lachenden Jungen wurde das frontale Blitzlicht des Aufsteckblitzes mit Tageslicht kombiniert, das durch ein Fenster hereinfiel. Achten Sie immer auf zusätzliche Lichtquellen, die die nüchterne Wirkung des alleinigen Aufsteckblitzes auflockern können.*

Aufsteckblitze werden auf den Zubehörschuh oberhalb des Suchers gesteckt. Zusatzblitze gibt es mit unterschiedlichen Leitzahlen. Je nachdem, für welche Zwecke Sie ein Blitzgerät benötigen, genügen Geräte mit Leitzahlen von 20 bis etwa 50. Blitze mit noch stärkerer Leistung sind eher etwas für Reportageprofis oder für Naturfotografen, die Tiere aus einer größeren Entfernung aufnehmen und auf sehr weit reichendes Blitzlicht angewiesen sind.

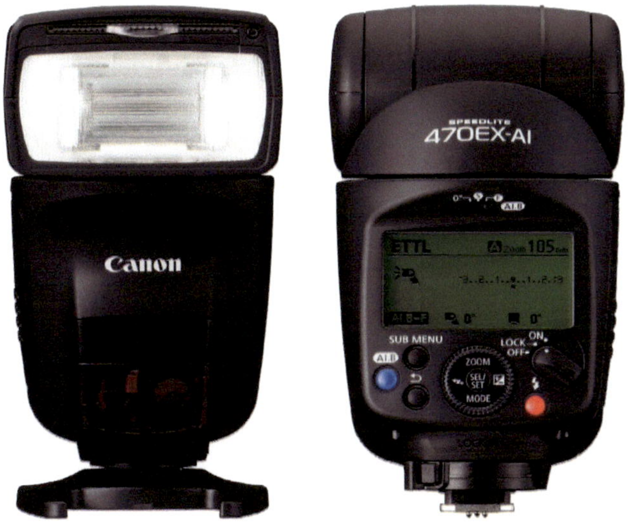

▲ *Aufsteckblitze gibt es für jede Kamera, die über einen Zubehörschuh verfügt. Wenn Sie häufiger in Innenräumen fotografieren, sollten Sie über einen solchen Zusatzblitz mit schwenkbarem Blitzkopf nachdenken. Die Ergebnisse werden – die richtige Verwendung des Blitzes vorausgesetzt – deutlich besser als mit einem integrierten, frontal abstrahlenden Kamerablitz.*

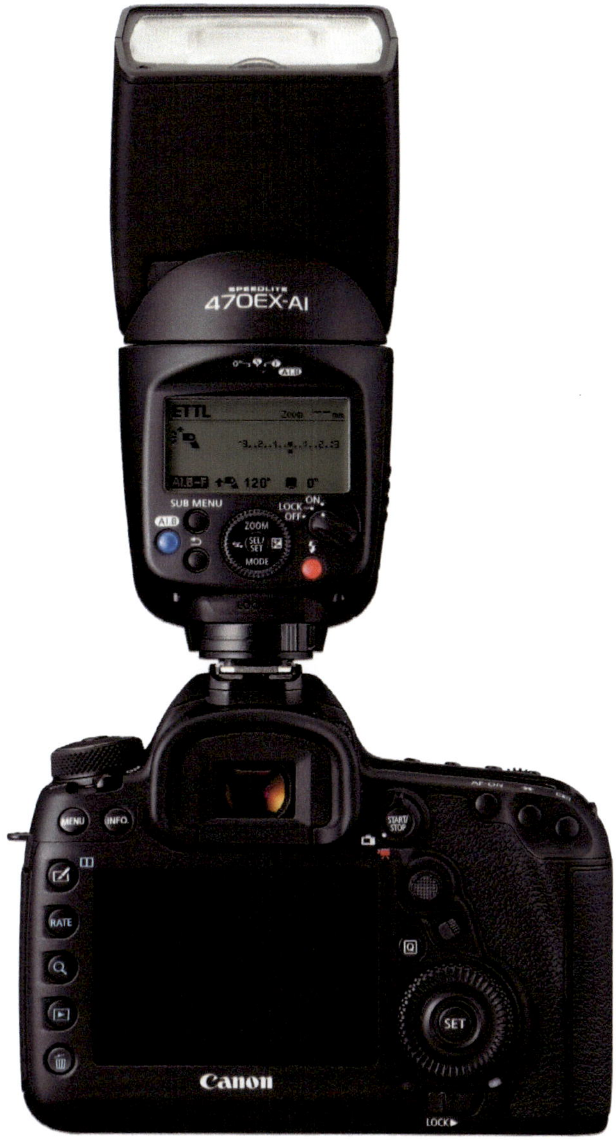

▲ *Die meisten Zusatzblitze lassen sich auf den Blitzschuh einer Kamera stecken. Der Reflektor einfacher Modelle ist fest. Hochwertigere Geräte besitzen Reflektoren, die nach oben und seitlich verdreht werden können, um das Blitzlicht indirekt auf ein Motiv fallen zu lassen.*

Sowohl von den großen Kameraherstellern wie Canon, Nikon und Olympus als auch von Fremdherstellern werden Blitzgeräte angeboten. Sehr einfache Blitze werden an die Kamera angeschlossen und strahlen bei jedem Auslösen ihre volle Leistung ab. Für möglichst großen Komfort beim Blitzen sollten Sie sich einen Blitz zulegen, der optimal auf Ihre Kamera abgestimmt ist. Allerdings ist die Kommunikation zwischen Kamera und Blitzgerät nur dann optimal, wenn der Blitzschuh mehr als nur einen großen Mittenkontakt besitzt. Je nach Kameramodell ist der Blitzschuh mit zusätzlichen Kontakten ausgestattet, und die Blitzfunktionen können über die Kamera und ein entsprechendes Menü gesteuert werden. Blitze von Fremdherstellern lassen sich nicht über die Kamera konfigurieren.

Spielraum für kreatives Blitzen

Aufsteckblitze bieten mehr Licht aufgrund ihrer größeren Leistungsfähigkeit (ihrer höheren Leitzahl) sowie schnellere Blitzfolgezeiten durch eine bessere Stromversorgung (durch von der Kamera unabhängige Akkus) und lassen mehr Spielraum für kreatives und professionelleres Blitzen. Wichtig sind auch sogenannte Schwenkreflektoren. Der Blitzkopf besserer Aufsteckblitze lässt sich nach oben klappen. Bei einigen professionelleren Modellen kann der Reflektor auch zur Seite geschwenkt werden. Dadurch können Sie Ihre Fotomotive indirekt beleuchten, was drei Vorteile hat:

- Geblitzte Motive wirken durch die indirekte Beleuchtung weniger wie typische Blitzfotos.
- Das Blitzlicht wird von Wänden oder der Decke reflektiert, was zu einer bedeutend weicheren Ausleuchtung führt – die vom Blitzlicht verursachten Schatten sind nicht so hart.
- Rote Augen sind praktisch ausgeschlossen, weil der Blitz nicht direkt in die Augen abstrahlt.

Beachten Sie, dass durch das Schwenken oder Kippen die Reichweite des Blitzes nicht mehr ganz so groß ist, weil das Licht einen längeren Weg bis zum Motiv zurücklegen muss. Außerdem erhalten Ihre Fotos einen Farbstich, wenn der Blitz gegen farbige Wände oder Decken gerichtet wird.

Gegenüber integrierten Blitzen haben die Aufsteckblitzgeräte auch einen Vorteil in Sachen Kreativität: Sie können mit Farbfiltern erweitert werden. Dabei wird vor dem Reflektor des Blitzes ein farbiger Filter angebracht, der das abgestrahlte Licht einfärbt – für Experimente eine tolle und einfach zu realisierende Methode.

Master-Slave-Blitzen

Besitzen Sie bereits ein Zusatzblitzgerät und möchten es auch für Aufnahmen im Studio verwenden, können Sie Ihre Ausrüstung eventuell durch ein oder mehrere zusätzliche Blitzgeräte erweitern. Ein paar der Modelle lassen sich im Master-Slave-Modus betreiben. Dabei dient eines der Blitzgeräte zur Steuerung (Master) der anderen Blitze (Slaves). Ob Ihr Blitzgerät diese Funktion beherrscht, erfahren Sie im dazugehörigen Handbuch.

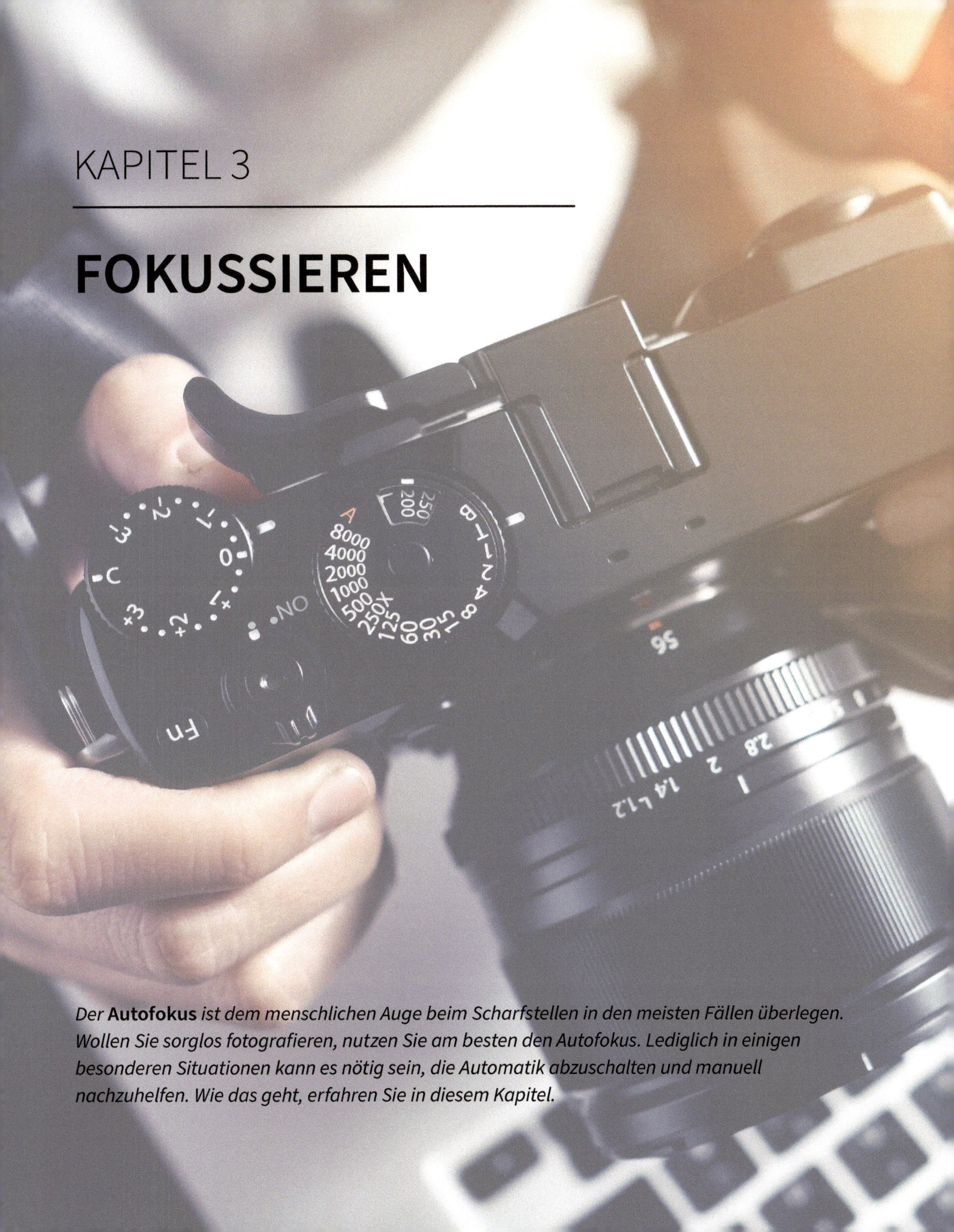

KAPITEL 3

FOKUSSIEREN

Der ***Autofokus*** *ist dem menschlichen Auge beim Scharfstellen in den meisten Fällen überlegen. Wollen Sie sorglos fotografieren, nutzen Sie am besten den Autofokus. Lediglich in einigen besonderen Situationen kann es nötig sein, die Automatik abzuschalten und manuell nachzuhelfen. Wie das geht, erfahren Sie in diesem Kapitel.*

Was ist Schärfe?

Dass die Aufnahmen mit Ihrer Kamera scharf sein sollen, versteht sich von selbst. Jede DSLR- und jede DSLM-Kamera bietet diverse Funktionen zur Fokussierung. Wollen Sie sorglos fotografieren, nutzen Sie deshalb am besten den Autofokus, der dem menschlichen Auge beim Fokussieren in den meisten Fällen überlegen ist. Lediglich in einigen besonderen Situationen kann es nötig sein, die Automatik abzuschalten und manuell nachzuhelfen.

Aktiver AF und passiver AF

Je nach Kameramodell werden grundsätzlich zwei unterschiedliche Autofokussysteme eingesetzt. Man spricht vom aktiven und vom passiven Verfahren. Beim aktiven Autofokus wird von der Kamera ein Infrarotmessstrahl in Richtung Motiv ausgesendet. Bei dieser Art der Messung wird die tatsächliche Entfernung zum Motiv ermittelt und die Fokussierung entsprechend angepasst. Großer Vorteil des aktiven Verfahrens ist die Möglichkeit, auch im Dunkeln zuverlässig automatisch zu fokussieren.

Professionelle Kamerasysteme haben nicht nur einen oder ein paar Autofokusmesspunkte, sondern eine große Anzahl, die mehr oder weniger die gesamte Sucherfläche abdeckt.

Aktive Autofokusmessung

Die aktive **AF-Messung** wird oft in Kompaktkameras eingesetzt, geeignet ist sie vor allem für die spontane Fotografie von Standardmotiven, etwa Menschen beim Feiern oder im Urlaub. Ungenau wird der aktive Autofokus bei spiegelnden Oberflächen wie Glas oder Wasser, bei denen der Messstrahl eventuell abgelenkt wird. Auch der Tele- sowie der Nahbereich sind problematisch, weil das Hauptmotiv nicht mehr korrekt vom Strahl getroffen wird.

Passive Autofokusmessung

Professionellere Kameras, etwa Spiegelreflexkameras, arbeiten mit dem passiven Autofokus. Hierbei werden die Entfernung zum Motiv und die erforderliche Fokussierung durch die Messung von Kontrastkanten festgestellt. Sehr einfach ausgedrückt, ermitteln spezielle Sensoren in der Kamera den maximalen Kontrast an feinen Strukturen im Motiv.

Das Prinzip: Je höher der Kontrast an einer Kontur ist, desto schärfer ist die Darstellung. Unschärfe durch falsche Fokussierung verringert den Kantenkontrast. Schwierigkeiten haben passive Autofokussysteme, wenn ein Motiv keine sichtbaren Strukturen oder Details aufweist. Der glatte Lack eines Autos, in dem sich der blaue Himmel spiegelt, ist ein Beispiel, bei dem Sie entweder manuell oder auf ein Objekt fokussieren müssten, das sich im gleichen Abstand wie die Motorhaube befindet.

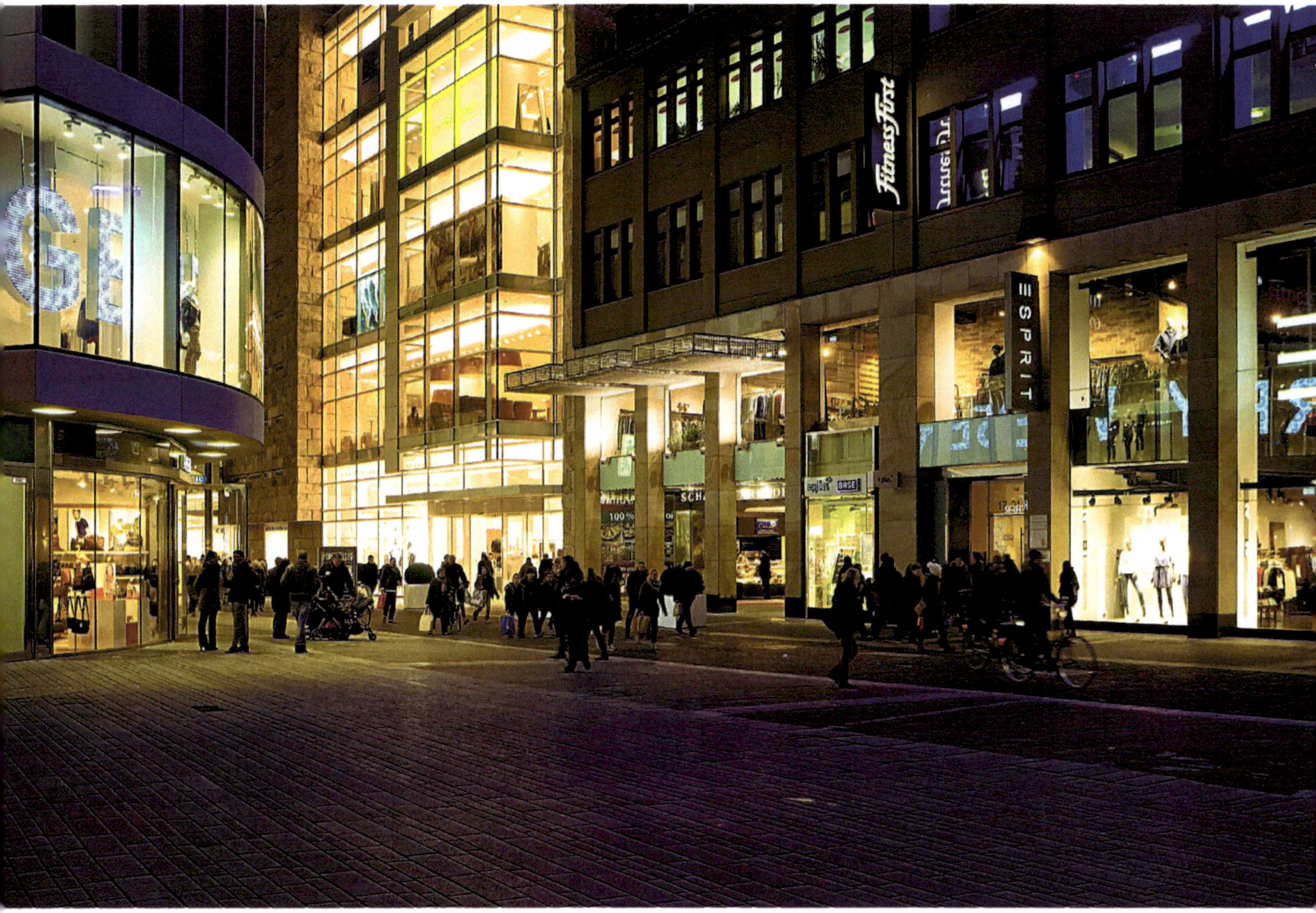

▲ *Bei dieser Available-Light-Aufnahme ist all das scharf, was scharf sein muss.*

Maximaler Kantenkontrast

Im Grunde bedeutet **Schärfe** maximalen Kantenkontrast. Fokussieren Sie zum Beispiel auf ein Auge, werden die feinen Konturen der Iris, des Augenlids oder der Wimpern maximalen Kontrast haben. Sobald sich der Kontrast verringert und der Übergang zwischen Wimper und Haut schwammig wird, werden Sie die Aufnahme nicht mehr als scharf empfinden.

▼ *Damit der Autofokus korrekt arbeiten kann, benötigt er Kontrastkanten. Die Kamera auf die fast kontrastlose Nebelwand zu richten, würde daher nichts nützen. Zum Fokussieren musste es schon der Brückenpfeiler sein, der ins Bild ragt.*

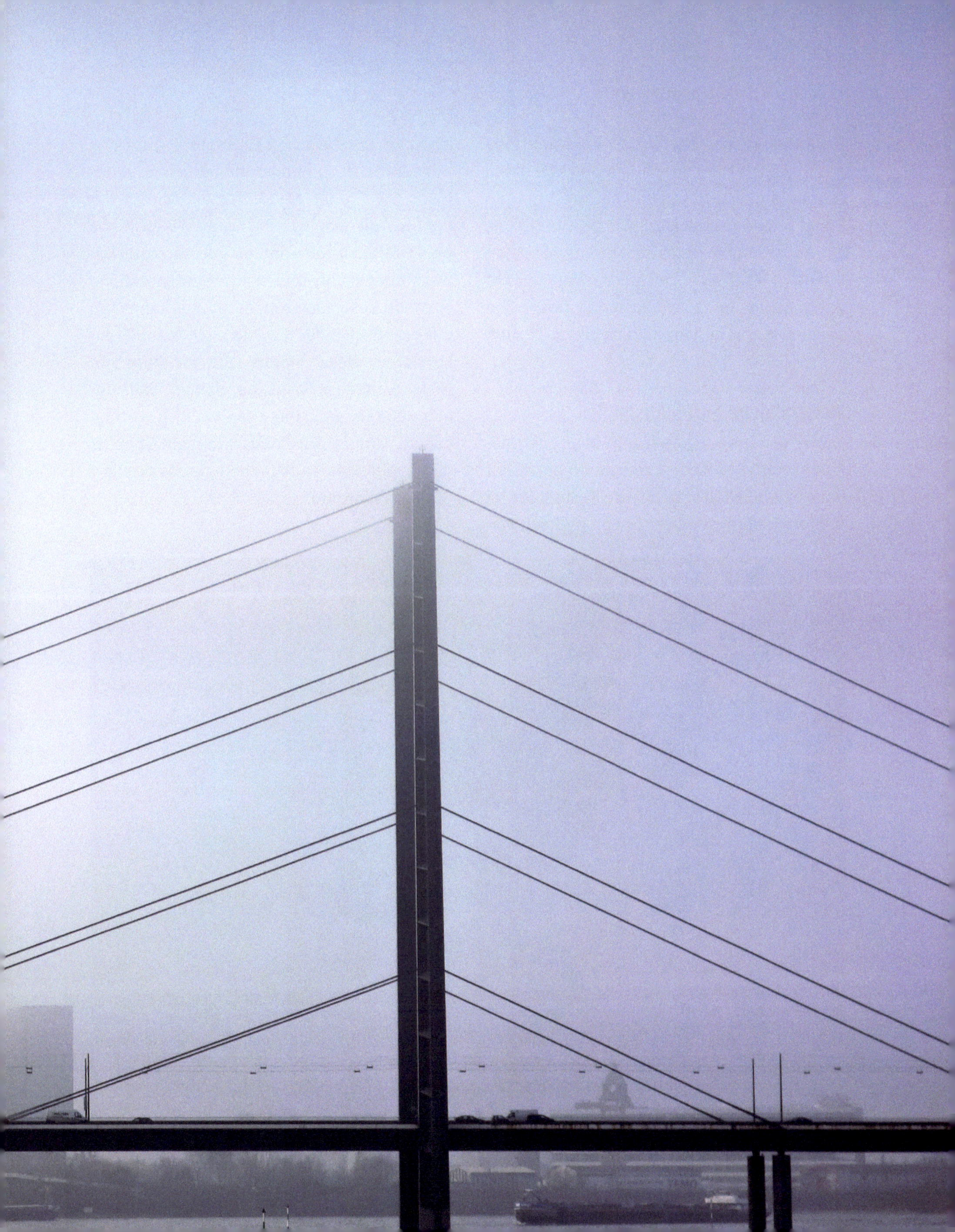

Fokusmodus festlegen

Der Autofokus sorgt dafür, dass beim Antippen des Auslösers die Kamera das Objektiv dahin gehend steuert, dass auf einen bestimmten Punkt scharf gestellt wird. Wie der Autofokus, ein hoch kompliziertes technisches System, arbeitet, lässt sich einstellen. Man spricht von sogenannten Autofokusmodi, die bei den meisten Kameras ganz ähnlich gestaltet sind.

Verschiedene Autofokusmodi

Moderne Kameras verfügen über mehrere Fokusmodi. Der Fokusmodus wird entweder über einen Schalter bzw. eine Taste oder im Kameramenü festgelegt. In den meisten Fällen kann man zwischen Einzelautofokus (AF-S oder ONE-SHOT) und kontinuierlichem Autofokus (AF-C oder AF SERVO) wählen. In der Canon-Welt gibt es eine weitere Automatik (AF FOCUS), die erkennt, ob sich ein Motiv bewegt oder nicht, und den AF entsprechend einstellt. Zusätzlich zum Autofokus kann man mit praktisch jeder Kamera auch manuell fokussieren, dieser Modus wird meistens mit AF-M (manueller Fokus) bezeichnet. Falls der manuelle Fokus an Ihrer Kamera nicht verfügbar ist, wird der Autofokus direkt am Objektiv über einen kleinen Schieberegler deaktiviert (Bezeichnung MF).

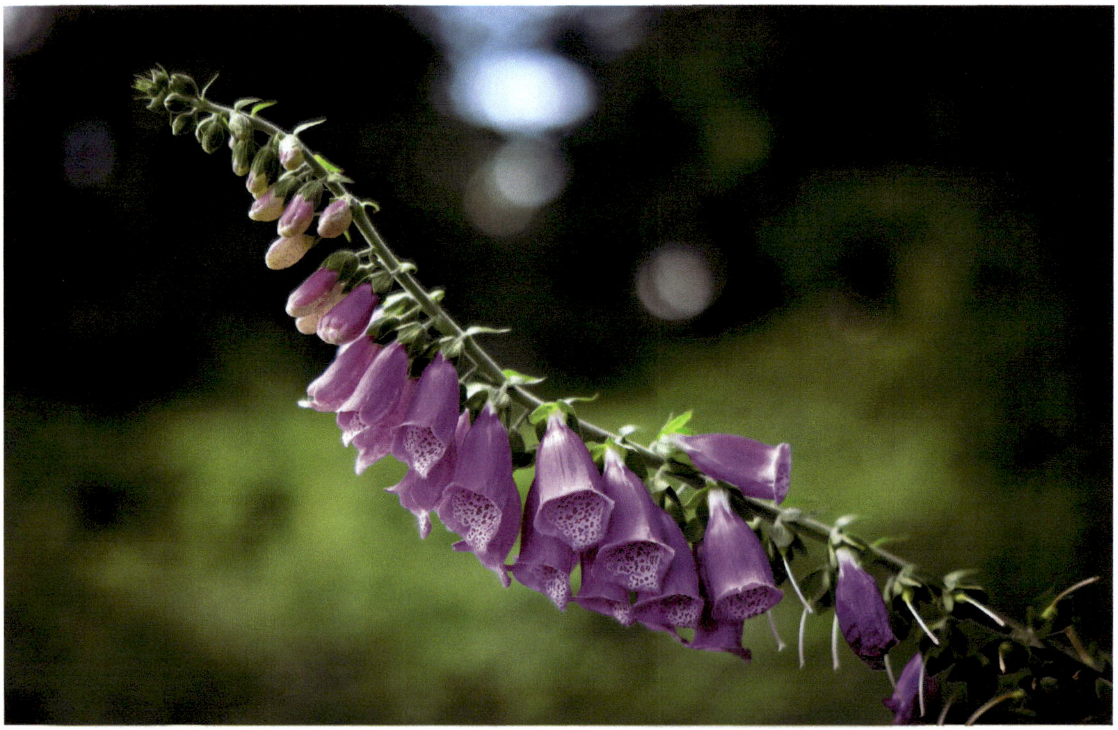

▲ *Bei Nahaufnahmen muss die Schärfe perfekt sitzen. Gerade bei sehr feinen Strukturen würde Unschärfe sofort auffallen und die Wirkung des Motivs schmälern.*

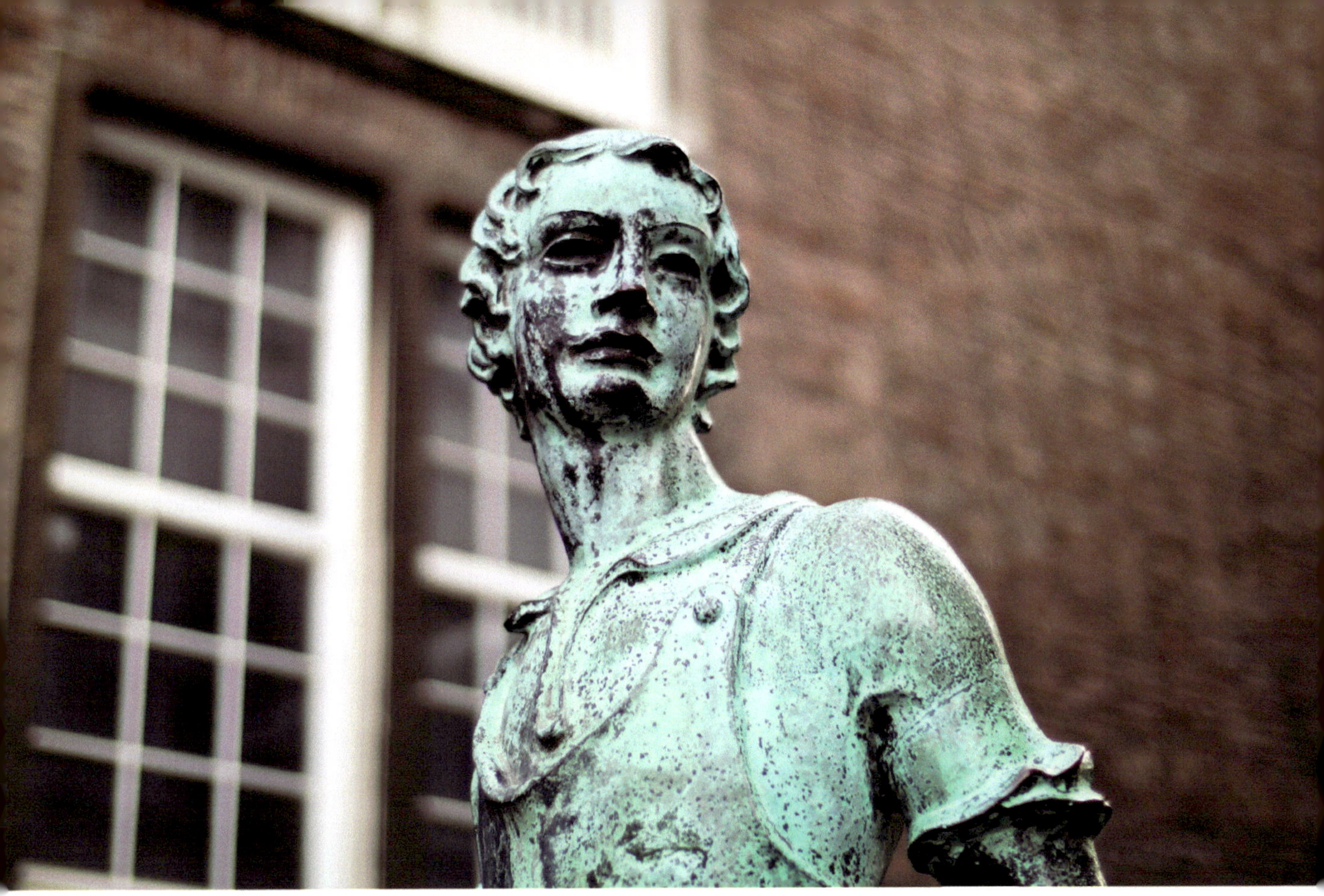

▲ *Wenn sich im Bild nichts bewegt, auf das fokussiert werden muss, verwendet man den Einzel- oder Single-AF (AF-S). Die Kamera stellt beim Antippen des Auslösers scharf, und Sie können den Auslöser durchdrücken.*

Scharf stellen mit Einzel-AF

Beim Einzelautofokus (Abkürzung **AF-S** oder ONE-SHOT) fixiert die Kamera die Scharfstellung, sobald der Auslöser bis zum ersten Druckpunkt gedrückt wird. Der Einzelautofokus ist die übliche Standardeinstellung und dafür vorgesehen, statische Motive zu fotografieren. Schnappschüsse, aber auch bewusst gestaltete Landschafts- und Gebäudeaufnahmen oder Stillleben, lassen sich damit am besten realisieren. Hat die Kamera scharf gestellt, wird der Auslöser ganz durchgedrückt, und die Aufnahme ist im Kasten.

Scharf stellen mit nachführendem AF

Die zweite Methode ist der nachführende Autofokus. Er wird auch oft als kontinuierlicher Autofokus bezeichnet (Abkürzung **AF-C** oder AF SERVO). Der nachführende Autofokus funktioniert am besten bei Motiven, die sich mit relativ konstanter Geschwindigkeit auf die Kamera zu oder von ihr wegbewegen. Das Autofokussystem passt dabei den Schärfepunkt ständig neu an und rechnet sogar die Zeit zwischen dem Drücken des Auslösers und dem Öffnen des Verschlusses mit ein, um das Hauptmotiv in der Schärfe zu halten.

Der Umgang mit dem nachführenden Autofokus kann anfangs ein wenig frustrierend sein, da die Ausbeute an wirklich scharfen Bildern nie so hoch ist wie beim Fotografieren statischer Motive. Machen Sie beim nächsten Radrennen oder einem Marathonlauf viele Fotos, um zu üben. Wenn beim Arbeiten mit dem nachführenden Autofokus ein oder zwei perfekte Fotos herausspringen, sollten Sie zufrieden sein. Benutzen Sie bei Sportaufnahmen am besten ein Einbeinstativ, um zumindest vertikale Bewegungen der Kamera beim Verfolgen der Motive zu beruhigen.

▼ *Dies ist ein typischer Fall für den nachführenden Autofokus (AF-C). Mit dem AF-C können Sie sich bewegende Motive leichter in der Schärfe halten.*

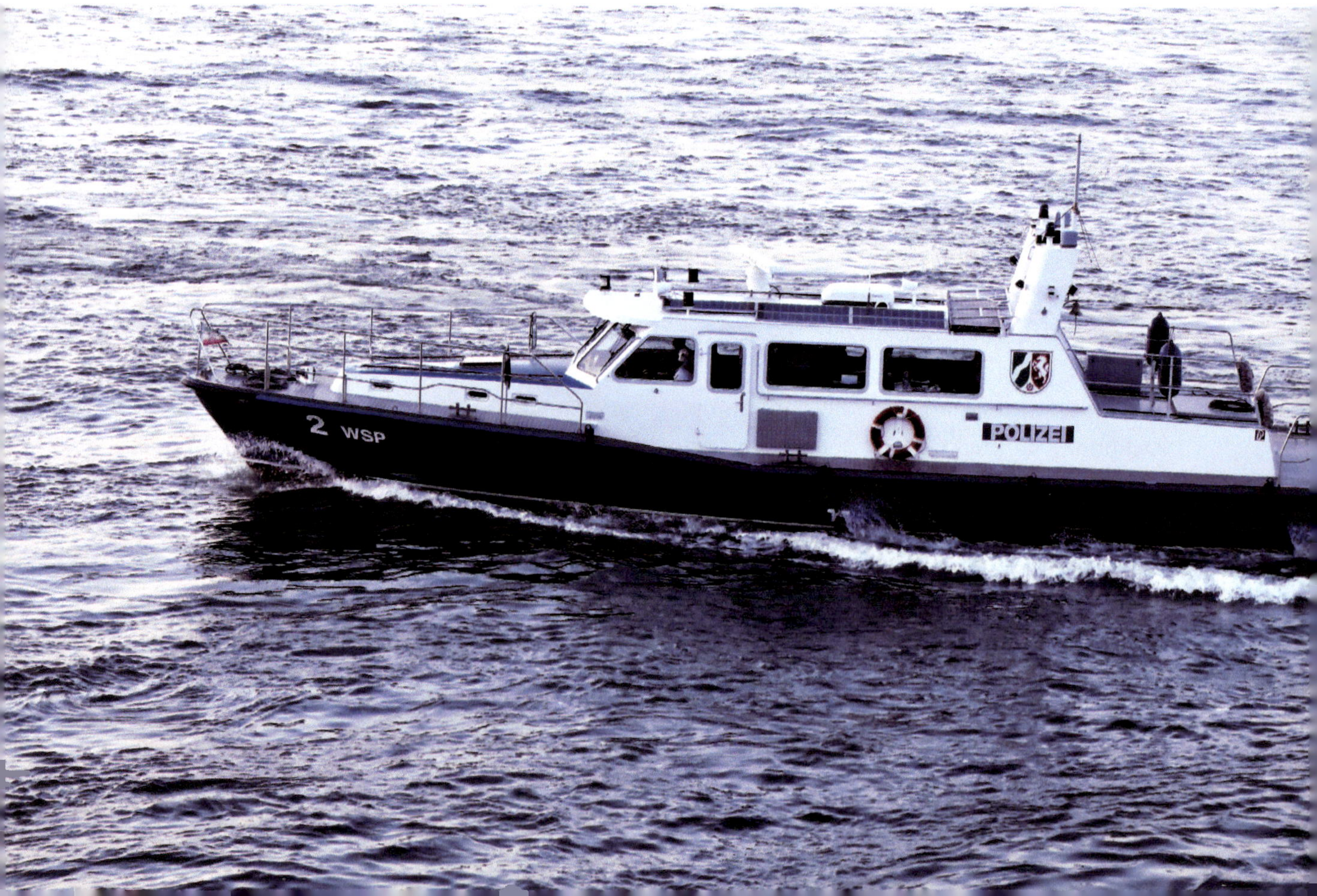

Tipps für perfektes Fokussieren

- Wenn Ihre Kamera kein spezielles Messfeld bietet, sollten Sie sich angewöhnen, immer zuerst auf Ihr Hauptmotiv zu fokussieren, den Auslöser halb durchzudrücken und dann die Bildgestaltung vorzunehmen. Das erspart Ihnen misslungene Bilder mit unscharfen Personen, aber einem perfekten Hintergrund.

- Die meisten Kameras brauchen ein wenig Zeit, um auf das Motiv scharf zu stellen. Allerdings können Sie bei vielen Modellen den Auslöser durchdrücken und die Kamera dazu zwingen, den Fokussierungsprozess abzubrechen. Dabei werden die Bilder jedoch mit großer Wahrscheinlichkeit unscharf. Es gibt auch Kameras, die nicht auslösen, solange der Autofokus nicht meldet, dass korrekt scharf gestellt ist. Dann hilft nur, auf manuellen Fokusbetrieb umzustellen oder zu warten, bis fokussiert ist.

- Neben der Zeit für die Scharfstellung sollten Sie auch noch die Auslöseverzögerung einplanen. Gerade bei Tieren oder Kindern kann die Summe beider Verzögerungen kritisch werden, und die Situation ist vorbei.

- Der Autofokus funktioniert besser bei heller Umgebung. Wenn Sie abends im Freien oder in schlecht beleuchteten Räumen fotografieren, kann deshalb der Wechsel zum manuellen Fokussieren sinnvoll sein.

- Üben Sie die manuelle Fokussierung anhand der Angaben im Handbuch Ihrer Kamera. Stehen Sie vor einer schwierigen Situation und funktioniert der Autofokus nicht, ist es zu spät, sich mit der Handhabung vertraut zu machen.

Nachführender AF und Akku

Achtung! Der nachführende Autofokus ist je nach Kamera auch dann aktiv, wenn man den Auslöser nicht drückt. Das ist bei sich bewegenden Motiven überaus praktisch, geht aber zulasten der Akkuleistung.

Einbeinstativ für schnellen Standortwechsel

Wenn Sie mit dem nachführenden Autofokus arbeiten, sollten Sie ein Stativ benutzen. Für Sportaufnahmen hilfreich ist ein Einbeinstativ, weil Sie damit schnell Ihren Standort wechseln können. Dreibeinstative sind zwar stabiler, mit ihnen kann es aber ziemlich schwierig werden, sich durch Zuschauerreihen zu zwängen.

Bewegung fokussieren

Bewegungen zu fotografieren und das Hauptmotiv in der Schärfe zu behalten, ist sicher eine der anspruchsvollsten Aufgaben in der Fotografie. Der Autofokus Ihrer Kamera hilft Ihnen dabei, auch schnelle Motive scharf zu erwischen. Wie im vorherigen Abschnitt beschrieben, müssen Sie Ihre Kamera so einstellen, dass der Autofokus ein einmal erfasstes Motiv kontinuierlich in der Schärfe hält. Dazu verwenden Sie den Fokusmodus **AF-C**. Sobald Sie ein Motiv durch halbes Durchdrücken des Auslösers erfasst haben, versucht die Kamera, die Fokusebene permanent nachzujustieren. Der sonst übliche Piepton, der den korrekten Fokus akustisch bestätigt, ist beim nachführenden Autofokus natürlich nicht zu hören.

▼ *Schnelle Sportarten fotografiert man mit nachführendem Autofokus (AF-C). Ein einmal anvisiertes Motiv bleibt, solange man den Auslöser nicht loslässt, permanent in der Schärfe. Je besser Kamera und Objektiv sind, desto zuverlässiger klappt das.*

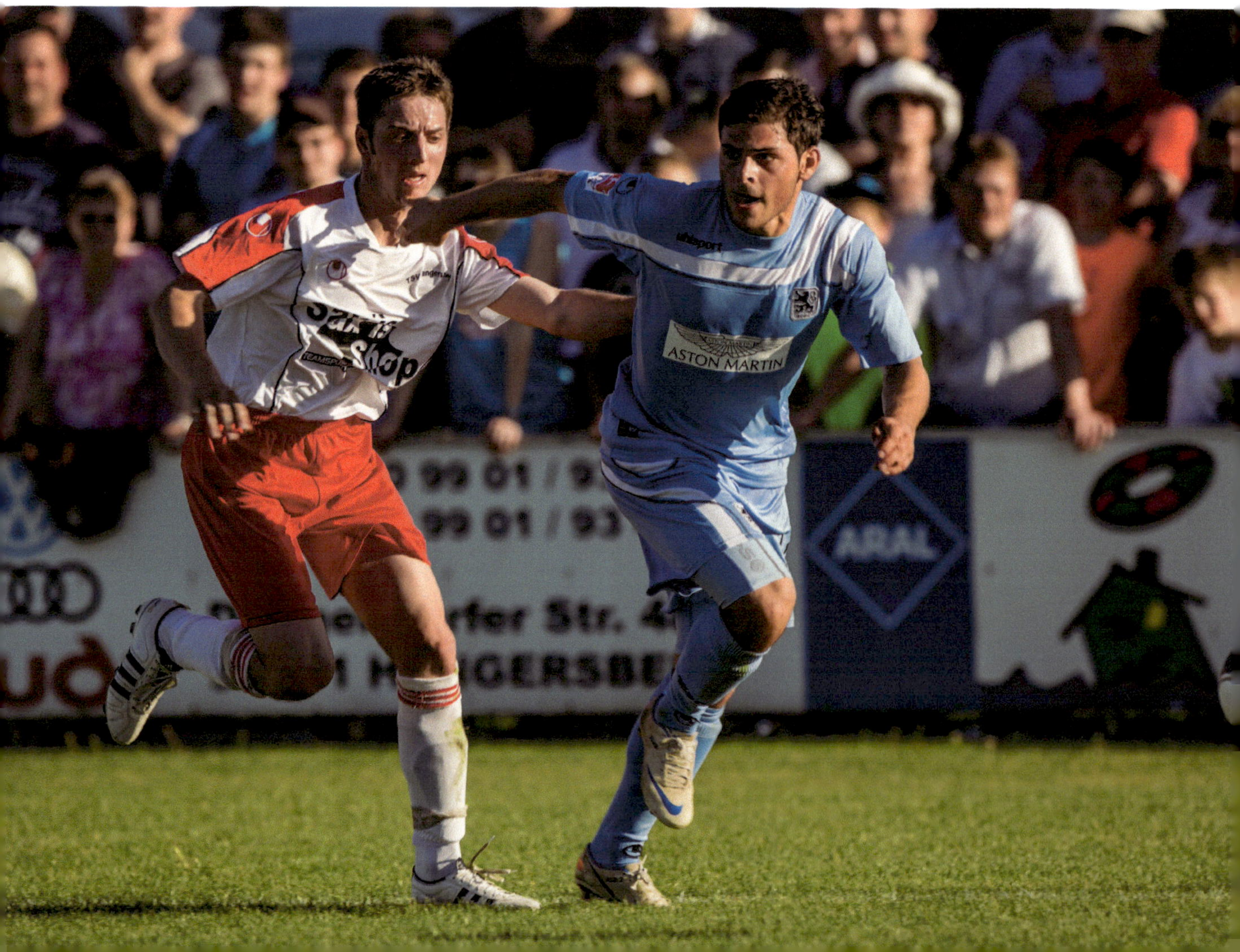

Ansätze für Motive in Bewegung

Prinzipiell gibt es beim Fotografieren von sich bewegenden Motiven drei unterschiedliche Ansätze.

1. Im ersten Fall bewegt sich das Motiv, und die Kamera steht still. Das Motiv kann zum Beispiel fließendes Wasser sein, dahinziehende Wolken am Himmel oder auch ein Auto oder ein Sportler. Der Effekt ist auf den Bildern je nach Belichtungszeit unterschiedlich. Ist die Belichtungszeit sehr kurz, kann man die Bewegung je nach Entfernung zur Kamera und Geschwindigkeit auf den Fotos kaum erkennen. Mit langer Belichtungszeit wird die Bewegungsunschärfe deutlicher. Der Hintergrund ist dabei statisch, weil die Kamera sich ebenfalls nicht bewegt. Nur das Hauptmotiv ist mehr oder weniger verschwommen, woran man die Bewegung erkennen kann.

2. Bei der zweiten Technik verfolgt die Kamera das Motiv in seiner Bewegung. Diese Technik heißt Mitziehen und erfordert einiges an Übung sowie exakt ausgewählte Werte für Blende, Empfindlichkeit und vor allem die Belichtungszeit. Je nach Geschwindigkeit und Abstand zur Kamera muss man mit verschiedenen Belichtungszeiten experimentieren, um den Bewegungseffekt zu steuern. Wichtig beim Mitziehen ist, dass der Autofokus kontinuierlich nachjustiert und Sie das Hauptmotiv deshalb nicht aus dem Sucher verlieren dürfen. Sie müssen also sehr exakt zielen, am besten mit einem Dreibeinstativ, um die Kamera in der Drehbewegung nicht zu kippen. Alternativ kann man ohne Stativ arbeiten. Dazu müssen Sie sich einen sicheren Stand suchen und den Oberkörper am besten nur aus den Schultern drehen. Ziel des Mitziehens ist, das Hauptmotiv in der Schärfe zu halten, während der Hintergrund mehr oder weniger verwischt.

3. Eine dritte Technik stammt aus der professionellen Fotografie, ist mit ein wenig Kreativität aber auch im kleinen Stil von Amateuren machbar. Es geht darum, dass sich sowohl die Kamera als auch das Motiv in exakt gleicher Geschwindigkeit in gleicher Richtung bewegen. Stellen Sie sich vor, Sie sitzen auf einem Fahrrad und haben eine Kamera vorn an der Gabel befestigt, die auf Ihr Gesicht fokussiert ist. Wenn Sie fahren, bleiben Sie und die Kamera synchron, nur der Hintergrund bewegt sich. Wenn Sie nun eine geeignete Belichtungszeit einstellen, um Ihr Gesicht noch scharf abzubilden, den Hintergrund durch Ihre Bewegung aber schon unscharf zu zeigen, haben Sie alles richtig gemacht. Am besten funktioniert diese Technik, wenn sich der Hintergrund weit nach hinten zieht, da der Bewegungseffekt umso größer ist, je näher der Hintergrund an der Kamera ist.

Doch besser manuell fokussieren?

Je nachdem, wie schnell ein Motiv ist, müssen Sie Ihre Kamera unterschiedlich einstellen. In erster Linie geht es darum, zu entscheiden, ob man dem AF-System vertraut (eher moderate Bewegungen) oder lieber doch manuell scharf stellt (bei sehr schnellen

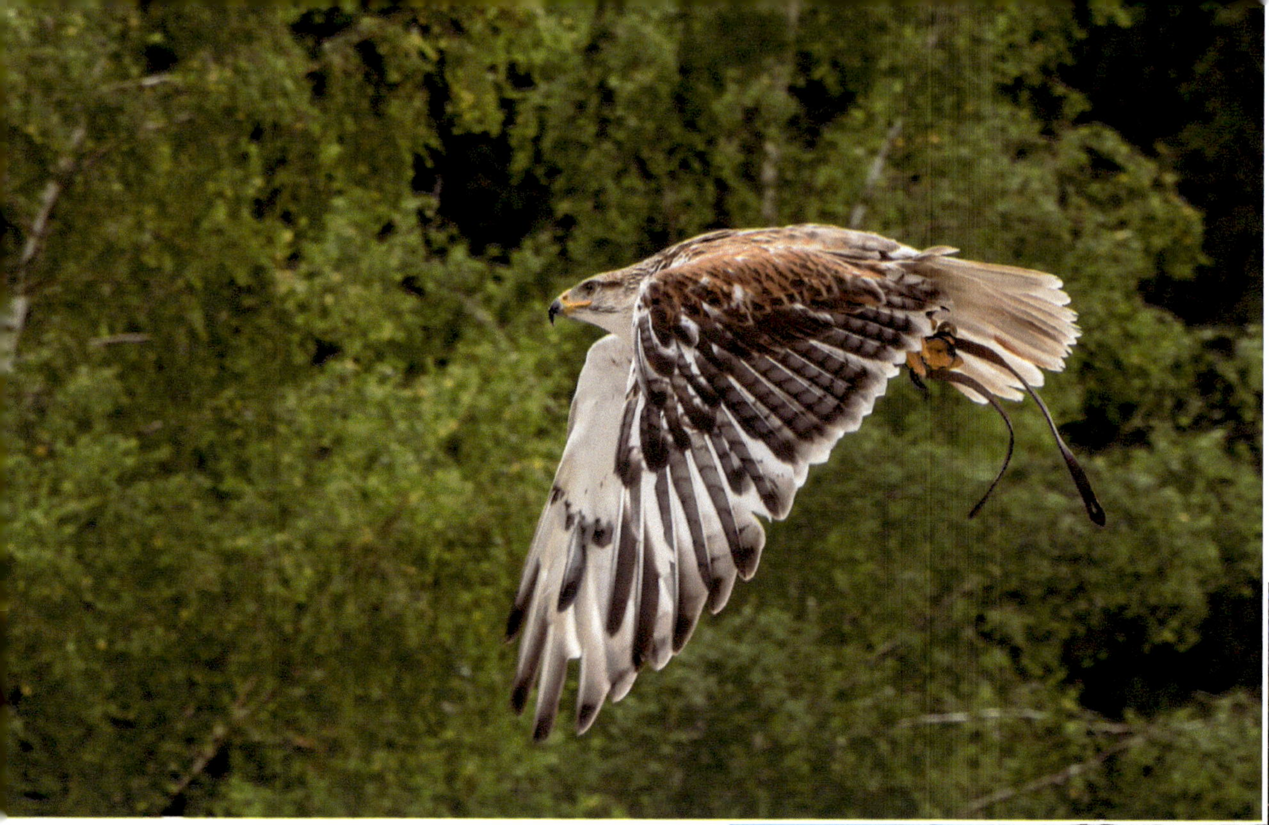

▲ *Wenn sich ein Motiv an Ihnen vorbeibewegt, ist das Mitziehen eine tolle Technik, um Bewegungen sichtbar zu machen. Idealerweise bleibt das Motiv in der Schärfe, während der Hintergrund durch die Kamerabewegung verschwimmt.*

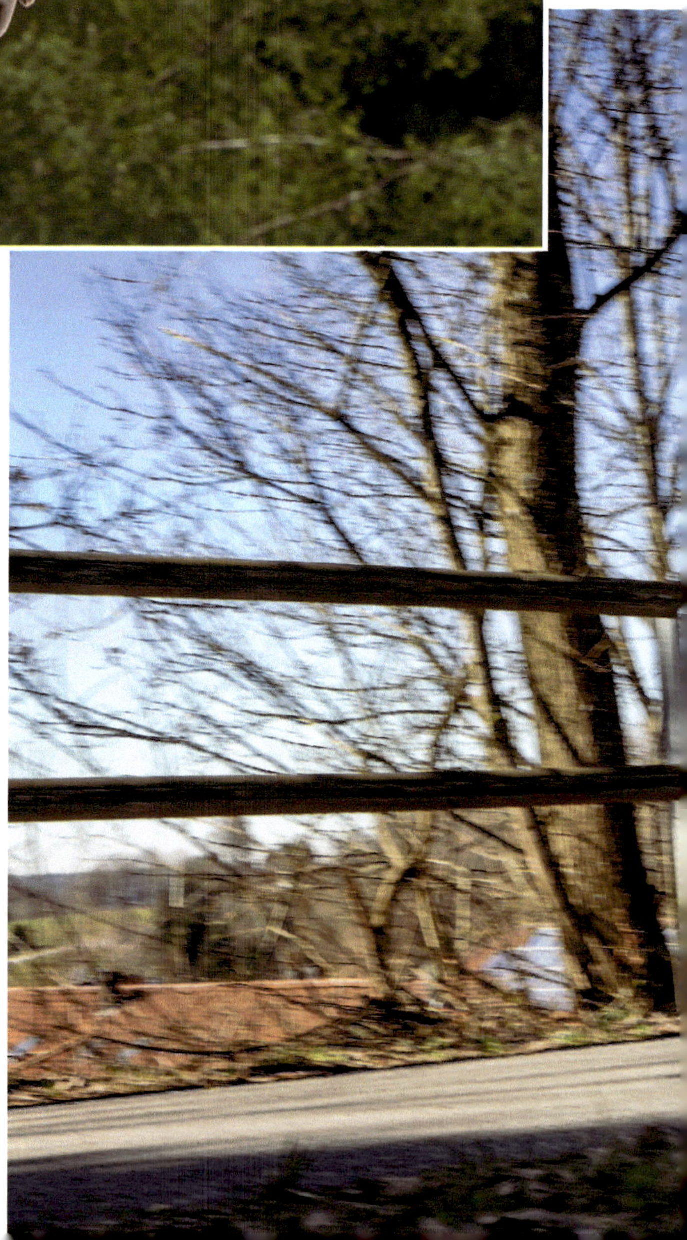

▶ *Typische Actionfotos, die man mit einer kleinen Actionkamera macht, vermitteln enorme Dynamik.*

Die richtige Haltung

Haben Sie sich schon mal auf dem Volksfest am Schießstand versucht? Im Grunde kann man eine Kamera beim Mitziehen von Bewegungen ebenso halten wie ein Gewehr. Die linke Hand (als Rechtshänder) unterstützt vorn das Objektiv, während die rechte die Kamera festhält und der Zeigefinger auf dem Auslöser liegt. Verfolgen Sie das Motiv, indem Sie die Schultern drehen und sich dabei Ihre Wirbelsäule als Drehpunkt vorstellen. Je weniger sich der restliche Oberkörper bewegt, desto besser.

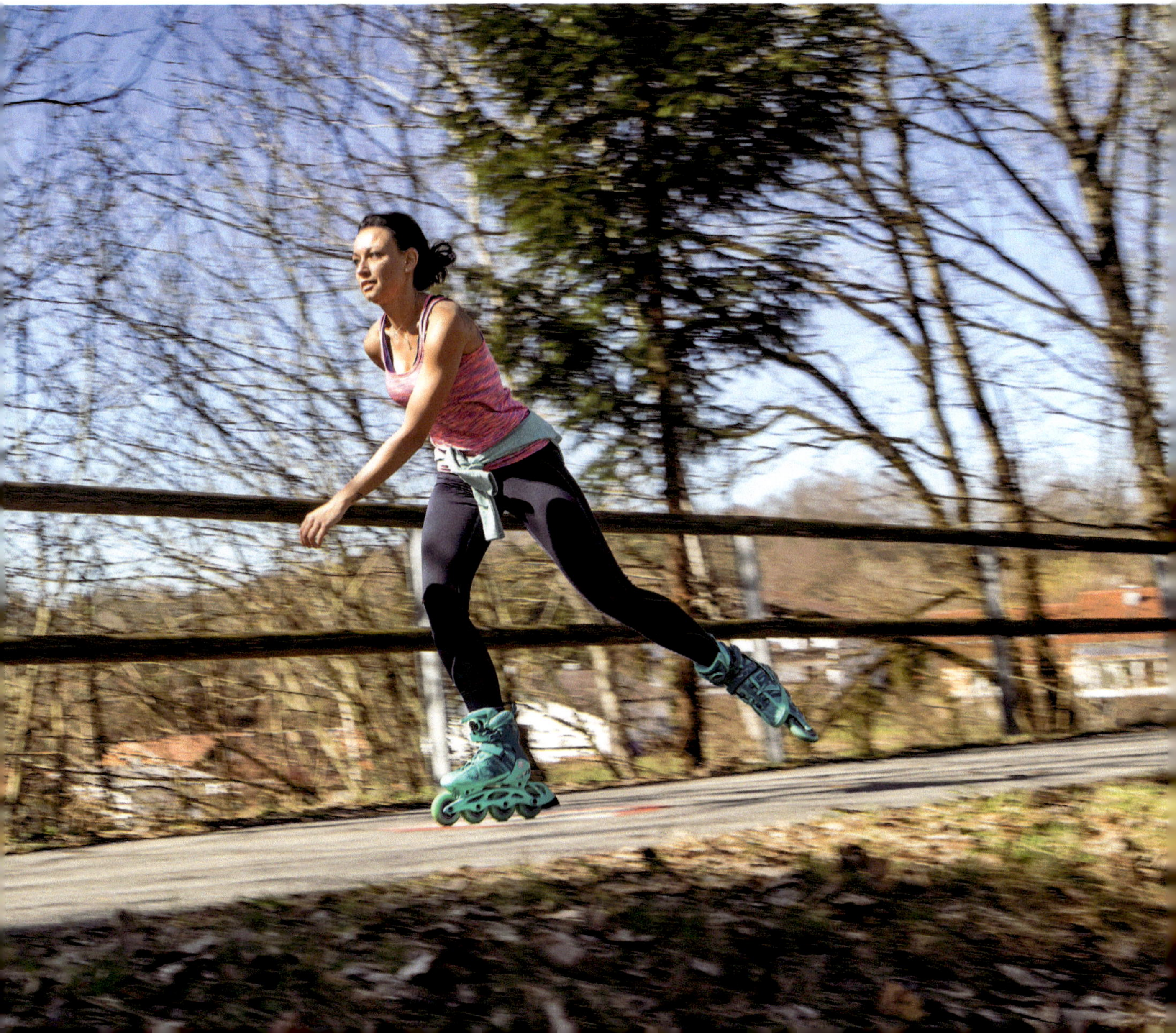

Motiven). Klingt unlogisch? Nein, denn wenn Bewegungen so schnell sind, dass Ihre Kamera trotz des nachführenden AF nicht exakt fokussieren kann, sollten Sie einen anderen Weg wählen und die Schärfeebene festlegen, bevor das Motiv ins Bild kommt. Das klappt immer dann gut, wenn Sie genau wissen, wo Ihr Motiv vorbeikommt. Sportereignisse wie Auto- oder Radrennen sind solche Motive, aber auch Situationen, in denen die Motive einen bestimmten Weg einhalten müssen. Sie fokussieren also auf einen bestimmten Punkt und drücken auf den Auslöser, sobald sich Ihr Motiv nähert. Sie sollten dabei Serienaufnahmen erstellen und den Auslöser während einer kleinen Zeitspanne gedrückt halten, in der das Motiv die Fokusebene durchquert.

Auslöseverzögerung beachten

Vermutlich müssen Sie für diesen Trick ein wenig mit Ihrer Kamera üben, um herauszufinden, wie lang sich die sogenannte **Auslöseverzögerung** hinzieht. Unter Auslöseverzögerung versteht man die Zeit zwischen dem Betätigen des Auslösers und dem Öffnen des Verschlusses. Bei vielen digitalen Kompaktkameras liegt die Auslöseverzögerung bei einigen Zehntelsekunden. An dieses Zeitintervall müssen Sie sich erst gewöhnen. Der Auslöser wird entsprechend kurz vor dem Zeitpunkt ausgelöst, an dem das Objekt den richtigen Punkt erreicht. Wie immer bei Bewegungsbildern werden Sie niemals eine 100%ige Ausbeute erreichen, bereits über eine zehnprozentige Trefferquote sollten Sie mehr als glücklich sein.

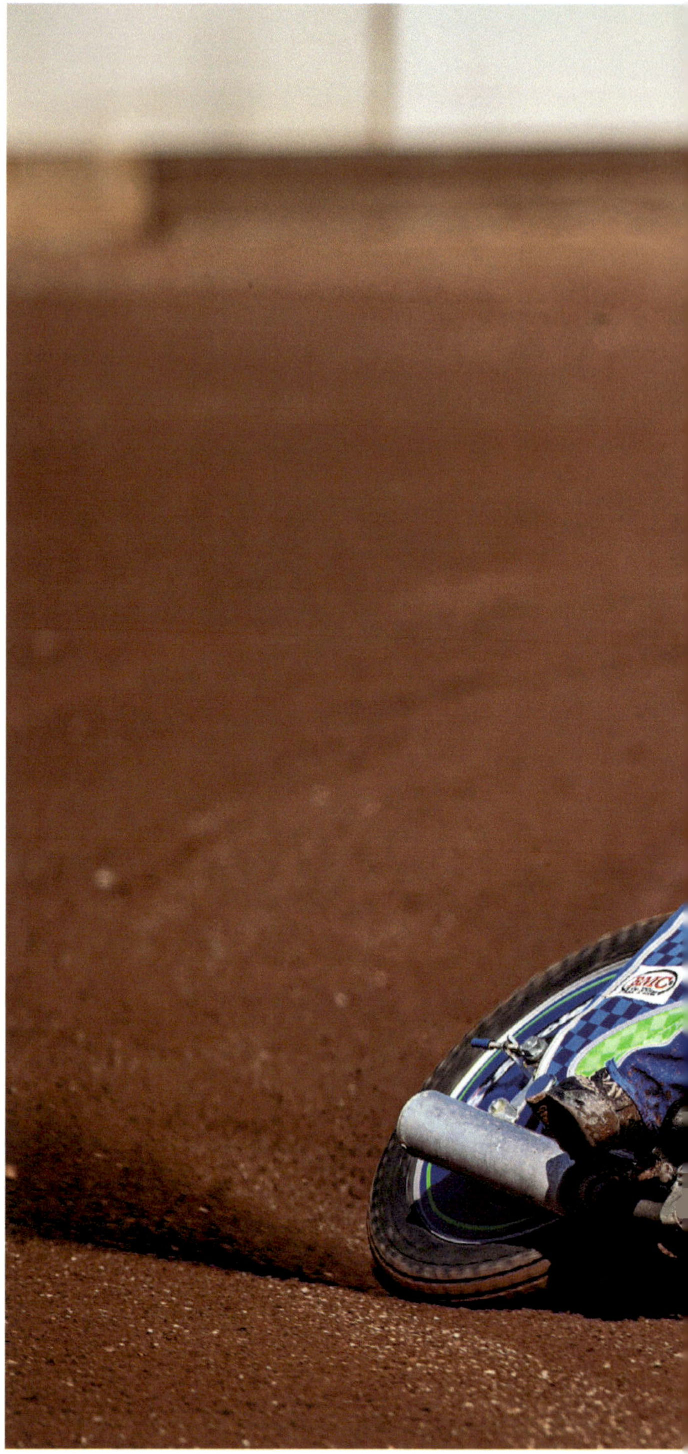

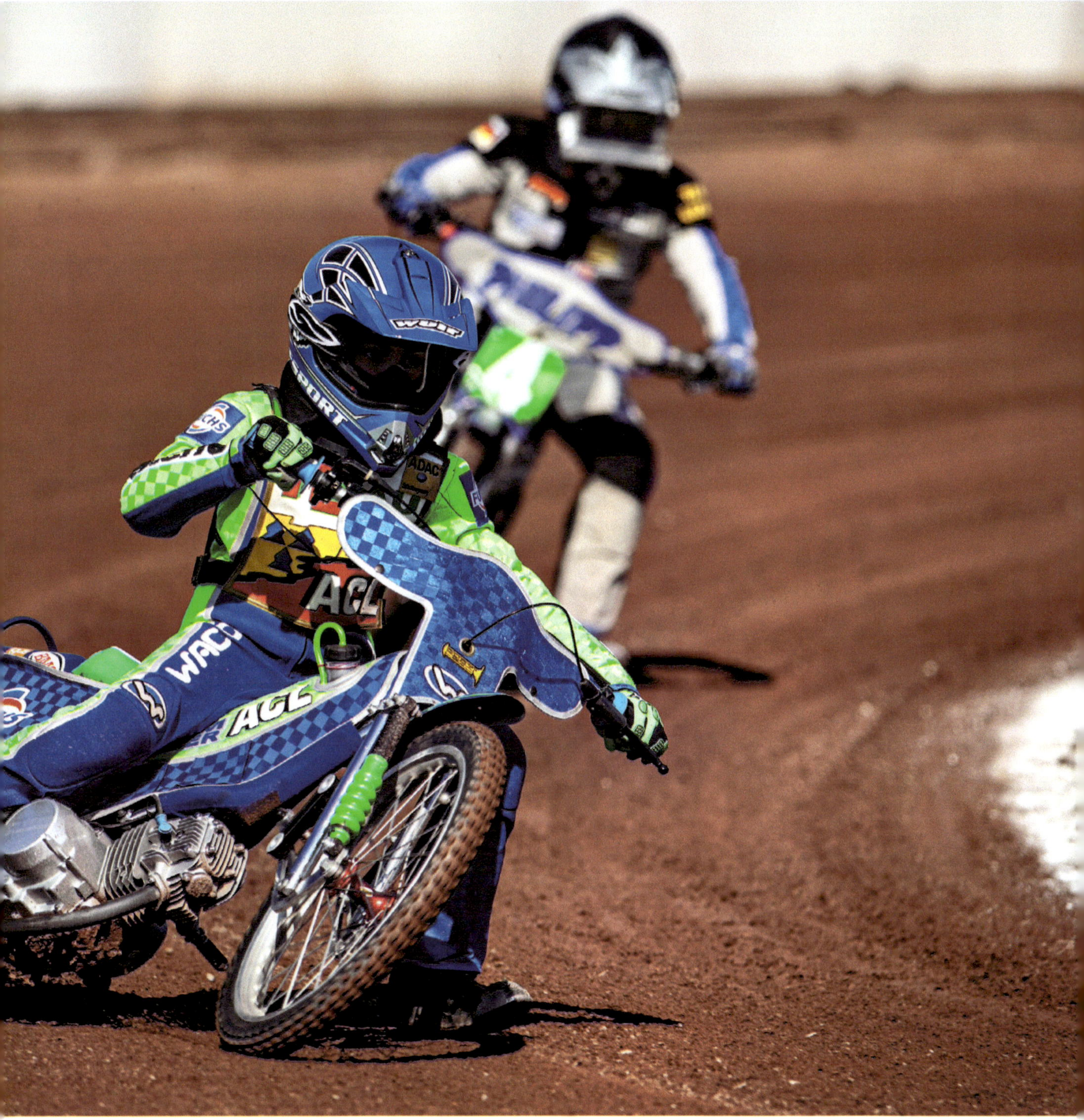

▲ *Wenn Sie vorher wissen, an welcher Stelle Ihr Motiv vorbeikommt, können Sie manuell auf einen bestimmten Punkt fokussieren und müssen nur noch im richtigen Moment auslösen.*

Messfelder wählen

Je hochwertiger eine Kamera ist, desto variabler lässt sich der Autofokus einsetzen. Sie können also das Autofokusmessfeld oder eine Gruppe von Messfeldern innerhalb des Bildbereichs mehr oder weniger verschieben und einen festen Messpunkt/-bereich auswählen, um auf ein Motiv außerhalb der Bildmitte zu fokussieren. Spiegelreflexkameras haben neun oder mehr feste Messpunkte, die im Sucher dargestellt werden. Eine Profikamera wie die Canon 5Ds hat sogar 61 Messfelder.

Motive außerhalb der Bildmitte

Jeder Messpunkt kann einzeln angewählt werden und ist dann für die Fokussierung zuständig. Gerade bei Motiven, die sich nicht in der Bildmitte befinden, ist die Verschiebung oder Anwahl eines Autofokusmesspunkts sinnvoll. Wie Sie die Autofokusmesspunkte auswählen und den Messpunkt einer digitalen Kompaktkamera verschieben, erfahren Sie im Handbuch Ihrer Kamera.

▼ *In diesem Beispiel wurde das Küken mit einem rechts liegenden, sehr kleinen Fokusmessfeld anvisiert. Hätte man auf den sonst üblichen Mittelbereich fokussiert, läge die Schärfe auf den Grashalmen im Vordergrund.*

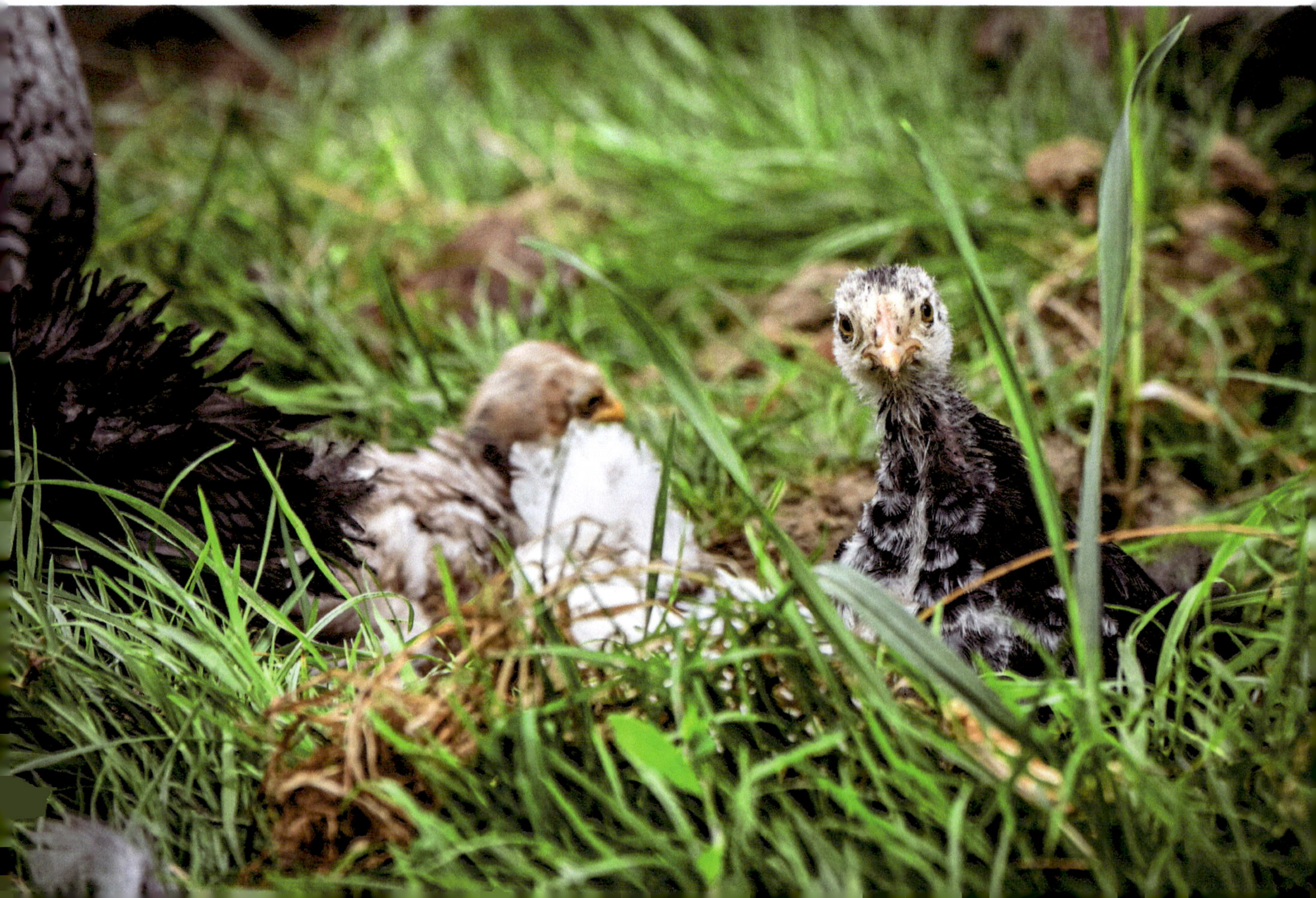

Warum Messfelder verschieben?

Warum aber sollten Sie wissen, dass und wie man Fokusmesspunkte verschiebt? Wenn Sie einfach Schnappschüsse machen und es Ihnen mehr um die Situation als um die Bildgestaltung geht, werden Sie Fokusmesspunkte kaum verschieben müssen. Beginnen Sie aber mit der Zeit damit, sich über Bildgestaltung Gedanken zu machen, werden Sie Ihre Hauptmotive auch mal außerhalb der Bildmitte platzieren wollen. Denn ein etwas außerhalb der Mitte angeordnetes Motiv bringt meistens einfach mehr Spannung in eine Bildkomposition. Natürlich könnte man in so einem Fall auch manuell fokussieren, da die Kamera aber nun schon einen Autofokus besitzt, sollte man ihn auch verwenden, um sich beim Fotografieren zumindest um die exakte Fokussierung keine Gedanken machen zu müssen.

Sonderfall Schnappschusskamera

Viele ältere Schnappschusskameras bieten nicht die Möglichkeit, den Autofokusmesspunkt zu verschieben. In diesem Fall müssen Sie die Fokuseinstellung speichern, um ein außermittiges Motiv zu fotografieren. Dazu richten Sie die Kamera auf das Hauptmotiv und drücken den Auslöser halb durch. Wird die Kamera im Automatikmodus betrieben, werden die Belichtungswerte und auch die Fokussierung festgelegt. Wenn Sie den Auslöser dann halb durchgedrückt halten, verändern sich Belichtungswerte und Fokussierung nicht, und Sie können die Kamera so schwenken, dass sich das Hauptmotiv nicht mehr in der Bildmitte befindet.

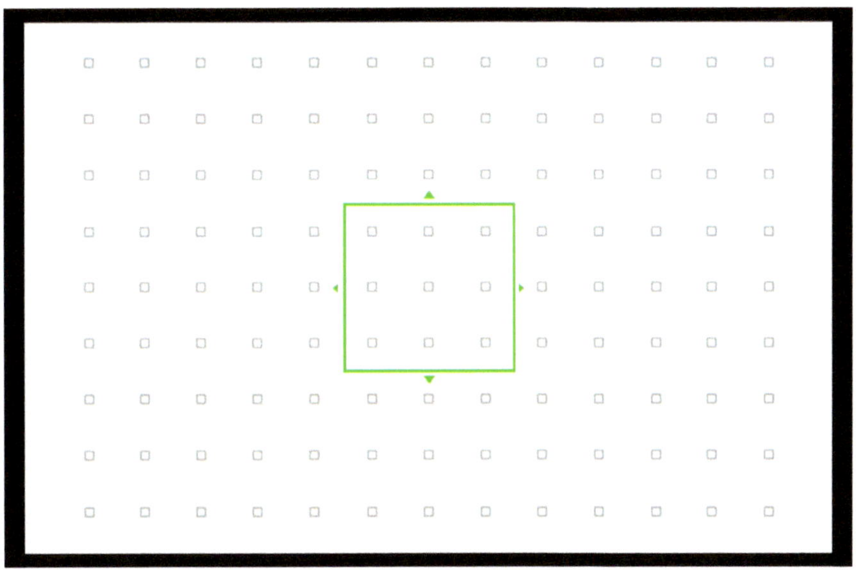

◀ *Im Sucher oder wie hier auf dem Kameradisplay einer Fujifilm X-T4 werden die Autofokusmesspunkte durch kleine Quadrate dargestellt. Der aktive Fokusmessfeldbereich befindet sich gerade in der Mitte des Bilds und kann über eine Taste auf jeden der Messpunkte verschoben werden, um auf Motive außerhalb der Mitte scharf zu stellen.*

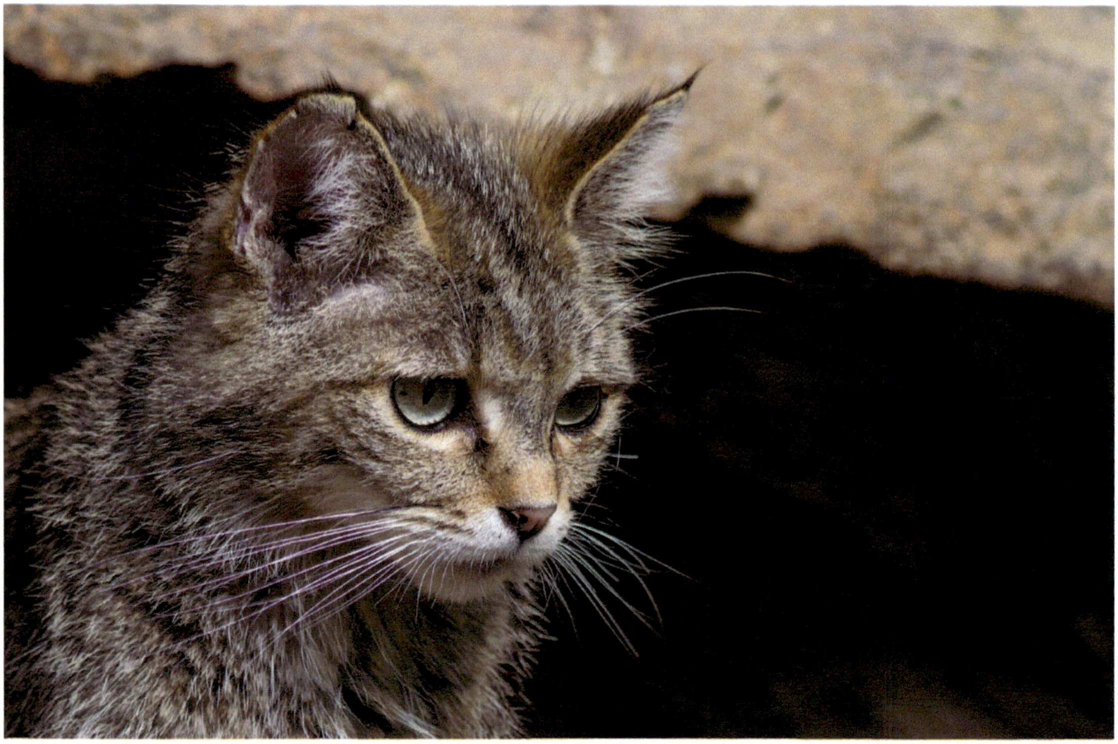

▲ *Um auf die Wildkatze zu fokussieren, wurde die Kamera zunächst auf sie gerichtet und der Auslöser halb durchgedrückt. Danach wurde die Kamera nach rechts geschwenkt, um den gewünschten Bildaufbau zu erhalten.*

Klassisches Beispiel: Sie fotografieren zwei Menschen, die sich etwas entfernt voneinander befinden. Fokussieren Sie zunächst mit halb gedrücktem Auslöser auf eine der beiden Personen und schwenken Sie die Kamera dann so, dass sich die beiden Menschen links und rechts von der Mitte befinden. Drücken Sie den Auslöser schließlich ganz durch. Würden Sie die Kamera auf den Bereich zwischen den Personen richten, würde der Autofokus auf den Hintergrund scharf stellen.

Manuell fokussieren

Es gibt einige Gründe dafür, manuell zu fokussieren. Bei Feuerwerks- und Nachtaufnahmen zum Beispiel oder bei kontrastarmen Motiven ohne klare Strukturen ist es ebenso notwendig wie bei professionellen Produktaufnahmen im Studio, bei denen die Schärfeebene sehr exakt gesetzt werden muss. Immer wenn der Autofokus keine ausreichenden Anhaltspunkte (Kontraste) hat, um sich zu orientieren, müssen Sie manuell scharf stellen. Aufnahmen im Nebel sind problematisch, auch Motive mit sich sanft bewegenden Wasserflächen kann man mit dem Autofokus nur schwer erfassen.

Fotografieren Sie durch Strukturen hindurch, etwa durch spiegelnde Scheiben oder Gitter im Zoo, bringt das den Autofokus durcheinander, und die Kamera stellt auf die falschen Bereiche scharf. Auch das große Feld der Nah- und Makrofotografie würde ohne den manuellen Fokus ebenfalls nicht funktionieren. Hierbei muss die Schärfe absolut exakt gesetzt werden, damit man nicht willkürlich fotografiert.

Auf manuellen Fokus umstellen

Um auf den manuellen Fokusmodus umzustellen, muss entweder am Kameragehäuse oder am Objektiv ein Schalter gedrückt oder verschoben oder eine entsprechende Einstellung im Kameramenü vorgenommen werden. Bei vielen Kameras erscheint der Bereich des Fokusmessfelds im Sucher oder auf dem Kameradisplay auf Wunsch nun vergrößert, damit man das Hauptmotiv etwas besser im Blick hat und die Schärfe besser kontrollieren kann. Durch Drehen am Fokusring des Objektivs oder mit einem Wippschalter bei Kompaktkameras stellen Sie scharf.

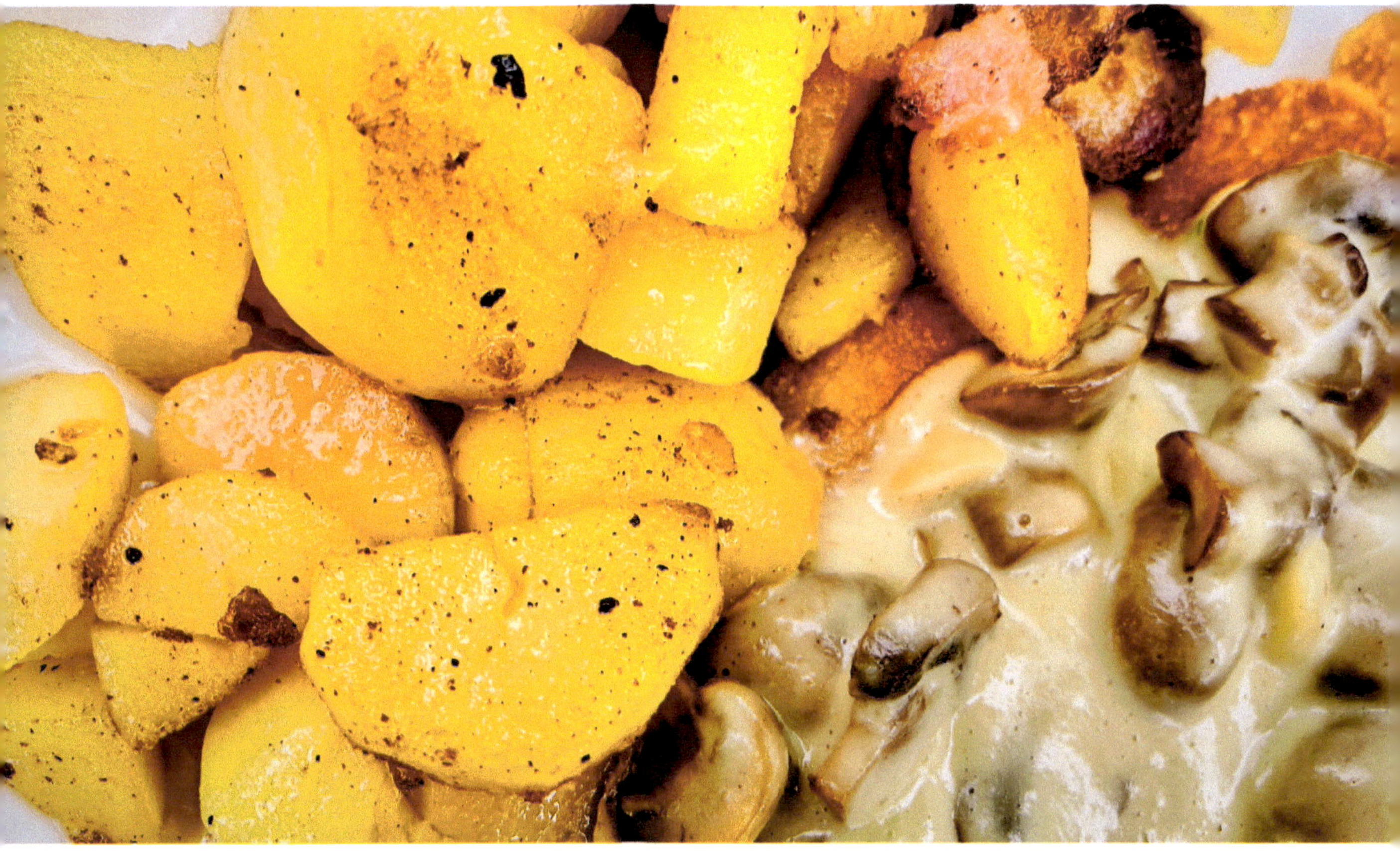

▲ *Nah- und Makroaufnahmen leben häufig von der beeindruckenden Detailzeichnung der Motive. In vielen Fällen ist es unumgänglich, die Schärfe manuell zu setzen.*

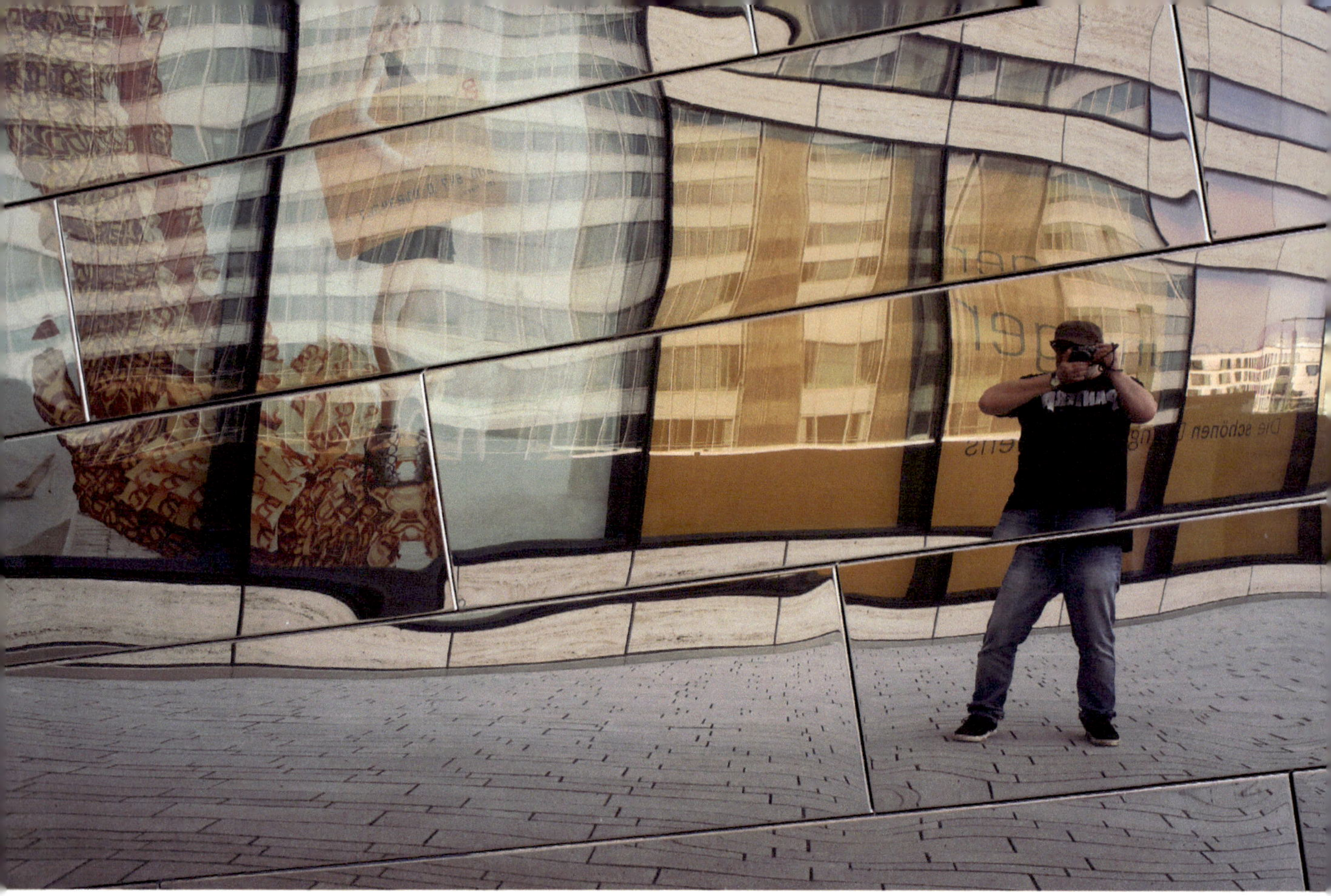

▲ *Wenn Sie durch Gitterstäbe oder Glasscheiben fotografieren, wird der Autofokus vom Hauptmotiv abgelenkt und stellt meistens auf die Gitter scharf. Dann hilft nur manuelles Fokussieren.*

Fokus-Peaking

Der Begriff Fokus-Peaking kommt aus dem Englischen (von Focus = Bildschärfe und Peaking = Überspitzen). Durch die Analyse des Kontrasts zwischen benachbarten Bildpunkten können Informationen unabhängig von der Gegenstandsweite, der Brennweite und der vorgewählten Blende über die Schärfe des gesamten Bilds ermittelt werden. Die Kanten der Bereiche, die gerade scharf sind, werden durch weiße, rote oder gelbe Punkte entsprechend kenntlich gemacht. In welcher Farbe diese Kantenanhebung zur Geltung kommt, können Sie im Menü Ihrer Kamera auswählen.

Im Sucher oder auf dem Kameradisplay sehen Sie dabei eine Anzeige für den manuellen Fokus. Bei einigen Kameras zeigt ein Balken die gewählte Fokusentfernung und ein weiterer Balken die eingestellte Schärfentiefe an. Viele Kameras besitzen eine Funktion für das sogenannte **Fokus-Peaking**. Dabei werden Kanten mit maximalem Kontrast (Schärfe) farbig hervorgehoben, und Sie sehen, wo die Schärfe gerade liegt.

Ältere Objektive ohne AF

Bei einigen älteren Objektiven oder bei Spezialobjektiven lässt sich der Autofokus nicht nutzen. Deshalb muss hier immer manuell scharf gestellt werden. Warum aber sollte man mit einem älteren Objektiv arbeiten? Ganz einfach: Viele ältere Optiken genießen nach wie vor einen hervorragenden Ruf und sind modernen, aber günstigen Objektiven in Sachen Schärfe und Bokeh weit überlegen. Mit einem entsprechenden Adapter kann man ältere Objektive an fast jede Kamera anschließen und hat dann eine Qualität zur Verfügung, die die Standardobjektive möglicherweise nicht bieten.

Im Nahbereich manuell fokussieren

In der Makrofotografie ist es fast immer sinnvoll, auf den Autofokus zu verzichten und manuell zu fokussieren. Im Nah- und Makrobereich ist die Schärfentiefe sehr gering, und daher ist die richtige Fokussierung für gelungene Aufnahmen enorm wichtig. Deshalb sollten Sie die Schärfe besser manuell einstellen und zum millimetergenauen Scharfstellen die auf einem Stativ oder einem Einstellschlitten befindliche Kamera vor- und zurückbewegen. Das allerdings erfordert zusätzliche Ausrüstung, die sich nicht jeder leisten möchte. Auch ohne Einstellschlitten kann man mit einer modernen Kamera manuell millimetergenau fokussieren. Nutzen Sie dazu die Möglichkeiten der Kamera beim manuellen Scharfstellen.

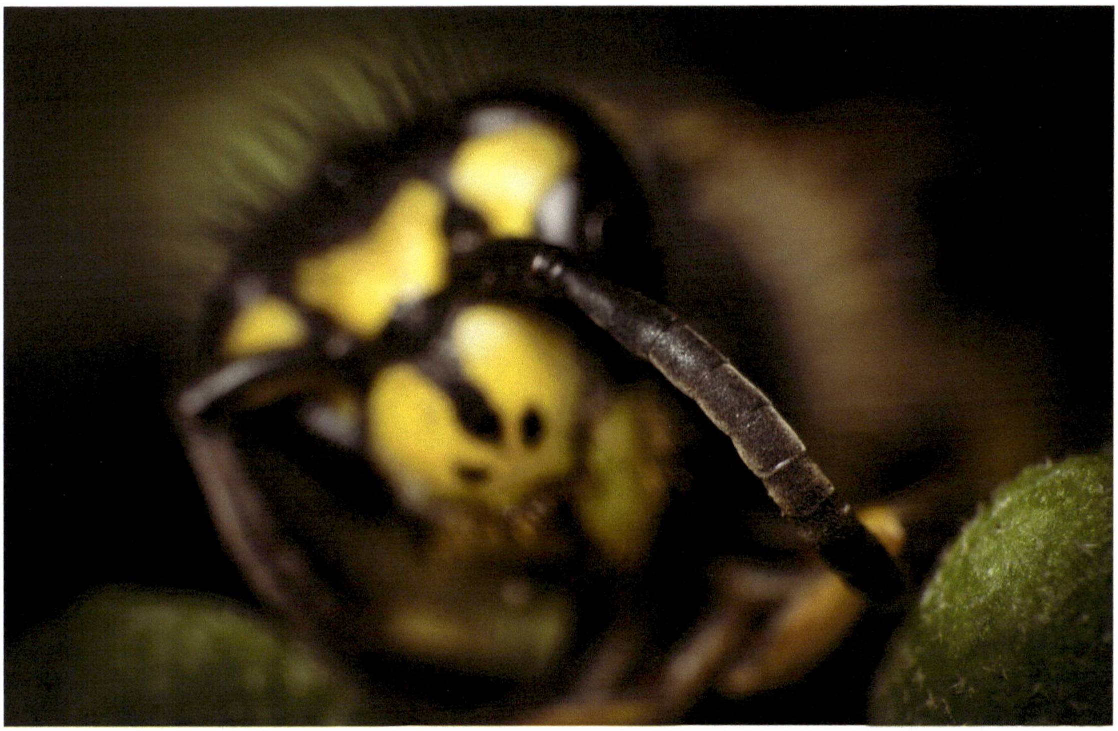

▲ *Das passiert, wenn man sich in der Makrofotografie auf den Autofokus verlässt. Die Kamera stellt im Zweifel immer auf denjenigen Motivteil scharf, der der Kamera am nächsten ist.*

Was ist denn ein Fix-Fokus?

Es gibt Billigkameras mit sogenanntem Fix-Fokus, bei denen Brennweite und Fokussierung so fixiert sind, dass praktisch jedes Motiv im Abstand von wenigen Zentimetern bis unendlich vor der Linse scharf abgebildet wird. Solche Kameras bieten jedoch wenig Spielraum für die kreative Fotografie.

Hier geht nur manuelles Fokussieren

Fotografieren Sie Motive wie diese Weingläser, die gerade befüllt werden, müssen Sie manuell fokussieren. Der Autofokus kann bei spiegelnden Oberflächen Probleme bereiten, außerdem wäre er bei spritzenden Flüssigkeiten natürlich zu langsam, und das Setzen des Schärfepunkts wäre zu willkürlich.

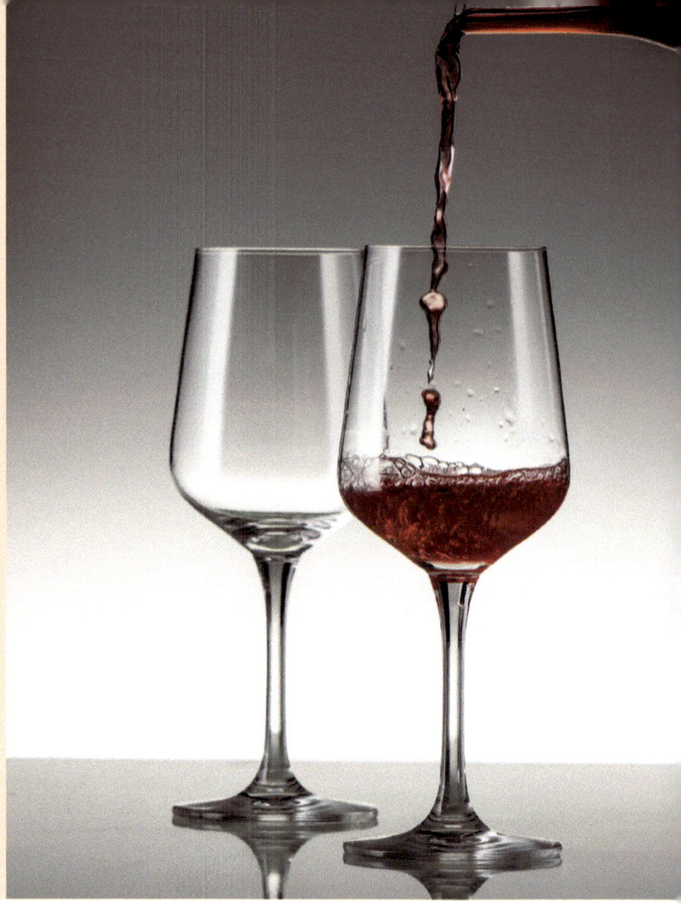

Nicht alle Kameras bieten hier die gleichen Features, aktuelle Modelle lassen sich aber sicher im Livebild-Modus betreiben, bei dem das Sucherbild auf dem rückseitigen Monitor erscheint. Vergrößern Sie dabei die Vorschau und bewegen Sie sie dorthin, wo die Schärfe eingestellt werden soll. Wenn Sie nun am Entfernungsring des Objektivs drehen, können Sie auf dem Monitor die Schärfe beurteilen. Sehen Sie am besten im Kamerahandbuch nach, welche Unterstützung Ihr Modell beim manuellen Fokussieren bietet.

KAPITEL 4

BILDGESTALTUNG

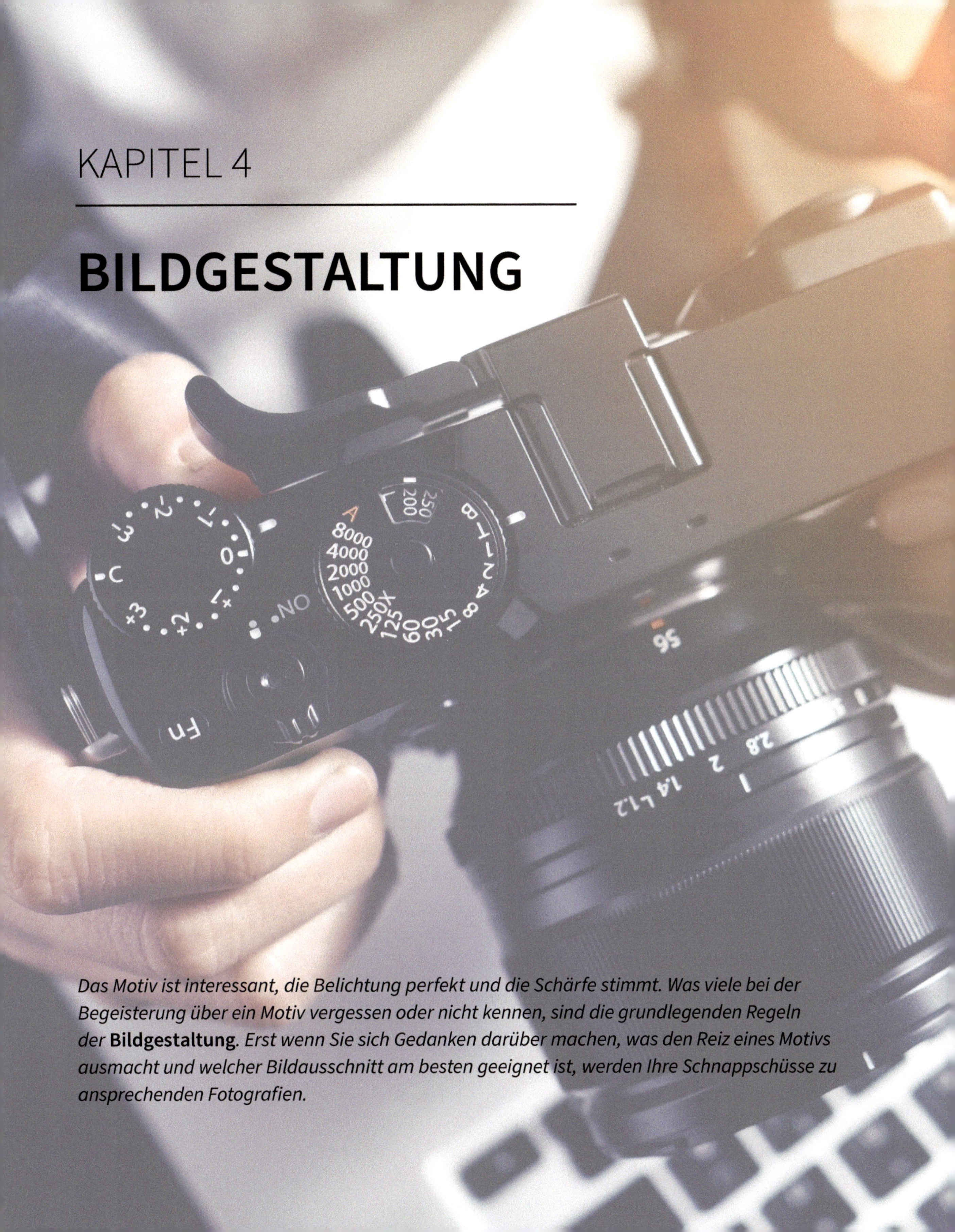

Das Motiv ist interessant, die Belichtung perfekt und die Schärfe stimmt. Was viele bei der Begeisterung über ein Motiv vergessen oder nicht kennen, sind die grundlegenden Regeln der **Bildgestaltung***. Erst wenn Sie sich Gedanken darüber machen, was den Reiz eines Motivs ausmacht und welcher Bildausschnitt am besten geeignet ist, werden Ihre Schnappschüsse zu ansprechenden Fotografien.*

Fotografisches Sehen

Was macht den Unterschied zwischen einem Schnappschuss und einem erstklassigen Foto aus? Meistens ist es nicht das Motiv, sondern die Bildgestaltung. Machen Sie sich ein paar Gedanken, bevor Sie den Auslöser drücken: Worin liegt der Reiz des Motivs? Welche Elemente der Umgebung gehören mit aufs Bild, um die Stimmung des Augenblicks zu erfassen? Welcher Bildausschnitt bringt das Motiv am besten zur Geltung?

Erkenne das Besondere

Bildgestaltung ist ein kreativer Prozess. Aber keine Angst, es gibt eine ganze Reihe hilfreicher Gestaltungsmittel, die sich erlernen und üben lassen und die jeder Hobbyfotograf anwenden kann. Die in diesem Kapitel vermittelten Informationen über Bildgestaltung und -komposition dienen dazu, Ihnen den Unterschied zwischen einem Schnappschuss und einem arrangierten, durchdachten Foto nahezubringen. Sie werden sich mithilfe der hier vorgestellten Gestaltungsregeln fotografisch weiterentwickeln und im Laufe der Zeit feststellen, dass Ihre Bilder sehr viel ansprechender werden. Wenn dann daraus so viel Kreativität erwächst, dass Sie mit Motiven und Ausschnitten spielen können, werden Sie früher oder später auch gezielt Konventionen brechen und so Ihren ganz eigenen Weg finden, interessante Fotos zu gestalten.

Wohin mit dem Hauptmotiv?

Die grundlegendste Frage beim Fotografieren ist, an welcher Stelle das Hauptmotiv im Bild platziert werden sollte. Meistens nimmt man sein Hauptmotiv einfach in der Mitte des Suchers bzw. Monitors ins Visier. Es gibt zwar durchaus Motive, bei denen Symmetrie angebracht ist – etwa bei einer Spiegelung im Wasser, bei der Sie die Schnittkante zwischen Motiv und Spiegelung in der Mitte des Bilds anordnen können –, abgesehen von diesen Ausnahmen ist es aber meistens sinnvoll, eine außermittige Platzierung zu wählen, um mehr Spannung ins Bild zu bringen.

Um das zu testen, reichen normale Haushaltsgegenstände völlig aus. Arrangieren Sie einfach ein kleines Stillleben mit einem Glas oder einer Vase auf einem Tisch vor einer Wand. Fotografieren Sie das Motiv bei gleichem Kameraabstand mittig, links, rechts, etwas weiter oben und etwas weiter unten. So erkennen Sie sehr schnell, welche Auswirkungen die unterschiedliche Platzierung des Hauptmotivs hat.

Verändern Sie dann noch die Entfernung bzw. die Brennweite, ergeben sich durch die Neugewichtung von Motiv, Tisch und Hintergrund ebenfalls neue Sichtweisen. Ist der Abstand groß, wirkt das Motiv klein, verloren, zerbrechlich. Geht man nah heran, kommt das Motiv groß heraus und erzeugt – je nach Brennweite – geradezu skurrile Perspektiven. Nimmt man dann ein zweites Motiv, ein Nebenmotiv, mit ins Bild, erhöht sich die Zahl der Möglichkeiten noch einmal um ein Vielfaches.

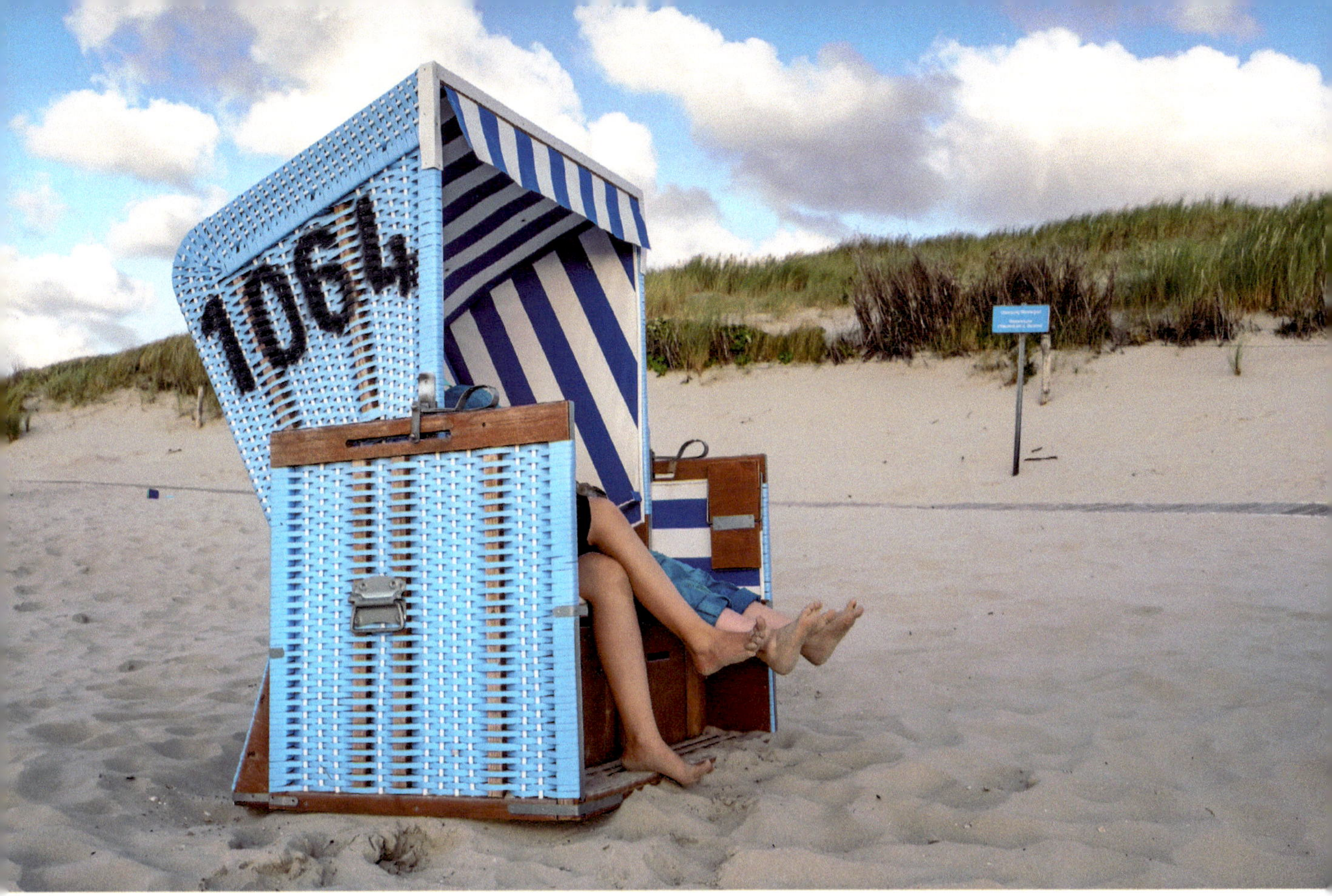

▲ *Oft spricht nichts dagegen, einfach das Naheliegende zu fotografieren, um eine bestimmte Stimmung oder Situation zu verdeutlichen. Die Blickrichtung von links nach rechts ist hier eine bewusste Entscheidung gewesen, um den Blick eines Betrachters aus der westlichen Welt wie gewohnt von links nach rechts zu lenken.*

Kulturkreis und Gestaltungsempfinden

Eines sollten Sie sich von vornherein klarmachen: Wenn wir hier über gestalterische Regeln schreiben, gelten sie für den europäischen bzw. westlichen Kulturkreis. In anderen Ländern kann ein ganz anderes Gestaltungsempfinden vorherrschen. Ein kleines Beispiel: Wir schreiben von links nach rechts, die arabische Schrift bewegt sich von rechts nach links. Wir empfinden eine von links nach rechts gehende Bewegung als aktiv und dynamisch, eine Bewegung von rechts nach links dagegen eher als abwehrend und passiv. Ästhetik hängt also stark davon ab, wo auf der Welt man sich gerade befindet – an Werbeplakaten beispielsweise können Sie das häufig sehr gut erkennen.

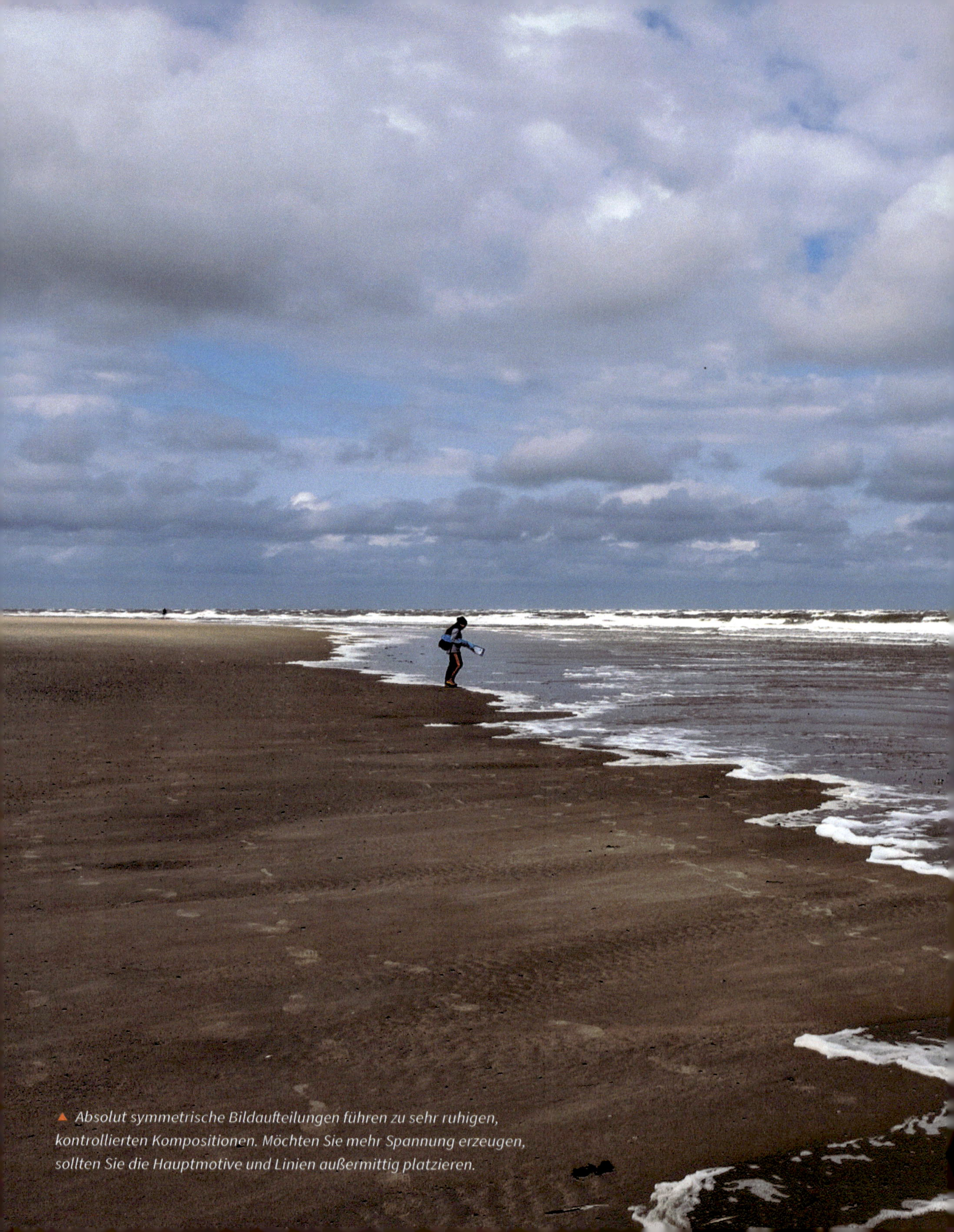

▲ *Absolut symmetrische Bildaufteilungen führen zu sehr ruhigen, kontrollierten Kompositionen. Möchten Sie mehr Spannung erzeugen, sollten Sie die Hauptmotive und Linien außermittig platzieren.*

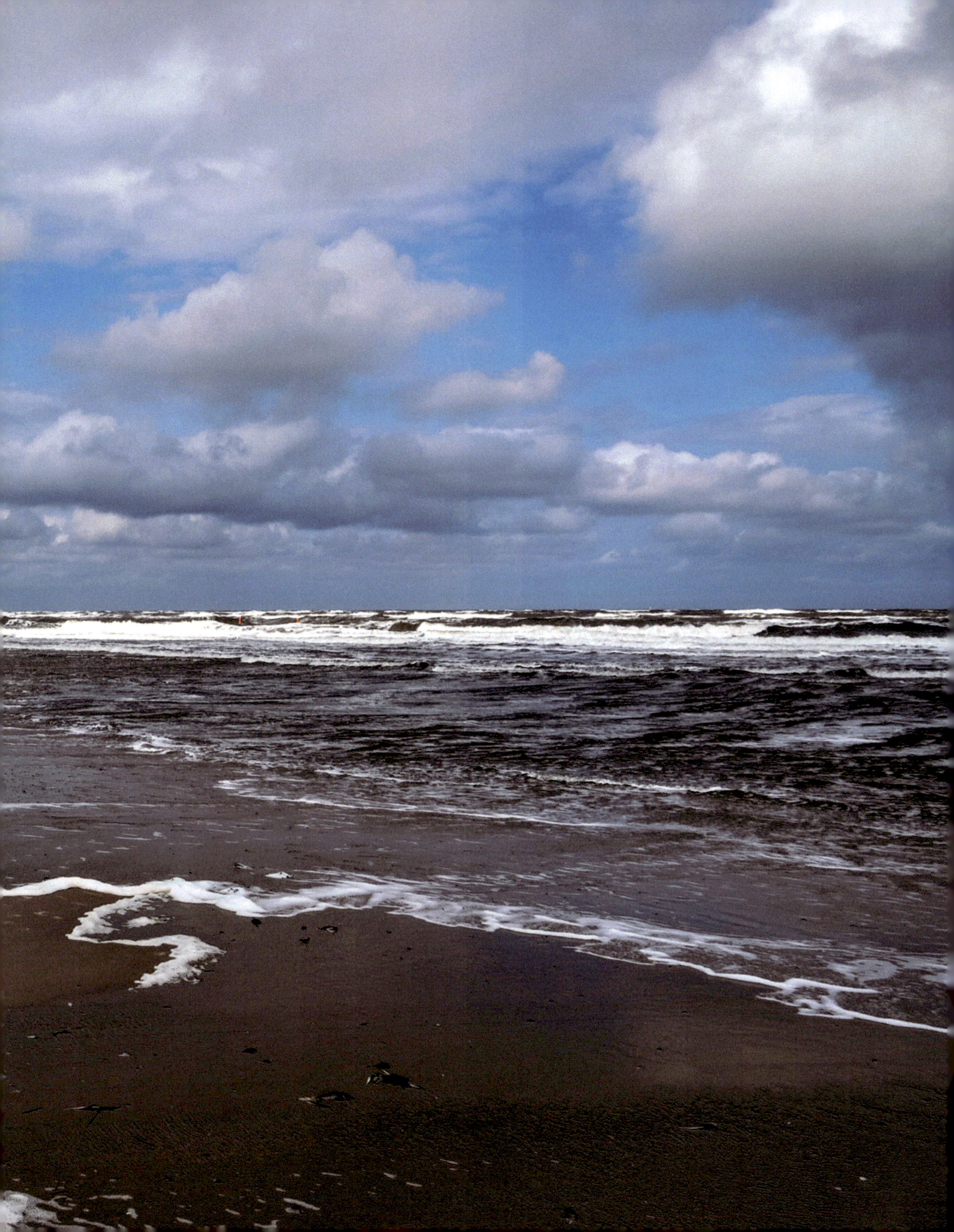

Maßstab einbauen

Möchten Sie verdeutlichen, wie groß ein Gebäude oder wie weit eine Landschaft ist, beziehen Sie Menschen als Maßstab ins Bild ein. So erkennt der Betrachter auf den ersten Blick, wie groß (oder klein) die Umgebung ist. Natürlich sind nicht nur Menschen geeignet, Größenverhältnisse zu verdeutlichen. Man denke nur an die berühmte Streichholzschachtel, um die Winzigkeit eines technischen Gadgets wie einer Minikamera zu zeigen. Jedes Motiv, von dem jedermann weiß, wie groß es ist, eignet sich als Maßstab.

Harmonieregeln

Eine wichtige Grundregel zur Positionierung von Haupt- und Nebenmotiven in einem Bild ist der **Goldene Schnitt**. Gebäude, Gemälde, Skulpturen und Fotografien wirken immer dann besonders harmonisch, wenn sie nach der Regel des Goldenen Schnitts aufgebaut sind. Das war übrigens schon in der Antike bekannt, wie man an den Bauwerken und Skulpturen aus dieser Zeit gut erkennen kann. Heute wenden nicht nur Künstler, sondern auch Grafiker und Designer diese alte Regel an. Aber was ist nun der Goldene Schnitt, und wie kann man ihn in der Praxis einsetzen?

Das Maß des Goldenen Schnitts entspricht in etwa dem Längenverhältnis zwischen dem menschlichen Unter- und Oberarm, was man an gut gestalteten Skulpturen der Antike nachmessen kann – wenn man im Museum denn so nah an die Statuen herankommt. Für die fotografische Praxis bedeutet der Goldene Schnitt, dass man Strecken (Höhe, Breite) im Verhältnis von ca. 60 zu 40 teilt und an den Schnittpunkten Haupt- und Nebenmotive platziert. Das Gleiche gilt für Linien, die durch das Bild führen. Wenn Sie ein Foto im Goldenen Schnitt teilen, trägt auch das zur Spannungssteigerung bei.

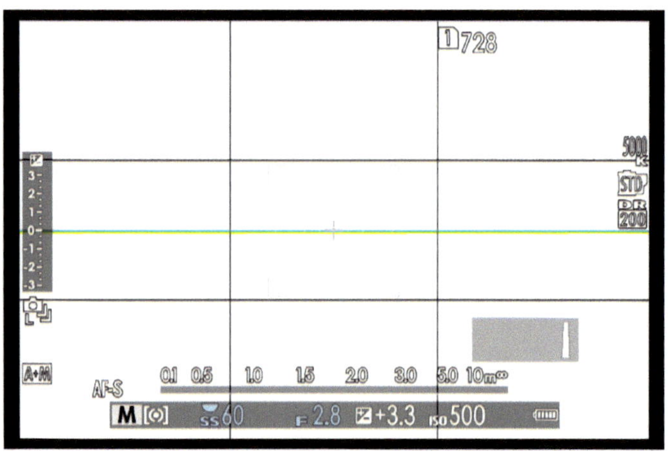

◀ *Jede moderne Kamera blendet im Livebild auf Wunsch ein Gitter ein, das bei der Bildgestaltung hilft. Hier sieht man außerdem noch eine Horizontlinie, die grün wird, sobald die Kamera exakt waagerecht ausgerichtet ist.*

Bildaufbau nach der Drittelregel

Alle modernen Kameras blenden auf Wunsch ein Gitternetz auf dem Display ein, das das Sucherbild horizontal und vertikal drittelt. Diese Funktion ist sehr hilfreich, weil man sie zur Bildgestaltung nutzen kann, um Motive nach der Drittelregel zu platzieren. Die **Drittelregel** ist eine Vereinfachung des Goldenen Schnitts und trägt ebenfalls zu einer harmonischen Bildgestaltung bei. Haupt- und Nebenmotive sowie bildwichtige Linien werden entweder an den Schnittpunkten oder entlang der beiden horizontalen und der beiden vertikalen Linien platziert. Horizontale und vertikale Führungslinien (der Horizont, eine Hauskante oder eine Baumreihe) sind perfekt, um ein Bild aufzuteilen. Die Führungslinien werden dazu einfach auf den Linien zur Bilddrittelung platziert.

Berechnung des Goldenen Schnitts

Der Goldene Schnitt ist in erster Linie ein Teilungsverhältnis. Ein Punkt P teilt eine Strecke mit den Endpunkten A und B dann im Goldenen Schnitt, wenn das Verhältnis von AP (längere Teilstrecke) zu PB (kürzere Teilstrecke) dem Verhältnis von AB (Gesamtstrecke) zu AP entspricht. Teilt man die Länge der größeren Teilstrecke (AP) durch die Länge des kürzeren Abschnitts (PB), muss das Ergebnis der Division von Gesamtstrecke (AB) und längerer Teilstrecke (AP) entsprechen. Der Zahlenwert der Division beträgt in beiden Fällen ca. 1,618. Das entspricht einem Verhältnis von 62 : 38 (oder praxistauglicher ungefähr 60 : 40). Mit der folgenden Formel kann man die längere (AP) der beiden Teilstrecken errechnen, die durch den Goldenen Schnitt entstehen, wenn man eine Gesamtbreite (AB) bzw. -höhe kennt:

AP = AB : 1,618.

Horizont nach der Drittelregel ausrichten

Nach der Regel der Bilddrittelung richtet man den Horizont am besten an einer der beiden imaginären Linien aus, die das Bild im oberen oder unteren Drittel teilen. Meistens bietet es sich an, den Horizont an die untere Linie zu legen, sodass im unteren Bilddrittel z. B. eine Landschaft, im oberen Drittel hauptsächlich Himmel zu sehen ist. Seien Sie nicht vorschnell bei dieser Entscheidung und probieren Sie beide Varianten aus – einmal mit mehr, einmal mit weniger Himmel. Die Ergebnisse wirken völlig unterschiedlich.

Gitterfunktion zur Bildgestaltung

Die meisten Kameras können so eingestellt werden, dass auf dem Display bzw. im Sucher ein Gitter eingeblendet wird, das das Sucherbild horizontal und vertikal drittelt. Sehen Sie im Handbuch Ihrer Kamera nach, ob sie diese Funktion unterstützt. Sie ist bei der Bildgestaltung äußerst hilfreich und bringt Sie fast automatisch dazu, die Motive nach der Drittelregel zu platzieren. Außerdem lässt sich die Kamera anhand der Linien exakt am waagerechten Horizont oder an senkrecht stehenden Gebäuden ausrichten.

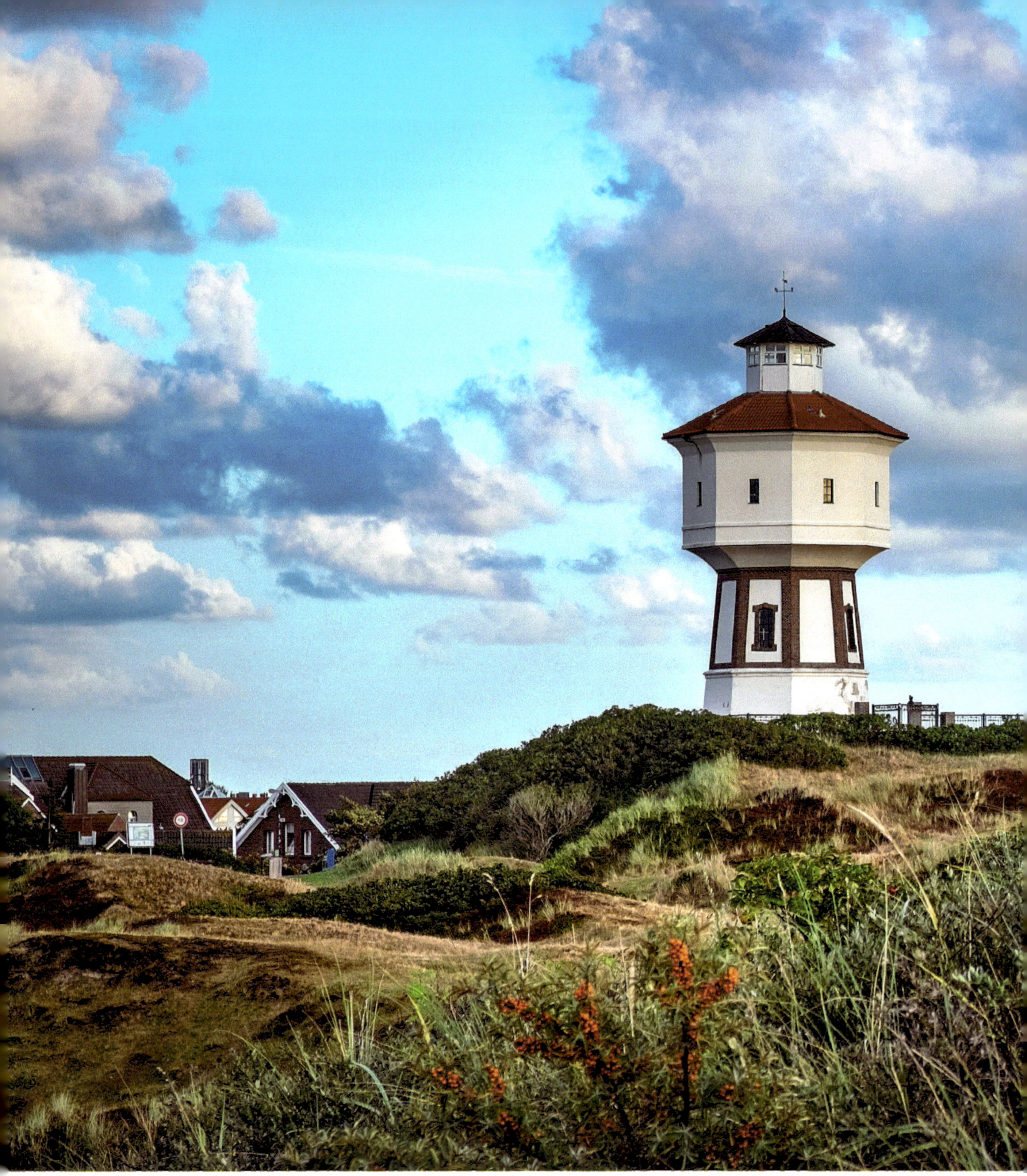

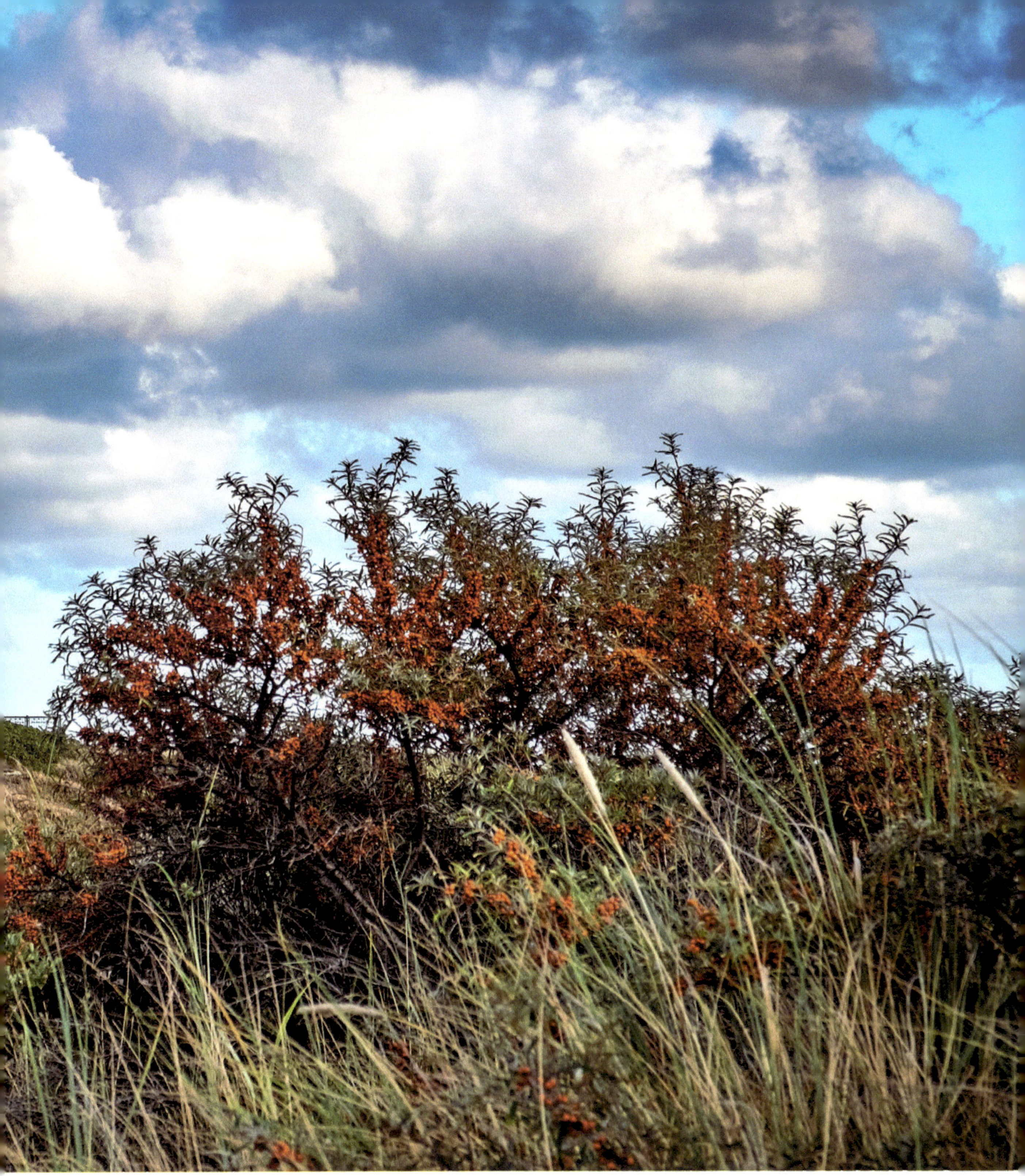

▲ *Der Leuchtturm ist nach den Regeln des Goldenen Schnitts angeordnet. Die Horizontlinie liegt unterhalb der Bildmitte. Diese Faktoren bringen Spannung ins Bild.*

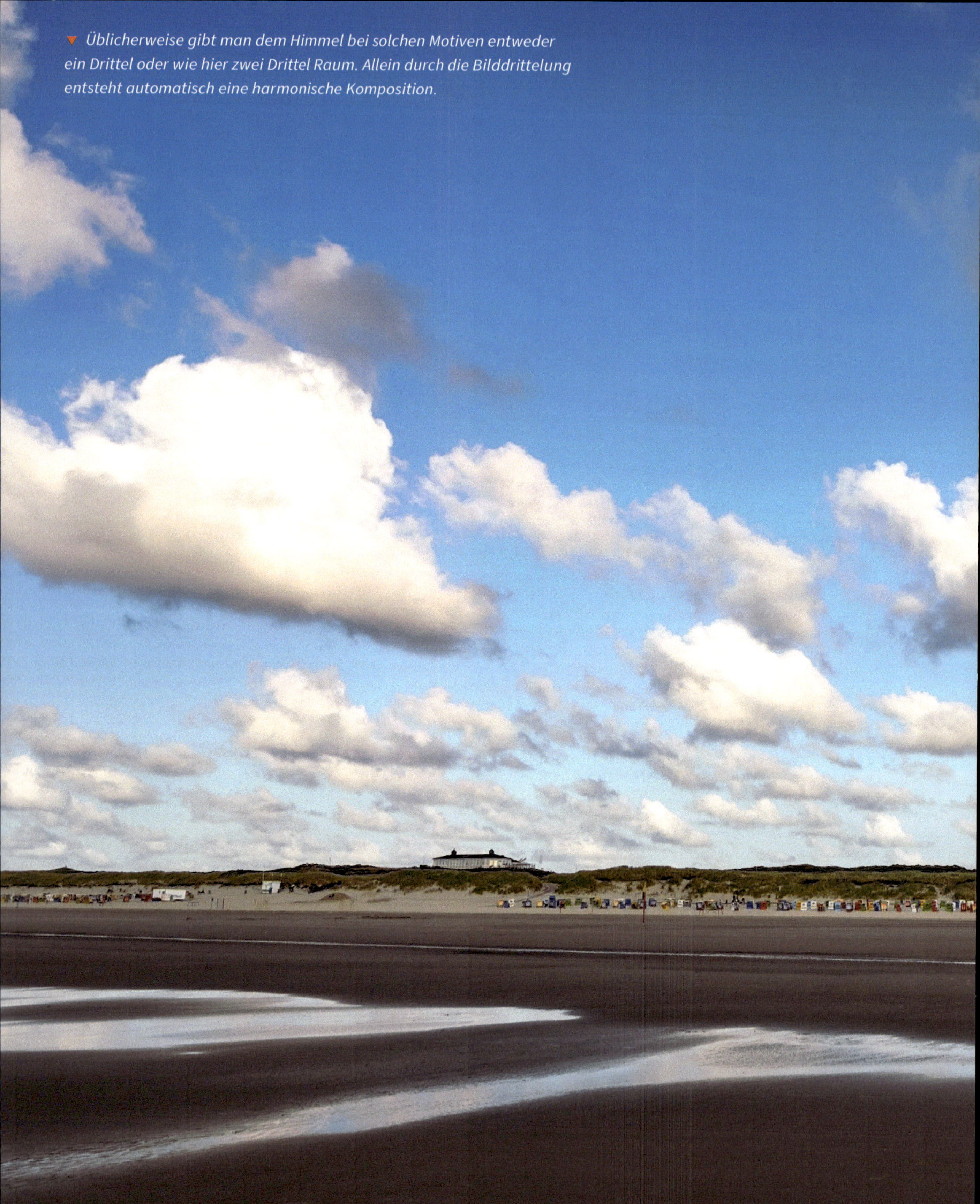

▼ Üblicherweise gibt man dem Himmel bei solchen Motiven entweder ein Drittel oder wie hier zwei Drittel Raum. Allein durch die Bilddrittelung entsteht automatisch eine harmonische Komposition.

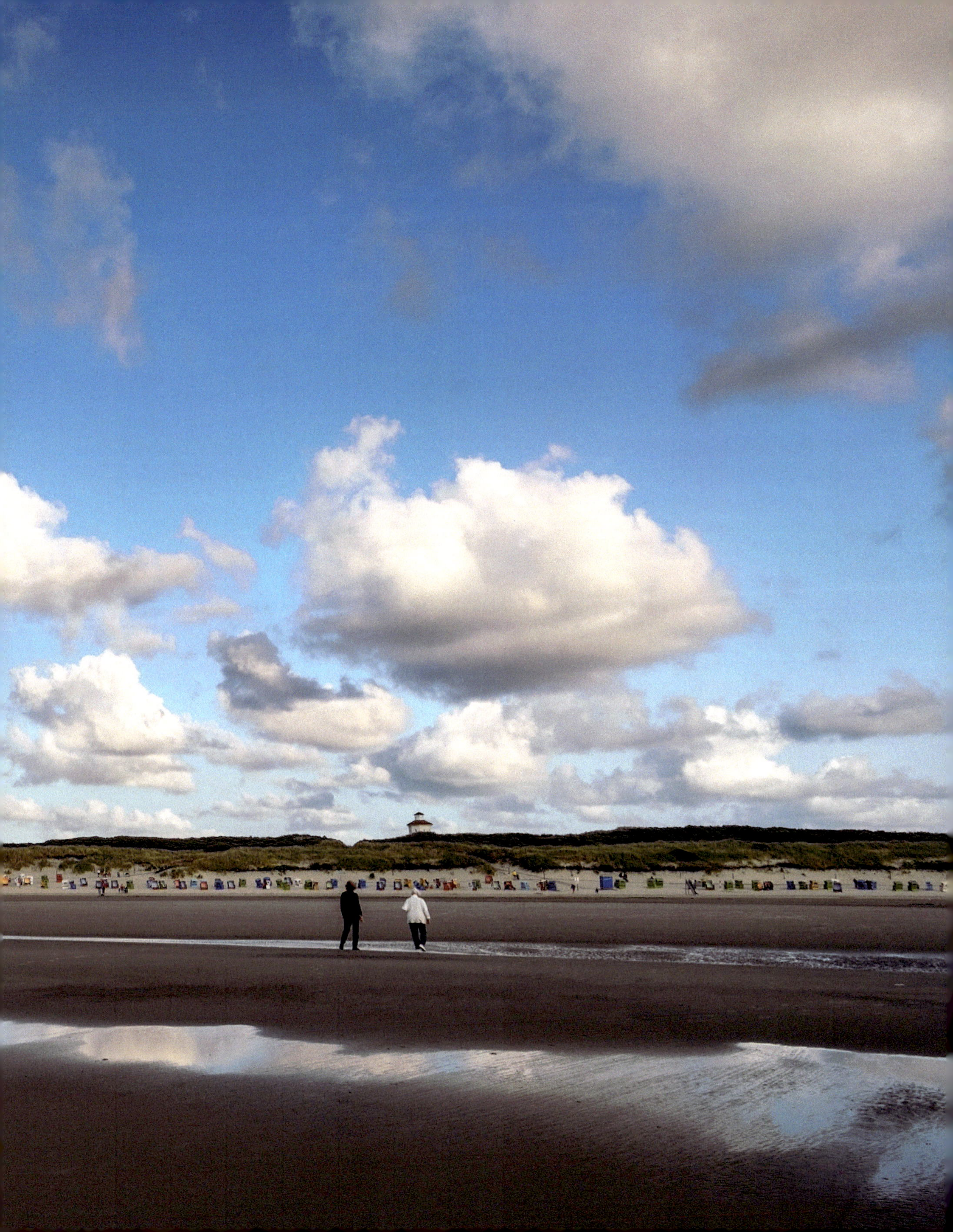

Blicke fesseln

Wenn das Hauptmotiv arrangiert ist, wird es kameratechnisch knifflig. Denn nun muss man entscheiden, was scharf und was unscharf werden soll. Üblicherweise ist das Hauptmotiv scharf, der Hintergrund bleibt unscharf, um nicht abzulenken. Natürlich ist das keine Regel, die immer Gültigkeit hat; in der Landschaftsfotografie kommt es oft auf maximale Schärfentiefe an, um nur ein Beispiel zu nennen. Trotzdem sollte man wissen, dass Schärfe im Bild (oder eben Unschärfe) den Blick des Betrachters führt und – wenn die Schärfe perfekt eingesetzt wird – fesselt. Aber nicht nur die Schärfe ist ein Faktor, mit dem man Interesse beim Betrachter eines Fotos erzeugen kann.

Schärfe zieht das Auge magisch an

Die Schärfe gestaltet man üblicherweise mit der Blende. Die einfache Grundregel: Eine große Blendenöffnung bedeutet geringe Schärfentiefe, eine kleine Blendenöffnung

Ein Tipp

Machen Sie dazu Testaufnahmen von einem in zwei Metern Entfernung stehenden Motiv und fotografieren Sie es mit unterschiedlichen Blenden. Sie werden sehen, wie deutlich sich die Ergebnisse unterscheiden.

▼ *Menschliche Formen sind immer Blickfänge. Egal wie klein die Menschen im Bild sind oder wo sie platziert werden – man erkennt sie immer und muss hinsehen.*

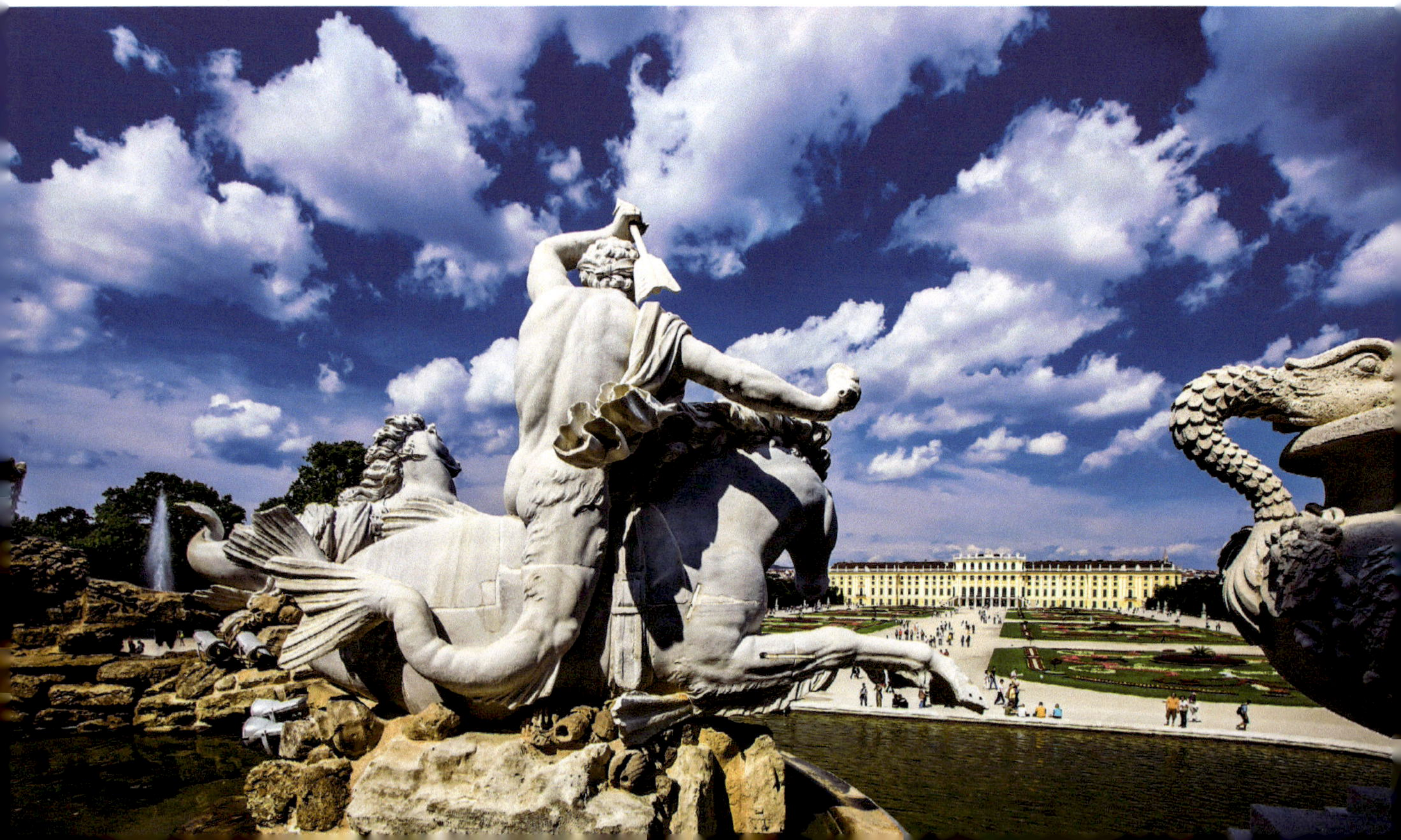

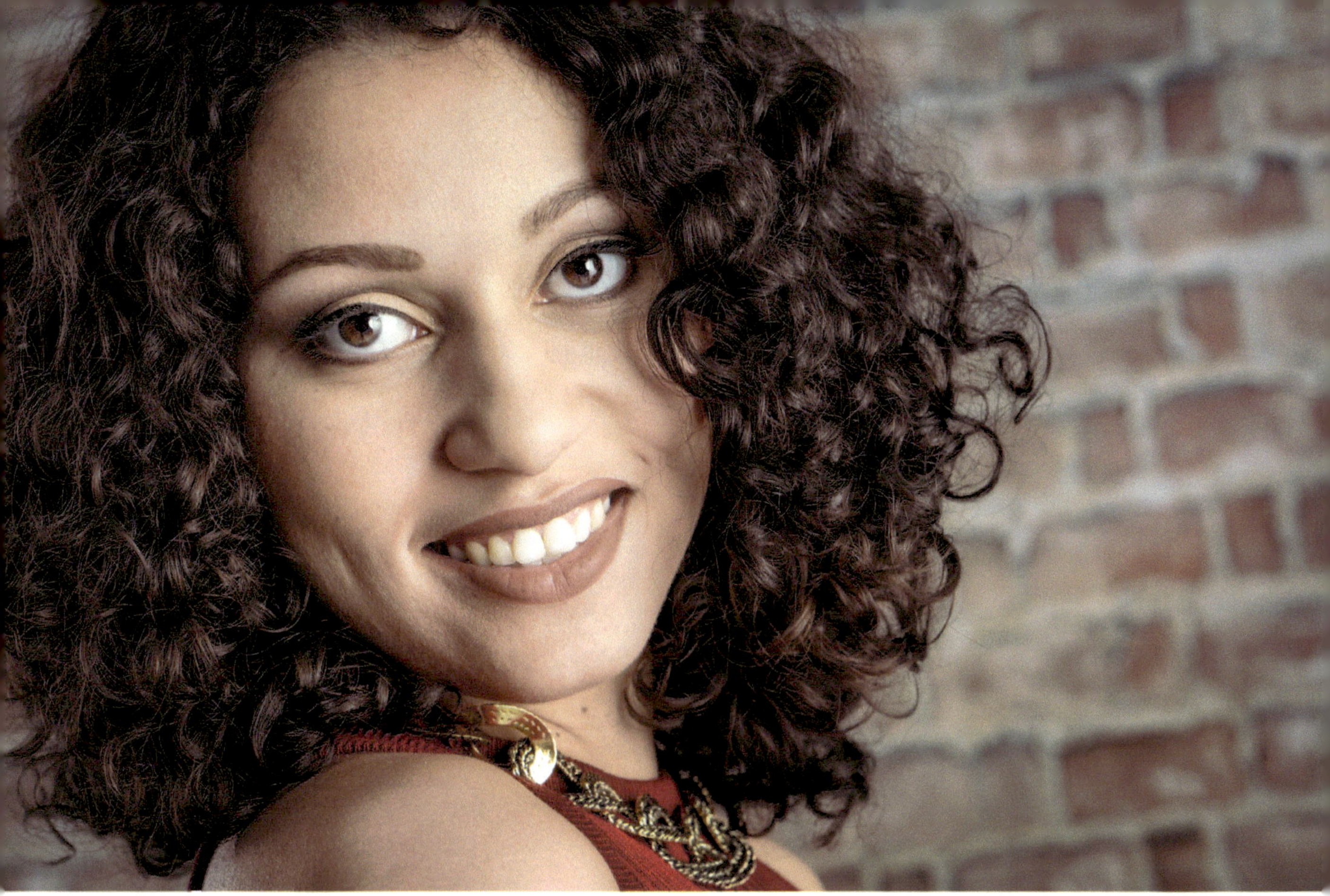

▲ *Der Blick in die Kamera stellt einen intensiven Kontakt zum Betrachter her. Weil der Hintergrund in Unschärfe verschwimmt und der Ausschnitt sehr knapp gewählt wurde, entsteht ein eindringliches Porträt.*

bedeutet große Schärfentiefe. Ein eindringliches Gesichtsporträt fotografiert man also eher mit offener Blende, um den Hintergrund in Unschärfe verschwimmen zu lassen. Jeder Fotograf ist übrigens gut beraten, die Wirkung der verschiedenen Blenden auf die Schärfentiefe einschätzen zu lernen.

Kontrast, Kontrast, Kontrast

Neben der Schärfe ist allem Anschein nach der **Kontrast** in einem Foto der entscheidende Faktor dafür, ob eine Aufnahme wahrgenommen wird oder nicht. Wenn man Kontrast hört, denkt man als Fotograf natürlich als Erstes an Helligkeitskontraste, also an Differenzen zwischen hellen und dunklen Bildstellen. Und natürlich sind Helligkeitskontraste ein bestimmendes Merkmal eines Fotos.

Denken Sie immer daran: Helle Bereiche erfahren grundsätzlich mehr Aufmerksamkeit als dunkle. Aber der Begriff Kontrast meint in der Fotografie (und in allen Bereichen der Gestaltung und grafischen Darstellung) noch viel mehr als Helligkeitsunterschiede.

Kontraste entstehen auch zwischen Farben, zwischen Formen, zwischen Oberflächen und Mustern und – ganz wichtig – zwischen sinnhaften Inhalten. Farbkontraste entstehen, wenn man Farben gegenüberstellt, die sich auf dem Farbkreis gegenüberliegen. Blau und Gelb sowie Rot und Grün sind die Farbenpaare mit besonders starkem Kontrast. Bei den Formen sind es sanfte und harte Formen, die Kontrast erzeugen. Ähnlich sieht es bei Oberflächen und Mustern aus. Richtig professionell wird es, wenn man inhaltliche Kontraste bewusst einsetzt. Eine Aktaufnahme im Schnee, ein Boxer im Ballettröckchen, ein Tier in menschlicher Pose – die Spielwiese für solche inhaltlichen Kontraste ist nahezu unendlich groß.

Starke Nebenmotive integrieren

Üblicherweise gibt es ja nicht nur ein Hauptmotiv, sondern auch ein oder mehrere Nebenmotive in einem Bild. Zunächst muss man sich also klarmachen, was wirklich wichtig, also das Hauptmotiv ist. Das Problem: Existieren neben einem Hauptmotiv mehrere starke Nebenmotive, kann ein Betrachter den eigentlichen Sinn einer Aufnahme nicht sofort erfassen – was für ein gutes Bild jedoch enorm wichtig ist. Wenn man sich selbst dabei beobachtet, wie schnell man Fotos betrachtet und bewertet, wird man feststellen, dass die allermeisten Amateurbilder zu diffus sind und man schnell das Interesse verliert.

Was also ist das Hauptmotiv, und wie trennt man es vom Rest des Bilds? Wie verstärkt man seine Wirkung im Zusammenspiel mit den Nebenmotiven? Zunächst geschieht das – wie im vorherigen Abschnitt beschrieben – durch die Positionierung nach dem Goldenen Schnitt oder der Drittelregel. Anschließend sollte man darauf achten, störende Elemente im Bild zu vermeiden. Das erreichen Sie in der Regel, indem Sie die Kameraposition oder die Brennweite verändern.

Im nächsten Schritt arrangieren Sie die Nebenmotive ebenfalls durch leichte Veränderungen der Kameraposition bzw. der Brennweite. Wenn möglich, können Sie die Nebenmotive natürlich auch verschieben, z. B. bei einem Stillleben. Vermeiden Sie Überlappungen, wenn sie nicht Teil der Bildaussage sind. Denn wenn sich Konturen verschiedener Bildelemente überlappen, fällt es schwer, diese zu differenzieren – und damit verliert der Betrachter meist das Interesse an dem Bild.

▶ *Der Inhalt des Fotos entsteht erst durch Haupt- und Nebenmotiv. Das Hauptmotiv, die Frau mit der roten Mütze, wird durch das Nebenmotiv, den Hund, unterstützt. Ohne das Nebenmotiv wäre das Bild nicht als moderne Rotkäppchen-Variante zu erkennen.*

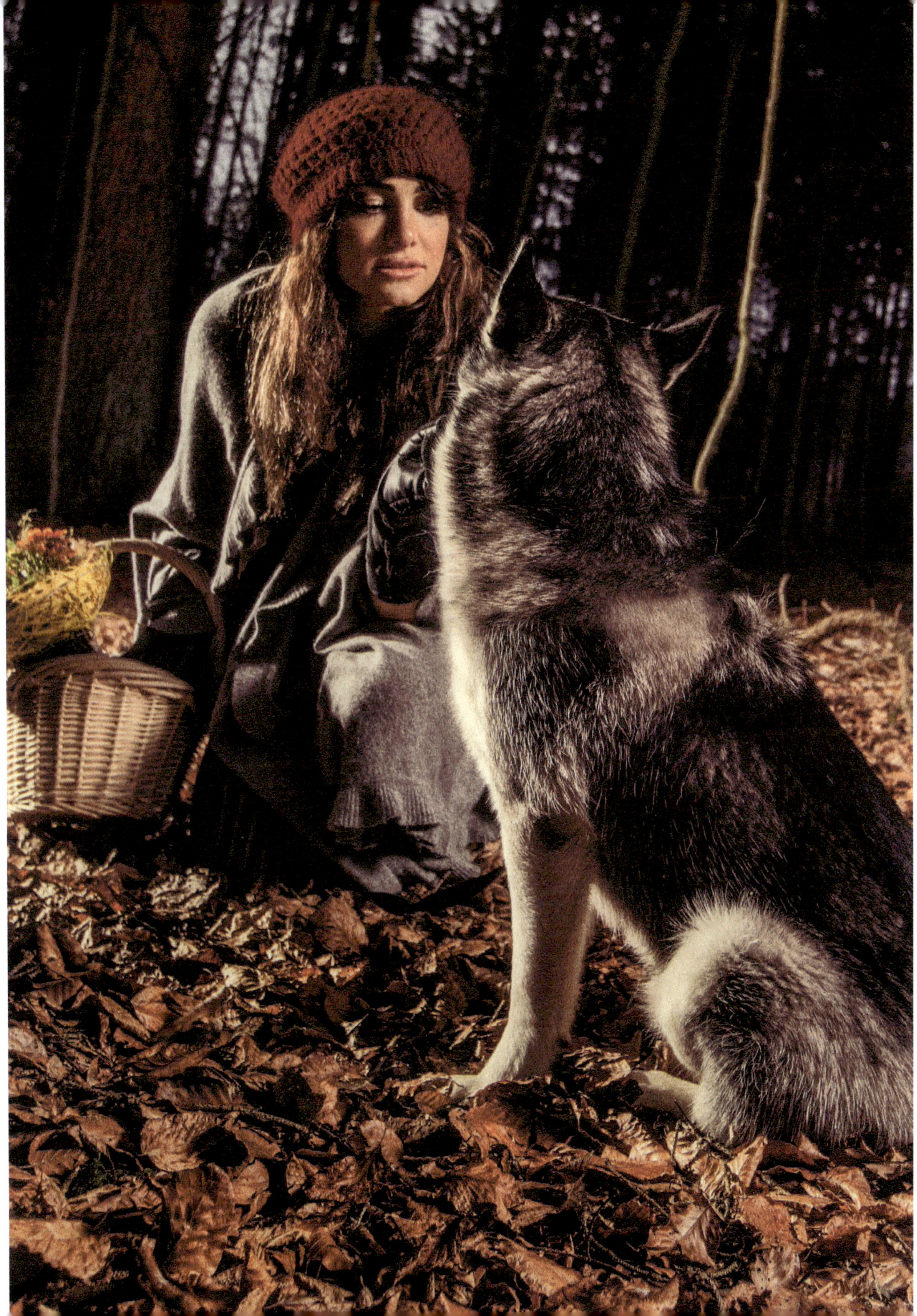

Helligkeitsverteilung und Farben

Neben der Blende ist die **Helligkeitsverteilung** ein weiterer Faktor in der Bildgestaltung und der Blickführung. Das Auge wird von hellen Bereichen im Bild angezogen, Dunkles wird in der Wahrnehmung eher ignoriert. Deshalb arbeiten noch heute viele Fotografen mit Vignetten, also mehr oder weniger kräftig abgedunkelten Bildecken bzw. Bildrändern. Der Blick wird dadurch ins Zentrum des Fotos gelenkt. Und noch ein Faktor, auf den man auch als Einsteiger achten kann: Farben. Signalfarben wie Rot, Orange oder Gelb ziehen den Blick magisch an. Ein roter Regenschirm in einem Meer aus blauen, grünen oder grauen Schirmen fällt unweigerlich auf.

Überlappende Motive vermeiden

Überlappen sich verschiedene Motive, führt das schnell zu einem chaotischen Bildaufbau, der Blick des Betrachters wandert dann zwischen den Motiven hin und her. Überschneidungen wie z. B. ein Strommast, der aus einem Kopf zu wachsen scheint, machen die Stimmung eines Fotos völlig zunichte. In manchen Fällen können Sie die Bilder noch per Bildbearbeitung am Computer retten, indem Sie die ablenkenden Details wegretuschieren.

▼ *Der rote Nikolaus ist ein extrem starkes Motiv, das den Blick sofort anzieht. Es ist so stark, dass der Rest der Szene inhaltlich erst auf den zweiten Blick deutlich wird.*

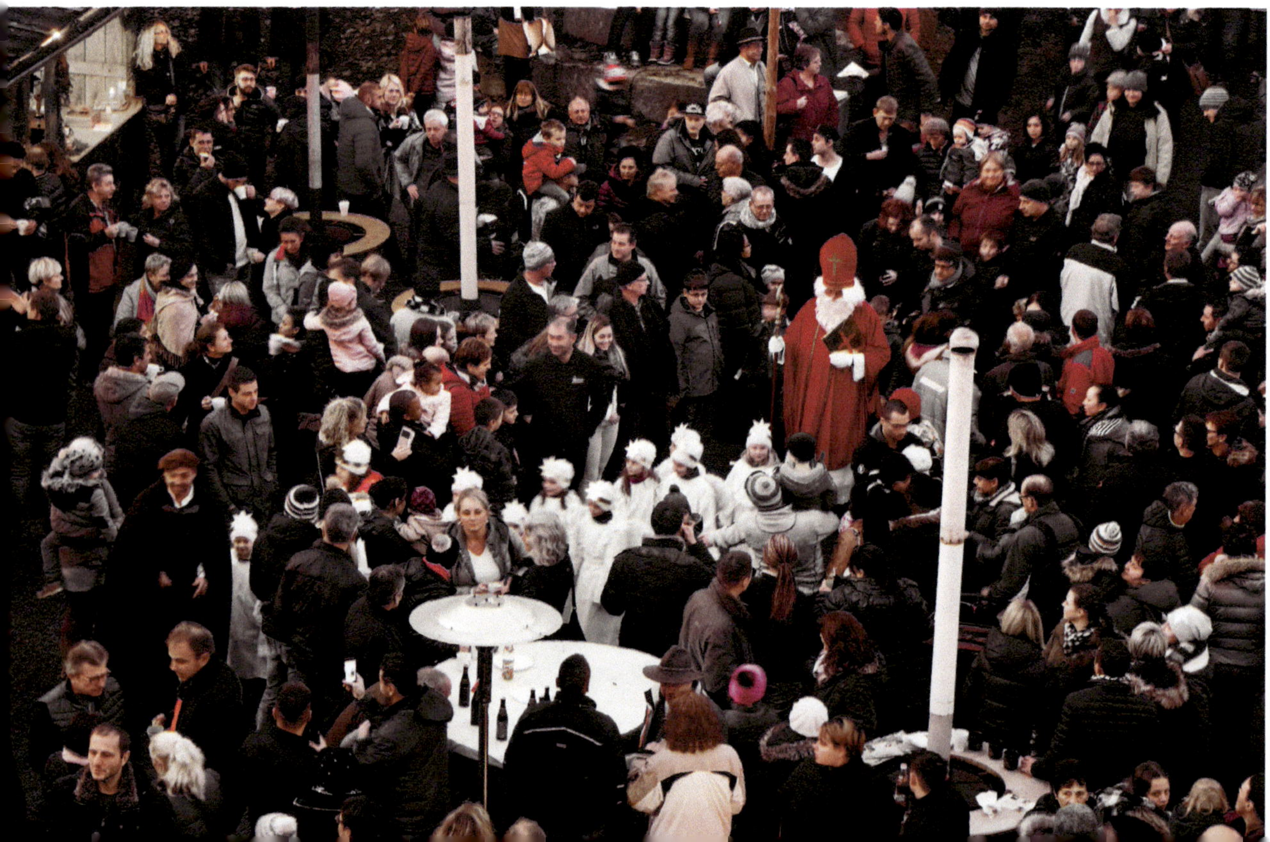

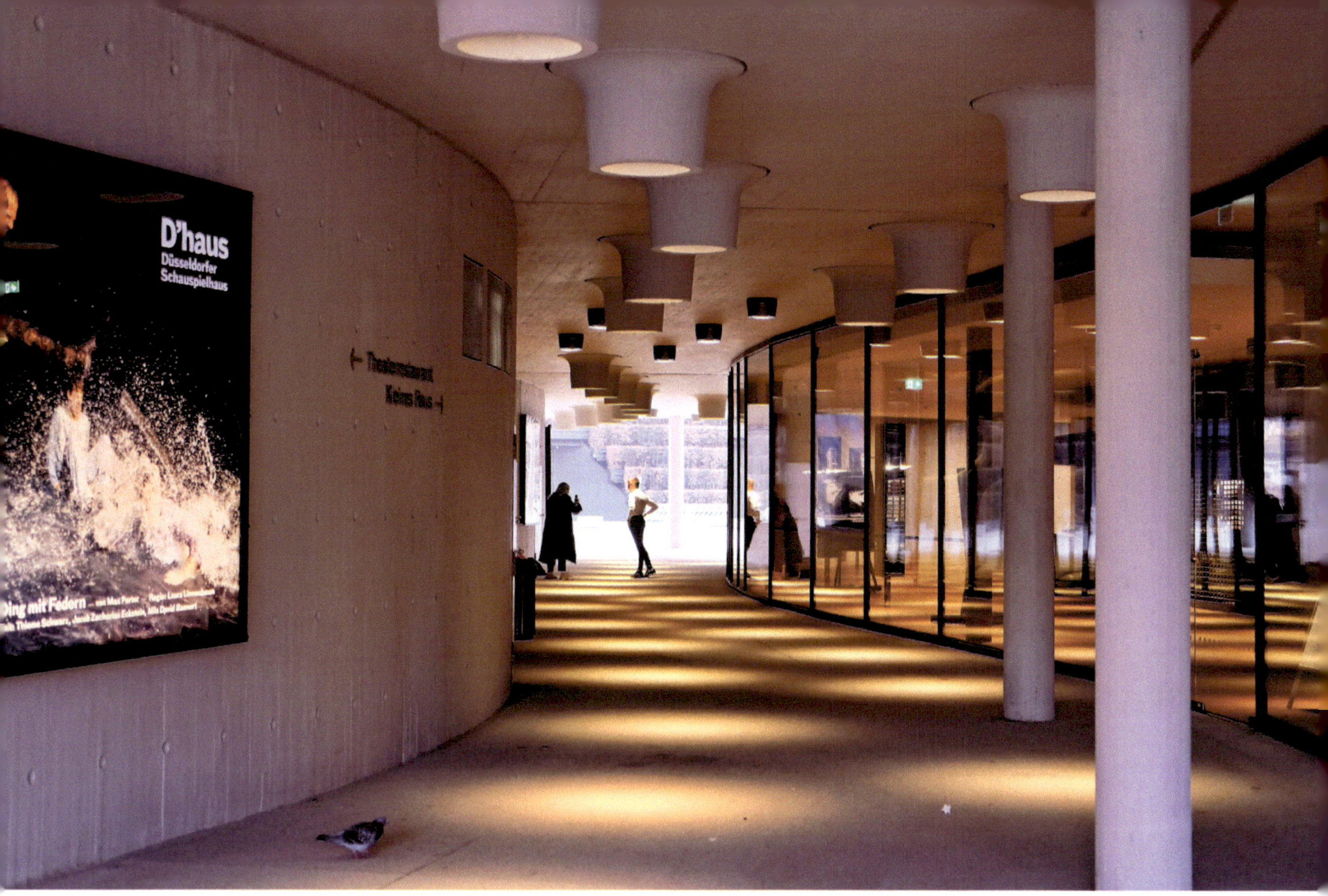

▲ *In diesem Bild konkurrieren verschiedene Linien miteinander und bringen Spannung in die Szene.*

Führungslinien nutzen

Jeder Mensch sucht beim Betrachten eines Motivs nach Strukturen, die der Orientierung dienen. Gute Bildgestaltung zeichnet sich dadurch aus, dass der Blick zu bestimmten Punkten geführt und dort möglichst lange gefesselt wird. Wichtig sind **Führungslinien** vor allem in der Architektur- und Landschaftsfotografie, bei der man den Blick mit knapper Schärfentiefe oder großen Helligkeitsunterschieden selten eindeutig zum Hauptmotiv führen kann.

Sichtbare Führungslinien

Führungslinien sind in vielen Fotos auf den ersten Blick zu erkennen. In der Landschaftsfotografie sind es Straßen, Zäune, Mauern, Äste eines Baums und so weiter, die ins Bild hinein oder zu einem bestimmten Punkt führen. Bei Porträts oder in der Aktfotografie können Arme und Beine, aber auch die Finger Richtungen vorgeben, an denen entlang der Betrachter ins Bild findet. Im Grunde ist jede Linie oder Kante sowie jede richtungsweisende Fläche

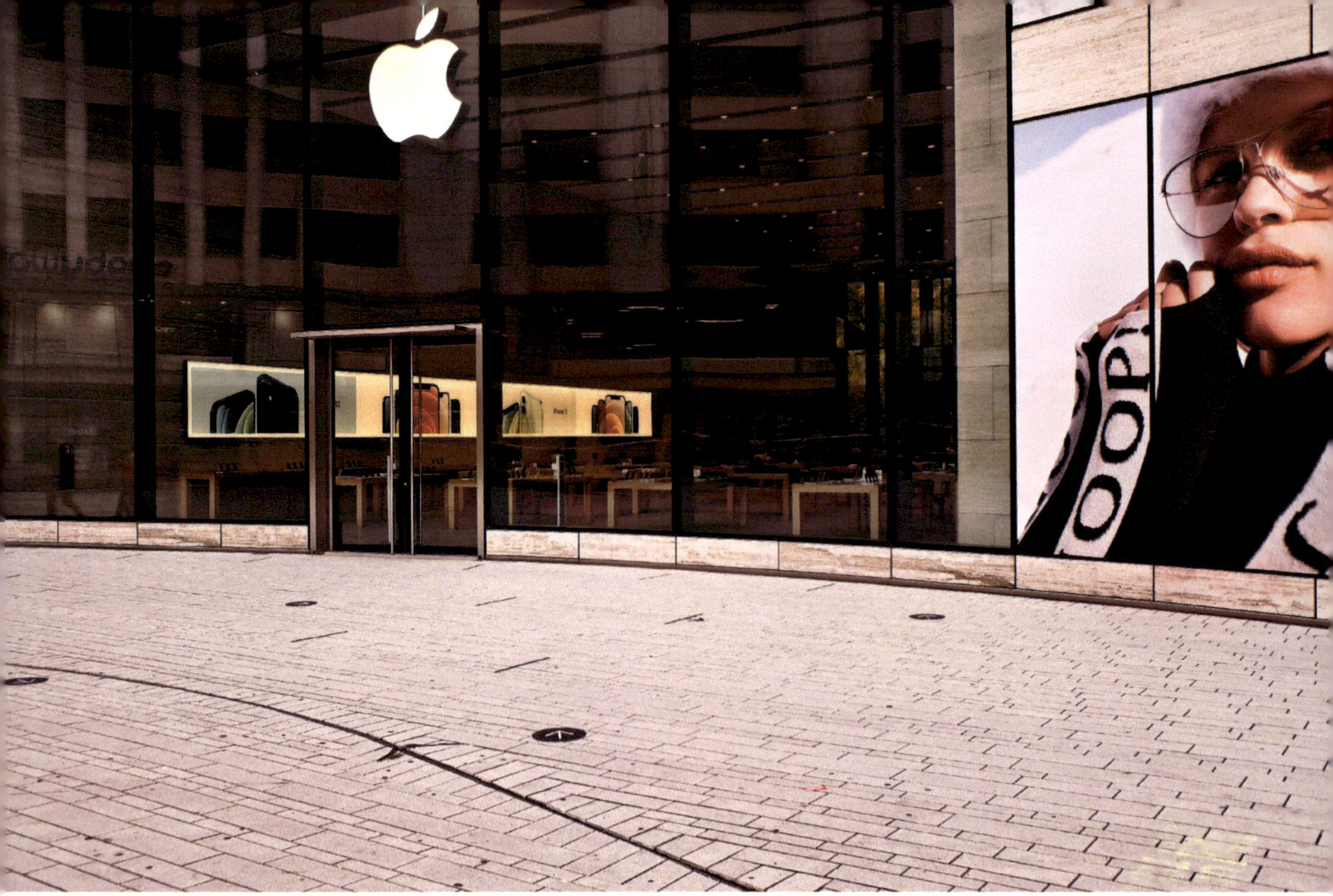

▲ *Dieses Bild hat gleich zwei imaginäre Linien: zum einen der Weg zur Tür des Apple Stores und zum anderen der starke Blick des Models, der sagt: „Nun geh endlich rein!“*

dazu in der Lage, die Funktion einer Führungslinie zu übernehmen. Und natürlich geht es dabei nicht nur immer um Geraden. Auch gebogene Linien sind geeignet. Achten Sie nur immer darauf, dass die Führungslinien nicht zu sehr konkurrieren. Wenn ein Betrachter nicht intuitiv versteht, welche Linie oder Form er als Anhaltspunkt verwenden soll, wird ihn die Komposition eher verwirren.

Nicht sichtbare Linien

Führungslinien müssen nicht wirklich sichtbare Linien, Kanten oder Flächen sein. Es existieren auch nicht sichtbare Verbindungen, die man für den Bildaufbau nutzen kann. Stellen Sie sich zum Beispiel drei Würfel vor, die auf einem Tisch liegen. Man wird, abgesehen von den einzelnen Würfeln, vermutlich immer auch Verbindungen zwischen den Würfeln und damit ein Dreieck wahrnehmen.

Blickrichtungen von Menschen oder Tieren lassen sich ebenfalls als Vektoren einsetzen, die in ein Bild bzw. auf ein Motiv weisen. Alles, was in irgendeiner Weise miteinander verbunden ist, kann als Führungslinie genutzt werden. Man muss nur darauf achten, solche Verbindungen zu entdecken, und sie in die Bildgestaltung einbauen.

Linien „erzeigen“ lassen

Probieren Sie bei den nächsten Urlaubsschnappschüssen mal aus, Ihren Partner oder Ihre Kinder auf das, was Sie fotografieren möchten, zeigen zu lassen. Sie werden sehen, dass Ihre Bilder viel spannender werden durch Bewegungen oder die Körperhaltung und die dabei erzeugte imaginäre Linie hin zum Hauptmotiv.

Linienrichtung beachten

Achten Sie bei Führungslinien immer auch auf ihre Richtung. Horizontale und vertikale Linien vermitteln eher Ruhe, diagonale Linien erzeugen Spannung. Ob eine Linie ansteigt oder abfällt, führt ebenfalls zu unterschiedlichen Aussagen. Und dann gibt es noch Linien, die miteinander in Bezug stehen. Klassisches Beispiel: die vom Kamerastandpunkt aus in die Ferne laufenden Parallelen einer Eisenbahnschiene.

▼ *Das Zusammenspiel diverser Linien bringt Spannung ins Bild. Dabei sind Linien nicht nur konkret wie hier die des Schwerts, sondern werden auch durch Blickrichtungen erzeugt und unterstützt.*

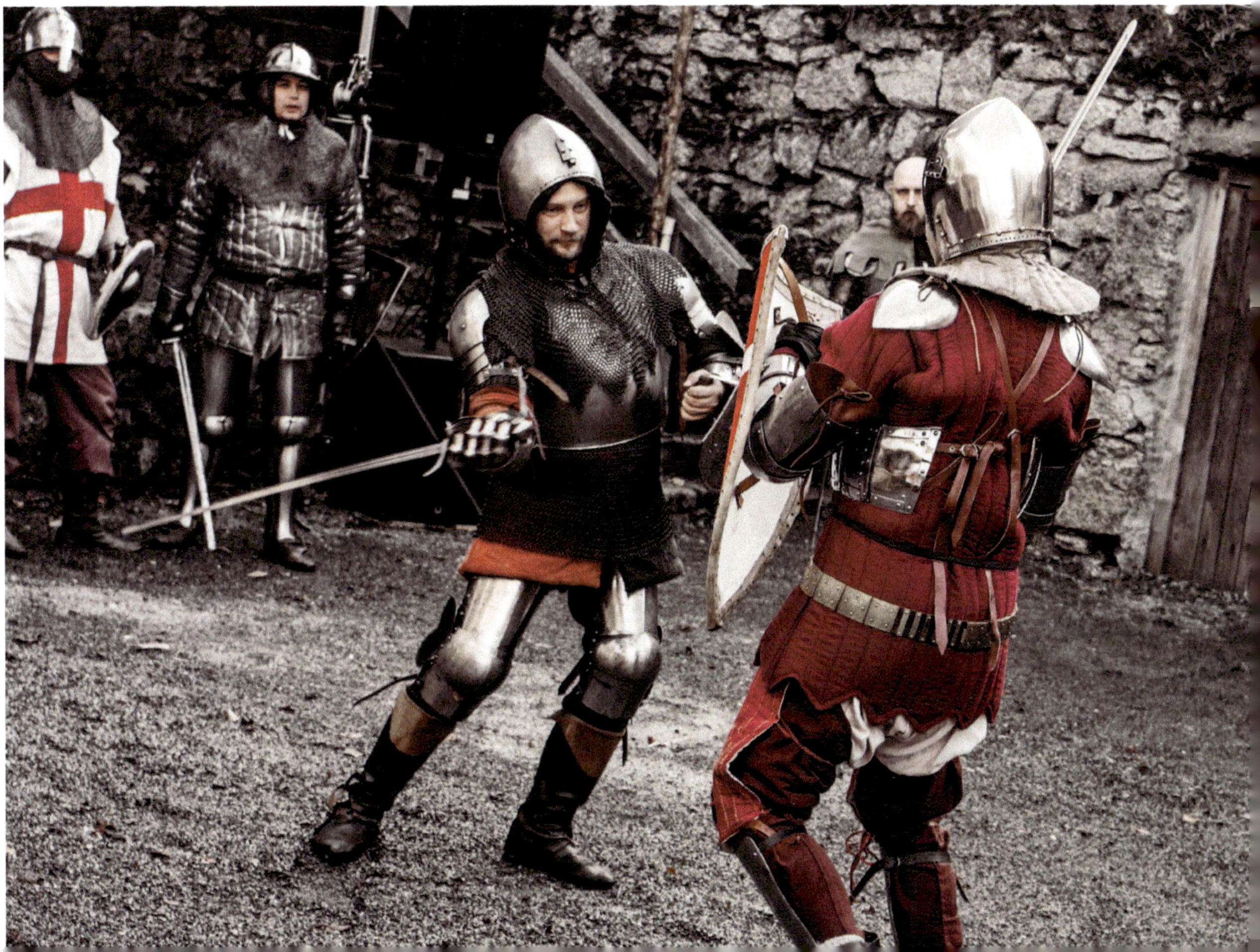

Natürliche Rahmen

Im vorherigen Abschnitt ging es um Führungslinien, die den Betrachter eines Fotos in oder durch ein Bild führen sollen. Eine Variante dieser Gestaltungstechnik ist die Arbeit mit **Rahmen**. Das ist absolut wörtlich zu nehmen, es geht tatsächlich um sichtbare, handfeste Umrahmungen eines Haupt- oder Nebenmotivs.

Umrahmungen finden

Zwar führt ein Rahmen nicht wie eine Führungslinie in ein Bild hinein, er weist aber trotzdem unmissverständlich auf etwas hin, nämlich das Motiv, das vom Rahmen umrandet wird. Es ist für einen Betrachter praktisch unvermeidbar, das eingerahmte Motiv intensiver wahrzunehmen als den Rest des Bilds. Wenn Sie sich gerade nicht so recht vorstellen können, was mit einem Rahmen als Gestaltungselement gemeint ist: Sie haben sicher schon einmal ein Motiv eines Menschen gesehen, der mit seinen Händen ein Herz formt.

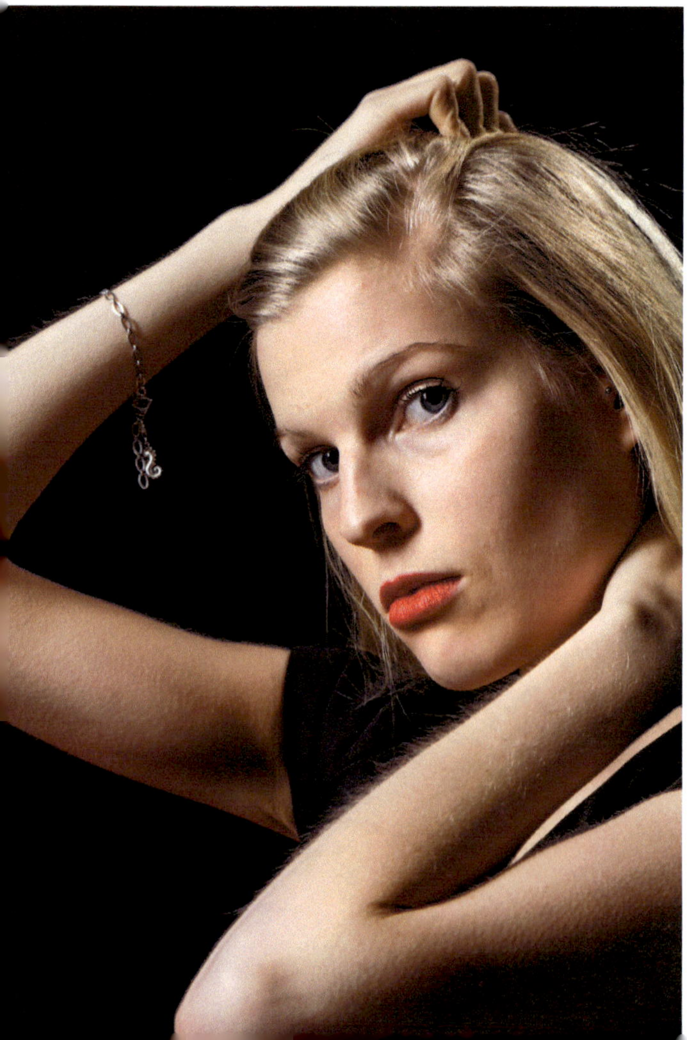

Diese Geste wird sehr häufig in der Babybauch-Fotografie gezeigt, wenn die werdende Mama mit ihren Fingern auf dem Bauch ein Herz formt, um auf den baldigen Nachwuchs hinzuweisen. Nebenbei als Idee für Ihre eigenen Versuche: Rahmen kann man nicht nur mit den Fingern oder Händen, sondern auch mit den Armen, den Beinen, zu zweit oder mit mehreren Menschen erzeugen. Gerade in der Familienfotografie sind angedeutete Umrahmungen wichtig, um die Verbundenheit zwischen Menschen zu zeigen.

Natürliche Rahmen

Sind Sie draußen unterwegs, finden Sie mit ein wenig Fantasie und offenen Augen eine Menge Dinge, die sich als Rahmen eignen. Das können Äste eines Baums sein, ein Tordurchgang für ein Porträt, die Fläche einer Tür und des Türrahmens, Fenster – lassen Sie sich von rahmenartigen Formen und Strukturen inspirieren und versuchen Sie, das Motiv, auf das Sie

◀ *Umrahmungen können natürlich sein oder künstlich erzeugt werden. Wenn Sie gerade keinen natürlichen Rahmen für ein Motiv finden, versuchen Sie es einfach mal mit den Fingern oder den Armen.*

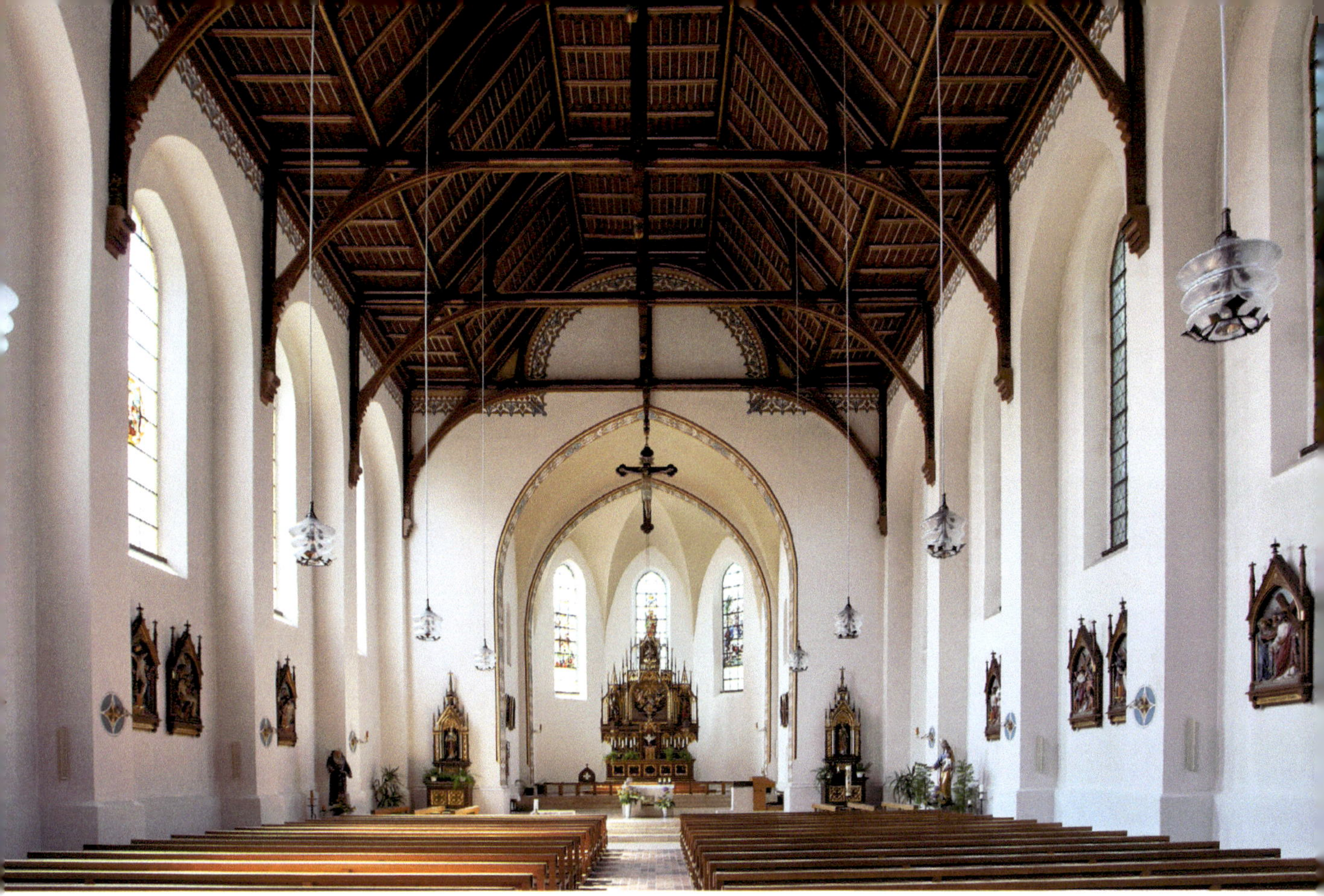

▲ *Natürliche Rahmen können dazu dienen, ein besonderes Motiv noch mehr zu betonen. In der Architektur werden Rahmenstrukturen eingesetzt, um wichtige Bereiche wie hier den Altarraum zu betonen.*

es eigentlich abgesehen haben, durch einen Rahmen hindurch bzw. in einem Rahmen zu zeigen.

Rahmen und Licht

Passen Sie immer auf, aus welcher Richtung das Licht kommt! Steht die Sonne hinter Ihnen, wird der Rahmen möglicherweise mit beleuchtet. Haben Sie Gegenlicht und steht die Sonne vor Ihnen, wird der Rahmen vermutlich pechschwarz werden, wenn das Hauptmotiv von der Sonne beleuchtet wird.

Natürliche Rahmen

In der Studiofotografie sieht man es immer wieder – ein echter Bilderrahmen wird gern als Accessoire verwendet, um Porträts zu gestalten. Ein Bilderrahmen hat zwei Funktionen: Er umrahmt das Hauptmotiv und lenkt den Blick des Betrachters unmissverständlich zum porträtierten Menschen. Außerdem hat der Porträtierte etwas in der Hand und muss sich nicht die immer wieder gleiche Frage stellen: „Was soll ich bloß mit meinen Händen anfangen?“

Problematisch sind Rahmen immer, wenn ihre Belichtung vom Hauptmotiv abweicht. Sie müssen sich dann entscheiden, wie hell oder dunkel das Hauptmotiv und der Rahmen sein sollen. Es kann sinnvoll sein, mit der Spotmessung denjenigen Bereich auszumessen, der richtig belichtet werden soll.

▼ *Wenn Sie vor einem interessanten Motiv stehen, schadet es nicht, sowohl Hoch- als auch Querformataufnahmen zu machen. Entscheiden Sie später in Ruhe, wie Sie das Motiv präsentieren möchten und welches Format am ehesten zum Verwendungszweck passt.*

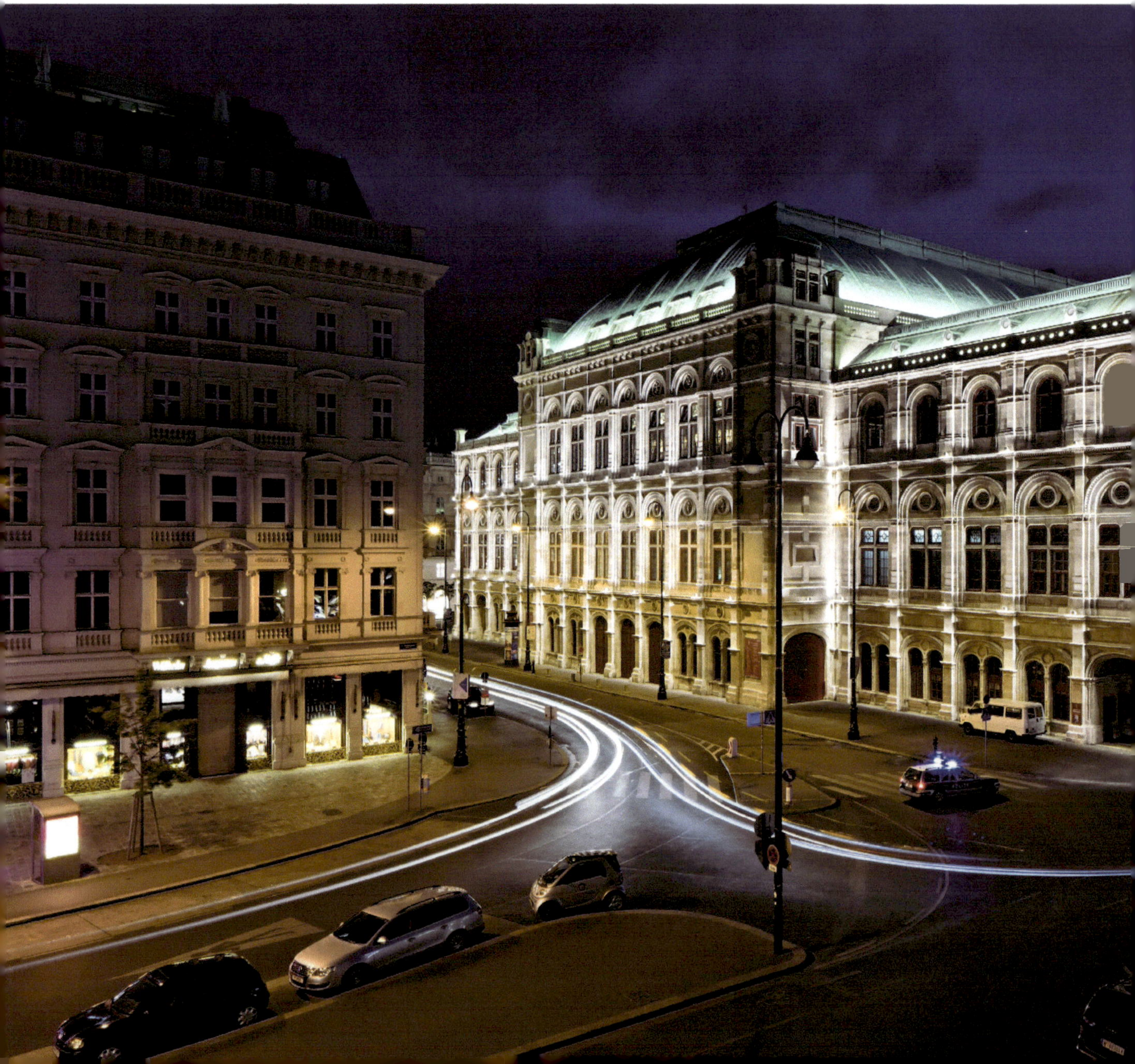

Eine Frage des Formats

Gerade im Umgang mit Führungslinien kommt ein immer wieder zu wenig beachteter Gestaltungsfaktor ins Spiel: das **Bildformat**. Bevor Sie sich für das Hoch- oder Querformat entscheiden, sollten Sie die Gestaltungselemente im Motiv analysieren und besonders die Führungslinien erkennen. Wenn Sie sich nicht sicher sind, probieren Sie einfach beides aus.

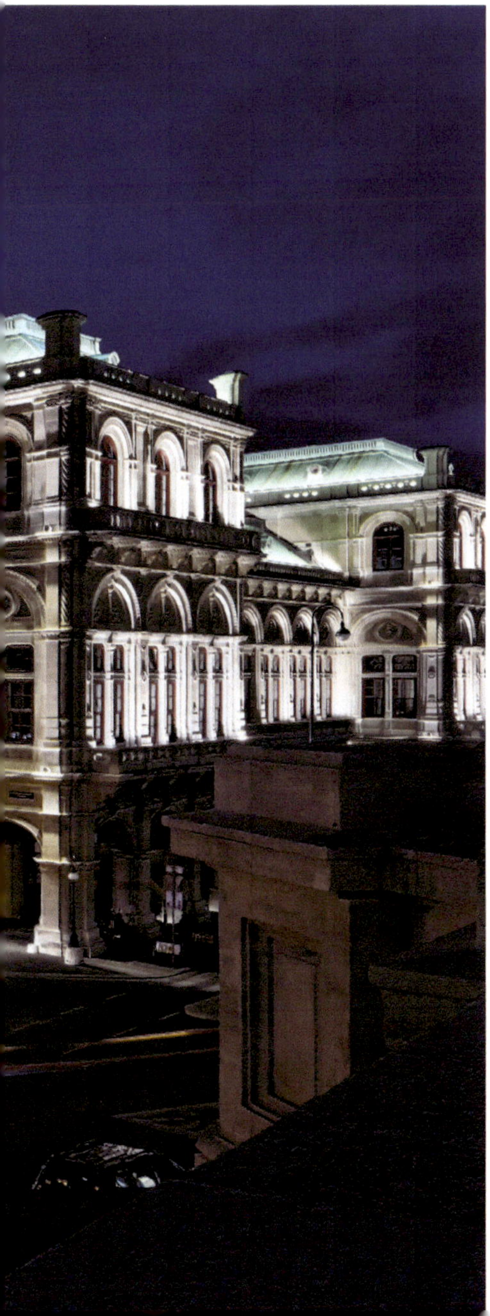

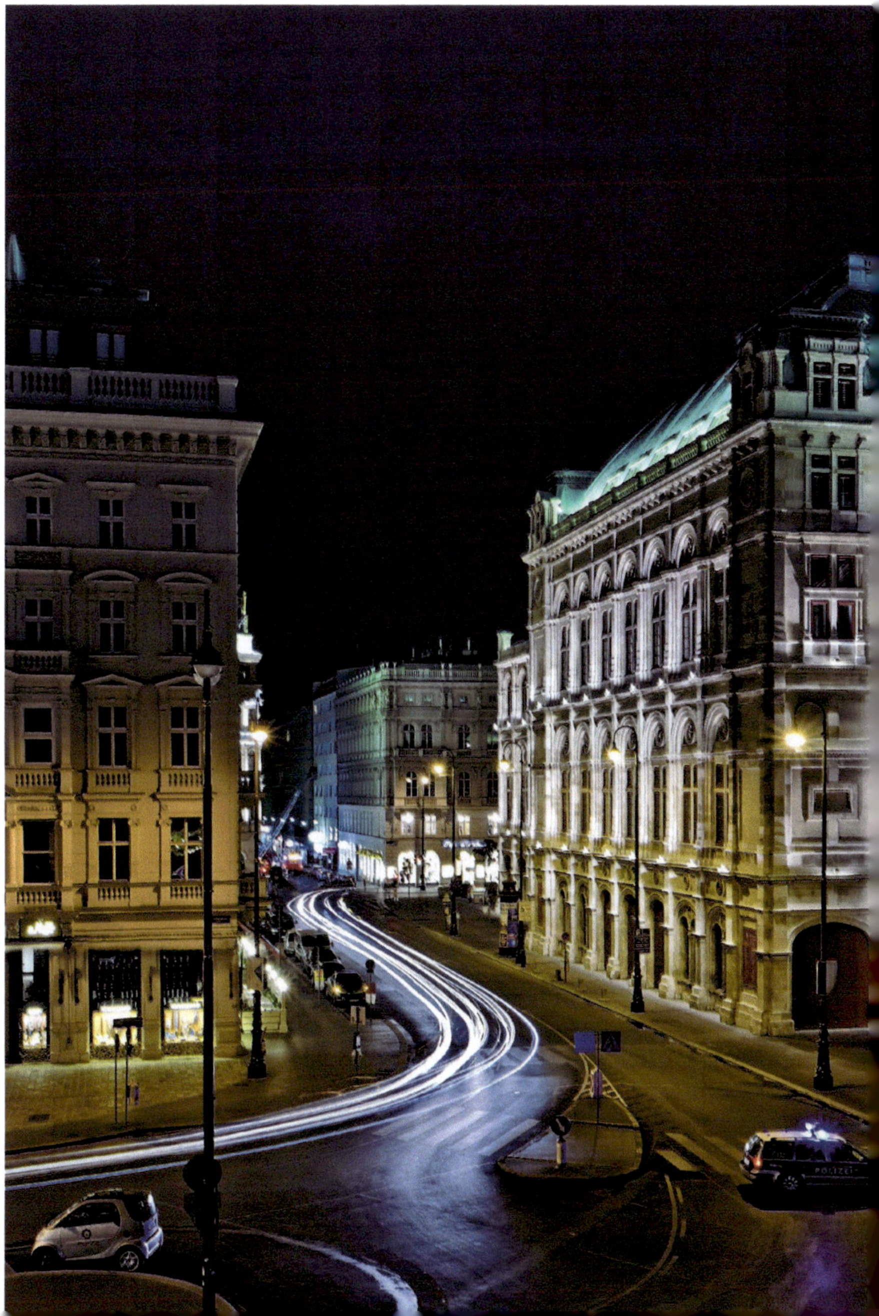

Klassische Ausrichtung

Es gibt Motive, die für eine bestimmte Ausrichtung prädestiniert scheinen. Vermutlich werden 90 % aller Landschaftsmotive im Querformat aufgenommen. Das liegt natürlich daran, dass man die Ausdehnung einer Landschaft auch ohne Kamera meistens eher in der Breite wahrnimmt. An welche Motive denken Sie, wenn Sie ans Hochformat denken? Vermutlich kommt Ihnen als eines der ersten Felder der Fotografie das Porträt in den Sinn. Von einfachen Passfotos bis zu Businessporträts und Kinderbildern, die man sich gerahmt an die Wand hängt, ist die Mehrzahl der Porträts im Hochformat angelegt. Will man auffallen, zum Beispiel mit einem etwas anderen Bewerbungsfoto, kann man auch mal ein Querformatporträt ausprobieren.

Andere Seitenverhältnisse

Der Sensor Ihrer Kamera hat ein bestimmtes **Seitenverhältnis**, das üblicherweise bei 3:2 oder 4:3 liegt. Dieses Seitenverhältnis bestimmt natürlich auch Ihre Fotos. Versuchen Sie bereits bei der Auswahl Ihrer Motive und bei den Überlegungen zur Bildgestaltung, andere mögliche Seitenverhältnisse einzubeziehen.

Die wichtigsten sind das quadratische Format 1:1 sowie das aus dem Videobereich bekannte Format 16:9. Viele Kameras besitzen einen Menübefehl, um das Seitenformat schon vor dem Auslösen auf ein anderes als das Sensorformat einzustellen. Dabei werden Bereiche abgeschnitten. Fotografieren Sie im JPEG-Format, lassen sich die abgeschnittenen Ränder nicht mehr rekonstruieren. Arbeiten Sie mit dem RAW-Format, bleibt das Originalbild mit allen Daten, die der Sensor aufgenommen hat, erhalten, und Sie können später bei der RAW-Entwicklung am Computer ein anderes als das Sensorseitenverhältnis festlegen.

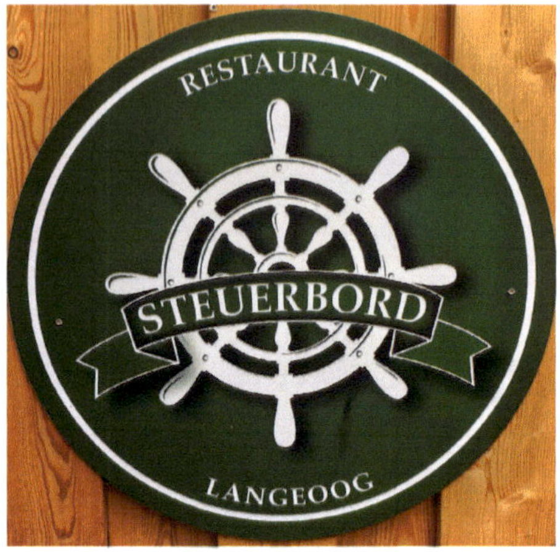

▲ *Die Bildkomposition war zwar nicht von vornherein auf ein quadratisches Format ausgelegt, der nachträgliche Beschnitt des Bilds ergab aber ein besseres Ergebnis als das ursprüngliche Hochformat 2:3.*

16:9 und Landschaft

Landschaften im Panoramaformat wirken fast immer einen Tick atemberaubender als im nativen Sensorformat. Durch das Breitbildformat wirken Landschaften noch breiter und weiter, erfordern aber auch ein paar Gedanken zur Bildgestaltung. Zwar kann man auch im 16:9-Format Drittelregel und Goldenen Schnitt anwenden, die Platzierung von Haupt- und Nebenmotiven kann jedoch schwieriger werden, da die Bildmitte etwas weniger Gewicht bekommt als in den Standardformaten.

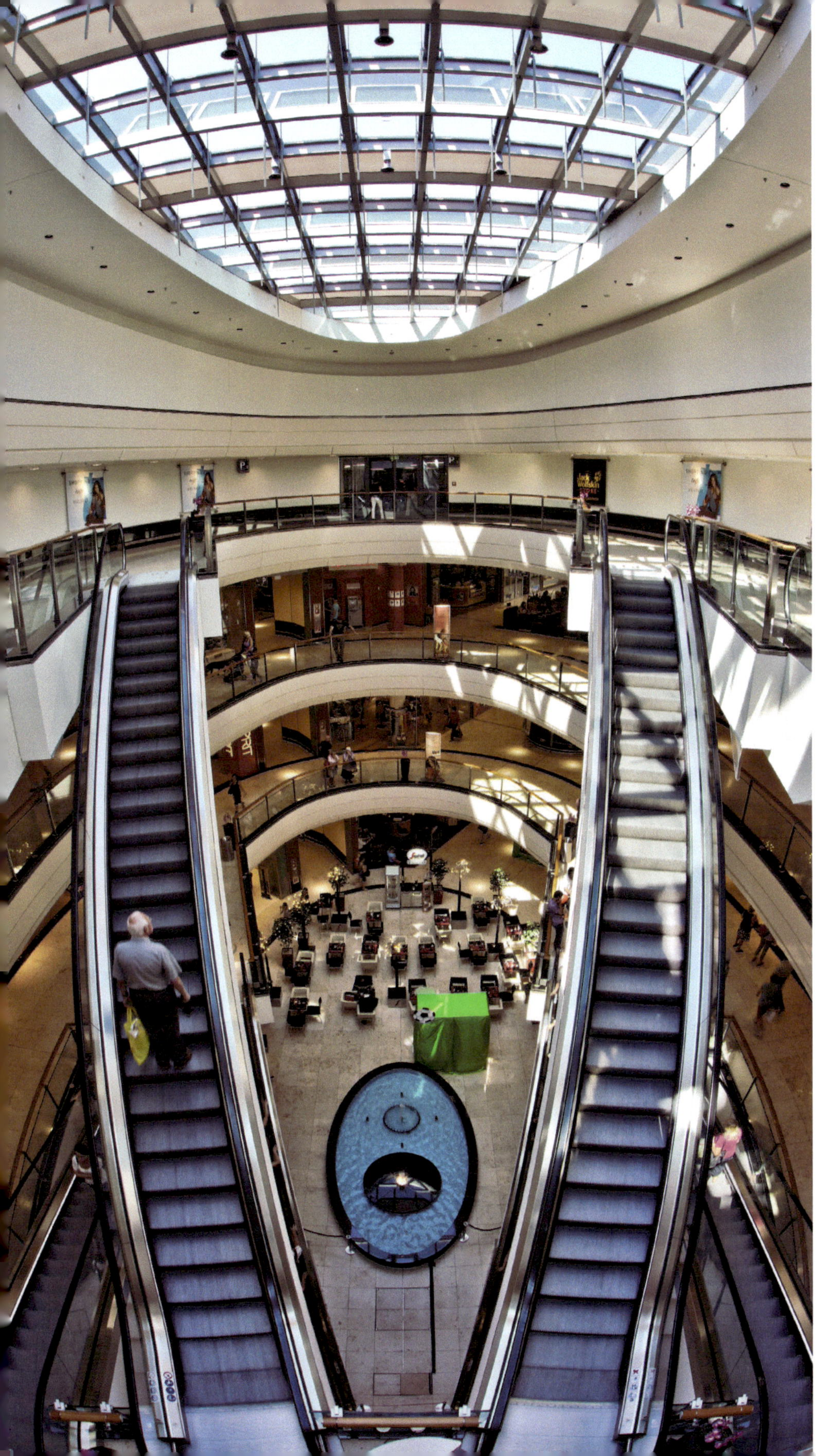

Flippige Familienbilder

Es gibt Motive, die bei schräger Kamerahaltung einen kleinen Zusatzkick bekommen. Kleiner Tipp für die Familienfeier und die dort unvermeidlichen Fotos: einfach bei ein paar Aufnahmen die Kamera etwas schräg halten, dann wirken die Bilder gleich peppiger. Aber Vorsicht, übertreiben Sie es nicht! Vor allem die etwas älteren Familienmitglieder sind vielleicht nicht ganz so angetan von abgedrehten Perspektiven, schrägen Ansichten und angeschnittenen Köpfen. Denn so manche Oma oder mancher Opa steht eher auf klassische Ansichten und kann mit modernem Instagram-Look nicht viel anfangen.

◀ *Bei solchen für eine bestimmte Ausrichtung typischen Motiven wie der Innenansicht eines Einkaufszentrums bietet es sich an, mal etwas anderes auszuprobieren und die Kamera um 90 Grad zu kippen. Die architektonischen Formen wurden durch das Hochformat und das schlanke Seitenverhältnis herausgestellt.*

Räumliche Tiefe

Fotos sind zweidimensional. Wie erweckt man aber in einem Foto den Eindruck von räumlicher **Tiefe**? Die allerwichtigsten Gestaltungsmittel sind Vordergrund, Mittelgrund und Hintergrund. Der Begriff Mittelgrund besagt, dass es zwischen den beiden Ebenen ganz vorn und ganz hinten einen weiteren Bereich gibt, in dem sich etwas abspielt. Das Hauptmotiv kann sich natürlich in jeder der Ebenen befinden, es kommt nur darauf an, das Auge des Betrachters auf diesen Blickfang zu lenken.

▼ *In diesem Motiv ist die räumliche Tiefe unübersehbar. Sie wird erzeugt durch die Größenverhältnisse – die Menschen im Vordergrund sind größer als die im Hintergrund – sowie die Unschärfe im Hintergrund.*

Gestaltungsebenen trennen

Wenn die Gestaltungsebenen in einem Bild klar voneinander getrennt sind – es dürfen dann auch zwei oder mehr Hauptebenen sein –, entsteht ganz automatisch ein Eindruck von Dreidimensionalität. Ebenfalls gut für räumliche Tiefe: parallele Linien, die nach hinten zusammenlaufen – etwa Eisenbahnschienen oder eine Reihe von Begrenzungspfosten einer Straße –, oder auch gleich große Motive, die gestaffelt hintereinander positioniert sind und auf dem Bild unterschiedlich viel Platz einnehmen, nach hinten also scheinbar kleiner werden. Dafür geeignet sind Motive, von denen der Betrachter mehr oder weniger genau weiß, wie groß sie sind.

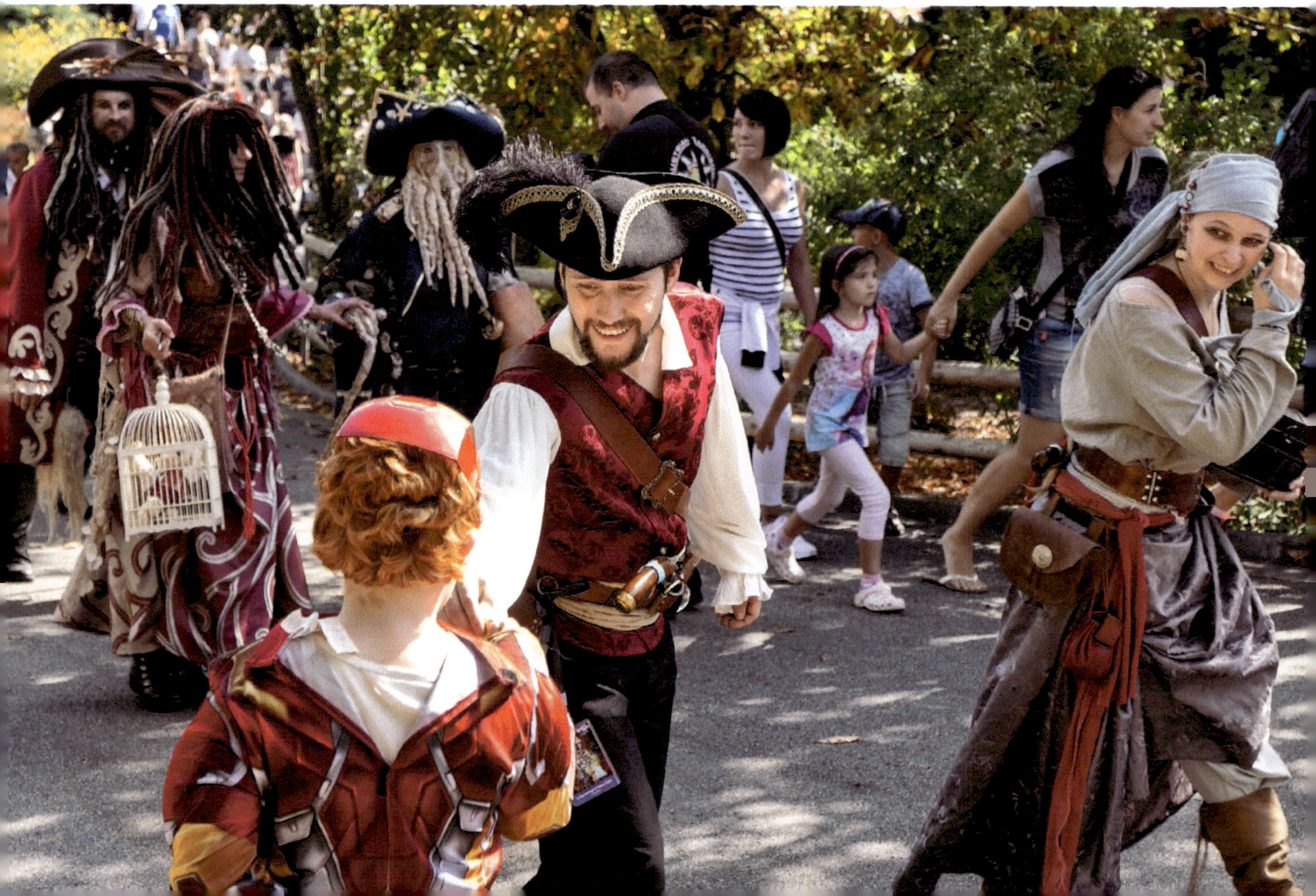

Das können Menschen sein, identische Pfeiler einer Brücke, Autos, Häuser, Tiere und so weiter.

Wie werden Ebenen voneinander getrennt? Man kann mit der Blende die Schärfentiefe steuern und auf die wichtigste Ebene fokussieren. Stellt man eine große Blendenöffnung ein, wird im Idealfall nur die Ebene mit dem Hauptmotiv scharf abgebildet. Eine andere Möglichkeit ist das Spiel mit Licht, wobei die Hauptebene am meisten Licht abbekommt. Technisch anspruchsvoller ist es, wenn man Bewegungen als Mittel verwendet, Gestaltungsebenen voneinander zu trennen. Wird z. B. ein Sportler mit der Kamera verfolgt und dabei scharf erwischt, können Vorder- und Hintergrund durch die Bewegung der Kamera verwischt werden.

Psychologie und Wahrnehmung

Zwei weitere Gestaltungselemente aus der Profifotografie bedienen sich der Wahrnehmungspsychologie des Menschen: Dinge, die weiter entfernt sind, zeigen weniger Details. Bei einem Brot in Großaufnahme kann man die Teigstruktur noch gut erkennen, liegt das Brot jedoch ein paar Meter entfernt, sieht man auf dem Foto zwar weiterhin ein Brot, kann aber die Strukturen nur noch erahnen. Diese Tatsache ist dem Betrachter nicht direkt bewusst, er weiß dennoch, dass die nicht erkennbare Struktur bedeutet, dass das Brot weiter vom Fotografen entfernt platziert ist.

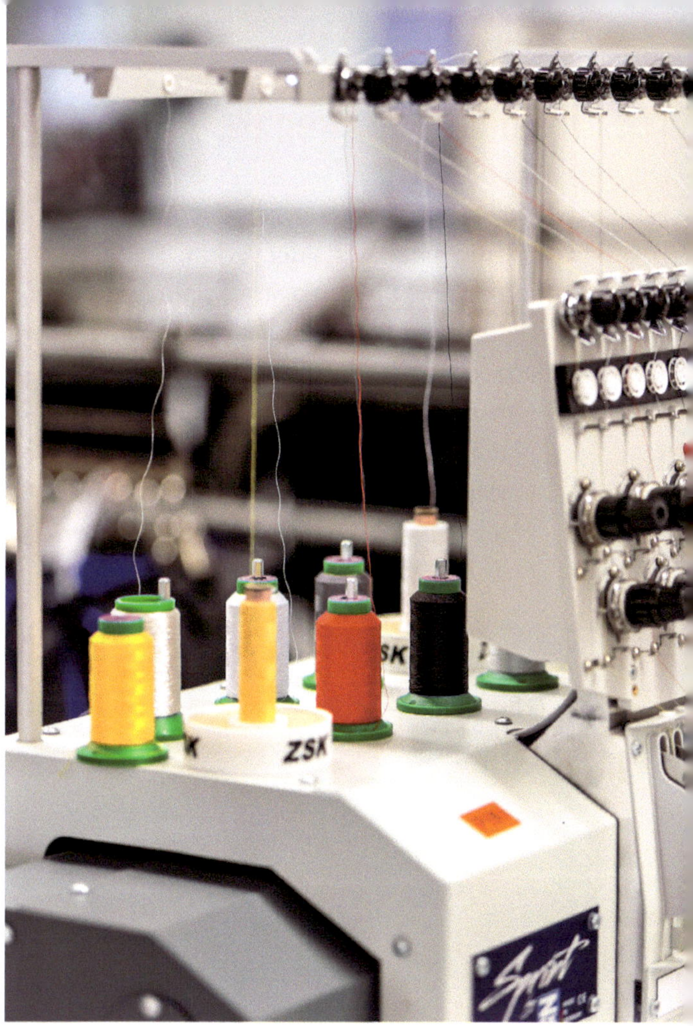

▲ *Je weiter entfernt etwas ist, desto weniger kann man Strukturen erkennen. Auch das ist ein Mittel, um räumliche Tiefe zu erzeugen.*

Der zweite Tipp ist etwas für Landschaftsfotografen: Motivteile werden mit zunehmender Entfernung immer blassblauer. Man spricht von der Luftperspektive, denn die zwischen Kamera und Motiv liegenden Luftmassen färben entfernte Landschaftsteile blau ein. Je mehr Luft zwischen Fotograf und Motiv liegt, desto blauer wird das Motiv. Auch diesen Effekt nimmt man eher unbewusst wahr, interpretiert ihn aber intuitiv.

Brennweite und Wirkung

Zwei wichtige technische Merkmale charakterisieren ein Objektiv für die digitale Fotografie: die Brennweite und die Lichtstärke. Die Brennweite beschreibt den Abstand zwischen dem Mittelpunkt der Linse und dem Sensor. Abhängig von der Brennweite ist der Größenfaktor des durch das Objektiv einfallenden Bilds auf den Sensor.

Was heißt hier Brennweite?

Die Brennweite eines Objektivs wird in Millimetern gemessen. Je größer die Millimeterangabe ist, umso näher erscheint ein anvisiertes Motiv auf dem späteren Foto.

Mit einer langen Brennweite bilden Sie einen relativ kleinen Motivausschnitt groß ab. Mit einer kurzen Brennweite bilden Sie einen großen Motivausschnitt relativ klein ab.

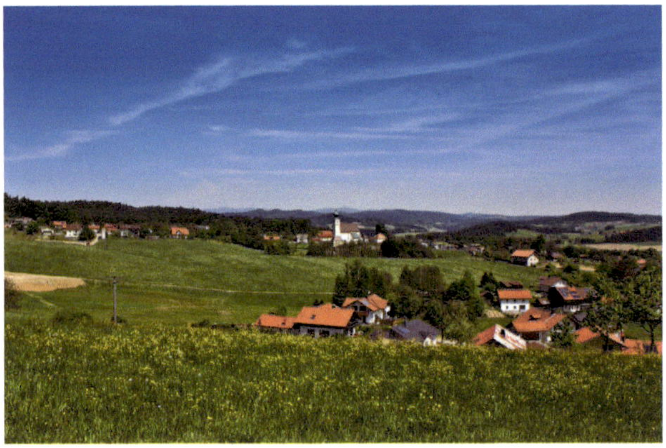

▲ *Brennweite 18 mm*

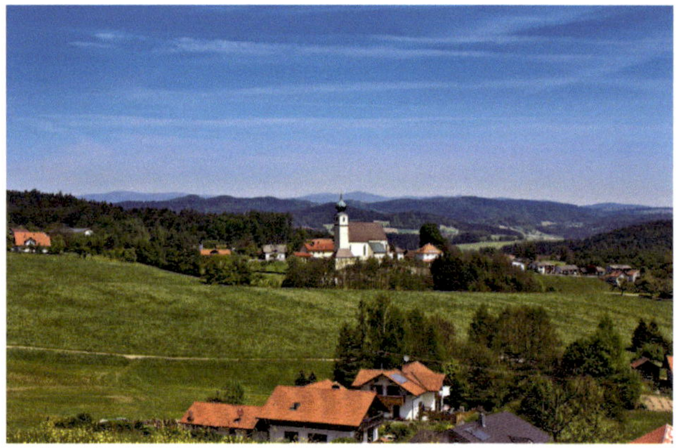

▲ *Brennweite 35 mm*

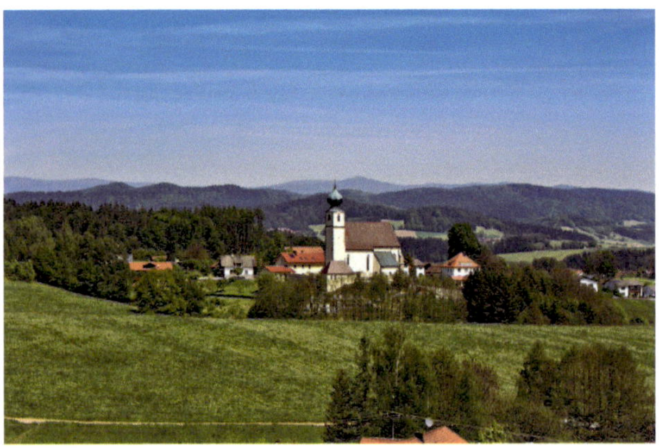

▲ *Brennweite 55 mm*

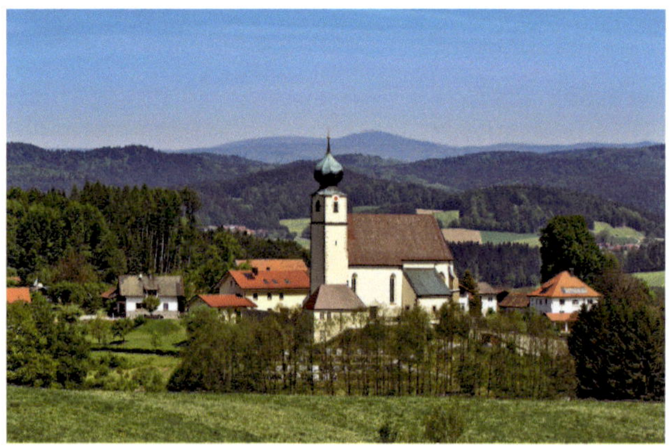

▲ *Brennweite 100 mm*

- **Standardobjektiv** = mittlere Brennweite und mittlerer Blickwinkel
- **Teleobjektiv** = lange Brennweite und kleiner Blickwinkel
- **Weitwinkelobjektiv** = kurze Brennweite und großer Blickwinkel

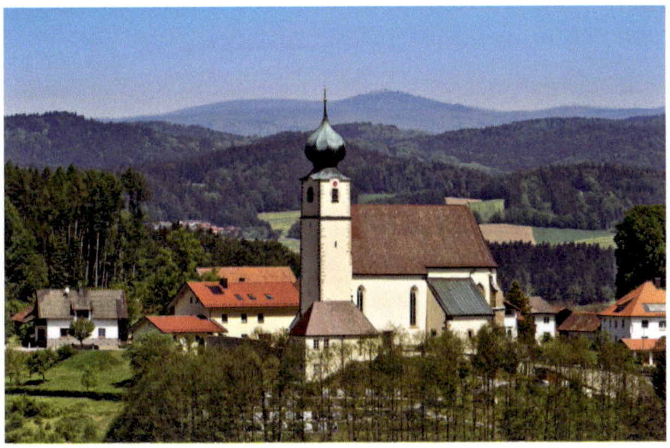

▲ *Brennweite 135 mm*

Brennweiten von 17 bis 400 mm

Das folgende Motiv wurde mit Brennweiten zwischen 18 und 400 mm aufgenommen. Es wurde mit Blenden zwischen f/8 und f/5.6 sowie mit Belichtungszeiten von 1/1250 bis 1/250 Sekunde gearbeitet. Der Ausgleich der Belichtungswerte war nötig, weil die maximale Objektivbrennweite (200 mm) mit einem Extender (2x) verlängert wurde. Extender, die die Brennweite verlängern, schlucken etwas Licht. Wie man auf den Abbildungen sieht, wird der Bildwinkel bei längeren Brennweiten kleiner, und die Perspektive verdichtet sich. Das heißt, hintereinanderliegende Motive rücken scheinbar enger zusammen.

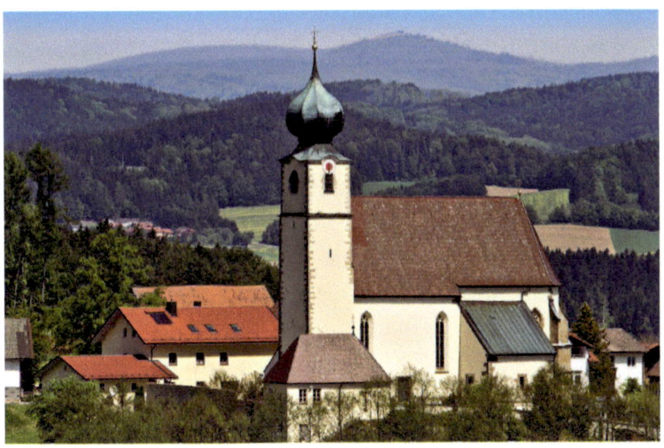

▲ *Brennweite 200 mm*

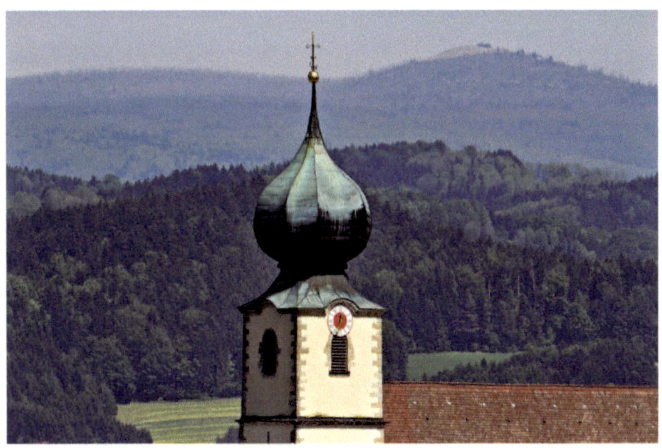

▲ *Brennweite 400 mm*

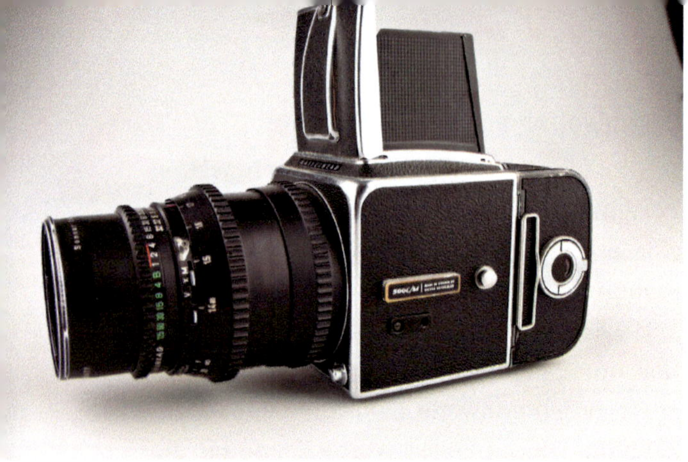

▲ *24 mm Brennweite im Studio*

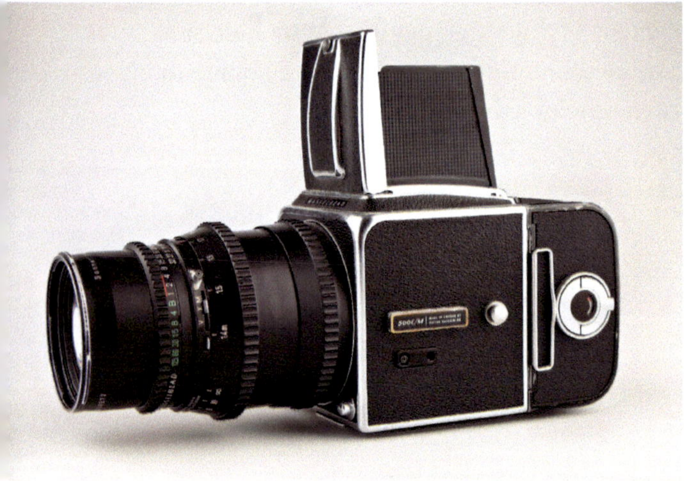

▲ *50 mm Brennweite im Studio*

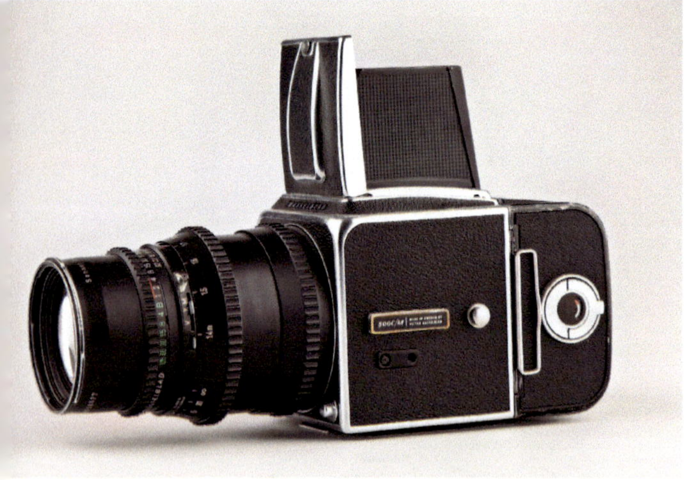

▲ *105 mm Brennweite im Studio*

Gestalten mit der Brennweite

Einsteiger in die Fotografie setzen den Begriff Brennweite intuitiv mit der Perspektive gleich. Ein Fehler, denn die Perspektive hängt ausschließlich vom Kamerastandpunkt ab. Die Brennweite ist einzig dazu da, den Motivausschnitt zu bestimmen. Wenn Sie mit einem Zoomobjektiv arbeiten und Ihr Motiv „heranholen“, indem Sie die Brennweite durch Drehen des Entfernungsrings verlängern, ändern Sie nicht die Perspektive. Gestalterisch unterscheidet sich eine Teleaufnahme natürlich von einer Weitwinkelaufnahme. Motivteile, die sich hintereinander befinden, wirken bei einer Teleaufnahme näher beieinander. Man spricht von einer Raffung der Motive.

Würden Sie die gleiche Aufnahme bei gleichem Motivabstand mit Weitwinkel machen und einen Bildausschnitt wählen, der dem Ausschnitt der Teleaufnahme entspricht, wäre der Effekt exakt der gleiche. Die Wirkung der Weitwinkelbrennweite erschließt sich erst dann, wenn Sie näher an das vordere Motiv herangehen und es ebenso groß im Sucher haben wie zuvor bei der Telebrennweite. In diesem Fall wirken Motive, die sich weiter hinten befinden, weiter entfernt und nicht so gerafft wie bei der Telebrennweite.

◀ *Hier sieht man die verschiedenen Wirkungen von Tele- und Weitwinkelbrennweite (24 mm, 50 mm, 105 mm). Das Hauptmotiv ist in jedem Bild in etwa gleich groß. Die Darstellung verändert sich jedoch mit zunehmender Brennweite drastisch. Mit 24 mm ist die Kamera ziemlich verzerrt, bei 50 mm sind die Dimensionen ausgewogen. Im letzten Bild, das mit 105 mm geschossen wurde, wirkt die Kamera am natürlichsten.*

Sichtweisen

In der Bildgestaltung kommt es fast immer auf die **Perspektive** an. Sie können die Perspektive sowohl horizontal als auch vertikal verändern. Bedenken Sie, dass Sie einem Betrachter Ihrer Fotos immer vermitteln, aus welcher Position Sie die Aufnahmen gemacht haben. Er sieht das Motiv genau wie Sie im Moment des Auslösens. Der bewusste Einsatz von Perspektiven erlaubt dem Betrachter, etwas eigentlich Bekanntes plötzlich aus einer ungewöhnlichen Sicht zu erleben und so einen neuen Blickwinkel auf das Motiv und die Welt zu gewinnen. Und darum geht es schließlich im Leben eines Fotografen.

Froschperspektive

Bei Schnappschüssen – in den meisten Fällen steht oder sitzt man – macht man sich in der Regel keine Gedanken darüber, wie ein Motiv aus einer anderen Perspektive wirken könnte. Wenn Sie in Bezug zu Ihrem Motiv einen besonders tiefen Blickpunkt einnehmen, die Perspektive also vertikal nach unten variieren, spricht man von der Froschperspektive. Alles, was Sie fotografieren, wirkt dann viel größer. Je kleiner die gewählte Brennweite ist und je näher Sie sich am Motiv befinden, desto stärker wirkt der Effekt.

▼ *Nahaufnahmen bringen die Strukturen von winzigen Dingen auf ungewöhnliche Art zum Vorschein, wodurch kleine Motive, die man auf diese Weise sonst nicht sieht, viel eindringlicher werden.*

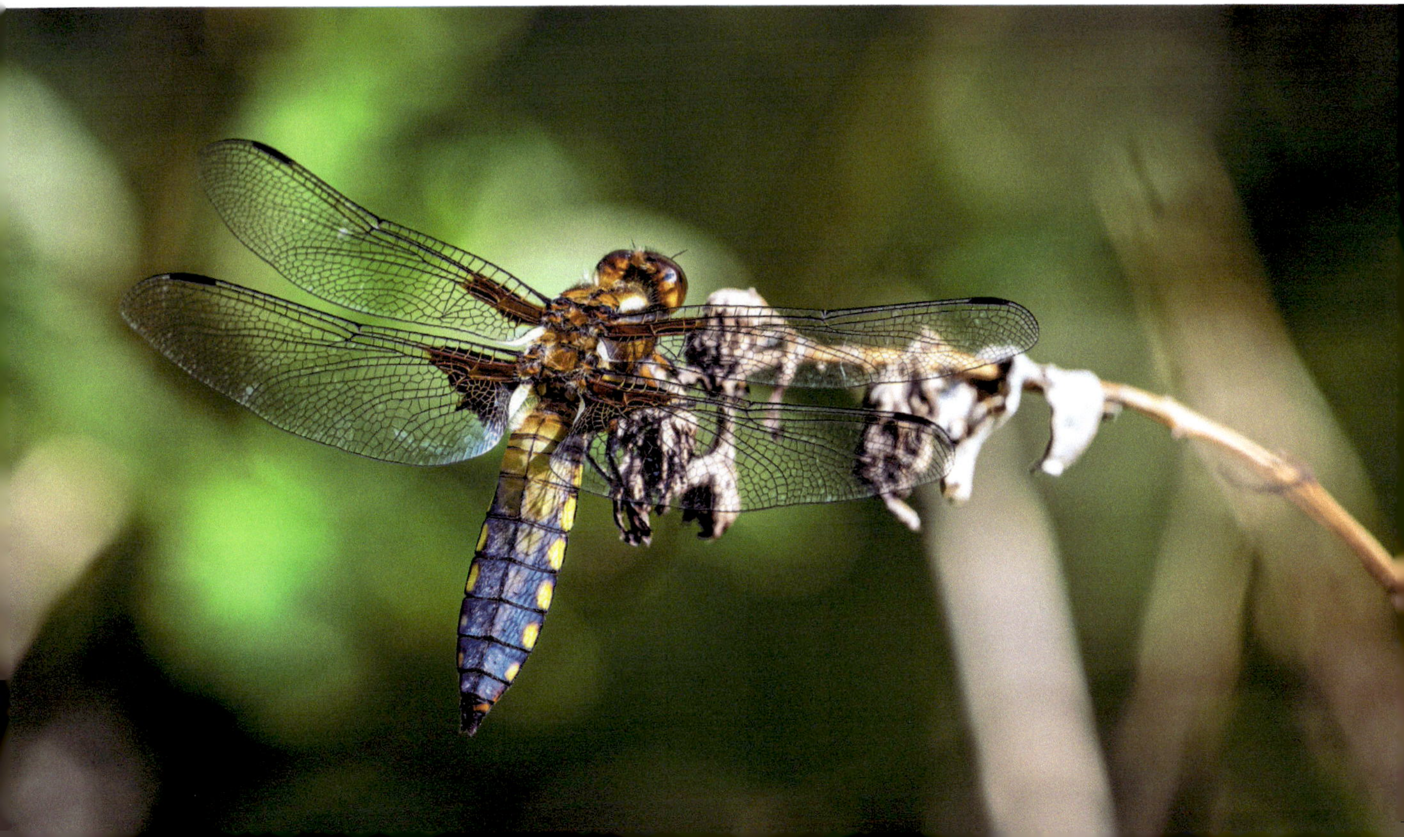

Besonders interessant ist die **Froschperspektive** immer dann, wenn Sie Objekte ablichten, von denen der Betrachter weiß, dass sie eigentlich sehr klein sind. Eine Blume oder ein Pilz von schräg unten – mit ausklappbarem Kameradisplay zur Bildkontrolle kein Problem –, Kinder oder kleine Haustiere sind tolle Motive für die Froschperspektive. Durch den ungewöhnlichen Blickwinkel erregen Sie beim Betrachter mit Sicherheit Aufmerksamkeit.

Aber nicht immer ist die Froschperspektive eine Frage der bewussten gestalterischen Entscheidung. Fotografieren Sie z. B. in der Häuserschlucht einer Großstadt Wolkenkratzer, bleibt Ihnen oft keine andere Perspektive übrig. Meist ist nicht genügend Platz, Hochhäuser aus der Entfernung aufzunehmen. Das kann einerseits reizvoll sein, um die Größe der Gebäude zu verdeutlichen, andererseits führt diese Art der Perspektive unweigerlich zur schrägen Darstellung eigentlich senkrecht in den Himmel ragender Gebäude – eine extreme Form der stürzenden Linien, die sich mithilfe der Bildbearbeitung nur in gewissen Grenzen korrigieren lässt.

Vogelperspektive

Fotografieren Sie im Gegensatz zur Froschperspektive aus der **Vogelperspektive**, wirken Menschen und Objekte klein, zuweilen zerbrechlich. Besonders deutlich empfindet man den Reiz der Vogelperspektive, wenn man größere Objekte, wie Gebäude und Landschaften, von oben aufnimmt – übrigens eine tolle Möglichkeit, sein Urlaubsalbum aufzuwerten. Besuchen Sie beispielsweise eine Großstadt per Flugzeug, dann schießen Sie erst ein paar Fotos der Stadt von oben und

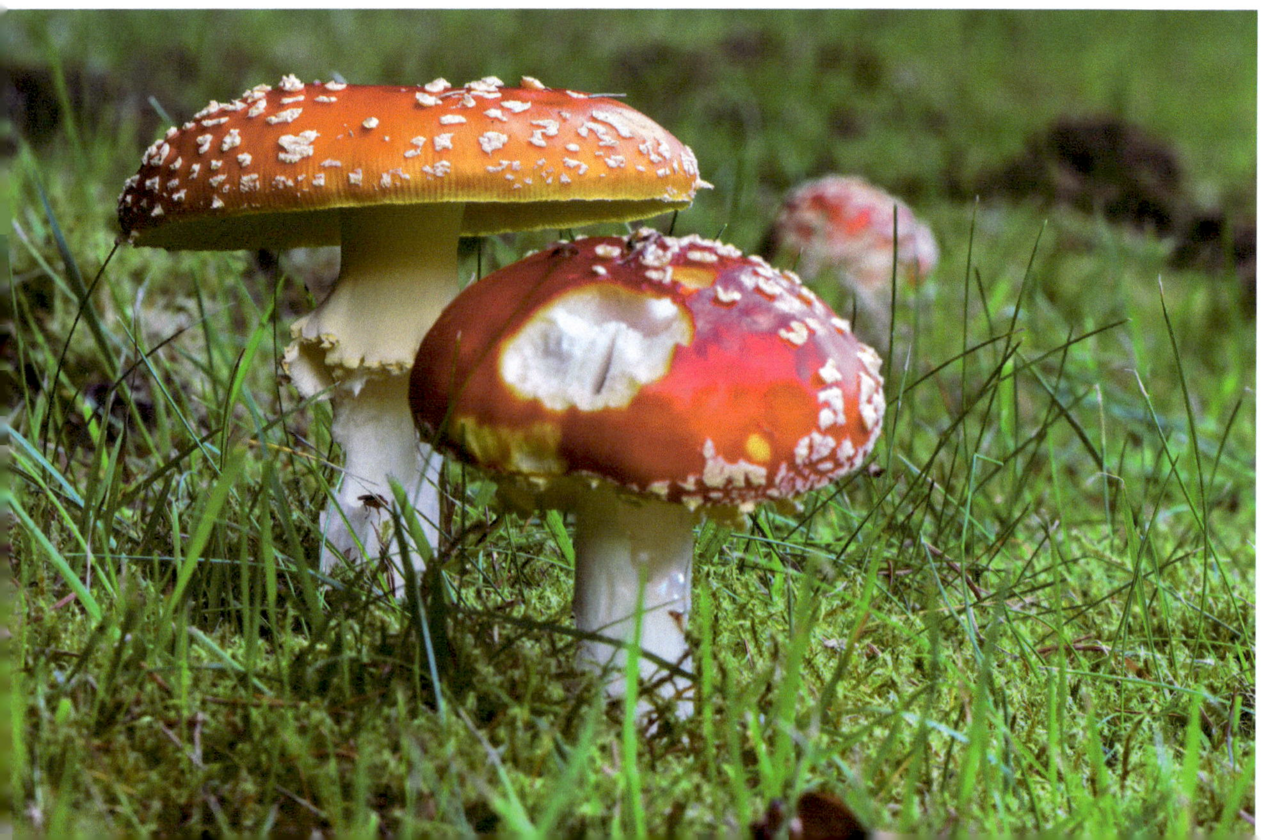

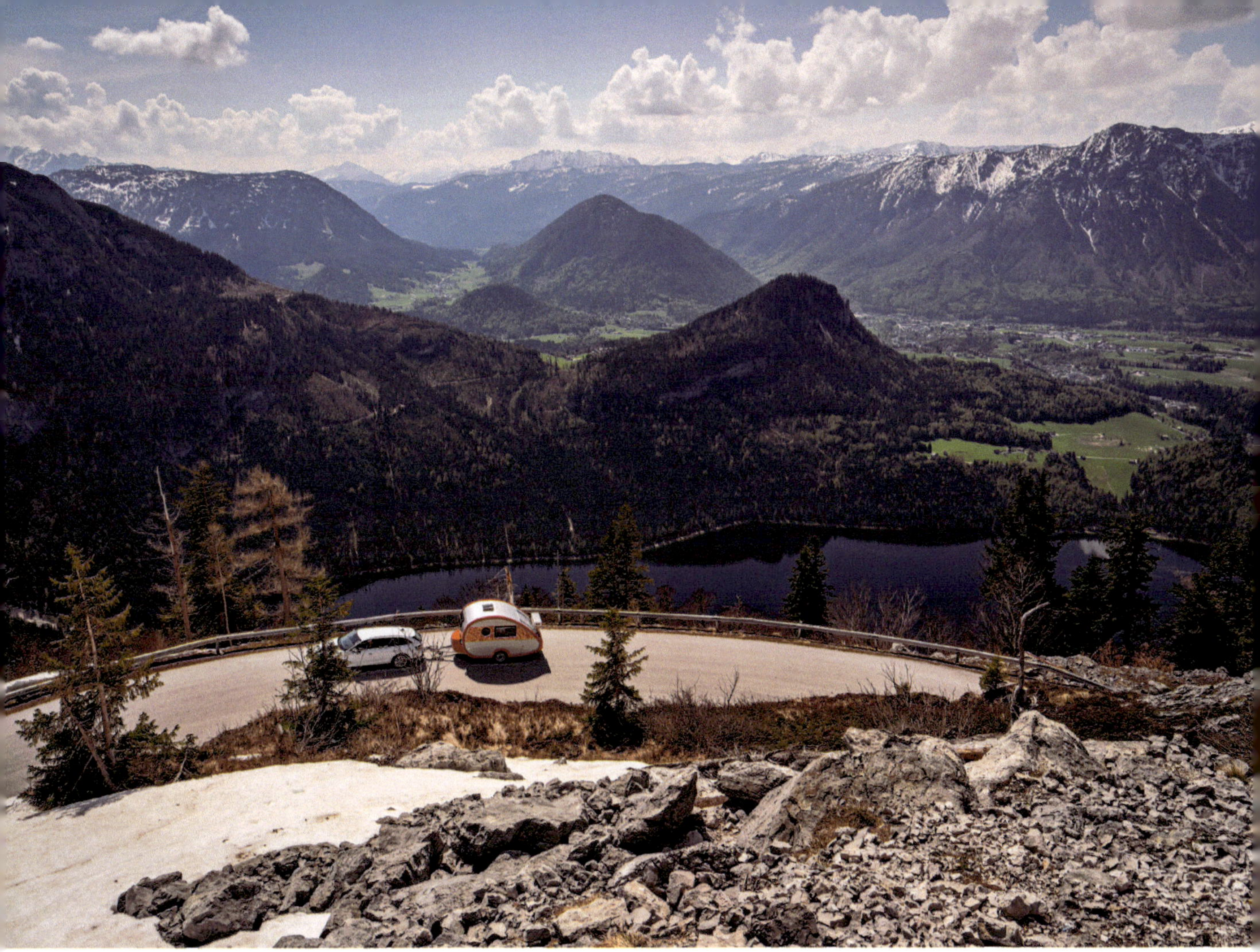

▲ *Wenn man im Gebirge unterwegs ist, bietet sich die Vogelperspektive zwangsläufig an. Aber auch bei weniger offensichtlichen Motiven sollte man immer mal darüber nachdenken, wie sie aus einer erhöhten Perspektive wirken könnten.*

◀ *Extreme Perspektiven lassen sich gut mit Kameras realisieren, die ein klappbares Display haben. Dann kann man das Motiv von oben kontrollieren und muss nicht zu sehr in die Knie gehen oder sich auf die Erde legen.*

Motive umrunden

Um sich die Wirkung unterschiedlicher Positionen eines Objekts im Bild zu vergegenwärtigen, machen Sie einmal ein paar Versuche mit einem einfachen Motiv, das Sie mit Ihrer Kamera umrunden können. Es ist egal, ob es sich dabei um eine Gartenbank, einen Baum oder ein Fahrrad handelt, Hauptsache, Sie können es aus verschiedenen Blickwinkeln fotografieren. Machen Sie eine Fotoreihe aus 10 bis 20 Bildern und vergleichen Sie diese am besten am Computerbildschirm. Sie werden schnell erkennen, dass das Hauptmotiv völlig anders wirkt, je nachdem, aus welcher Perspektive und Richtung Sie fotografiert haben.

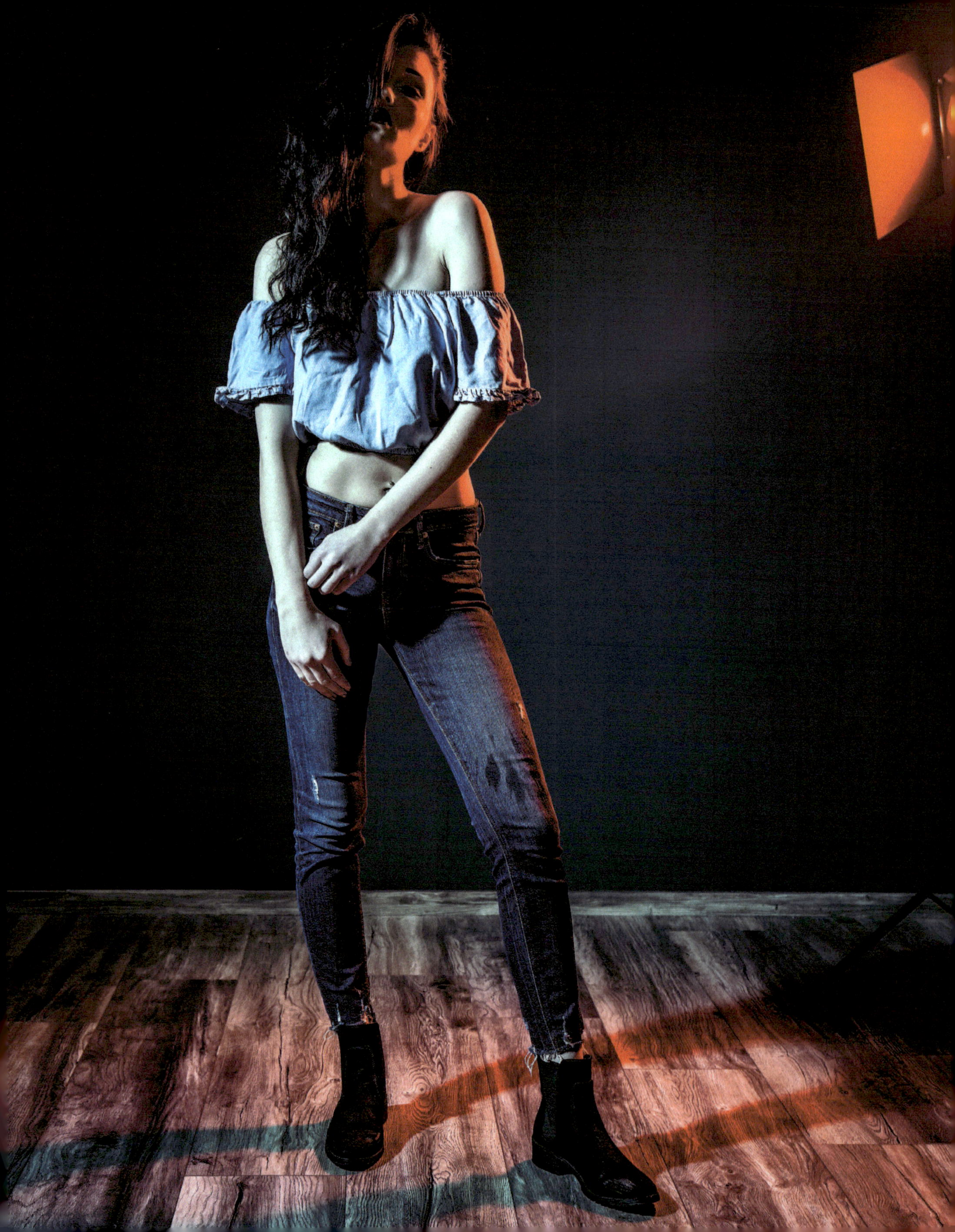

stellen diese Aufnahmen im Album denen gegenüber, die in den Straßen aus der Froschperspektive entstanden sind. Auch hohe Gebäude, Türme und Brücken, Berge und Hügel sind hervorragende Standorte für einen Blick aus der Vogelperspektive. Hier kommt es darauf an, ein Motiv, das die Entfernung und den eigenen Standpunkt verdeutlicht, in den Bildaufbau einzubeziehen.

Auf Augenhöhe

Die **Augenhöhe** ist immer dann interessant, wenn man Motive vor der Kamera hat, mit denen man sonst nicht auf Augenhöhe ist. Kleine Kinder, Haustiere, die Freiheitsstatue – im Ernst: Die Augenhöhe erzeugt beim Betrachter des Bilds eine gewisse Vertrautheit. Man nimmt als Fotograf die Perspektive des kleineren oder größeren Motivs ein und stellt auf diese Weise eine Verbindung her, die auch auf den Betrachter wirkt.

Bauchnabelperspektive

Blättern Sie einmal durch einen beliebigen Modekatalog oder durch ein Modemagazin und achten Sie darauf, aus welcher Höhe die Models fotografiert wurden. Vermutlich werden Sie feststellen, dass die allermeisten Standardmodefotos aus der **Bauchnabelperspektive** aufgenommen wurden. Der Fotograf hält die Kamera auf Höhe des Bauchnabels und arbeitet mit einer Brennweite von ca. 85 mm (analog zum Kleinbildformat). Brennweite und Perspektive erzielen den Effekt, dass der Körper unmerklich gestreckt wird und die Proportionen anmutiger wirken als bei anderen Perspektiven. Man könnte sagen, die Darstellung verschönert die sowieso schon zurechtgemachten Models noch weiter – für Betrachter aus dem westlichen Kulturkreis.

Farben einbeziehen

Dass die Fotografie farbig ist, ist heute natürlich selbstverständlich. Wenngleich es eine große Anzahl an Fotografen und Fotobegeisterten gibt, die Schwarz-Weiß-Aufnahmen lieben, sind die allermeisten Aufnahmen in Farbe. Und da man mit Farben ebenso gestalten kann wie mit Formen, sollten Sie sich die Wirkung von Farben und deren Möglichkeiten immer bewusst machen. Ein großer Schritt zur perfekten Fotografie ist die Einbeziehung von **Farben** in die Bildkomposition. Es erfordert sehr viel Erfahrung und Zeit für das Fotografieren, Farben bewusst zu erkennen und zu arrangieren. Allerdings gibt es einige Grundregeln, die man auch als Amateurfotograf schnell verinnerlicht hat.

◀ *Modefotos und Ganzkörperporträts werden häufig aus der Höhe des Bauchnabels geschossen. Dadurch werden die Größenverhältnisse zwischen Oberkörper und Beinen sehr natürlich gezeigt.*

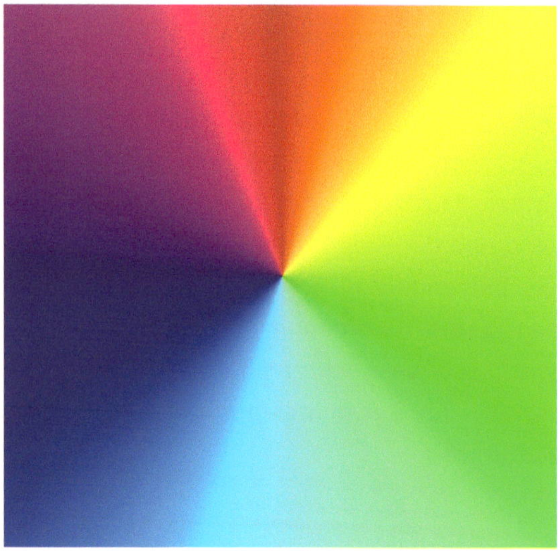

▲ *Auf einem Farbfächer oder im Farbkreis nebeneinanderliegende Farben erzeugen in einem Bild Ruhe. Weit entfernte bzw. gegen-überliegende Farben sorgen für Spannung.*

Spannung durch Farbkontraste

Es gibt einige Farbkombinationen, die ganz besonders eindringlich und kontrastreich wirken und Spannung in ein Foto bringen. Das sind vor allem die Kombinationen aus Gelb und Blau, Grün und Magenta (Pink), Rot und Cyan (Hellblau) sowie Rot und Grün. Motive und Bilder mit diesen Farbkombinationen bleiben in Erinnerung. Ein echter Klassiker in unserem Kulturkreis ist das gelbe Rapsfeld vor strahlend blauem Himmel. Je gesättigter die Farben sind, desto deutlicher werden **Farbkontraste** wahrgenommen. Verwaschene, fast graue Farben wirken eher subtil.

▼ *Blau-Gelb-Kontraste sind ebenso wie Rot-Grün-Kontraste (denken Sie nur mal an Weihnachten) klassische Farbkompositionen, um Motive interessant zu machen.*

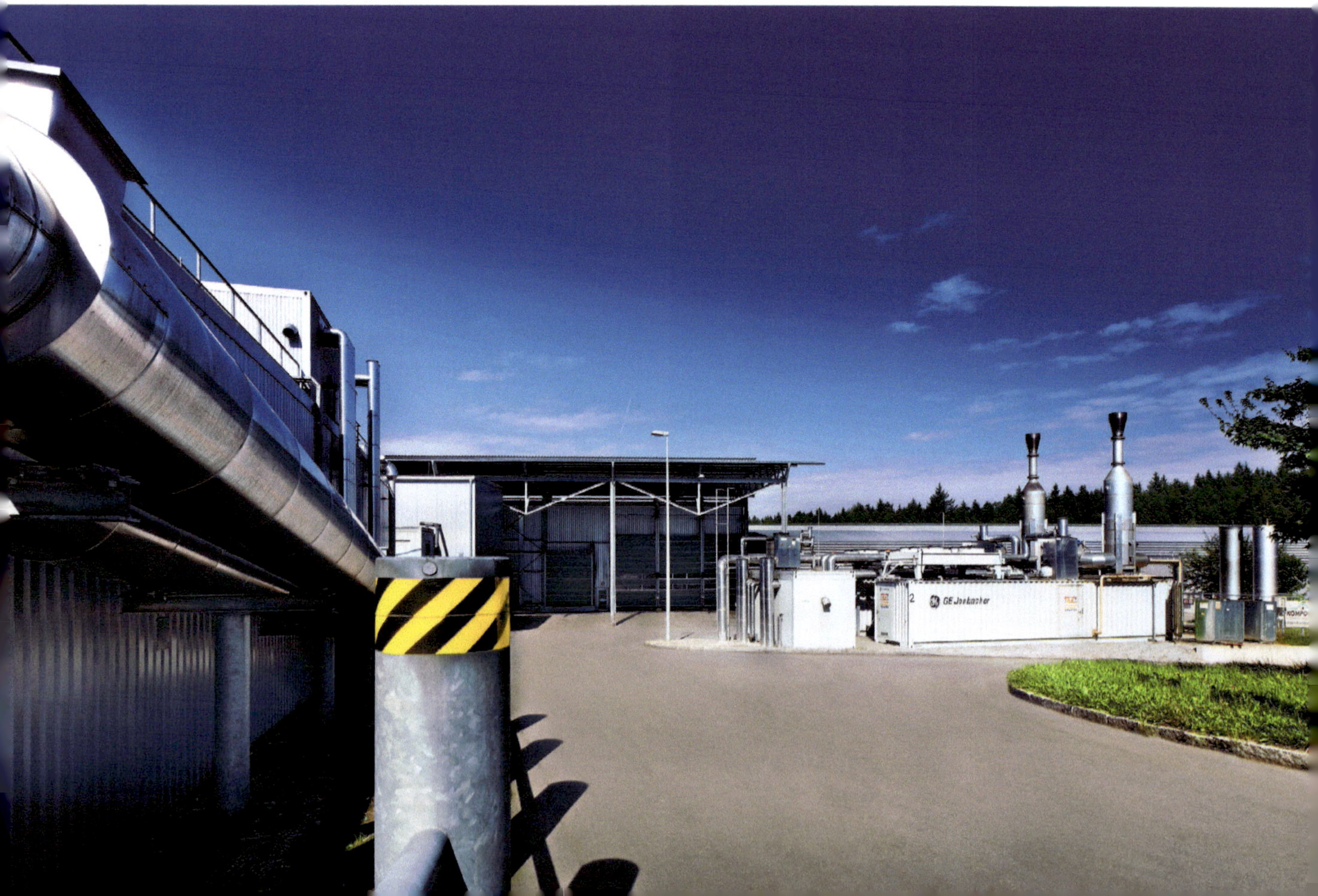

Farben verstärken mit Polfilter

Wenn Sie draußen unterwegs und auf der Suche nach Farbkontrasten in der Landschaftsfotografie sind, sollten Sie immer einen Polfilter dabeihaben. Dieser Filter verstärkt Farben je nach Stand der Sonne ganz enorm. Die Sättigung wird erhöht, sodass blauer Himmel oder grüne Wiesen deutlich knackiger wirken als ohne den Filter. Polfilter gibt es wie andere Filter auch in verschiedenen Durchmessern für jeden erdenklichen Objektivdurchmesser. Viele Profis verwenden Steckfiltersysteme, bei denen vor die Linse des Objektivs ein Haltesystem geschraubt wird, in das rechteckige Filter geschoben werden. Sehr professionell und variabel, aber auch sehr teuer.

Ähnliche Farben beruhigen

Wollen Sie dagegen Ruhe oder vielleicht sogar Monotonie ausdrücken, wählen Sie für Ihre Bildkompositionen eher Farben aus, die sich nicht allzu sehr voneinander unterscheiden und auf dem Farbkreis nah beieinanderliegen. Ein Bild, das lediglich aus roten, orangefarbenen und gelben Farbtönen besteht, wirkt beruhigend auf den Betrachter. Melancholische Landschaften oder sanft ausgeleuchtete Stillleben setzen sich oft aus zarten Pastellfarben zusammen, um eine ruhige Stimmung zu transportieren.

Rote Farbtupfer ziehen an

Von allen Farben ist Rot am aufdringlichsten. Wenn einem Motiv ein echter Blickfang fehlt, kann ein roter Farbtupfer wahre Wunder bewirken. Ein knallrotes Auto in einer eintönigen Landschaft, eine rote Blume im Knopfloch eines dunkel gekleideten Mannes oder das Halsband einer Katze – Rot zieht die Blicke magisch an.

Mit Licht gestalten

Das Wort Fotografie kommt aus dem Griechischen und bedeutet „Malen mit Licht". Aber anders als ein Maler mit Pinsel und Leinwand hat der Fotograf oft nur einen kurzen Augenblick, in dem Motiv und Beleuchtung optimal passen. Die Kunst des Fotografierens besteht zum großen Teil darin, Lichtstimmungen zu erkennen, sie in die Bildgestaltung einzubeziehen und die Lichtverhältnisse ästhetisch ansprechend und technisch korrekt festzuhalten. Das feurige Licht eines atemberaubenden Sonnenuntergangs, die festliche Beleuchtung eines Weihnachtsmarkts oder das Glitzern der Sonne im Wasser eines Springbrunnens zur Mittagszeit bieten außergewöhnliche Lichtimpressionen.

Besondere Lichtsituationen

Fotografisch interessante Lichtsituationen zu erkennen, hängt zum großen Teil von Erfahrung ab. Je länger Sie fotografieren, desto mehr Motive werden Sie finden – und zwar

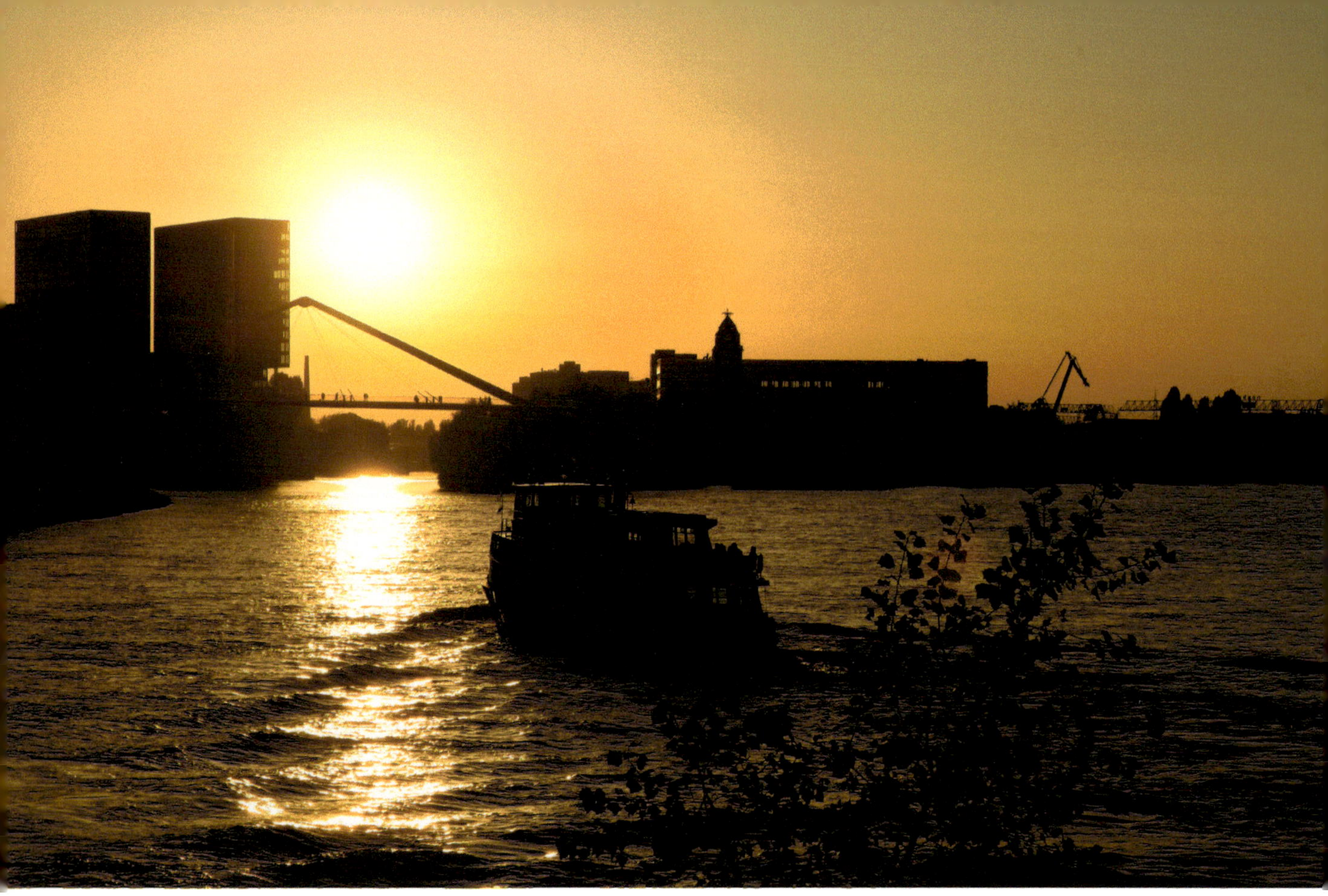

▲ *Schwierige Gegenlichtsituationen sollte man immer mit mehreren unterschiedlichen Belichtungseinstellungen fotografieren, um wenigstens eine Aufnahme zu bekommen, die die Stimmung des Augenblicks gut wiedergibt.*

von ganz allein. Denn immer wenn Sie mit der Kamera unterwegs sind, schulen Sie ganz automatisch Ihren Blick für außergewöhnliche Bilder. Neben der Erfahrung beim Erkennen von Motiv und Lichtstimmung brauchen Sie aber darüber hinaus das technische Wissen, um diese Augenblicke mit der Kamera optimal einzufangen.

Bei besonders interessanten Lichtstimmungen ist es meistens ein wenig komplizierter, die Belichtung korrekt hinzubekommen. Je nach Motiv kann manchmal eine leichte Über- oder Unterbelichtung nötig sein, um bildwichtige Bereiche besser herauszustellen. So ist das Fotografieren eines Sonnenuntergangs relativ knifflig, weil sich die von der Kamera vorgeschlagenen Belichtungswerte mit der kleinsten Bewegung in Richtung Sonne sofort verändern. Im Zweifel machen Sie ein paar Testaufnahmen, kontrollieren sie auf dem Display und stellen dann die richtigen Belichtungswerte für Blende und Belichtungszeit sowie die ISO-Empfindlichkeit manuell ein.

> **Präzise Belichtungsmessung**
>
> Bei den meisten Kameras können Sie unter verschiedenen Messmethoden auswählen. Die Bezeichnungen sind je nach Kameramodell unterschiedlich und lauten etwa Mehrfeldmessung, Integralmessung und Spotmessung. Bietet Ihre Kamera die Spotmessung an, bei der nur ein sehr kleiner Motivbereich (5 bis 10 %) im Sucher für die Messung herangezogen wird, können Sie in schwierigen Lichtsituationen damit arbeiten und die Belichtungswerte noch exakter bestimmen. Wenn es darum geht, ein bestimmtes Detail unabhängig vom Rest der Szene richtig zu belichten, ist die Spotmessung die zuverlässigste Art der Belichtungsmessung.

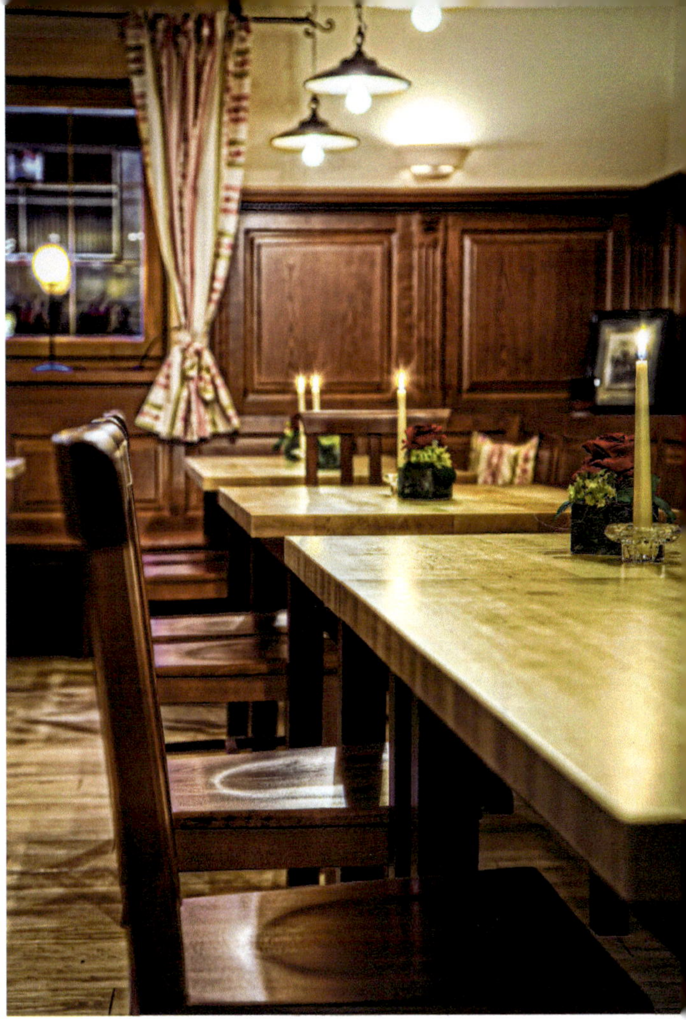

▲ *Rote, gelbe und orangefarbene Kompositionen vermitteln Wärme und Behaglichkeit.*

Einfacher ist es, wenn Ihre Kamera automatische Belichtungsreihen (engl. *Bracketing*) aufnehmen kann. Mit dieser Funktion erhalten Sie mehrere unterschiedlich belichtete Fotos desselben Motivs.

Belichtungswerte ermitteln

Verfügt Ihre Kamera nicht über die Möglichkeit der manuellen Einstellung, bewegen Sie sie vom Hauptmotiv zu einem Bereich mittlerer Helligkeit und drücken den Auslöser dort halb durch. Die ermittelten **Belichtungswerte** werden dadurch gespeichert. Danach schwenken Sie die Kamera mit halb durchgedrücktem Auslöser wieder zurück, um den gewünschten Bildausschnitt fotografieren zu können. Die Kamera einen Punkt mittlerer Helligkeit (Haut, eine Wiese etc.) anmessen zu lassen, ist ein probates Mittel, um die richtige Belichtung zu erzielen. Wenn Ihre Kamera eine spezielle Taste zur Belichtungsmesswertspeicherung besitzt, sollten Sie diese Funktion nutzen. Mit Druck auf die Speichertaste werden die Werte für Blende und Belichtungszeit ermittelt. Die Kamera merkt sich die Werte für einige Sekunden, und Sie können den Bildausschnitt und den Fokus neu festlegen.

eines Kamerablitzes ist jedoch für das spontane Fotografieren von Lichtimpressionen ohne Vorplanung und gezielte Steuerung des Lichtverlaufs nicht geeignet.

Lichtquelle und Lichtfarbe

Das Licht der Sonne beleuchtet, je nach Tageszeit und Wetter, die Welt in ganz unterschiedlichen Farben. Sonnenauf- und -untergänge tauchen die Umgebung in Rot und Orange. Das Tageslicht im Gebirge ist blau. An Regentagen und im Nebel sehen Farben aus, als wären sie mit einem Grauschleier überzogen. Auch Kunstlicht verursacht ganz unterschiedliche Farben von Grün (Gaslampen) bis Rot (Feuerschein), die Sie für stimmungsvolle Fotos nutzen können. Das frontale, helle Licht

Lichtrichtung und Standort

Sind Sie mit der Kamera draußen unterwegs, achten Sie genau darauf, wo sich die Sonne gerade befindet. Passen Sie dann Ihren Standort dem Motiv an – soweit das möglich ist. Je nachdem, aus welcher Richtung das Licht auf ein Motiv fällt, lassen sich völlig andere Eindrücke erzielen. Das gilt übrigens für jede Art der Fotografie, die mit Sonnenlicht arbeitet. Ob Makro- oder Landschaftsaufnahmen – die Richtung des Sonnenlichts ist in den meisten Fällen entscheidend.

▼▶ *Zwischen den beiden Aufnahmen lagen nur ein paar Minuten. Entscheidend für den Unterschied in der Lichtstimmung ist hier die Blickrichtung. Je nach Perspektive hat die untergehende Sonne eine andere Wirkung auf die Lichtfarben.*

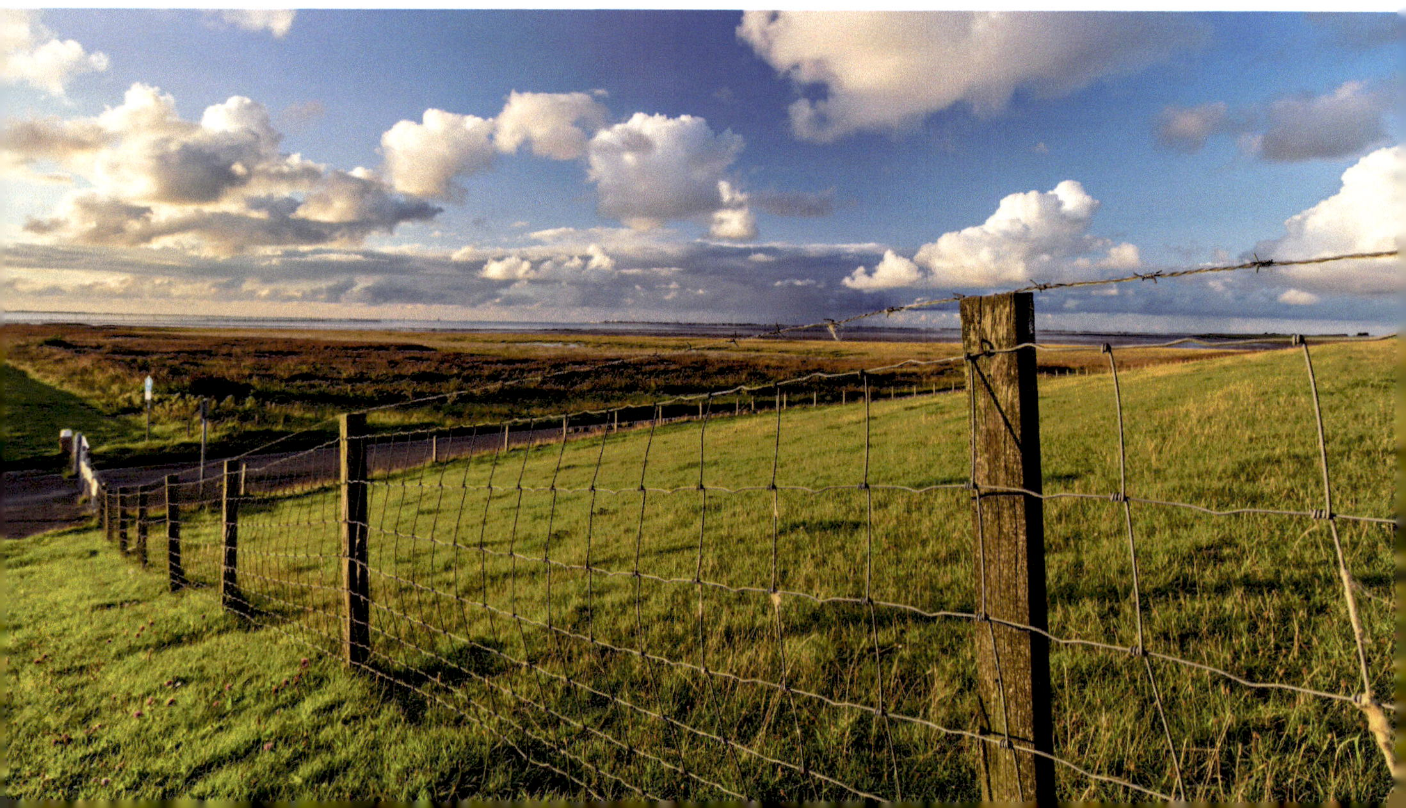

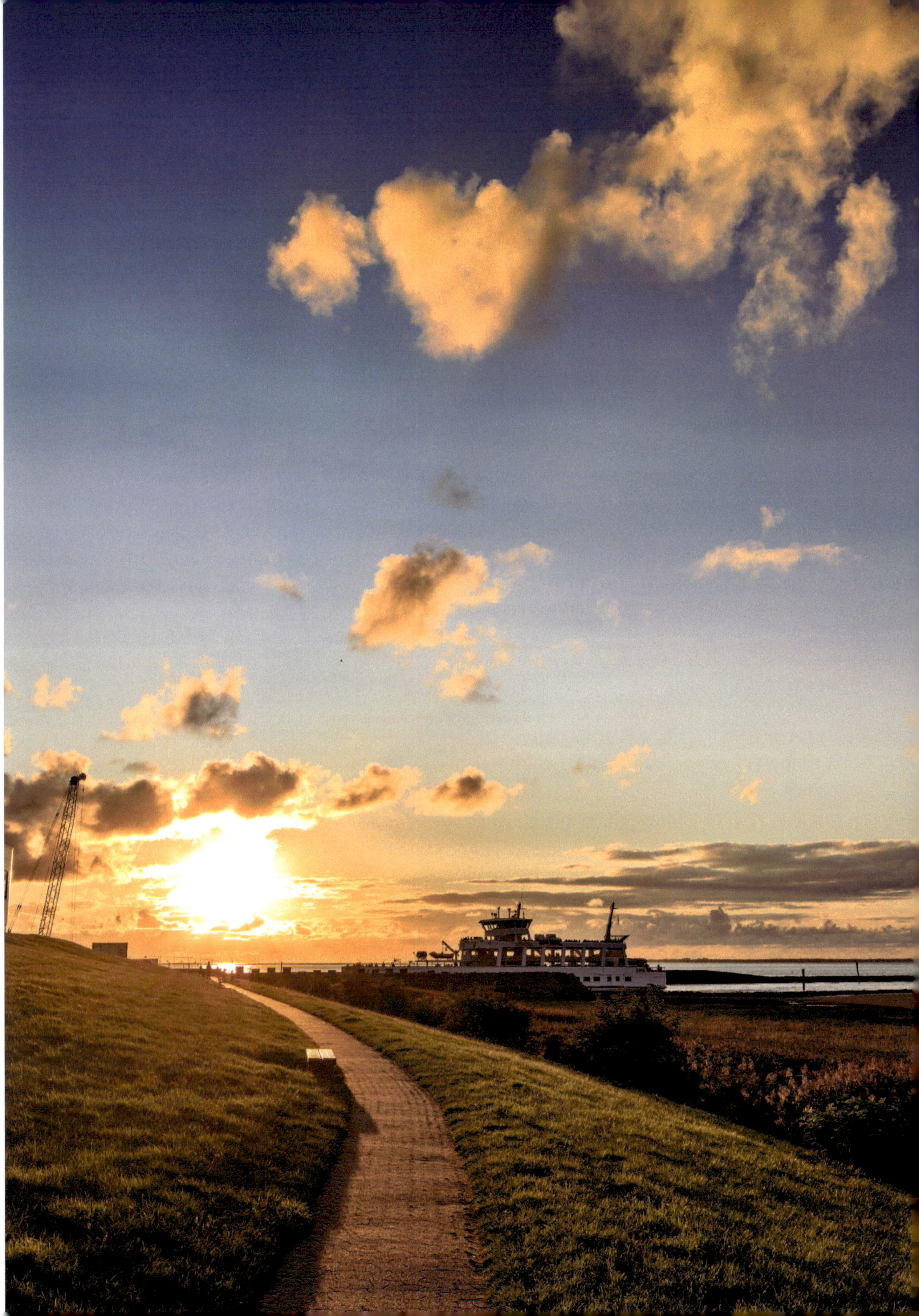

■ **Licht von schräg oben**: Das Licht von schräg oben entspricht der gewohnten Sichtweise des Menschen. Die Schatten fallen nach schräg unten. Konturen werden deutlicher herausgearbeitet, je tiefer das Licht steht. Wenn möglich, fotografieren Sie immer mit der Sonne im Rücken. Die Beleuchtung ist dann relativ ausgeglichen, und Sie haben keine Probleme mit sogenannten Blendenflecken. Scheint die Sonne mehr oder weniger direkt in das Objektiv der Kamera, entsteht auf den Fotos eine Reihe kreisrunder Blendenflecken in verschiedenen Größen und Farben.

Solche Flecken können bei Motiven, die etwa die Hitze eines Sommertags oder das gleißende Licht auf einem Gletscher thematisieren, reizvoll sein. Sie reduzieren aber punktuell die Farbsättigung und lassen sich mithilfe der Bildbearbeitung nur mit allerhöchstem Aufwand retuschieren, falls die Flecken über detailreichen Motiven liegen. Wenn es sich nicht vermeiden lässt, in Richtung der Sonne oder einer anderen starken Lichtquelle zu fotografieren, lassen sich Blendenflecken durch den Einsatz einer Gegenlichtblende minimieren. Alternativ schatten Sie das Objektiv so gut es geht mit der Hand oder einem schwarzen Karton ab.

■ **Licht des frühen Morgens**: Für stimmungsvolle Landschafts-, Natur- und Architekturfotos ist das Licht des frühen Morgens und des späten Nachmittags ideal. Seitlich einfallendes Sonnenlicht arbeitet die Strukturen durch kontrastreiche Licht-Schatten-Übergänge deutlich heraus. Das rötliche Licht des beginnenden und des endenden Tags taucht die Motive in warme Farben.

■ **Licht von der Seite**: Licht von der Seite ist für die Darstellung von Konturen optimal und verleiht jedem Motiv von der Münze bis zur Waldlandschaft optische Tiefe. Dies ist einer der Gründe dafür, dass Landschaftsfotografen gern früh morgens oder am späten Nachmittag arbeiten, wenn die Sonne sehr tief steht. Andere Motive als Landschaften, die mit seitlichem Licht angestrahlt werden, sind jedoch oft etwas schwierig zu belichten, da die beleuchtete Motivseite je nach Intensität der Lichtquelle extrem hell ist und die der Lichtquelle abgewandte Seite im Schatten liegt. Das kann den Sensor Ihrer Kamera überfordern, weil er nicht in der Lage ist, das vorherrschende Helligkeitsspektrum zu erfassen. Sie müssen sich entscheiden, ob Sie lieber die hellen oder die dunklen Bereiche korrekt belichtet haben möchten, und die Kamera zur Belichtungsmessung auf den entsprechenden Motivteil richten. Eine Möglichkeit bei Porträts oder anderen Motiven in der Nähe besteht darin, die im Schatten liegende Seite mit einem Reflektor aufzuhellen. Dazu kann man z. B. eine Styroporplatte oder einen Spiegel verwenden, der das Hauptlicht in die Schatten hineinreflektiert.

■ **Licht von oben**: Bei Licht von oben – zum Beispiel an einem heißen Hochsommertag – wirken Licht und Schatten hart und kontrastreich. Landschaften sehen flach aus, weil die Schatten relativ klein sind. Beim Fotografieren von Personen im Freien ist das Mittagslicht ebenfalls problematisch, weil Gesichter extrem tiefe Schatten unter Augen, Nase und Kinn erhalten. Allerdings hat das Mittagslicht den Vorteil, dass es vom Betrachter intuitiv erkannt wird. Urlaubsfotos zur Mittagszeit in einem mediterranen Land vermitteln sehr gut die Hitze, das grelle Licht, also ganz allgemein die Stimmung eines heißen Urlaubstags.

Gegenlicht und Silhouetten

Eine echte Herausforderung für jeden Fotografen sind Gegenlichtaufnahmen, bei denen die Hauptlichtquelle ein Motiv von hinten anstrahlt. Dazu gehören z. B. Naturdetails wie Bäume oder Blüten, die vor der dahinterstehenden Sonne zu **Silhouetten** werden, oder Menschen in einem dunklen Torbogen, die man aus einem Innenraum heraus aufnimmt. Gelungene Gegenlichtmotive wirken besonders professionell und stimmungsvoll, sodass sich der Aufwand, sich mit den damit verbundenen Schwierigkeiten auseinanderzusetzen, auf jeden Fall lohnt.

Gegenlicht wirkt auf zweierlei Art gestalterisch: Zum einen lässt es massive, undurchsichtige Objekte als dunkle, scherenschnittartige Silhouetten erscheinen, zum anderen erzeugt es um halb transparente und durchscheinende Motive einen hellen Lichtsaum – ein interessanter Effekt. Zu Silhouettenbil-

▼ *An den Schatten erkennt man immer, woher das Licht bzw. Sonnenlicht kommt. Hier bildet die Sonne von schräg vorn die Lichtquelle – eine klassische Lichtsetzung auch in der Studiofotografie.*

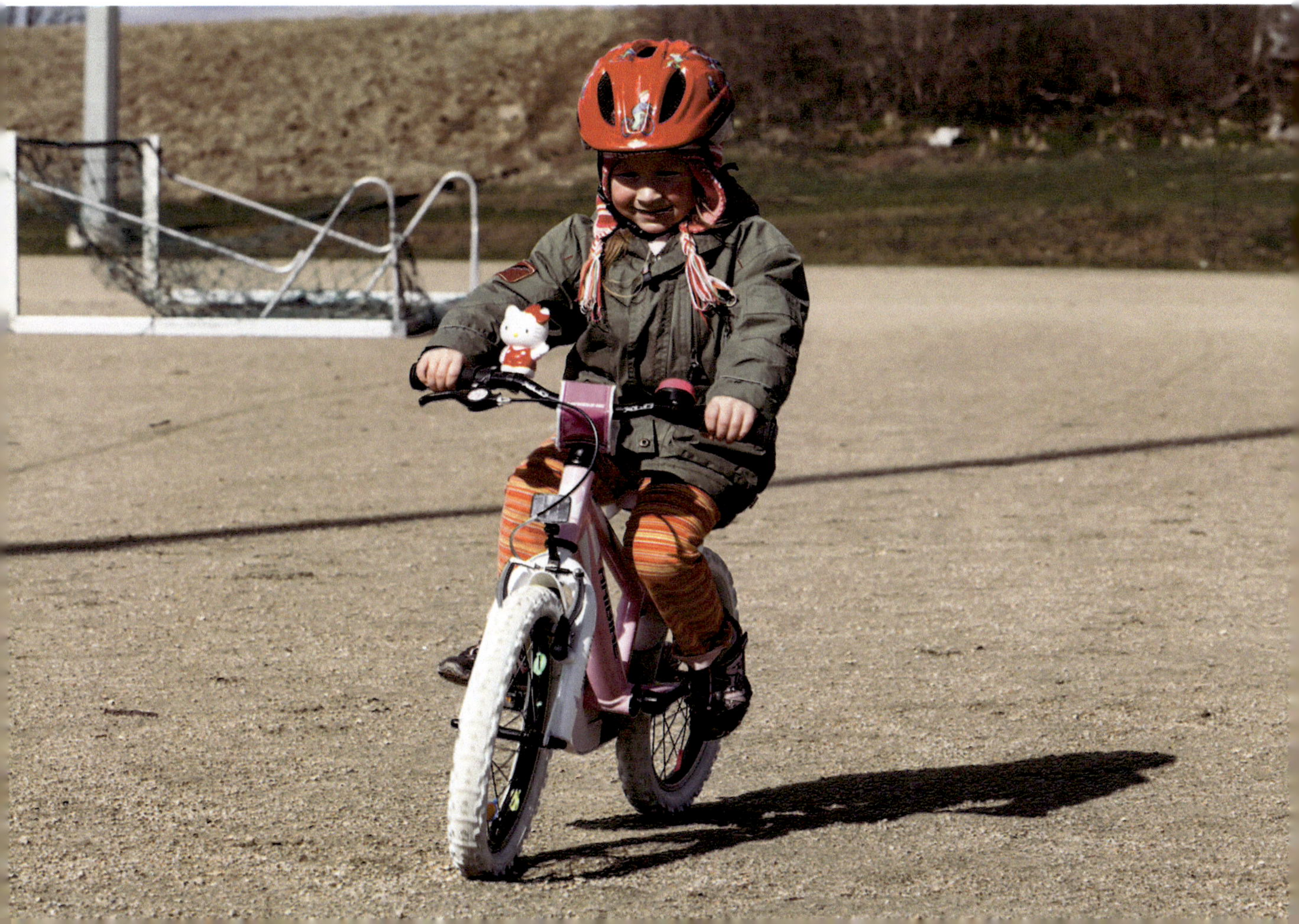

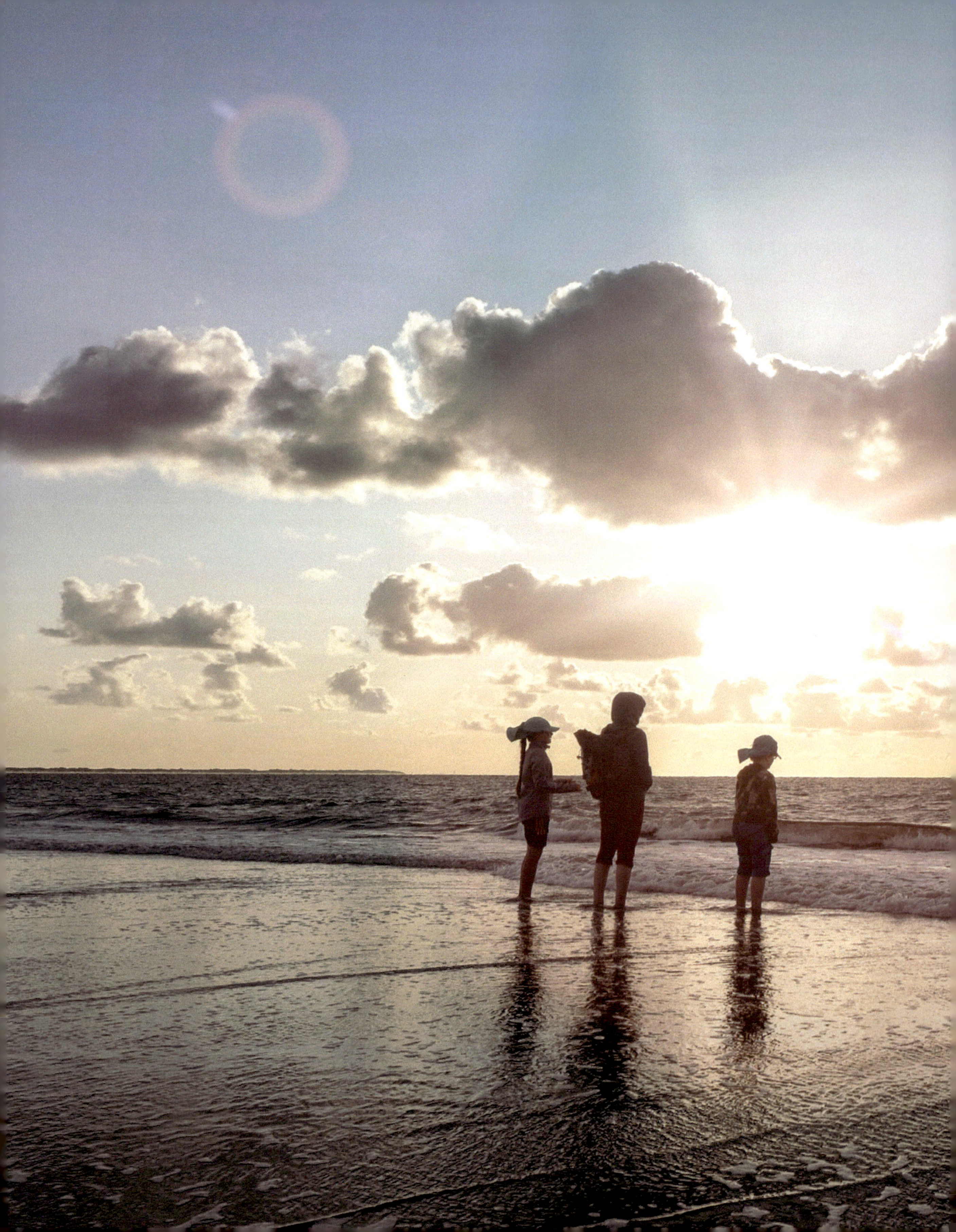

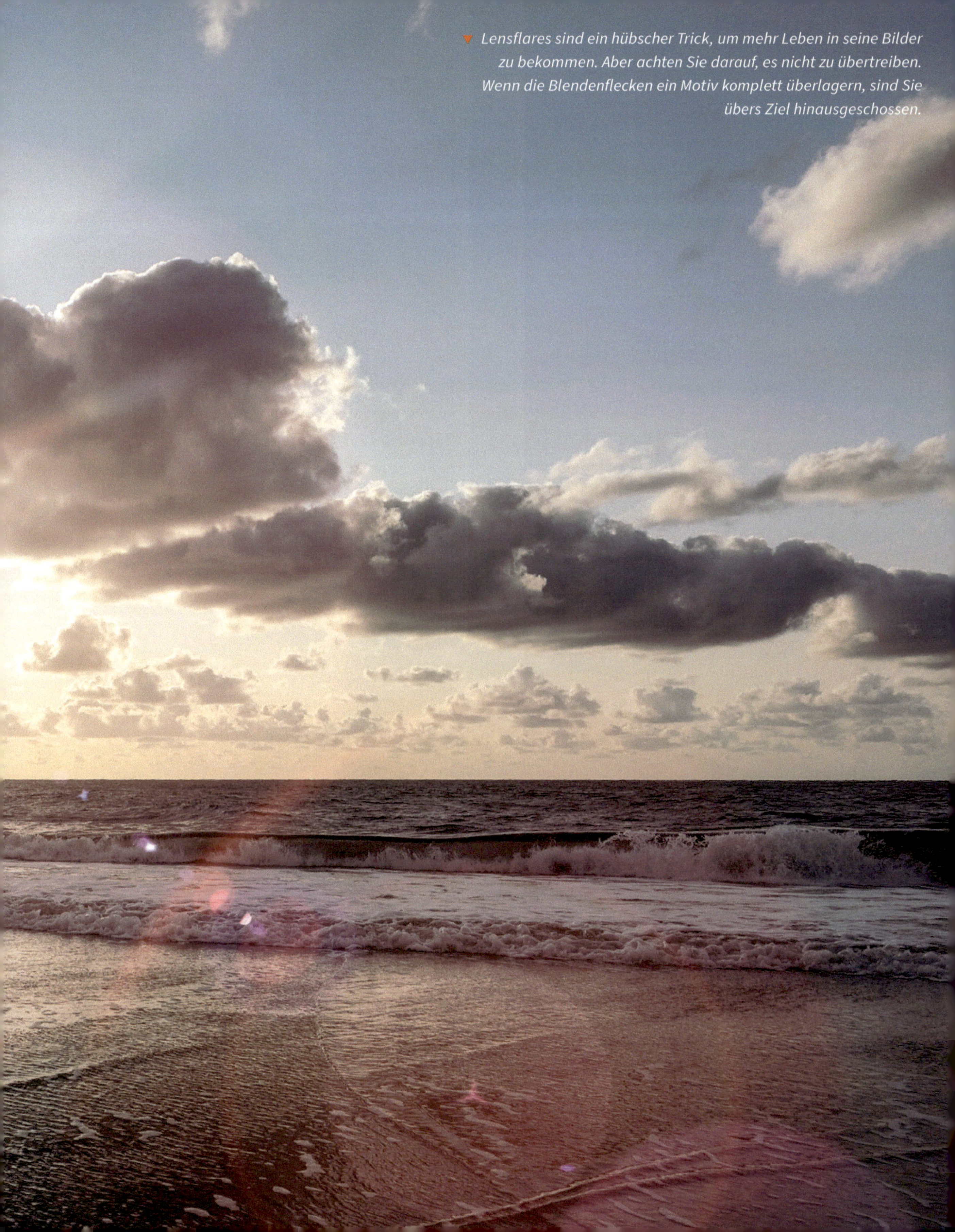

Lensflares sind ein hübscher Trick, um mehr Leben in seine Bilder zu bekommen. Aber achten Sie darauf, es nicht zu übertreiben. Wenn die Blendenflecken ein Motiv komplett überlagern, sind Sie übers Ziel hinausgeschossen.

dern gibt es eine Alternative: Stellt man die Belichtung so ein, dass das von hinten angestrahlte Hauptmotiv hell erscheint, wird der helle Hintergrund natürlich völlig überstrahlt. So kann es sehr reizvoll aussehen, wenn man z. B. einen Menschen vor einem hell erstrahlenden Hintergrund zeigt und das Bild später am Computer nachträglich weichzeichnet.

Lensflares bei Gegenlicht

Eine Besonderheit bei Gegenlichtfotos kann je nach Geschmack des Fotografen toll aussehen oder ein Foto ruinieren. Während Profis und Puristen Blendenflecken eher als Fehler sehen, der durch Streulicht von vorn ins Objektiv entsteht, hat sich die Sichtweise in der modernen Fotografie ein wenig geändert. Denn oft werden Blendenflecken oder bewusst eingesetzte Überstrahlungen als ästhetisch interessant empfunden. Man sieht diese Art Aufnahmen in den sozialen Netzwerken ständig.

Um solche Blendenflecken und Überstrahlungen zu erzeugen, müssen Sie die Kamera lediglich in Richtung der Sonne oder einer anderen Lichtquelle halten und beobachten, wann und wie sich Blendenflecken zeigen. Bewegen Sie dazu die Kamera einfach ein wenig hin und her, und Sie werden schnell erkennen, in welche Richtung sich die **Lensflares** bewegen. Dabei muss die Lichtquelle nicht zwangsläufig im Bild auftauchen. Je nach Brennweite – Weitwinkelbrennweiten sind anfälliger für Blendenflecken – streut das Licht nur marginal ins Objektiv und verursacht Lichtreflexe.

Lensflares vermeiden

Gehören Sie eher der Puristenfraktion an und möchten Streulicht und Lensflares um jeden Preis vermeiden, sollten Sie immer einen kleinen schwarzen Karton dabeihaben. Denn abgesehen von einer Streulichtblende, die es für praktisch jedes Objektiv gibt, hilft bei zu direkt einfallendem Licht ein dunkler Karton, der einen Schatten vor dem Objektiv erzeugt und so Blendenflecken verhindert. Sie müssen nur aufpassen, dass der Karton nicht versehentlich ins Bild ragt. Das sähe bestimmt dilettantischer aus ein paar hippe Lensflares.

KAPITEL 5

FOTOGRAFIEREN

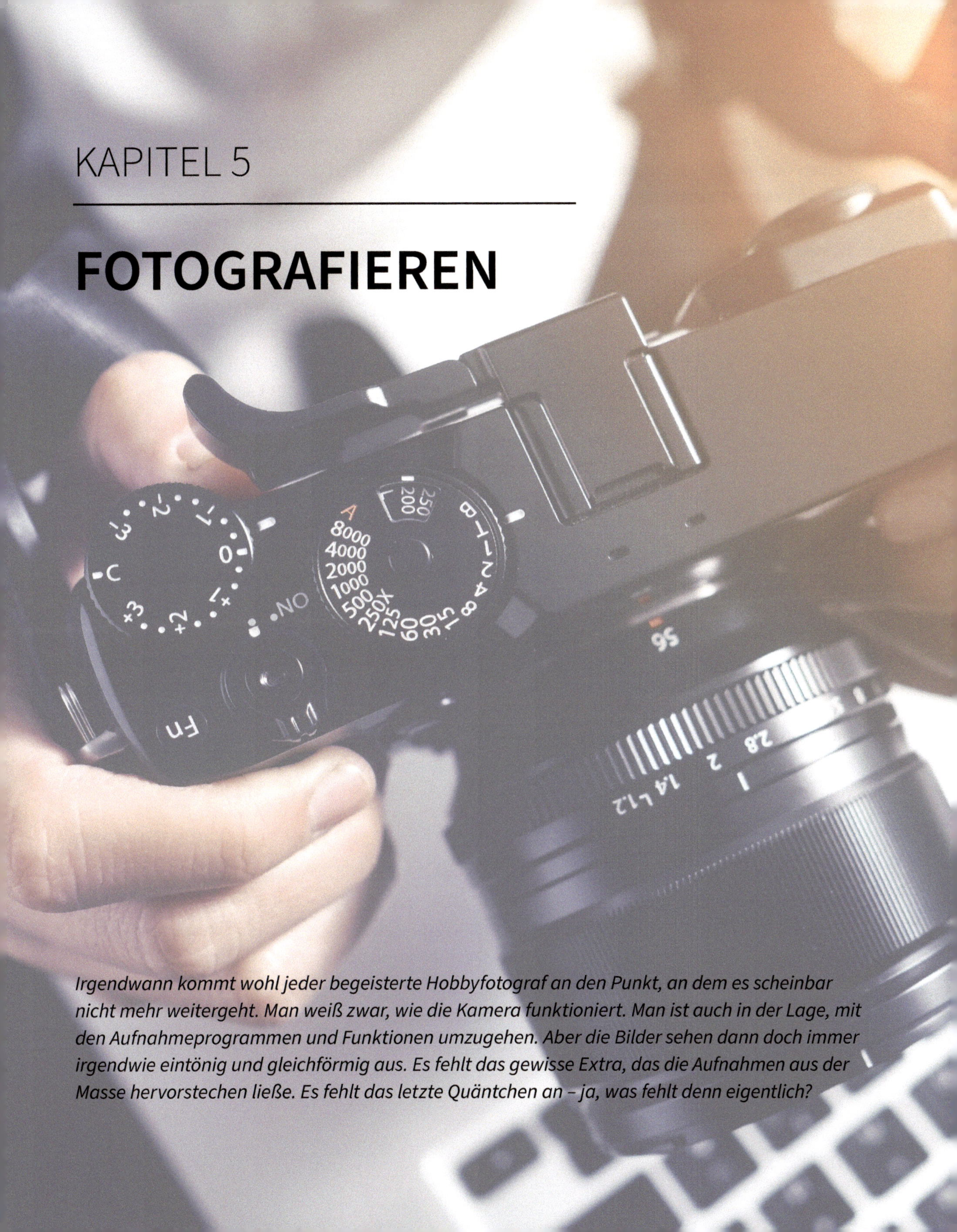

Irgendwann kommt wohl jeder begeisterte Hobbyfotograf an den Punkt, an dem es scheinbar nicht mehr weitergeht. Man weiß zwar, wie die Kamera funktioniert. Man ist auch in der Lage, mit den Aufnahmeprogrammen und Funktionen umzugehen. Aber die Bilder sehen dann doch immer irgendwie eintönig und gleichförmig aus. Es fehlt das gewisse Extra, das die Aufnahmen aus der Masse hervorstechen ließe. Es fehlt das letzte Quäntchen an – ja, was fehlt denn eigentlich?

Ursprung guter Fotos

Wer fit in der Bildbearbeitung am Computer ist, beginnt vermutlich irgendwann damit, seine Fotos digital zu optimieren, vermeintlich kreative Effektfilter zu verwenden oder besonders extravagante Nachbearbeitungen auszuprobieren. Und trotzdem – die Fotos werden nicht wirklich besser. Spätestens zu diesem Zeitpunkt sollte man darüber nachdenken, warum die Bilder von Profifotografen einfach besser aussehen. Es ist und bleibt eine unumstößliche Tatsache: Wer nicht weiß, wie man das Beste aus einem Motiv schon beim Fotografieren herausholt, kann auch mit noch so ausgefeilter Nachbearbeitung am Computer keine Eyecatcher aus seinen Aufnahmen hervorzaubern.

Der Ursprung jeder guten Aufnahme liegt im Fotografieren selbst: Das fotografische Handwerk ist die Grundlage für perfekte Bilder, die im Gedächtnis bleiben. Und um sein Handwerk zu verbessern, helfen dem Hobbyfotografen entweder Seminare oder gute Bücher wie das Ihnen vorliegende am besten weiter. Mit Seminaren ist das so eine Sache. Man lernt zwar sehr praxisorientiert, ist aber in der Regel auf ein Thema festgelegt. Außerdem sind gute Seminare rar und meist recht teuer. Bücher dagegen sind thematisch viel umfangreicher, der Lernerfolg hängt jedoch in hohem Maße davon ab, ob Sie als Leser bereit sind, die präsentierten Informationen auch in die Praxis umzusetzen.

Sehen Sie die folgenden Kapitel als eine Sammlung von Workshops, die Ihnen das wichtigste Rüstzeug für gelungene Fotos in unterschiedlichsten Motivbereichen zur Verfügung stellt. Sie können die Workshops immer dann durcharbeiten, wenn Sie sich gerade für ein bestimmtes Thema interessieren.

Landschaft- und Natur

Wetter, Licht und Vegetation verändern sich während des gesamten Jahres ständig. Wer viel draußen unterwegs ist, muss die Jahreszeiten und ihre typischen Merkmale immer in seine Planungen einbeziehen. Blühende Apfelbäume, aufbrechende Knospen und saftige Wiesen, Menschen am See oder im Urlaub bei knalligem Sonnenlicht, fallende Blätter, Bäume im Nebel und ein Farbenmeer in Rot und Gelb, Schneelandschaften, Eiszapfen und Skifahrer sind nur ein paar der Motive, die sofort mit den jeweiligen Jahreszeiten in Verbindung gebracht werden.

Wetter und Jahreszeit

Das **Wetter** ist der wichtigste Faktor in der Bildgestaltung. Denn die Lichtstimmungen vom dramatischen Wolkenhimmel über einen nebligen Morgen bis zur gleißenden Mittagssonne sind es, die ausdrucksstarke Bilder prägen. Und dann sind da noch die Millionen

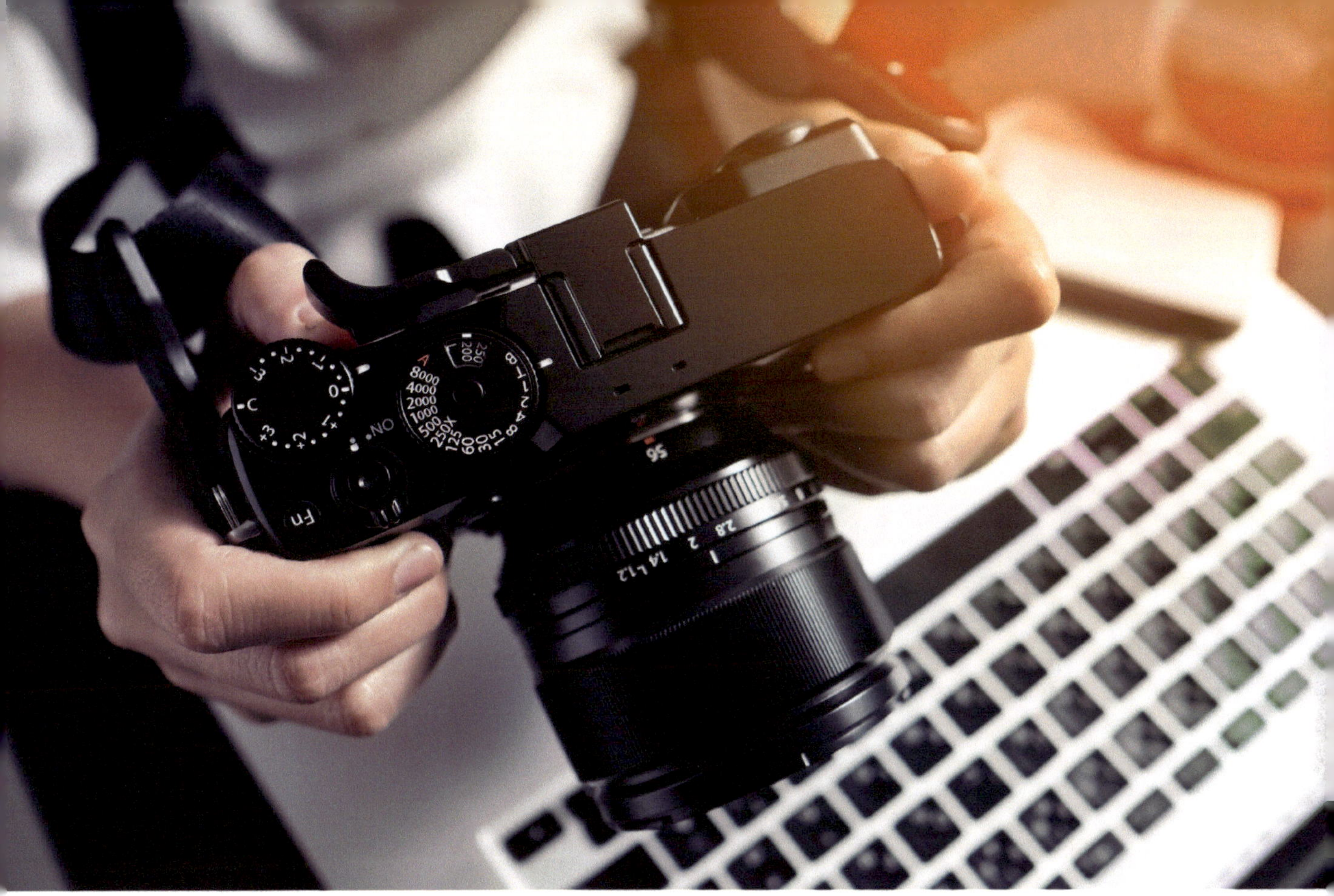

▲ *Mit einer DSLM- oder DSLR-Kamera (mit APS-C- oder MFT-Sensor) und einem guten Standardzoomobjektiv kann es auch schon losgehen.*

von Details, auf die man achten muss, um eine atemberaubende Landschaftsaufnahme nicht in ein diffuses Durcheinander abgleiten zu lassen. Jede Zeit im Jahresverlauf hat typische Eigenheiten bezüglich des Lichts. Steht die Sonne hoch am sommerlichen Himmel, erzeugt sie viel kürzere Schatten als um die gleiche Tageszeit im Winter. Die Kontraste sind deutlich kräftiger als zu anderen Zeiten.

Auch die Lichtfarbe variiert, weil das Licht bei niedrig stehender Wintersonne durch die Atmosphäre auf andere Weise gebrochen wird. Daher ist das Tageslicht im Sommer einen Tick blauer als beispielsweise im Spätherbst. Möchten Sie einer Aufnahme eine etwas andere jahreszeitliche Lichtstimmung verleihen, ist das mithilfe der Bildbearbeitung kein Problem. Machen Sie sich beim Fotografieren von Landschaft und Natur immer klar, in welcher Zeit des Jahres Sie sich gerade befinden. Sie können dann Farben und Lichtintensität, aber auch die für eine Jahreszeit typischen Elemente wie Blüten, Herbstlaub oder Schnee in Ihre Überlegungen zur Bildgestaltung miteinbeziehen.

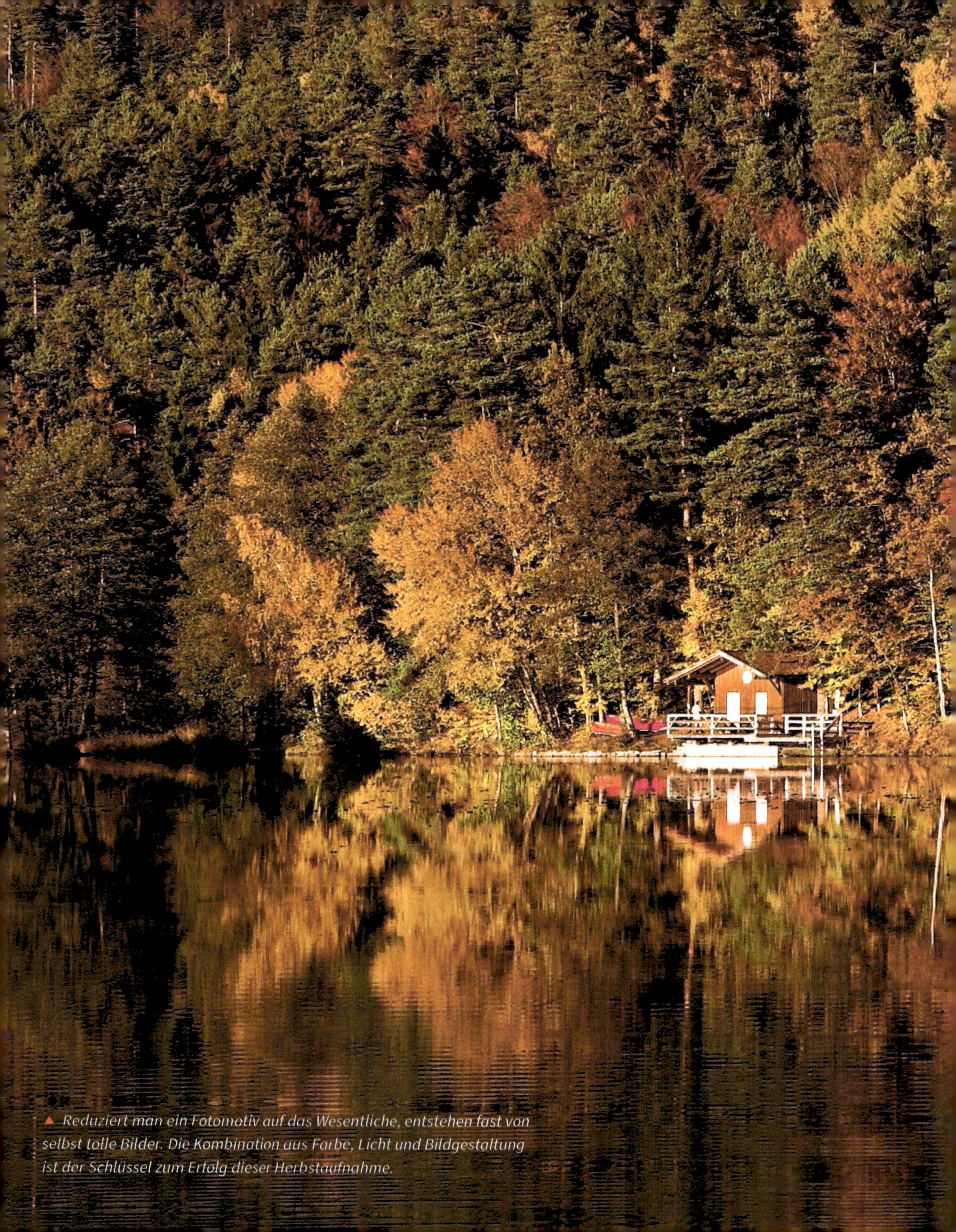

▲ Reduziert man ein Fotomotiv auf das Wesentliche, entstehen fast von selbst tolle Bilder. Die Kombination aus Farbe, Licht und Bildgestaltung ist der Schlüssel zum Erfolg dieser Herbstaufnahme.

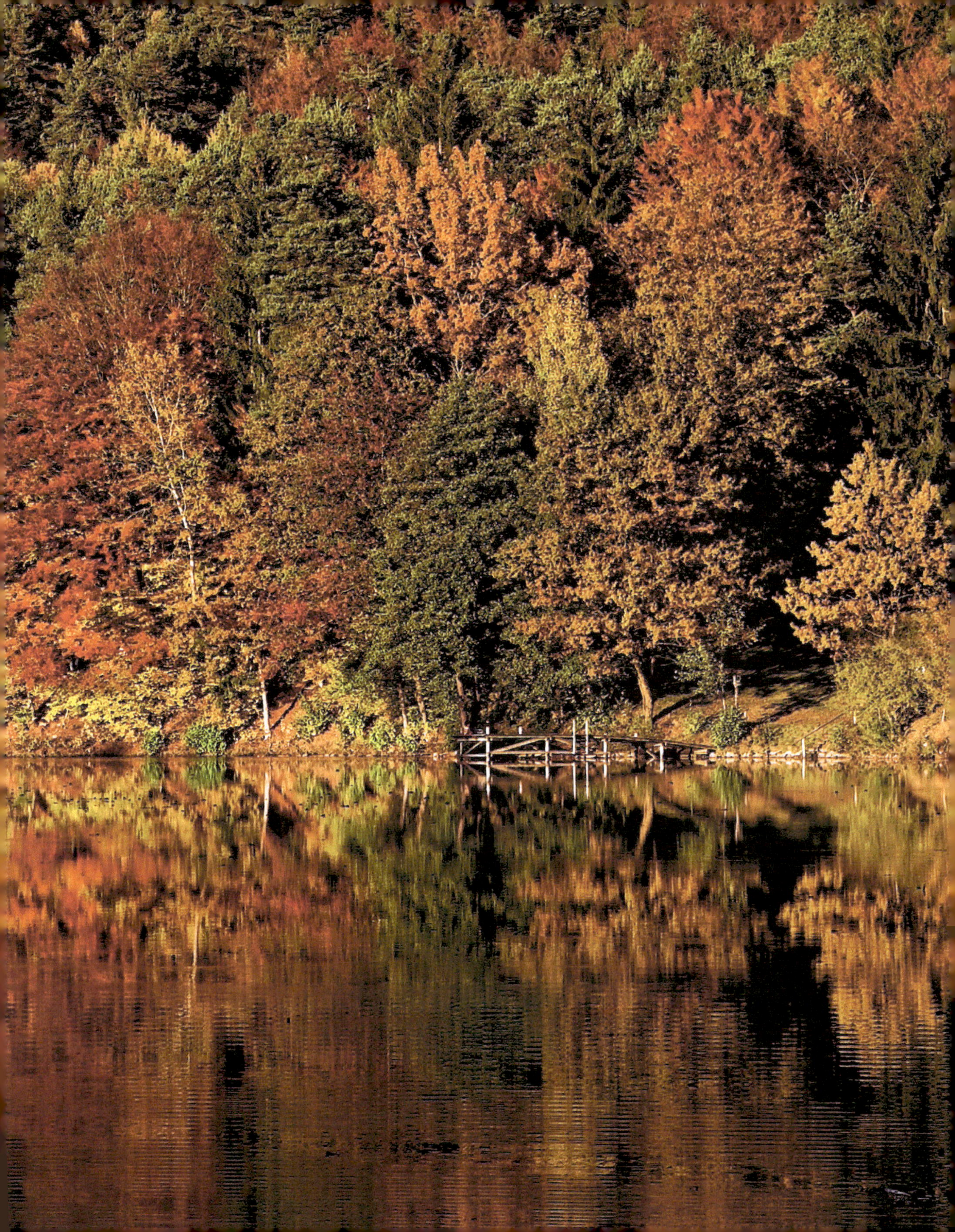

Brennweite und Blendenöffnung

Landschaften fotografiert man vorwiegend mit kurzen Brennweiten, um möglichst viel von den weitläufigen Motiven aufs Bild zu bekommen. Dazu setzt man kleine Blendenöffnungen (hohe Blendenwerte) ein, um für möglichst ausgedehnte Schärfentiefe zu sorgen. Blende f/11 oder f/16 sind keine Seltenheit, wenn man Landschaftsfotos analysiert. Je nach Lichtintensität kommt es aufgrund der kleinen Blendenöffnungen zu längeren Belichtungszeiten, deshalb wird meist ein Stativ gebraucht, um die Aufnahmen nicht zu verwackeln.

Im Übrigen ist ein Stativ für Landschafts- und Naturaufnahmen immer sehr hilfreich, weil man sich mit fixierter Kamera ganz um die Bildgestaltung und die Wahl des besten Bildausschnitts kümmern kann. Gerade in der Landschaftsfotografie kommt es noch mehr als bei anderen Themen auf die Gestaltung an, um den Blick des Betrachters durch das Bild zu führen und damit zu fesseln.

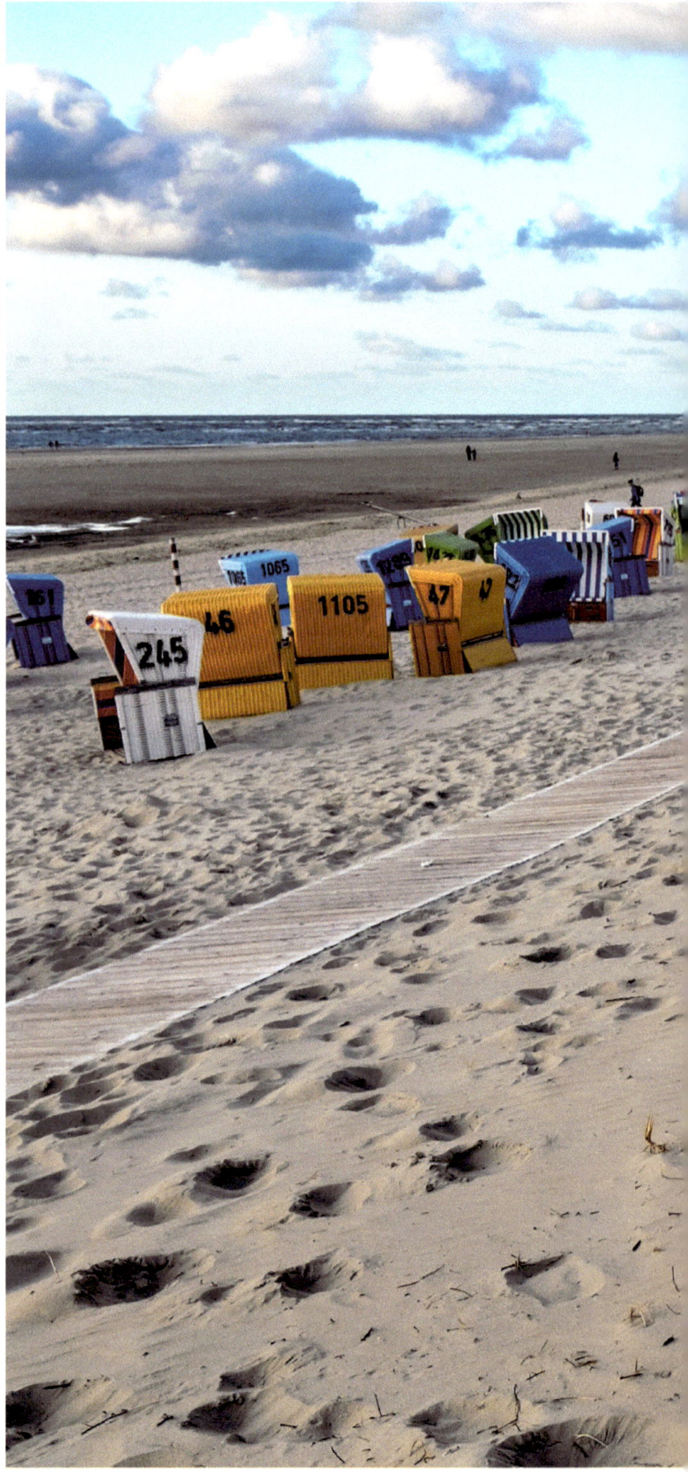

▶ *Dünengras und Sand lassen vermutlich die meisten Menschen an Urlaub denken. Interessant wird dieses Motiv aber erst durch die geschickte Linienführung und die Einbeziehung des morschen Stamms im Vordergrund, um dem Bild Tiefe zu verleihen.*

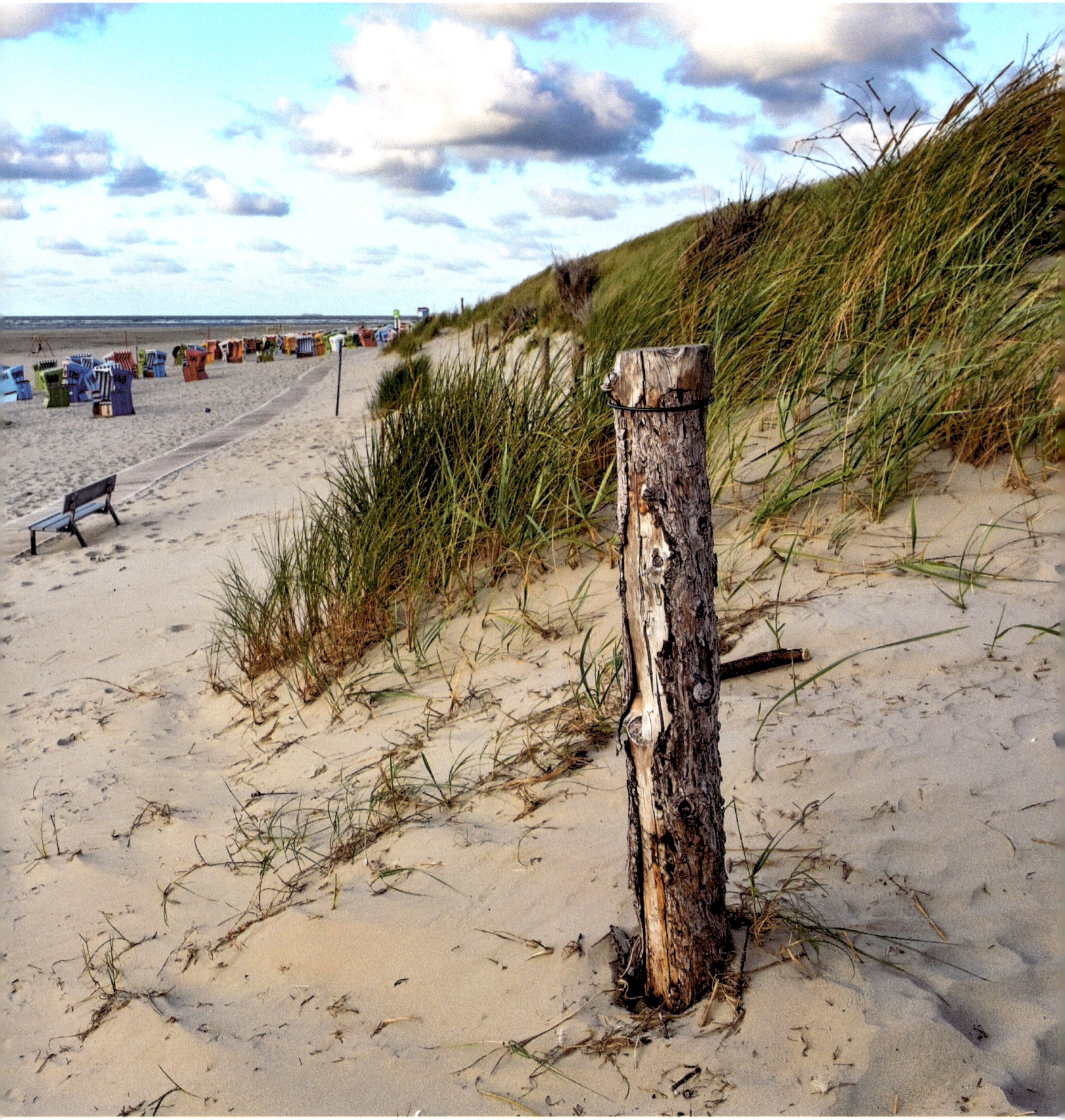

Lange oder kurze Brennweite?

Wichtig beim Entdecken charakteristischer und neuer Ansichten ist es, die Möglichkeiten seiner Kamera zu kennen. Welche Brennweiten stehen zur Verfügung, welche Blendenöffnungen sind möglich, kann man auch im Regen fotografieren, welche Naheinstellgrenze gilt für das verwendete Objektiv? Die Brennweite ist für zwei Faktoren relevant: die mögliche Entfernung zum Motiv und die Perspektive in Verbindung mit dem Kamerastandort. Eine kleine, gerade aus dem Boden sprießende Blüte eines Schneeglöckchens oder eine Biene auf einer Sonnenblume wirkt meistens am besten, wenn man sie aus nächster Nähe fotografiert – entweder mit langer Brennweite, um die Perspektive ein wenig zu verdichten, oder mit extrem kurzer Brennweite aus geringer Entfernung, um kleine Motive größer wirken zu lassen. Je kürzer die Brennweite und je geringer der Motivabstand, desto extremer ist die Perspektive.

Unterschiedliche Blenden testen

Soll der Hintergrund in Unschärfe verschwimmen? Dann muss die Blendenöffnung möglichst groß sein, also eine kleine Blendenzahl gewählt werden. Da die Schärfentiefe neben der Brennweite auch von der Sensorgröße abhängt – mit einer Vollformat-SLR bekommt man deutlich geringere Schärfentiefe als mit einer Kompakten mit winzigem Sensor –, sollte man ein paar Versuche mit unterschiedlichen Blendenwerten machen, um die Möglichkeiten der Kamera zu erkunden.

Wer die technischen Merkmale seiner Kamera nicht kennt und daher nicht weiß, wie man Blende, Brennweite, Belichtungszeit etc. für die Bildgestaltung einsetzt, verschenkt eine Menge Möglichkeiten. In den folgenden Abschnitten dieses Kapitels gibt es die wichtigsten fototechnischen Tipps zur Gestaltung jahreszeitlicher Bilder.

Zoomobjektiv und Polfilter

Um auf einer Fototour flexibel zu sein, ist eine Kamera mit weitem Brennweitenbereich bzw. einem Zoomobjektiv sinnvoll. So haben Sie immer die Möglichkeit, zwischen Aufnahmen mit kurzer Brennweite und Detailbildern, die mit längeren Brennweiten gemacht werden müssen, zu wechseln. Ebenfalls hilfreich bei Landschaftsfotos sind Grauverlaufsfilter und Polfilter. Beide Filter werden vor das Objektiv geschraubt. Mit dem Polfilter erzielt man

Lichtstimmung per Bildbearbeitung

Will man einer Aufnahme eine etwas andere jahreszeitliche Lichtstimmung mitgeben, ist das mithilfe der Bildbearbeitung kein Problem. Man kann z. B. einen roten, gelben oder blauen Fotofilter simulieren und über ein Motiv legen, um die Lichtfarbe global zu verändern. Alle modernen Bildbearbeitungsprogramme sind zu solchen Veränderungen in der Lage.

sattere Farben und reduziert Reflexionen auf spiegelnden Oberflächen wie z. B. Wasser, der Grauverlaufsfilter sorgt bei hellem Himmel dafür, dass dessen Helligkeit im Vergleich zur darunterliegenden Landschaft reduziert wird. Die Möglichkeiten des Sensors beim Erfassen von Kontrasten werden auf diese Weise maximiert, und der Himmel wird nicht überbelichtet.

Typische Motive neu entdecken

Gibt es das typische Wintermotiv? Oder typische Motive für Frühjahr, Sommer und Herbst? Vermutlich nicht nur ein Motiv, sondern eine ganze Menge Bilder fallen einem ein, wenn man ein bisschen darüber nachdenkt. Das Problem bei der Sache ist, dass man viele dieser Motive schon mal gesehen zu haben glaubt. Kann man so ein Motiv dann noch guten Gewissens fotografieren, ohne andere Fotografen dabei zu kopieren? Natürlich! Denn erstens sehen Motive niemals völlig identisch aus, und zweitens – noch wichtiger – kann man die eigenen Fotos anschließend mit denen von anderen Fotografen vergleichen. Man lernt dabei ganz zwangsläufig, was die anderen anders gemacht haben und was man bei sich selbst noch verbessern kann.

Auch wenn es also schon Tausende Fotos von süßen Osterlämmchen oder flaumigen Küken gibt – wer die Gelegenheit hat, sollte trotzdem Fotos machen und versuchen, neue Perspektiven zu entdecken. Da man ja die Jahreszeiten nicht gut beeinflussen kann, muss man manchmal, z. B. im Urlaub, mit den vorhandenen Stimmungen vorliebnehmen. Aber auch dann ist es möglich, eigene Bilder und Sichtweisen zu entwickeln. Die Suche nach dem Typischen ist nicht beschränkt auf die Zeit, sondern ebenso auf das Motiv selbst. Was ist typisch für eine bestimmte Region, eine Stadt, eine Landschaft? Finden Sie das charakteristische Merkmal, und Sie werden Bilder schießen, die etwas zu sagen haben.

Perspektiven ausprobieren

Die meisten Urlaubsfotografen positionieren sich kurz, halten die Kamera vors Gesicht und drücken einmal auf den Auslöser. Danach geht's weiter zum nächsten Motiv. So macht man keine tollen Fotos. Wenn es Ihnen darauf ankommt, aus einer Landschaft, einem Landschaftsdetail oder einem Naturmotiv das Beste herauszuholen, nehmen Sie sich ein paar Minuten Zeit. Legen Sie die Kamera beiseite und umrunden Sie wenn möglich das Motiv. Zumindest sollten Sie es sich aus verschiedenen Perspektiven ansehen und bei jeder neuen Position die Bildgestaltung (Vorder-, Mittel-, Hintergrund) überprüfen.

Erst wenn das Hauptmotiv, der Blickfang, perfekt mit den restlichen Bildelementen harmoniert, holen Sie die Kamera heraus und machen Bilder. Und zwar mehrere aus dann nur noch leicht unterschiedlichen Positionen. Natürlich spricht auch nichts dagegen, aus allen zuvor herausgefundenen Perspektiven zu fotografieren, um sich die Bilder später am Computer nochmals genauer anzusehen. Denn oft ist es vor Ort nicht hundertprozentig möglich, sich zwischen den Perspektiven richtig zu entscheiden.

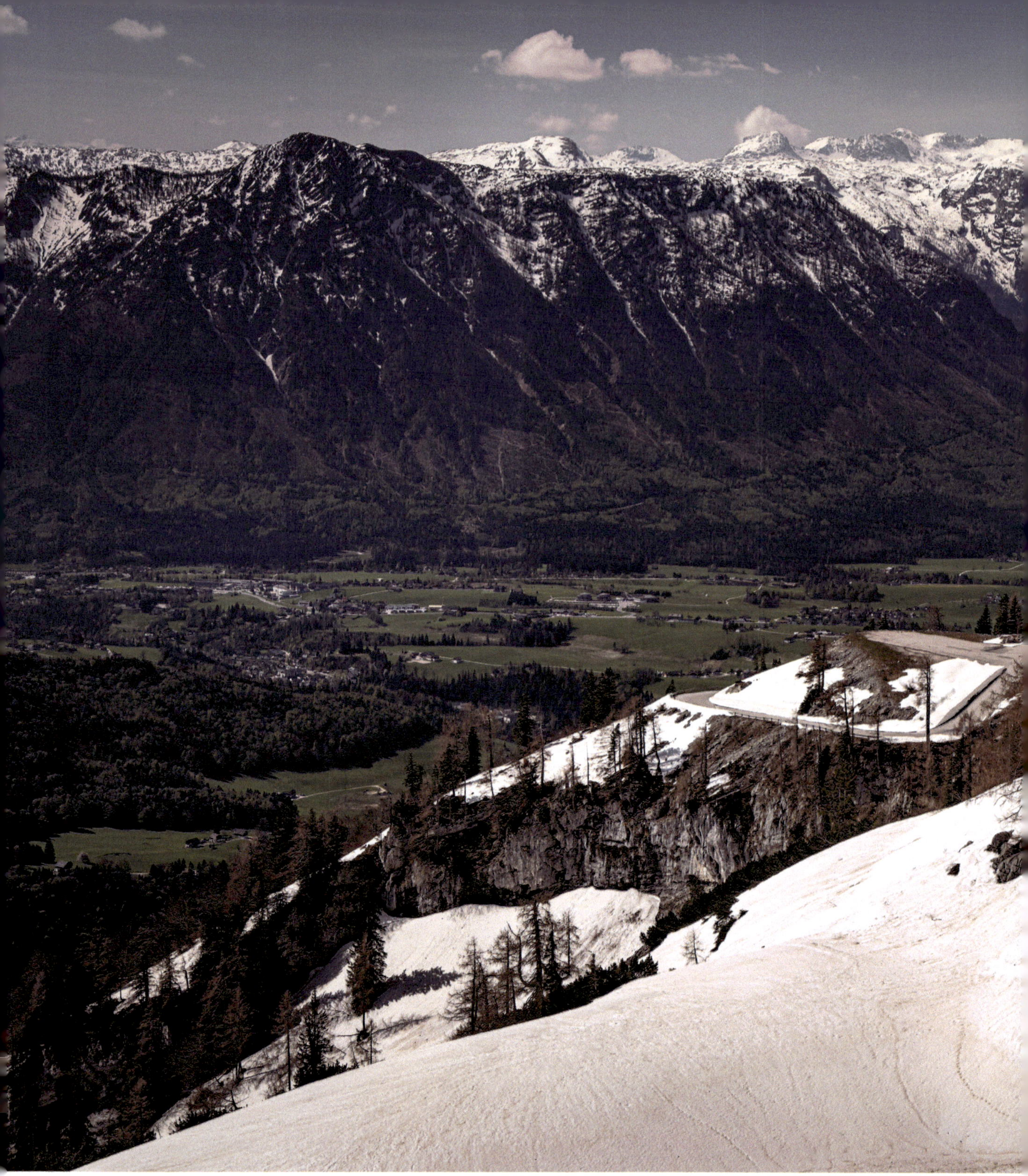

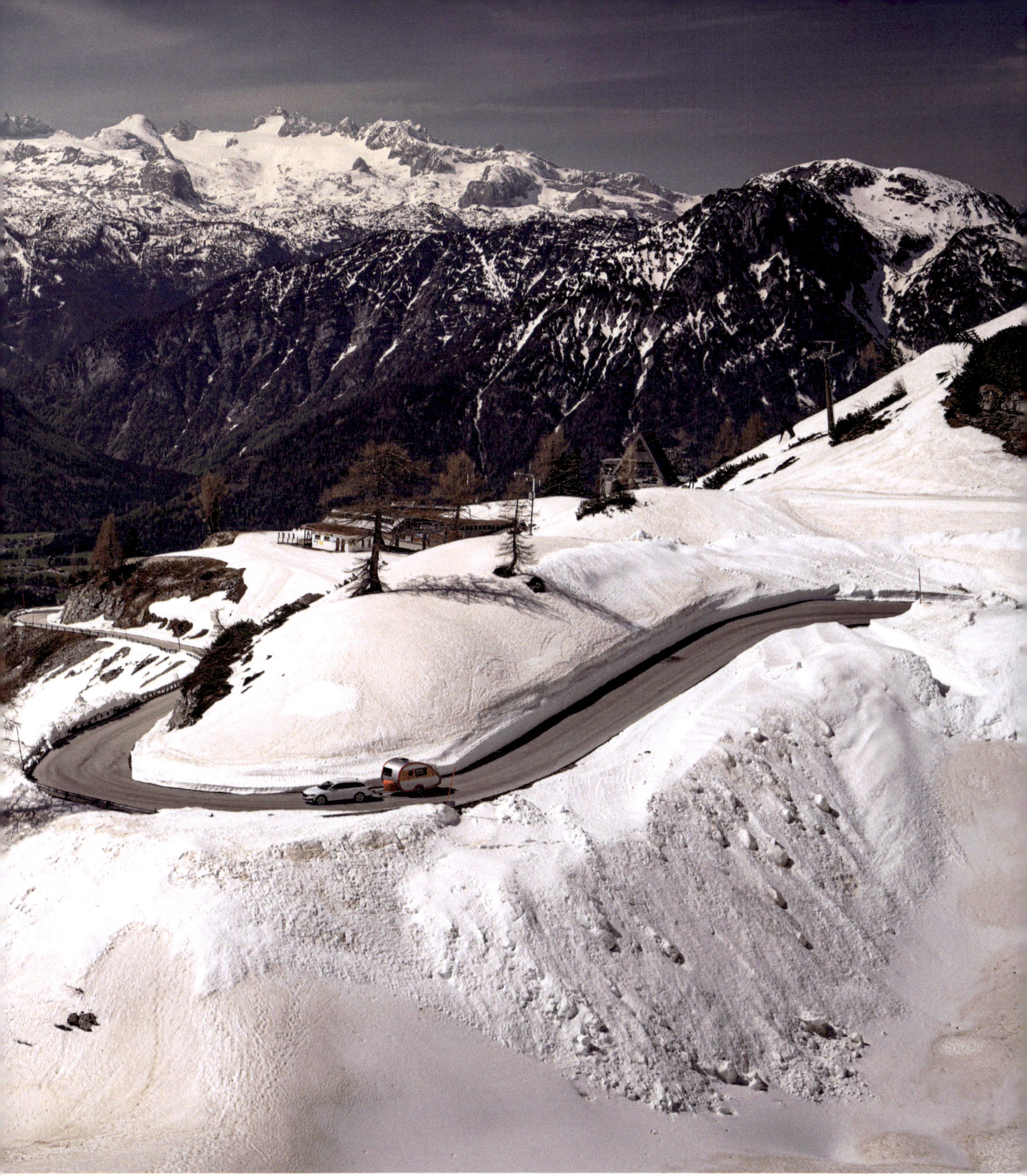

▲ *Weite Landschaften sind immer problematisch zu fotografieren, wenn der Betrachter keinen Einstiegspunkt oder Anker hat, von dem ausgehend das Bild erkundet werden.*

Motivvielfalt im Frühling

Der **Frühling** ist vermutlich die wichtigste Zeit für Makrofotografen. Aufbrechende Blüten und Triebe, aber auch das erwachende Tierreich bieten eine riesige Palette an Fotomotiven. Gerade die Kombination aus Frühlingsmotiven und letzten Resten des Schnees kann den jahreszeitlichen Wechsel wundervoll verdeutlichen.

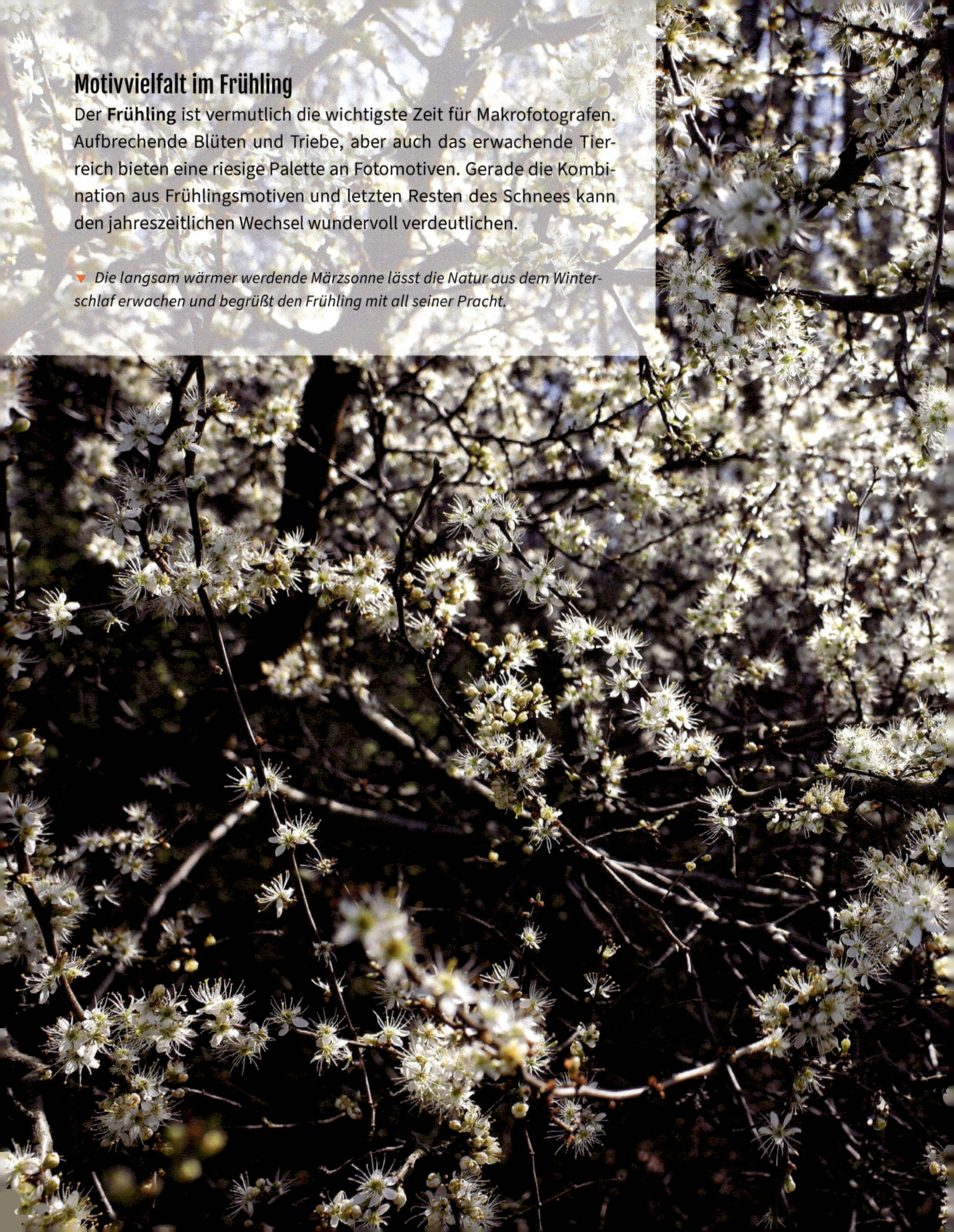

▼ *Die langsam wärmer werdende Märzsonne lässt die Natur aus dem Winterschlaf erwachen und begrüßt den Frühling mit all seiner Pracht.*

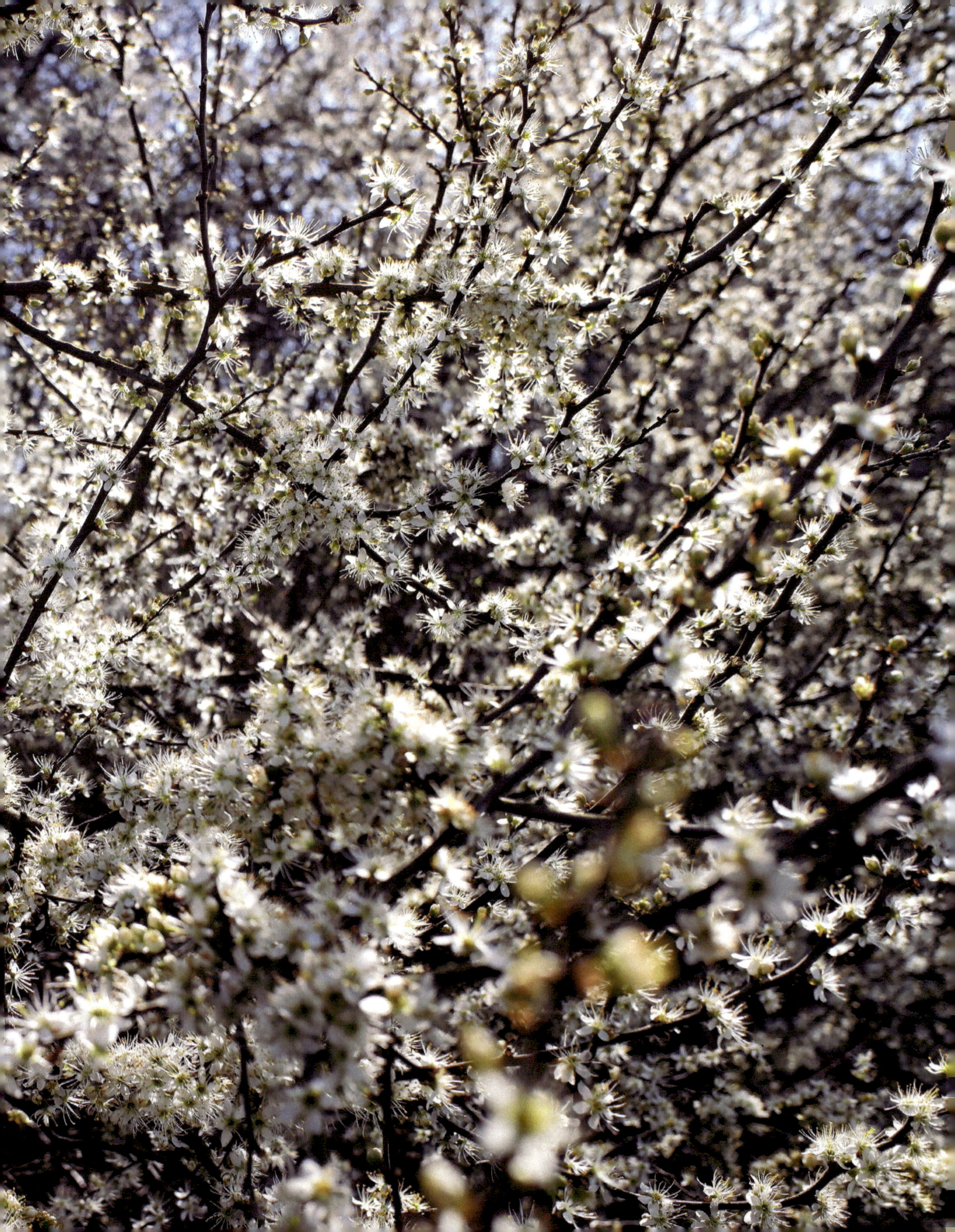

Bilder mit kräftigen Kontrasten

Da die Sonne früh im Jahr noch relativ niedrig steht, kann man praktisch den ganzen Tag lang fotografieren, weil seitliches Licht die Formen plastisch erscheinen lässt. Sonnige Tage sind ideal für Motive mit kräftigen Kontrasten. Hier kann übrigens ein Blitzgerät oder ein kleiner weißer oder gold- bzw. silberfarbener Reflektor hilfreich sein, um zu starke Schatten aufzuhellen. An bedeckten Tagen sind die Schatten sehr weich und die Kontraste eher gering, was gut zu verträumten Motiven passt, die man eventuell am Computer noch nachträglich weichzeichnen kann.

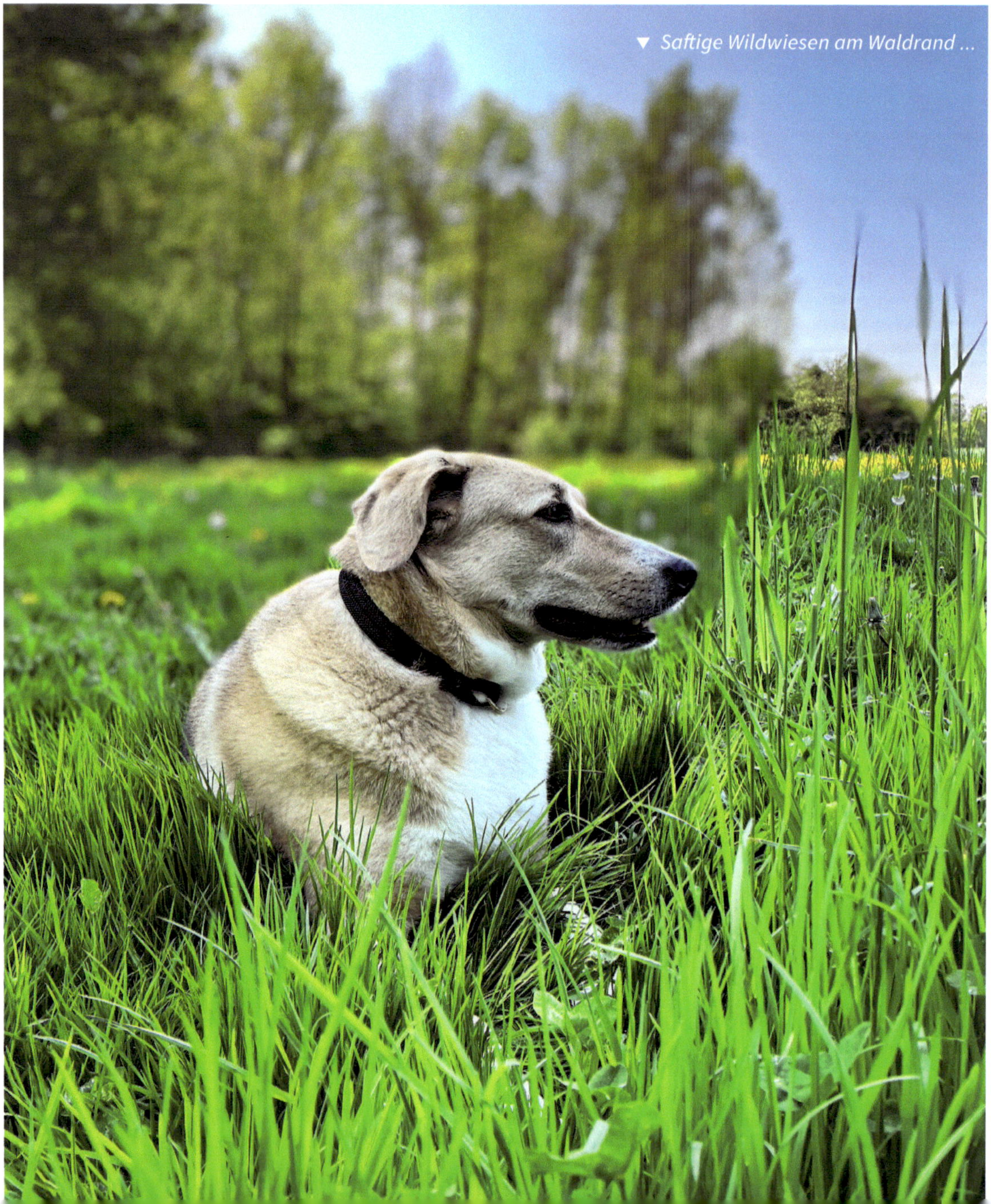

▼ *Saftige Wildwiesen am Waldrand ...*

Satte Farben und Straßenszenen

Je weiter der Frühling fortschreitet, desto satter werden die Farben. Das Grün der Wiesen und die neuen Blätter an den Bäumen lassen sich toll zur Bildgestaltung mit saftigem Grün nutzen. Wer sich lieber in der Stadt herumtreibt, findet dort natürlich ebenso ausdrucksstarke Motive. Das können die ersten im Straßencafé sitzenden Menschen sein, die noch in dicke Wintermäntel gehüllt sind, spielende Kinder in Parks oder eine Reihe geöffneter Fenster, durch die die Frühlingsluft ins Haus strömt. Hier ist sicher eine Kamera mit Telezoomobjektiv hilfreich, um auch mal unbeobachtet aus einiger Entfernung fotografieren zu können.

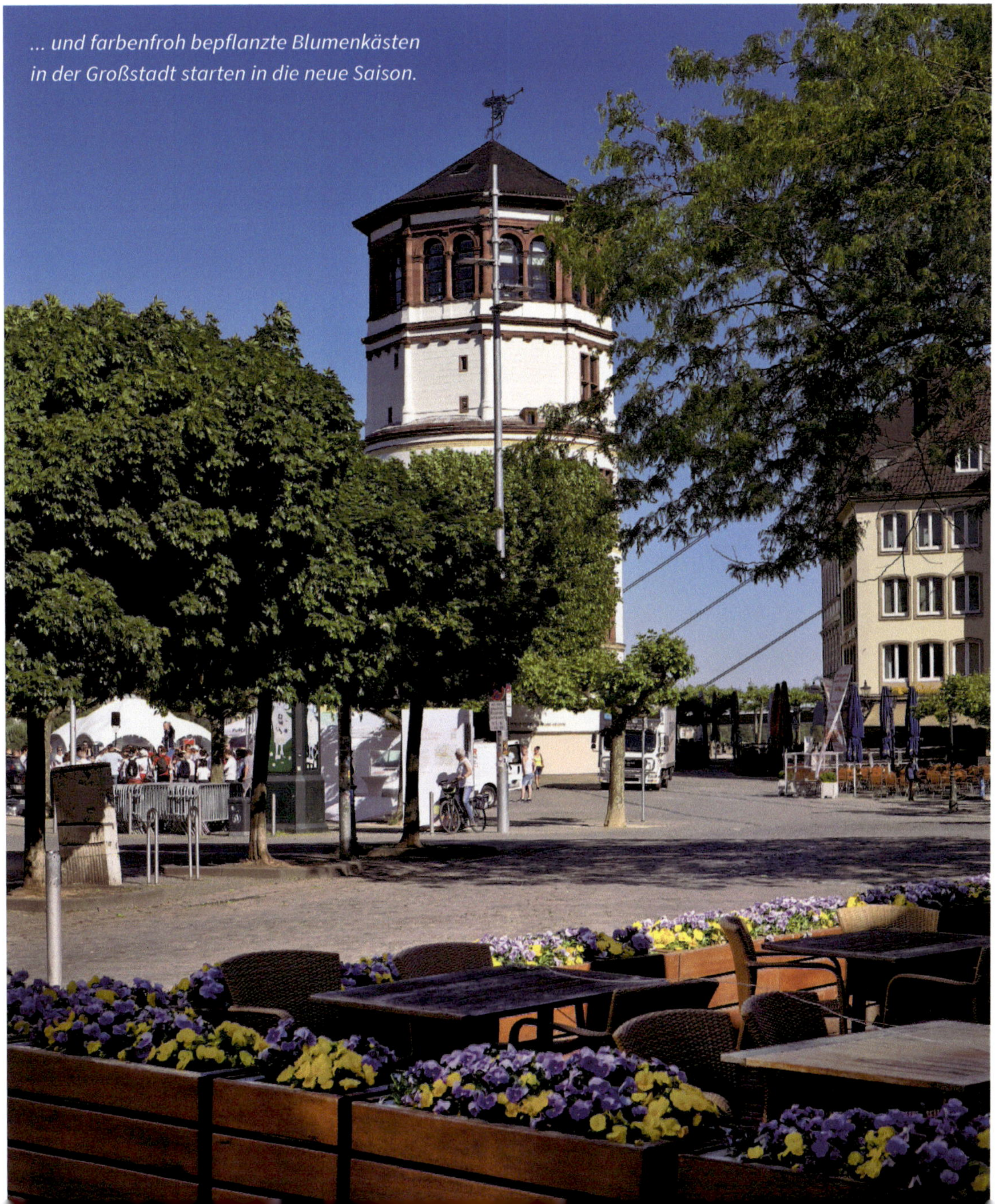

... und farbenfroh bepflanzte Blumenkästen in der Großstadt starten in die neue Saison.

Licht ohne Ende im Sommer

Die **Sommersonne** hat prinzipiell einen Vorteil und einen Nachteil. Der Vorteil: Viel Sonnenlicht bedeutet, dass man viel häufiger als sonst ohne Stativ aus der Hand fotografieren kann und keine Angst vor verwackelten Bildern zu haben braucht. Der Nachteil: Die Schatten werden zuweilen extrem, vor allem zur Mittagszeit und bei wolkenlosem Himmel. Allerdings können die kräftigen, zur Mittagszeit besonders kurzen Schatten auch den Reiz eines Sommerfotos ausmachen, da es zu keiner anderen Jahreszeit so eine Lichtstimmung gibt.

Auf den Dynamikumfang achten

Aufpassen muss man während des Fotografierens aber auf jeden Fall auf den Dynamikumfang eines Motivs. Denn wenn der Unterschied zwischen hellsten Bildstellen und dunkelsten Schatten zu groß ist, um beides mit dem Sensor auf einer einzigen Aufnahme zu erfassen, muss man Kompromisse eingehen. Wichtig ist, dass man – am besten mit der Spotmessung – die Belichtungswerte für die hellsten und dunkelsten Motivteile herausfindet und dann einen Wert festlegt, der das Hauptmotiv subjektiv richtig erfasst.

▼ *Stimmungsvolles Sonnenlicht setzt die Pflanzen im Wald wunderbar in Szene.*

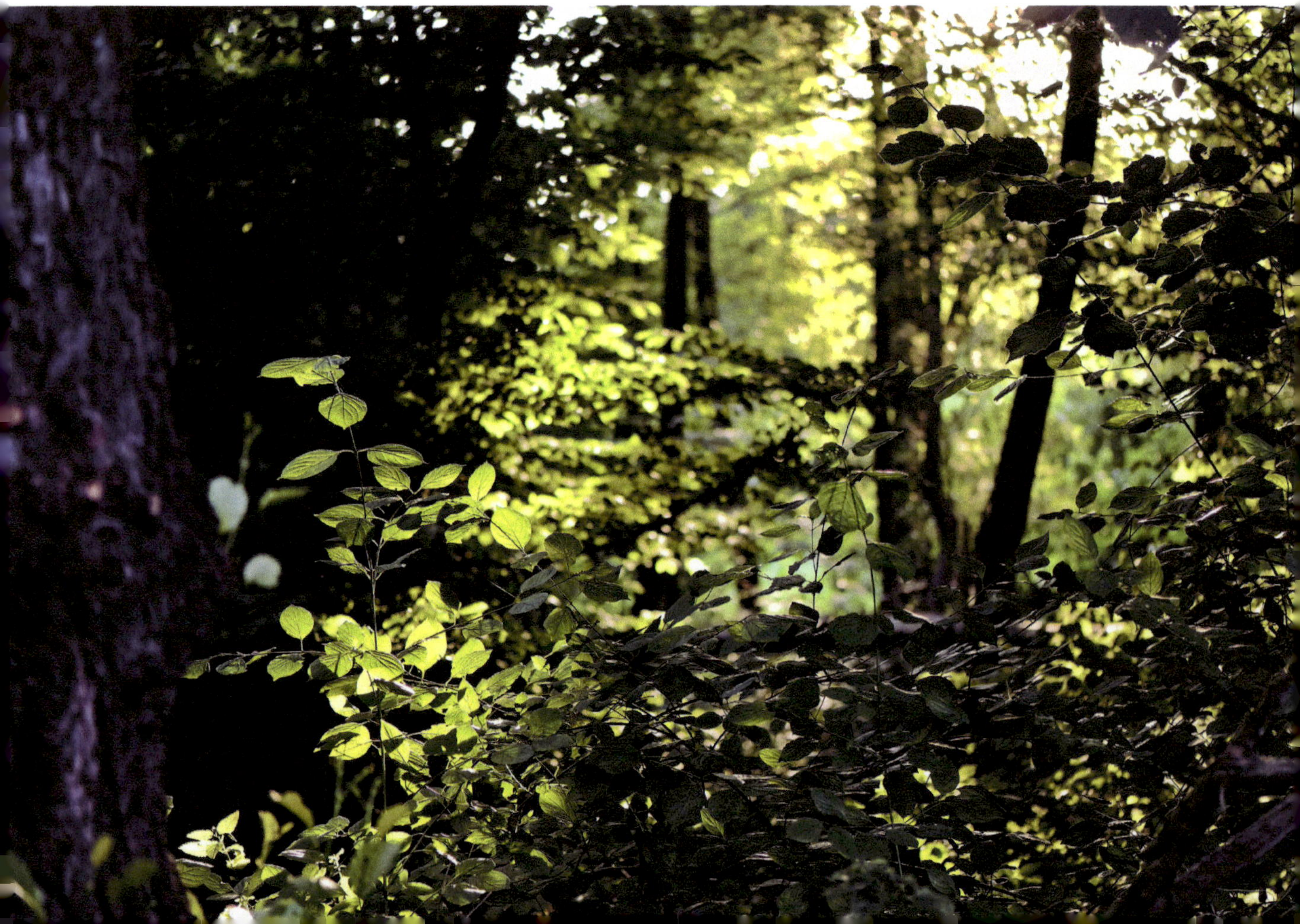

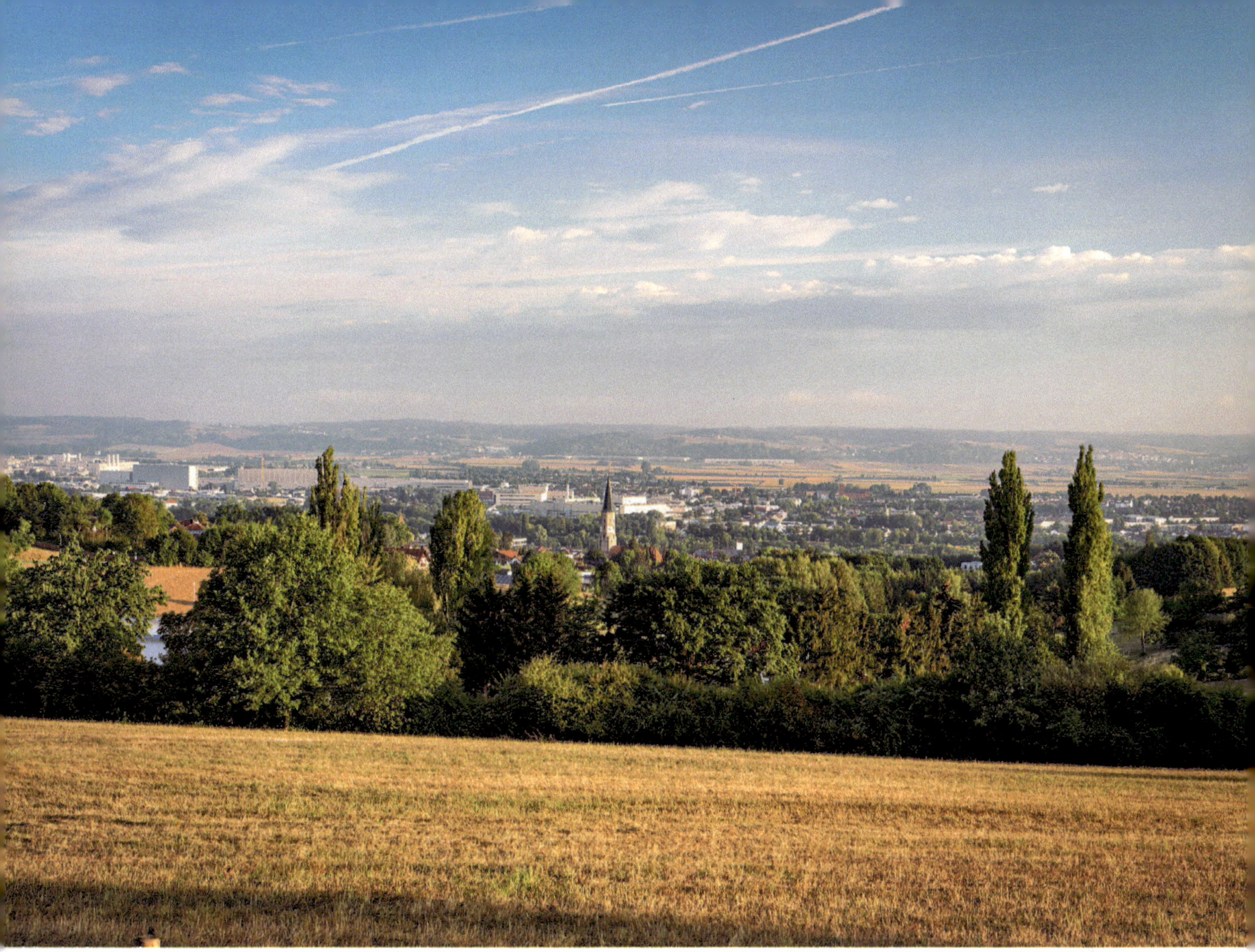

▲ *Die schräg stehende Sonne sorgt dafür, dass die Landschaft durch intensive Schatten moduliert wird. Der hinten im Blau versinkende Horizont vermittelt durch die Luftperspektive die räumliche Tiefe der Landschaft.*

Zur Verdeutlichung: Ein heller Sommertag kann im Freien einen Kontrastumfang von bis zu 100.000:1 haben, eine normale Kamera kann bestenfalls einen Umfang von ca. 400:1 verarbeiten. Das bedeutet, dass entweder die hellen Stellen korrekt belichtet werden und die Schatten zulaufen oder dass die Schatten noch Details zeigen und die hellen Stellen (z. B. der Himmel) völlig weiß werden. Man kann nun entweder den Bildausschnitt so wählen, dass der Kontrastumfang nicht zu extrem ausfällt, oder man macht Belichtungsreihen, die man dann per Bildbearbeitung übereinanderlegt (Stichwort: HDR).

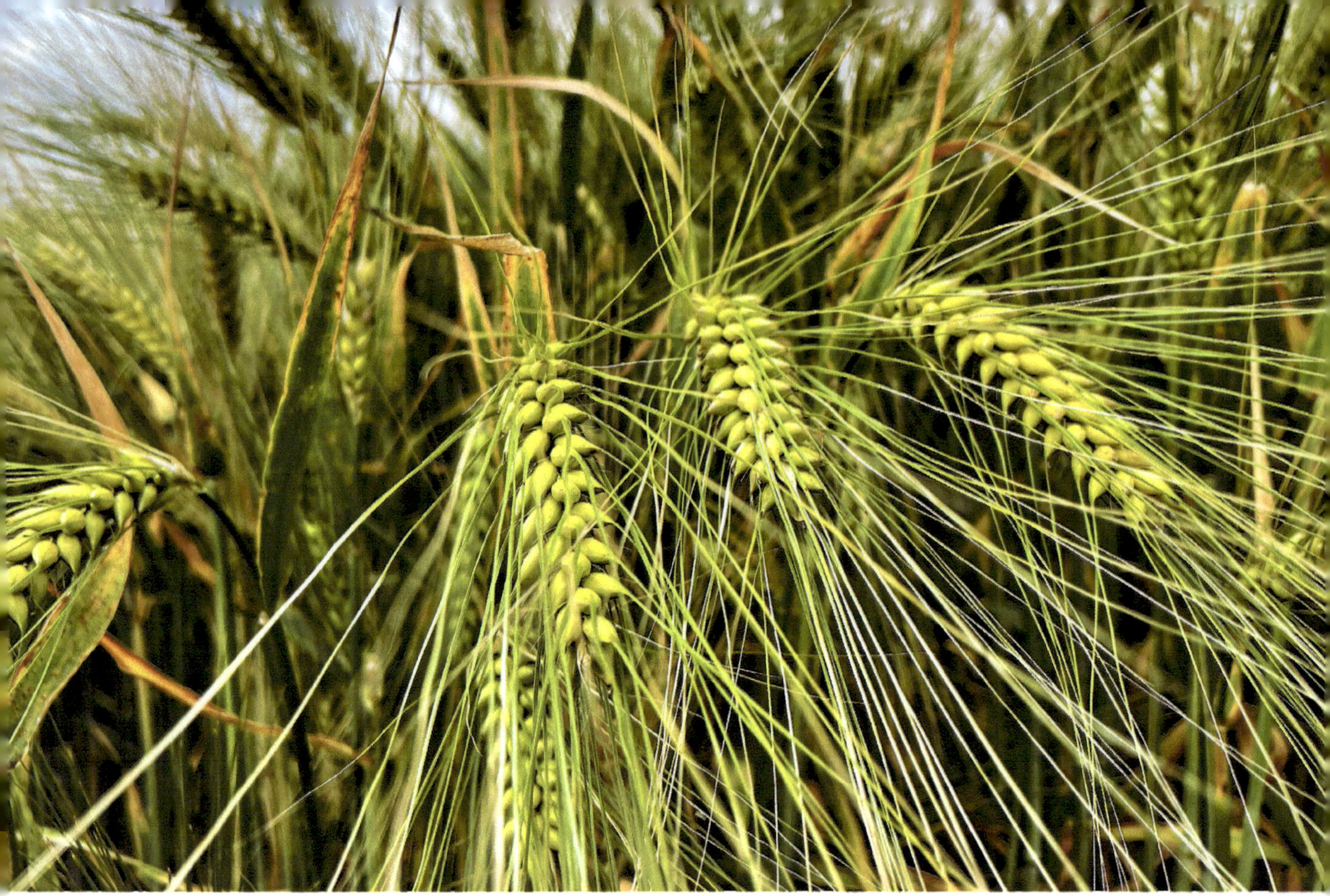

▲ *Sonnenlicht von oben zur Mittagszeit im Juli.*

Licht am Mittag und am Abend

Der Sommer ist die Zeit strahlend blauen Himmels, am Strand liegender Menschen, trockener Feldwege und zuweilen quälender Hitze. Der Sommer und die entsprechenden Aktivitäten der Menschen lassen sich besonders gut zur Mittagszeit darstellen – mit den oben genannten Einschränkungen bezüglich des Kontrastumfangs. Einfacher ist die Belichtung am Abend, wenn die Schatten länger werden. Ist das Licht am Mittag zu kontrastreich, kann man auch auf die Stunde nach Sonnenaufgang bzw. vor Sonnenuntergang warten. Die Kombination aus dem rötlichen Licht der auf- oder untergehenden Sonne und länger werdenden Schatten ist ebenfalls bestens dazu geeignet, die Stimmung eines Urlaubs- oder Sommertags einzufangen.

Aufhellblitzen für nahe Motive

Eine Möglichkeit gerade bei relativ nahen Motiven ist das Aufhellblitzen. Dabei wird der Blitz so eingestellt, dass er gerade genug Licht abgibt, um zu kräftige Schatten dezent aufzuhellen. Und noch ein Tipp, den Profis oft anwenden: Man stellt seine Motive in den Schatten oder verwendet einen weißen Schirm, der das Sonnenlicht abmildert. Profis arbeiten hier mit Rahmenkonstruktionen, die mit teildurchlässigem Stoff bespannt sind. Aber ein großer weißer Regenschirm tut's bei Porträts genauso.

▼ *Ohne leichten Aufhellblitz wäre der Hund zu dunkel abgebildet.*

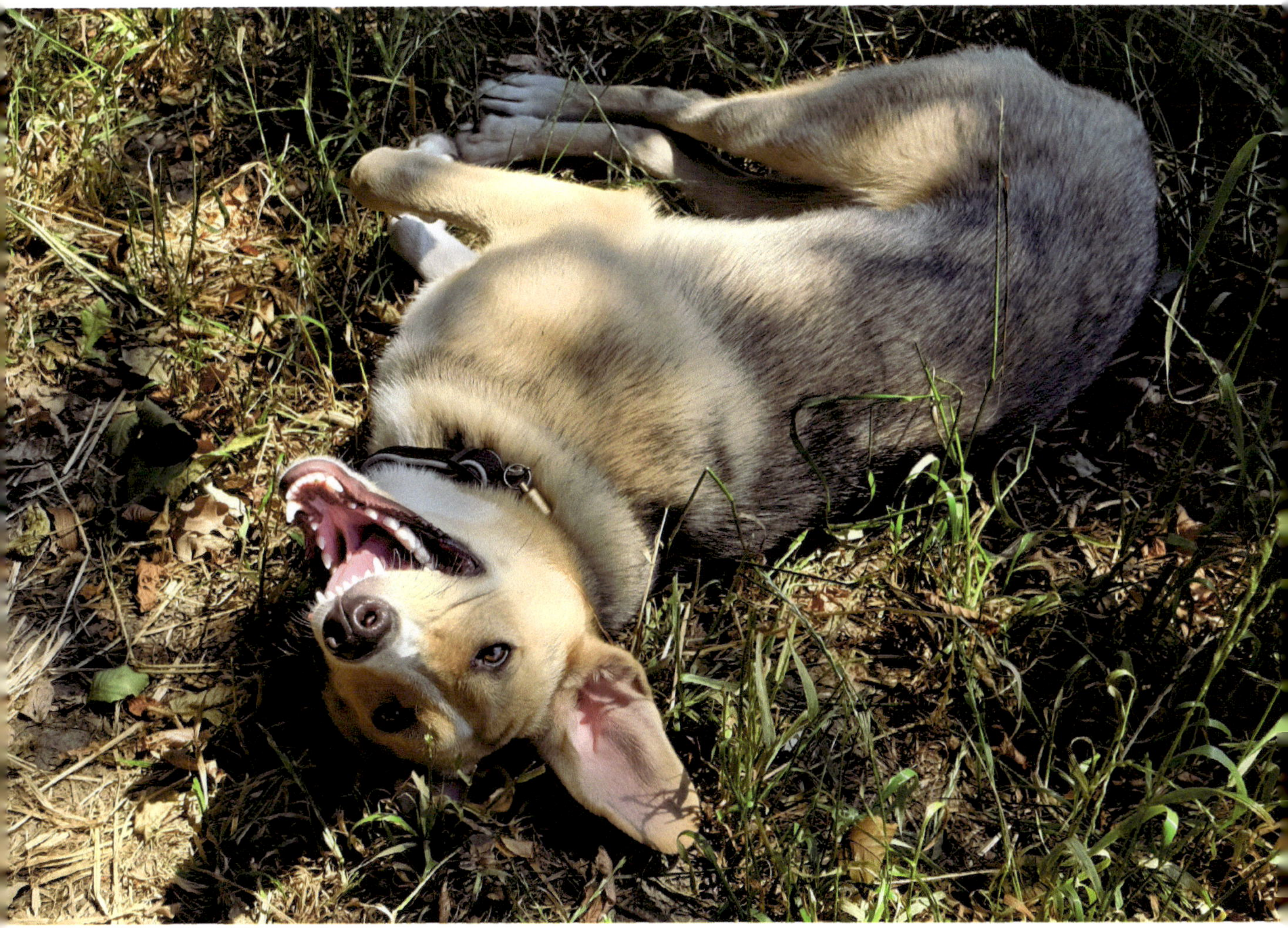

Leuchtende Farben im Herbst

Wer sich für die Landschaftsfotografie begeistert, wird den **Herbst** lieben und die meiste freie Zeit des Herbsts mit der Kamera draußen verbringen. Denn keine Jahreszeit lässt eine solche Vielfalt an warmen Farben entstehen wie der Herbst. Die Sonne steht schon nicht mehr so hoch am Himmel wie im Sommer, was das Licht fast unmerklich rötlicher erscheinen lässt. Außerdem sind die Schatten länger und nicht mehr so hart wie noch ein paar Wochen zuvor. Das Farbenspiel der Vegetation verändert sich fast täglich. Das welke Laub der Bäume und Sträucher färbt die Natur in Gelb, Rot, dunkles Grün und Ocker. Der Herbst ist die Zeit mit dem wärmsten Licht. Deshalb wirken Landschafts- und Naturfotos, die zu dieser Jahreszeit aufgenommen werden, auch besonders herbsttypisch.

Beste Tageszeit für Herbstbilder

Im Herbst ist es noch wichtiger als zu anderen Zeiten, Fotos entweder relativ früh am Tag oder erst in den zwei, drei Stunden vor Sonnenuntergang zu machen. Denn das Licht zu diesen Tageszeiten verstärkt die Farbigkeit der Natur und verschafft ihr zusätzlich ein intensives Leuchten. Auch Wolken am Himmel sind nicht problematisch, denn das diffuse Licht kann in einem Herbstwald ideal sein für eine ausgewogene und romantische Beleuchtung.

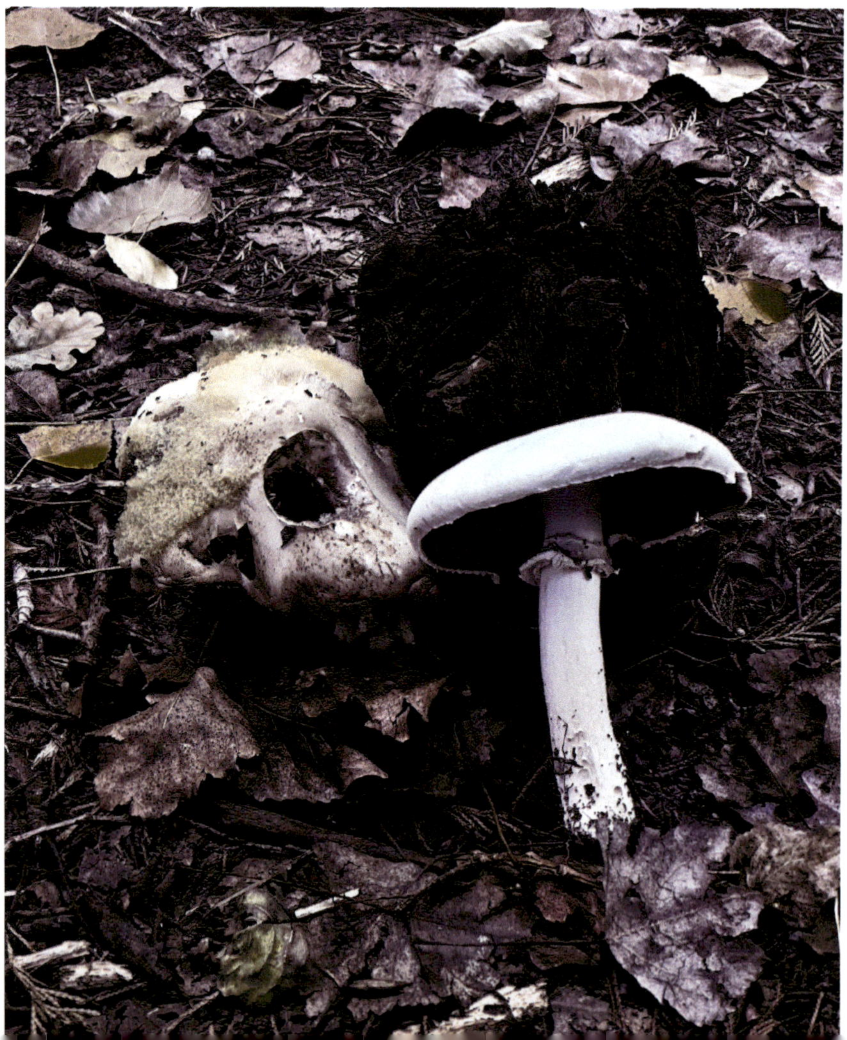

▶ *Nebelschwaden durchziehen die Felder und den morgendlichen Herbstwald. Pilze sprießen aus dem modrigen Waldboden.*

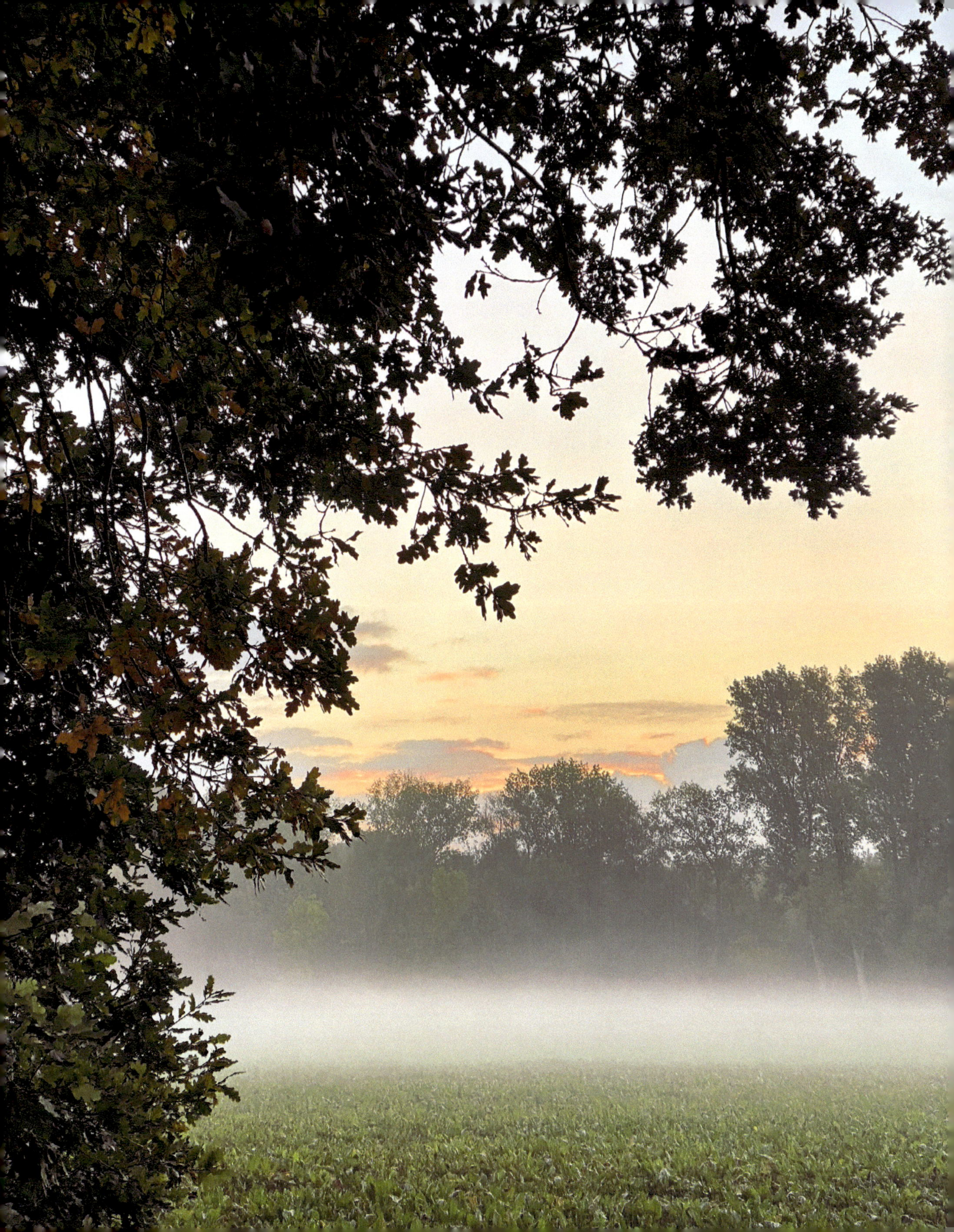

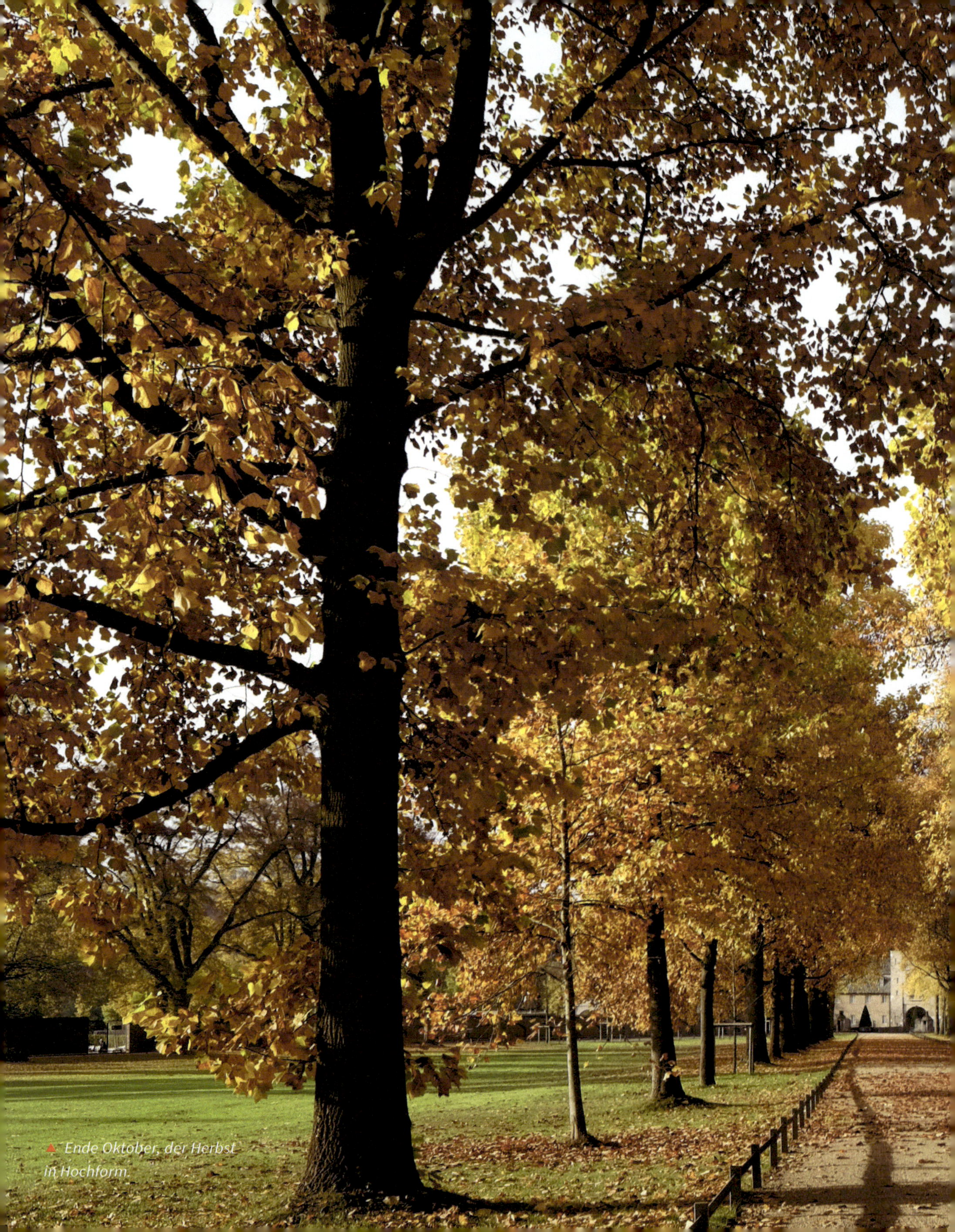

▲ Ende Oktober, der Herbst in Hochform.

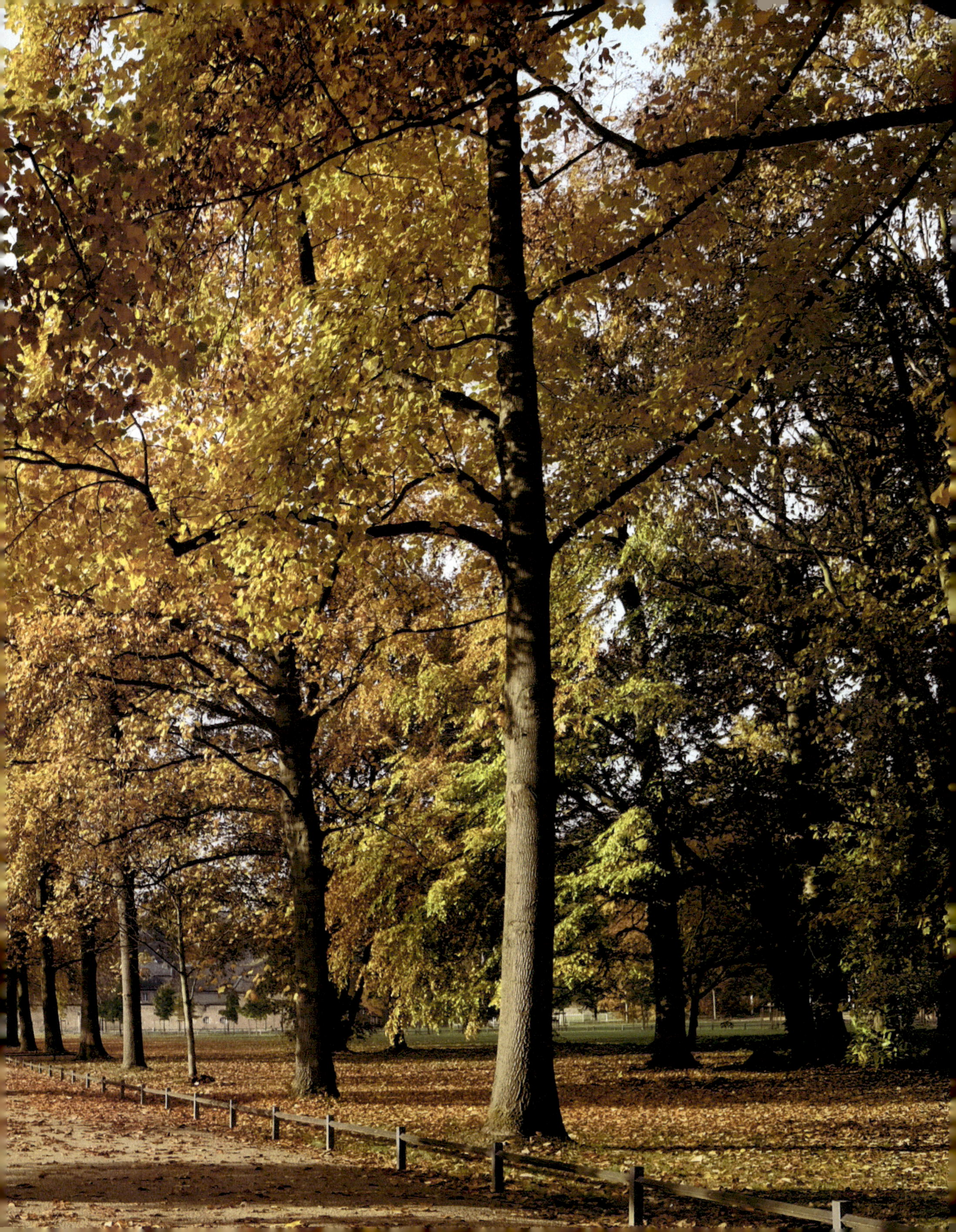

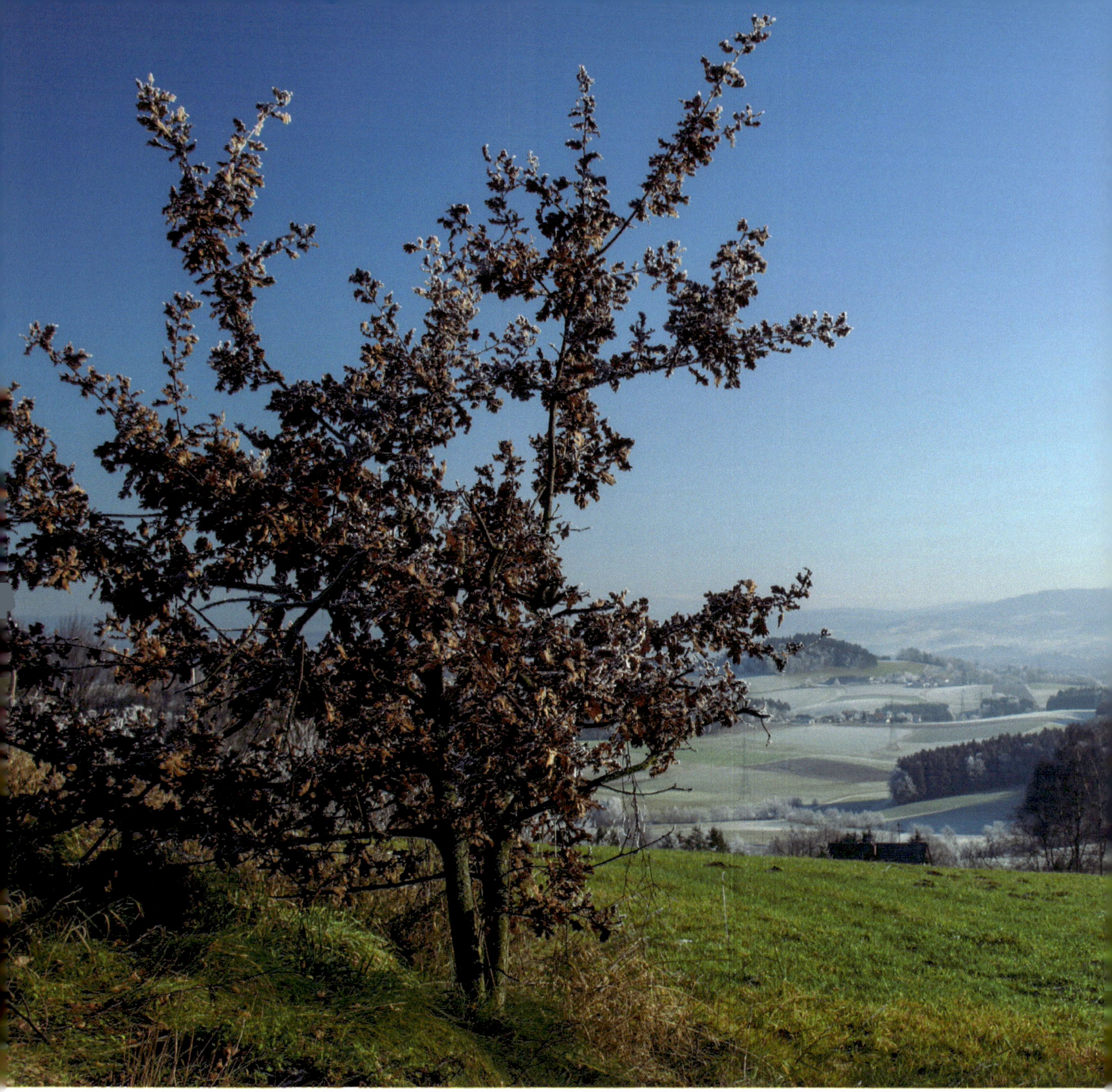

Die Kamera akklimatisieren

Wenn Sie aus der Kälte in einen warmen Raum kommen, sollten Sie die Kamera zuvor in einen luftdichten Plastikbeutel stecken, der nicht viel größer als die Kamera sein muss. Dann kann sich die Kamera akklimatisieren, ohne dass die feuchte Raumluft am kalten Gehäuse kondensiert.

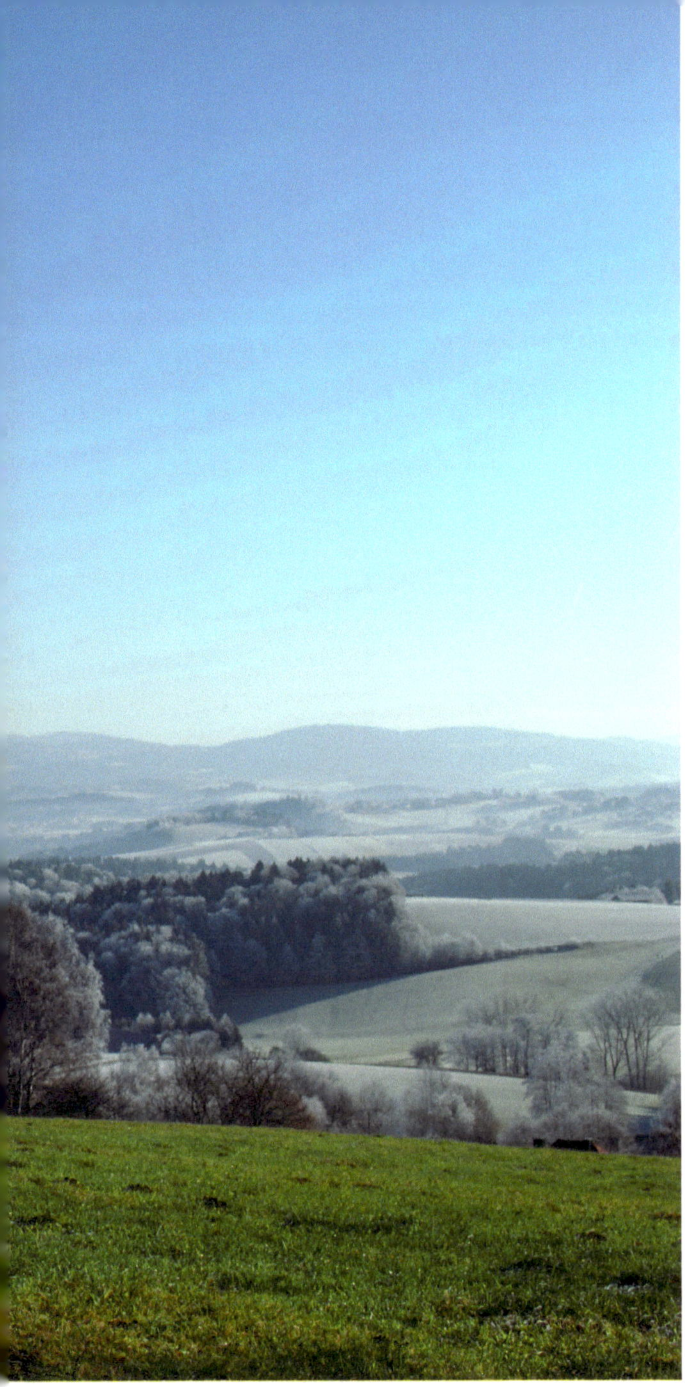

▲ *Hier vermitteln die kargen Äste und getrockneten Blätter sowie der erste Raureif auf der Landschaft einen Eindruck des bevorstehenden Winters.*

Mit Pol- und Grauverlaufsfilter

Egal wie das Wetter auch sein mag – im Herbst sollte man draußen immer einen Polfilter und eventuell einen Grauverlaufsfilter für einen zu hellen Himmel dabeihaben. Der Polfilter intensiviert die Farben nochmals. Und falls die Vegetation am Morgen oder abends ein wenig feucht ist, reduziert der Polfilter die Reflexe auf den Blättern. Die Farben werden dadurch deutlich satter. Typische Herbstmotive sind neben wilder Natur natürlich Getreidefelder, Waldboden, der mit braunen Blättern bedeckt ist, Pilze, die ersten Nebel und Motive, die schon den Nachtfrost zeigen.

Menschen im Herbstlicht

Für Streetlife- oder People-Fotografie ist der Herbst ebenfalls gut geeignet. Da das Licht an einem sonnigen Tag weich und schmeichelhaft ist, wirken Porträts vor herbstlichen Hintergründen besonders romantisch. Aber Vorsicht bei der Auswahl Ihrer Fotomodels: Herbsttypen (mit braunroten Haaren, am besten toller, lockiger Mähne, dunklen Augen und warmer Hautfarbe) wirken enorm intensiv im Herbstlicht. Menschen mit kühler Ausstrahlung (blond oder schwarzhaarig, helle, blaue Augen) kann das Licht zugutekommen, manchmal wirken solche Menschen aber in herbstlicher Szenerie etwas deplatziert, weil ihre eigenen Farben nicht zu denen des Herbsts passen.

Eis und Schnee im Winter

Wer **Winter** sagt, meint Schnee – oder zumindest Eis. Das Schwierige am Winter: Wenn man draußen mit seiner Kamera unterwegs ist, muss man immer die niedrigen Temperaturen bedenken – zum einen weil Akkus von Kameras ziemlich empfindlich auf Kälte reagieren und schneller leer sind und zum anderen weil Kamera und Objektiv nach einer längeren Tour in der Kälte sofort beschlagen, wenn man ins Warme kommt. Das kann problematisch werden, wenn sich Wassertropfen bilden, die ins Kameragehäuse fließen.

Typische Wintermotive

Wer den Winter fotografieren will, muss eigentlich nicht besonders kreativ sein. Motive mit Schnee und Eis gibt es – sofern es kalt genug ist und geschneit hat – überall. Landschaften und Landschaftsdetails, aber auch Menschen beim Skifahren, Snowboarden, Rodeln, beim Wandern im Schnee oder mit typischen Winteraccessoires wie Handschuhen und Mützen zeigen immer ganz automatisch: Jetzt ist Winter.

Belichtungsmessung im Schnee

Die Belichtungsmessung ist bei viel Weiß im Bild etwas schwierig. Besser gesagt, eigentlich ist Schnee gar nicht so schwer zu fotografieren, man muss nur wissen, wie der kamerainterne Belichtungsmesser funktioniert. Der ist nämlich auf mittleres Grau geeicht, die Werte für Blende und Belichtungszeit werden an mittlerer Helligkeit ausgerichtet.

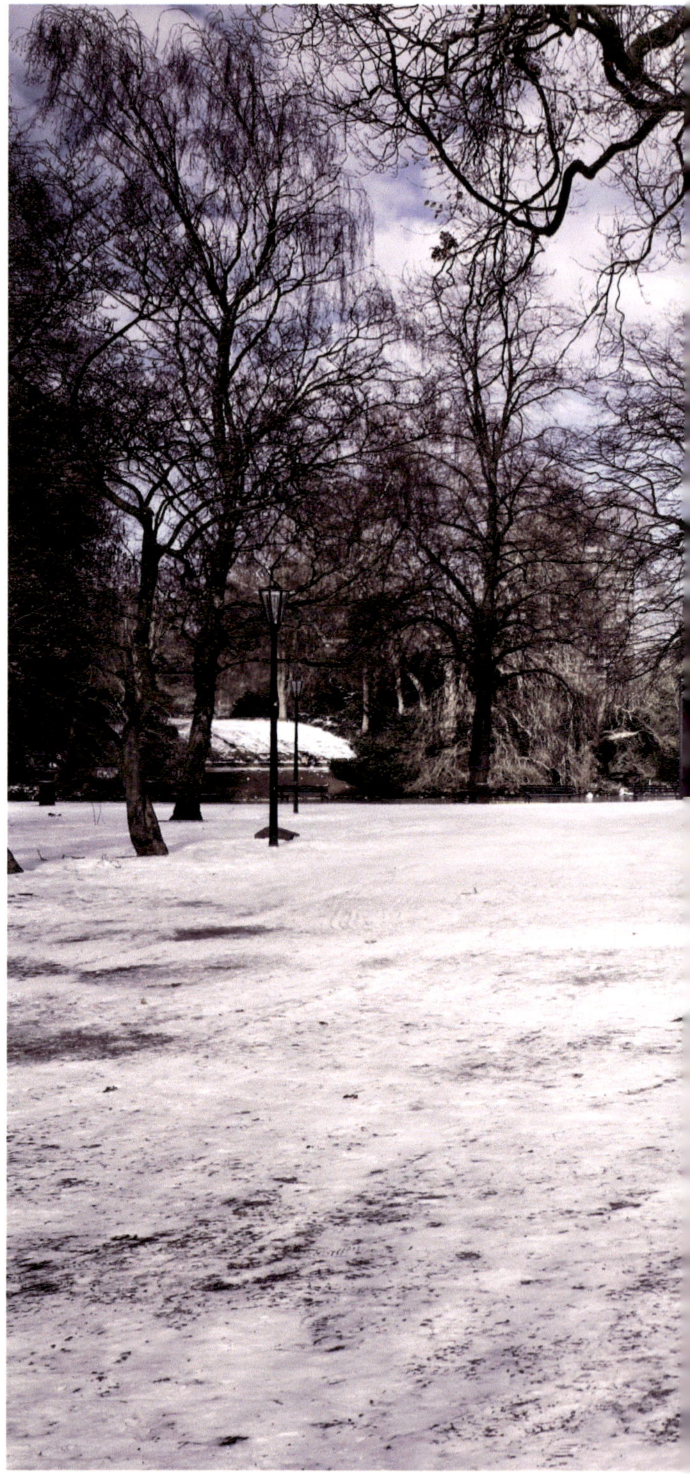

▶ *Winter in der Stadt.*

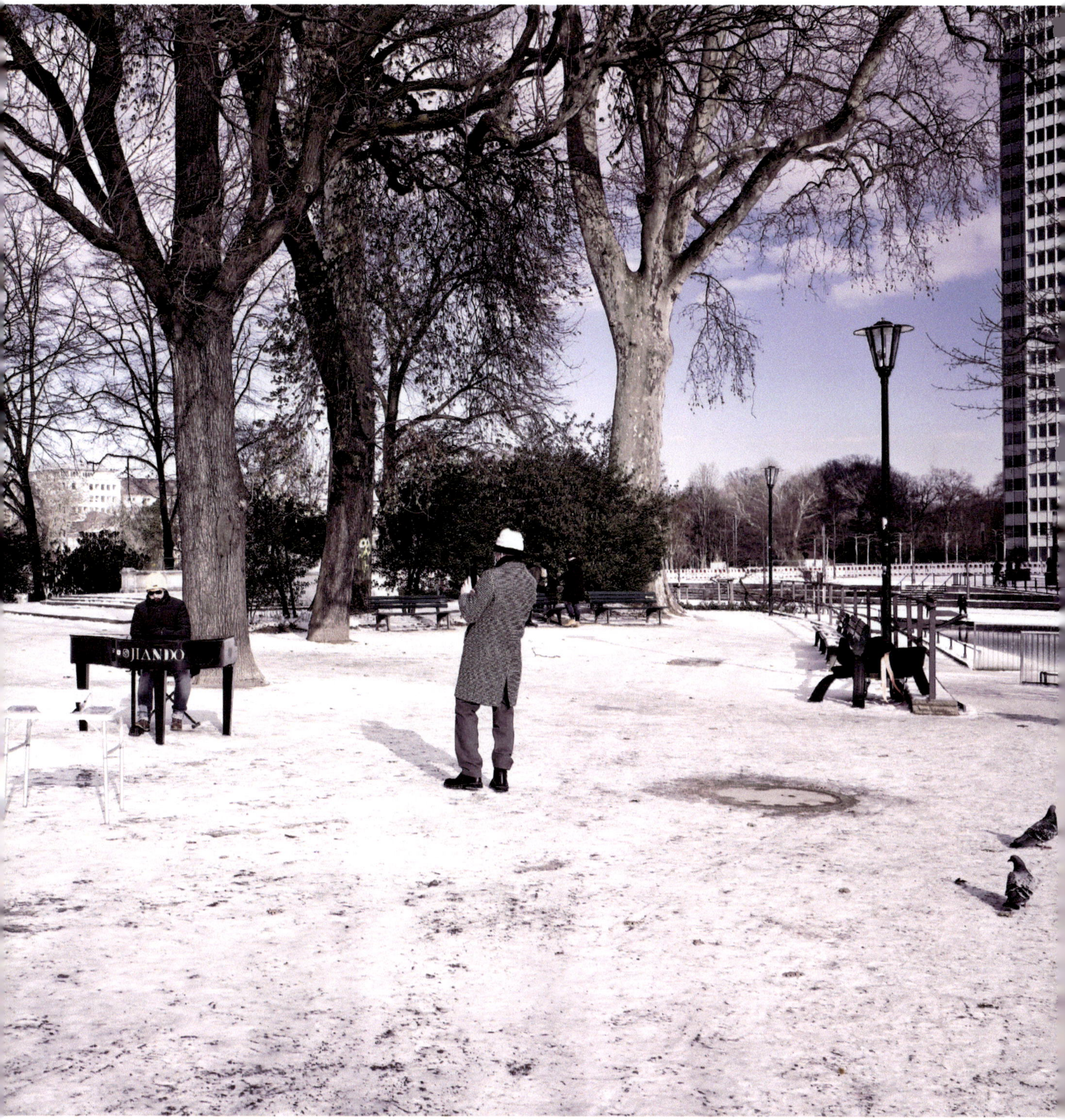
JIANDO

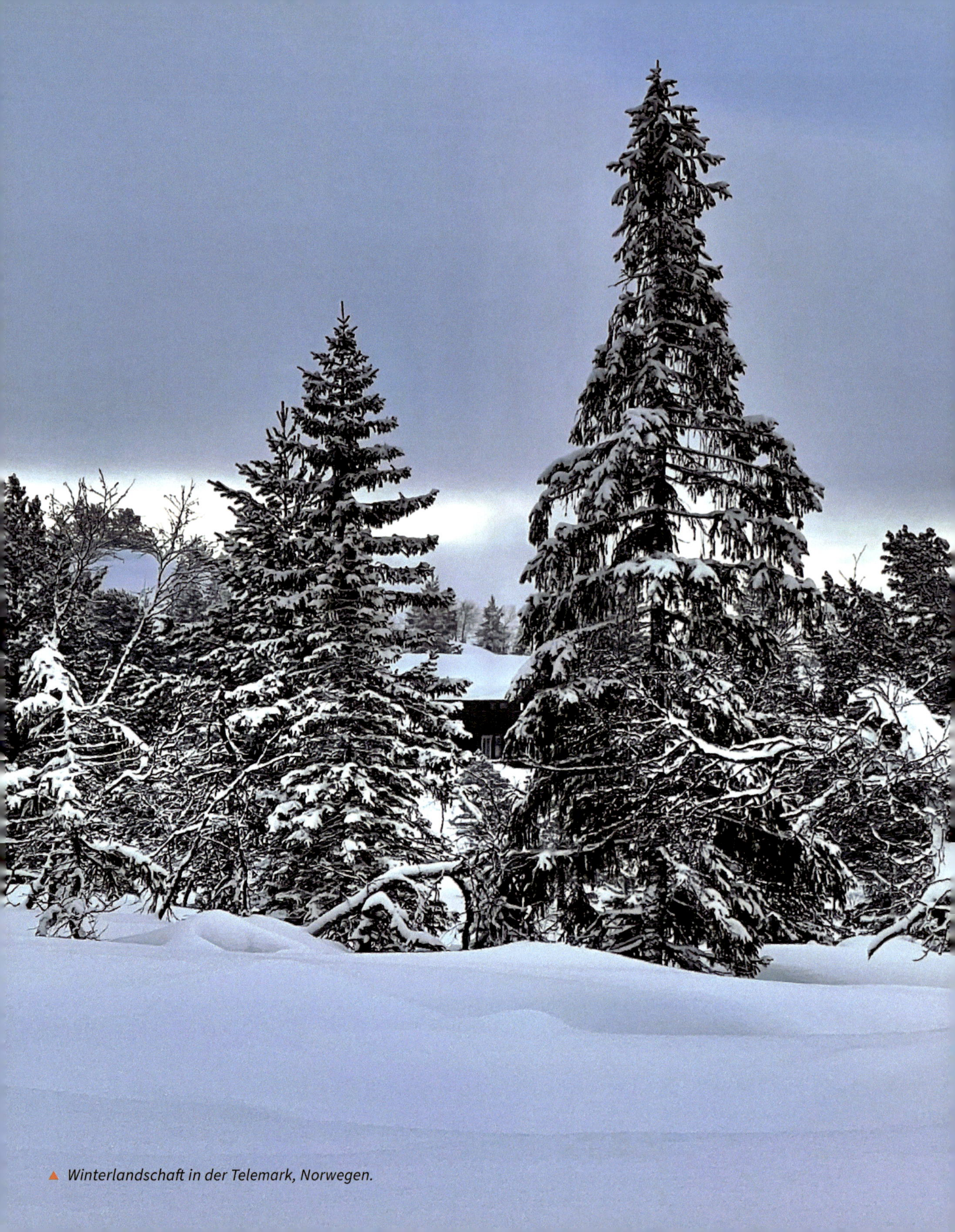

▲ *Winterlandschaft in der Telemark, Norwegen.*

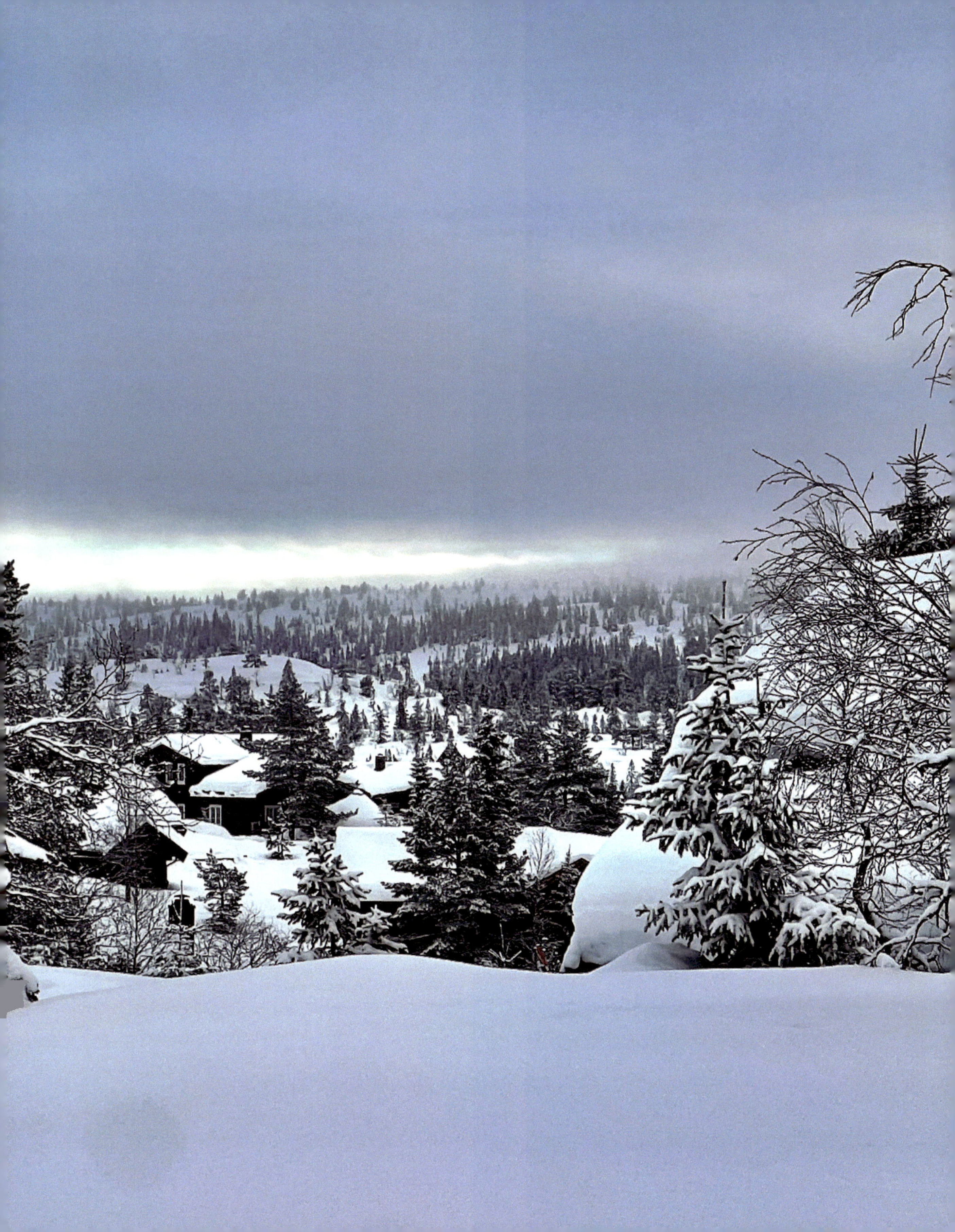

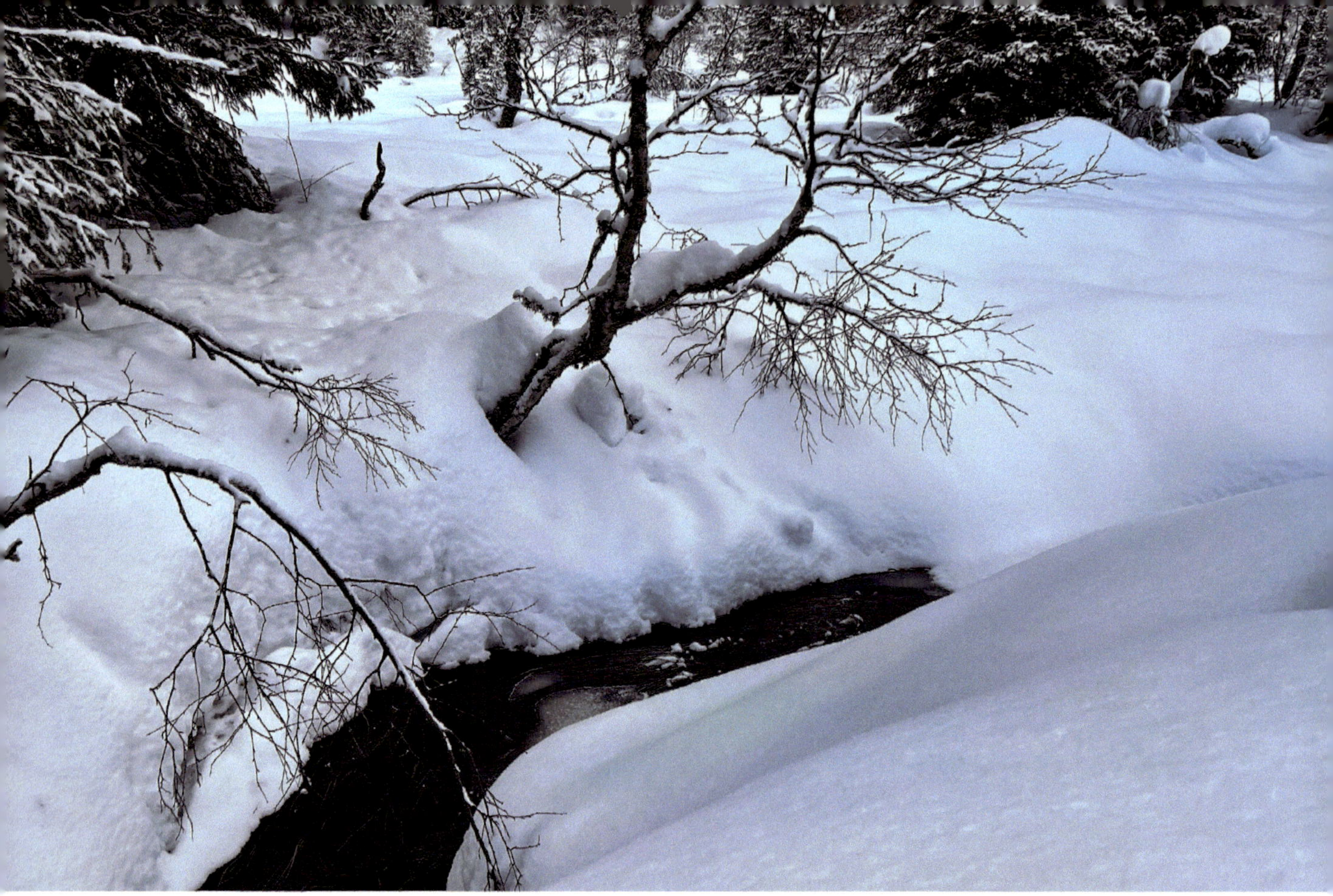

▲ *Nebenbei bemerkt, viele Kameras beinhalten ein Motivprogramm für Winteraufnahmen. Fotografiert man mit dieser Automatik, kompensiert die Kamera die Belichtung ganz automatisch.*

Da eine Schneefläche aber alles andere als mittelhell ist, muss man die Belichtungswerte manuell verändern, denn sonst sind die Resultate deutlich zu dunkel. Kompensieren Sie also die Belichtung manuell und verändern Sie entsprechend die Belichtungswerte um ca. zwei Stufen (2 EV), sodass die Bilder heller werden. Konkret heißt das z. B., dass man eine ermittelte Belichtungszeit von 1/250 Sekunde auf 1/125 Sekunde (+1 EV) oder sogar 1/60 Sekunde (+2 EV) bei gleicher Blende verlängert.

Akkus unbedingt vor Kälte schützen

In der Kälte geben Akkus sehr viel schneller als gewohnt ihre Energie ab. Sind Sie im Winter länger unterwegs, nehmen Sie sie aus der Kamera und stecken sie möglichst nah am Körper in eine Tasche – ebenso Ihren Ersatzakku. Die Körperwärme hilft dabei, die Ladung der Akkus zu erhalten. Außerdem sollte man im Winter immer einen Ersatzakku dabeihaben.

Auf die Tageszeit achten

Neben der richtigen Belichtung muss man im Winter auch wieder auf das Licht achten. Mittags bei strahlendem Himmel sind die Schatten relativ kurz, Strukturen und Details werden dann wenig konturiert. Schneeflächen, die im Schatten liegen, erhalten eine bläuliche Färbung und wirken dadurch noch kälter. Die tiefe Sonne am Vor- und Nachmittag erzeugt lange Schatten, modelliert dadurch Landschaften und beleuchtet die Umgebung rötlich. Der Kontrast zwischen der Kälte des Winters und dem warmen Licht eines Sonnenuntergangs kann auf Fotos sehr reizvoll sein, wenn man in Richtung Sonne fotografiert.

Lust auf **Landschaftsfotografie**? Entdecken Sie mit Andreas Pacek die Geheimnisse perfekter Landschaftsbilder. Starten Sie gleich vor der eigenen Haustür oder lassen Sie sich von den Fotoausflügen des Autors in Deutschland, Großbritannien, Island oder Norwegen inspirieren.

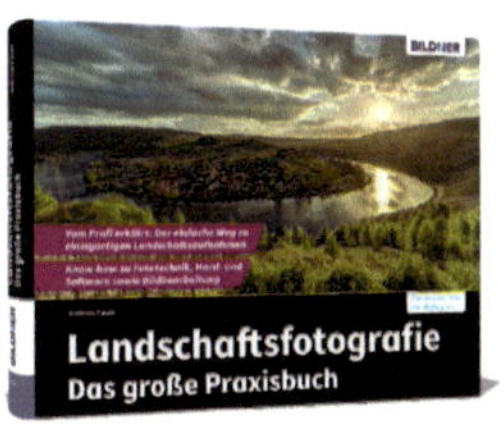

Objektivempfehlung

Landschaften und Natur sind in Bezug auf die Objektivwahl schwer einzugrenzen. Vom Makroobjektiv für kleine Details bis zum langen Tele, mit dem man Bildinhalte optisch verdichten kann, ist alles möglich. Oft werden eher das Gewicht der Ausrüstung und die notwendige Flexibilität entscheiden, welche Kamera-Objektiv-Kombination Sie dabeihaben. Grundsätzlich gilt gerade für die Landschaftsfotografie, dass Sie auf gute Linsen Wert legen sollten, die auch feinste, weit entfernte Details gut auflösen und mit entsprechender Schärfe und dem richtigen Kontrast wiedergeben. Für Weitwinkelfotos sind Festbrennweiten sicher die erste Wahl. Alles andere kann man auch mit einem ordentlichen Standardzoom fotografieren.

Landschaften mit Weitwinkel

- Festbrennweiten (ca. 15 bis 50 mm)
- Weitwinkelzoom (ca. 20 bis 40 mm)

Landschaften und Landschaftsausschnitte

- Standardzoom (ca. 30 bis 100 mm)
- Megazoom (ca. 30 bis über 200 mm)
- Festbrennweiten (ca. 50 bis 200 mm)

Naturdetails

- Standardzoom (ca. 30 bis 100 mm)
- Festbrennweiten (ca. 50 bis 200 mm)

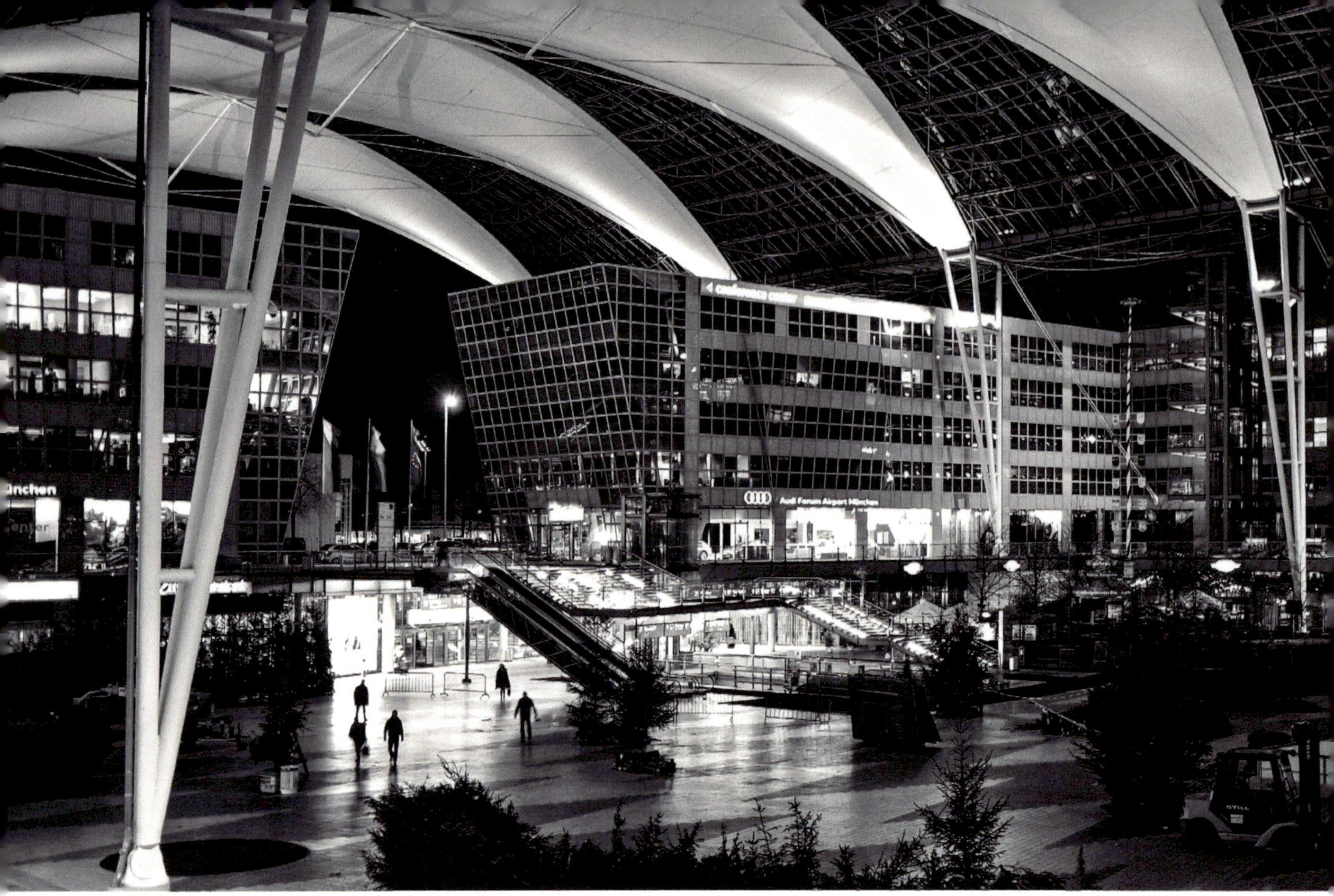

▲ *Das Münchner Airport Center mit seinem 40 Meter hohen Dach. Die offene Halle ist die architektonische Verbindung von Terminal 1 und Terminal 2 des Münchner Flughafens.*

Herausforderung Architektur

Ob im Urlaub oder zu Hause, die Fotografie architektonischer Besonderheiten ist immer eine Herausforderung, und das gleich in verschiedener Hinsicht. Bei der Fahrt zur Arbeit, beim Spazierengehen oder während eines Ausflugs können Sie immer wieder auf lohnende Motive stoßen. Es müssen nicht immer die Prachtbauten vergangener Jahrhunderte sein. Sie müssen nur einen Blick für außergewöhnliche Details entwickeln.

Architektur im richtigen Licht

Wollen Sie ein architektonisches Motiv fotografieren, kommt es darauf an, das richtige Licht zu erwischen. Ein trüber Tag kann interessant für eine im Nebel verschwindende Brücke sein. Ein strahlend blauer Himmel passt ausgezeichnet zu südländischer Architektur. Harte Kontraste, die gut das Typische moderner Bauten unterstreichen, erhalten Sie zur Mittagszeit. Sanfte Lichtstimmungen,

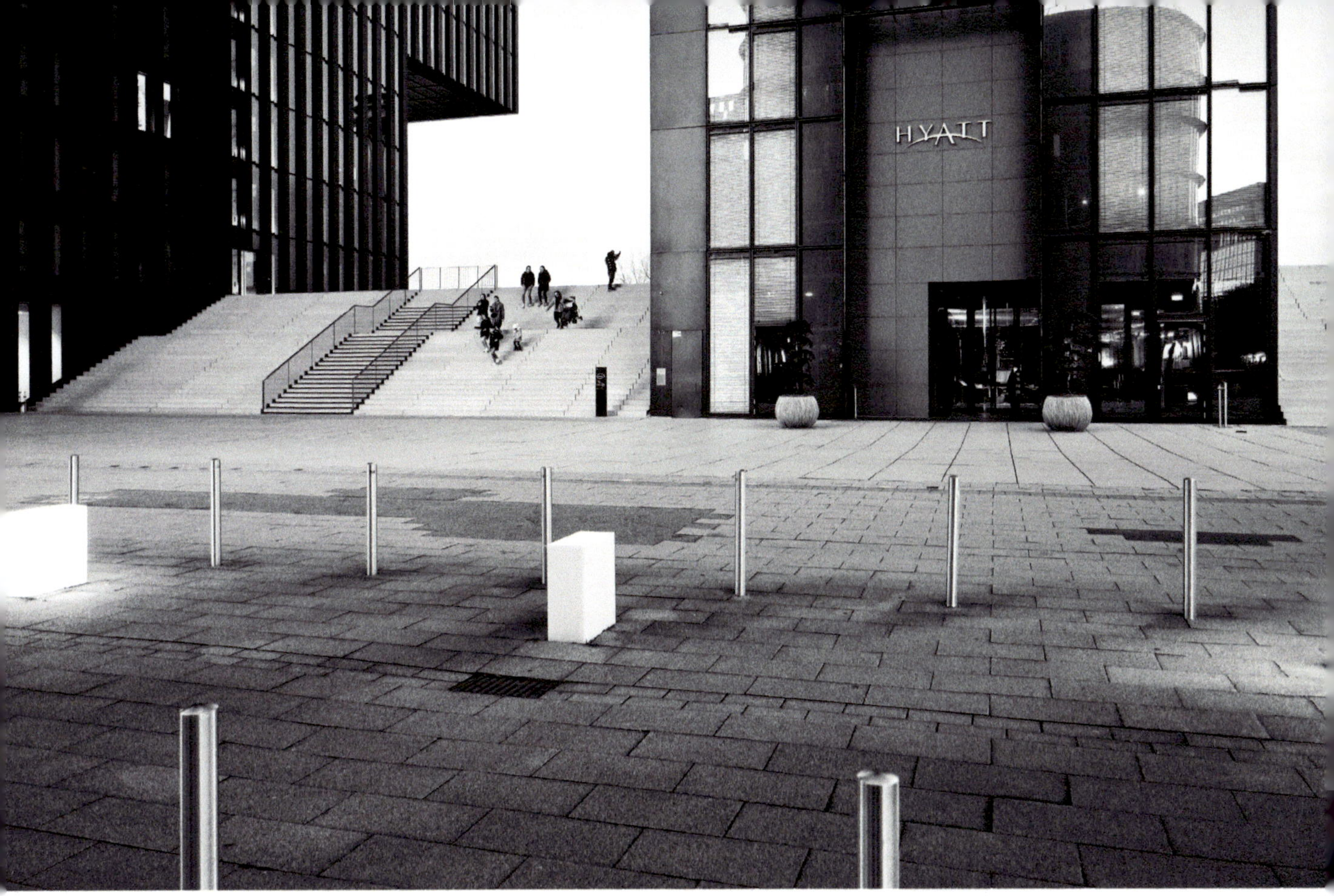

▲ *An einem späten trübgrauen Dezembernachmittag vor dem Eingang des Hyatt-Hotels im Düsseldorfer Medienhafen.*

etwa für die Silhouette eines Fischerdorfs, herrschen morgens und abends vor. Sie sollten versuchen, zur richtigen Zeit am richtigen Ort zu sein, um für Ihre Fotos das Beste aus einem architektonischen Motiv herauszuholen.

Flexible Brennweiten nutzen

Für die bewusst gestaltete Gebäudefotografie und die Flexibilität bei der Wahl des Bildausschnitts benötigen Sie verschiedene Brennweiten. Die meisten Kameras sind mit einem Zoomobjektiv ausgestattet, das die wichtigsten Brennweiten abdeckt. Der Brennweitenbereich der Zoomobjektive beginnt bei relativ kleinen Weitwinkelbrennweiten, damit Sie möglichst viel auf das Bild bekommen. Je nach Kamera reichen die Werte in den mittleren bis langen Telebereich hinein.

Bezogen auf das Kleinbildformat, bedeutet das, dass die Brennweiten von Zoomobjektiven bei etwa 28 bis 35 mm beginnen und bei mittleren Zooms bis etwa 100 mm, bei langen

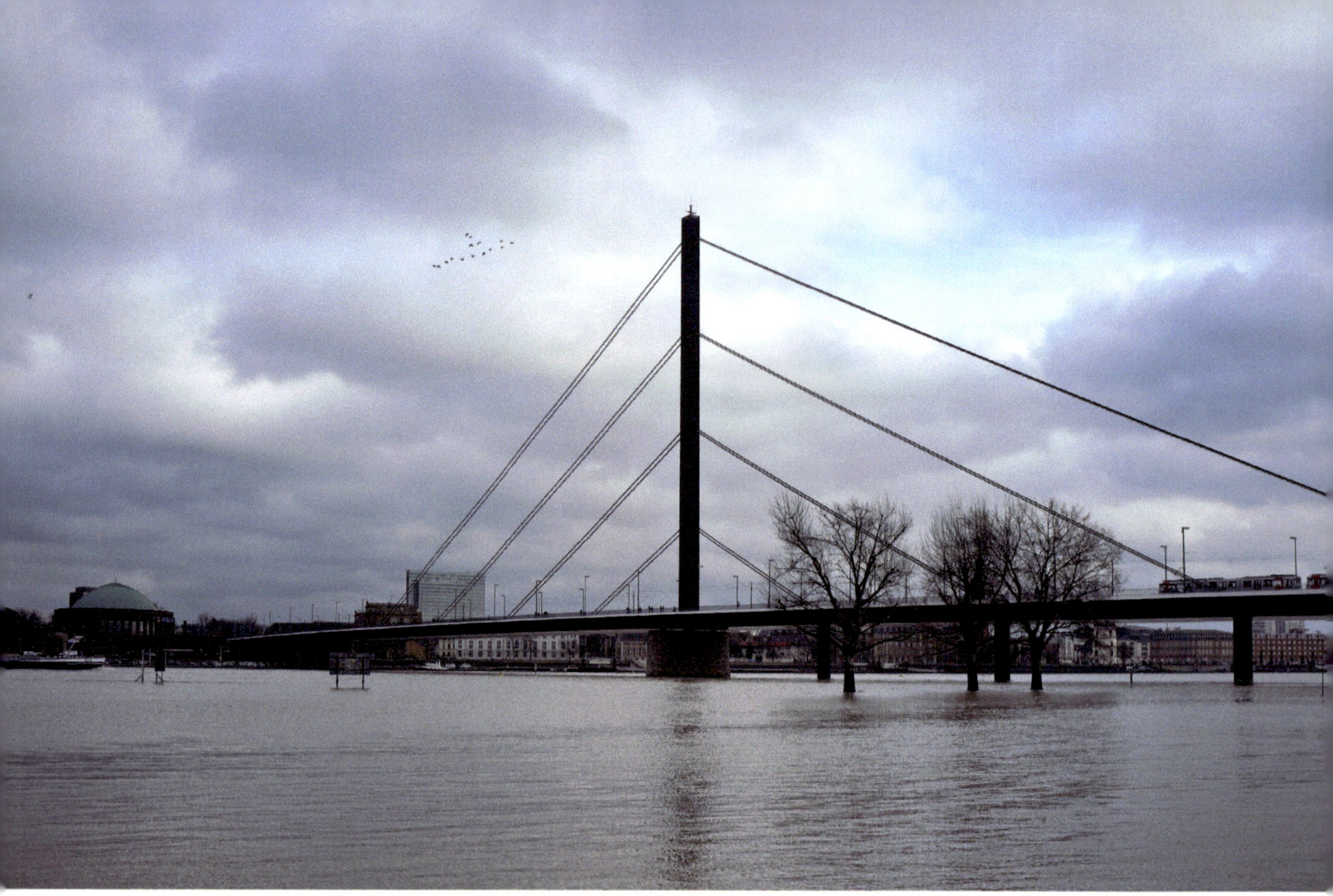

▲ *Gerade Linien wie Fahrbahn und Pfeiler einer Brücke sind eine Herausforderung für jedes Weitwinkelobjektiv.*

Zooms auch bis über 200 mm und mehr reichen. Dann gibt es noch die Superzoomobjektive, die einen Brennweitenbereich von rund 30 bis 400 mm abdecken können.

Für die Fotografie von Gebäuden sind vor allem Weitwinkel- bis mittlere Telebrennweiten interessant. Darüber hinaus können Sie natürlich mit (sehr teuren) Spezialobjektiven arbeiten, die perspektivische Verzerrungen, die sogenannten stürzenden Linien, ausgleichen.

Architektur mit Weitwinkelbrennweite

Wenn Sie mit Weitwinkel fotografieren, wollen Sie vermutlich eine Landschaft oder ein Gebäude komplett auf dem Bild haben. In Verbindung mit einer an der Kamera eingestellten kleinen Blende führen Weitwinkelbrennweiten zu ausgedehnter Schärfentiefe. Für die Gebäudefotografie bedeutet dies, dass Sie auch Nebenmotive in Ihrer Nähe – ein Tor, einen Brunnen oder einen Menschen – in den Bildaufbau einbeziehen können. Dadurch erhält ein Bild räumliche Tiefe. Allerdings bewirkt die Weit-

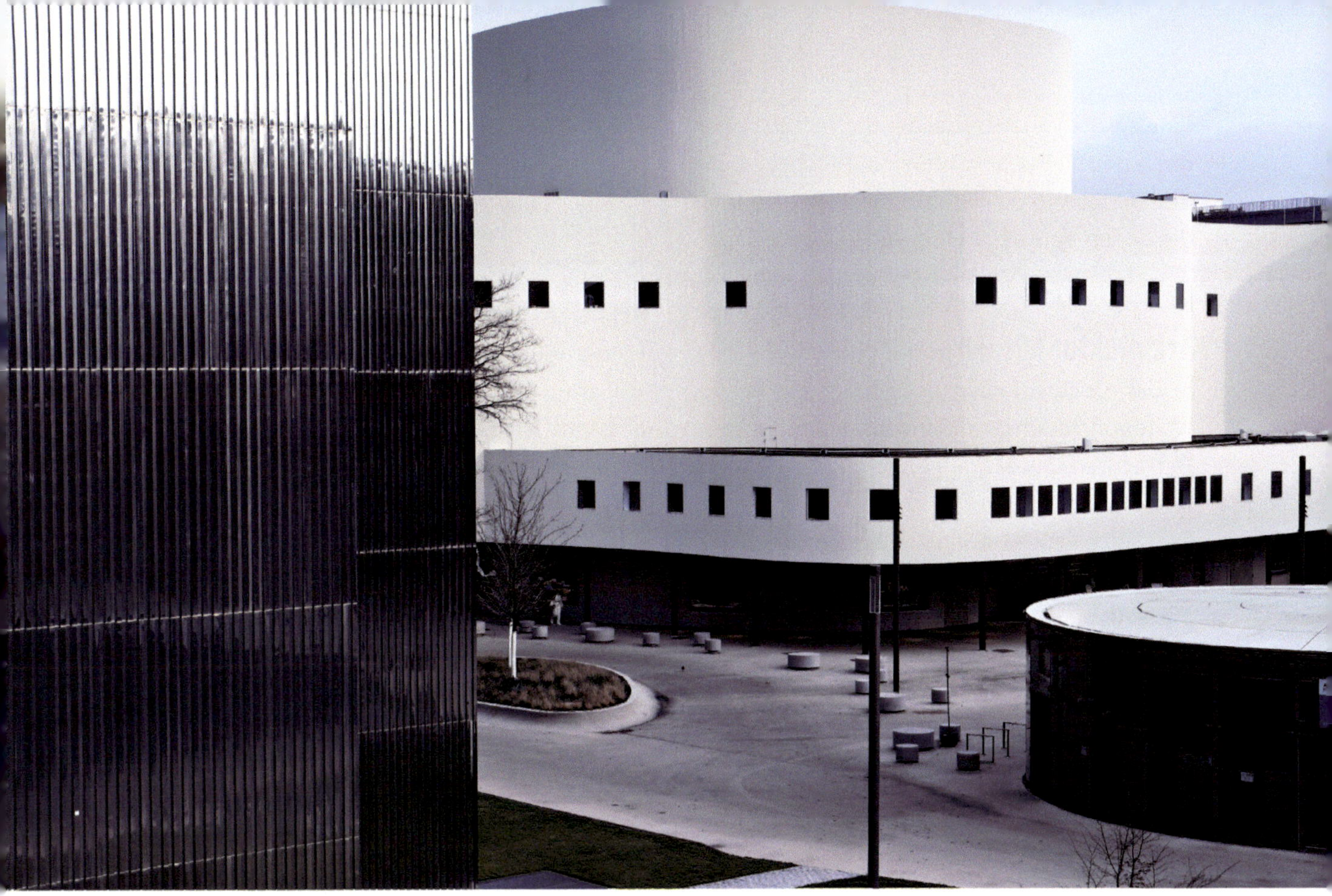

▲ *Besondere Formen verdienen besondere Bilder: Der Ausschnitt zeigt dezent, aber deutlich die geschwungenen Wände dieses Gebäudes.*

winkelfotografie auch, dass Motive, die sich näher an der Kamera befinden, im Vergleich zu weiter entfernt liegenden deutlich größer, zuweilen sogar riesig wirken.

Eine spezielle Variante des Weitwinkelobjektivs sind sogenannte Fisheye-Objektive. Diese zeigen einen extrem großen Blickwinkel, je nach Ausführung sogar bis zu 180 Grad. Es gibt Fisheyes, die rechteckige Aufnahmen produzieren und dabei sämtliche Linien, die nicht in der Bildmitte verlaufen, verbiegen.

Optische Fehler bei Weitwinkelfotos

Verzeichnung ist ein optischer Fehler, der besonders in der Weitwinkelfotografie auftreten kann. Hierbei werden gerade Linien gebogen gezeigt. Je weiter Linien wie etwa Häuserkanten am Bildrand liegen, desto stärker wirkt sich die Verzeichnung aus. Bei der tonnenförmigen Verzeichnung werden Linien nach außen, bei der kissenförmigen nach innen gebogen. Der Grad der Verzeichnung hängt von der Qualität des Objektivs ab und kann nur mithilfe komplizierter Bildbearbeitungsverfahren korrigiert werden.

Eine zweite Variante, bei der die Verzerrungen noch deutlicher auftreten, sind Fisheyes, die den Bildbereich kreisrund zeigen und eher für die experimentelle Fotografie geeignet sind.

Architektur mit Normalbrennweite

In der Kleinbildfotografie erzeugt die Brennweite von 50 mm den Blickwinkel, den Sie beim Betrachten des Motivs ohne Kamera haben. Ihre Motive werden im Sucher weder vergrößert noch verkleinert gezeigt. Man spricht bei dieser Brennweite von der Normalbrennweite. Sie ist in erster Linie für dokumentarische Aufnahmen geeignet. Gebäude werden „so, wie sie sind,“ dargestellt. Je nach Sensorgröße Ihrer Kamera liegt die Normalbrennweite jedoch bei einem anderen Wert. Ist Ihre Kamera mit einem Zoomobjektiv ausgestattet, probieren Sie durch Verstellen des Zooms aus, wann sich Ihre Sicht mit der der Kamera deckt.

Architektur mit Telebrennweite

Fotografieren Sie mit Telebrennweiten (ab ca. 100 mm bezogen auf das Kleinbildformat), entsteht ein Effekt, bei dem die Entfernung hintereinanderstehender Motive scheinbar verkürzt oder gerafft wird. So scheint die in einiger Entfernung hinter einem Denkmal aufragende Gebäudefassade nah an das Hauptmotiv im Vordergrund heranzurücken. Bei der Verwendung von Weitwinkeleinstellungen entsteht der gegenteilige Effekt: Entfernungen zwischen einzelnen Motiven werden scheinbar vergrößert.

▼ *Stürzende Linien oder abstrakte Architektur?*

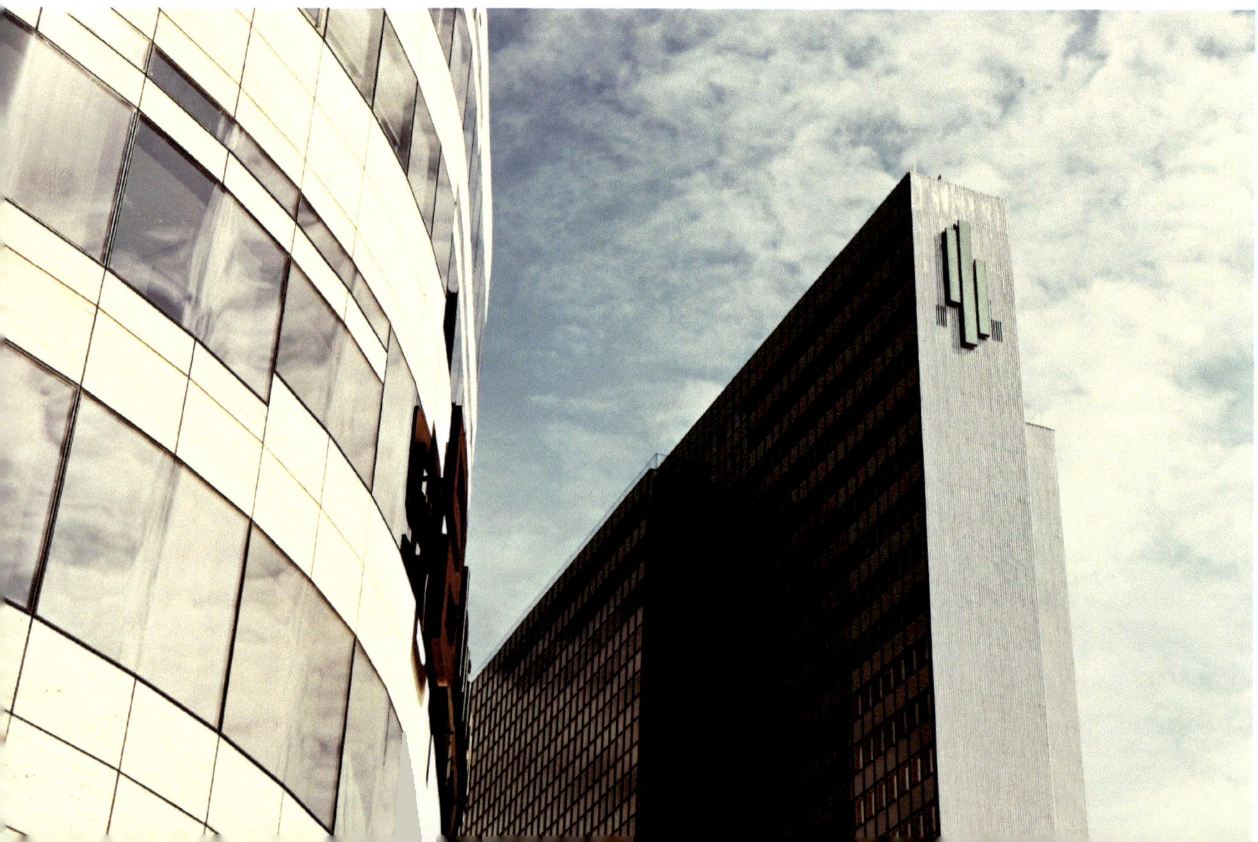

Auf das Bauwerk konzentrieren

Wenn Sie vor einem beeindruckenden Gebäude stehen, nehmen Sie immer auch die gesamte Umgebung wahr. Hupende Autos, Menschen im Gespräch, den Geruch eines Cafés oder einer Bäckerei, den Wind, die Hitze eines Sommertags – all diese Eindrücke können Sie nicht mit der Kamera festhalten. Deshalb sollten Sie sich beim Fotografieren voll und ganz auf das Bauwerk konzentrieren.

Beginnen Sie damit, aus einiger Entfernung Gesamtansichten aufzunehmen. Wenn möglich, umrunden Sie Ihr Motiv und probieren verschiedene Perspektiven (von oben, von unten, seitlich) aus. Gibt es Nebenmotive im Vordergrund, die zur Wirkung des Gebäudes beitragen? Ein Denkmal, ein Brunnen, die Straße mit Passanten können interessant sein. Außerdem liefern sie Anhaltspunkte zur Größeneinschätzung des Motivs. Das ist gerade dann wichtig, wenn Sie vor besonders großen oder kleinen Bauwerken stehen.

Haben Sie bei den ersten Aufnahmen Ansichten entdeckt, die sich für Ausschnitte eignen, machen Sie als Nächstes Fotos von Teilen des Bauwerks. Vermutlich werden Sie auch kleinere Details – Malereien, Reliefs, Intarsien etc. – entdecken, die zu fotografieren sich lohnen. Wechseln Sie hierfür entweder den Standort oder arbeiten Sie mit dem Zoomobjektiv, um Details nah heranzuholen.

▼ *Frontaler Ausschnitt des Düsseldorfer Stadttors, eines der modernsten Bürogebäude in Europa.*

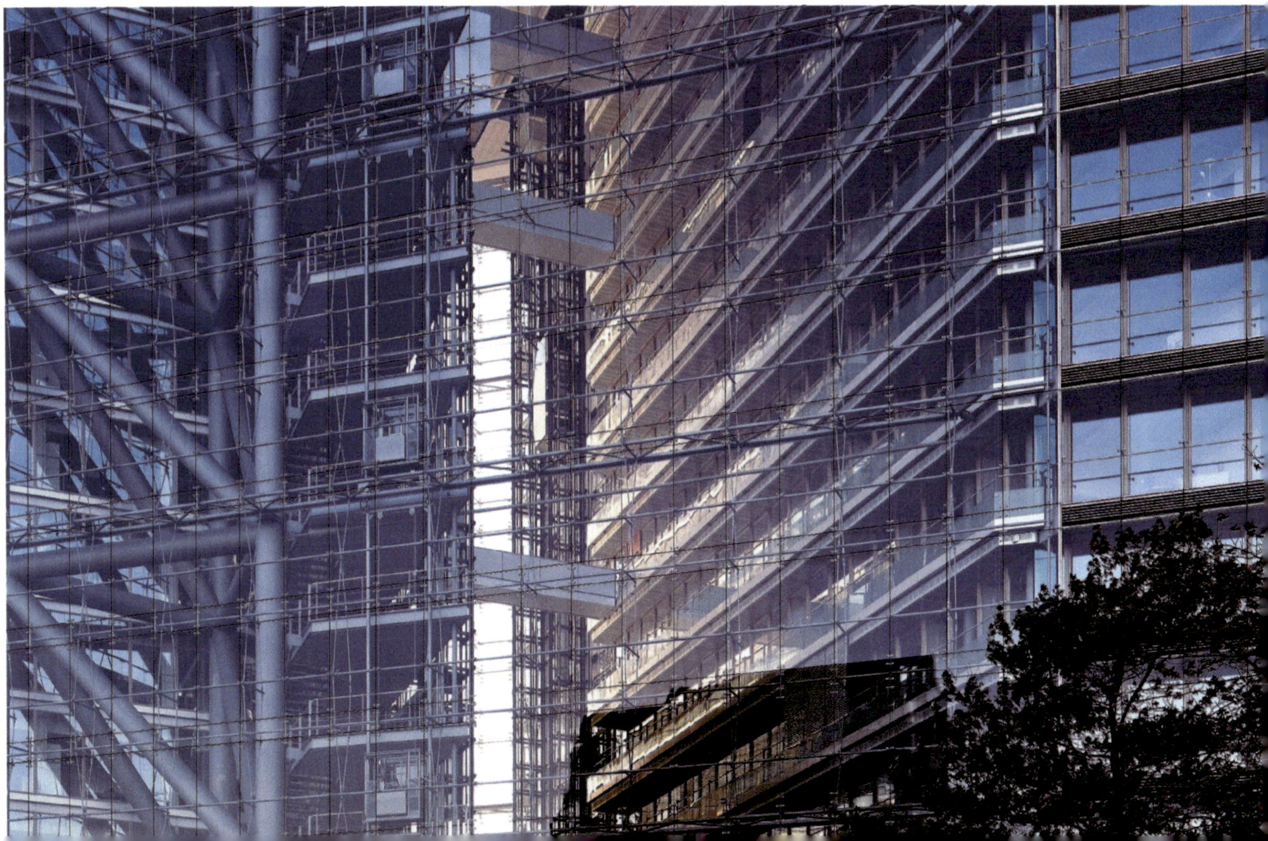

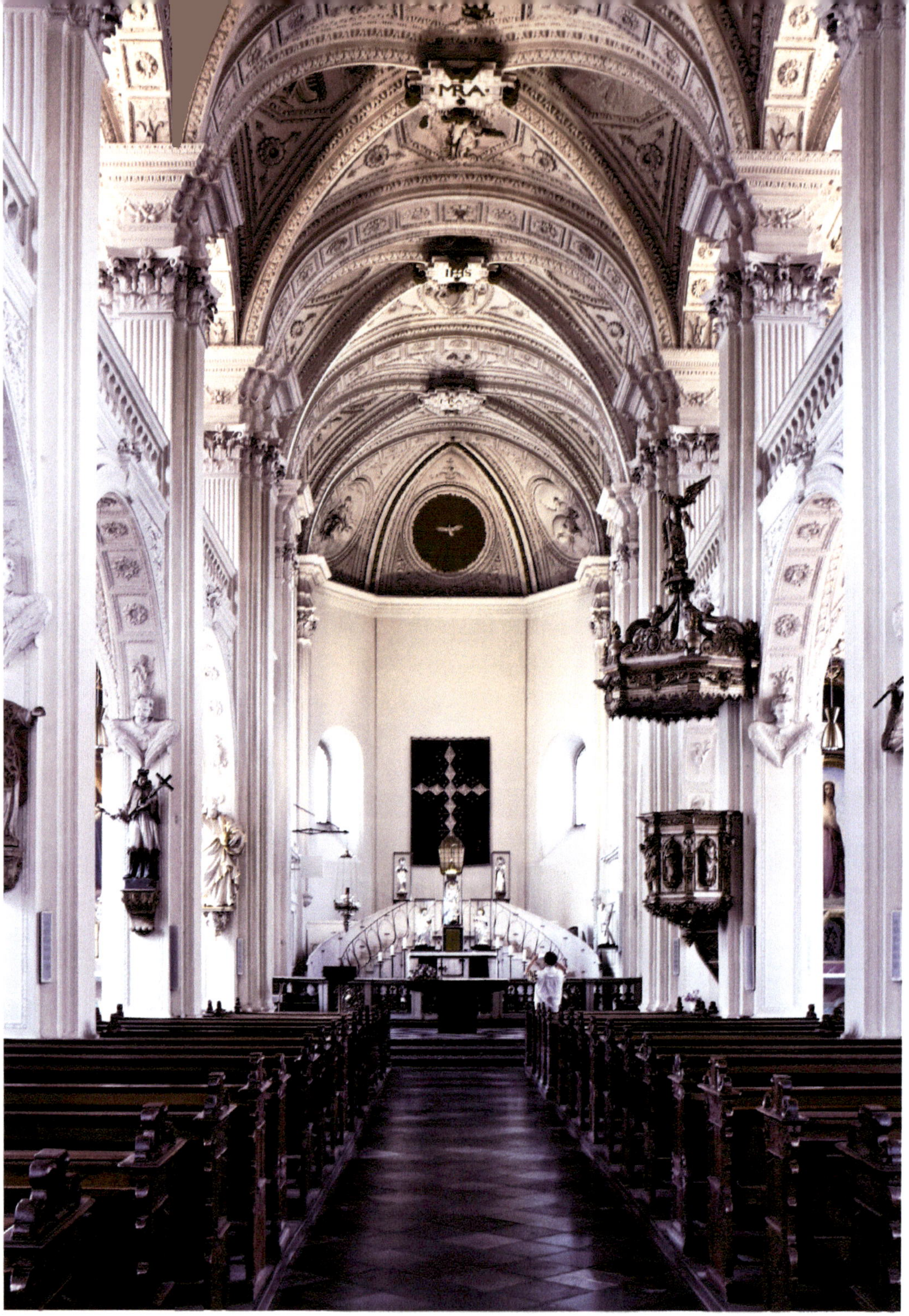

▲ *Gut belichtete Innenräume eignen sich für kleinere ISO-Werte. Reflexionen in Glas oder polierten Oberflächen erhöhen den Reiz.*

Optimalen Blickwinkel finden

Wenn Sie auf Reisen Sehenswürdigkeiten fotografieren möchten, helfen oft Prospekte und Reiseführer weiter. Auf den darin abgebildeten Fotos sehen Sie meist, welchen Kamerastandpunkt der Fotograf gewählt hat. So sparen Sie viel Zeit auf der Suche nach einem vorteilhaften Blickwinkel. Natürlich schadet es nicht, ein Gebäude trotzdem zu umrunden.

Achten Sie bei Detailaufnahmen besonders auf den Schattenwurf, denn je nach Sonnenstand kann ein kleines Relief an einer Hauswand ganz unscheinbar, wenige Stunden früher oder später aber hochinteressant wirken. Bei farbigen Details werden Sie oft in der Mittagssonne mit eher blassen Farben oder überstrahlten Flächen zu kämpfen haben. Auch hier bietet sich für kontrastreiche Bilder eine andere Tageszeit an.

Innenräume mit höherer ISO

Bei vielen Gebäuden ist es kein Problem, mit Kamera und Stativ (wichtig für schlecht beleuchtete Räume) auch in den Innenräumen zu arbeiten. In manchen Museen, Kirchen oder sonstigen religiösen Bauwerken kann das Fotografieren jedoch verboten oder zumindest unerwünscht sein. Manchmal darf man zwar seine Kamera, nicht aber das Stativ mit nach innen nehmen, weil die Räume zu eng sind oder andere Besucher gestört werden können.

Auch das Fotografieren mit Blitzlicht ist manchmal untersagt, um beispielsweise lichtempfindlichen Wandgemälden keinen Schaden zuzufügen. Versuchen Sie nicht, Verbote zu unterlaufen. Früher büßte man schlimmstenfalls seinen Film ein, heute ist es möglicherweise die teure Speicherkarte. Erkundigen Sie sich auf jeden Fall vorher, ob und auf welche Weise es erlaubt ist, Fotos zu machen.

Wenn kein Stativ erlaubt ist, müssen Sie wahrscheinlich mit höherer Empfindlichkeit fotografieren und diese dazu auf einen höheren ISO-Wert stellen. Zwar wird dadurch das Bildrauschen erhöht, Sie erhalten aber zumindest scharfe Bilder, weil die Belichtungszeiten aufgrund der hohen Sensorempfindlichkeit entsprechend verkürzt werden können und man aus der Hand fotografieren kann.

Bildstabilisator und Spotmessung

Wenn Ihre Kamera mit einem Bildstabilisator ausgestattet ist, haben Sie eventuell die nötige Belichtungsreserve für dunkle Innenräume. Die zwei bis drei Belichtungsstufen, die der Stabilisator bringen kann, reichen zusammen mit einer etwas höheren Empfindlichkeit möglicherweise schon aus. Je nach Motiv können Sie aber auch über eine Spotmessung, sofern Ihre Kamera über diese Funktion verfügt, vernünftig belichtete Aufnahmen machen. Die Spotmessung bietet sich an, wenn es im Innenraum ein deutlich helleres Motiv gibt, wie man es beispielsweise in Kirchen im Altarraum findet. Wollen Sie bei der Belichtung auf Nummer sicher gehen, sehen Sie im Handbuch Ihrer Kamera nach, ob sie Belichtungsreihen unterstützt. Dadurch erhalten Sie mit hoher Wahrscheinlichkeit zumindest immer ein gut belichtetes Foto.

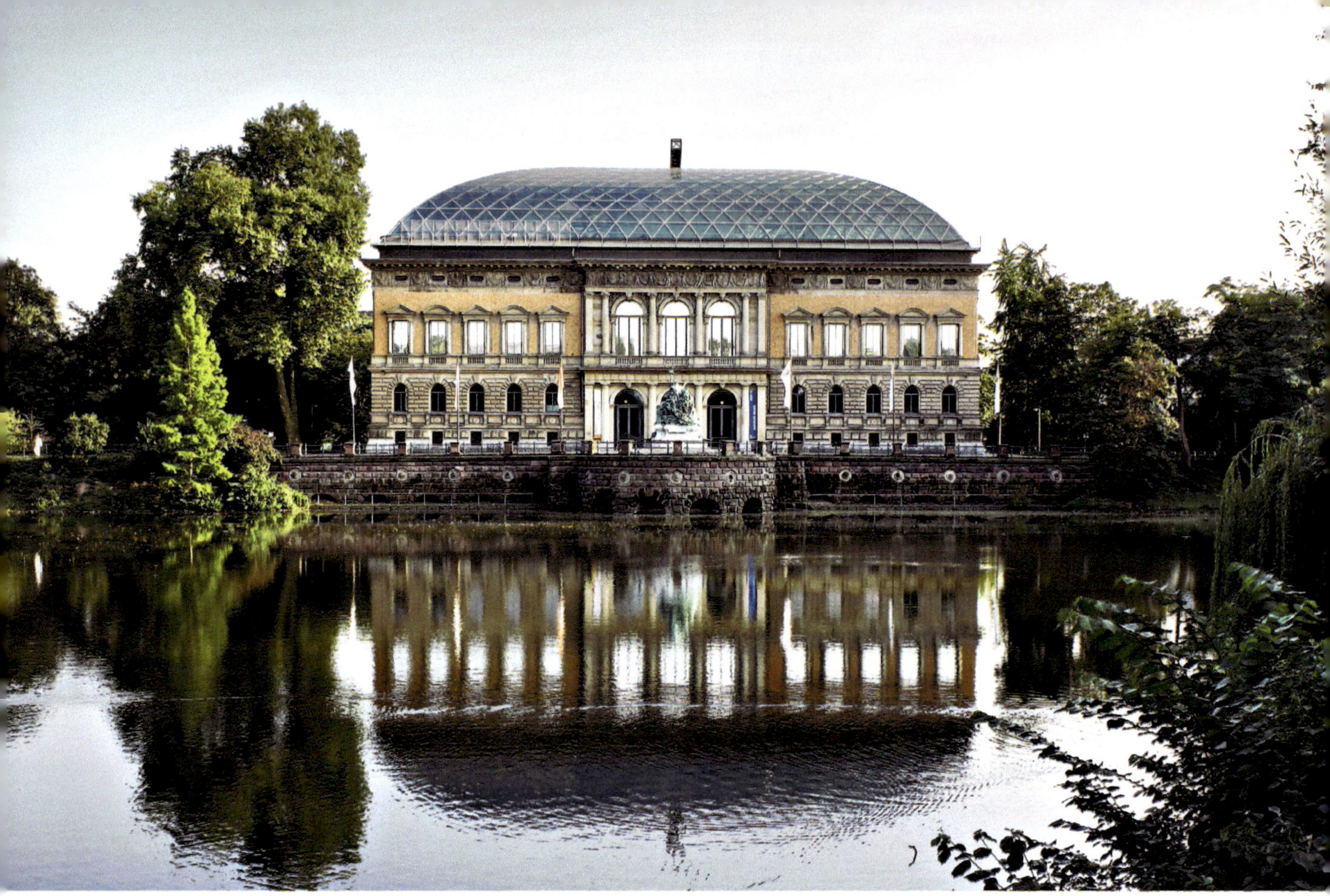

▲ *Das K21 in Düsseldorf, aufgenommen unmittelbar bei Beginn der blauen Stunde.*

Magische Lichtstimmungen

Viele Fotografen sind für Gebäudefotos in der sogenannten blauen Stunde unterwegs, der Zeit kurz vor Sonnenaufgang oder kurz nach Sonnenuntergang. Zu diesen Tageszeiten wirkt das Licht bläulich. Es ist besonders diffus, die Schatten sind sehr weich.

Weil die Lichtmenge zur blauen Stunde relativ gering ist, sind Fotos mit bester Bildqualität und maximaler Schärfentiefe (niedrige Empfindlichkeit, kleine Blende) meist nur mit Stativ möglich. In Kombination z. B. mit Scheinwerfern, die eine Kirche anstrahlen, oder mit Straßenlaternen, die eine Häuserfront ausleuchten, können atemberaubende Lichtstimmungen entstehen, die so zu keiner anderen Tageszeit gemacht werden können.

Stürzende Linien mal anders

Der meist ungewollte Effekt der stürzenden Linien, bei dem Gebäude auf Fotos nach hinten zu kippen scheinen, lässt sich vermeiden, wenn Sie auf Augenhöhe mit dem Motiv stehen, Ihre Kamera absolut waagerecht halten und damit das gesamte Motiv erfassen können. Sobald Sie die Kamera nach oben oder unten kippen,

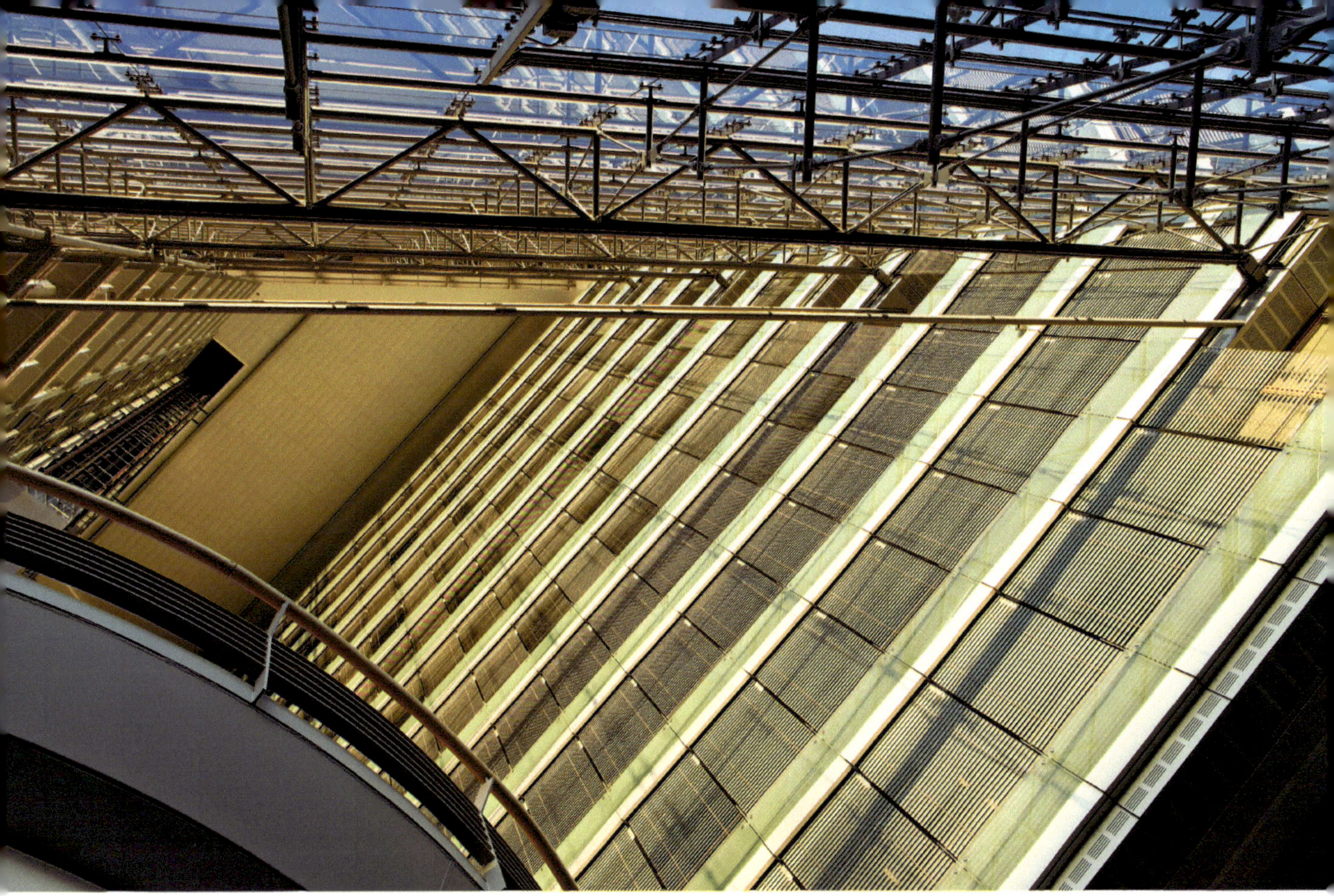

▲ *Stürzende Linien und der Blick nach oben bringen Dynamik ins Bild.*

laufen die Kanten eines Gebäudes perspektivisch zusammen. Wenn es nicht möglich ist, einen idealen Standort zum Fotografieren einzunehmen, entfernen Sie sich vom Gebäude und fotografieren mit Telebrennweiten.

Hierdurch wird der störende Effekt verringert. Bei Gebäuden, die an Plätzen stehen, ist dies oft möglich, auch wenn dann nur mit einer Weitwinkelbrennweite fotografiert werden kann. Ist auch das nicht machbar, weil das Gebäude zum Beispiel mitten in einem Gebäudekomplex steht, bleibt als letzte Möglichkeit die Bildbearbeitung.

Mehr Dynamik gewinnen

Charakteristisch für Gebäudeaufnahmen mit stürzenden Linien ist die Froschperspektive, die das Gebäude deutlich größer erscheinen lässt. Wenn sich diese Perspektive nicht umgehen lässt, können Sie versuchen, diesen Eindruck aktiv in die Gestaltung Ihrer Bilder miteinzubeziehen. Nehmen Sie nicht den einzelnen Wolkenkratzer, sondern die ganze Straßenschlucht ins Bild. Durch die steil aufragenden Fassaden wirkt die Straße schmaler, und die Komposition gewinnt an Dynamik.

Objektivempfehlung

Wer sich für die Fotografie von Bauwerken begeistert, sollte entsprechende Objektive, am besten mit fester Brennweite, wählen. Die Lichtstärke ist zweitrangig, da man in der Regel sowieso mit Stativ arbeitet. Leider sind die am besten für die Architekturfotografie geeigneten Optiken im Vergleich zu normalen Zoomobjektiven sehr teuer. Dafür ist die Bildqualität bei Weitwinkelaufnahmen deutlich besser. Spezielle Weitwinkelobjektive mit fester Brennweite liefern Bilder mit weniger Abbildungsfehlern, wie Unschärfe an den Rändern, Vignettierung, Verzeichnung oder chromatischer Aberration.

Architektur

- Fisheye (für besondere Effekte)
- Festbrennweite (ca. 15 bis 35 mm)
- Tilt-/Shift-Objektive gegen stürzende Linien und zur Steuerung der Schärfentiefe
- Weitwinkelzoom (ca. 20 bis 50 mm)

Gebäudedetails

- Festbrennweite (ca. 50 bis 200 mm)
- Standardzoom (ca. 30 bis 200 mm)

Menschen vor der Kamera

Nichts sieht man häufiger auf Fotografien als Menschen. Aber Menschen sind oft nur Beiwerk – zufällig im Bild auftauchende Passanten in einem Urlaubsschnappschuss, das Publikum während eines Sportereignisses, Personen im Hintergrund auf einem Partyfoto. Werden Menschen dagegen bewusst als Teil einer gestalteten Aufnahme gesehen, entstehen Porträtfotografien. Porträts findet man in vielen fotografischen Gebieten: Reportage, Studio, Akt – also immer dann, wenn der Fotograf das Besondere eines Menschen zeigen möchte.

Persönlichkeit zeigen

In diesem Kapitel liegt der Schwerpunkt nicht auf der Motivsituation, sondern auf dem Porträtierten selbst. Die Bilder sollen nicht nur ein Gesicht, sondern die Persönlichkeit des Menschen abbilden. Porträts können sehr verschieden sein und sehr unterschiedliche Aussagen über die dargestellte Person vermitteln. Der Blick in die Kamera scheint logisch, aber auch der verträumte Blick aus dem Fenster kann Bände sprechen. Und je näher Sie Ihrem Model mit der Kamera kommen, desto eindringlicher wirken Details, die aus der Entfernung nicht wahrnehmbar sind. Erste Fältchen, lebendige Spitzlichter in den Pupillen, die Zahnlücke des Kleinkinds – versuchen Sie immer, Details zu finden, die etwas aussagen.

▶ *Kopfhaltung und Blickrichtung, die den Körper umschlingenden Arme und die nasse Glasscheibe im Vordergrund erzeugen eine melancholische Stimmung.*

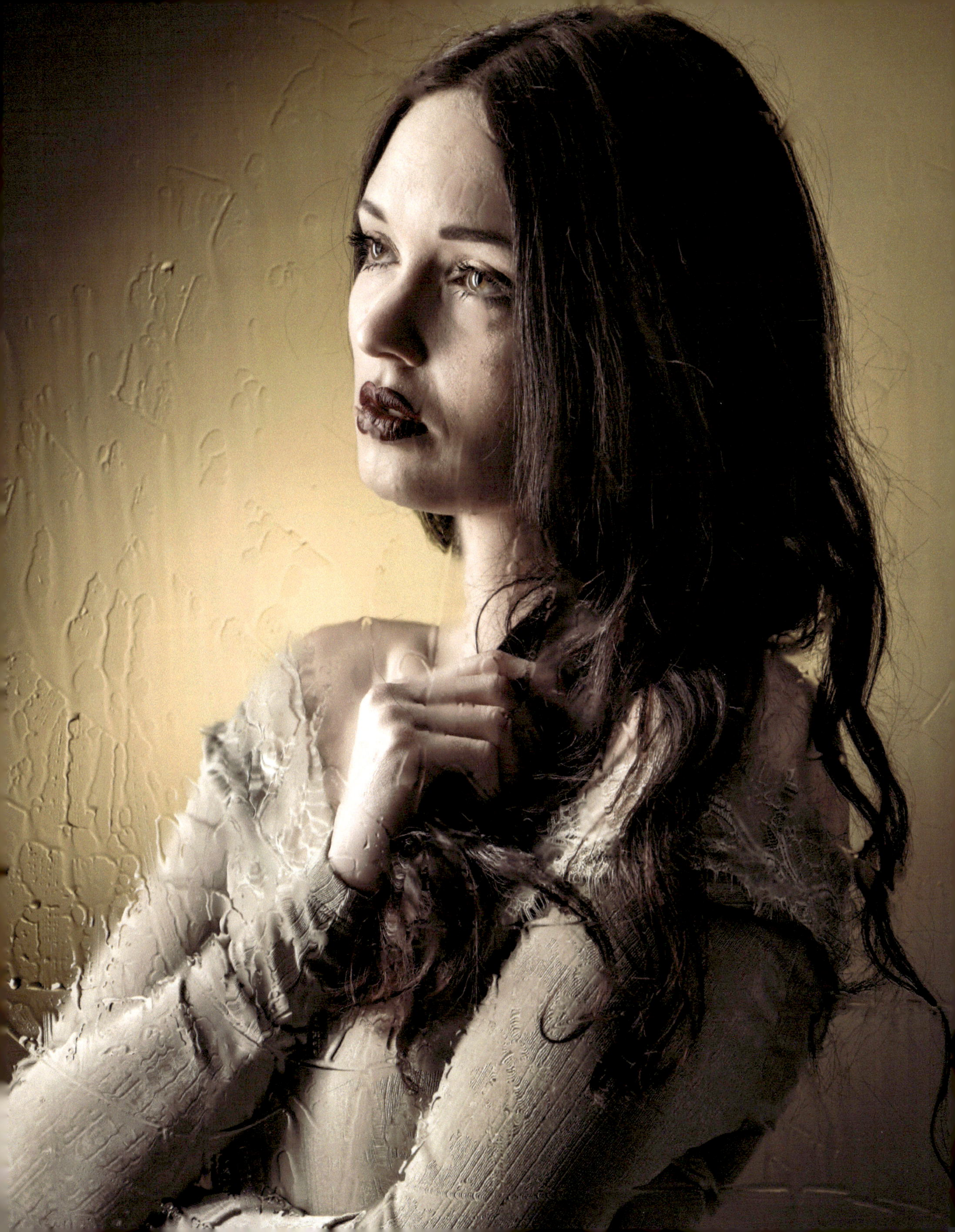

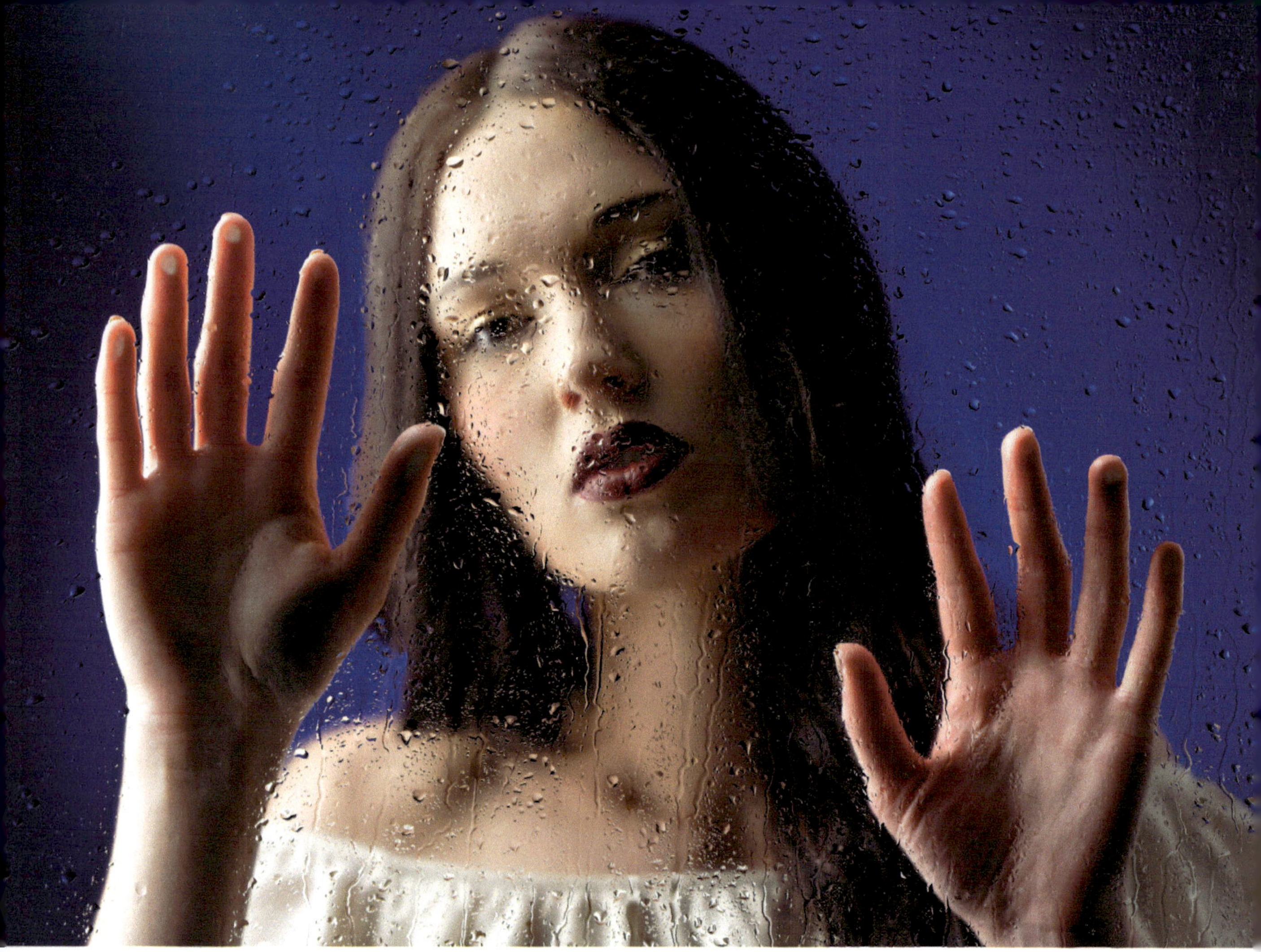

▲ *Körpersprache, Blick und Licht sind wichtige Gestaltungselemente, wenn man Menschen fotografiert. Die Ausdrucksmöglichkeiten sind dadurch fast grenzenlos.*

▶ *Teenager sehen sich selbst gern in coolen Posen. Respektieren Sie die Wünsche Ihrer Kinder und fotografieren Sie sie so, wie sie sich sehen möchten. Das kann allerdings eine ziemliche Herausforderung sein …*

Kinder als Einzel- oder Gruppenporträt

Möchten Sie Kinder für das Familienalbum fotografieren, können Sie sie entweder als Gruppe oder einzeln porträtieren. Um die Situation locker zu gestalten, ist es meist sinnvoll, mit Gruppenbildern zu beginnen. Denn wenn sich Kinder vor der Kamera nicht besonders wohlfühlen, nimmt das gemeinsame Agieren (und Quatschmachen) ein wenig die Befangenheit, und sie gewöhnen sich daran, vor der Kamera zu stehen – auch allein. Bei Gruppenbildern ist es für Sie als Fotograf allerdings schwieriger, da Sie auf doppelt oder dreifach so viele Details achten müssen, als wenn nur ein Kind vor der Kamera steht.

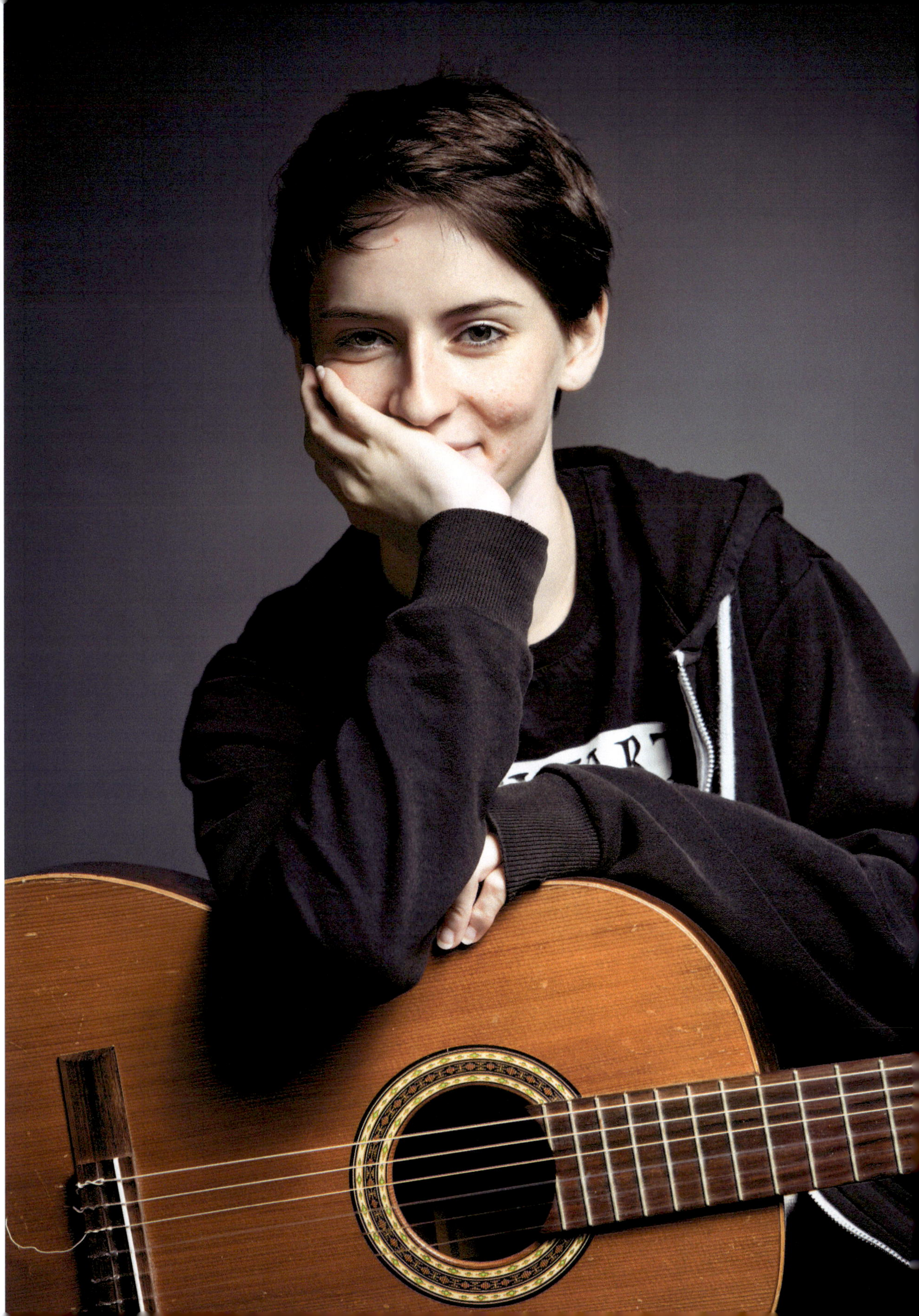

Hintergrund und Umgebung planen

Machen Sie sich zunächst Gedanken zu Hintergrund, Umgebung, Lichtaufbau und Pose. Fotografieren Sie im (Heim-)Studio, haben Sie vermutlich bereits einen oder mehrere Hintergründe, die infrage kommen können. Strukturierte Wände, Stoff- oder Papierhintergründe, die es im Fachhandel in allen möglichen Ausführungen gibt, einfache Laken – suchen Sie einen Hintergrund, der zum Charakter des Models (und dessen Kleidung) passt. Oder richten Sie, wenn Ihr Model bestimmte Bekleidung bevorzugt, den Hintergrund danach aus. Arbeiten Sie im Freien oder an einem Ort, an dem Sie keine Studiohintergründe verwenden können, müssen Sie ein wenig kreativ werden und sich bei der Suche nach einem passenden Hintergrund schon vor dem Fotografieren vorstellen, wie die Umgebung im Bild wirken wird.

Klassisches Lichtsetup für Porträts

Abgesehen von Pose und Blick des Models, steht und fällt die Wirkung eines Porträts mit dem Licht. Das klassische Lichtsetup im Porträtstudio besteht aus drei bzw. vier Lichtquellen. Dazu gehören Strahler, Blitzgeräte oder das durch Fenster fallende Sonnenlicht. Aber auch Reflektoren, die das Licht von Strahler oder Blitz zurückwerfen, sind Lichtquellen im weiteren Sinne. Das wichtigste Licht ist immer das sogenannte Hauptlicht. Alle weiteren Lichter bzw. Reflektoren sind für Nebendetails und den Hintergrund da. Neben dem Hauptlicht kommt meist eine weitere Lichtquelle ins Spiel, die als Aufheller für die Schatten dient. Das kann ein weiteres Blitzgerät oder auch ein Reflektor sein.

Die dritte Lichtquelle, die auch aus mehreren einzelnen Beleuchtungsgeräten bestehen kann, sorgt für die Beleuchtung des Hintergrunds. Häufig werden einzelne Strahler oder Studioblitze so aufgestellt, dass Helligkeitsverläufe im Hintergrund erzeugt werden. Aber auch punktförmige oder durch Gobos modifizierte Lichteffekte (z. B. Jalousien- oder Wolkeneffekte) sind möglich. Wenn ein Porträt besonders plastisch werden soll, kann man noch eine vierte Lichtquelle einsetzen – das Effektlicht. In den Porträtstudios um die Ecke ist diese Art der Lichttechnik noch sehr verbreitet.

Klassisches Beispiel für ein Effektlicht: Ein Spot wird von hinten auf die Haare des Models gerichtet, um einen verträumten, hellen Lichtsaum um den Kopf zu erzeugen und die Haare erstrahlen zu lassen. Da dieser Lichtstil schon sehr lange verwendet wird, wirken Porträts mit Effektlicht ein wenig altmodisch, wenn das Effektlicht zu dominant ist. Dennoch, einen Versuch ist es auf jeden Fall wert, wenn Sie eine Lichtquelle übrig haben. Und schließlich muss man ja nicht unbedingt die Haare betonen, sondern kann auch anderen Bildbereichen mit ein wenig Zusatzlicht zu mehr Aufmerksamkeit verhelfen.

▸ *In der Studiofotografie macht man sich zunutze, dass Blitzlicht mit zunehmender Entfernung schnell an Leistung verliert. Ist der schwarze Hintergrund weit genug entfernt, hat das dort ankommende Blitzlicht keinen Effekt mehr, und nur das Model im Vordergrund wird beleuchtet.*

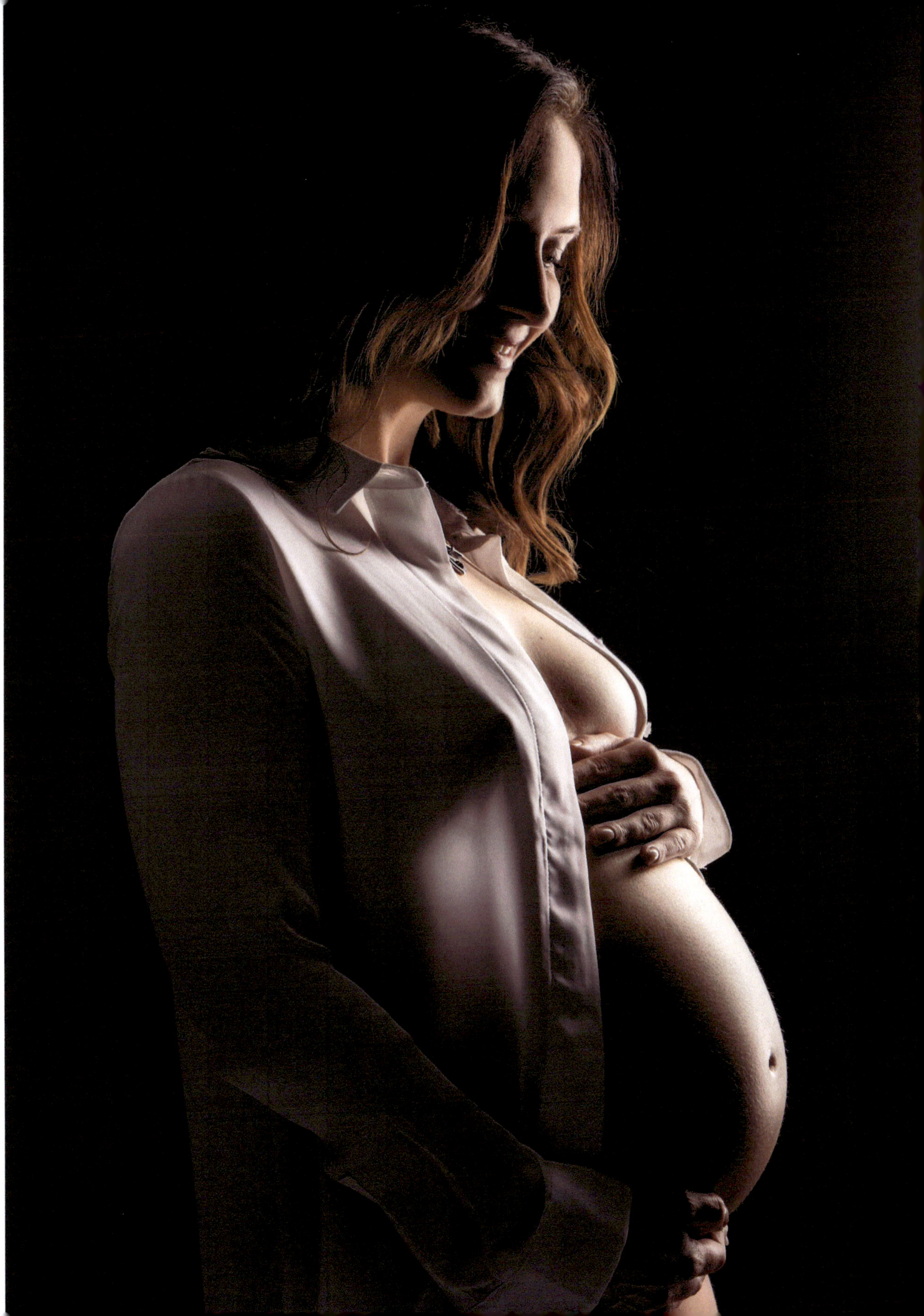

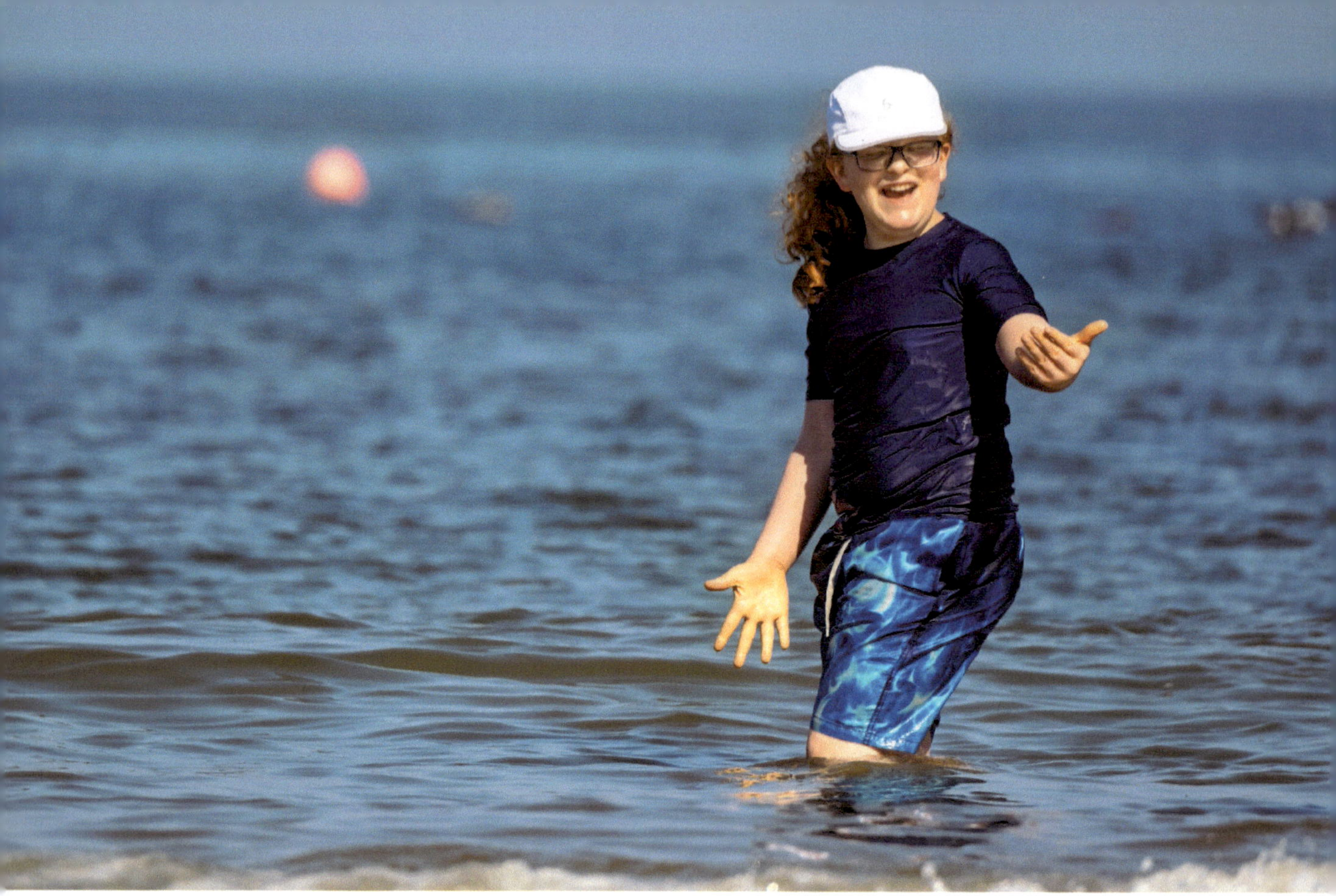

▲ *Spontane Schnappschüsse mit lachenden Gesichtern wirken immer. Die Familie wird Sie für solche Bilder lieben. Achten Sie darauf, durch die Wahl des Bildausschnitts das Motiv auf das Wesentliche zu reduzieren.*

Bildausschnitt bewusst auswählen

Sie müssen sich beim Porträtieren entscheiden, welcher Bildausschnitt den Menschen am besten zeigt. Gerade beim Porträt ist es wichtig, den Bildausschnitt ganz bewusst auszuwählen. Soll es nur der Kopf sein oder Kopf und Schultern? Oder wird schon der ganze Oberkörper miteinbezogen, wodurch dann auch mehr Möglichkeiten gegeben sind, die Umgebung zu zeigen? Welchen Bildausschnitt Sie wählen, hängt zum Großteil davon ab, was Sie mit dem Porträt aussagen möchten.

Umgebung als Gestaltungsmittel einbeziehen

Je mehr Umgebung einbezogen wird, um z. B. einen Handwerker bei der Arbeit zu porträtieren, desto weniger Platz bleibt für den Menschen selbst. Das kann dazu führen, dass nur noch ein Teil des Gesichts und vielleicht noch die Hände zu sehen sind, es ist aber auch denkbar, dass die ganze Person inmitten ihres Betätigungsfelds gezeigt wird.

Mit der Kamera auf Bauchnabelhöhe

Von der Bauchnabelperspektive sprechen Modefotografen, wenn die Kamera ungefähr auf Höhe des Bauchs platziert ist und ein in einiger Entfernung stehendes Model mit mittlerer Brennweite mit relativ natürlichen Proportionen abgebildet werden kann. Es entsteht weder der für Kameraperspektiven von oben typische Eindruck, das Model würde zum Betrachter aufblicken (im Extremfall vermittelt das Unterwürfigkeit), noch der für niedrige Kamerapositionen typische mehr oder weniger herablassende Blick „von oben herab“. Natürlich müssen Sie die Kamera nicht bei jedem Porträt auf Bauchnabelhöhe stellen, als grober Anhaltspunkt für die Kamerahöhe sollte jedoch in den meisten Fällen der Oberkörper gelten. Steht die Kamera irgendwo zwischen Augenhöhe und Bauchnabel, kann, was die Perspektive angeht, fast nichts schiefgehen.

Erhöhte und niedrige Perspektive

Obwohl im letzten Absatz davor gewarnt wurde, kann sowohl die erhöhte als auch die niedrige Perspektive in bestimmten Situationen bzw. mit bestimmten Fotomodels durchaus ihren Reiz haben. Gerade bei Kinderporträts wirkt der Wechsel in eine extreme Perspektive manchmal wahre Wunder. Je kleiner das Model, desto wirkungsvoller ist eine sehr hohe bzw. sehr niedrige Perspektive. Ein hoher Kamerastandpunkt macht kleine Models noch kleiner und erzeugt im Zusammenspiel mit der richtigen Pose bzw. dem passenden Gesichtsausdruck einen Eindruck von Verwundbarkeit oder Zerbrechlichkeit.

▼ *In der Porträtfotografie – aber auch in anderen Fotogenres - verwendet man häufig mittlere Brennweiten um 100 mm, um die Proportionen natürlich wirken zu lassen und keine Verzerrungen zu riskieren. Kombiniert man das mit einen Kamerastandpunkt auf Augenhöhe, können eindringliche Porträts entstehen.*

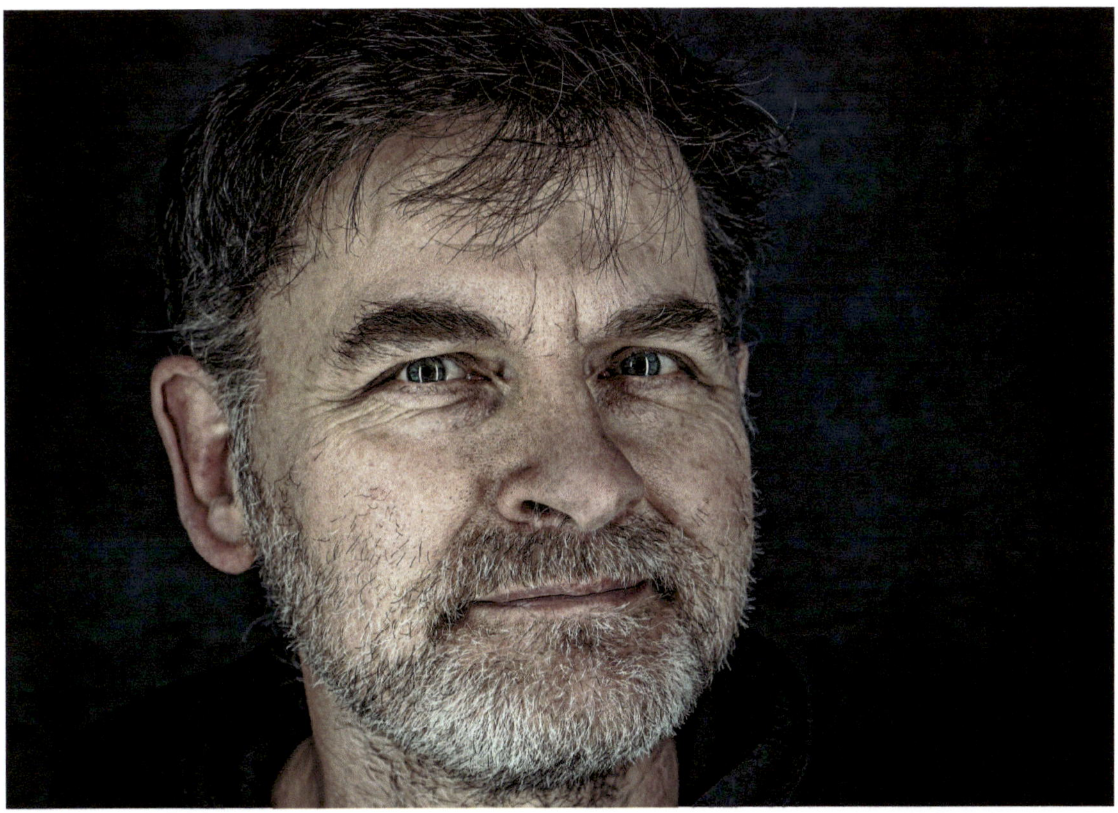

Andererseits kann ein Kind, das von oben fotografiert wird, mit einer herausfordernden Geste dem Betrachter auch eine Botschaft – „Warte, bis ich groß bin!“ – vermitteln. Fotografieren Sie von unten nach oben, am besten noch mit Weitwinkelbrennweiten (das gilt für beide Perspektiven), machen Sie Ihre Models zu Riesen. Die Proportionen werden gestreckt, lange Beine wirken noch länger oder je nach Brennweite sogar unnatürlich in die Länge gezogen.

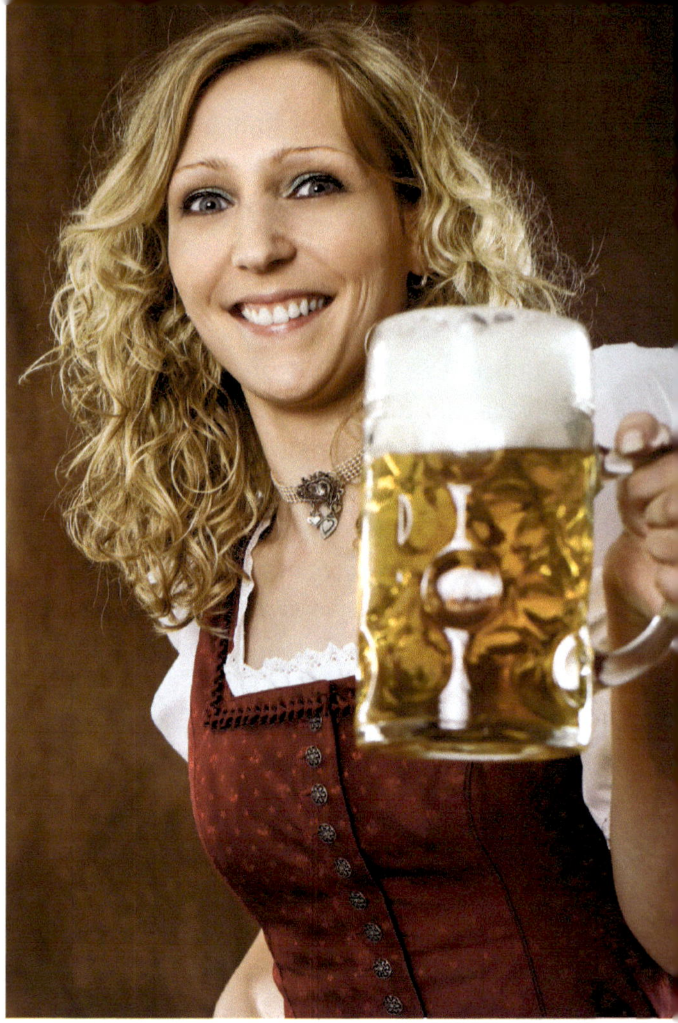

▲ *Die Blende wurde so gewählt, dass der Maßkrug im Vordergrund unscharf wird und so nicht vom Model ablenkt. Zu wissen, welche Wirkungen unterschiedliche Blenden und Brennweiten in Kombination haben, gehört zu den wichtigsten Basics in der Fotografie.*

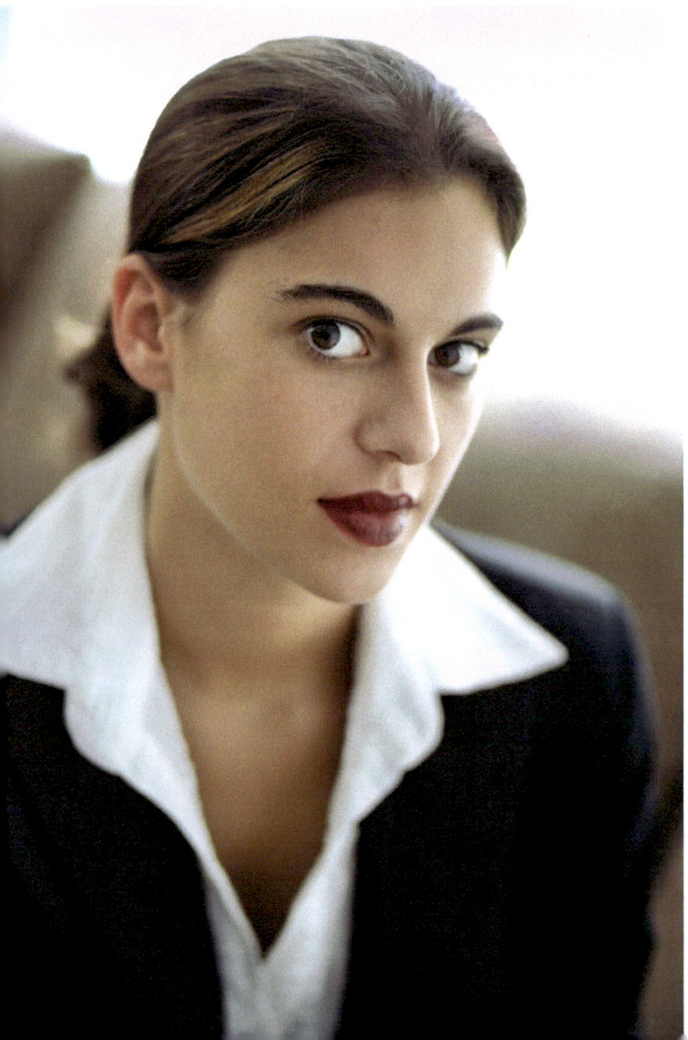

◀ *Um Menschen bei Porträtfotos vom Hintergrund zu lösen, fotografiert man mit langer Brennweite und weit geöffneter Blende (kleinem Blendenwert).*

▶ *Menschen, die sich unbeobachtet fühlen, strahlen oft eine ganz besondere Ruhe aus. Versuchen Sie, unbemerkt Fotos zu machen – aber stellen Sie sicher, dass das Model mit den Fotos dann auch einverstanden ist.*

Schärfentiefe mit kleiner Blende maximieren

Je extremer die Perspektive, desto schwieriger wird es, das ganze Model von oben bis unten in der Schärfe zu halten. Hier helfen Weitwinkel und kleine Blenden (große Blendenwerte), um die Schärfentiefe zu maximieren. Allerdings laden außergewöhnliche Blickwinkel auch dazu ein, mit der Schärfe zu spielen und sie nur auf einen eng gefassten Bereich zu setzen. Der Kamerablick von oben auf ein Gesicht, in dem lediglich die Ebene der Augen scharf gezeigt wird, akzentuiert den Blick des Models und macht ihn besonders eindringlich. Eine weit geöffnete Blende (f/2.8 und weniger) hilft, die Schärfentiefe zu minimieren. Gehen Sie außerdem so nah wie möglich an Ihr Model heran und verwenden Sie die größtmögliche Brennweite, bei der Ihr Motiv noch komplett im Bild ist.

Porträts im Reportagestil

Sind Sie öfter mit der Kamera auf Familienfesten oder Veranstaltungen unterwegs, oder fotografieren Sie im Urlaub vor allem Menschen fremder Kulturen und suchen nach dem Typischen eines Landstrichs oder einer Kultur? Dann arbeiten Sie schon fast wie ein professioneller Reportagefotograf. Der Reportagefotograf ist immer auf der Suche nach dem aussagekräftigen Moment, dem intensiven Blickkontakt, der symbolhaften Situation. Der Profi beherrscht seine Ausrüstung natürlich blind, um ein Höchstmaß an guten

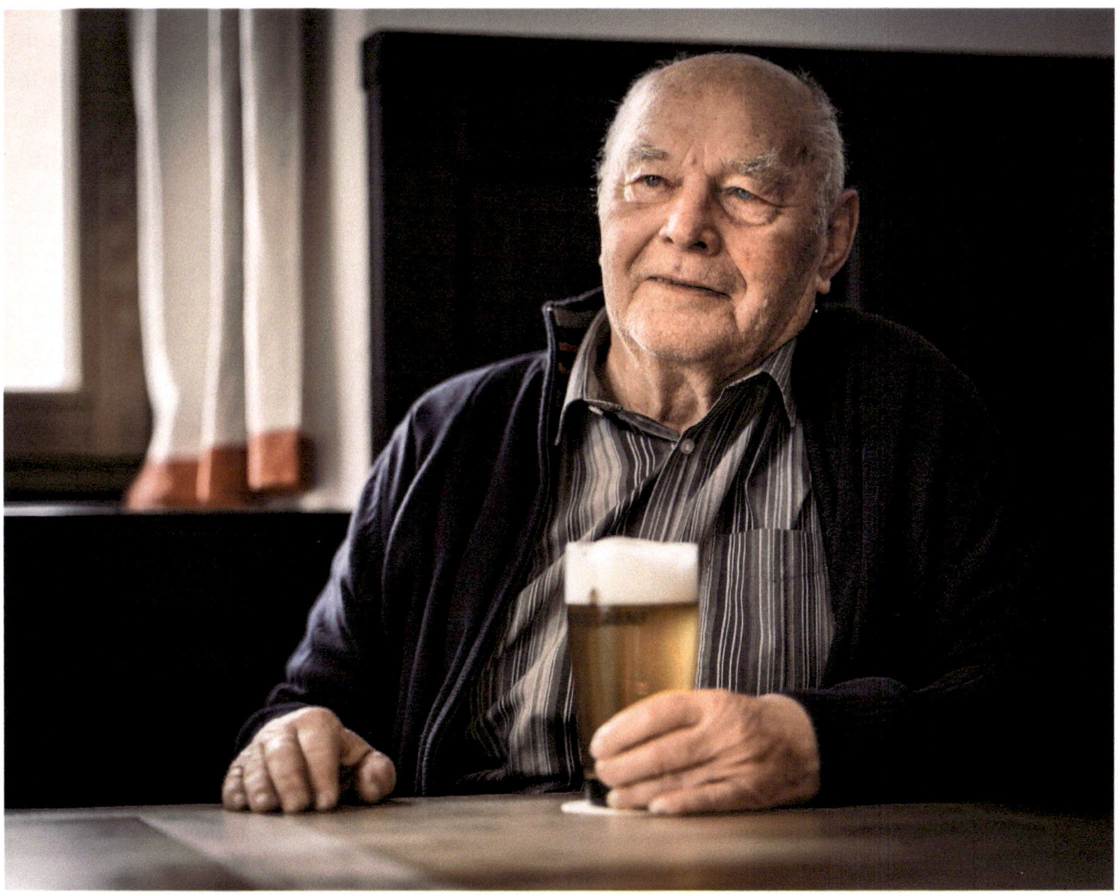

Bildern zu bekommen. Allerdings fotografiert er auch mehr und unter erheblich höherem Druck als Sie in der Freizeit oder im Urlaub. Auch wenn Sie die Kamera also nicht perfekt beherrschen, sollten Sie sich ab und zu ein wenig Zeit zum Auswählen der richtigen Kameraeinstellungen nehmen, damit Sie genauso packende und lebendige Porträts erschaffen, wie es der Profi tut.

Hektische Situationen im Automatikmodus

Ein paar Worte zur technischen Seite von Reportageporträts: Wenn Sie Ihre Kamera nicht wirklich blind beherrschen und die Einstellungen z. B. für die Belichtungswerte nicht in Sekundenbruchteilen korrekt verändern können, vertrauen Sie am besten einfach der Technik. Stellen Sie die Kamera in den Automatikmodus, in dem Sie sich nicht um die Belichtungsparameter zu kümmern brauchen. Fotografieren Sie vornehmlich mit Brennweiten von starkem Weitwinkel (ca. 28 mm bezogen auf das Kleinbildformat) bis ca. 50 mm, denn die packende Reportage lebt meist auch vom Einbeziehen der Umgebung.

Normalbrennweite und das menschliche Blickfeld

Die Normalbrennweite von 50 mm (Kleinbild) erzeugt Fotos, deren Bildwinkel ungefähr dem menschlichen Blickfeld entsprechen. Probieren Sie es aus! Stellen Sie das Objektiv auf 50 mm ein und blicken Sie durch den Sucher. Nehmen Sie dann die Kamera vom Auge und vergleichen Sie die Perspektiven von Sucherbild und realer Wahrnehmung.

Außerdem lassen sich aus Weitwinkelaufnahmen am PC manchmal interessante Bildteile herausschneiden, die einzelne Elemente besser hervorheben. Zudem wirken Fotos, die mit Weitwinkel- und Normalbrennweite (ca. 50 mm) aufgenommen werden, fast automatisch sehr lebensnah.

Arbeiten Sie immer mit maximaler Auflösung, wenn Sie mit Weitwinkel fotografieren und später Bereiche aus den Fotos herausschneiden wollen. Die meisten Kameras gestatten es, die Auflösung manuell auf einen niedrigeren als den Maximalwert einzustellen. Das hat zwar den Vorteil, dass mehr Bilder auf die Speicherkarte passen, Sie haben jedoch später beim Beschneiden viel weniger Spielraum, weil die Bildqualität nach dem Beschneiden deutlich sinkt und dann für eine Präsentation als Abzug oder im Web nicht mehr ausreicht.

Hässliche Blitzschatten vermeiden

Familien- oder Urlaubsfotos im lebensnahen Reportagestil entstehen zu allen möglichen Tages- und Nachtzeiten. Ist es zu dunkel für unverwackelte Aufnahmen, schaltet die Kamera üblicherweise den integrierten Blitz ein – wenn sie im Automatikmodus betrieben wird. Sie haben sicher schon viele Aufnahmen gesehen, denen das harte, frontale Licht des integrierten Blitzes die Stimmung geraubt hat. Überstrahlte Gesichter, extreme Schatten – so hat man eine interessante Situation bestimmt nicht in Erinnerung.

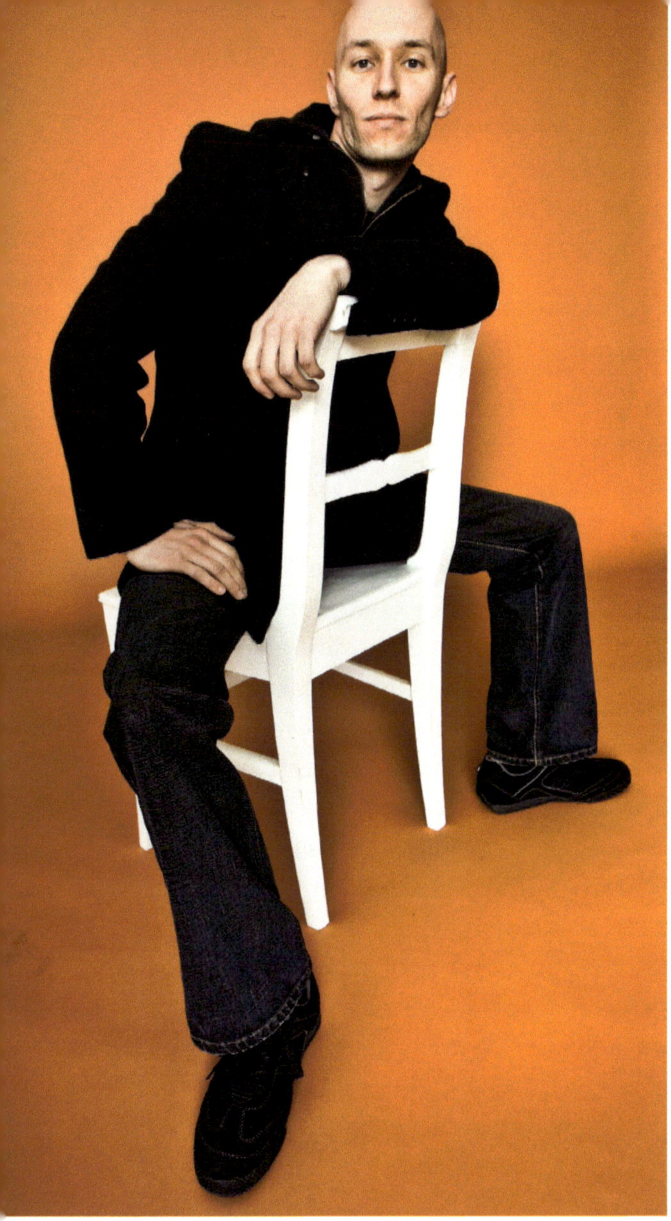

▲ *Intensiver geht es kaum noch. Der Mann wurde relativ hart ausgeleuchtet, die Kontraste des Bilds wurden dann am Computer noch extrem intensiviert.*

Bildbearbeitung in der Pressearbeit

Vorsicht ist geboten, wenn Sie für eine Tageszeitung fotografieren und Ihr Engagement über ein paar Fotos für den Verein von der Jahreshauptversammlung hinausgeht. Bildmanipulationen sind in der Pressearbeit prinzipiell nicht erlaubt. Alles, was über die einfache Helligkeits- und Staubretusche hinausgeht, sollte kenntlich gemacht werden. Tauschen Sie in einem Gruppenporträt einen der Köpfe per Bildbearbeitung aus, weil eine Person nicht in die Kamera geblickt hat, verfälschen Sie damit grundsätzlich die auf dem Foto dokumentierte Wirklichkeit. Problematisch sind solche Bildmanipulationen vor allem dann, wenn die Bildaussage verändert wird, um die Betrachter bzw. Zeitungsleser zu manipulieren. Seien Sie sich dieser Verantwortung immer bewusst und stellen Sie im Zweifel klar, ob und welche Bildmanipulationen Sie vorgenommen haben.

Mit Anschnitten arbeiten

Versuchen Sie, mit Anschnitten zu arbeiten, falls Sie mit der Normalbrennweite von ca. 50 mm (bezogen auf das Kleinbildformat) fotografieren. Diese Art der Bildgestaltung, bei der Nebenmotive am Rand des Blickfelds angeschnitten werden, vermittelt einen intensiven, besonders realistischen Eindruck des Porträtierten.

Ein Zusatzblitzgerät mit schwenkbarem Blitzkopf erhöht die Chancen, hässliche Blitzschatten zu vermeiden – vorausgesetzt, der Zusatzblitz unterstützt die wichtigsten Blitzfunktionen Ihrer Kamera wie Rote-Augen-Reduktion, Slow-Sync und Blitzen auf den zweiten Verschlussvorhang. Wurde der Blitzkopf geschwenkt und gegen die Decke oder eine Wand gerichtet, wird das Blitzlicht gestreut und dadurch viel weicher. Reportageprofis, die sich in Innenräumen bewegen und die Chance auf gestreutes Licht haben, richten ihre Blitzgeräte immer gegen Decke und Wände.

Ein weiterer Vorteil des Zusatzblitzgeräts: Aufsteckblitze haben viel mehr Leistung als die kleinen in die Kamera integrierten Blitzgeräte. Bei vielen integrierten Blitzen ist ab ca. drei Metern Kameraabstand Schluss (bei ISO 100), leistungsfähige Aufsteckblitze leuchten bis zu zehn Meter Abstand noch ordentlich aus. Außerdem sind sie meist mit Weitwinkelstreuscheiben ausgerüstet, wodurch auch extrem breite Ausleuchtungen bei Brennweiten unter ca. 28 mm noch klappen.

Aufwendige Gruppenporträts

Gestellte Gruppenporträts bleiben wohl auch in Zukunft die Domäne von Profis – der Aufwand für eine wirklich perfekte Aufnahme von z. B. einer Hochzeitsgesellschaft oder einer Schulklasse ist einfach zu hoch. Zudem erfordert es eine Menge Erfahrung und eine gewisse Autorität, eine schwatzende und aufgeregte Menschentraube für ein paar Augenblicke in den Griff zu bekommen. Dennoch können Sie sich natürlich auch an Gruppenporträts wagen. Versuchen Sie aber zu Beginn, die Zahl der Porträtierten auf ein vernünftiges Maß zu beschränken.

Souveränes Auftreten

In welcher Funktion sind Sie gerade unterwegs? Fotografieren Sie die Hochzeit Ihrer Tochter oder ein anderes Familienfest? Oder sind Sie in Ihrem Verein für die Pressefotos zuständig? Vielleicht arbeiten Sie auch aus Spaß am Fotografieren nebenbei für den Lokalteil Ihrer Tageszeitung und werden zu örtlichen Ereignissen von der Redaktion mit ein paar Bildern beauftragt. Wie Sie mit den Menschen, die als Gruppe fotografiert werden sollen, umgehen, hängt von Ihrer Funktion ab. Wenn eine persönliche Beziehung besteht, ist es natürlich kein Problem, Anweisungen zu geben. Der Nachteil: Bei einem persönlich bekannten Fotografen lässt – gerade bei jüngeren Models – sehr schnell die Disziplin nach. Haben Sie jedoch z. B. Prominente vor sich, können Sie mit einiger Disziplin rechnen, da man natürlich so gut (und so sichtbar) wie möglich aufs Pressefoto kommen möchte.

Oberstes Gebot bei Gruppenfotos

Erstes Gebot bei Gruppenfotos: Alle müssen auf den Fotos sichtbar sein. Wenn die Menschen die Kamera sehen können, kann die Kamera sie auch sehen. Zweites Gebot: Machen Sie wenigstens drei Aufnahmen relativ schnell hintereinander. Die Wahrscheinlichkeit, dass zumindest auf einem der Bilder alle in die Kamera blicken und lächeln, ist dadurch höher. Außerdem haben Sie eventuell die Möglichkeit, einzelne Köpfe per Bildbearbeitung zwischen den Bildern auszutauschen, falls auf dem besten Foto eine der Personen gerade gezwinkert oder in eine andere Richtung geblickt hat. Die Hochzeitsgesellschaft bzw. die Familienmitglieder werden es Ihnen danken, wenn niemand auf dem Gruppenbild gerade die Augen zusammenkneift.

Perspektive bei Gruppenfotos

Je kleiner die Gruppe ist, die Sie fotografieren, desto eher können Sie auf Perspektive und Bildgestaltung achten. Stehen beispielsweise fünf Personen in einer Reihe vor einer Wand direkt vor Ihnen, dürften die Fotos ziemlich langweilig werden. Um Tiefe ins Bild zu bekommen, gibt es zwei Möglichkeiten: Sie können Ihren Standort wechseln und schräg von der Seite (auch von oben oder unten) fotografieren, oder Sie können die Menschen in der Tiefe gestaffelt aufstellen, damit nicht alle auf einer Linie stehen. Fotografieren Sie z. B. eine Rockband, müssen Sie sich schon etwas einfallen lassen, um die Fotos interessant zu gestalten.

Standortwechsel sind die beste Lösung, um gewohnte Blickwinkel zu vermeiden, das gilt übrigens für fast jedes Fotomotiv. Schräge Blickwinkel haben allerdings einen gravierenden Nachteil: Da die abgebildeten Personen nicht mehr auf einer Ebene stehen, die parallel zur Sensorebene verläuft, werden diejenigen, die vor und hinter der fokussierten Ebene stehen, eventuell nicht scharf abgebildet. Für maximale Schärfentiefe sorgen moderate Brennweiten zwischen Weitwinkel- und Normalbrennweite sowie kleine Blendenöffnungen ab f/8. Ganz nebenbei sorgt das Abblenden um einen oder zwei Werte auf z. B. f/8 dafür, dass die Bildqualität verbessert wird, denn die allermeisten Objektive erreichen die besten Werte für Schärfe und Kontrast erst mit dieser Einstellung.

Gruppenbilder bei Sonnenlicht

Wenn Sie privat Menschengruppen fotografieren, verfügen Sie vermutlich über ein eingeschränktes Repertoire an Beleuchtungsmitteln. Der integrierte Kamerablitz kommt bei Gruppenaufnahmen praktisch nicht infrage, wenn es sich um Gruppen handelt, die aus mehr als nur einer Handvoll Menschen bestehen. Ein Aufsteckblitz sollte zumindest über eine Weitwinkelstreuscheibe verfügen, damit das Licht über einen möglichst großen Winkel gleichmäßig verteilt abgestrahlt wird. Falls Sie einen Aufsteckblitz mit schwenkbarem Reflektor besitzen und die Decke des Raums, in dem Sie fotografieren, weiß ist, richten Sie den Blitz schräg nach oben gegen die Decke, um harte Schlagschatten durch die Lichtreflexion zu vermeiden.

Am besten lassen sich Gruppenaufnahmen jedoch im Freien bei Sonnenlicht und leicht bedecktem Himmel realisieren. Sind keine Wolken am Himmel, erzeugt die Sonne je nach Tageszeit ziemlich kräftige, harte Schatten auf den Menschen. Fotografieren Sie dann lieber z. B. im Schatten eines Hauses. Ist

Objektivempfehlung

Wer häufiger gestellte Porträts von Einzelpersonen oder Gruppen macht, sollte sich ernsthaft überlegen, hierfür spezielle Objektive zu kaufen. Gerade bei Einzel- oder Doppelporträts sieht der Betrachter besonders kritisch auf die Aufnahmen und ist in der Lage, auch kleinste Bildfehler wie zum Beispiel Verzerrungen zu entdecken.

Einzelporträts, kleine Gruppen bis zu fünf Menschen

- 85 mm Festbrennweite
- kleines bis mittleres Zoom (ca. 35 bis 100 mm)

Reportageporträts

- lichtstarke Festbrennweite von 28 bis 50 mm
- Weitwinkelzoom (ca. 28 bis 50 mm)
- Standardzoom (ca. 35 bis 135 mm)

Gruppenporträts

- Festbrennweite Weitwinkel (28 bis 50 mm)
- Weitwinkelzoom (ca. 28 bis 80 mm)

der Himmel leicht bedeckt, wirkt der Wolkenhimmel wie eine riesige Softbox, die das Licht streut und aufweicht. Die Schatten sind dann viel weicher bzw. sogar kaum noch sichtbar.

Sind Sie gezwungen, mit wenig Licht in einem geschlossenen Raum zu fotografieren, versuchen Sie, das vorhandene Licht zu verwenden. Eventuell müssen Sie dann die Empfindlichkeit (ISO) manuell erhöhen, um keine allzu langen Belichtungszeiten zu riskieren. Belichtungszeiten über 1/60 Sekunde sind problematisch, weil die Bewegungen der Menschen zu Verwacklungseffekten führen.

Tiere vor der Kamera

Tierbilder sind immer ein Blickfang im Portfolio eines Hobbyfotografen – allerdings nur dann, wenn die Aufnahmen wirklich gut geworden sind. Denn da man heute einer wahren Flut an netten Tierbildern im Internet begegnet, müssen die eigenen Fotos schon etwas besser als nur gefällige Schnappschüsse werden. Wenn Sie schon einmal selbst versucht haben, Ihre Haustiere zu fotografieren, kennen Sie die größten Probleme vermutlich schon. Schnelle Bewegungen, Fluchtreaktionen, zu wenig oder zu viel Licht, ein unpassender Hintergrund, dazu technische Probleme mit dem Autofokus – es gibt viel zu beachten.

Bildgestaltung und Timing

Nach den ersten eigenen Versuchen in Sachen Tierfotografie fragt man sich, wie die professionellen Fotografen und Tierfilmer ihre Aufnahmen hinbekommen haben. Fliegende Vögel, springende Raubkatzen und vorbeiflitzende Fische sind der Lohn harter Arbeit von Profis, die viel Zeit und Geld in diesen Bereich der Fotografie stecken. Die tollen Aufnahmen von Wildtieren werden vielfach mit Extrembrennweiten oder versteckten Kameras mit Fernauslöser gemacht. Denn auch die Profis kommen schon aus Sicherheitsgründen nicht bis auf wenige Zentimeter an Löwen, Elefanten

▼ *Der Blick in die Kamera, die Augen knackscharf, die Brücke am Düsseldorfer Medienhafen als in Unschärfe verlaufende Kulisse – besser kann ein Hundefoto kaum sein.*

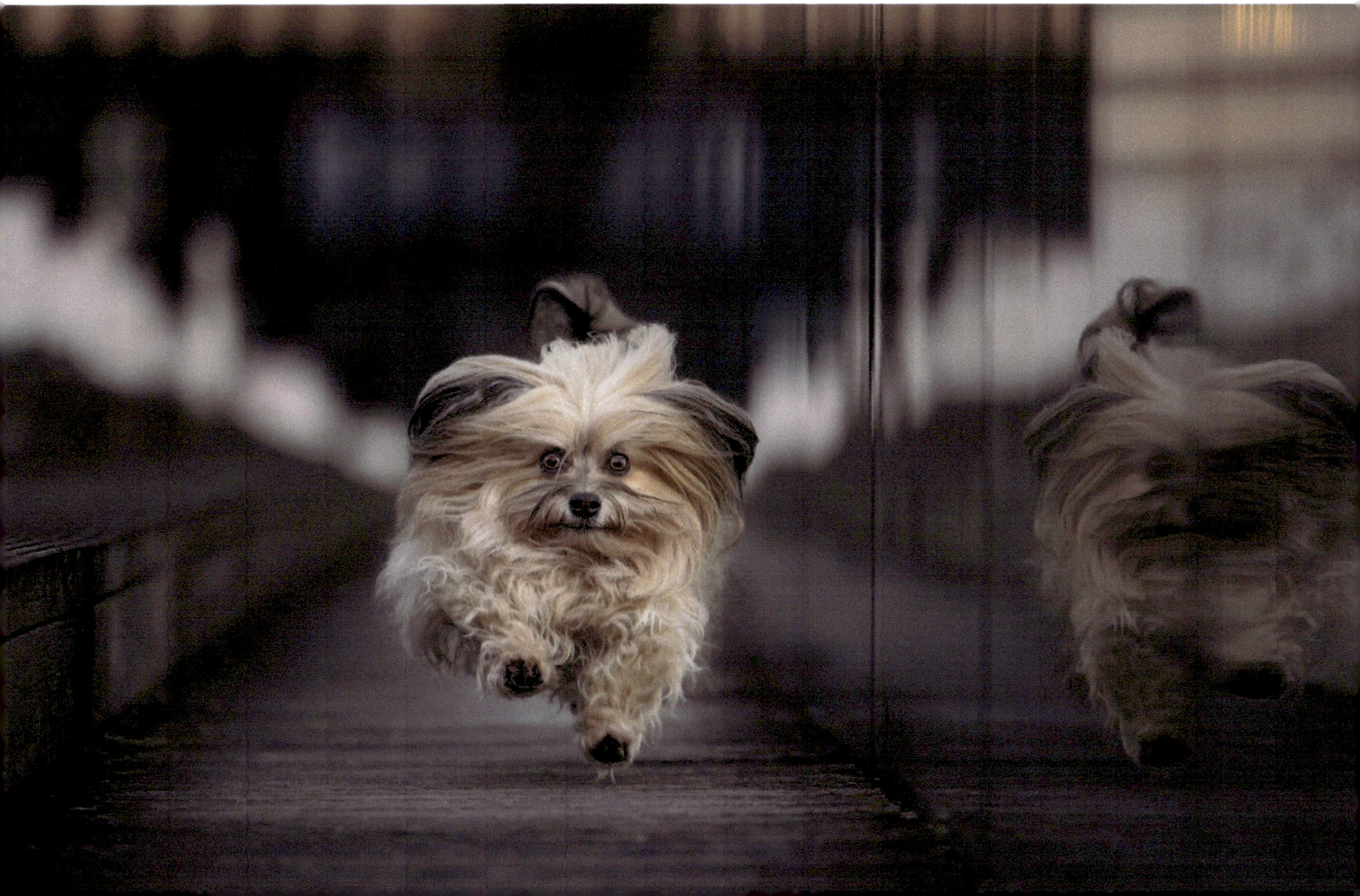

oder Krokodile heran. Das bedeutet aber keineswegs, dass gute Tieraufnahmen nur mit einer teuren Ausrüstung und wochenlangen Wanderungen in freier Wildbahn möglich sind.

Tiere in ihrer Umgebung

Es ist natürlich eine Tatsache, dass eine schnelle Spiegelreflexkamera mit Topobjektiven und deren professionelle Bedienung die Ausbeute an zumindest technisch gelungenen Fotos erhöhen kann. Den ästhetischen Wert eines Tierporträts vermag die Qualität der Ausrüstung nicht automatisch zu beeinflussen, denn für Bildgestaltung und Timing sind allein Sie zuständig. Auch die interessante Umgebung – Elefanten vorm Kilimandscharo, aufspritzende Gischt hinter einer Herde von Seekühen – muss für gute Bilder mit in den Bildaufbau einbezogen werden.

Deshalb der wichtigste Tipp zu Beginn: Fotografieren Sie die Tiere in ihrer Umgebung und lernen Sie dabei, Ihre Kamera zu beherrschen und auf die Besonderheiten in der Gestaltung von Tierfotografien zu achten.

Vorzugsweise lange Brennweiten

Mit jeder Art von Kamera lassen sich Tierbilder schießen. Mit einer kleinen Kompaktkamera mit Dreifachzoomobjektiv eine qualitativ hochwertige, formatfüllende Aufnahme eines Löwen in freier Wildbahn zu machen,

▼ *Die Ausrüstung ist zwar nicht der wichtigste Faktor für ein gelungenes Tiermotiv, aber wenn Sie die Grundlagen der Bildgestaltung beherrschen und die Verhaltensweisen Ihres tierischen Motivs kennen, helfen eine schnelle Kamera und eine lichtstarke Telebrennweite durchaus weiter.*

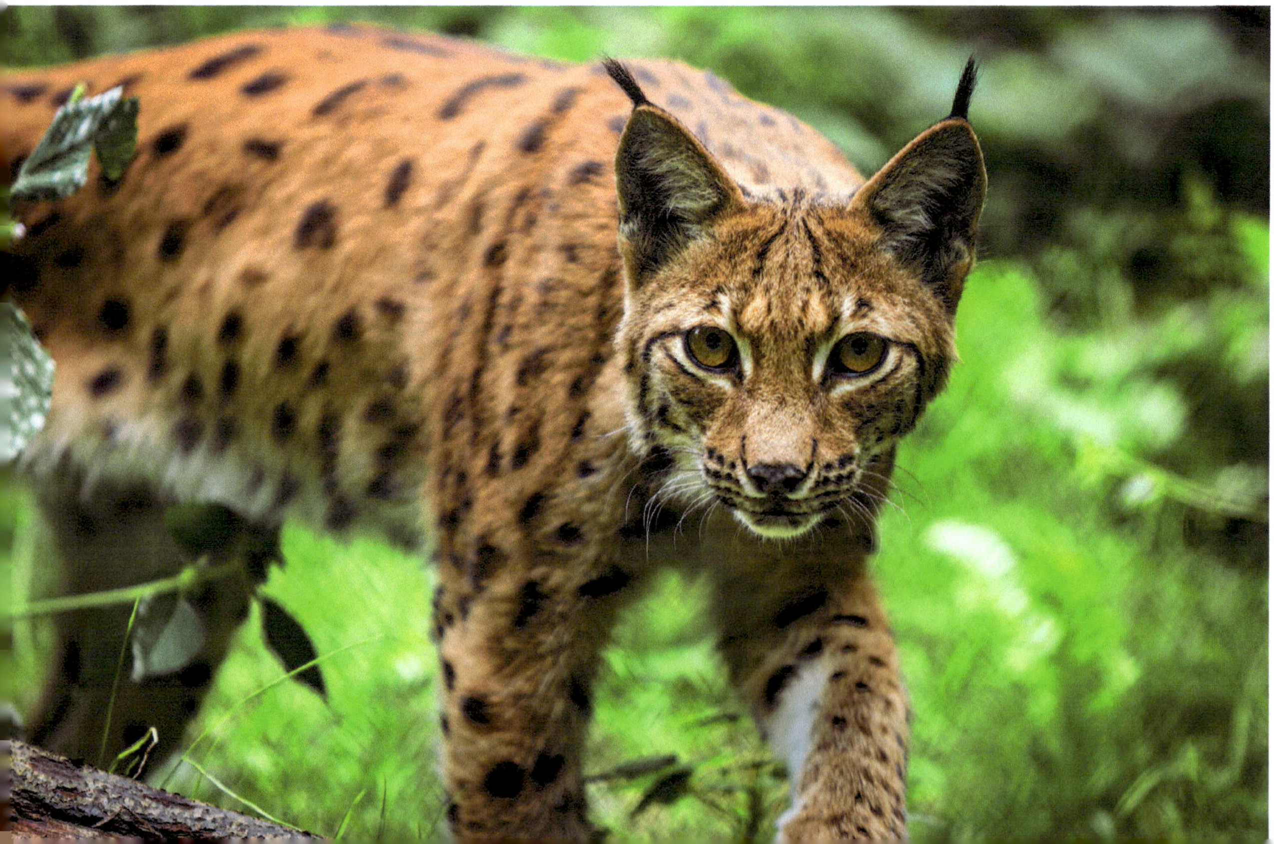

Tiergruppen fotografieren

Fotografieren Sie Gruppen von Tieren, versuchen Sie, eines der Tiere als Blickfang auszumachen. Das kann z. B. das Tier sein, das als einziges in die Kamera blickt, den Kopf hebt oder sich farblich von den anderen unterscheidet. Gerade bei relativ unspektakulären Motiven wie einer Herde von Kühen, einem Vogelschwarm oder einem Haufen Ameisen ist es entscheidend, dass Sie dem Betrachter der Bilder einen Anhaltspunkt in Form eines Blickfangs geben.

würde Sie jedoch in Lebensgefahr bringen, da Sie sehr nah an das Tier herangehen müssten. Und die Bildqualität für einen vergrößerten Ausschnitt aus einem Digitalfoto reicht je nach Entfernung zum Motiv gerade mal für Internetbildchen mit niedriger Auflösung.

Wissen um die Fluchtdistanz

Besitzen Sie eine Kamera mit zehn- oder zwölffachem optischem Zoomobjektiv (oder noch größer), mit der Sie Brennweiten zwischen rund 30 und 400 mm (umgerechnet auf das Kleinbildformat) erreichen, sind Sie sehr gut für die meisten Tiermotive zu Hause und im Zoo ausgestattet. Sogar während einer Safari sollten Fotos von Zebras, Elefanten und im Gras liegenden Löwen möglich sein, auch wenn Sie nicht jedes Detail auf den Aufnahmen erkennen werden. Im Tierpark kommen Sie relativ nah an die Tiere heran, die nicht flüchten können und außerdem an den Anblick von Menschen gewöhnt sind. Den Abstand, den Tiere in der freien Natur zwischen sich und dem Menschen tolerieren, nennt man Fluchtdistanz. Das Wissen um die Fluchtdistanz ist sehr wichtig, um zu guten Fotos zu kommen.

Superbrennweite oder Telekonverter

Profis, die mit Spiegelreflexkamera und Wechselobjektiven arbeiten, setzen oft Teleobjektive mit enormen Brennweiten (800 mm und mehr) ein, um die Fluchtdistanz nicht zu unterschreiten. Arbeiten auch Sie mit einer Spiegelreflexkamera, ist der Einstieg in diese Superbrennweiten auf zweierlei Weise möglich. Entweder kaufen Sie ein entsprechendes Objektiv, was extrem kostspielig ist, oder Sie verwenden zusätzlich zu Ihrem Objektiv mit der längsten Brennweite einen sogenannten Konverter.

Auf Digitalzoom verzichten

Verzichten Sie für Aufnahmen mit langer Brennweite auf den digitalen Zoom. Die Bildqualität des digitalen Zooms, bei der Bildinformationen nur künstlich vergrößert werden, ist nicht vergleichbar mit der Qualität des echten optischen Zooms. Außerdem kann man Bilder und Bildausschnitte auch später noch am Computer künstlich vergrößern, was bessere Ergebnisse als mit dem Digitalzoom bringt.

Telekonverter für Spiegelreflexsysteme verlängern je nach Ausführung die Brennweite um die Faktoren 1,4 oder 2 oder 3. Motive werden also um den jeweiligen Faktor vergrößert. Zwar kann man Konverter auch kombinieren, die Abbildungsqualität des Objektivs nimmt dann aber spürbar ab. Wie groß der Qualitätsverlust ist, hängt von der Güte des Konverters ab. Zusätzlich zur verringerten Abbildungsqualität benötigen Sie für korrekte Belichtungen mehr Licht, was mit längerer Belichtungszeit oder größeren Blendenöffnungen kompensiert werden muss. Je nach Aufnahmeprogramm geschieht das automatisch oder manuell.

Telekonverter gibt es nicht nur für Spiegelreflexkameras, sondern auch für digitale Kompakte. Eine Kompaktkamera muss allerdings vorn am Objektiv über ein Filtergewinde verfügen, in das der Konverter eingeschraubt wird. In das Gewinde können natürlich auch andere Zubehörteile wie Nahlinsen und Filter geschraubt werden. Am besten fährt man hierbei mit den vom jeweiligen Kamerahersteller empfohlenen Linsen, da sie die Abbildungsqualität nur unmerklich verringern. Billigkonverter, die man immer wieder mal bei eBay entdeckt, sind üblicherweise sehr schlecht.

Perspektiven testen

Begeben Sie sich wenn möglich immer auf Augenhöhe mit dem jeweiligen Tier. Das betrifft einen Hamster ebenso wie ein Pferd. Tierporträts wirken dadurch viel eindringlicher. Wenn Sie die Größe eines Tieres herausstellen möchten, sollten Sie extreme Perspektiven ausprobieren. Eine kleine Katze wirkt von oben fotografiert noch kleiner, eine Giraffe, sofern man denn nah genug herankommt, könnte man direkt von unten fotografieren, um ihre Größe zu verdeutlichen.

Verwackler vermeiden

Neben der mangelnden Schärfe und dem schlechteren Kontrast von Aufnahmen mit Konvertern gibt es ein zweites Problem, das gute Tierfotos aus großer Entfernung schwierig macht. Je länger die Brennweite ist, desto schneller werden Aufnahmen durch Verwackeln unscharf. Wenn Sie weder ein stabiles Stativ einsetzen noch die Kamera irgendwo auflegen können, ist die Wahrscheinlichkeit sehr groß, dass die Fotos unbrauchbar werden. Dazu kommt, dass selbst kleine Bewegungen der Tiere sofort für Unschärfeeffekte sorgen. Bei einer Weitwinkelaufnahme wäre es möglich, mit einer Belichtungszeit von z. B. 1/30 Sekunde ohne Stativ zu fotografieren. Arbeiten Sie mit einer so langen Belichtungszeit und mit einer Brennweite von 200 mm (bezogen auf das Kleinbildformat) aus der Hand, verwackeln die Aufnahmen garantiert. Auch wenn Ihre Kamera einen Bildstabilisator besitzt, der in der Regel bis zu zwei Belichtungswerte bringt, sind Aufnahmen mit Telebrennweite absolut nicht zu empfehlen.

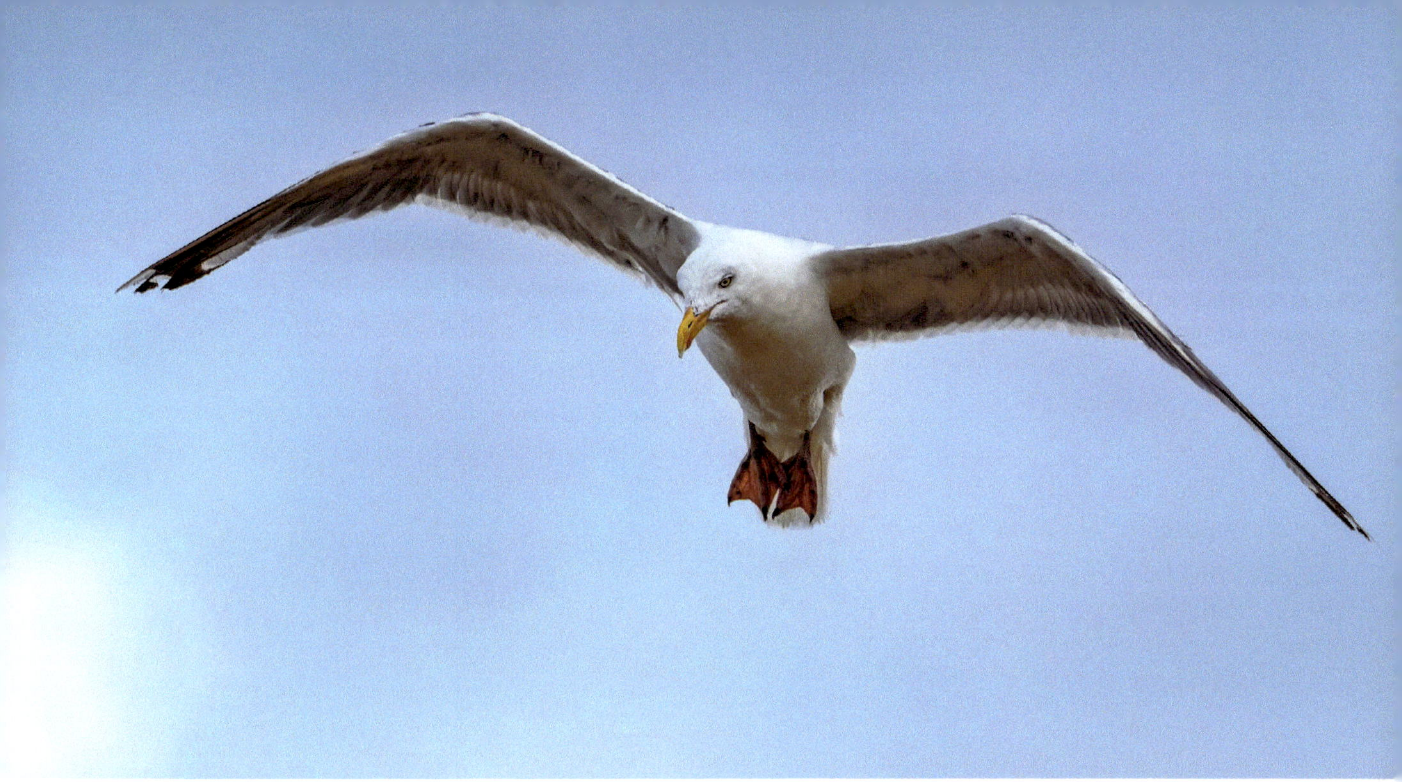

▲ *Wenn Vögel an Menschen gewöhnt sind und auch mal in Ruhe über den Köpfen kreisen, ist das eine gute Gelegenheit, sich mit der Actionfotografie von fliegenden Vögeln vertraut zu machen und seine Kamera in so einer Situation kennenzulernen.*

Faustregel aus der analogen Fotografie

Halten Sie sich trotz des Bildstabilisators an eine Faustregel aus der analogen Fotografie: Für nicht verwackelte Bilder ohne Stativ sollte der umgekehrte Wert der Belichtungszeit in etwa der Brennweite entsprechen. Fotografieren Sie also mit 250 mm (bezogen auf das Kleinbildformat), darf die Belichtungszeit höchstens 1/250 Sekunde betragen. Wenn Sie die Belichtungszeit an Ihrer Kamera nicht manuell beeinflussen können, behelfen Sie sich mit dem Aufnahmeprogramm für Sportfotos. Das Sportprogramm setzt bei der Belichtung die Priorität auf kurze Belichtungszeiten und stellt die notwendige passende Blende automatisch dazu ein. Arbeiten Sie mit einer Kamera mit Bildstabilisator, sind in gewissem Rahmen auch längere Belichtungszeiten möglich.

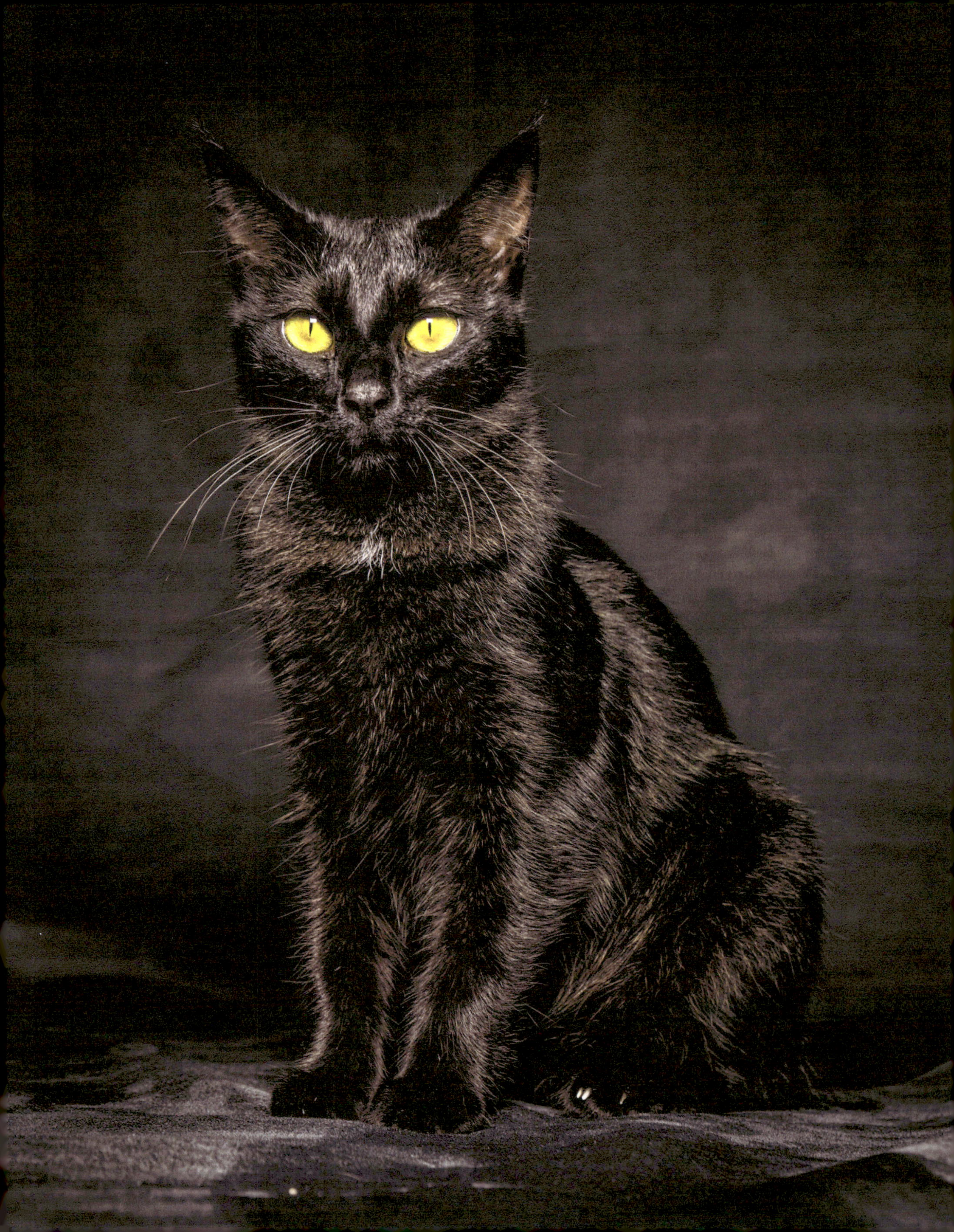

Problemfall Autofokus

Je nach verwendetem Kameratyp kann der Autofokus zum Problem werden. Je länger die verwendete Brennweite und je dunkler die Umgebung, desto unzuverlässiger stellt die Kamera scharf. Auch feine Strukturen wie Fell und Federn sind mit manchen Autofokussystemen kaum in den Griff zu bekommen. Beim Fotografieren von Tieren in freier Wildbahn können Äste, Grashalme oder Baumstämme, die die Tiere teilweise verdecken, den Autofokus irritieren. Noch schlimmer wirkt sich dieses Problem im Zoo aus, wenn Sie durch Gitterstäbe hindurch fotografieren müssen. Oft hilft dann nur das manuelle Fokussieren. Höherwertige Kameras bieten die Möglichkeit, die Messpunkte für den Autofokus anzeigen zu lassen und passend zu verstellen, um scharfe Aufnahmen zu bekommen.

Gelungene Haustierfotos

Haben Sie ein Haustier? Tolle Tieraufnahmen gelingen auch in Ihrer gewohnten Umgebung. Sie brauchen zunächst nicht mehr als Ihre Kamera, am besten mit einem Zoomobjektiv für mehr Freiraum bei der Bildgestaltung.

Beobachten Sie den Tagesablauf Ihres Tieres und schauen Sie sich an, welche Lieblingsplätze es hat. Kommen diese für Fotos infrage? Ist der Hintergrund farblich passend oder vielleicht zu unruhig? Haben Sie einen Platz gefunden, an dem Sie z. B. Ihre schlafende Katze ablichten möchten, bereiten Sie Unter- und Hintergrund vielleicht mit einer Decke oder anderen Accessoires vor. Stellen Sie am besten die auf ein Stativ geschraubte Kamera schon auf, bevor sich die Katze an ihren Lieblingsplatz begibt. Rücken Sie erst dann mit Ihrer Ausrüstung an, wenn das Tier es sich gerade bequem macht, wird es sich vermutlich gestört fühlen und sofort flüchten.

Leichter als zuweilen recht eigensinnige Katzen sind Hunde zu fotografieren, die sich idealerweise auf Kommando an einen geeigneten Ort setzen. Das kann inmitten der Familie, im Garten oder auch am Waldrand sein. Bei Katzen funktionieren Porträts eher, wenn das Tier auf dem Schoß einer vertrauten Person sitzt.

◀ Das feine Fell einer Katze kann den Autofokus irritieren. Wenn die Automatik nicht mitmacht, stellen Sie besser manuell auf die Augen des Tiermotivs scharf.

Hunde in Bewegung fotografieren

Wollen Sie Ihren Hund in Bewegung fotografieren, sollte Ihre Kamera über die Möglichkeit manueller Scharfeinstellung oder einen nachführenden Autofokus verfügen. Der Autofokus von digitalen Kompaktkameras ist meistens etwas zu langsam für einen rennenden Hund. Die Autofokusnachführung, über die manche hochwertige Kameras verfügen, ist da schon besser geeignet. Die Nachführung funktioniert allerdings nur dann gut, wenn sich ein Motiv mit gleichmäßiger Geschwindigkeit bewegt. Für sehr flinke Motive müsste es dann schon eine Kamera der Profiklasse sein, deren Autofokussystem extrem präzise arbeitet, die aber eben auch sehr teuer ist.

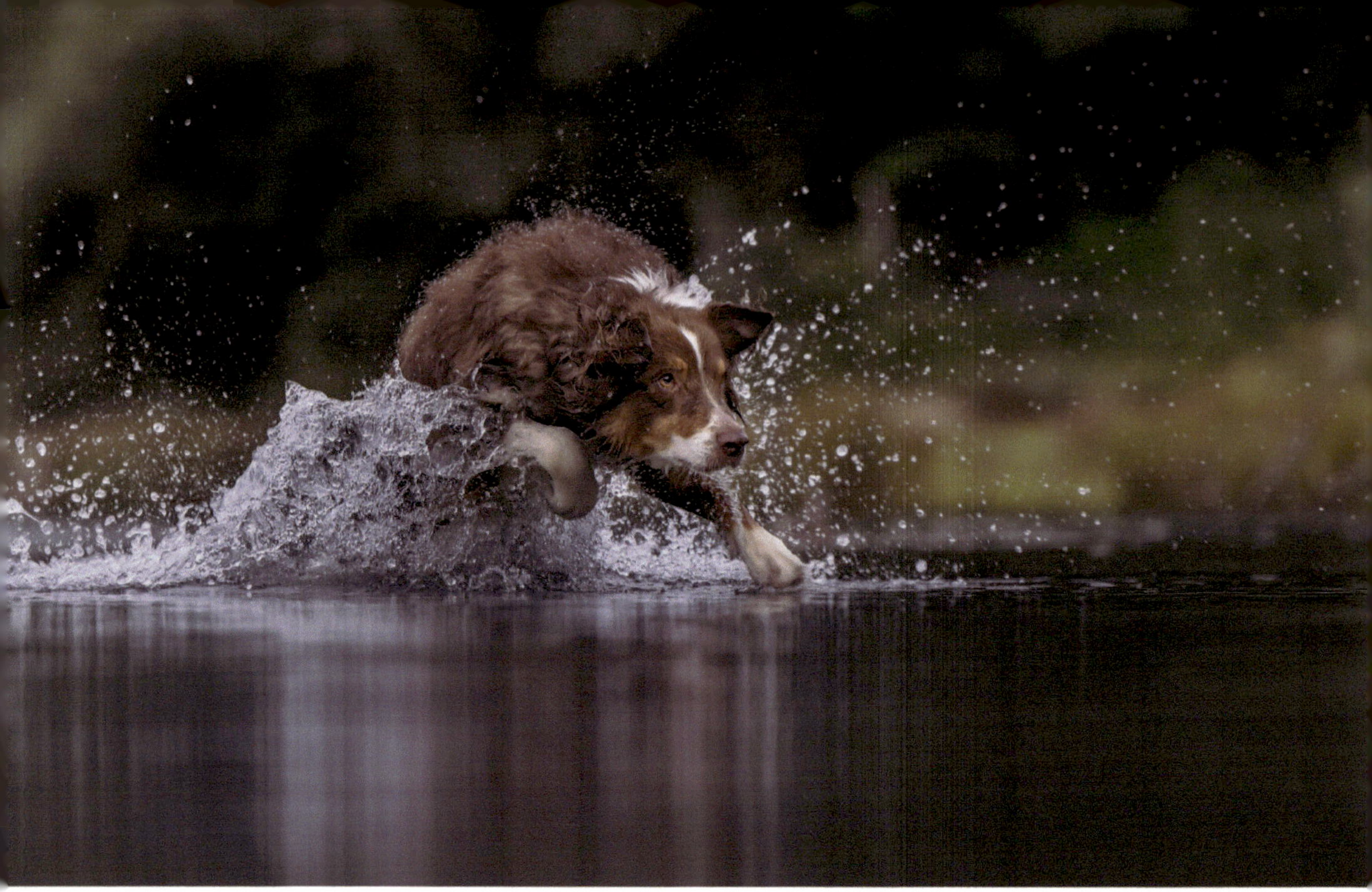

▲ *Das Hauptproblem bei sich bewegenden Tieren ist natürlich immer der Fokus. Probieren Sie verschiedene Methoden der Fokussierung aus (nachführender bzw. Single-Autofokus oder manuelle Fokussierung) und finden Sie heraus, mit welcher Methode Sie die meisten scharfen Bilder erzielen. Solche Aufnahmen fotografieren Sie vorzugsweise mit manueller Scharfeinstellung oder nachführendem Autofokus.*

Warten auf den richtigen Augenblick

Werfen Sie einen Ball oder Stock, bringt Ihr Hund sein Spielzeug vermutlich zurück. Wenn die Kamera auf einem Stativ sitzt, die richtigen Belichtungswerte eingestellt sind oder ein Automatikprogramm – am besten das Sportprogramm – gewählt und auf einen bestimmten Punkt scharf gestellt wurde, den der Hund passieren wird, müssen Sie nur noch im richtigen Augenblick auslösen. Berücksichtigen Sie dabei auch die Auslöseverzögerung Ihrer Kamera. Je nach Modell kann diese Verzögerung zwischen wenigen Hundertstel- und mehreren Zehntelsekunden schwanken.

Wer seinen Vierbeiner gekonnt in Szene setzen möchte und nach Inspiration sucht, dem empfehle ich das Buch von Regine Heuser: **Hunde fotografieren – Kreative Bilder mit „Wau-Effekt“**.

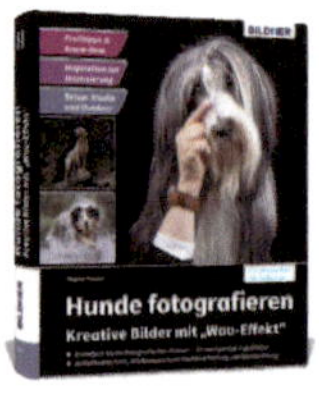

Praktischer Bildstabilisator

Höherwertige Kameras werden zunehmend mit einem System zur Bildstabilisierung ausgerüstet – gut bei Fotos mit langen Brennweiten. Ein Bildstabilisator gleicht leichte Bewegungen der in der Hand gehaltenen Kamera aus, sodass auch mit relativ langen Belichtungszeiten noch unverwackelte Aufnahmen möglich sind. Die Systeme der Kamerahersteller sind unterschiedlich. Bei manchen Systemen sitzt der Bildstabilisator im Kameragehäuse, bei anderen im Objektiv. Allen Bildstabilisatoren gemeinsam ist, dass sie beim Fotografieren eine Verwacklungsreserve von ca. zwei bis drei Belichtungsstufen bringen.

Sie können also eine Aufnahme mit einer Brennweite von 100 mm (bezogen auf das Kleinbildformat) selbst dann noch ohne Stativ scharf fotografieren, wenn die notwendige Belichtungszeit bei 1/15 Sekunde liegt. Da es 1/100 als Belichtungszeit nicht gibt, wäre die nächste Stufe 1/60. Noch eine Stufe weiter liegen Sie bereits bei einer Belichtungszeit von 1/30 Sekunde.

Ohne Stabilisator würde die minimale Belichtungszeit für Fotos ohne Stativ bei 1/125 Sekunde liegen. Trotzdem sollten Sie beachten, dass auch leichte Bewegungen schon zu Unschärfe führen, wenn Sie mit 1/30 Sekunde und weniger fotografieren – unabhängig von Brennweite und Bildstabilisator.

▼ *Müde Hunde sind dankbare Motive, bei denen man sich auch mal intensiv Gedanken um die Bildgestaltung machen kann. Der Hintergrund, die kurze Brennweite und das weiche Licht – hier passt einfach alles perfekt zusammen.*

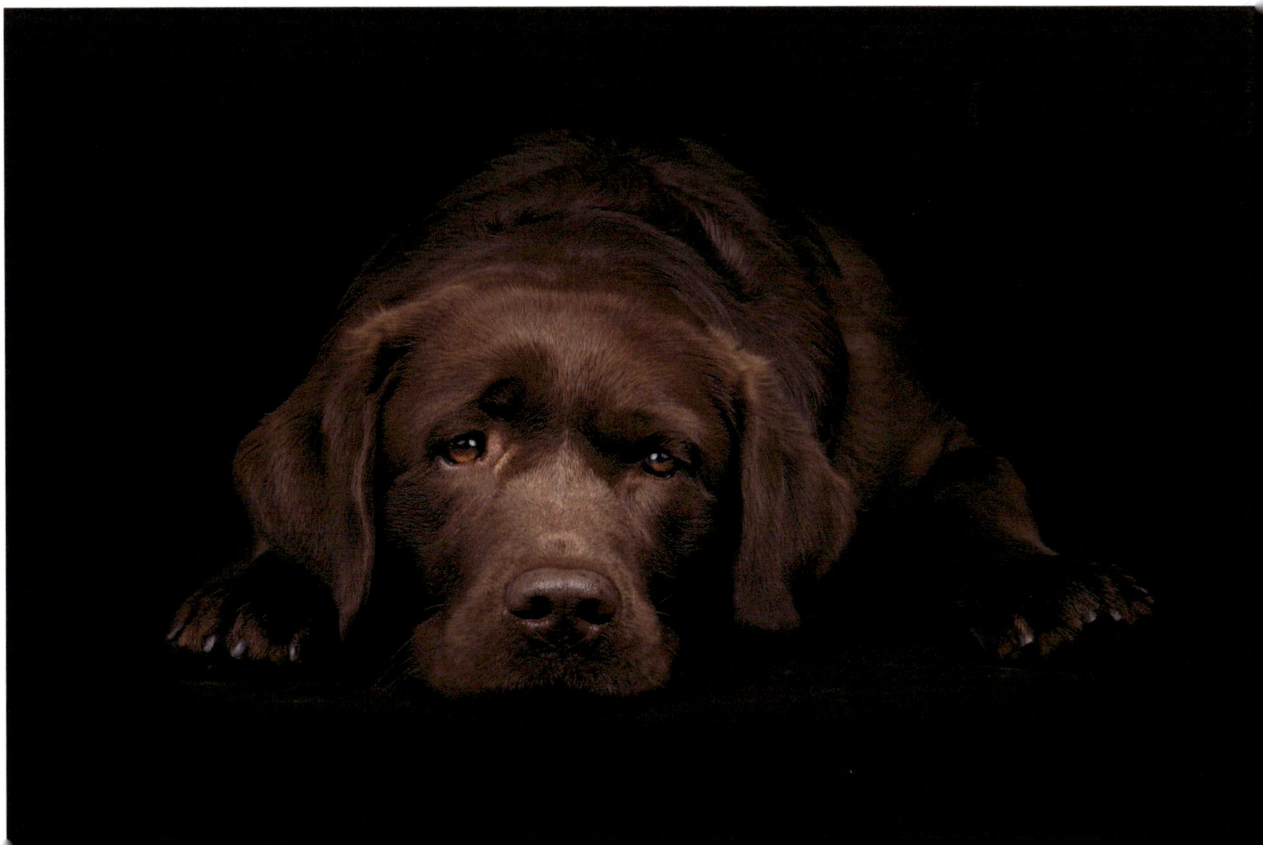

Die beschriebenen Vorgehensweisen gelten prinzipiell natürlich auch für die Fotografie von wild lebenden Tieren. Hier brauchen Sie aber möglicherweise zusätzlich einen Unterstand, je nach Umgebung und Witterung passendes Zubehör – vom Regenschirm bis zu einem Tarnzelt – und Schutz für Ihre Kamera. Die Tiere sollten sich an Sie oder Ihre Tarnung gewöhnt haben. Die notwendigen Einstellungen an der Kamera sollten schon vorher festgelegt sein, um keine wertvolle Zeit zu verlieren.

Tolle Tierfotos im Zoo

Nach den ersten fotografischen Versuchen an Haustieren und Vögeln am heimischen Futterhäuschen ist ein Zoobesuch eine weitere Möglichkeit für tolle Tierfotos. Sie können Tiere, die Sie nie zu Gesicht bekämen oder die in der Natur zu gefährlich wären, sorglos aus nächster Nähe beobachten und aufnehmen. Nehmen Sie für den Zoobesuch einen Ersatzakku und genügend Speicherkarten mit. Ein Stativ ist wie immer hilfreich, besonders in einem überdachten, abgedunkelten Tiergehege. Der Kamerablitz ist nicht uneingeschränkt nützlich, weil er die dämmrige Stimmung beispielsweise bei den Krokodilen durch Schlagschatten zerstört. Außerdem sind oft Scheiben vor den Innenraumgehegen angebracht, und der Blitz würde dort reflektiert werden.

Fotografieren durch Glasscheiben

Halten Sie die Kamera im Winkel von 45 Grad auf die Scheibe gerichtet und achten Sie darauf, dass sich niemand in der Scheibe spiegelt.

Bildkontrolle bei hellem Sonnenlicht

Besonders an sonnigen Tagen sollten Sie die Ergebnisse von Freilichtaufnahmen sofort kontrollieren. Die schönste Aufnahme nützt nichts, wenn z. B. das Fell eines Tieres teilweise

Große Blende bei Nahaufnahmen

Stellen Sie bei Nahaufnahmen von Tieren eine große Blende ein, sodass der Hintergrund in Unschärfe verschwimmt und dadurch nicht vom Hauptmotiv ablenkt. Fotografieren Sie am besten mit dem halb automatischen Belichtungsprogramm Zeitautomatik (Blendenvorwahl, A, Av). Dann können Sie die Blende festlegen, während die Kamera die passende Belichtungszeit beisteuert. Ist nicht genug Licht vorhanden und werden dadurch die Belichtungszeiten zu lang (Verwacklungsgefahr), sollten Sie einen höheren ISO-Wert verwenden oder, falls möglich, die Kamera den ISO-Wert automatisch anpassen lassen. Eine Alternative zur Halbautomatik ist das Porträtprogramm, bei dem die Kamera ebenfalls eine große Blendenöffnung für einen unscharfen Hintergrund und alle anderen Parameter automatisch einstellt.

überstrahlt, das Bild also partiell überbelichtet wird. Das ist auch mithilfe der Bildbearbeitung nicht mehr zu retten. Falls zu starke Kontraste im hellen Sonnenschein eine ausgewogene Belichtung nicht zulassen, stellen Sie die Belichtungswerte manuell so ein, dass die Tiere korrekt wiedergegeben werden. Dazu können Sie entweder im manuellen Modus fotografieren oder die Belichtungskorrekturfunktion der Kamera verwenden und etwas heller oder dunkler aufnehmen. Wie das geht, steht im Kamerahandbuch.

Tiere in Wald und Flur

Obwohl die Faszination für die Tierwelt sicherlich jeweils unterschiedliche Ursachen hat, haben Naturfotografen und Jäger so manche Gemeinsamkeit. Beide müssen sich den Tieren auf besonders vorsichtige Weise nähern und genau wissen, wie diese auf ihre Anwesenheit reagieren werden. Von einem Jäger können Sie erfahren, wie man sich vorsichtig an wilde Tiere heranpirscht, die idealen Plätze (z. B. Tränke, Futterstelle) ausmacht und selbst möglichst unsichtbar bleibt. Jäger beobachten Wildtiere von Unterständen und Hochsitzen, ohne sie zu verscheuchen. Kennen Sie einen Jäger, fragen Sie ihn einfach mal, ob er Sie mitnimmt oder ob Sie einen Hochstand verwenden dürfen. Bei den Jägern oder Förstern können Sie auch die bevorzugten Plätze bestimmter Wildtiere erfahren, wenn es Ihnen zu viel Mühe macht, das selbst herauszufinden.

Abschaltbare Kamerasignale

Unabdingbar für gute Tierfotos sind abschaltbare Kamerasignale. So praktisch der kleine Piepser bei der Scharfstellung oder das Pseudoklicken bei der Aufnahme ist – gerade wilde Tiere reagieren äußerst empfindlich.

Tarnzelt und Unterstand

Wildtiere reagieren natürlich sofort auf Veränderungen in ihrer gewohnten Umgebung. Stellen Sie ein Tarnzelt auf oder bauen in der Nähe einer passenden Stelle einen Unterstand, dürfen Sie nicht erwarten, dass die Tiere das ignorieren. Am besten wäre es, die Tarnvorrichtung aufzubauen und mehrere Tage dort stehen zu lassen, damit sich die Tiere daran gewöhnen können. Nach einer Weile können Sie den Unterstand dann nutzen, müssen aber auf jeden Fall immer vor den Tieren da sein.

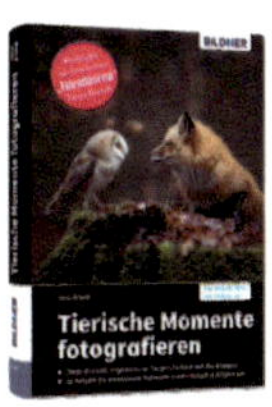

Objektivempfehlung

Meistens kommt man an Tiere nicht nah genug heran, um sie formatfüllend abzubilden. Wenn man zu weit weg ist, muss man viel unnötigen Rand löschen, was die Auflösung der Bilder dramatisch verringert. Daher sind lange Zoomobjektive und Festbrennweiten das übliche Werkzeug in der Tierfotografie, wobei Festbrennweiten nur dann sinnvoll sind, wenn man einen festen Abstand zum Motiv einhalten will. Und da man authentische Tierbilder oft nur im Zwielicht bzw. unter ungünstigen Lichtverhältnissen hinbekommen kann, sollte die Lichtstärke so groß wie möglich sein. Die Belichtungszeiten können damit kurz genug gehalten werden, um trotz der langen Brennweiten nicht zu verwackeln. Die hohe Lichtstärke und kurze Belichtungszeiten helfen also dabei, bewegte Motive scharf abzubilden.

Haustiere

- Standard-/Telezoom (ca. 30 bis 200 mm)
- Festbrennweiten mit hoher Lichtstärke (ca. 50 bis 100 mm, ca. f/2.8)

Wildtiere und Zoo

- Telezoom mit hoher Lichtstärke (ca. 30 bis 200 mm, ca. f/2.8)
- Telefestbrennweiten mit hoher Lichtstärke (ca. 200 bis 400 mm, ca. f/2.8)
- Konverter (1,4- bis 2-fach)

Gut getarnt auf die Lauer legen

Sind Sie zu Fuß im Wald unterwegs, müssen Sie auf alle Geräusche achten und sofort in der Bewegung erstarren, damit Rehe, Füchse oder Fasane Sie nicht sofort wahrnehmen. Diese Art der Pirsch ist für einen Fotografen mit schwerer Ausrüstung allerdings nur bedingt durchführbar. Mit Stativ und Fotorucksack ist es ziemlich schwierig, sich lautlos zu verhalten. Es ist also eindeutig besser, sich an einer Futter- oder Wasserstelle auf die Lauer zu legen und auf das Erscheinen eines Tieres zu warten. Dazu müssen Sie aber erstens gut getarnt sein und zweitens die Windrichtung beachten, damit der unvermeidliche menschliche Geruch nicht zu den Tieren geweht wird und Sie auf diese Weise entdeckt werden.

Bildaufbau und Umgebungslicht

Sie werden feststellen, dass es mit ein wenig Geduld und dem Wissen um die Verhaltensweisen von (Wild-)Tieren gar nicht so schwer ist, sie vor die Kamera zu bekommen. Viel schwieriger ist es, mit den Lebewesen in ihrer natürlichen Umgebung einen kunstvollen Bildaufbau, bei dem das Tier in den Mittelpunkt des Interesses rückt, zu arrangieren und dazu noch das perfekte Umgebungslicht zu erwischen. Das verlangt in der Regel viel Geduld. Diese beiden Faktoren – Bildaufbau und Licht – machen den Unterschied guter und herausragender Tierfotos aus. Nehmen Sie sich also ein wenig mehr Zeit, wenn Sie nicht nur hübsche, sondern beeindruckende Tierbilder schießen möchten, und warten Sie auf den richtigen Augenblick, in dem keine störenden Details vom Tier ablenken und das Licht die richtige Stimmung erzeugt.

Ganz nah ran ans Motiv

Wer schon mal durch ein Mikroskop oder durch eine starke Lupe kleine Motive betrachtet hat, kennt das Gefühl: Scheinbar vertraute Dinge erhalten in der Vergrößerung eine völlig neue Ausdruckskraft. Hier geht es natürlich nicht um Einzeller oder Amöben, die man nur in x-facher Vergrößerung sehen kann. Hier geht es vielmehr um Motive, deren Detailreichtum man mit bloßem Auge nicht oder nur schwer erkennen kann. Aufgrund dieser neuen Faszination an eigentlich längst Bekanntem erfreut sich die Nah- und Makrofotografie so großer Beliebtheit.

Die eindrucksvolle Nahaufnahme eines Apollofalters auf der Knospe einer Flockenblume stammt von Andreas Kolossa. Er zeigt in seinem Buch zur Schmetterlingsfotografie, wie Sie diese kleinen Wunder der Natur in einzigartigen Bildern festhalten.

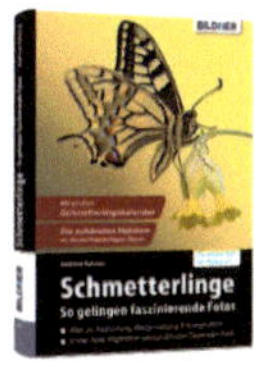

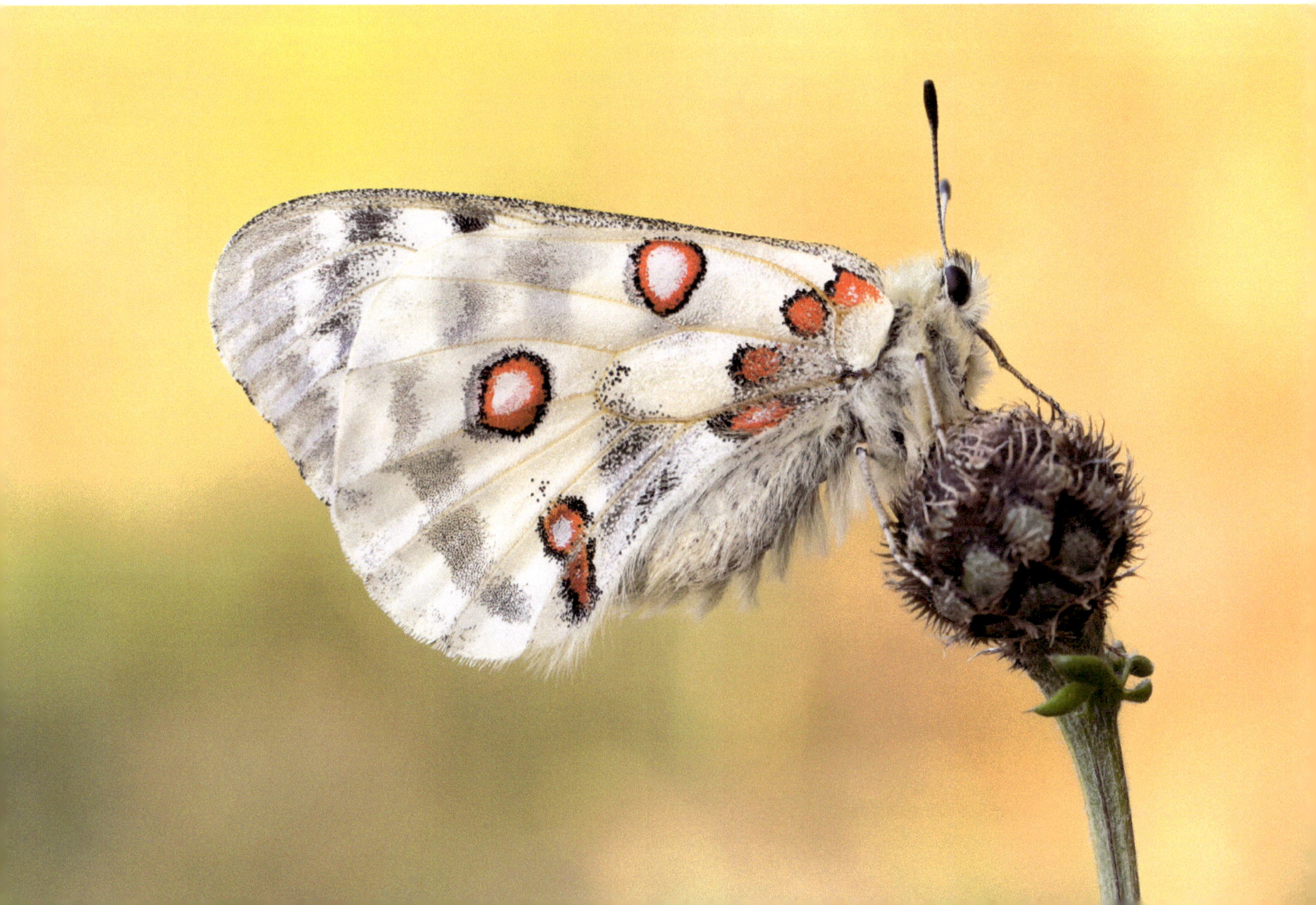

Close-up: einzigartige Details

Bei Nahaufnahmen, auch als Close-up bezeichnet, geht es um die vergrößerte Darstellung einzigartiger Details, die zu klein sind, um sie auf den ersten Blick als lohnendes Fotomotiv zu erkennen, oder die innerhalb eines Bilds eher schmückendes Beiwerk als Hauptmotiv oder Blickfang sind. Nutzen Sie das spannende Genre der Close-up-Fotografie, um sich und anderen eine Welt zu zeigen, bei der es sich lohnt, genau hinzuschauen. Dabei ist die Close-up-Fotografie, sozusagen als Vorstufe der Makrofotografie, mit geringem Aufwand auch für technisch weniger versierte Fotografen problemlos nachvollzieh- und umsetzbar, führt schnell zu guten Ergebnissen und hebt Sie aus der Masse der Fotografen hervor.

Der in der Nahaufnahme geübte Fotograf hat einen Blick für solche Motive, löst sie mit der Kamera aus ihrem Kontext und stellt ihnen die gesamte Fläche des Bilds zur Verfügung. Sobald die Motive noch kleiner werden, sodass man ihre Details mit bloßem Auge nicht mehr erkennen kann, kommt man von der Nah- zur Makrofotografie. Hier sollten Sie die Möglichkeiten Ihrer Kamera genau kennen.

Entdecken Sie die kreativen Möglichkeiten der **Close-up-Fotografie** und setzen Sie außergewöhnliche Details wie auch flüchtige Augenblicke eindrucksvoll in Szene!

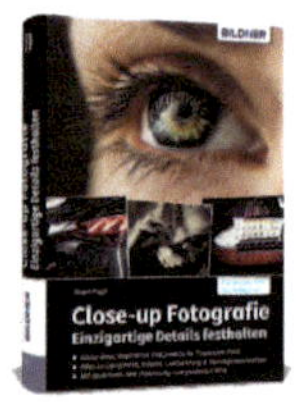

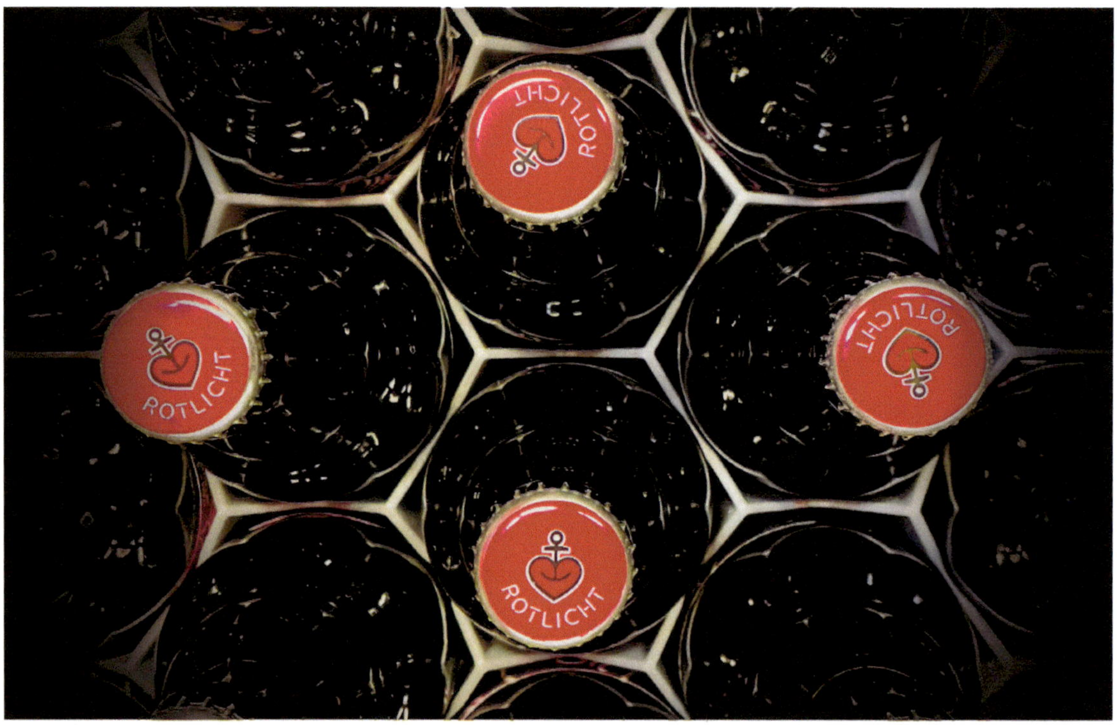

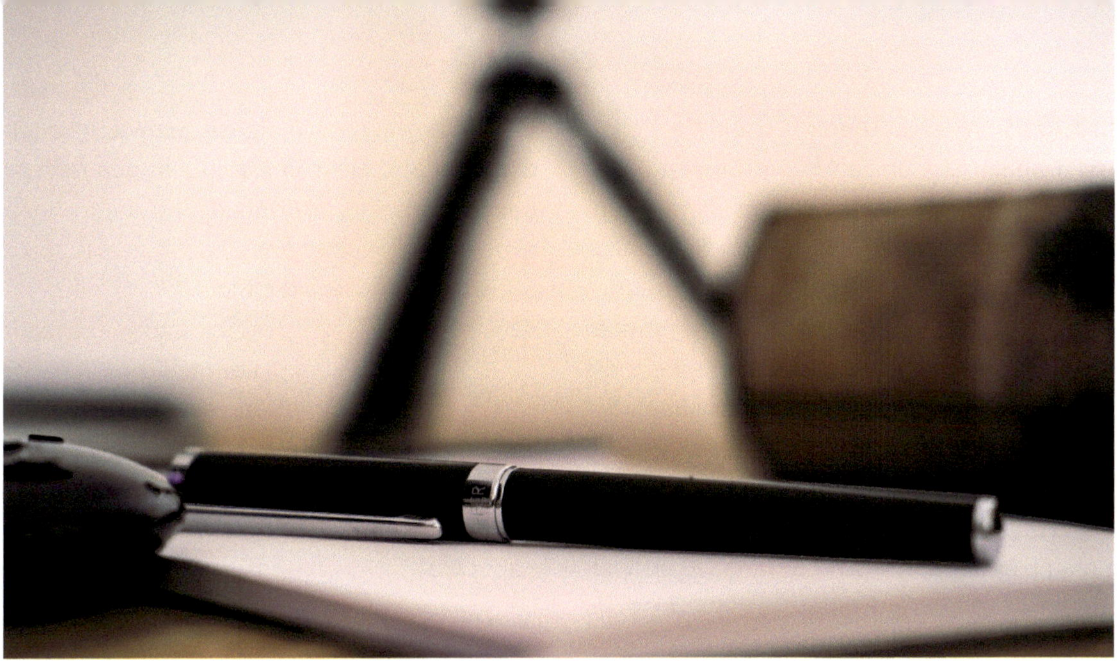

◀ ▲ *Interessante Motive finden sich fast überall. Nahaufnahme eines Füllfederhalters auf dem Schreibblock. Aufgenommen mit Offenblende f/1.2. Die Schärfeebene ist sehr klein und beschränkt sich auf den eingravierten Namen an der Verschlusskappe des Schreibgeräts.*

Kleine Dinge im Mittelpunkt

Close-up-Fotos sind mit einfachen Kameras und ohne Spezialzubehör nur in einem begrenzten Rahmen möglich, weil für die Objektive von digitalen und analogen Kameras bestimmte physikalische Grenzen gelten und man die Kamera nur bis zu einer gewissen Entfernung an ein Motiv heranbringen kann. Lesen Sie in der Beschreibung Ihrer Kamera bzw. des Objektivs nach, wie klein die Naheinstellgrenze, also die kleinstmögliche Entfernung zum Motiv ist. Die Nahfotografie ist mit nahezu jeder Kamera ohne besonderes Zubehör machbar.

Einfache Makroaufnahmen z. B. von Insekten gelingen mit einer guten Kompaktkamera meistens auch noch ohne Probleme, wenn die Kamera über ein Makroaufnahmeprogramm, verdeutlicht durch ein Blumensymbol, verfügt. Möchten Sie aber nicht nur die auf einer Blüte sitzende Fliege, sondern einzelne Facetten ihrer Augen deutlich in den Aufnahmen darstellen, benötigen Sie je nach Kameratyp unterschiedliches Spezialzubehör wie Nahlinsen, Zwischenringe, Spezialobjektive oder Balgengeräte.

Mit einfachen Motiven üben

Was fällt Ihnen zum Stichwort Nahaufnahme ein? Viele denken vermutlich sofort an stimmungsvolle Bilder von traumhaft zarten Blüten, an Schmetterlinge oder auch an Details eines menschlichen Gesichts. Für die ersten Schritte in der Nah- und Makrofotografie sind Blumen und Blüten am besten geeignet. Zunächst strahlen viele Blüten eine ganz natürliche Ästhetik aus. Zudem lassen sie sich in jeder beliebigen Umgebung arrangieren und bewegen sich nicht, wenn nicht gerade der Wind über die Pflanzen hinwegstreicht.

Außerdem werden Sie beim Fotografieren sehr schnell die Probleme kennenlernen, die sich aus den unterschiedlichen Formen, den verschiedenen Strukturen und der Tiefenausdehnung ergeben. Sie werden sehen, wie schwierig es sein kann, genügend Schärfentiefe zu erzielen, um eine Blüte in ihrer Dreidimensionalität zu erfassen, eine kunstvolle Beleuchtung zu arrangieren und den richtigen Bildausschnitt für gekonnte Gestaltungen auszuwählen. Die Tipps in diesem Kapitel helfen Ihnen jedoch, diese Schwierigkeiten der Nah- und Makrofotografie in den Griff zu bekommen.

Reflektoren gezielt einsetzen

Ein Reflektor dient nicht nur dazu, Licht zu streuen und die Ausleuchtung weicher zu gestalten. Im Freien ist eine an einem Stativ befestigte Styroporplatte ebenfalls ein guter Windschutz. Je zarter Motive wie z. B. Gartenblumen oder ein Löwenzahn sind, desto eher führen auch leichte Windstöße zu ungewollter Bewegungsunschärfe

▼ *Die weiße Rosenblüte hat es sogar auf eine Grußkarte geschafft.*

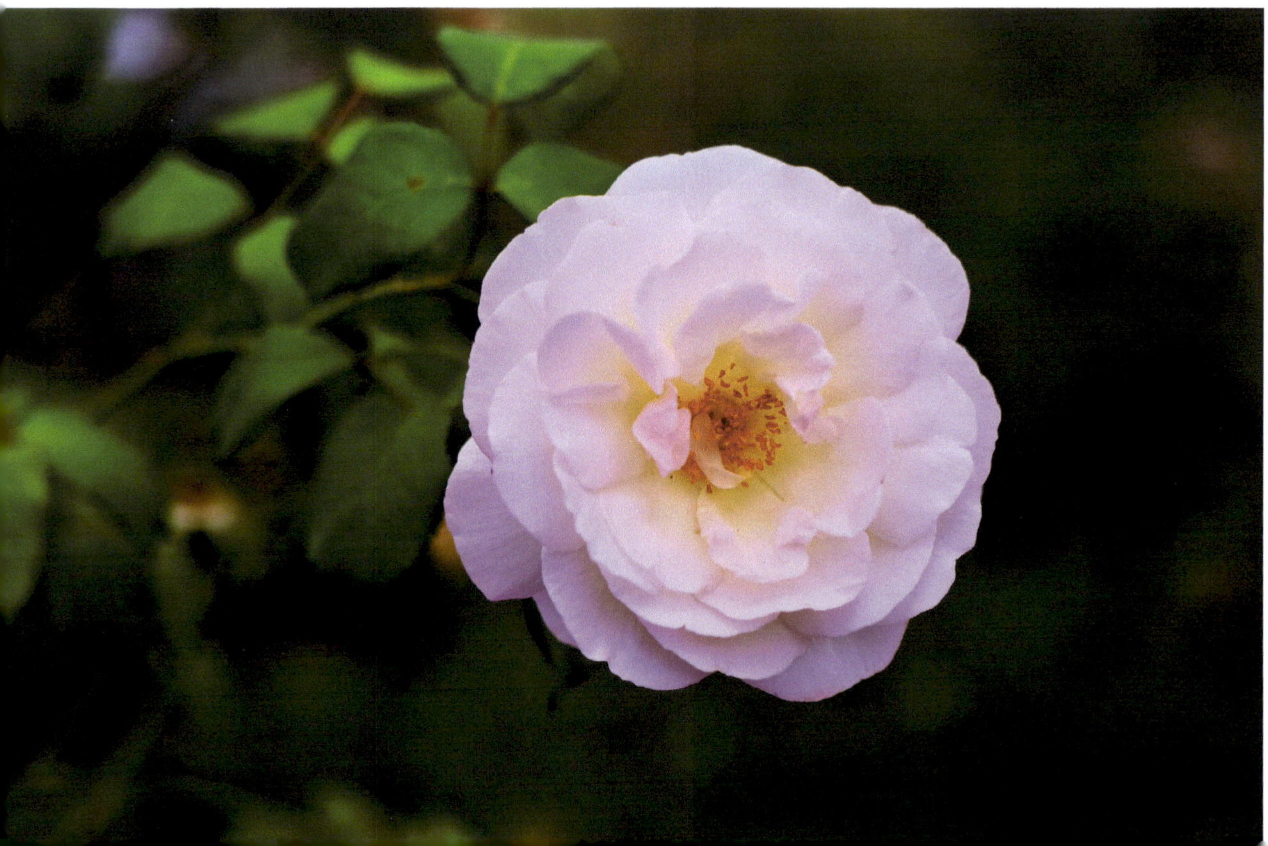

Tipps für Nahaufnahmen

Wenn Sie noch keine Erfahrung in der Nahfotografie haben, suchen Sie sich zunächst ein paar geeignete Objekte. Das können Münzen, Miniatureisenbahnen, Früchte oder Blumen sein, bei denen Sie zum Fotografieren nah herangehen müssen. Möchten Sie den Ratschlag befolgen, zunächst mit ein paar Blumen zu üben – selbst nicht so perfekte Fotos exotischer Blüten können als 20-×-30-Ausdruck toll wirken –, wagen Sie sich am besten an größere Blüten heran. Um einen Blick für Hintergründe, Strukturen und einen vorteilhaften Bildausschnitt zu entwickeln, sind flächige Blüten am besten geeignet.

Stellen Sie Ihre Kamera entweder auf den Automatik- oder, falls vorhanden, auf den Makromodus ein und fotografieren Sie die Blüte zunächst frontal aus relativ geringer Entfernung. Achten Sie darauf, einen passenden Hintergrund zu wählen. In den meisten Fällen beginnt der Makrobereich bei etwa 30 cm. Mit guten Objektiven können Sie auf bis zu 5 cm an Ihr Motiv herangehen. Viele Kameras passen auch die automatische Scharfstellung, den Autofokus, an das Makroprogramm an und bieten Ihnen dann nur im Makrobereich der Kamera eine passende Scharfstellung. Das ist eine gute Hilfe, denn wenn Sie zu weit weg sind, kann die Kamera nicht scharf stellen.

▼ *Die bei Nah- und Makroaufnahmen beschränkte Schärfentiefe kann man sehr gut zur Gestaltung einsetzen und räumliche Tiefe in ein Bild bringen. Der Betrachter weiß aus Erfahrung: Was weiter entfernt ist, ist unschärfer.*

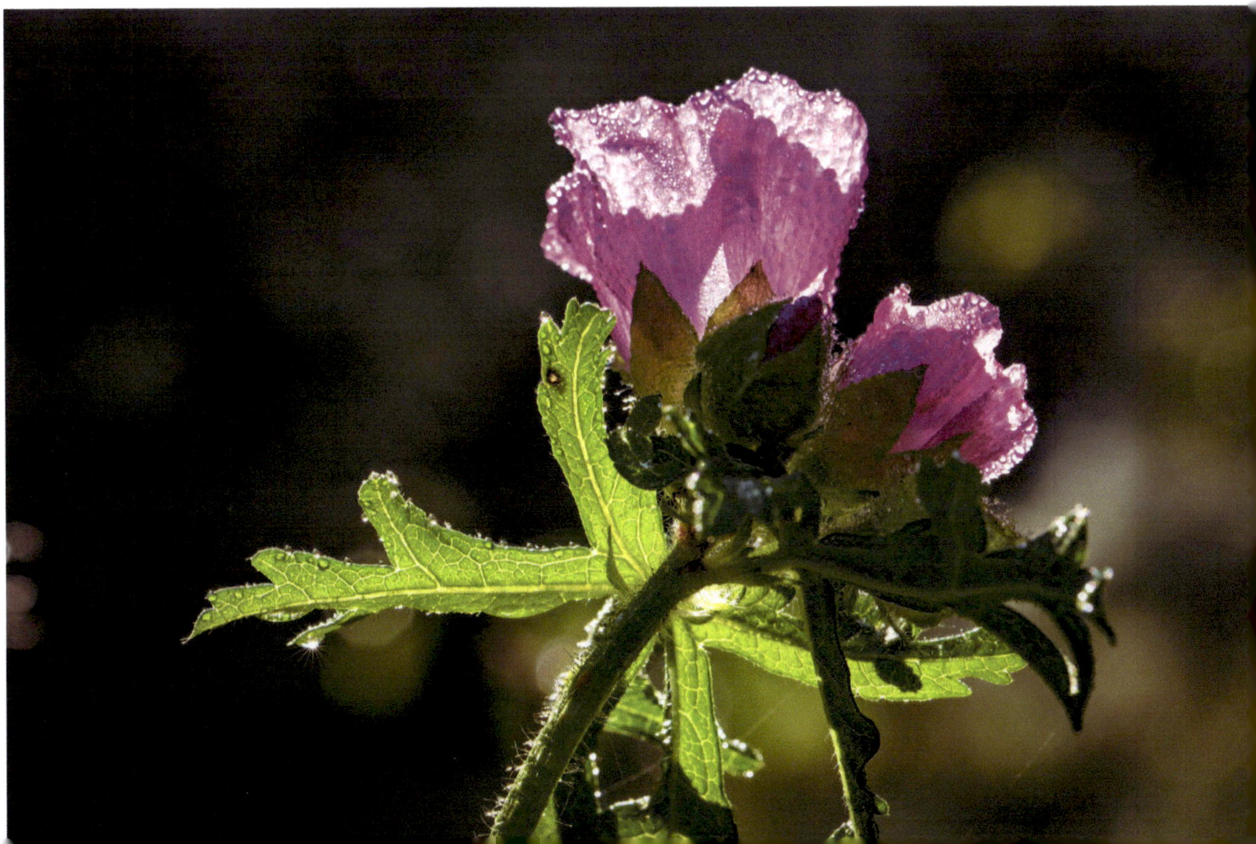

Makroaufnahmen besser mit Stativ

Sie werden sehen, dass für die Wahl des Bildausschnitts und zum Ruhighalten der Kamera ein Stativ eine große Hilfe ist. Die Gefahr zu verwackeln ist bei Makroaufnahmen sehr hoch, wenn Sie aus der Hand fotografieren – es sei denn, Ihre Kamera bietet einen Bildstabilisator, der das leichte Verwackeln kompensiert. Fotografieren Sie die Blüte frontal, spielt die Schärfentiefe nur eine geringe Rolle, denn die Blüte liegt mehr oder weniger parallel zur Sensorebene.

Es kommt hier mehr darauf an, auf Beleuchtung, Bildausschnitt und Hintergrund, falls sichtbar, zu achten. Wenn Sie im Freien arbeiten, liefert die Sonne Licht. Fotografieren Sie drinnen, stellen Sie die Blumen am besten neben ein Fenster. Das einfallende Licht beleuchtet die Blumen so sanft von der Seite. Falls die im Schatten liegende Seite zu dunkel ist, stellen Sie einen Spiegel oder eine weiße Fläche (Karton, Styropor) auf, um das Fensterlicht in die Schatten zu reflektieren.

Kreative Makroprojekte

Nah- oder Makroaufnahmen sind reizvolle Blickfänge für die unterschiedlichsten Gelegenheiten. Aus einer Rosenblüte wird schnell ein Motiv für eine Geburtstags- oder Hochzeitskarte. Aus einer Fotosammlung von Strandblumen kann ein Kalender entstehen. Auch ein individueller Desktophintergrund ist mit Makroaufnahmen möglich. Wenn Ihre Kamera über mindestens 12 Megapixel oder mehr verfügt, können Sie Ihre gelungensten Makroaufnahmen auch sehr gut als Vergrößerung ausgeben lassen.

Problematische Schärfentiefe

Drehen Sie für eine zweite Aufnahmereihe die Blüte so, dass sie nicht mehr parallel zur Sensorebene steht. Sehen Sie sich im Sucher oder auf dem Bildschirm genau an, wo der schärfste Punkt auf der Blüte liegt, und machen Sie ein paar Aufnahmen mit unterschiedlicher Fokussierung. Wenn Ihre Kamera es erlaubt, sollten Sie manuell fokussieren, um z. B. auch auf einen Bereich außerhalb der Bildmitte scharf zu stellen.

Wenn Sie die Fotos der zweiten Aufnahmereihe am Computer kontrollieren, werden Sie sehen, wie gering die Schärfentiefe bei Nahaufnahmen ist.

Zusätzliche Lichtquelle nutzen

Haben Sie Ihre Kamera auf das Aufnahmeprogramm für Nah- und Makroaufnahmen gestellt, steuert sie die Werte für Blende und Belichtungszeit mithilfe des internen Belichtungsmessers automatisch. Ist nicht genügend Licht vorhanden, wird je nach Kameramodell auch der Blitz zugeschaltet.

Das kann aus ästhetischer Sicht danebengehen, weil der Blitz von vorn die Motive ziemlich abflachen lässt und starke Schlagschatten erzeugt. Besser ist es, mit einer zusätzlichen Lichtquelle zu arbeiten, die das Motiv von der

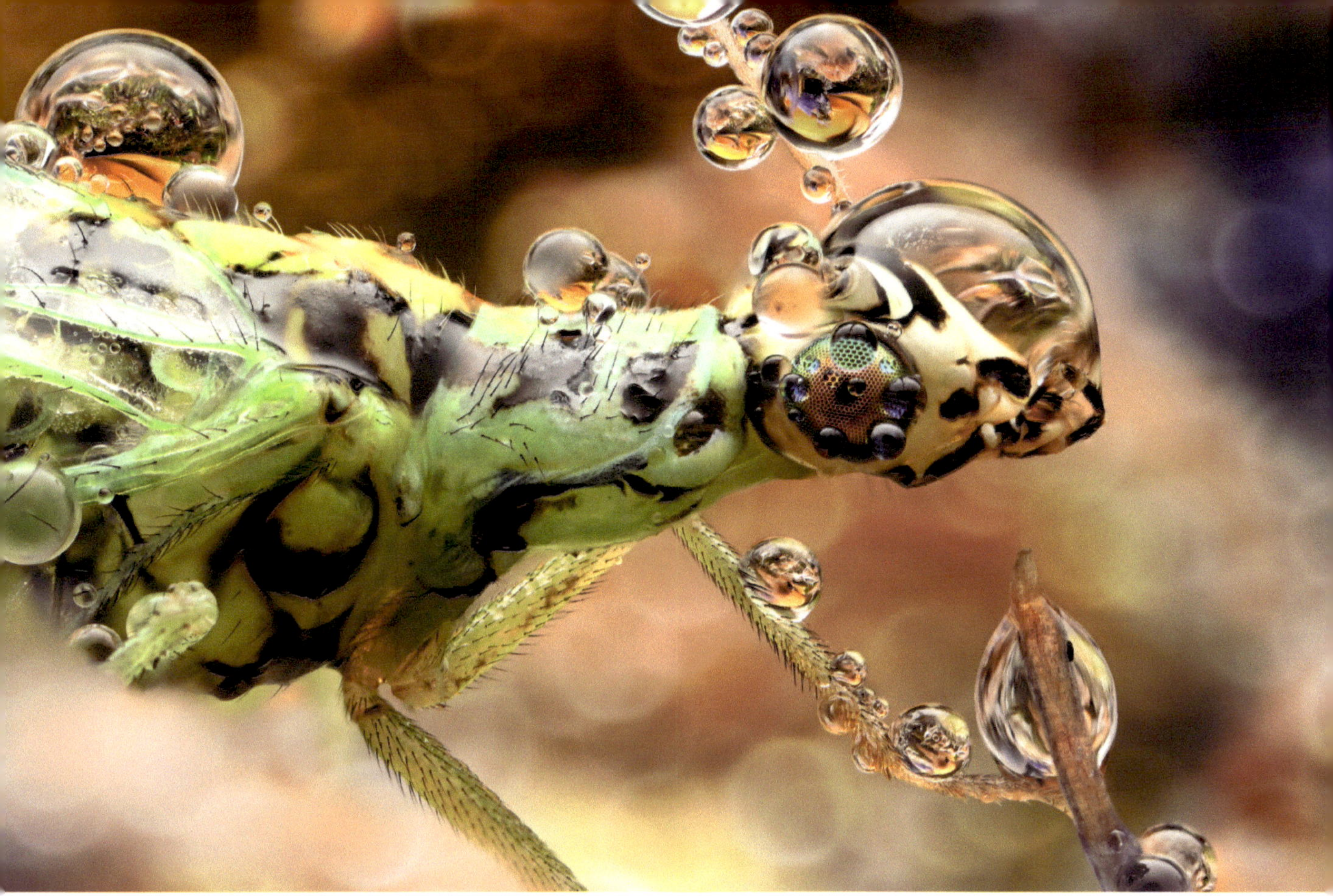

▲ *So eine Aufnahme kann man kaum planen. Denn auch wenn man den Fokus zuvor manuell festlegt und auf die Florfliege wartet, muss man in den meisten Fällen noch schnell nachjustieren. Machen Sie sich deshalb mit Ihrer Kamera vertraut und lernen Sie, wie Sie den Fokus schnell manuell anpassen können.*

Seite beleuchtet. Schalten Sie dann die Belichtungsautomatik ab und wählen Sie ein manuelles Aufnahmeprogramm, bei dem Sie Blende und Belichtungszeit selbst auswählen müssen.

Motive richtig ausleuchten

Die schönsten Nah- und Makroaufnahmen entstehen, wenn nicht nur Motiv und Bildgestaltung stimmen, sondern vor allem auch das Licht. Allein viel Licht von oben oder von der Seite reicht für gute Bilder selten aus. Ein Motiv muss so ausgeleuchtet werden, dass alle Details sichtbar sind, trotzdem aber die Plastizität eines Objekts durch den Wechsel von Licht und Schatten, hellen und dunklen Partien verdeutlicht wird. Winzige Spitzlichter können zusätzlich für Stimmung sorgen.

Wenn Sie ein detailreiches und sich in die Tiefe erstreckendes Objekt direkt von oben oder von vorn mit einem Blitz oder einer Lampe anstrahlen, flachen seine Strukturen ab. Die räumliche Tiefe des Objekts lässt sich so nicht in den zweidimensionalen Raum eines Fotos transportieren. Erst Schatten modellieren Oberflächen. Machen Sie Ihre Nah- und Makrofotos also zunächst mit einer schräg seitlich positionierten Lichtquelle.

Ob Sie ein Blitzlicht, einen Strahler oder das Tageslicht verwenden, ist dabei zweitrangig. Das Kernproblem bei einer seitlichen Lichtquelle ist, dass die dem Licht abgewandte Seite des Motivs je nach Umgebungshelligkeit im Schatten liegt und Sie die Schatten aufhellen müssen.

Diffuses Licht durchs Nordfenster

Fotografieren Sie im Haus, können Sie das durch ein Nordfenster hereinfallende Licht nutzen. Dieses Licht ist diffus, weil die Sonne nicht direkt ins Fenster scheint. An trüben Tagen ist das Licht besonders weich. Es lässt sich zusätzlich aufweichen, indem Sie das Fenster mit Backpapier verkleiden. In jedem Fall verursacht das Licht eines Nordfensters sehr sanfte Schatten, die bei Nah- und Makromotiven besonders eindrucksvoll wirken.

Aufhellen mit einem Reflektor

Arbeiten Sie in diesem Fall für eine weichere und gleichmäßigere Ausleuchtung mit Reflektoren. Ein Spiegel oder eine mit Alufolie bespannte Fläche wirft das Licht von der gegenüberliegenden Lichtquelle zurück und erhellt so im Schatten liegende Bildteile. Falls Sie das vom Reflektor zurückgeworfene Licht noch weicher gestalten möchten, verwenden Sie anstelle einer glänzenden Fläche eine weiße Styroporplatte oder eine andere weiße Fläche, z. B. ein Blatt Papier.

Kontrolle der Helligkeitsverteilung

Das Histogramm ist die zuverlässigste Möglichkeit zur Kontrolle der Helligkeitsverteilung. Es zeigt in einer Grafik, ob die aufgenommenen Tonwerte innerhalb des von der Kamera erfassbaren Helligkeitsspektrums liegen. Ist eine Aufnahme über- oder unterbelichtet, sind Teile der grafischen Darstellung des Histogramms an den Rändern abgeschnitten.

Pilzfreunden möchte ich die **Pilzfotografie** ans Herz legen. Sie erschließt eine mystische Welt und lässt Pilze in neuem Licht erscheinen. Der Fotograf und Autor Alexander Mett zeigt beispielsweise, wie Sie den Magic Glow Effekt kunstvoll einsetzen. Dabei handelt es sich um eine Aufnahmetechnik, die mittels Kunstlichtquelle die Pilzkappe zum „Glühen“ bringt.

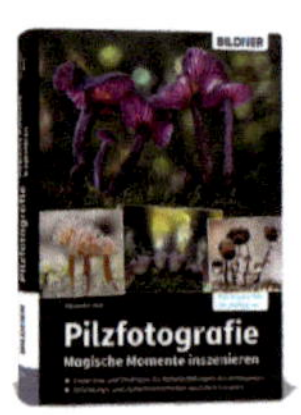

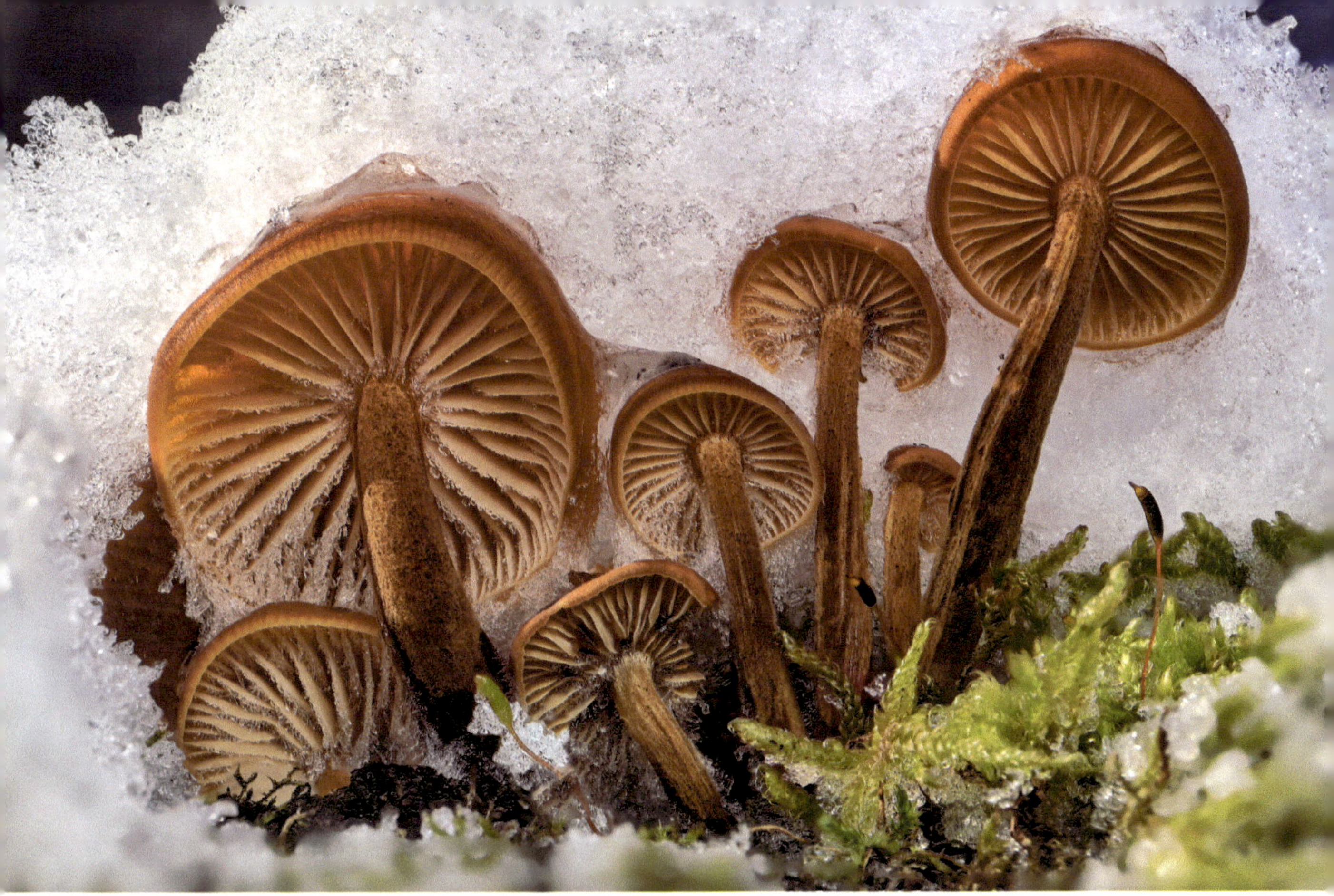

▲ *Bildgestaltung und Ausleuchtung sind die Schlüssel zu einer guten Nahaufnahme.*

Mit Nahlinsen ran ans Motiv

Viele Kameras lassen sich bis auf wenige Zentimeter vor ein Motiv halten, wodurch in Kombination mit einer langen Brennweite für Aufnahmen von lediglich zentimetergroßen Lebewesen kein Zubehör nötig ist. Besitzen Sie eine Kamera, die keine solche Annäherung erlaubt, brauchen Sie eine Nahlinse, die ins Filtergewinde des Objektivs geschraubt wird. Hat Ihr Objektiv kein Filtergewinde, fragen Sie Ihren Fachhändler nach einer speziellen Filterhalterung, die am Kameragehäuse angebracht werden kann.

Nahlinsen, die relativ günstig im Fachhandel erhältlich sind, wirken wie Vergrößerungsgläser. Sie verringern die mögliche Distanz zwischen Kamera und Motiv. Man erhält Nahlinsen in verschiedenen Stärken, die in Dioptrien angegeben werden. Es lassen sich auch mehrere Nahlinsen miteinander kombinieren. Allerdings wird die Bildqualität durch Farbfehler und Unschärfen deutlich schlechter, je mehr Linsen Sie verwenden. Außerdem kommt es durch die Metallränder der Filter zu Vignettierungen.

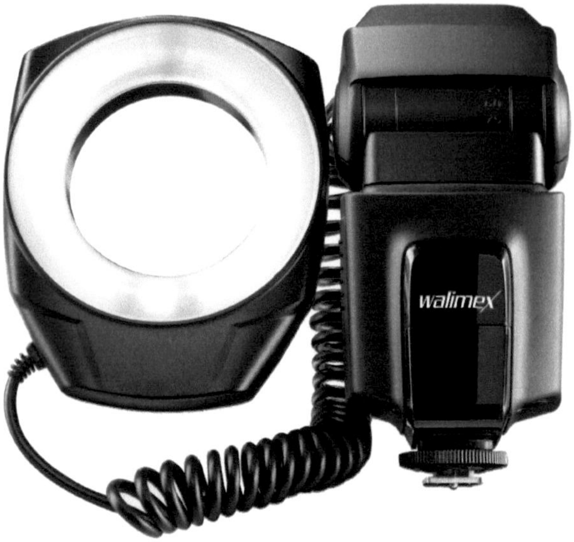

▲ *Wer sich sehr intensiv mit der Nah- und Makrofotografie beschäftigt, sollte sich einen speziellen Makro- oder Ringblitz zulegen, um die Ausleuchtung zu perfektionieren, im Bild ein Modell von Walimex, das mit jeder aktuellen Kamera mit Blitzschuh verwendet werden kann.*

Abbildungsmaßstab beim Objektiv

Eine Reihe von Standardzoomobjektiven hat eine zuschaltbare Makrofunktion, um sich den gewünschten Motiven bis auf einige Zentimeter zu nähern. Mit speziellen (und teuren) Makroobjektiven lassen sich Vergrößerungen bis zur Lebensgröße erzielen. Ein Motiv von einem Zentimeter Größe wird also auf einem Sensor in Lebensgröße abgebildet und nimmt auf dem Sensor die gleiche Größe wie in Wirklichkeit ein. Man spricht von einem Abbildungsmaßstab von 1:1. Die Abbildungsqualität von Objektiven, die speziell für Makroaufnahmen konzipiert sind, ist übrigens deutlich besser als die von Allroundoptiken mit zusätzlicher Makrofunktion.

Zwischenringe für die Kamera

Relativ preiswert sind Zwischenringe, die zwischen Kamera und Objektiv montiert werden, aber nur an Kameras mit Wechselobjektiven verwendet werden können. Zwischenringe sorgen dafür, dass Objektiv und Kamera nach wie vor miteinander kommunizieren und automatische Belichtung sowie Autofokus wie gewohnt funktionieren. Die Ringe gibt es in verschiedenen Stärken. Je dicker sie sind, desto größer ist der Abbildungsmaßstab. Man kann die Ringe miteinander kombinieren, die Abbildungsqualität wird dadurch jedoch nicht beeinträchtigt. Allerdings schlucken Zwischenringe Licht, wodurch sich die Belichtungszeit verlängert oder größere Blenden benötigt werden.

Balgengeräte und Umkehrringe

Spiegelreflexkameras können für die Nah- und Makrofotografie auch mit Balgengeräten und Umkehrringen ausgerüstet werden. Balgengeräte arbeiten nach dem gleichen Prinzip wie Zwischenringe, man kann die Entfernung zwischen Objektiv und Kamera jedoch stufenlos einstellen. Mit einem Umkehrring, der an einer Seite einen Anschluss für das Objektiv, an der anderen einen Kameraanschluss hat, kann man seine Objektive umgekehrt an einer Kamera anbringen. Das Objektiv wirkt dann wie ein Vergrößerungsglas. Dadurch bleibt die Abbildungsqualität des Objektivs erhalten. Gute Umkehrringe sind so ausgestattet, dass die Kommunikation zwischen Kamera und Objektiv weiterhin möglich ist. Bei einfachen Modellen werden Belichtungswerte und Fokussierung von Hand eingestellt.

Perfekte Makros mit Makroobjektiv

Wer perfekte Makros machen möchte, braucht auch ein gutes Objektiv. Schärfe, Kontraste und Farben müssen passen, was zum großen Teil von der Güte der Gläser abhängt. Wer mit einer DSLR fotografiert, sollte für qualitativ herausragende Bilder mit einer speziellen Makrofestbrennweite arbeiten. Je länger die Brennweite, desto größer ist die Distanz, die man zu einem Motiv einhalten kann. Gerade bei Insekten ist die Fluchtdistanz (die Entfernung, ab der die Tiere flüchten) ein wichtiger Faktor. Auch mit einem makrotauglichen Standardzoom kann man gute Aufnahmen zustande bringen. Dennoch, richtig nah heran kommt man nur mit Spezialoptiken bzw. entsprechendem Nahzubehör. Und die Schärfe ist dann ebenfalls deutlich besser.

Wer die Makrofotografie auf die Spitze treiben möchte und sich mit Spinnen und Insekten wohlfühlt, kann sich der **Extreme Wildlife Makrofotografie** widmen. Der Autor gibt Tipps, wie Sie auch ohne teures Equipment starten können und zeigt, wie Sie mit Focus Stacking genug Schärfe und Details in Ihrem bearbeiteten Foto erhalten.

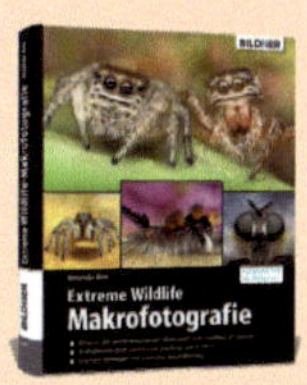

Produktfotos, die verkaufen

Haben Sie schon mal bei eBay eingekauft? Dann kennen die unzureichende Bildqualität vieler Angebote. Dabei wäre es eigentlich ganz einfach, durch halbwegs professionelle Produktfotos mehr Geld aus einer Auktion herauszuholen. Gute Produktfotografie ist immer auch eine Frage der Sorgfalt. Sie brauchen noch nicht einmal ein komplett ausgestattetes Studio, was natürlich nicht heißt, dass für die Produkt- und Werbefotografie eine günstige Grundausstattung für das Heimstudio nicht hilfreich wäre. Mit relativ kleinem Budget und ein wenig Studioequipment wie zwei Blitzgeräten, einem Aufnahmetisch bzw. gleichmäßigen Hintergründen und ein wenig Knetgummi klappt die Produktfotografie von Anfang an. Und zwar sowohl für die private wie auch für die geschäftliche Produktfotografie.

▼ *Für ein gutes Produktfoto braucht man nicht unbedingt ein voll ausgestattetes Fotostudio. Die richtige Location und die passende Tageszeit samt Sonnenstand genügen schon, wenn man Kamera und Bildgestaltung beherrscht. Die Aufnahme entstand für eine Motorradwerkstatt, und das Bike war innerhalb von zwei Tagen verkauft.*

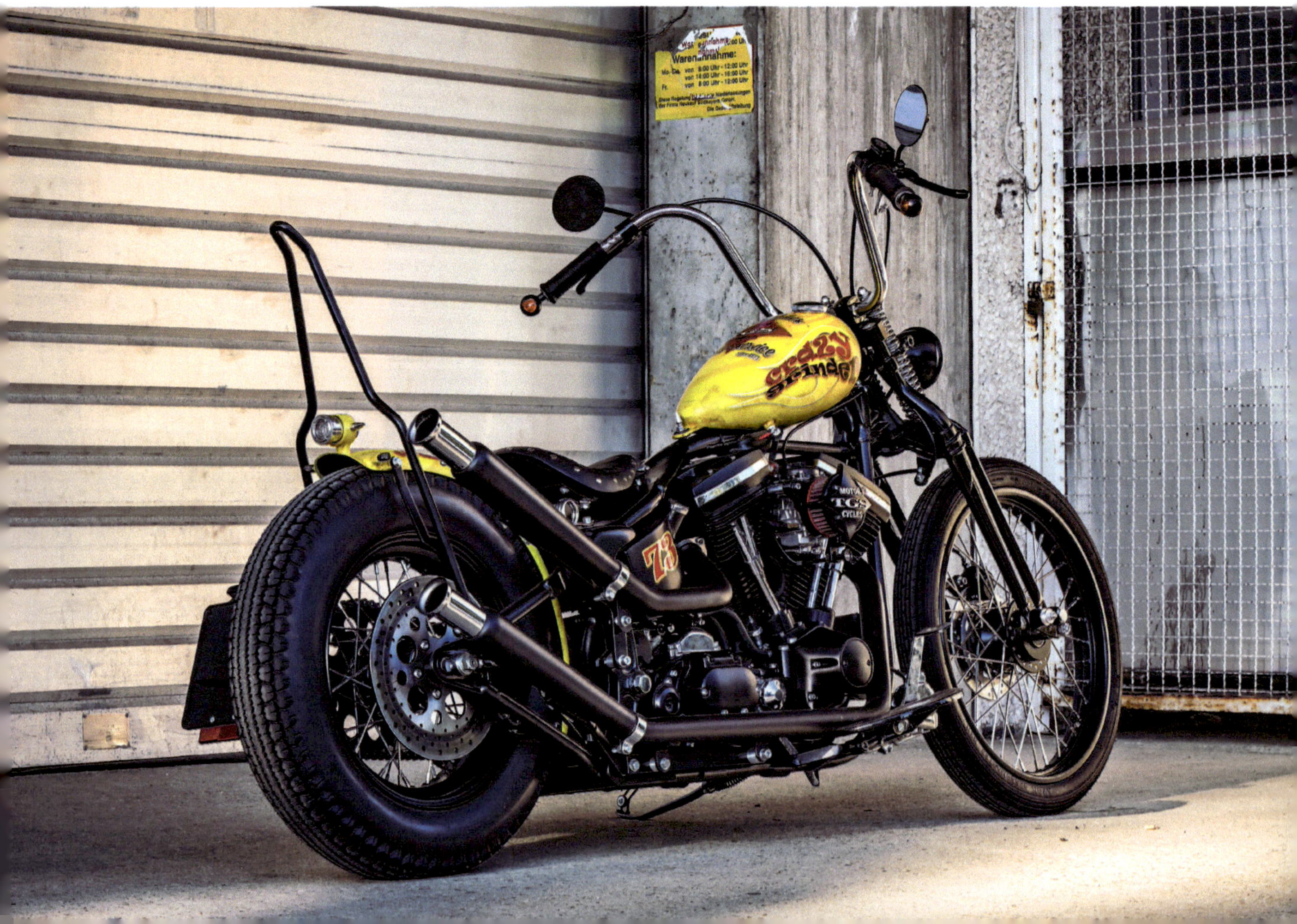

Kleine Fotoecke zu Hause

Wenn Sie irgendwo im Haus oder der Wohnung einen Platz haben, in der Sie eine kleine Fotoecke aufbauen können, ist die Grundlage für gute Bilder bereits geschaffen. Denn viele schlechte Produktbilder im Internet erkennt man sofort daran, dass sie mal eben auf dem Küchentisch aufgenommen wurden. Stellen Sie also an einem passenden Platz einen Tisch auf, der ausreichend groß ist. Idealerweise ist der Tisch weiß, ebenso die Wand, an der der Tisch steht.

Zusätzlich benötigen Sie ein wenig Beleuchtung. Vorausgesetzt, es sind genügend Fenster vorhanden, könnte man viele Motive zwar auch mit Tageslicht fotografieren, mit künstlichen Lichtquellen und ein wenig Übung sind Sie aber flexibler und unabhängiger vom Sonnenstand. Zwei einfache Schreibtischlampen mit schwenkbarer Lampenfassung an einem langen Ausleger sind für den Anfang durchaus ausreichend.

▼ *Mit zwei Lichtquellen, einem Aufnahmetisch und einem Stück weißer Pappe kann man absolut professionelle Ergebnisse erzielen.*

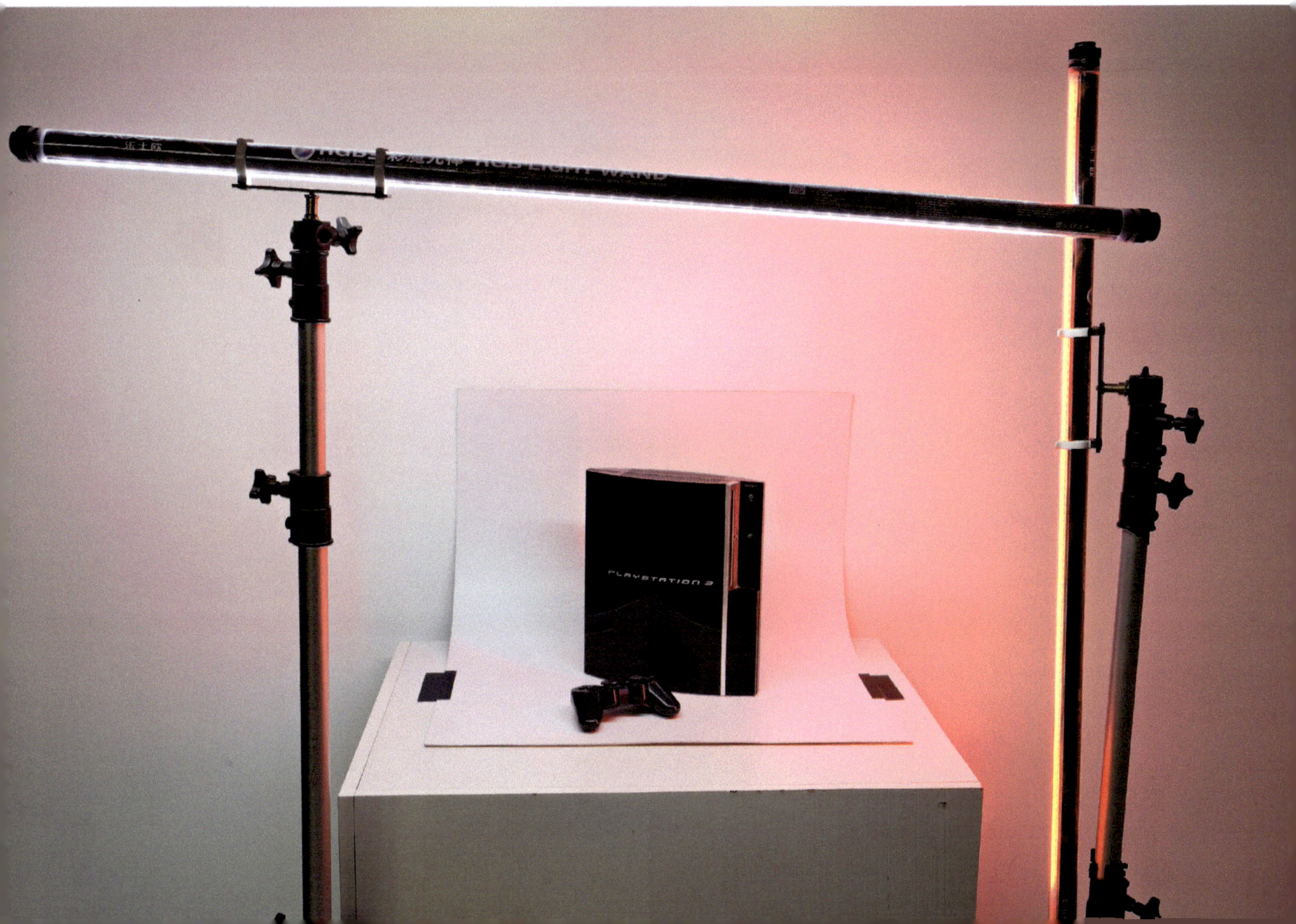

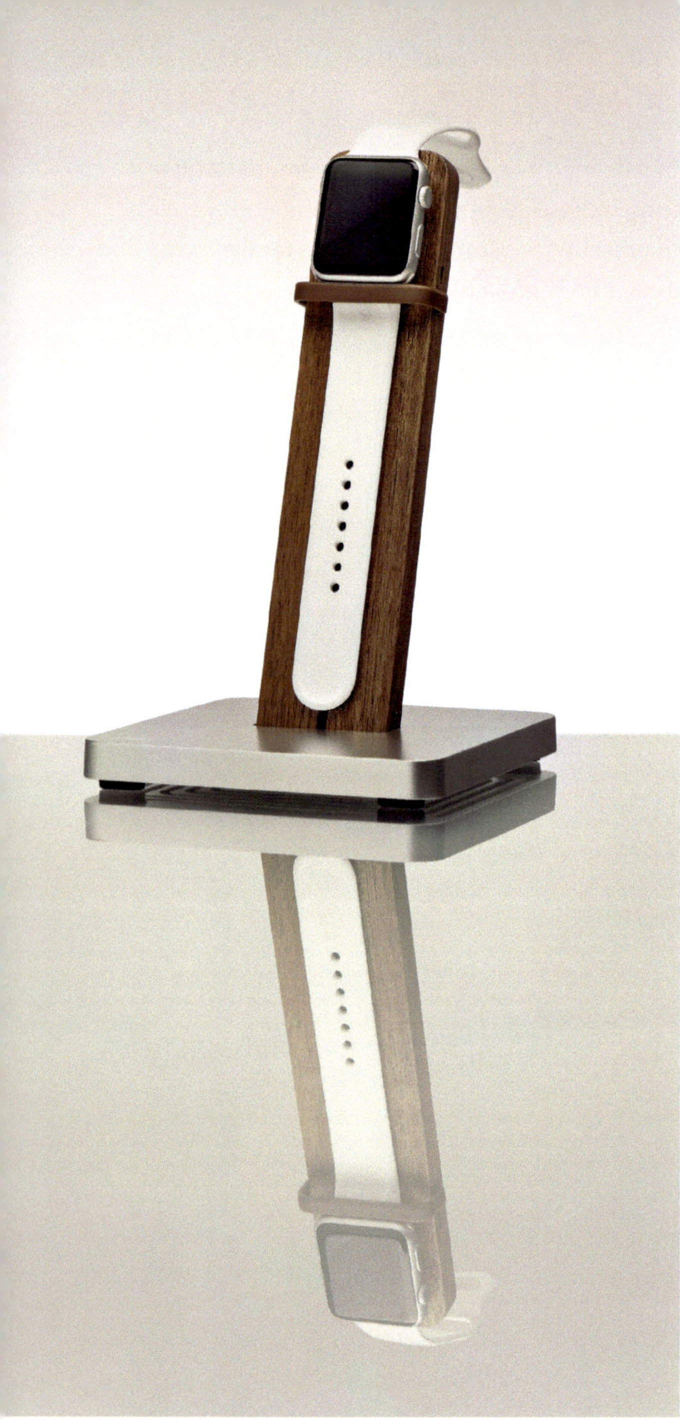

▲ *Eine einfache weiße oder schwarze Kunststoffplatte genügt, um attraktive Spiegelungen zu erzeugen. Alternativ kann man auch einen Spiegel oder glänzenden Kunststoff verwenden.*

Sauberer und weißer Hintergrund

Wichtig bei jeder Art von Produktaufnahmen: Achten Sie auf einen nicht störenden Hintergrund! Nichts wirkt unprofessioneller als ein auf einem stark gemaserten, rotstichigen Holztisch platziertes Objekt. Besorgen Sie sich einen sauberen, weißen Karton, fixieren Sie ihn auf jenem Holztisch und biegen Sie ihn leicht zur Wand hin nach oben. Es entsteht eine Hohlkehle, die das Licht von hinten reflektiert und so die gefürchteten Schlagschatten reduziert.

Möchten Sie die Improvisation noch ein wenig weitertreiben und noch bessere Ergebnisse erzielen, stellen Sie links und rechts vom Objekt weiße Flächen (Styropor, Pappe) auf, um das Licht mehr zu streuen. Die Schatten werden dann nochmals weicher.

Auf Sorgfalt kommt es an

In der Produktfotografie kommt es immer auf Sorgfalt an. Flecken, Staub und Kratzer stören. Natürlich darf man keine eklatanten Schwächen oder Fehler eines Produkts kaschieren, Staub und Fingerabdrücke sollte man aber auf jeden Fall vermeiden. Ein Tipp aus der Erfahrung: Ein Gerät vor der Aufnahme zu putzen oder auf Hochglanz zu polieren, dauert nur halb so lang wie eine professionelle Staubretusche.

Aufhellen und abschatten

Oft ist es nötig, die Schattenseite eines Produkts dezent aufzuhellen, da die Kontraste ansonsten zu extrem werden. Wenn man nicht gleich mit mehreren Lampen oder Blitzgeräten arbeiten möchte, bieten sich hier einfache Reflektoren an. Sie können mit kleinen Spiegeln, mit Styropor oder mit Karton, der mit Alufolie bespannt ist, arbeiten. Diese Technik der Aufhellung ist in der Produktfotografie extrem wichtig. Der große Vorteil von Reflektoren besteht unter anderem darin, dass man sich nicht um die Leistungsjustierung eines zusätzlichen Blitzgeräts kümmern muss.

Es kann durchaus schwierig werden, zwei Blitzgeräte so aufeinander abzustimmen, dass eine natürliche Lichtstimmung entsteht. Die vom Reflektor zurückgeworfene Lichtmenge steuert man einfach dadurch, dass man dessen Entfernung zum Objekt variiert. Gleiches gilt für den Lichtschlucker, von einigen Fotografen politisch völlig unkorrekt „Neger“ genannt. „Abnegern“ bedeutet somit, die Schatten z. B. eines sehr hellen Produkts zu verstärken. Sie verwenden dazu einfach eine schwarze Fläche, den „Neger“. So einen Lichtschlucker kann man sich ebenfalls leicht selbst bauen. Schwarzer Samt ist ideal, aber auch Molton oder Karton sind als Lichtschlucker brauchbar.

Kameraeinstellungen für Produktfotos

Schlechte Produktfotos sind meistens an ein paar einfachen Merkmalen zu erkennen. Das Motiv wird auf einen farbigen und strukturierten Tisch gelegt, die Kamera wird auf Automatik gestellt, und die Aufnahme wird von schräg oben gemacht. Farbstichige und verwackelte oder überblitzte Bilder sind die Resultate. Was den Aufnahmetisch angeht, haben Sie weiter oben schon genug Informationen erhalten, um es besser zu machen.

In Bezug auf die Kameraautomatik muss man zwei Situationen unterscheiden. Fotografieren Sie mit Dauerlicht (Studiolampen), kann man es durchaus mit der Vollautomatik oder dem Motivprogramm für Nahaufnahmen ausprobieren. Denn das Dauerlicht beleuchtet Ihr Motiv ja permanent, und Sie bekommen genau das aufs Foto, was Sie sehen.

Arbeiten Sie mit Studioblitzlicht, müssen Sie auf die Automatik verzichten, denn die Kamera stellt die Belichtungswerte nur auf das vorhandene Licht ein. Sie müssen also wissen, wie Sie im manuellen Modus die Belichtungswerte (Blende, Belichtungszeit), die Empfindlichkeit (ISO) und den Weißabgleich einstellen.

Verwenden Sie einen niedrigen ISO-Wert für minimales Bildrauschen. Stellen Sie dann eine kleine Blendenöffnung (einen großen Wert) ein, die genügend Schärfentiefe erzeugt, um Ihr Motiv von vorn bis hinten scharf zu zeigen. Egal mit welchem Kamerasystem Sie arbeiten – eine kleine Blende wie f/8 oder f/11 ist bestens geeignet für den ersten Versuch.

Motivprogramm Nahaufnahmen

Müssen Sie improvisieren, dann stellen Sie als Aufnahmeprogramm am besten das das Motivprogramm für Nahaufnahmen ein, meistens symbolisiert durch eine kleine Tulpe. Die Belichtungseinstellungen und die Sorge um maximale Schärfentiefe nimmt Ihnen dann die Kamera ab. Üblicherweise verwendet die Kamera im Modus für Nahaufnahmen kleine Blendenöffnungen für die Optimierung der Schärfentiefe, was zu längeren Belichtungszeiten führt.

Wichtig bei der Arbeit mit Blitzlicht: Achten Sie auf die Synchronzeit, damit es nicht zu Abschattungen an den Bildrändern kommt. Sie dürfen die Synchronzeit der Kamera, die meistens um 1/200 Sekunde liegt, nicht unterschreiten. Ist das erste Testbild zu dunkel, müssen Sie die Blitzleistung erhöhen. Bei zu hellen Bildern wird die Leistung reduziert. Beim Fotografieren mit Dauerlicht wird die Belichtungszeit variiert, um die Bilder heller oder dunkler zu gestalten. Je kürzer die Zeit, desto dunkler werden die Aufnahmen.

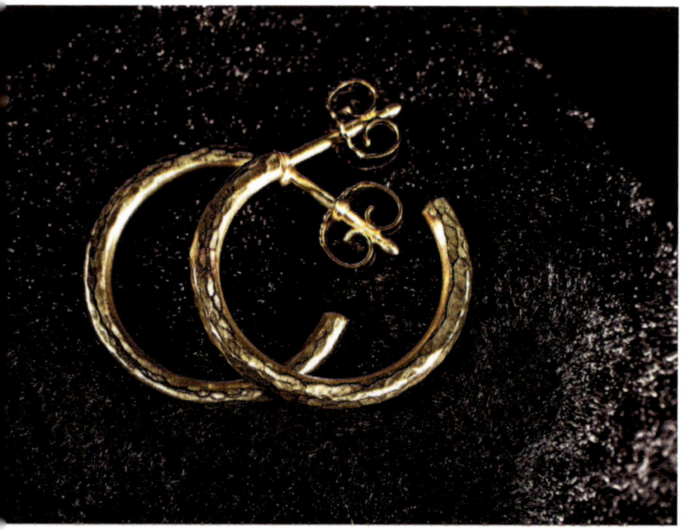

Kleinigkeiten zum Verkauf

Wenn Sie Kleinigkeiten verkaufen möchten – gemeint ist die Objektgröße –, sollten Sie ein wenig über die Nahfotografie wissen. Hier lediglich eine kurze Zusammenfassung: Wenn Sie mit einer digitalen Kompaktkamera kleine Dinge fotografieren möchten, sollten Sie auf jeden Fall mit einem Stativ arbeiten. Gerade Nahaufnahmen lassen sich nur schwer aus der Hand fotografieren, weil die Verwacklungsgefahr sehr hoch ist. Außerdem klappt das Scharfstellen mit einer fixierten Kamera viel besser.

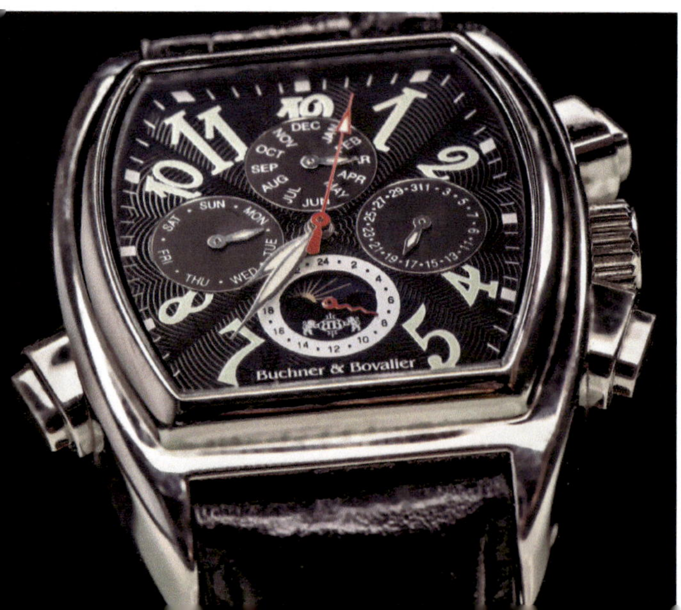

Wenn es um Produktfotos von kleinen Dingen geht, schadet es nicht, sich die Grundlagen der Makrofotografie anzueignen. Minimalausstattung ist hier ein Stativ und eine Kamera-Objektiv-Kombination, mit der man sehr nah an seine Motive herankommt.

Fernauslöser oder Selbstauslöser

Haben Sie Erfahrung darin, wie man die Belichtung manuell ermittelt und steuert, können Sie die Blende ebenso wie die notwendige Belichtungszeit natürlich ohne Zutun der Kameraelektronik festlegen. In jedem Fall ist es bei längeren Belichtungszeiten sinnvoll, mit dem Fernauslöser oder dem Selbstauslöser zu fotografieren, damit Sie die Kamera nicht berühren müssen. Jede Berührung während der Belichtung erschüttert die Kamera, was zu Verwacklungen führt.

Ausleuchten mit Joghurtbecher

Ein witziger und äußerst effektiver Trick beim Ausleuchten von kleinen Dingen wie Münzen oder auch Uhren besteht darin, einen sauberen Joghurtbecher zu verwenden, möglichst die große Variante im XL-Format (250 oder 500 ml). Der Joghurtbecher erhält zunächst entweder seitlich oder im Becherboden ein Loch, durch das Sie dann später das Kameraobjektiv stecken. Das Loch sollte möglichst exakt so groß wie der Frontdurchmesser des Objektivs sein.

Legen Sie nun das Objekt, hier eine Uhr, auf eine weiße Unterlage und stülpen Sie den Joghurtbecher darüber. Stellen Sie die Kamera so auf, dass das Objektiv durch das Loch im Becher ragt. Das klappt am besten, wenn Sie mit einem Stativ arbeiten. Jetzt kommt der eigentliche Trick: Stellen Sie zwei Schreibtischlampen (oder andere Lichtquellen) links und rechts vom Joghurtbecher auf. Der opake Joghurtbecher streut das Licht, sodass das Motiv schon gut ausgeleuchtet wird, aber noch nicht schattenfrei.

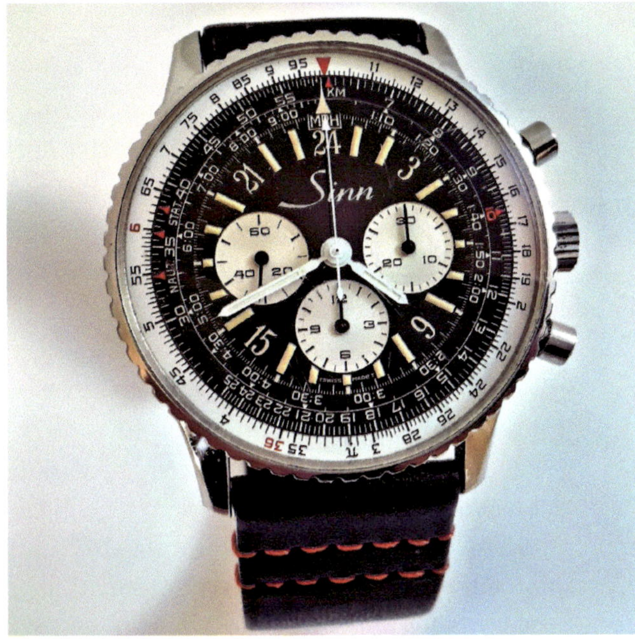

▲ *Die Ausleuchtung ist zumindest so gut, dass man die Uhr leicht freistellen kann.*

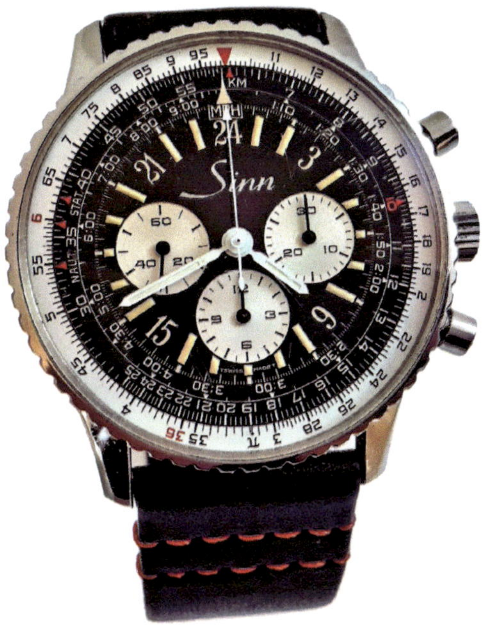

▲ *Das perfekte Freistellen ist mit Pixelmator Pro eine Sache von Sekunden.*

Falls die Lichtquellen gleich stark sind, sollte eine der beiden Lampen ein wenige weiter entfernt stehen. Dadurch wird eine Seite des Objekts stärker ausgeleuchtet, was der Aufnahme zu mehr Plastizität verhilft. Möchten Sie dagegen vollkommen gleichmäßig und sachlich aufnehmen, stellen Sie die Lampen in gleichem Abstand auf.

Denken Sie daran, dass das Licht von Schreibtischlampen in der Regel einen Rotstich erzeugt. Machen Sie zunächst ein paar Probeaufnahmen zur Ermittlung der richtigen Werte für Blende und Belichtungszeit und arbeiten Sie dabei mit dem automatischen Weißabgleich.

Ist der Farbstich zu stark, probieren Sie die entsprechenden Weißabgleichseinstellungen für Standardlichtquellen (Tageslicht, Glühlampen, Halogenlampen etc.) aus. Falls auch die Weißabgleichseinstellungen nicht zu optimalen Ergebnissen führen, sollten Sie das Objekt wieder entfernen und mithilfe der weißen Unterlage einen manuellen Weißabgleich durchführen.

Gegen Spiegelungen: Polfilter

Polarisationsfilter sind das Profizubehör, wenn es um die Vermeidung von Reflexionen auf spiegelnden Oberflächen geht. Der drehbare Filter wird vors Objektiv geschraubt, das Motiv anvisiert. Der Effekt durch den Polfilter lässt sich im Sucher bzw. auf dem Display beurteilen, wenn er gedreht wird. Reflexe verschwinden und erscheinen je nachdem, in welche Position der Filter gedreht wird. Dazu muss die Beleuchtung natürlich so eingerichtet sein, wie sie auch beim Auslösen herrscht. Wer mit einem Studioblitzgerät arbeitet, muss also das Einstelllicht einschalten. Blitzgeräte ohne Einstelllicht sind ebenso wenig geeignet wie Aufsteckblitze.

Bücher, Spiele, CDs und DVDs

Grundsätzlich fotografiert man handliche Objekte in der Größe von CDs oder Büchern ganz ähnlich wie kleinere Gegenstände in Feuerzeuggröße. Sie sollten zunächst versuchen, Spiegelungen zu vermeiden, indem die Lichtquellen in einem 45-Grad-Winkel zum Objekt aufgestellt werden. Ein heller oder weißer Hintergrund lenkt nicht vom Objekt ab. Sie können einen gewissen Abstand zum Motiv einhalten und schon ausprobieren, welche Wirkung bestimmte Perspektiven haben können.

Fotografieren Sie von schräg oben aus der gewohnten Perspektive eines menschlichen Betrachters, wirken die Objekte alltäglich und schnell langweilig. Fotografieren Sie lieber direkt von vorn (bzw. oben) mit Brennweiten um 50 mm oder mehr, die Produktaufnahme wirkt dann harmonischer.

Möchten Sie mehr Aufmerksamkeit und Dramatik erzeugen, fotografieren Sie etwas von unten mit leichtem Weitwinkel. Dadurch wirkt ein auf einem harmonischen Untergrund platziertes Objekt vergrößert und wuchtiger. Aber Vorsicht, übertreiben Sie die Perspektiven nicht! Extreme Verzerrungen könnten potenzielle Käufer abschrecken und misstrauisch machen.

Haushalts-, Hi-Fi- und Elektrogeräte

Bei größeren Geräten wie DVD-Playern, Fernsehern oder dem Küchenmixer kommt es immer mehr darauf an, dem potenziellen Kunden auch einen Eindruck von wichtigen Details und eventuell dem mitgelieferten Zubehör zu verschaffen. Denn auf einem Foto eines Fernsehers, das aus zwei Metern Entfernung aufgenommen wurde, kann man zwar die grundsätzliche Form und Farbe des Geräts erkennen; ob der gute Eindruck aber auch dann noch bestehen bleibt, wenn man das Gerät aus der Nähe betrachtet, zeigt sich erst in Detailaufnahmen.

Charakteristische Details suchen

Suchen Sie die charakteristischen Bereiche eines Geräts für Detailaufnahmen aus. Das kann z. B. die verspiegelte Anzeige eines CD-Players sein, die Anschlüsse auf der Rückseite eines Receivers oder das (vielleicht schon leicht verkratzte) Display Ihres iPads oder Smartphones. Zeigen Sie den Käufern ehrlich, wo sich kleine, aber wichtige Makel verbergen. Man wird Ihre Ehrlichkeit zu schätzen wissen.

Ausleuchten von Details

In Sachen Beleuchtung orientieren Sie sich an den Grundlagen, die in den vorherigen beiden Abschnitten erläutert wurden. Für das Ausleuchten von Details gelten im Prinzip die gleichen Regeln wie für die Gesamtansicht.

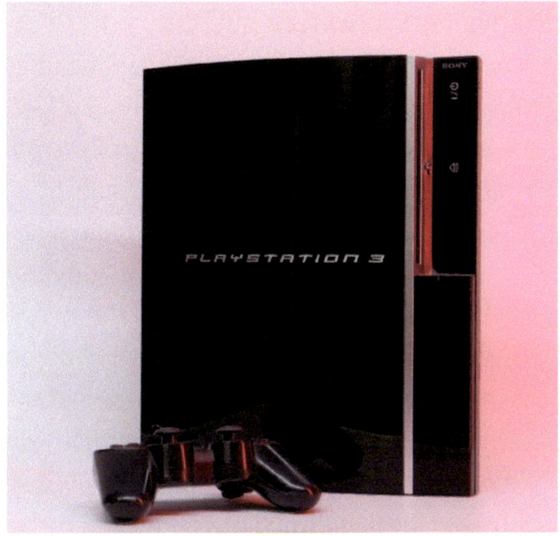

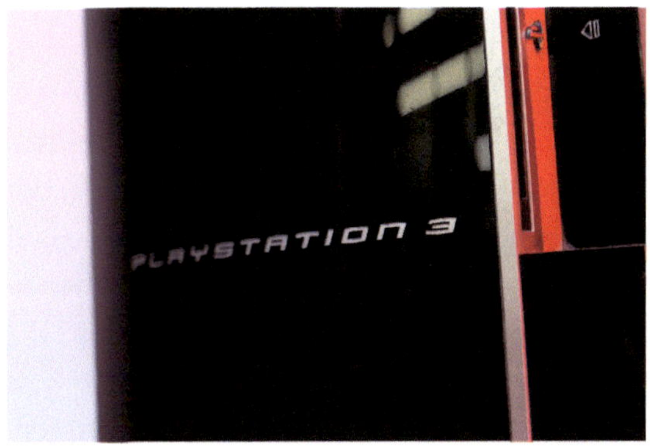

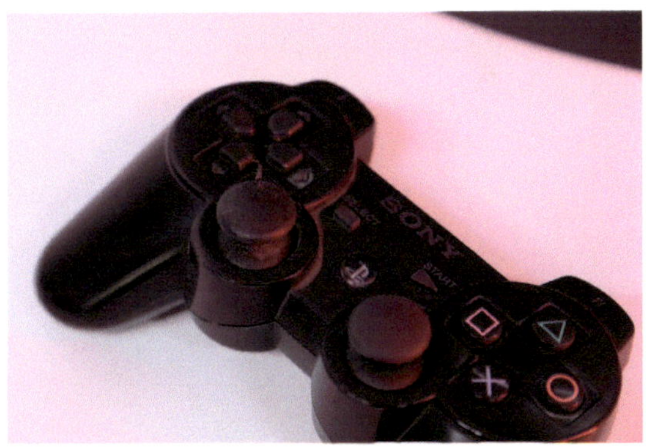

▲ *Für aussagekräftige Annoncen benötigt man nicht nur die Totale, also die Gesamtansicht eines Produkts. Auch Details sind wichtig, die den Zustand eines Produkts beschreiben. Ob man dazu spezielle Nahausrüstung benötigt, hängt von der Größe des Produkts bzw. der Details ab.*

Mittlere Brennweiten nutzen

Allerdings sollten Sie sich kurz Gedanken über die verwendete Brennweite machen. Zu kleine Brennweiten verzerren und vergrößern die Details, wenn Sie aus kurzem Abstand fotografieren. Lange Brennweiten sind nicht sinnvoll, da sie nur den fotografischen Aufwand unnötig erhöhen (Verwacklungsgefahr, Fokussierung). Fotografieren Sie mit mittleren Brennweiten von ca. 50 bis 75 mm, um Details (und eventuell das Zubehör) so natürlich wie möglich zu erfassen.

Möbel, Fahrräder und Autos

Je größer ein Objekt ist, desto schwieriger wird es, einen guten Hintergrund zu finden. Ein Fahrrad lässt sich womöglich noch in der weißen Garage aufstellen und mit zwei Baustrahlern oder Tageslicht ausleuchten, bei einem Wandschrank oder einem Auto wird die Sache schon schwieriger. Improvisation ist gefragt. Möbel kann man dort fotografieren, wo sie gerade stehen. Möchten Sie einen Eindruck von der Wohnqualität vermitteln, die das Möbelstück vermittelt, beziehen Sie auf Ihrem Foto ein wenig von der Umgebung mit ein. Nutzen Sie das frühe oder späte Tageslicht und achten Sie darauf, das Licht weich zu gestalten.

Harte Schatten vermeiden

Wird ein Objekt direkt durch ein Fenster von der Sonne beschienen, entstehen harte Schatten, die der Kamerasensor in der Regel nicht ausgleichen bzw. komplett erfassen kann. Spannen Sie dann z. B. ein weißes Laken vor die Fenster. Zwar gelangt so weniger Licht in den Raum und Sie müssen wegen längerer Belichtungszeiten mit Stativ arbeiten, die Ergebnisse werden aber sicher besser ausfallen.

Objekte im Freien fotografieren

Motorräder und Autos wirken oft dann am besten, wenn sie in ihrer natürlichen Umgebung gezeigt werden – auf der Straße und in Bewegung. Die Bewegung zu zeigen und das Auto dabei perfekt in der Schärfe zu halten, ist nur mit größtem Aufwand möglich, der sich für den privaten Verkauf kaum lohnt. Aber zumindest auf der Straße an einem interessanten Ort sollten Sie Ihren Wagen oder Ihr Bike aufstellen. Auch hier ist diffuses Tageslicht am besten, um die Kontraste besser kontrollieren zu können, ein wenig Bewölkung ist ideal zum Fotografieren von Objekten im Freien.

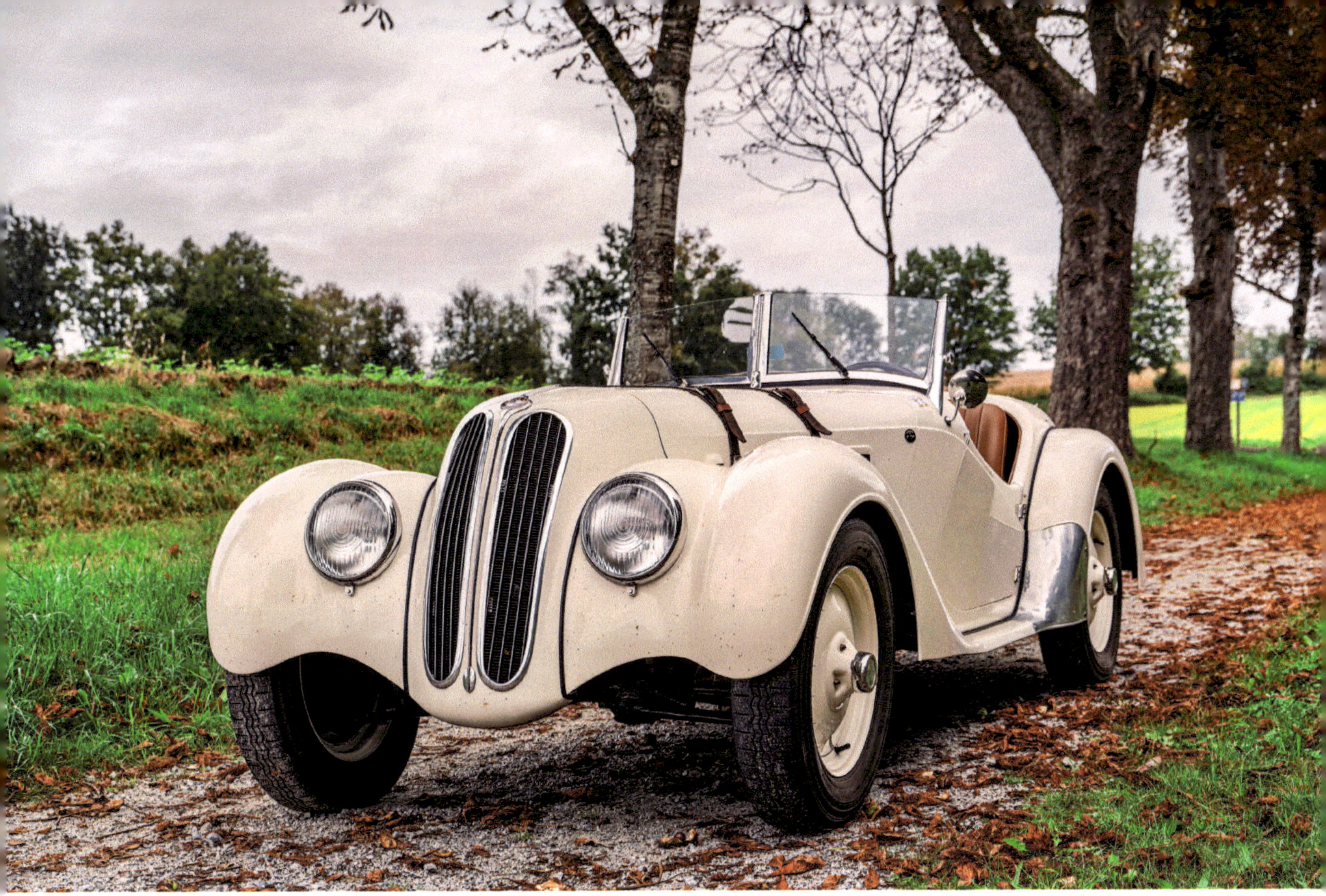

▲ *Arbeiten Sie bei Autos, Wohnwagen, Motorrädern und Fahrrädern mit mittleren und längeren Brennweiten, um die Proportionen nicht zu verzerren. Weitwinkelbrennweiten sind zwar immer mal einen Versuch wert, erzeugen aber meist etwas unnatürlich wirkende Bilder, die nicht bei jedem Betrachter gut ankommen.*

Gestreutes Nordlicht

Haben Sie keine genügend große Lichtquelle, um ein Objekt ausreichend gleichmäßig zu beleuchten, nutzen Sie das durchs Fenster einfallende Tageslicht. Spannen Sie Laken oder halb transparentes Papier vor die Fenster, um das Licht weicher zu streuen und die Schatten aufzuweichen.

Wenn das Tageslicht nicht direkt durch die Fenster scheint, das Fenster also nach Norden weist, können Sie auf Laken und Papier sogar ganz verzichten. Das aus dieser Richtung kommende Tageslicht ist grundsätzlich sehr diffus.

Ausrüstung für Produktfotos

Licht und Zubehör (Blitz oder Dauerlicht)

- ein bis drei Blitzgeräte mit mindestens 250 Ws
- alternativ zwei Fotolampen
- Stative
- Auslöser (Blitzlicht)
- Normalreflektoren oder Reflexschirme
- Softboxen und/oder weitere Lichtformer
- Farbfilterfolien

Hintergrund

- Tisch oder ebene, stabile Platte, strukturlos, weiß
- Karton oder biegsamer Kunststoffhintergrund für die Hohlkehle
- eventuell Aufnahmetisch mit integrierter Beleuchtung
- Hintergründe in verschiedenen Farben und Materialien (Stoff, Kunststoff, Holz etc.)

Zubehör

- Reflektoren (Spiegel, Styropor)
- Lichtschlucker (schwarzer Karton, Samt, Molton)
- Knetmasse
- Belichtungsmesser
- Klammern/Klemmen
- kleinere Kartons/Schachteln (als Podest verwendbar)

Blaue Stunde und Nacht

Das Licht zur blauen Stunde, der Stunde vor Sonnenauf- und nach Sonnenuntergang, ist ganz besonders stimmungsvoll. Aber nicht nur das Licht, auch die Kontraste in der Welt da draußen sind dann speziell. Wie transportiert man die Stimmung der Abendstunden in seine Aufnahmen? Wie hält man Bildrauschen in Grenzen? Und wie fotografiert man Feuerwerk? Um zufriedenstellende Fotos bei wenig Licht zu machen, müssen Sie einige grundlegende Fakten kennen und sich auf abendliche oder nächtliche Motive gut vorbereiten.

Blaue Stunde sicher im Griff

Wer gern draußen fotografiert, hat den Begriff vermutlich schon einmal gehört: blaue Stunde. Diese poetische Beschreibung der Dämmerung zwischen Sonnenauf- bzw. -untergang und nächtlicher Dunkelheit am Morgen oder am Abend ist wie geschaffen für das, was man mit stimmungsvollen Landschaftsfotos oder tollen Stadtansichten zu zeigen versucht. Das Zusammenspiel zwischen letztem Sonnenlicht, dem blauen Himmel und der aufflammenden Beleuchtung der menschlichen Zivilisation kann zu extrem leuchtenden und farbigen Bildern führen – sofern man ein paar Dinge beim Fotografieren beachtet.

▶ *Die Kombination aus restlichem, blauem Tageslicht im Hintergrund und dem künstlichen Licht der Hafenbeleuchtung ergibt eine spannende Farbkomposition..*

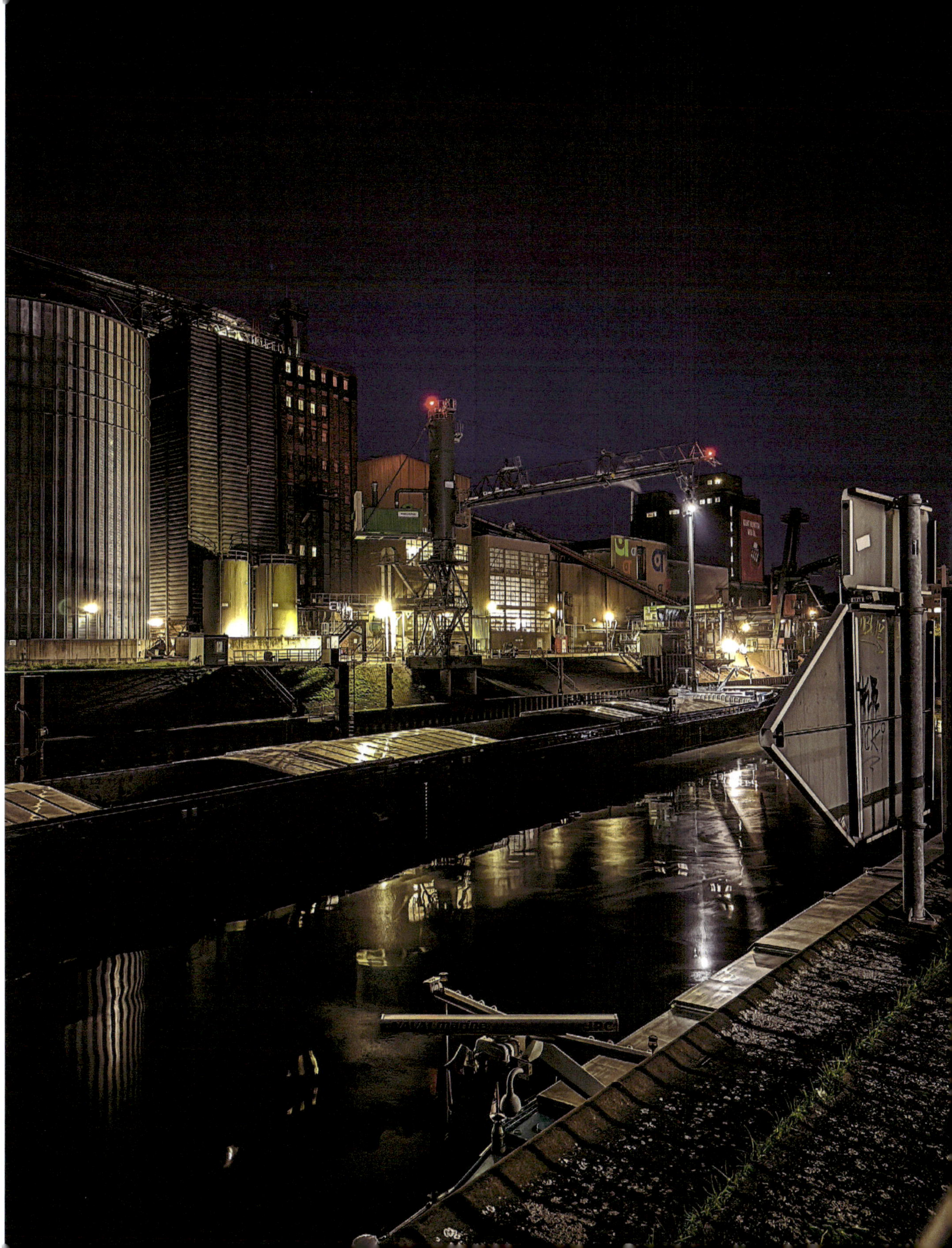

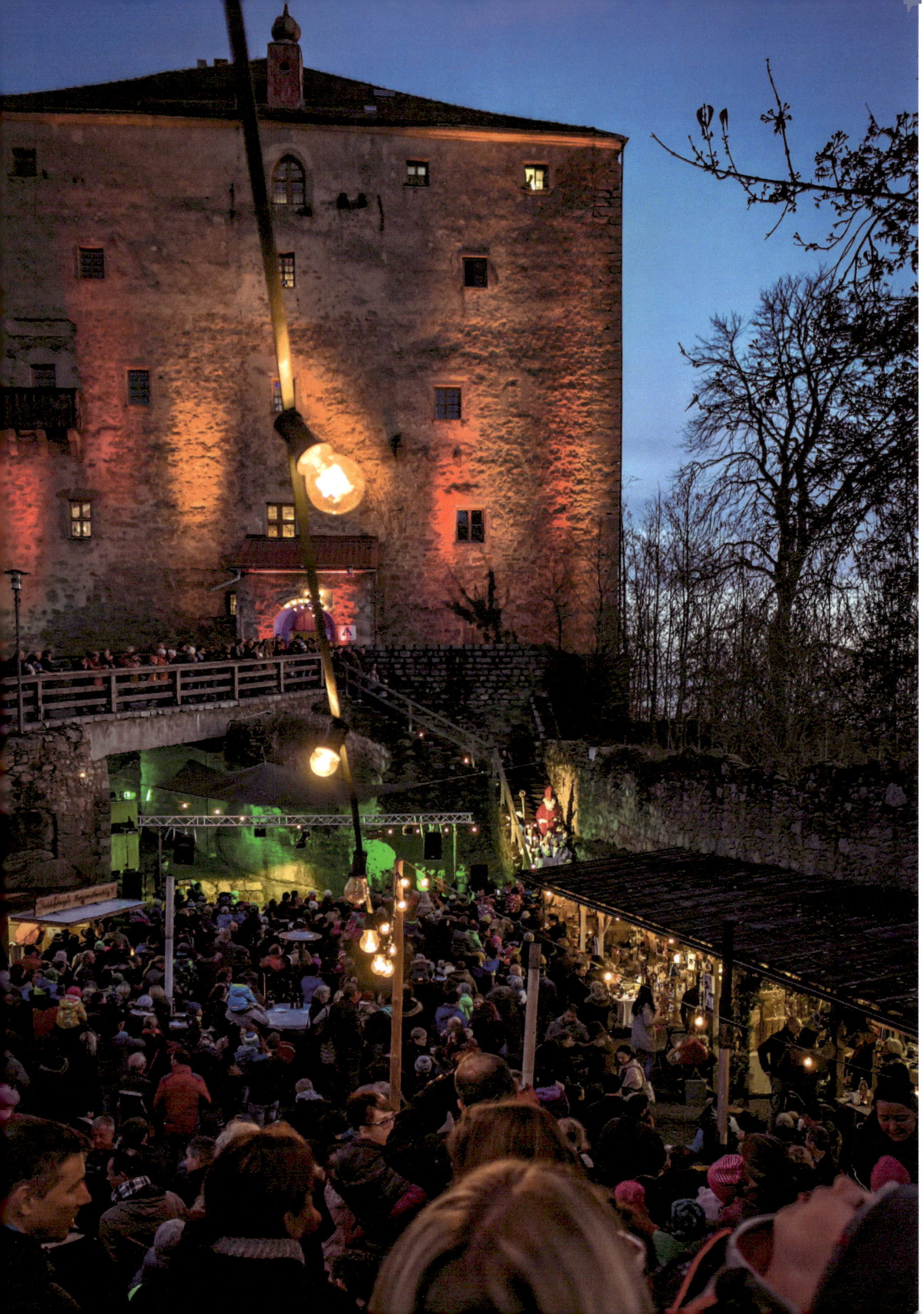

Technisch gesehen, ist die blaue Stunde relativ simpel in den Griff zu bekommen. Man kann schnell mit einigen Probeaufnahmen die richtigen Belichtungswerte herausfinden. Die manuelle Festlegung von Blende, Belichtungszeit und Empfindlichkeit sollte man für hochwertige Aufnahmen allerdings beherrschen. Zumindest muss man wissen, wie man die Belichtungswerte der Kamera manuell nach oben oder unten kompensiert, da eine automatische Belichtung bei einem vorwiegend dunklen Motiv leicht dazu führen kann, dass die Bilder zu hell werden. Das gehört zum Grundwissen, wenn man gute Fotos zur blauen Stunde machen will.

Perfektes Ausgangsmaterial

Den Fortgeschrittenen sei gesagt, dass es mit Bildbearbeitungsprogrammen wie Adobe Photoshop, Adobe Lightroom oder Capture One zwar grundsätzlich möglich ist, leichte Fehlbelichtungen auszugleichen, besser ist es jedoch immer, schon von Anfang an auf möglichst perfektes Ausgangsmaterial zu achten. Denn jede Korrektur am Computer geht mit im besten Fall winzigen Einbußen am Datenmaterial einher. Und je mehr man korrigieren muss, desto schwieriger lassen sich Qualitätsmängel wie z. B. Bildrauschen kaschieren.

◀ *Natürliches und künstliches Licht – dieser Kontrast allein kann die Wirkung eines Bilds ausmachen. Hier wurde zusätzlich die Architektur ins Bild gebracht, um eine perfekte Abendstimmung zu erzeugen.*

Ausgedehnte Schärfentiefe

Wie bei den meisten Landschafts- und Architekturaufnahmen gilt auch zur blauen Stunde: Die Fotos müssen ausgedehnte Schärfentiefe zeigen. Vom Vordergrund bis zum Horizont sollte also alles scharf zu sehen sein. Ausnahmen gibt es natürlich, wobei ausgedehnte Schärfentiefe aber trotzdem für die meisten Motive ein sinnvolles Gestaltungselement ist. Für maximale Schärfentiefe braucht man kleine Blendenöffnungen, man muss also mit Blende f/11, f/16 oder noch kleineren Öffnungen arbeiten. Das bedeutet aber auch, dass die Belichtungszeiten aufgrund der rapide abnehmenden Stärke des Tageslichts ziemlich lang werden können. Zeiten von zwei Sekunden und mehr bei ISO 100 sind durchaus zu erwarten.

Sie benötigen also ein stabiles Stativ, da man bei solchen Belichtungszeiten auch mit modernem Bildstabilisator keine scharfe Aufnahme aus der Hand zustande bringen wird. Abgesehen davon hilft ein Stativ beim Festlegen des Bildausschnitts, weil man sich damit viel besser auf das Ausrichten der Kamera und die Wahl der richtigen Brennweite konzentrieren kann. Um verwackelte Bilder auch wirklich auszuschließen, sollte man die Kamera am besten mit Fernauslöser betätigen und – falls möglich – bei einer Spiegelreflexkamera stets die Spiegelvorauslösung verwenden.

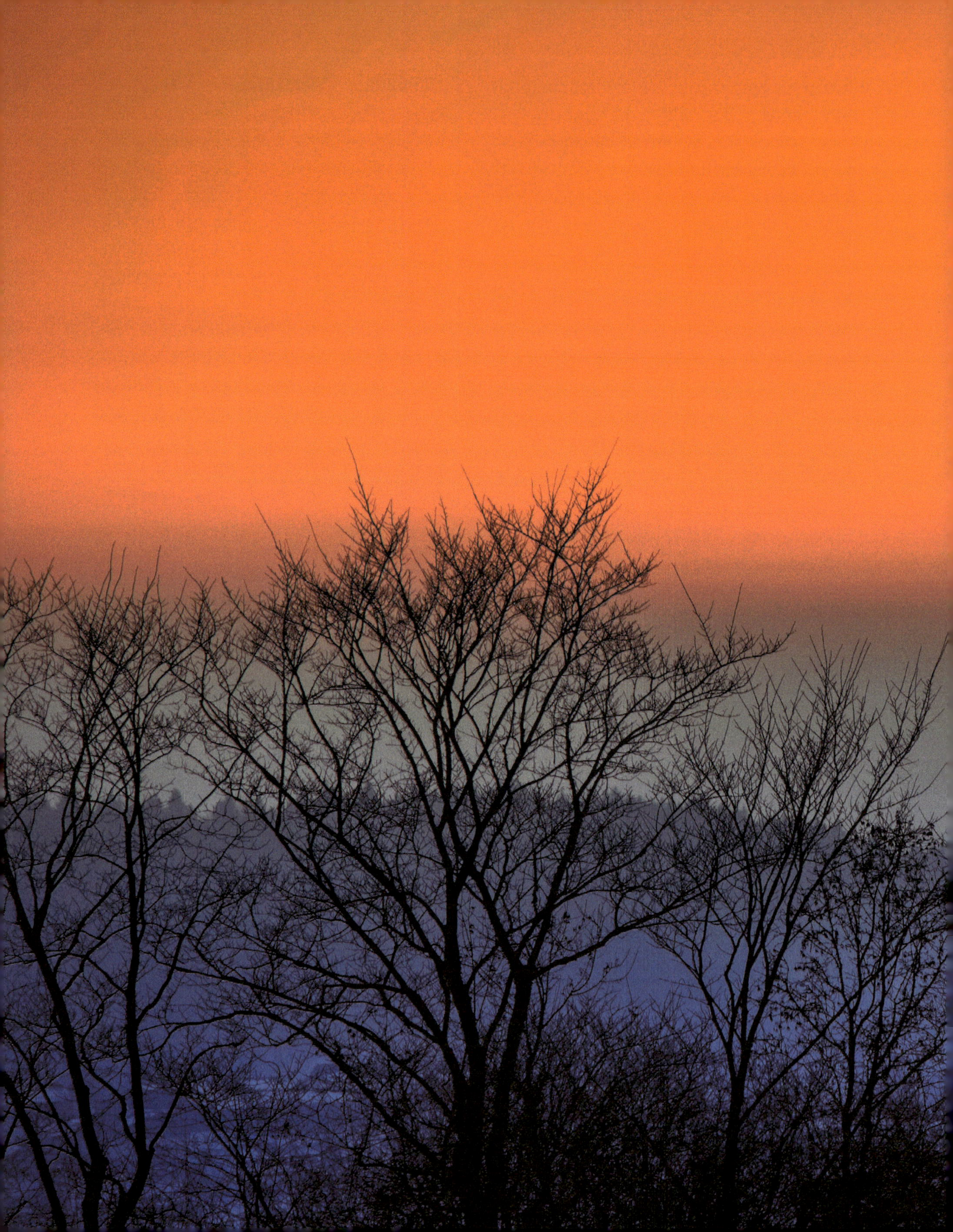

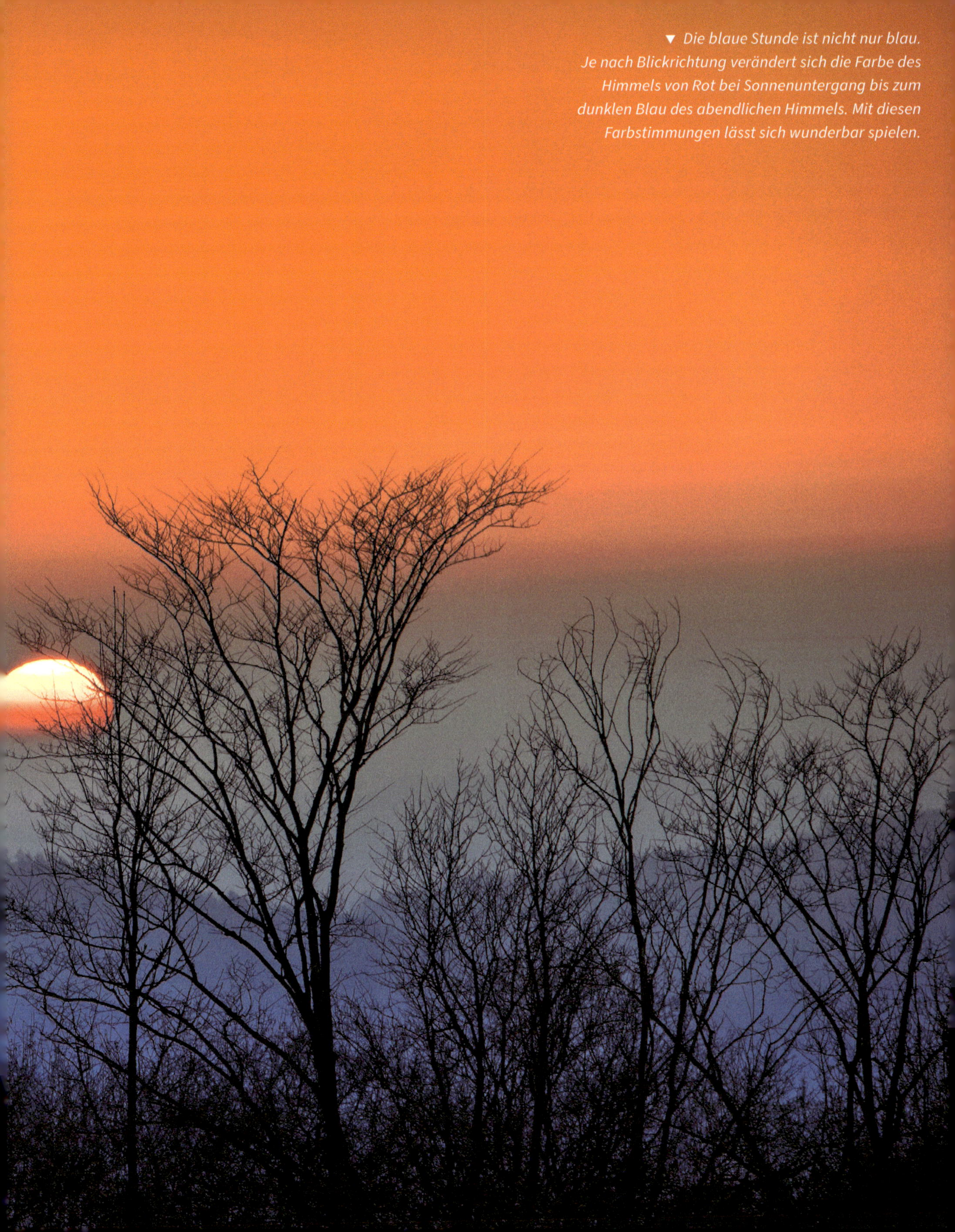

▼ *Die blaue Stunde ist nicht nur blau. Je nach Blickrichtung verändert sich die Farbe des Himmels von Rot bei Sonnenuntergang bis zum dunklen Blau des abendlichen Himmels. Mit diesen Farbstimmungen lässt sich wunderbar spielen.*

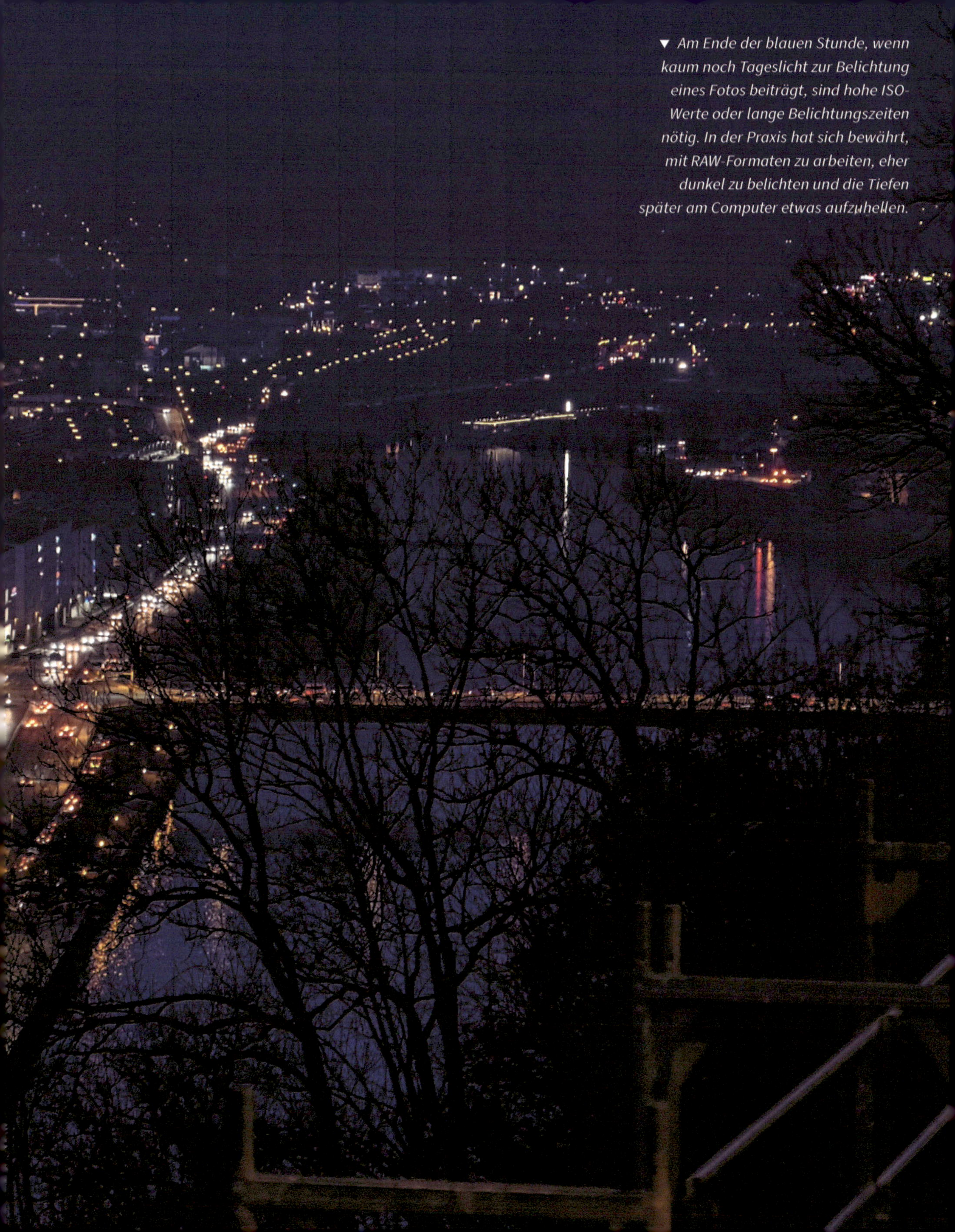

▼ Am Ende der blauen Stunde, wenn kaum noch Tageslicht zur Belichtung eines Fotos beiträgt, sind hohe ISO-Werte oder lange Belichtungszeiten nötig. In der Praxis hat sich bewährt, mit RAW-Formaten zu arbeiten, eher dunkel zu belichten und die Tiefen später am Computer etwas aufzuhellen.

Empfindlichkeit und Bildrauschen

Man kann starkes Bildrauschen, das durch hohe ISO-Werte ausgelöst wird, mit ein wenig Weichzeichnen recht stimmungsvoll in der Available-Light-Fotografie einsetzen. Allerdings passt das am ehesten zu Schwarz-Weiß-Aufnahmen und ganz besonders zu Porträts. Wer farbstarke Landschafts- und Architekturfotos zur blauen Stunde macht, sollte Bildrauschen so weit wie möglich vermeiden und mit niedriger Empfindlichkeit arbeiten. Denn gerade die feinen Farbverläufe am Himmel leben von ihrer Sanftheit und werden durch pixelige Strukturen grob und unansehnlich.

Zwar sind die Belichtungszeiten bei niedrigen ISO-Werten länger als bei hohen, da man aber in den allermeisten Fällen sowieso mit Stativ arbeiten wird, ist es belanglos, ob man mit einer Sekunde bei ISO 800 oder acht Sekunden bei ISO 100 fotografiert. Kleine Einschränkung: Wenn die Belichtungszeit zu lang ist, erwärmt sich der Sensor, und es kann je nach Kameramodell und Qualität des Sensors durch die Erwärmung zu Bildrauschen kommen. Das betrifft allerdings nur ältere Kameras, moderne Geräte sind hier deutlich unempfindlicher.

Available Light

Available Light bedeutet in der Fotografie, dass für die Aufnahme nur mit den vorhandenen Lichtquellen am Aufnahmeort gearbeitet wird.

Geeignete Standorte finden

Wo stehe ich mit meiner Kamera? Wo geht die Sonne unter, welche Motive habe ich im Vordergrund? Werden noch Wolken am Himmel zu sehen sein oder vielleicht ein Kondensstreifen eines Flugzeugs? Wo sind markante Linien und Punkte wie Straßen, Gebäudekanten, Laternen oder Strahler im Bild? All diese Fragen sollte man sich in Ruhe vor Beginn der blauen Stunde stellen. Denn wenn die Dämmerung anbricht, hat man nicht mehr allzu viel Zeit, den Kamerastandort zu wechseln. Weil sich Stimmung und auch Lichtmenge schnell verändern, ist man vor allem damit beschäftigt, die Belichtungswerte immer wieder neu zu justieren. Zusätzlich auch noch mit der Bildgestaltung neu zu beginnen, kostet wertvolle Zeit.

Vordergrundmotiv farbig gestalten

Wenn Sie ein Vordergrundmotiv, das durch den Blitz ausgeleuchtet wird, farbig gestalten möchten, halten Sie eine farbige Filterfolie vor den Blitz, nicht vor das Objektiv. Das dadurch eingefärbte Licht überträgt die Farbe auf alle Motive, die in Reichweite des Blitzlichts sind. Filterfolien erhalten Sie in allen Variationen im Fotofachhandel.

Mit oder ohne Blitz?

Fotografieren Sie nachts mit Vollautomatik, wird der Blitz beim Drücken des Auslösers automatisch ausgelöst. Dies ist nicht immer sinnvoll, denn ein weit entferntes Motiv wird vom Blitzlicht nicht erreicht. Steht im Vordergrund am Rand des Blickfelds aber noch ein Baum, ein Mensch oder ein anderes Objekt, wird dieses angestrahlt und lenkt den Blick vom eigentlichen Hauptmotiv ab. Hier muss man den Blitz abschalten oder auf eine manuelle Belichtungsbetriebsart der Kamera umschalten.

Blickfang im Vordergrund

Manchmal kann es bei Nachtaufnahmen ganz reizvoll sein, einen im Vordergrund befindlichen Blickfang (hier den Ordner in der orangefarbenen Weste) in den Bildaufbau zu integrieren und ihn dazu mit dem Blitz auszuleuchten. Ein Zaun, ein alter, verwitterter Grabstein vor einer Kirche oder vorbeilaufende Personen bringen Tiefe in ein Foto. Das automatische Belichtungsprogramm für Nachtaufnahmen, oder auch die Kombination aus langer Belichtungszeit und Blitz (oft mit Slow-Sync bezeichnet), ist in solchen Fällen am besten geeignet.

▼ *Nur eine Lichtquelle kann bei der Belichtung und der Bildgestaltung zum Problem werden. Hier war es wichtig, den Bildausschnitt so zu wählen, dass die Lichtintensität ausreicht, um auch die Bildränder zu beleuchten.*

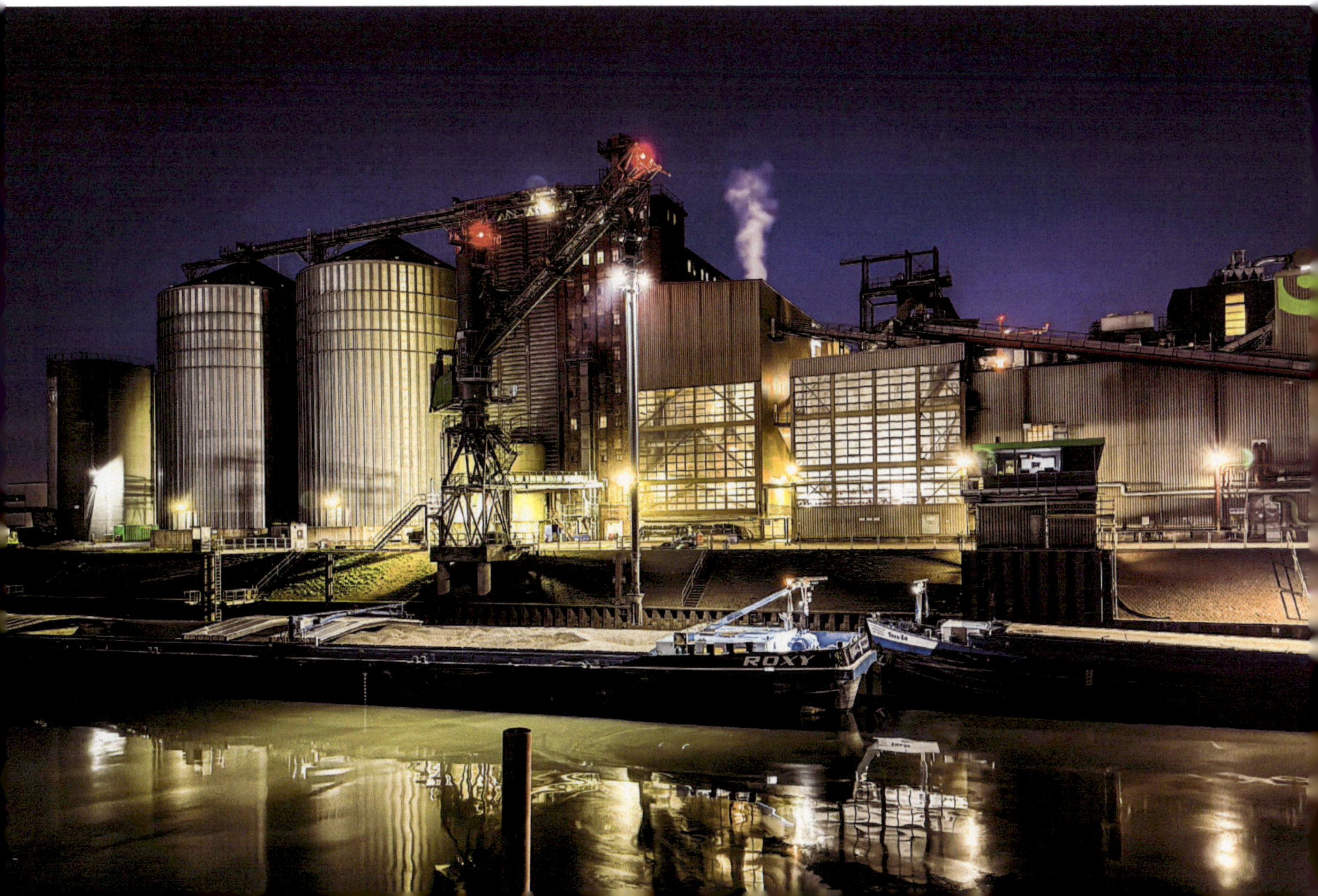

Es sorgt einerseits mit langer Belichtungszeit für die richtige Belichtung des entfernten Hintergrunds und andererseits für die Ausleuchtung des Vordergrunds durch den Blitz.

Kombination Dämmerung und Flutlicht

Sehenswürdigkeiten wie Kirchen, Denkmäler oder große Brücken werden nachts meistens mit Flutlicht angestrahlt. Dieses allein bewirkt in vielen Fällen keine besonders stimmungsvollen Ansichten auf Fotos. Erst die Kombination aus Flutlicht und dem Licht der Dämmerung ist ideal. Ein paar von der untergegangenen Sonne beschienene Wolken geben einen tollen Hintergrund ab. Die Belichtung solcher Motive kann knifflig sein. Hier ist die Spotmessung hilfreich, bei der nur ein kleiner Motivbereich, z. B. der gleichmäßig beleuchtete Teil einer Häuserfront, für die Belichtungswerte vermessen wird.

Flutlichtmotive am Tag erkunden

Sind Sie im Urlaub und möchten eine bestimmte Sehenswürdigkeit mit Flutlicht in der Nacht fotografieren, erkunden Sie tagsüber den geeigneten Standort. Begeben Sie sich dann mit Stativ und Kamera bei Sonnenuntergang dorthin. Der richtige Zeitpunkt ist entscheidend. Fotografieren Sie zu früh,

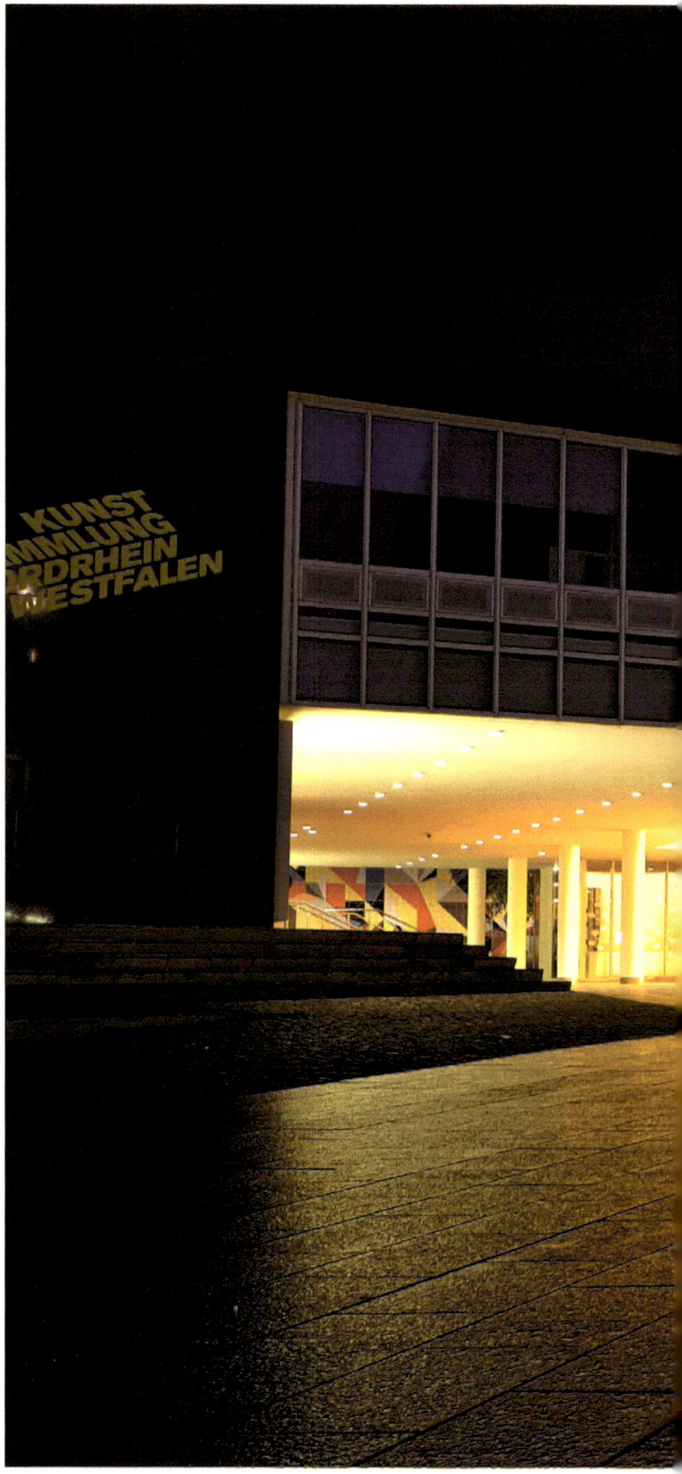

▶ *Form, Farbe und Beleuchtung – über den richtigen Bildausschnitt kann man sich auch schon tagsüber Gedanken machen. Interessant wird das Motiv aber erst durch die künstliche Beleuchtung.*

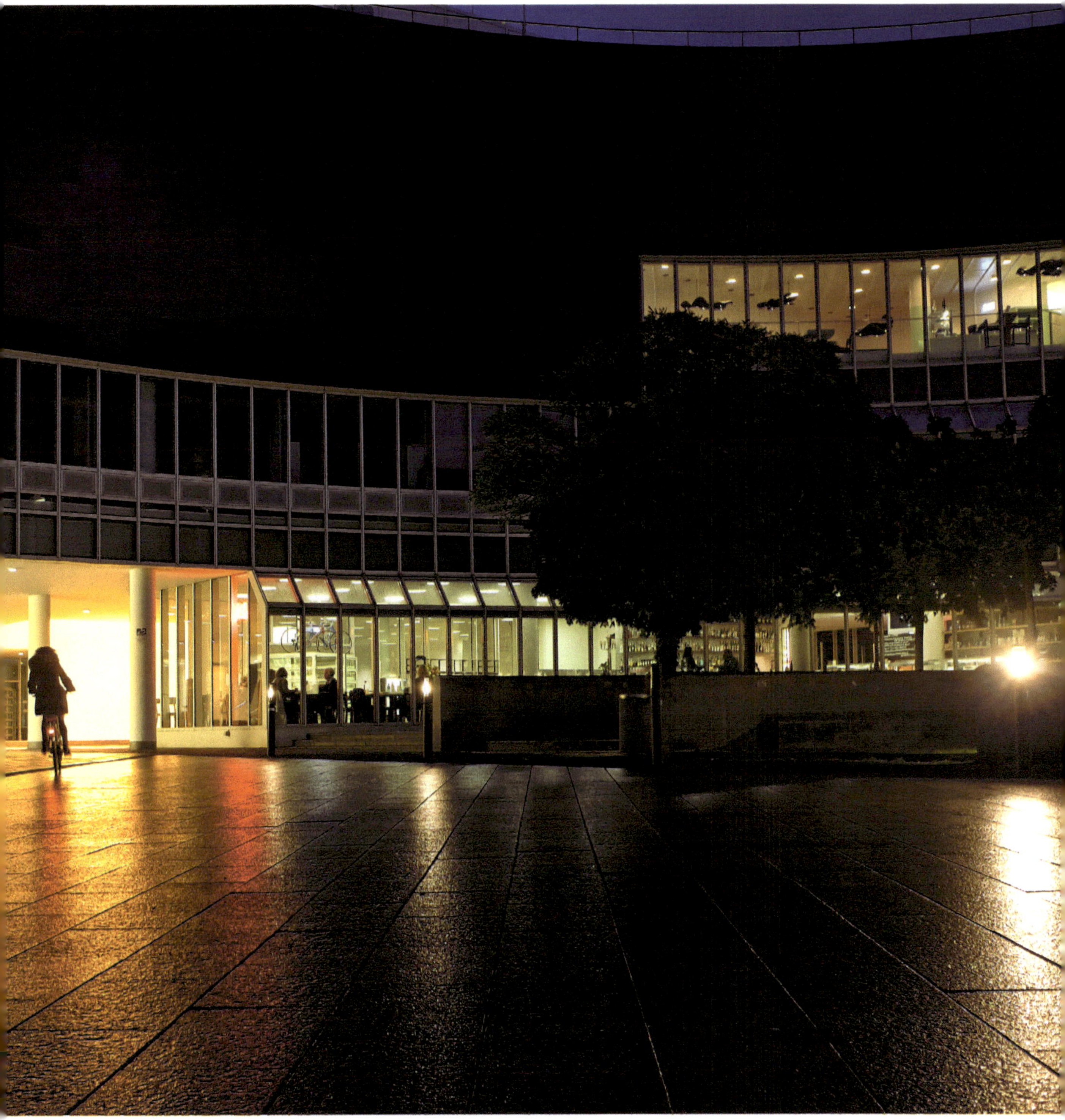

Objektivempfehlung

Um abends und nachts gute Fotos zu schießen, ist die Wahl des Objektivs zweitrangig. Hohe Lichtstärke ist nicht unbedingt nötig, da man die meisten abendlichen Motive sowieso mit Stativ fotografieren muss. Für die Bildgestaltung sinnvoll ist in den meisten Fällen ein Zoomobjektiv mit moderatem Brennweitenbereich. Dann hat man genug Spielraum, um von Landschaften und Häuserschluchten bis zu nächtlichen Details oder Porträts vor einer Lichterkulisse alles einfangen zu können.

Für reportageartige Bilder, die auch mal mit hoher Empfindlichkeit z. B. in Schwarz-Weiß gezeigt werden, ist ein besonders lichtstarkes Objektiv mit fester Brennweite vernünftig. Reportageprofis arbeiten häufig mit leichten bis mittleren Weitwinkelbrennweiten mit Lichtstärken von weniger als 1:2. Fotos, die mit einem solchen Objektiv ohne Blitz gemacht werden, wirken oft sehr authentisch und dokumentarisch.

Blaue Stunde und Dämmerung

- Zoomobjektiv (ca. 35 bis 100 mm)

Architektur und Landschaften

- Zoomobjektiv (ca. 35 bis 100 mm)
- Festbrennweite (ca. 35 bis 50 mm)

Porträts und Reportage

- Zoomobjektiv (ca. 35 bis 100 mm)
- lichtstarke Festbrennweite (ca. 30 bis 70 mm)

überlagert das Tageslicht das künstliche Licht. Warten Sie zu lange, bleibt nur noch das Flutlicht, und die Umgebung versinkt in der nächtlichen Schwärze. Machen Sie am besten während der gesamten blauen Stunde direkt nach Sonnenuntergang ständig Fotos und kontrollieren Sie sie auf dem Display. Dann sehen Sie einerseits, ob die Belichtungswerte stimmen, und können andererseits abschätzen, wann das Verhältnis Tageslicht – Flutlicht am wirkungsvollsten ist.

KAPITEL 6

FOTOBEARBEITUNG

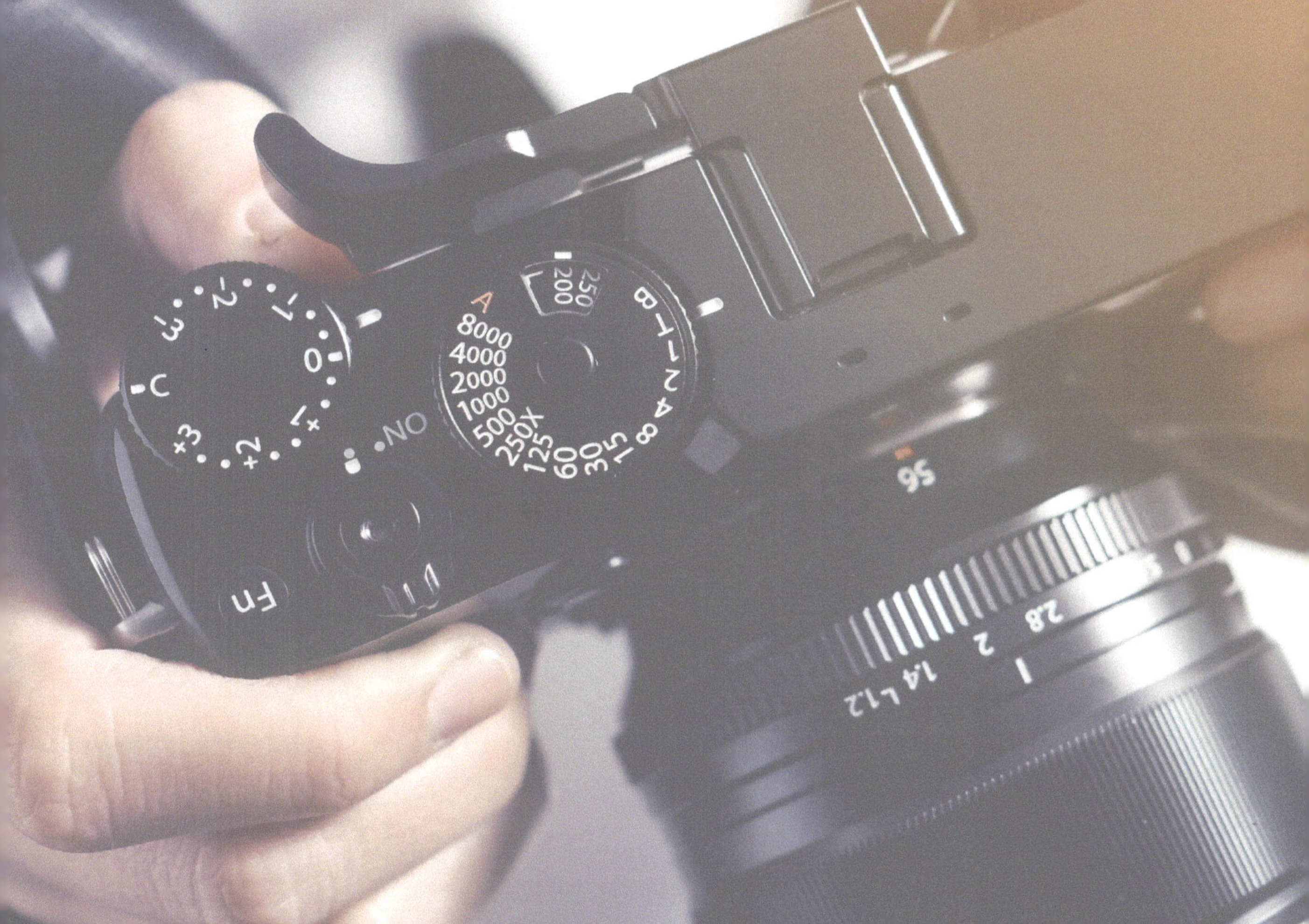

In einem Buch zur **Fotografie** wollen wir natürlich auch den begleitenden Themen „Fotobearbeitung“ und „Fotoverwaltung“ je ein kurzes Kapitel einräumen. Insbesondere das Thema Fotobearbeitung würde, ausführlich erläutert, den Rahmen dieses Buchs sprengen, daher geben wir Ihnen hier einen kompakten Überblick über die wichtigsten Apps und Plug-ins für den Auf- und Ausbau Ihrer digitalen Dunkelkammer.

Finde die richtige Software

Je mehr Sie fotografieren, desto schneller wächst der Bildbestand, sodass irgendwann der Überblick verloren geht. Damit das nicht passiert, gibt es eine Reihe von sehr guter Software für all das, was nach dem Fotografieren passiert – Fotobearbeitung, RAW-Entwicklung und Fotoverwaltung.

Adobe Lightroom ist die geräteübergreifende All-in-one-Lösung für alle, die keine Probleme damit haben, ihre Fotos der Adobe Cloud anzuvertrauen. Bei der Arbeit mit referenzierten Bildern und/oder mit Sessions ist Capture One die beste Software für die RAW-Konvertierung. DxO PhotoLab wurde drei Jahre in Folge mit dem TIPA Award als beste Imaging-Software ausgezeichnet und liegt mit Lightroom und Capture One auf Augenhöhe. Daneben muss Luminar Neo erwähnt werden. Luminar Neo ist perfekt für Fotografen, die nicht so viel Zeit in die Fotobearbeitung stecken wollen. Automatisierte Prozesse und viel KI machen die Fotobearbeitung einfach und zeitsparend. Für Anfänger ist Luminar NEO auf jeden Fall interessant und preislich hat man den Vorteil, dass man nur einmal

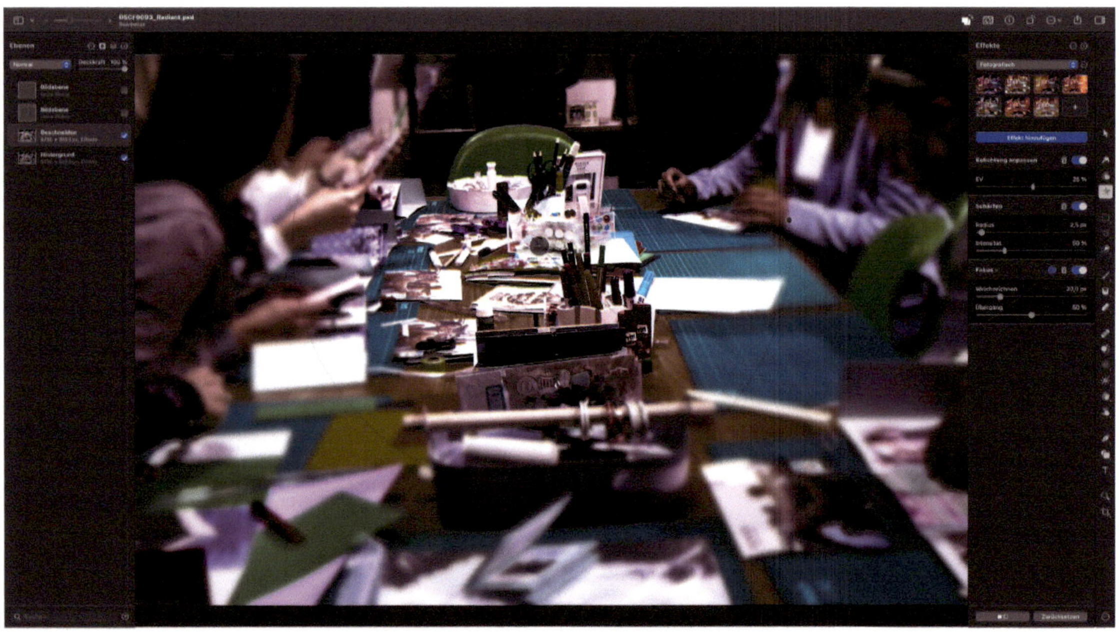

▲ *Für Ihren Foto-Workflow einschließlich der RAW-Entwicklung brauchen Sie eine Software mit einer leistungsstarken Bilddatenbank gekoppelt mit Werkzeugen die speziell für die Bearbeitung von Fotos ausgerichtet sind.*

zahlt. Wenn Sie mal was Neues ausprobieren wollen oder eine Ergänzung zur „Hausmarke" suchen, ist Luminar NEO ein Kandidat.

Apple Fotos und Google Fotos sind kostenlos und gute Alternativen für alle, die kein Geld in die Hand nehmen wollen. Und nicht zu vergessen sind die beiden beliebten Fotobearbeitungsalternativen aus dem OpenSource-Lager. Darktable und RawTherapee, beide Programme sind ebenfalls kostenlos.

Die großen Vier

Die nun vorgestellten vier Softwareprogramme können Sie alle anhand einer zeitlich begrenzten Trial-Version ausprobieren. So finden Sie ganz in Ruhe die passende Software für Ihre Bedürfnisse und Ihren Foto-Workflow. Es kann ein schneller Findungsprozess werden, aber auch ein langer Weg, bis man den perfekten „Werkzeugkasten" für sich gefunden hat. Stellen Sie sich auf einen längeren Weg ein.

Achtung: Die nachfolgend genannten Preise beziehen sich alle auf den Stand 9. Februar 2025. Achten Sie auf mögliche Rabattaktionen der Hersteller, bevor Sie den Kaufen-Button drücken.

Fotobearbeitung, RAW-Entwicklung und Fotoverwaltung

Hier ist eine Liste der wichtigsten Apps für ambitionierte Fotografen. Damit Sie die passende Software finden und testen können, gibt es von jeder der aufgeführten Apps auf den Websites der Anbieter zeitlich begrenzte Testversionen zum Download. Apple Fotos (macOS) und Google Fotos (Windows und macOS) sind sogar kostenlos und für den Anfang eine gute Wahl.

- Lightroom (Windows und macOS)
- Lightroom Classic (Windows und macOS)
- DxO PhotoLab (Windows und macOS)
- Capture One (Windows und macOS)
- Luminar Neo (Windows und macOS)
- Apple Fotos (macOS, iOS und iPadOS)
- Google Fotos (Android, iOS und IPadOS)
- Darktable (Linux, Windows, macOS)
- RawTherapee (Linux, Windows, macOS)

Reine Fotobearbeitung mit RAW-Option

- Adobe Photoshop (Windows und macOS)
- Affinity Photo (Windows und macOS)
- Radient Photo (Windows und macOS)
- Pixelmator Pro (macOS)

Plug-ins für die Fotobearbeitung

- Nik Collection 7 (Windows und macOS)
  - Nik Color Efex
  - Nik Silver Efex
  - Nik Analog Efex
  - Nik Viveza
  - Nik Dfine
  - Nik Sharpener
  - Nik HDR Efex

Zeitgemäß: Lightroom (1 TB)

Lightroom (aktuelle Version 8.1.1) ist die Nummer 1 in Sachen Fotobearbeitung und Fotoverwaltung. Lightroom ist kein Bildbearbeitungsprogramm im Sinne von Photoshop, Affinity Photo oder Pixelmator. Es ist ein reines „Entwicklungsmodul“ für präzise Fotoanpassungen und bietet unstrittig genau das, was Fotografen von einer Software erwarten. Es ist für den Einsatz auf allen Geräten konzipiert – Desktop, Smartphone, Tablet und Web. Die Anpassungen beziehen sich in erster Linie auf Licht, Farbe, Effekte, Details, Optik und Geometrie, und zwar unter Einbeziehung weiterführender Techniken wie Presets, Reparatur, Masken und KI. Das trifft auch auf die anderen hier vorgestellten Programme zu.

Leider ist das Lightroom-Abo nicht jedermanns Sache. Wer aber bereit ist, jeden Monat 14,49 Euro an Adobe zu zahlen, erhält mit Lightroom (1 TB) eine Software, die fast alles bietet, was der Fotograf braucht. Zudem arbeiten Sie immer mit der neuesten Technik und sitzen in der ersten Reihe, wenn es um innovative und zeitgemäße Fotobearbeitung geht.

Darf es noch etwas mehr sein? Dann entscheiden Sie sich für das Fotografie-Abo, das Lightroom und Photoshop umfasst und monatlich 23,79 Euro kostet. Jede dieser Varianten enthält auch Lightroom Classic und weitere nützliche Ressourcen.

Anspruchsvoll: Capture One

Capture One (aktuelle Version 16.5.5) ist die bevorzugte Wahl vieler professioneller Fotografen weltweit. Der Preis einer Capture-One-PRO-Lizenz ist mit derzeit 349 Euro nicht günstig, aber man bekommt eine Software mit erstklassigen Bearbeitungswerkzeugen, einem herausragenden RAW-Konverter, Tethering (Übertragung von der Kamera in Echtzeit direkt auf den Bildschirm) und einem individualisierbaren Workflow. Neben der PRO-Lizenz gibt es die monatlichen Abo-Varianten PRO (für 18,25 Euro), ALL IN ONE (24,92 Euro) und STUDIO (49,92 Euro).

Achtung: Neu ist, dass Capture One das ganze Jahr über fortlaufend neue Tools und Funktionen veröffentlicht und sich bei Major Releases nicht mehr an einen Jahreszyklus bindet. Aus diesem Grund wird es kein Capture One 24 geben. Die aktuelle Version ist Capture One Release Note 16.5.5. Darüber hinaus kündigt Capture One zum Frühjahr 2025 Preisänderungen an. Dauerlizenzen, PRO- und All-IN-ONE-Tarife werden um satte 6 % erhöht.

Ambitioniert: DxO PhotoLab

DxO PhotoLab (aktuelle Version 8.3.0) steht Lightroom und Capture One in nichts nach. Die vielen ausgefeilten Werkzeuge arbeiten reaktionsschnell und ermöglichen mit der U-Point-Technik Korrekturen, die sich ausschließlich auf gezielt ausgewählte Teilbereiche eines Bildes auswirken, ähnlich der Maskentechnik in Lightroom. Was die Software von allen anderen unterscheidet, ist die einzigartige DeepPRIME-Technologie zur Rauschreduzierung und Detailverbesserung. Die Bildverwaltung hinkt der von Lightroom noch hinterher, das Durchsuchen von Ordnern ist aber komfortabel und unkompliziert.

Der volle Funktionsumfang steht nur in der getesteten Elite-Version zur Verfügung. In der kleineren Essential-Version (derzeit 139 Euro) fehlt die DeepPRIME-Technologie. Um DxO PhotoLab Elite nutzen zu können, zahlen Sie einen einmaligen Kaufpreis (derzeit 229 Euro) und die Software gehört Ihnen. Updates sind während der Laufzeit einer Vollversion kostenlos. Erst beim Upgrade auf eine volle Versionsnummer werden Sie erneut zur Kasse gebeten, um die neuen Funktionen zu einem günstigen Upgrade-Preis nutzen zu können.

Geheimtipp: Radiant Photo

Radiant Photo verspricht „fertige Fotos in hervorragender Qualität mit perfekter Farbwiedergabe in Rekordzeit" – und die Einhaltung dieses Versprechens kann ich voll und ganz bestätigen. Die technische Grundlage von Radiant Photo bildet die **Perfectly Clear Engine**. Diese Engine ist in der Fotoszene durchaus bewährt und erprobt, da auch viele professionelle Fotolabore damit arbeiten. Laut Radiant Photo werden mit der Perfectly Clear Engine pro Tag 140 Millionen Bilder verarbeitet. Radiant Photo ist wahlweise als Stand-alone-Software oder als Plug-in erhältlich. Als Plug-in ist sie für Photoshop, Lightroom oder Corel PaintShop Pro erhältlich. Soeben ist Radiant Photo 2 erschienen und kostet einmalig 169 Euro.

Die Analyse von Fotos und die anschließende automatische KI-gestützte Bearbeitung ist beeindruckend und hinterlässt nahezu fertige Bilder. Radiant bietet darüber hinaus ein gut sortiertes Set an Werkzeugen, mit denen Sie Ihre Fotos noch weiterbearbeiten können.

Alternativ dazu geben Sie die Fotos direkt nach der ersten KI-Bearbeitung an Ihre bevorzugte Bildverwaltung – Lightroom, Capture One oder eine andere entsprechende. Denn Radiant Photo ist keine Bildverwaltung, es will den eingespielten Workflow von Fotografen nicht ersetzen, sondern ihn ergänzen, und das macht die Software richtig gut.

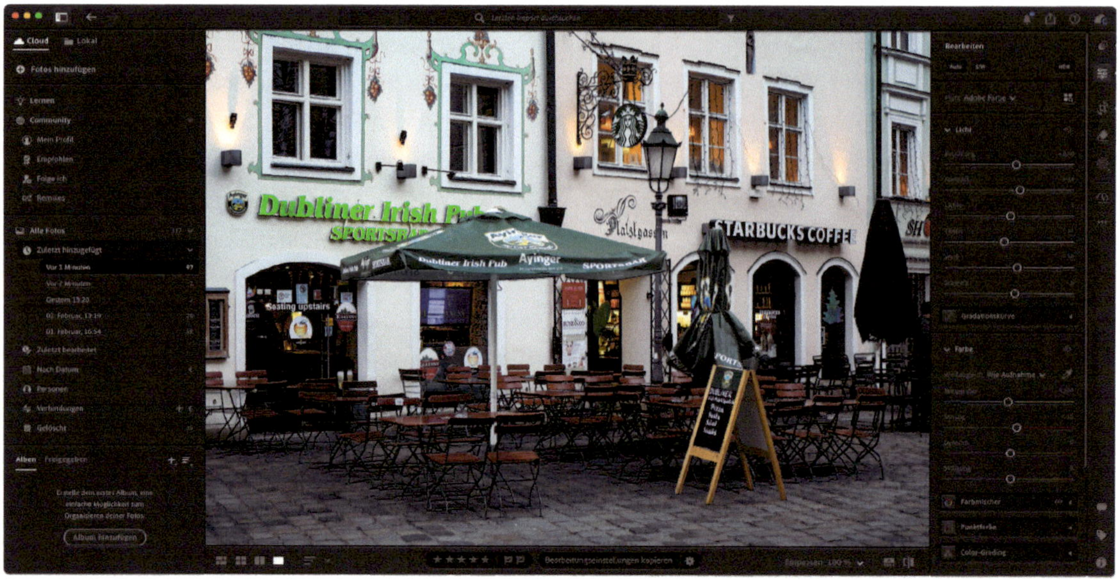

▲ *Lightroom.*

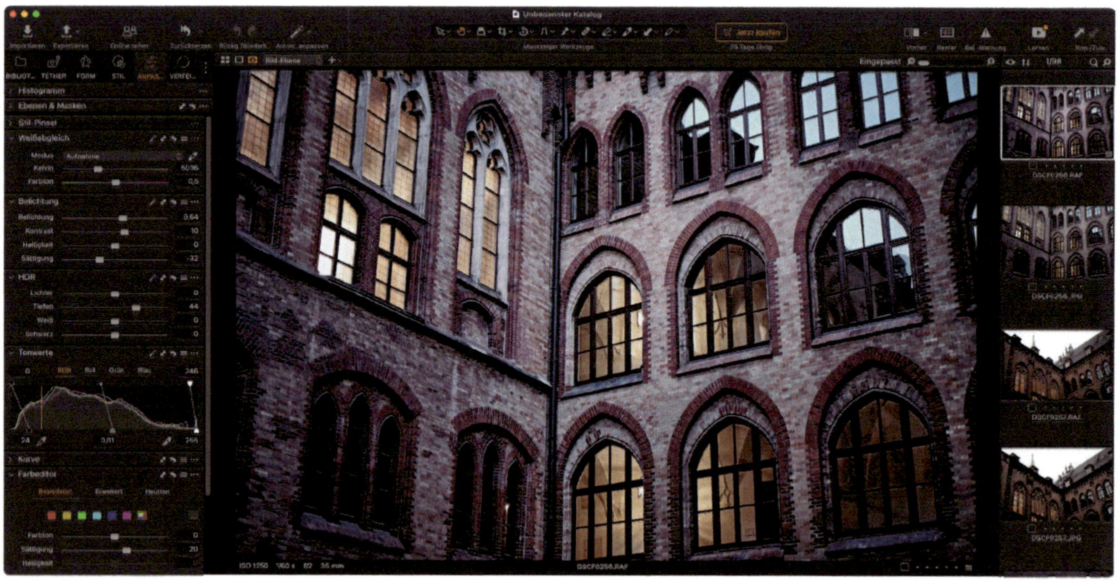

▲ *Capture One.*

Die hier gezeigten Abbildungen der „großen Vier“ vermitteln einen ersten Eindruck der Arbeitsumgebungen.

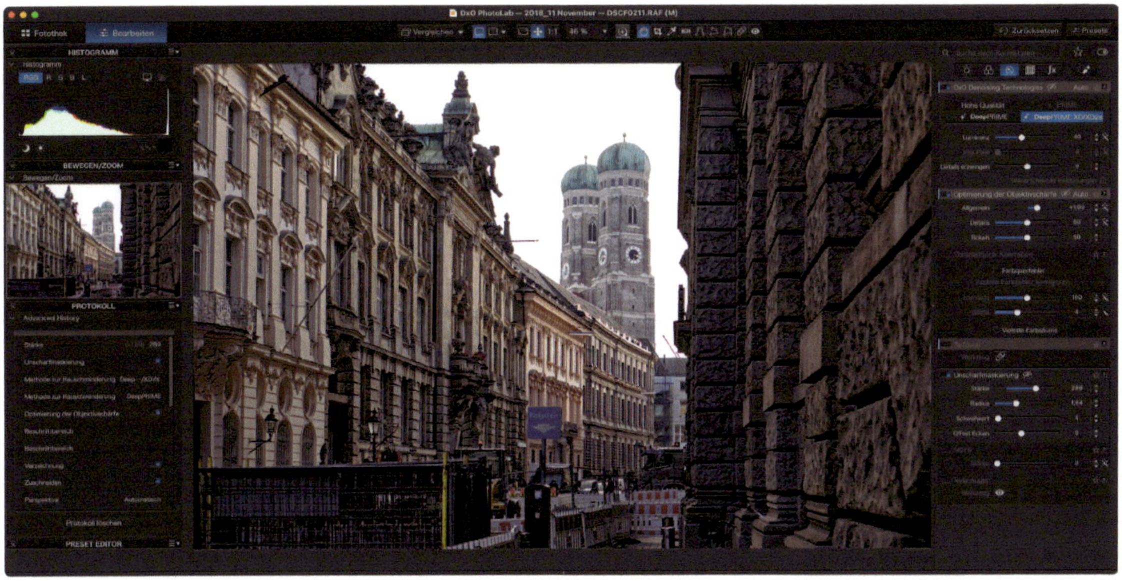

▲ *DxO PhotoLab.*

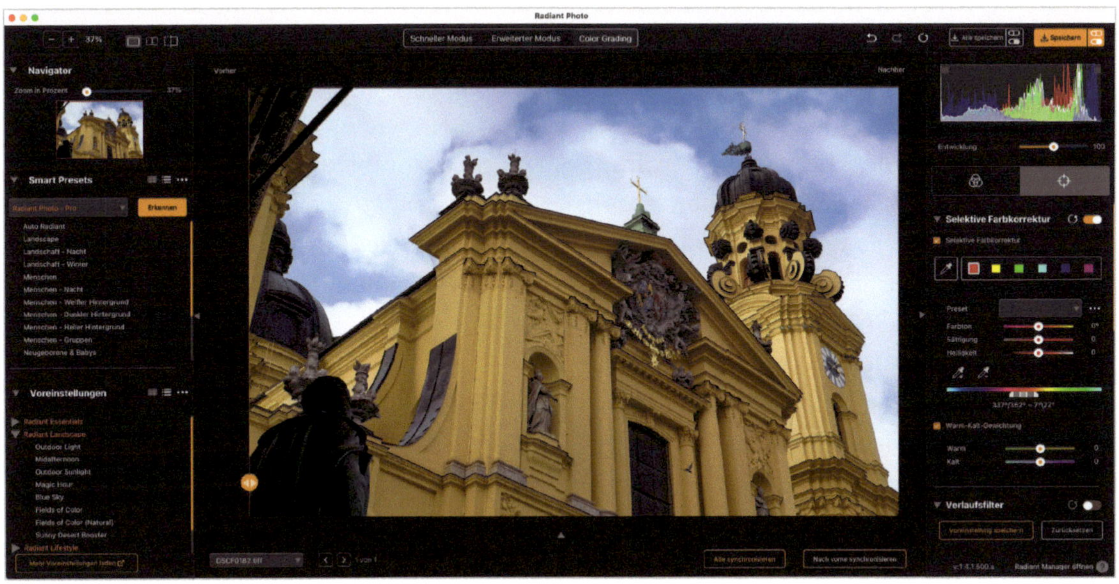

▲ *Radiant Photo.*

Universell und kostenlos

Fällt Ihnen die Entscheidung für eine passende Software schwer, oder sind Ihnen die „großen Vier“ zu teuer, dann gibt es noch universelle und sehr gute kostenlose Alternativen.

Universell: Apple Fotos

Apple Fotos ist fester Bestandteil der Apple Betriebssysteme iOS- und macOS. Die App zeigt ihre Stärken in der Verwaltung großer Bildbestände und besticht mit einem sehr schnellen Foto-Viewer. Wenn Sie ausschließlich mit dem Smartphone fotografieren, landen Ihre Bilder sowieso ohne Umweg in der Apple Fotos-App und/oder auch in der Apple iCloud – sofern Sie dem in den Fotos-Einstellungen zugestimmt haben.

Mit der neuen Version (macOS Sequoia 15.2, iOS 18.3) hat Apple der Fotos-App einen grandiosen Look verpasst, der sich sehen lassen kann. Das neue, elegante Layout präsentiert Ihre Bilder in einer einzigen Ansicht, ohne viel tippen zu müssen. Neue Sammlungen wie „Letzte Tage“, „Empfohlene Fotos“ oder „Medienarten“ sorgen automatisch für Ordnung und man muss weniger suchen. Die Benutzeroberfläche kann ganz nach Ihren Vorlieben angepasst und personalisiert werden.

Apple Fotos zeigt seine Stärken vor allem in der Verwaltung großer Bildbestände. Das Entwickeln der RAW-Dateien wird mit Apple Fotos fast schon zu einem intuitiven Akt, einfache Retuschen gelingen direkt in Fotos, professionelle Retuschen werden mit Photoshop oder Pixelmator Pro erledigt – und alles, ohne die Fotos-App zu verlassen. Das Besondere an Apple Fotos ist die Möglichkeit, die App mit speziellen Modulen, sprich Erweiterungen, individuell in jede Richtung auszubauen. Damit steht Apple Fotos in Sachen Funktionalität den „großen Vier“ in fast nichts nach.

Universell: Google Fotos

Google Fotos ist die Antwort auf Apple Fotos und eine sehr gute Alternative für ambitionierte Fotografen. Google macht die Tore in die Foto-Cloud weit auf, so weit, dass man sich um etwaige Speicherbegrenzungen zunächst keine Gedanken machen muss. Google Fotos agiert in Sachen Bildverwaltung nahezu auf Augenhöhe mit Apple Fotos und kann auch von Apple-affinen Fotografen prima genutzt werden. Alles, was man braucht, ist ein Google-Account, einen Browser und/oder gleich die Google-Fotos-App, und schon kann es losgehen.

Die kostenlose Alternative für Windows-User ist Google Fotos, das im grundlegenden Funktionsumfang Apple Fotos ähnelt, nur dass die Bilder hier nicht in einer Mediathek, sondern in einer Cloud abgelegt werden.

Man kann Google Fotos ohne Zuhilfenahme der App direkt in einem Browser starten. Geben Sie dazu einfach im Browser Ihrer Wahl die URL photos.google.com ein und die Anwendung wird im Browserfenster gestartet. Die komfortablere Variante für den Einsatz

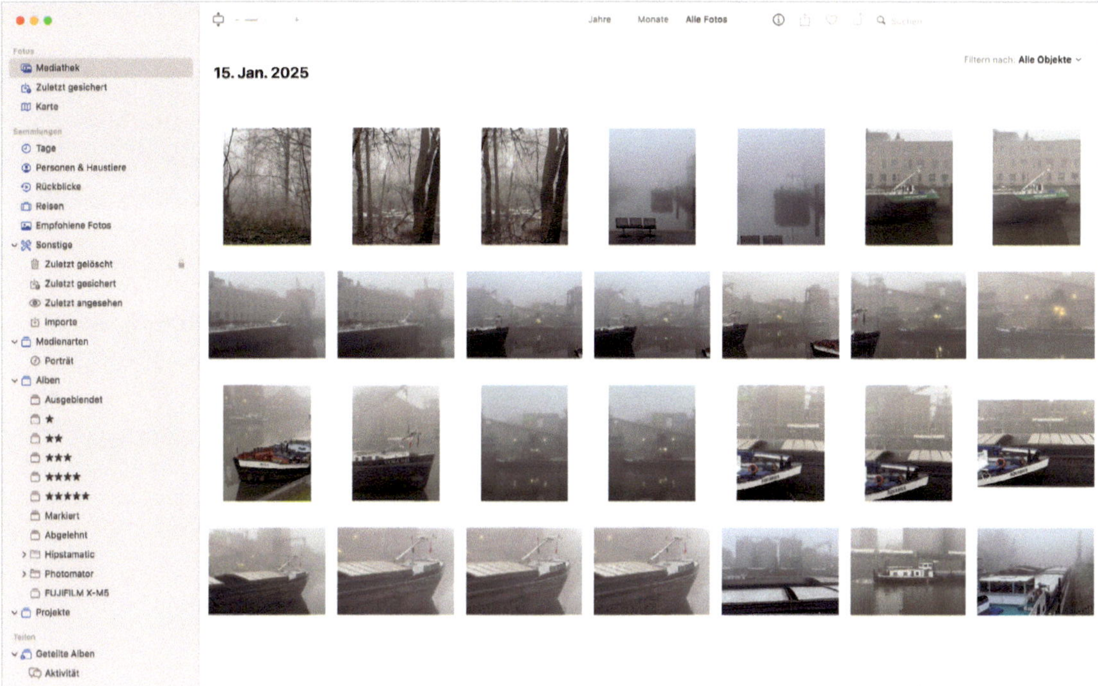

▲ *Apple Fotos: die Mediathek.*

▼ *Apple Fotos: das Bearbeiten-Modul.*

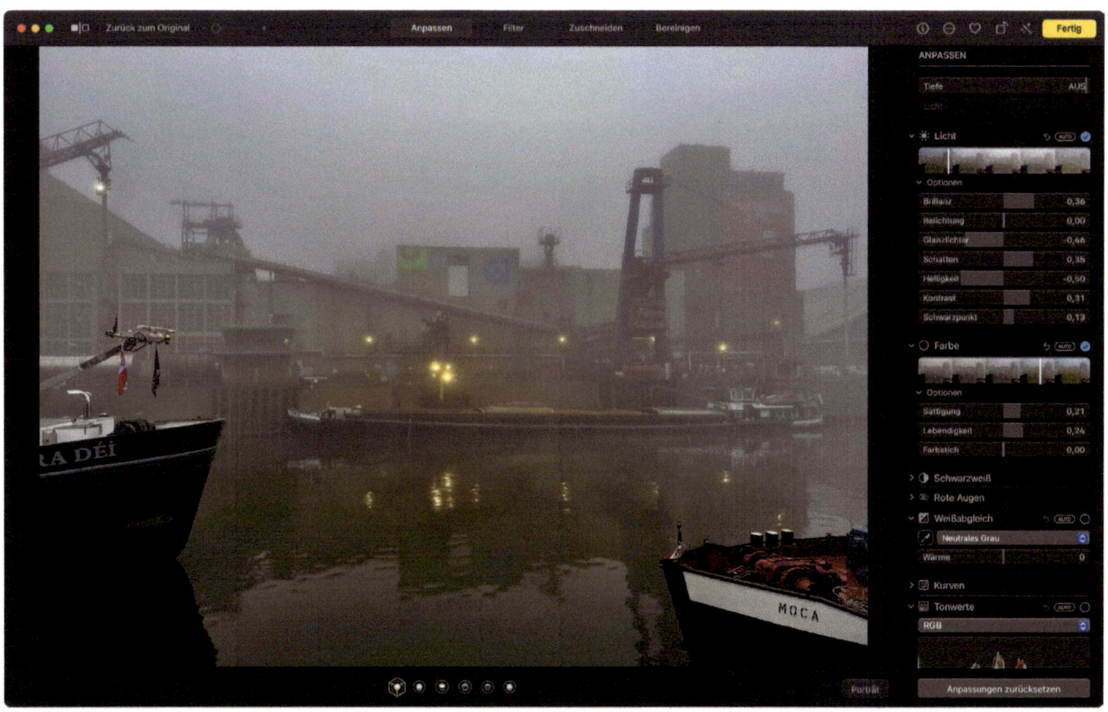

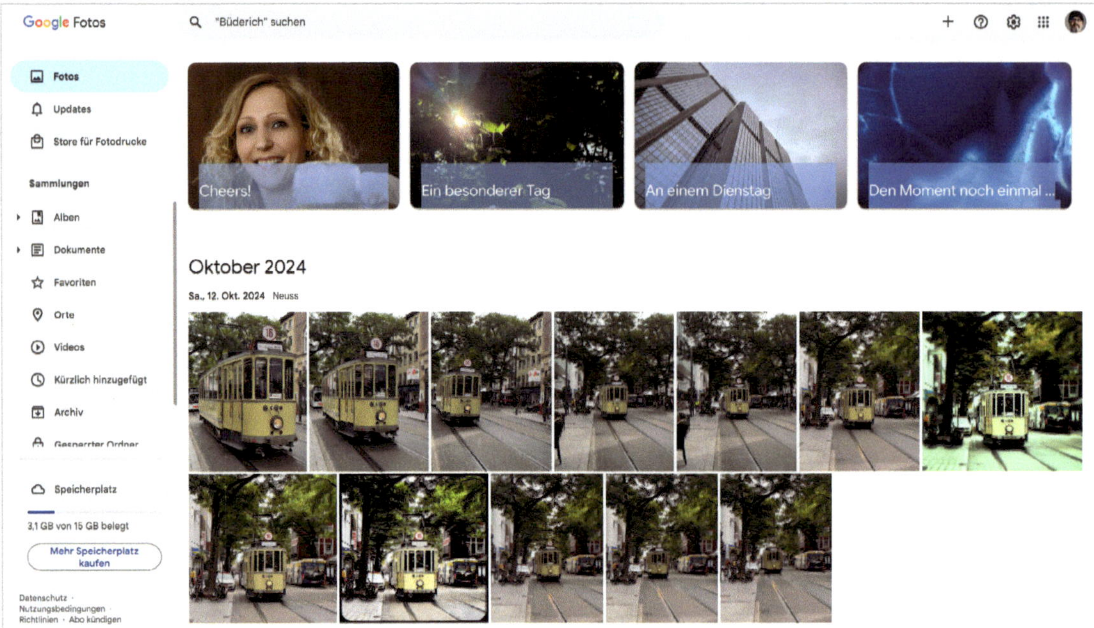

▲ *Google Fotos überall im Browser öffnen.*

von Google Fotos ist aber die Google-Fotos-App, die sowohl in Google Play als auch im App Store zum Download zur Verfügung steht. Sobald die App auf dem Smartphone installiert ist, folgt die übliche Anmeldeprozedur, und schon werden die zuletzt erstellten Bilder angezeigt.

Die grundlegenden Fotobearbeitungsfunktionen entsprechen denen der Apple Fotos-App. Dazu kommt ein Satz an KI-Funktionen, die beeindruckend sind.

Apple Fotos und Google Fotos sind gute Alternativen für alle, die kein Geld ausgeben wollen.

Magic Editor, einfach klasse

Google ist immer für eine Überraschung gut und in Sachen KI macht den Labs-Entwicklern keiner so schnell etwas vor. Wo andere den Anwender für die Nutzung durchschnittlicher KI-Apps zur Kasse bitten, sollte man immer mal wieder einen Blick auf die Google-Apps werfen. Der Magic Editor wurde eigentlich nur für das Google Pixel 8 und Pixel 8 Pro entwickelt. Einige Funktionen des KI-Editors findet man jetzt aber auch in der Google-Fotos-App. Mit diesen KI-Funktionen wird die Fotobearbeitung noch komfortabler. Zur Drucklegung des Buches können alle Nicht-Pixel-Nutzer 10 Fotos in die Cloud laden und KI-gestützt verbessern lassen. Wer mehr benötigt, kann ein Google One Premium-Abo abschließen.

Achtung! Der Magic Editor befindet sich noch in der Entwicklungsphase, sodass es zu unangemessenen oder ungenauen Änderungen am Bild kommen kann.

Library und Katalog enttarnt

Oder: Wo liegen die ganzen Bilder? Eine oft gestellte Frage bei der Arbeit mit Lightroom, Capture One oder Apple Fotos bezieht sich auf die Ablage der Bilddateien nach deren Import in die Library (Bibliothek), die Cloud, den Katalog oder die Mediathek. Schauen wir uns am Beispiel von Lightroom, Capture One und Apple Fotos an, wie das Ganze funktioniert und wo die Originalbilder liegen:

- **Lightroom** – Wenn Sie Fotos in Lightroom importieren, werden diese standardmäßig in die Creative Cloud hochgeladen. Das ist dann der primäre Speicherort. Die am häufigsten vorgebrachten Argumente gegen den Cloud-Speicher sind, dass zum einen der unmittelbare lokale Zugriff auf die Bilddaten nicht mehr gegeben ist, und zum anderen sind es sicherheitsrelevante Bedenken, die als Gegenargument angeführt werden. Verhält es sich beim Einsatz eines NAS anders? Ja, der NAS-Server mit allen Bildern steht zwar in den eigenen vier Wänden, aber auch hier ist man vor unbefugtem Zugriff Dritter nur bedingt geschützt.

Auch das Argument des lokalen Zugriffs lässt sich schnell entkräften. Lightroom legt nach der Installation auf der Festplatte des Desktop-Computers die Bibliotheksdatei *Lightroom Library* an, eine Paketdatei, vergleichbar mit einer komprimierten ZIP-Datei, in der Sie im Unterordner *originals* ein Backup all Ihrer Bilder finden, die beim Import in die Creative Cloud geladen wurden. Alternativ zur Bibliotheksdatei *Lightroom Library* können Sie auf der lokalen Festplatte auch einen offenen Backup-Ordner anlegen, über den Sie im Fall der Fälle Zugriff auf alle Ihre Fotos haben.

- **Capture One** – Hier werden alle Fotobearbeitungen, RAW-Entwicklungseinstellungen, Metadaten, Stichwörter und Bewertungen im Capture One Catalog gespeichert. Die Originalbilddateien bleiben entweder im Ursprungsordner, oder Sie speichern sie mit in den Capture One Catalog, der dadurch aber rasch sehr groß werden kann. Parallel dazu können Sie mit Sessions arbeiten, ein klassisches Workflow-Konstrukt und in der Regel der Arbeitsablauf, der von fast allen Produktions-, Studio- und Auftragsfotografen verwendet wird.

Sessions oder Sitzungen schaffen eine Ordnerstruktur innerhalb eines Sitzungsordners, in dem die Dateien leicht zugänglich und nicht in einer Katalogdatei versteckt sind. Sie bieten mehr Sicherheit für Ihre Arbeit, da im Fall einer Beschädigung Ihrer Sitzungsdatei nur eine viel geringere Anzahl von Fotos betroffen wäre und die Fotos selbst sicher wären. Außerdem lassen sie sich leichter von einer Person zur anderen oder von einem Rechner zum anderen transportieren.

- **Apple Fotos** fragt vor dem Import neuer Bilder, ob diese im Quellordner bleiben sollen oder ob Sie die komplette Verwaltung aller Bilder, einschließlich der Originale, Apple Fotos überlassen möchten. Hierbei liegt der gesamte Bildbestand – Originale, Arbeitsdateien, Vorschaubilder etc. – in einer einzigen Datei, der Fotos-Mediathek.

Bei dem Gedanken, die eigenen Originalbilddateien einem Katalog oder einer Cloud anzuvertrauen, sträuben sich immer noch bei vielen Fotografen die Nackenhaare, doch die Angst ist unbegründet. Bei Katalogen, Mediatheken oder Libraries handelt es sich um Paketdateien, also nichts anderes als große ZIP-Archive. In den Paketdateien liegen alle Ihre Originale plus Fotobearbeitungsschritte, die als Arbeitsdateien im Paket hinterlegt werden.

Grundlegende Korrekturen

Egal ob bei Anfängern oder Profis – ein aufgenommenes Foto ist selten perfekt. Es gibt immer kleine Details oder Korrekturen, die das Foto noch etwas optimieren können. Gerade Anfänger, die das Fotografieren lernen, haben noch nicht immer die passenden Kameraeinstellungen parat, um ein Foto nach ihren Vorstellungen aufzunehmen. Hier kann dann die nachträgliche Fotobearbeitung helfen. Im Nu können Sie am Computer die Belichtung, die Farben und vieles mehr korrigieren und so Ihr Foto gestalten, wie Sie es sich vorgestellt haben.

Fotobearbeitung hat dabei nichts mit Manipulation zu tun. Vielmehr verändern Sie Kleinigkeiten, die die Bildwirkung verbessern können. Daher lohnt es sich, gleich zu Beginn Ihres neuen Hobbys auch in die Fotobearbeitung einzusteigen. So entwickeln Sie schnell einen Blick dafür, was Sie an einem Foto ändern möchten, und finden den eigenen Stil.

Schon kleine Veränderungen an einem Foto können eine große Wirkung entfalten. In dieser Anleitung zeigen wir, welche Basiskorrekturen bei der Fotobearbeitung gemacht werden können, um ein Foto zu verbessern. Die Funktionen und Tipps sind bewusst sehr allgemein gehalten, damit Sie sie mit jedem Fotobearbeitungsprogramm umsetzen können.

Ein Wort zur RAW-Entwicklung

Stellen Sie in Ihrem Kameramenü am besten immer **JPEG und RAW** ein. Im RAW-Format speichert die Kamera grundsätzlich alle Bildinformationen (Helligkeitsinformationen), die der Sensor aufgenommen hat. Fehlen im JPEG-Bild Helligkeitsinformationen oder ist das Bild an einigen Bereichen überbelichtet, dann greifen Sie zur RAW-Version der Aufnahme und können die Belichtungsfehler in den meisten Fällen korrigieren. Allerdings benötigen Sie für das Speichern von JPEG und RAW mehr Speicherplatz.

Im Folgenden stellen wir am Beispiel von Lightroom den Durchlauf einer Bilddatei durch das Postprocessing vor. Dieser Weg ist bei allen Fotobearbeitungsprogrammen nahezu identisch. Die Bezeichnungen der einzelnen Funktionen können natürlich voneinander abweichen.

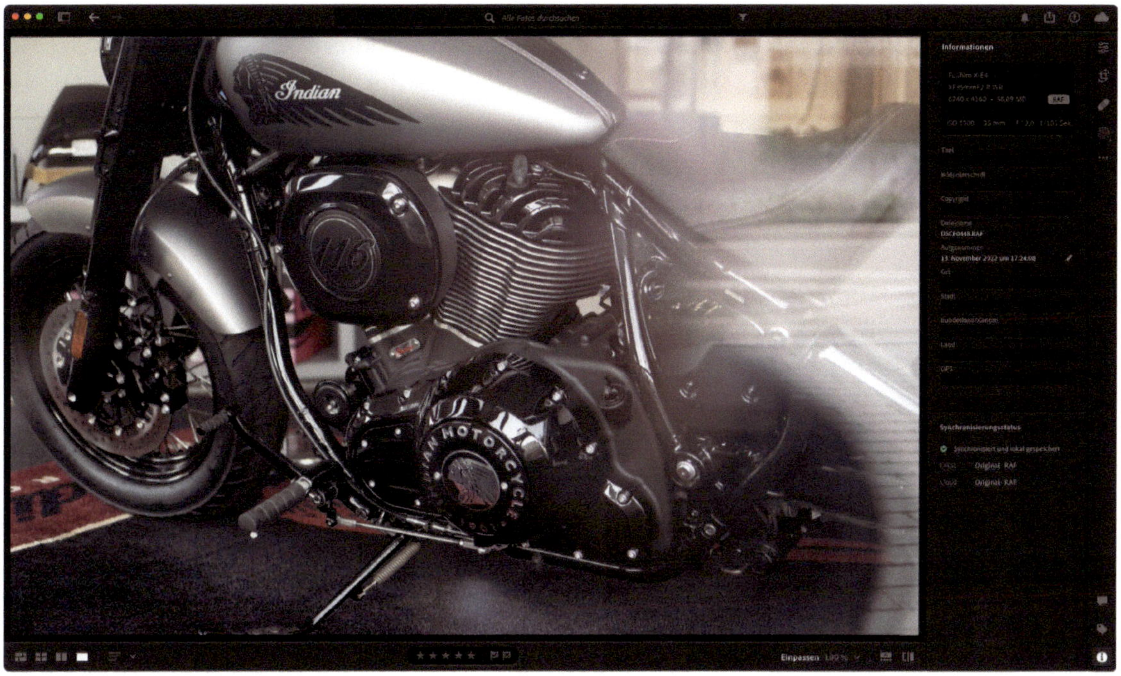

▲ *Das unbearbeitete Foto direkt aus der Kamera.*

Eingriff in die Belichtung

Eine Faustregel besagt, dass man eine Aufnahme im Zweifel lieber etwas unterbelichten sollte, da bei überbelichteten Fotos wertvolle Bildinformationen verloren gehen. Unterbelichtete Bilder dagegen kann man leicht bei der Fotobearbeitung korrigieren und nach eigenen Vorstellungen entwickeln.

Bevor Sie die einzelnen Regler im Bedienfeld *Licht* kennenlernen, laden Sie zunächst das Beispielbild – und dann: Belichtung zuerst! Der Regler *Belichtung* greift hauptsächlich in die mittleren Tonwerte ein, die darüber entscheiden, ob das Foto zu hell oder zu dunkel wahrgenommen wird. Darum ist es sinnvoll, diesen Regler immer zuerst zu benutzen und erst danach gezielt die Tiefen und Lichter zu bearbeiten.

■ **Regler Belichtung** – Mit dem Regler *Belichtung* korrigieren Sie die von der Kamera ermittelten Belichtungswerte manuell nach oben oder nach unten, um die Aufnahmen heller oder dunkler zu gestalten. Im Gegensatz zum JPEG: Hier kann immer nur ein begrenzter Teil des Helligkeitsumfangs aufgenommen und bearbeitet werden. Bei einer RAW-Aufnahme hingegen ist der Helligkeitsumfang um ein Vielfaches größer, wodurch weitreichendere Belichtungskorrekturen möglich werden.

■ **Regler Kontrast** – Der Kontrast beschreibt das Verhältnis von Schwarz- und Weißtönen im Bild. Ein niedriger Kontrast lässt die Konturen verschwimmen, während ein hoher Kontrast die Konturen stark hervorhebt und das Bild überzeichnet wirkt. Es ist daher ratsam, hier einen guten Mittelweg zu finden, um Ihr Motiv zu betonen. Durch Hinzufügen von *Kontrast* werden die Schatten vertieft und die Lichter erweitert. Bei Landschaftsaufnahmen können Sie mit der Anhebung des Kontrasts den Aufnahmen mehr Raum und mehr Tiefe geben.

- **Regler Lichter** – Mit diesem Regler nehmen Sie Einfluss auf die Helligkeit von helleren Bildbereichen in der Aufnahme. Besonders bei Landschaftsaufnahmen können Sie mit dem Regler *Lichter* einem zu hellen Himmel mehr Struktur verleihen. So werden Wolkenstrukturen sichtbar, die bislang im Verborgenen schlummerten. Um Details hervorzuheben, schieben Sie den Regler nach links. Schieben Sie den Regler nach rechts, werden die Lichter heller, und die Details nehmen wieder ab.

- **Regler Tiefen** – Der *Tiefen*-Regler bewirkt das Gegenteil der *Lichter*. Um die Schatten in der Aufnahme zu vertiefen, schieben Sie den Regler nach links. Schieben Sie den Regler nach rechts, werden die Schatten wieder heller, und Details werden nach und nach hervorgehoben.

- **Regler Weiß** – Der Regler *Weiß* wirkt sich ausschließlich auf alle Weißpunkte in der Aufnahme aus. Je weiter Sie den Regler nach rechts ziehen, umso mehr macht sich die Auswirkung von Weiß bemerkbar.

- **Regler Schwarz** – Der Regler *Schwarz* beeinflusst ausschließlich alle Schwarzpunkte in der Aufnahme. Ziehen Sie den Regler nach links, wirkt sich Schwarz immer deutlicher aus.

- **Gradationskurve** – Mit der Gradationskurve können Sie die Helligkeit der Tonwerte anpassen und die Kontraste gezielt beeinflussen. Die Gradationskurve ist ein einfaches Kurvendiagramm von Eingangswert und Ausgangswert, das die Zuordnung der veränderten Tonwerte darstellt. Der Eingangswert ist die Helligkeit des Tonwerts im Originalbild. Der Ausgangswert zeigt die Helligkeit dieses Werts nach der Bearbeitung. Indem Sie die Gradationskurve mithilfe von Markierungspunkten verschieben, ändern Sie bestimmte Tonwerte.

Authentische Farbwiedergabe

Mit den Reglern im Bedienfeld *Farbe* stellen Sie bei Bedarf den *Weißabgleich* ein und nehmen Änderungen an *Tonung*, *Dynamik* und *Sättigung* vor. Darüber hinaus können Sie Farben mischen und ein *Color Grading* durchführen. Der Weißabgleich (bzw. Temperatur) regelt die Farbtemperatur des Bildes. Hier ist es oft Geschmackssache, was Ihnen am besten gefällt bzw. welche Wirkung Ihr Bild erzielen soll. Ein warmer Weißabgleich lässt Ihr Bild einladend und sommerlich wirken. Ein kühler Weißabgleich hingegen erzielt eine distanziertere und winterliche Bildstimmung. Wenn Sie in der Fotobearbeitung noch unsicher sind, dann probieren Sie am Anfang die Wirkung aller Regler aus, um ein Gefühl für die Fotobearbeitung zu bekommen. Vergleichen Sie dabei immer wieder das Original mit der bearbeiteten Version, um die Änderungen besser abschätzen zu können. Manchmal hilft es auch, das bearbeitete Foto ruhen zu lassen und nach einiger Zeit mit einem neuen Blickwinkel heranzutreten.

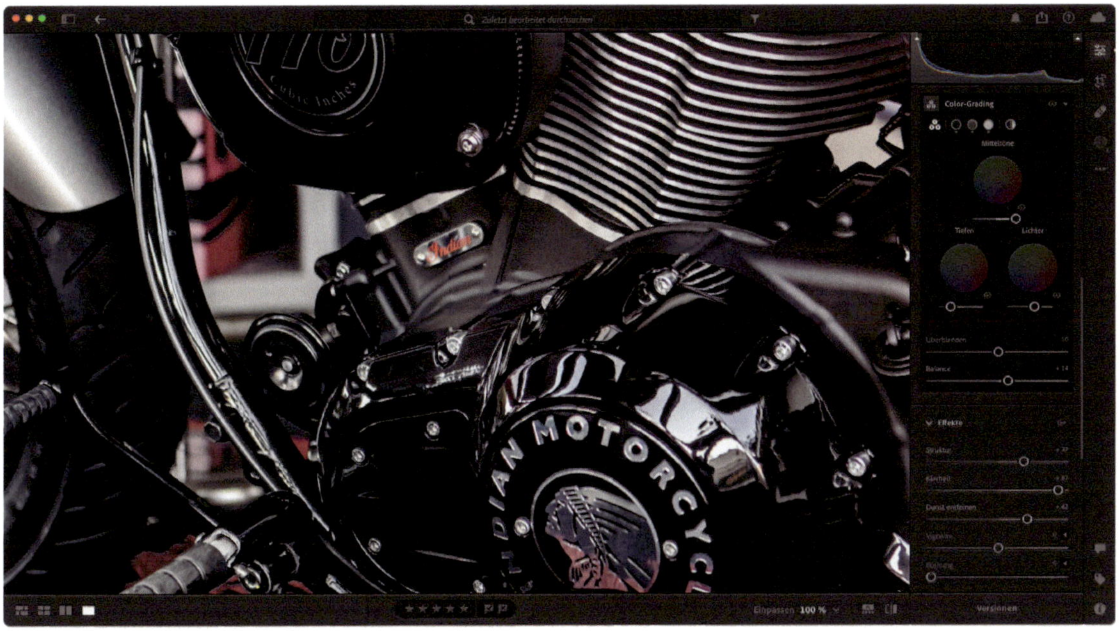

▲ *Farbwiedergabe einstellen und Effekte maximieren.*

Struktur, Klarheit und Dunst

Neben dem Eingriff in die Belichtung kann man bei Bedarf gleich mögliches Bildrauschen reduzieren. Dieses entsteht, wenn man mit einem zu hohen ISO-Wert oder einer zu langen Belichtungszeit gearbeitet hat. Weist Ihr Foto Bildrauschen auf, können Sie verschiedene Rauschreduzierungsfilter nutzen. Seien Sie dabei allerdings vorsichtig, da diese Filter auch ganze Bilddetails löschen können.

Die Werkzeuge im *Effekte*-Bedienfeld gehören zu jenen, die mit wenig Aufwand maximale Ergebnisse liefern. *Struktur*, *Klarheit* und *Vignette* bieten Möglichkeiten, um den Blick des Betrachters auf die spannendsten Aspekte eines Fotos zu lenken.

- **Regler Struktur** – Ideal im Zusammenspiel mit *Klarheit*. Ziehen Sie den Regler *Struktur* nach rechts, werden strukturierte Details betont und wirken plastischer – insbesondere in den Bereichen Architektur, Landschaft und urbane Fotografie immer eine Option. Wichtig zu erwähnen ist, dass der Regler *Struktur* keinen Einfluss auf die Tonalität der Farben hat.

- **Regler Klarheit** – *Klarheit* ist eine fein abgestimmte Kontrasteinstellung, mit der Sie die Kanten- und Farbkontraste Ihrer Fotos bearbeiten. *Klarheit* eignet sich z. B. hervorragend, um Texturen zu betonen oder abzuschwächen. Wird der Regler nach rechts bewegt, werden Kontraste weicher, nach links werden sie härter. Insgesamt wirken Fotos mit der richtigen Dosis *Klarheit* knackiger.

Achten Sie beim Einsatz von *Klarheit* immer auf das richtige Maß. Ein Zuviel an *Klarheit* erkennen Sie am Halo-Effekt, der wie eine Art Heiligenschein wirkt.

- **Regler Dunst entfernen** – Die Funktion *Dunst entfernen* verblüfft ein ums andere Mal. Schieben Sie den Regler nach links, wird Dunst simuliert, schieben Sie den Regler nach rechts, wird Dunst entfernt.

- **Regler Vignette** – Mit dem Regler *Vignette* hellen Sie die Außenkanten des Fotos auf oder verdunkeln sie. Die Wirkung der Vignette können Sie mit den Optionen *Mittelpunkt*, *Rundheit* und *Weiche Kante* weiter anpassen.

Schärfen für die Ausgabe

Das Schärfen gehört zu den kompliziertesten Aufgaben in der Fotobearbeitung. Die Einstellungen zum Schärfen hängen sehr von der Auflösung eines Bilds ab. Je mehr Megapixel Ihr Bild aufweist, desto höher dürfen die Werte sein, ohne dass das Bild überschärft wirkt. Umgekehrt gilt: Bei Bildern mit einer geringen Gesamtpixelanzahl verwenden Sie geringere Werte.

- **Regler Schärfen** – Mit *Schärfen* betonen Sie Kanten und Details. Dadurch wirkt das Bild schärfer, bekommt mehr Brillanz. Die Einstellungsmöglichkeiten sind auf ein sinnvolles Maß begrenzt.

- **Regler Radius** – Bestimmt den *Radius*, in dem der Kontrast verstärkt wird. Ist der *Radius* zu hoch, entstehen helle oder dunkle Konturen. Im Normalfall ist ein Wert zwischen 0,5 und 1,5 sinnvoll.

- **Regler Details** – Bezieht sich auf die Stärke, mit der feine Details und vor allem feine Strukturen im Bild betont werden. Die Betonung der Details verstärkt allerdings auch, wie im Bildbeispiel gezeigt, das Rauschen.

- **Regler Maskieren** – Mit *Maskieren* legen Sie fest, wo der Scharfzeichnungseffekt angewendet werden soll. Steht der Wert auf 0, wird das gesamte Bild geschärft. Ziehen Sie den Regler langsam nach rechts, beschränkt sich das Scharfzeichnen ausschließlich auf klar erkennbare Kanten.

Optische Abbildungsfehler

Viele fotografische Objektive leiden an Abbildungsfehlern (Aberrationen), die nichts mit Fertigungstoleranzen oder -fehlern zu tun haben, sondern rein optisch bedingt sind. Diese Fehler, die beim Durchtritt des Lichts durch das Linsensystem ganz zwangsläufig entstehen, weil unter anderem unterschiedliche Wellenlängen verschieden gebrochen werden, lassen sich durch geschickte Kombinationen von Materialien, Linsenformen und Konstruktionen auf ein Minimum reduzieren. Die Abbildungsfehler zeigen sich darin, dass Farbsäume auf den Fotos sichtbar werden, die chromatische Aberration. Wie Sie der chromatischen Aberration zu Leibe rücken, erfahren Sie jetzt.

- **Chromatische Aberration entfernen** – Markieren Sie dieses Kontrollfeld, um blaugelbe Farbsäume im Bild automatisch zu korrigieren.

- **Objektivkorrekturen aktivieren** – Lightroom enthält zahlreiche Objektivprofile, die verwendet werden können, um gängige Objektivaberrationen, wie geometrische Verzerrung und Vignettierung, zu korrigieren. Die Profile basieren auf Metadaten, die die Kamera und das Objektiv, mit denen die Fotos aufgenommen wurden, identifizieren und die Fehler entsprechend kompensieren.

- **Regler Intensität** – Mit dem Regler *Intensität* stellen Sie den Wirkungsgrad der Objektivkorrektur ein.

Geometrische Korrekturen

Eines der stärksten Lightroom-Werkzeuge! Die *Trapez-Korrektur* von Capture One kommt gegen die Lightroom-*Geometrie* nicht an. Einzig das DxO-*Perspektive*-Werkzeug und die Nik-App *Perspective Efex* sind auf Augenhöhe mit der Lightroom-*Geometrie*. Das Geniale an der Lightroom-*Geometrie* ist die Einfachheit der Bedienung und das Ergebnis. Egal ob Sie die Dinge *Mit Hilfslinien* oder *Automatisch* wieder geraderücken, besser geht es nicht.

Ausflecken und zuschneiden

Kleinere Ausbesserungen, sogenannte Bereichsreparaturen, kann man direkt in Lightroom machen. Erst für die großen Retuschen muss man zu Photoshop, Affinity Photo oder Pixelmator wechseln. Störende Flecken oder Unreinheiten im Gesicht eines Models retuschiert man in Lightroom ganz einfach. Mit dem Reparatur-Pinsel bietet Lightroom ein einfaches Werkzeug zum schnellen Ausflecken bestimmter Bildbereiche. Das geht auch ganz gut, sofern es sich um kleine und klar abgegrenzte Bildbereiche handelt.

Selbst wenn wir uns beim Fotografieren vor Ort über das Motiv im Klaren sind, ist das kein Garant für die perfekte Bildkomposition. Häufig ist der Horizont nicht ganz gerade, ab und an gelangen unerwünschte Objekte mit ins Bild, oder man möchte einfach nur ein benutzerdefiniertes Seitenverhältnis anwenden, um damit die Wirkung eines Panoramas vorzugeben. All das korrigiert oder erstellt man mit dem Zuschneiden des Bildes.

▼ *Das Bild nach dem Durchlauf der Institutionen. Ein Close-up mit dem Blick auf das Wesentliche.*

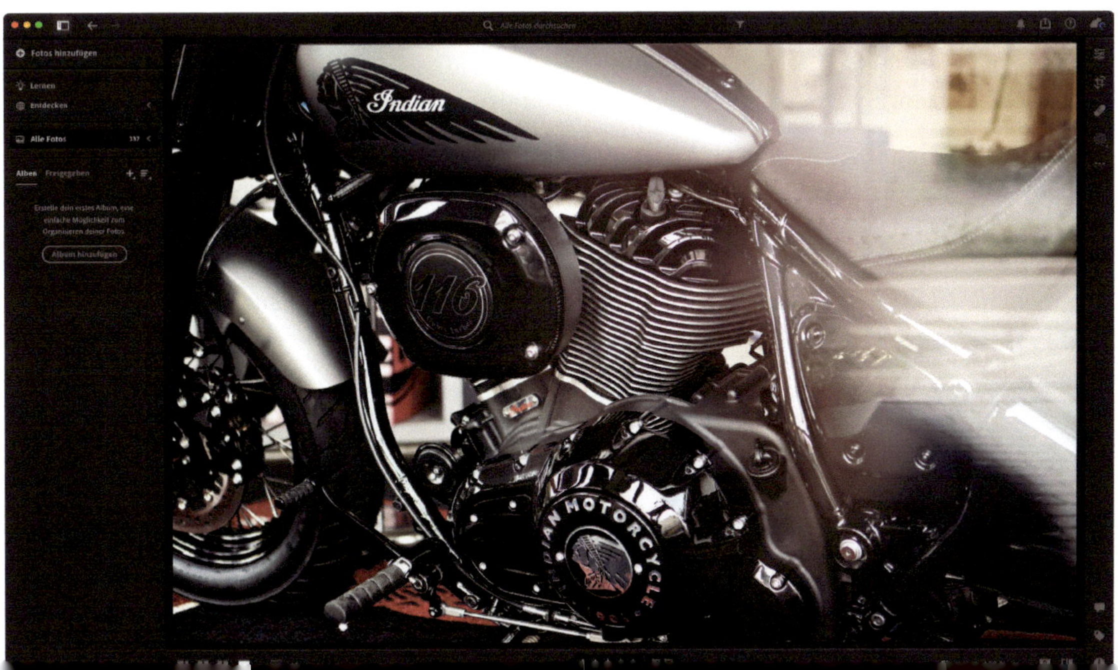

Tipps für die Fotobearbeitung

Es geht um Farben, es geht um Farbverläufe, und es geht um Kontraste. Ansatzpunkte für die Bildoptimierung sind, abgesehen von üblichen Retuschen (Flecken, störende Bildelemente, Bildbeschnitt etc.), vor allem die Tonwert- und Kontrastoptimierung sowie Farbkorrekturen und -optimierungen. Denn auch wenn der automatische Weißabgleich und die automatische Belichtung immer besser geworden sind, kann es durchaus passieren, dass Bilder zu hell, zu dunkel oder flau werden oder die Farben nicht wirklich stimmig sind. Eine standardisierte Vorgehensweise gibt es natürlich nicht. Fotos sind einfach zu verschieden und erfordern ganz unterschiedliche Herangehensweisen. Ein paar Tipps gibt es aber dennoch:

Lightroom-Online-Videokurs

Dieses große Lightroom-Videotraining ist Ihr Schlüssel für den perfekten Fotoworkflow. Anschaulich erklärt, praxisnah und ohne Umwege führt der Kurs Sie durch die Themen *Fotos bearbeiten*, *Fotos besser machen* und *Fotos verwalten*. Erfahren Sie, wie Sie die Tools und Funktionen sicher beherrschen und optimal einsetzen. Probieren Sie das Gelernte an den Gratis-Download-Dateien gleich selbst aus. Mit Freude zu lernen, muss nicht kompliziert sein! Der Kurs besteht aus mehr als 40 Teilen mit über drei Stunden Laufzeit.

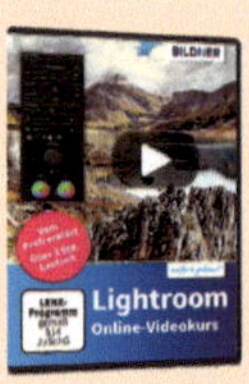

- Vorsicht bei sanften Farbverläufen! Bei zu starken Farbkorrekturen kann es passieren, dass Farbabrisse entstehen, die sich dann wie Kanten oder Stufen durch einen vorher gleichmäßigen Verlauf ziehen.

- Ist ein Bild zu dunkel geraten, behalten Sie bei der Korrektur vor allem die Tiefen (Schatten) im Blick. Denn gerade in dunklen Bildbereichen taucht bei einer allgemeinen Aufhellung schnell heftiges Bildrauschen auf.

- Wird ein Bild nach der Verarbeitung als JPEG-Datei gespeichert, achten Sie auf hohe Qualität bei niedriger Komprimierung. Farb- und Helligkeitsverläufe reagieren sehr empfindlich auf zu starke Komprimierung und können plötzlich wieder die schon genannten Stufen aufweisen. Am besten speichern Sie eine Kopie des Originals und kontrollieren sofort das bearbeitete Bild. Sind die Verläufe unsauber, speichern Sie lieber noch einmal mit geringerer Komprimierung, oder verwenden Sie gleich das verlustfreie TIF-Format.

- Für optimale Bildqualität arbeiten Sie am besten mit RAW-Dateien. Zwar ist der Aufwand dann deutlich größer, weil die RAW-Dateien zunächst mit einem geeigneten Programm entwickelt werden müssen, die Bildqualität ist aber gerade bei größeren Abzügen oder Ausdrucken weitaus besser als bei einem JPEG-Foto, das vor dem Ausdruck noch optimiert werden musste. Verwendet man für den Druck ein perfekt belichtetes JPEG-Bild mit minimaler Komprimierung, sind die Qualitätsunterschiede zu RAW im Druck kaum zu bemerken.

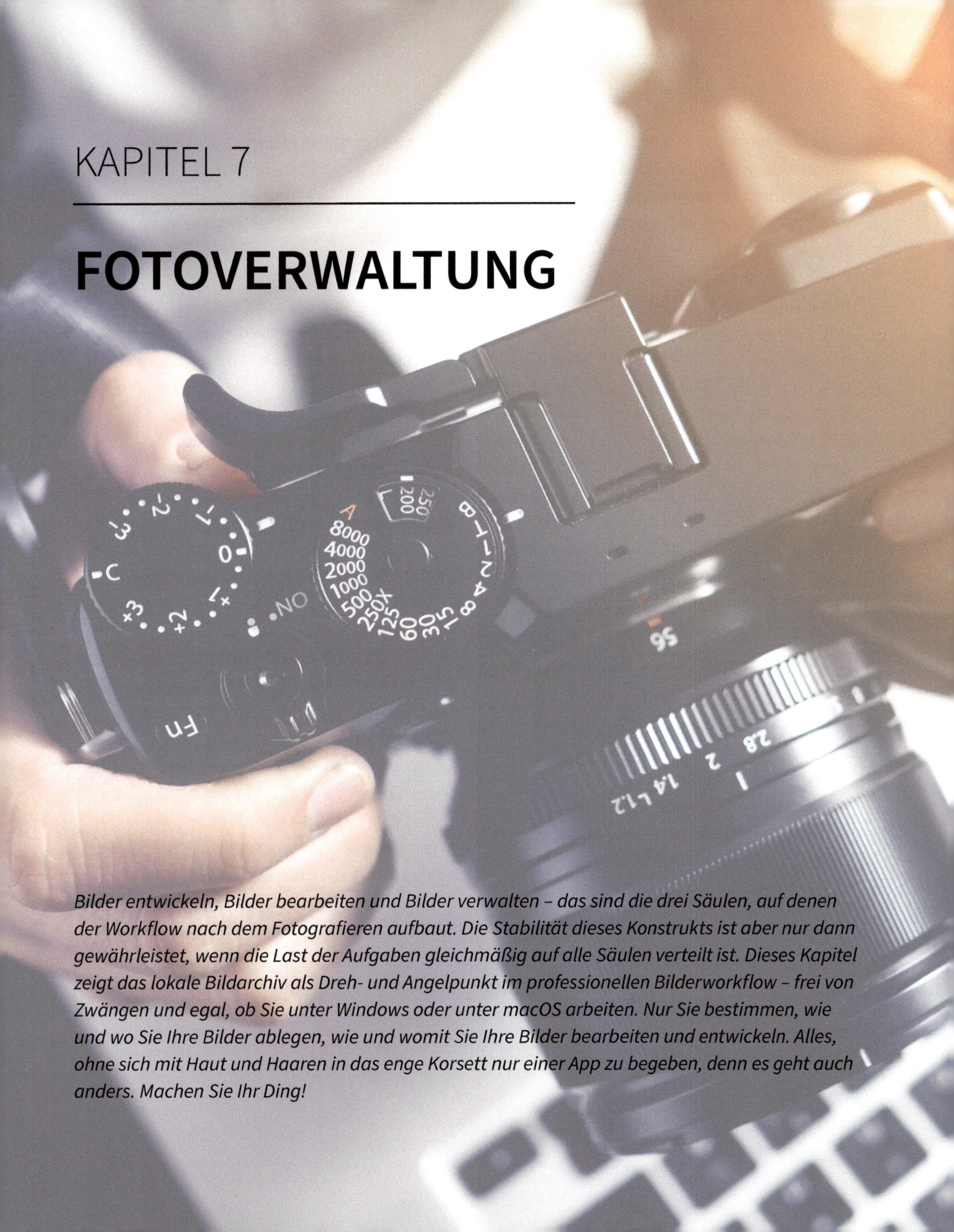

KAPITEL 7

FOTOVERWALTUNG

Bilder entwickeln, Bilder bearbeiten und Bilder verwalten – das sind die drei Säulen, auf denen der Workflow nach dem Fotografieren aufbaut. Die Stabilität dieses Konstrukts ist aber nur dann gewährleistet, wenn die Last der Aufgaben gleichmäßig auf alle Säulen verteilt ist. Dieses Kapitel zeigt das lokale Bildarchiv als Dreh- und Angelpunkt im professionellen Bilderworkflow – frei von Zwängen und egal, ob Sie unter Windows oder unter macOS arbeiten. Nur Sie bestimmen, wie und wo Sie Ihre Bilder ablegen, wie und womit Sie Ihre Bilder bearbeiten und entwickeln. Alles, ohne sich mit Haut und Haaren in das enge Korsett nur einer App zu begeben, denn es geht auch anders. Machen Sie Ihr Ding!

Aufbau eines Bildarchivs

Es werden mehr, es werden jeden Tag mehr, und der Zeitpunkt wird kommen, an dem man ohne Plan vor der Bilderflut kapituliert. Das muss nicht sein. Mit einfachsten Mitteln der Datenorganisation oder dem Einsatz einer Bildverwaltungssoftware wissen Sie immer, in welchem Zeitfenster Sie die wichtigsten Momente Ihres Lebens wiederfinden.

Am Anfang der Entscheidungsfindung

Neben dem physikalischen Problem der Speicherung gibt es ein weiteres wichtiges, das sich jeder Fotograf schnell bewusst machen sollte: Damit man Bilder auch nach einiger Zeit noch wiederfindet, müssen sie auffindbar sein. Das klingt banal, ist es aber keineswegs. Denn wenn Ihre Bilddateien als einziges Suchmerkmal nur die Nummern haben, die ihnen die Kamera zugewiesen hat, werden Sie anhand dieser Information nicht gezielt nach bestimmten Fotos suchen können.

DAM

DAM steht für **Digital Asset Management** und bezeichnet die Arbeitsweise spezieller Software, in der unterschiedliche Mediendateien mit all ihren Bearbeitungsmerkmalen in einer zentralen Bibliothek, sprich Datenbank, verwaltet und gespeichert werden.

Nehmen Sie sich die Zeit und überlegen Sie genau, wie Ihr Bilderworkflow aussehen soll. Drei alles entscheidende Fragen stehen dabei am Anfang, deren Beantwortung für den weiteren Workflow richtungsweisend ist:

- Arbeite ich vorzugsweise manuell, indem ich meine Bilder in einer klassischen Ordnerstruktur auf der Festplatte ablege, um so mit unterschiedlichsten Apps jederzeit auf die dort abgelegten Bilder zugreifen zu können?

- Arbeite ich mit einem gemischten Workflow, indem ich meine Originalbilddateien in einer klassischen Ordnerstruktur auf der Festplatte ablege, diese aber mit einer DAM-Software verknüpfe, um so die Vorteile moderner Bildverwaltung und -bearbeitung nutzen zu können?

- Arbeite ich vorzugsweise mit einer DAM-Software, die mir den Großteil aller Aufgaben rund um die Bildverwaltung abnimmt und die Bilder mit all ihren Bearbeitungsmerkmalen non-destruktiv in einer zentralen Bibliothek speichert?

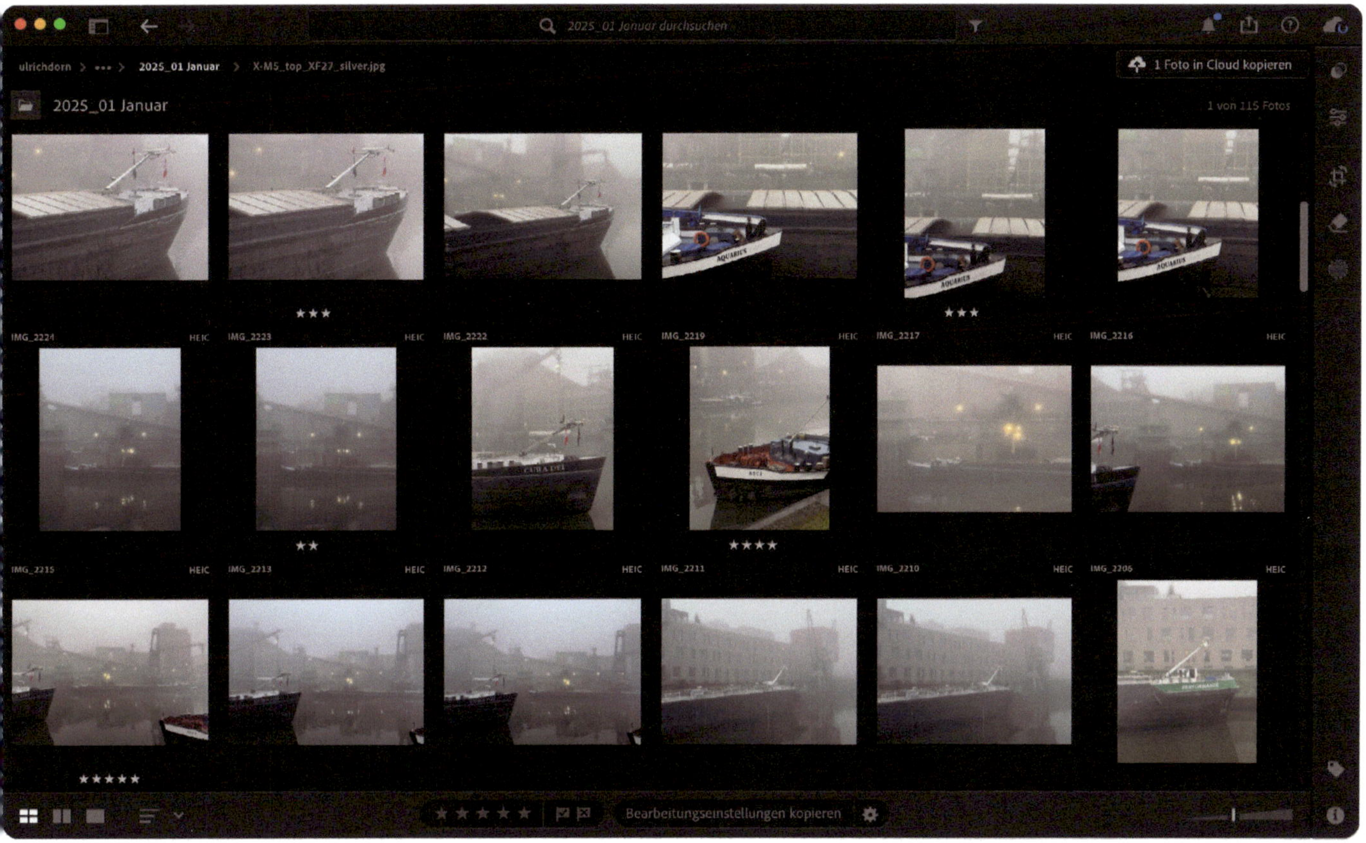

▲ *Mit einer leistungsfähigen Software zur Bildverwaltung ist es ein Kinderspiel, Ordnung in der wachsenden Bilderflut zu halten. Stichwörter, Markierungen und Metadaten helfen dabei, Bilder jederzeit gezielt zu suchen und zu finden.*

Modell einer bewährten Ordnerstruktur

Beginnen wir mit der klassischen Ordnerstruktur, der Lösung für den traditionellen Dateiarbeiter, der nicht loslassen kann. Beim Aufbau des manuellen Bildarchivs ist der einfache Weg wie so oft der beste: eine grundlegende Ordnerstruktur nach Jahr, Monat und Tag. Nach einer Fotosession kopieren Sie die neuen Bilder via USB, Bluetooth oder WLAN von der Kamera in den entsprechenden Unterordner, den Sie zuvor angelegt haben. Ein oder mehrere Schlagwörter in der Ordnerbezeichnung sind dabei das Salz in der Suppe. Nebenstehend das Beispiel einer klassischen Ordnerstruktur für das Bildarchiv.

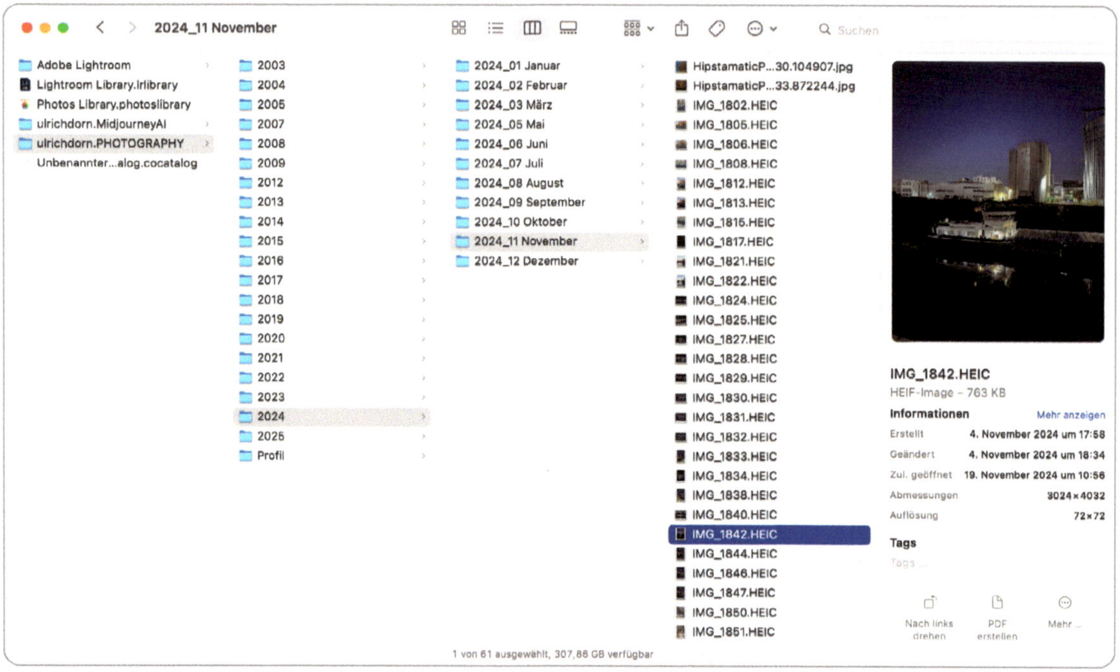

▲ *Beispiel einer einfachen, aber praktikablen Ordnerstruktur.*

Je nachdem, wie viele Bilder Sie in einem Monat erstellen, können Sie in den Monatsordnern weitere Projekt- oder Albumordner anlegen, zum Beispiel mit einer Kombination aus Datum und Thema des Shootings.

Fazit: Diese einfache Ordnerstruktur zeigt dann ihre Stärken, wenn Sie mit einem speziellen Viewer wie Photo Mechanic oder einfach mit dem Dateimanager (Windows-Explorer oder macOS Finder) Ihres Betriebssystems arbeiten. Aber auch für User von Apple Fotos, Google Fotos, Lightroom oder Capture One Pro ist eine Ordnerstruktur wie die oben vorgestellte ein Garant dafür, dass Sie Ihre Bilder auch nach Jahren noch wiederfinden.

Dateimanager in der Not

Wenn Sie Ihre Bilder ganz ohne die Kosten oder das Abo einer speziellen Software verwalten möchten, funktioniert das mit dem Windows-Explorer oder dem macOS Finder eigentlich sehr gut, denn nicht alle Aktivitäten im Bilderworkflow erfordern eine spezielle Software. Viele grundlegende Aufgaben kann man mit einem ganz normalen **Dateimanager** schnell und komfortabel erledigen.

Der Windows-Explorer und der macOS Finder sind die obersten Instanzen in Sachen Dateimanagement. In diesen Dateimanagern sehen Sie, welche Apps, welche Dokumente, Bilder, Filme und welche Musik sich auf der Festplatte tummeln. Sie haben erteilte Freigaben im-

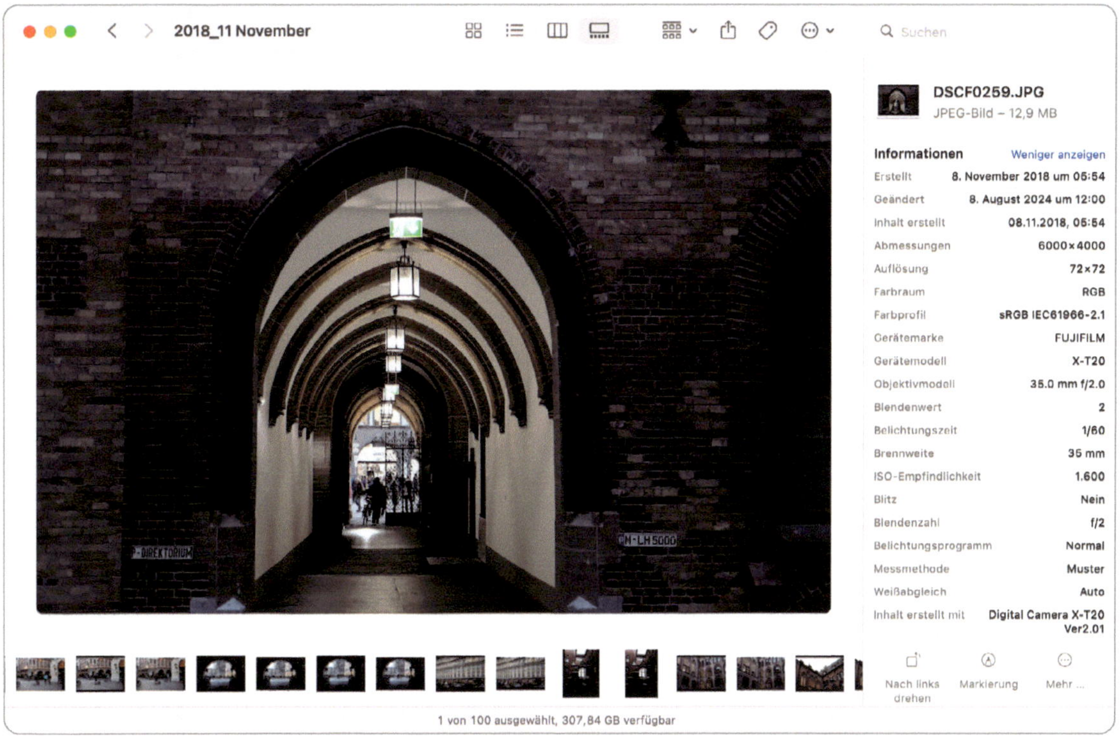

▲ *In der Einzelansicht des Dateimanagers erhält man alle fototechnischen Informationen, die man braucht.*

mer im Blick und sehen, welche Festplatten und andere Geräte angeschlossen sind. Und mit Tags können Sie Ihre Daten und Bilder überaus komfortabel organisieren.

Fast täglich kommen neue Bilddateien hinzu, schlechte wandern per Drag-and-drop in den Papierkorb, neue Ordner breiten sich auf der Festplatte aus und vieles andere mehr. Mit dem Dateimanager Ihres Betriebssystems können Sie:

- einzelne Bilder und ganze Bildpakete verschieben,
- Bilddateibewegungen zwischen zwei Festplatten durchführen,
- Bilddateinamen ändern, Bilder kopieren, einfügen und löschen sowie
- ausführliche Bild- und Ordnerinformationen abrufen.

Klare Verschlagwortung

Die Kür bei der perfekten Bildverwaltung ist die durchdachte **Verschlagwortung** der Bilder. Verschlagwortung bedeutet, dass Sie nach dem Import neuer Bilder jedem Bild oder einer Gruppe von Bildern bestimmte Stichwörter, auch Schlagwörter genannt, zuweisen. Diese Stichwörter werden mit in die Arbeitsdatei der eingesetzten Software gespeichert. Haben Sie zum Beispiel ein Shooting im Hamburger Hafen gemacht, wird jedes Bild mit den Stichwörtern *Hamburg* und *Hafen* belegt. Wenn Sie Monate später genau diese Bilder suchen, geben Sie einfach in die Suchfunktion der Software *Hamburg* und *Hafen* ein, und die Bilder werden im Arbeitsfenster Ihres Bildverwaltungsprogramms angezeigt.

Arbeiten Sie mit einer ähnlichen Ordnerstruktur wie der oben gezeigten, laden Sie neue Bilder immer zuerst in die entsprechenden Unterordner. Verknüpfen Sie die Bilder beim Import in Ihr Bildverwaltungsprogramm bzw. beim Import in Ihre RAW-Konverter-Software, ist der Bildzugriff auch für andere Programme wie Lightroom, Fotos, Capture One Pro sowie für den Windows-Explorer oder den macOS Finder gewährleistet. Und der Clou dabei ist, dass die Arbeitsdateien weiterhin von Lightroom, Fotos oder Capture One Pro verwaltet werden. So bleibt die Paketdatei (Katalog, Mediathek, Library) der entsprechenden Software immer angenehm schlank, sodass die Arbeitsgeschwindigkeit stets auf gleich hohem Niveau ist.

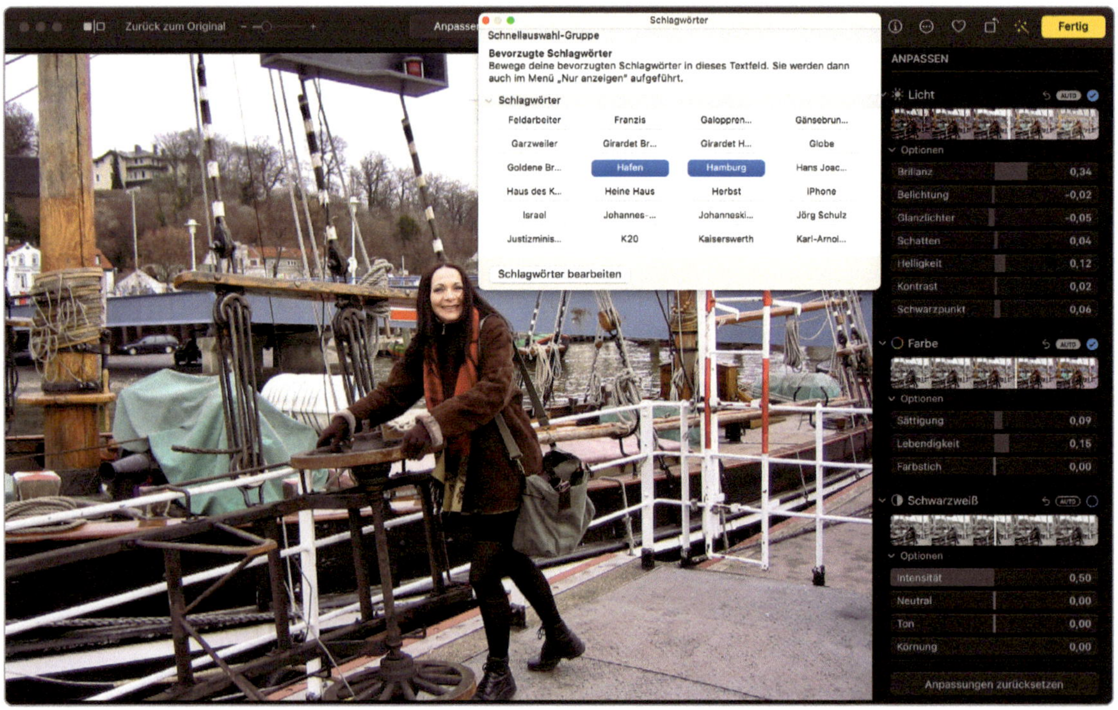

▲ *Der Schlagwortmanager in Apple Fotos.*

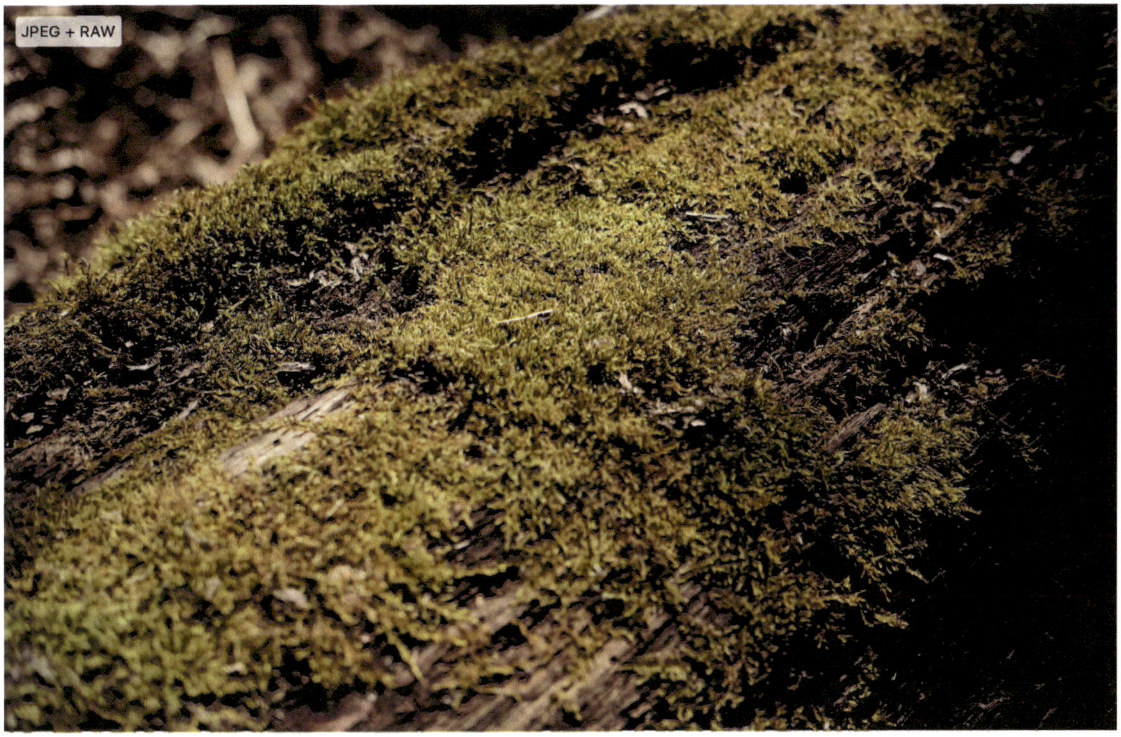

▲ *Für die Bildverwaltung und das spätere Postprocessing der RAW-Daten ist eine kurze Gegenüberstellung der beiden Formate JPEG und RAW wichtig. Zudem kommt spätestens beim Export bearbeiteter oder entwickelter Bilder ein dritter Player mit ins Spiel, das TIF-Format.*

Fazit: Der kleinste gemeinsame Nenner beim Aufbau eines Ablagesystems ist das Erstellungsdatum der Bilder. Wählen Sie den Weg der Bildverknüpfung, dann nutzen Sie das Erstellungsdatum für den Aufbau des Ablage- bzw. Ordnersystems. In Lightroom, Fotos & Co. selbst können Sie Ihre Ordner, Projekte und Alben nennen, wie es Ihnen gefällt. Worauf es ankommt, ist die durchdachte Verschlagwortung der Bilder. Das ist der Schlüssel für jede Bildverwaltung. Einmal vergebene Schlagwörter und Bewertungen werden von jeder guten Software erkannt.

JPEG, RAW oder beides?

Keine Sorge, dieser Abschnitt läutet keinen weiteren Schusswechsel im Grabenkrieg um das einzig wahre Bildformat für Fotografen ein – JPEG oder RAW –, sondern versteht sich nur als ein Baustein bei der Findung des eigenen Bilderworkflows. Mit wachsender Erfahrung entwickelt man sowieso ein Gespür dafür, in welcher Aufnahmesituation man nur mit JPEG arbeitet und wann das RAW-Format im Kameramenü dazugeschaltet werden sollte.

Aufnahmesituation und Bildformat

Die Qualität der von modernen Kameras erzeugten JPEG-Bilder ist in der Regel so gut, dass sie mit einer normalen RAW-Konvertierung in Bezug auf realitätsnahe Darstellung nur selten getoppt werden kann. Arbeitet man z. B. als Sportfotograf, geht es bei den meisten Sportarten nur mit JPEG, da die Arbeit mit RAW dafür in jedweder Beziehung zu langsam ist und die meisten Bildagenturen ausschließlich OOC-JPEGs (engl. *Out Of Cam*) annehmen. Darüber hinaus ist die Erstellung umfangreicher Belichtungsserien im RAW-Format in der Sportfotografie ein zum Scheitern verurteiltes Unterfangen.

JPEG-Dateien wiederum kränkeln daran, dass man sie nur in beschränktem Umfang nachbearbeiten kann, aber die gute Nachricht ist: Man kann sie nachbearbeiten. Korrekturen bezüglich Kontrast, Farbe und Sättigung sind nicht allein dem RAW-Format vorbehalten, sondern können genauso gut an JPEG-Bildern durchgeführt werden. Mehr noch, selbst Korrekturen, die Einfluss auf die Lichter und Tiefen eines Bilds nehmen, bis hin zum nachträglichen Schärfen, können auch auf JPEG-Bilder angewendet werden – wohldosiert und ohne Übertreibung.

RAW-Dateien dagegen sind zwar kein Universalmittel für durchgehend beste Bildqualität, aber eine Versicherung für gute Qualität bei erschwerten Lichtbedingungen. Warum ist das so? Beim Fotografieren im RAW-Format zeichnet der Kamerasensor alle bei der Aufnahme anfallenden Helligkeitsstufen unkomprimiert und unbearbeitet auf, was dem Fotografen ein Vielfaches an Möglichkeiten für die Bildnachbearbeitung bzw. „Entwicklung“ gibt. In Mischlichtsituationen von Innenräumen, bei Gegenlichtaufnahmen und natürlich bei Nachtaufnahmen einschließlich Aufnahmen zur blauen Stunde bedarf es besonderer Belichtungsparameter, die bei der späteren RAW-Konvertierung gezielt angepasst oder noch korrigiert werden können.

Man könnte das ganze Für und Wider weiter und weiter spinnen, aber eine Erkenntnis kann bereits jetzt gewonnen werden: Fotografieren Sie bewusst und treffen Sie die Bilddateiformatwahl abhängig von der Aufnahmesituation.

ETTR oder Belichtung nach rechts

Die sogenannte ETTR-Regel. ETTR ist die englische Abkürzung für *Expose To The Right*, auf Deutsch „Belichtung nach rechts“. Was bringt mir das? Häufig nutzen Kameras unter schwierigen Lichtbedingungen und bei schwachen Kontrasten den möglichen Belichtungsspielraum nicht optimal aus, und die Bilder werden zu dunkel. Wenn Sie im RAW-Format fotografieren, lösen Sie dieses Problem, indem Sie die Belichtung nach oben hin korrigieren (z. B. +1 EV), sodass das Histogramm im Kameradisplay möglichst weit nach rechts ausschlägt und das Bild überbelichtet zu sein scheint. Im RAW-Konverter wird die Aufnahme dann wieder nach unten korrigiert mit dem Ergebnis, dass das Bild deutlich mehr Dynamik und Durchzeichnung hat.

Lichtwert, EV

Der Lichtwert EV (engl. ***Exposure Value***) bezeichnet in der Fotografie unterschiedliche Kombinationen aus Blendenwerten und Belichtungszeiten. Diese verhalten sich zueinander äquivalent, sodass in Abhängigkeit von der Motivhelligkeit immer die gleiche Menge Licht auf den Aufnahmesensor gelangt. Ein Lichtwert von 0 definiert die Belichtung, die zu Blende f/1 und einer Belichtungszeit von einer Sekunde (ISO 100) rechnerisch äquivalent ist. Jede Erhöhung des Lichtwerts um den Wert 1 entspricht einer Halbierung der Belichtung, jede Verringerung um den Wert 1 einer Verdopplung der Lichtmenge.

Fotografieren Sie hingegen im JPEG-Format, nützt Ihnen die ETTR-Regel nichts, weil zu helle Bildbereiche, z. B. helle Himmel ohne Zeichnung, stärker berücksichtigt werden müssen, da diese bei zu hoher Belichtung nicht mehr zu retten wären. Dieses Problem lösen Sie, indem Sie die Belichtung bei JPEGs nach unten korrigieren (z. B. –1 EV).

Drohende Staugefahr im Bildarchiv

Das, was die beiden Formate RAW und JPEG aber offensichtlich voneinander unterscheidet, ist die Dateigröße. Eine RAW-Datei hat, je nach Kameratyp, im Vergleich zu einem JPEG schnell die vier- bis fünffache Dateigröße. Wenn wir davon ausgehen können, dass das JPEG-Format für mindestens zwei Drittel aller erstellten Bilder auch härtesten Qualitätskriterien standhält, würde die gleiche Menge an RAW-Daten nur unnütz in der Fotos-Mediathek herumliegen, Speicherplatz fressen und dem geschmeidigen Handling der Mediathek entgegenwirken.

- **JPEG-Vorteil** – Das JPEG-Format überzeugt OOC (*Out Of Cam*) und ohne Komprimierungsfaktor mit einer sehr guten Bildqualität bei moderater Dateigröße.

- **JPEG-Nachteil** – Mehrfaches Bearbeiten und wiederholtes Speichern verringern die Bildqualität von JPEG-Dateien. JPEG-Datei = 6,2 MByte (Beispiel: Fujifilm X-E1)

- **RAW-Vorteil** – Der Informationsgehalt einer RAW-Datei ist höher als der einer JPEG-Datei, wodurch der Spielraum für die gezielte Rohdatenentwicklung, sprich Belichtungskorrektur, ungleich größer ist als beim JPEG-Format.

- **RAW-Nachteil** – Die Entwicklung „aller“ Rohdaten, die ausschließlich oder parallel zu den JPEGs erstellt werden, kostet Zeit und benötigt tiefgreifendes Know-how. RAW-Dateien belegen im Vergleich zum JPEG-Bild das Vier- bis Fünffache an Speicherplatz. RAW-Datei = 26,1 MByte (Beispiel: Fujifilm X-E1)

Gewappnet für alle Eventualitäten

Spätestens bei der RAW-Konvertierung kommt ein dritter Player ins Spiel: das TIF-Format. Mit Apple Fotos entwickelte RAW-Dateien können entweder als 8-Bit-JPEG, als 8-Bit-TIFF (256 Farbstufen) oder als 16-Bit-TIFF (65.535 Farbstufen) exportiert bzw. ausgegeben werden, womit schon die wichtigste Voraussetzung für eine spätere Bildbearbeitung ohne Qualitätsverlust gegeben ist. Ehrlicherweise muss aber erwähnt werden, dass es noch keine Fotodrucker und noch keine Belichtungsmaschinen gibt, die in der Lage sind, Ausdrucke und Abzüge mit mehr als 10 Bit auszugeben.

- **TIFF-Vorteil** – Das Dateiformat für die Bildnachbearbeitung. TIFF-Dateien können ohne Qualitätsverlust mehrfach gespeichert werden. Zudem werden im Rahmen der Bildbearbeitung eingesetzte Ebenen (Bild/Pfade/Text) mitgespeichert. Und – TIFF-Dateien können in 8-Bit-, 16-Bit- und sogar 32-Bit-Farbtiefe gespeichert werden.

- **TIFF-Nachteil** – TIFF-Dateien werden je nach Farbtiefe sehr groß. TIFF-Datei (8 Bit) = 48 MByte (nach dem Fotos-Export), TIFF-Datei(16 Bit) = 95,9 MByte (nach dem Fotos-Export)

Fazit: Wenn Sie mich fragen, welche Qualitätseinstellung Sie am besten wählen, kann ich nur eine grundlegende Antwort geben. Da das menschliche Auge bereits mit 256 Tonwerten pro Farbe an seine Grenzen stößt, sind 8 Bit für das reine Betrachten von Fotos das Maß der Dinge. Fotografieren Sie also JPEG und situativ JPEG+RAW. Im RAW-Konverter entwickelte Bilder speichern Sie vorzugsweise als 8-Bit- oder 16-Bit-TIFF. Für das Postprocessing in Richtung Druckvorstufe sind 16 Bit Farbtiefe unabdingbar.

Mit einem Zitat von Henri Cartier-Bresson möchte ich diesen heiklen Abschnitt schließen: „Wer ein gelungenes Foto auch nur ein klein wenig beschneidet, zerstört unweigerlich das Zusammenspiel der Proportionen. Andererseits kommt es nur in den seltensten Fällen vor, dass eine von vornherein schwache Komposition später in der Dunkelkammer, beim Versuch einer Rekomposition, gerettet werden kann, indem am Negativ unter dem Vergrößerungsapparat herumgestutzt wird.“ (Zitat: Henri Cartier-Bresson).

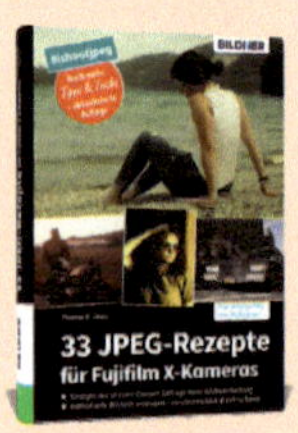

Cloud-Dienst oder NAS?

Mit dem Siegeszug immer leistungsfähigerer Smartphones, Tablets und Notebooks sind Onlinespeicherdienste für Privatanwender unter den Begriffen **Cloud** und **Datenwolke** immer populärer geworden. Eine Cloud ist nichts anderes als ein Verbund leistungsfähiger Computer, auf deren Festplatten die aktuellen Daten der angemeldeten Benutzer kontinuierlich mit deren Geräten synchronisiert und/oder sicher gespeichert werden. Mit den damit einhergehenden Möglichkeiten kann man heute bereits die unterschiedlichsten Daten in die Cloud auslagern, nicht nur die von einem mobilen Gerät produzierten.

Heute stecken in vielen Geräten kleine Computer. Der Fernseher holt sich sein individuelles Programm aus der Cloud, im Auto ruft das Navi seine Daten aus der Cloud ab, die Wohnungsbeleuchtung lässt sich per App von jedem Ort aus steuern, und die neuesten Fotos vom letzten Urlaub werden den weit entfernt wohnenden Freunden über einen Cloud-Dienst gezeigt.

Grundlegende Entscheidungshilfe

Bei der Nutzung eines Cloud-Diensts geht es in erster Linie darum, von unterschiedlichen Endgeräten jederzeit und von jedem Ort aus Zugriff auf die von den Geräten produzierten Daten zu haben. Die Zahl der IT-Dienstleister mit lukrativen Cloud-Speicher-Angeboten wächst rasant. Im Basisangebot gibt es immer eine begrenzte Menge kostenlosen Speicherplatzes, der sich gegen Gebühr nach und nach erweitern lässt. Bevor Sie sich für eine Cloud oder die Nutzung mehrerer Clouds entscheiden, sollten Sie sich folgende Fragen stellen.

- Für welchen Zweck und für welche Datenmengen brauche ich die Cloud?
- Welche Cloud-Dienste bieten den meisten kostenlosen Speicherplatz?
- Welche Cloud-Dienste gelten als besonders sicher?
- Bin ich bereit, für die sichere Speicherung meiner Daten zu bezahlen, und bei welchem Preis setze ich das Limit?
- Unterliegt der Cloud-Dienstleister dem US-Recht oder dem EU-Recht?
- Kann ich Vorsorgemaßnahmen gegen einen möglichen Datenverlust in der Cloud treffen?

Beabsichtigen Sie, die Cloud als verschlüsselte Backup-Sicherung all Ihrer Daten zu nutzen, wird das mit einem der kostenlosen Onlinespeicherplatzangebote nicht funktionieren. Denn schon allein die Größe eines ganz normalen Bildarchivs wird jedes kostenlose Angebot sprengen. Wenn Sie also in erster Linie einen sichereren Speicherplatz für alle Ihre privaten und beruflichen Daten brauchen, einschließlich einer erweiterten Funktionalität, sollten Sie rund 8 Euro im Monat für ein sicheres Backup einkalkulieren, sofern der Cloud-Anbieter die Sicherheit der Daten auch garantiert. Kann er das nicht, ist es unerheblich, ob die Daten bei einem Crash zu Hause oder auf dem Server eines dubiosen Speicherplatzvermieters verpuffen – weg ist weg.

Viele Anbieter haben ihre Serverparks im Ausland stehen und unterliegen nicht dem in Deutschland geltenden Datenschutzgesetz.

Aber Sie können Vorsorgemaßnahmen gegen einen Datenverlust in der Cloud treffen, womit gleich die letzte Frage beantwortet werden kann. Sichern Sie all Ihre aktuellen Daten regelmäßig auf eine lokale externe Festplatte, die bei Ihnen zu Hause liegt – z. B. als NAS-Festplatte am USB-Port der FRITZ!Box. Ruck, zuck sind die neuen Daten des Tages per Drag-and-drop auf die NAS-Platte kopiert und gesichert, aber nicht synchronisiert. Wenn also, aus welchen Gründen auch immer, Ihre Daten in der Cloud verloren gehen, haben Sie immer noch eine „fast" aktuelle lokale Datensicherung.

Sicheres Backup mit FRITZ!NAS

Fast jeder hat sie, aber kaum einer macht davon Gebrauch – die NAS-Speicher-Option an der FRITZ!Box. Unter dem Begriff NAS (engl. *Network Attached Storage*) versteht man einen einfach zu verwaltenden Netzwerkspeicher im Heimnetz, auf den auch von außerhalb zugegriffen werden kann. Über den USB-Anschluss an der FRITZ!Box wird die Verbindung zur einer USB-Festplatte oder einem USB-Stick hergestellt.

Eingestellt wird das Ganze im Dashboard der FRITZ!Box-Software. Dazu starten Sie über Ihren Webbrowser (Google, Safari) die FRITZ!Box-Benutzeroberfläche, das Dashboard. Hier legen Sie Benutzerprofile an und statten diese mit individuellen Rechten aus. Nur Sie entscheiden, wer was darf und wer was nicht darf.

1. Starten Sie in Ihrem Webbrowser die FRITZ!Box-Software und gehen Sie in im Bereich *Heimnetz* auf *USB/Speicher*. In diesem Beispiel steckt ein *HGST G-Drive Slim* an der FRITZ!Box, eine externe USB-Festplatte, die als NAS-Speicher genutzt wird.

2. Im Bereich *Heimnetzfreigabe* stellen Sie die Dienste ein, über die auf den Speicher zugegriffen werden kann. Aktivieren Sie die Kontrollkästchen *Zugriff über ein Netzlaufwerk (SMB) aktiv*, *Unterstützung für SMBv1 aktivieren* und *Zugriff über FTP aktiv*.

3. Möchten Sie nicht nur im Heimnetz auf den NAS-Speicher zugreifen, sondern auch aus dem Internet, klicken Sie auf unter *System* auf *FRITZ!Box-Benutzer*. Um einen ftpuser anzulegen, klicken Sie auf den *Bearbeiten*-Button (das Stiftsymbol) und tragen unter *Benutzerkonto* die Benutzerinformationen ein: Benutzername, E-Mail-Adresse und Kennwort. Danach legen Sie die Berechtigungen fest und bestätigen mit *Übernehmen*. Schließen Sie mit *Abmelden* die FRITZ!Box-Software.

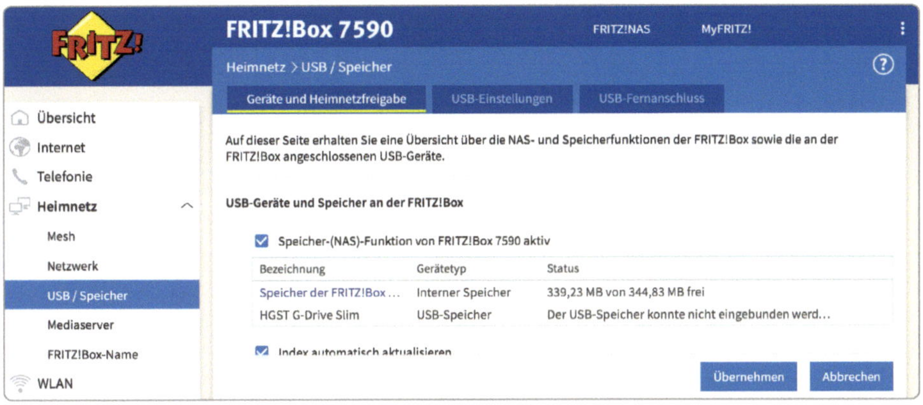

◀ *NAS-Einstellungen festlegen.*

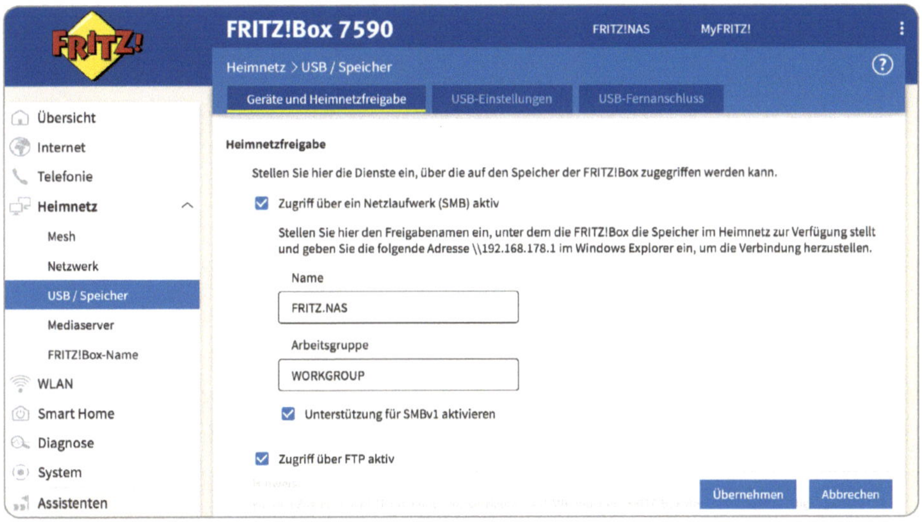

◀ *Dienste für den FRITZ!Box-Zugriff freigeben.*

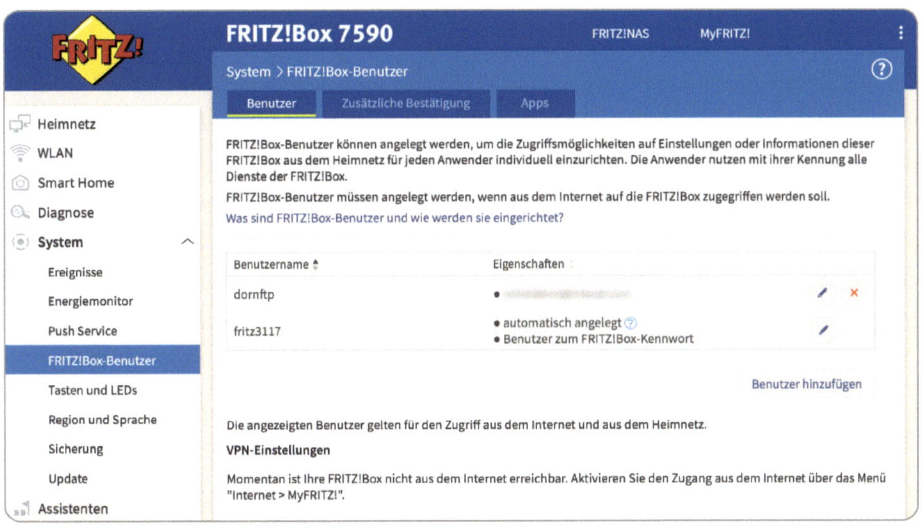

◀ *FRITZ!Box-Benutzer anlegen.*

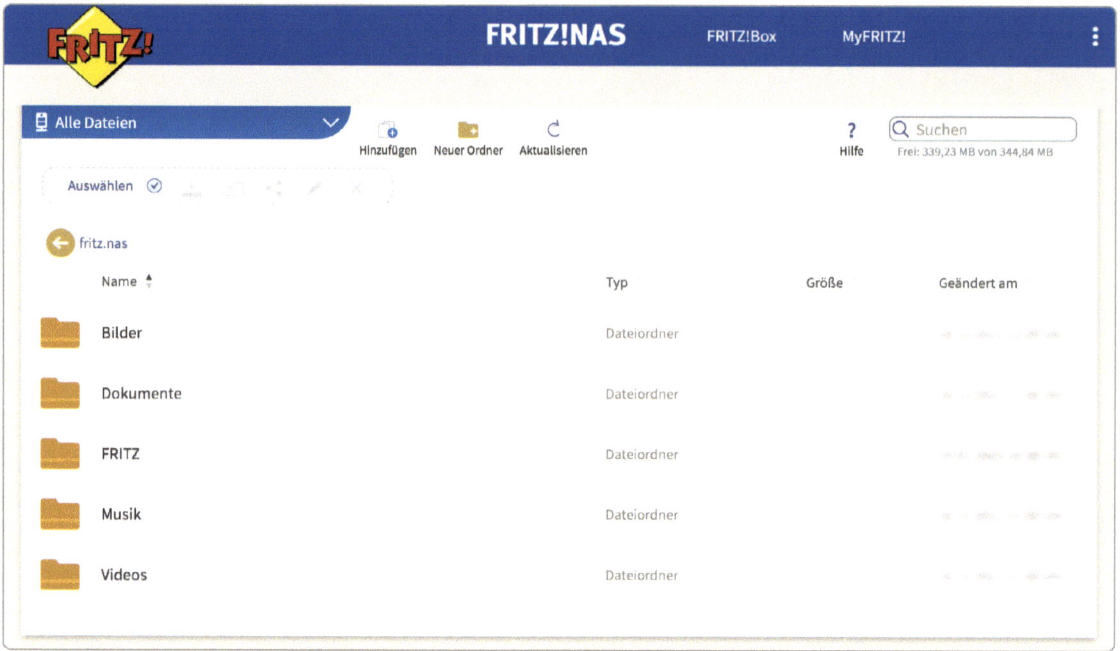

▲ *FRITZ!NAS nach der Ersteinrichtung.*

4. Arbeiten Sie mit macOS, öffnen Sie den Finder und dann das Menü *Gehe zu/Mit Server verbinden*. Im gleichnamigen Fenster geben Sie *smb://fritz.box* unter *Serveradresse:* ein und bestätigen die Eingabe mit *Verbinden*.

5. Arbeiten Sie mit Windows 11, müssen Sie das für den Zugriff auf den NAS-Speicher benötigte Netzwerkprotokoll SMB1 installieren. Dann aktivieren Sie im Fenster *Windows-Features* die Option *Unterstützung für die SMB 1.0/CIFS-Dateifreigabe*. Starten Sie Windows nun neu und tragen Sie im Suchfeld der Taskleiste *\\fritz.box* ein. Im nächsten Schritt geben Sie Benutzername und Kennwort an, um Zugriff auf den NAS-Speicher zu bekommen. Dann klicken Sie schließlich mit rechts auf den Ordner *FRITZ.NAS* und wählen im Kontextmenü *Netzlaufwerk verbinden*.

Fazit: FRITZ.NAS überzeugt auf ganzer Linie und lässt sich perfekt in einer Windows- oder macOS-Geräteumgebung implementieren. Bevor man seine Daten einem Cloud-Dienst wie Google Drive, Dropbox oder anderen anvertraut, sollten Sie auf jeden Fall FRITZ.NAS ausprobieren. Sie bestimmen die Speicherplatzgröße, und FRITZ.NAS kostet nichts.

Index

C

D

E

L

M

N

O

P

Q

R

S

T

U

V

W

Z

Bildnachweis

S. 13 Adobe Stock. **S. 14** Ulrich Dorn. **S. 15** Panasonic, Leica. **S. 16** Fujifilm. **S. 17** Panasonic, Nikon. **S. 18** Fujifilm. **S. 19** Nikon. **S. 20** Ulrich Dorn. **S. 21** Shutterstock. **S. 22** Shutterstock. **S. 24-25** Christian Haasz. **S. 26** B.I.G., Rollei, Ulrich Dorn. **S. 27** Ulrich Dorn. **S.28** Christian Haasz. **S. 30-34** Shutterstock. **S. 35** SanDisk. **S. 36** Ulrich Dorn. **S. 37** Tinkteek. **S. 39** Rollei. **S. 40** Canon, Rollei. **S. 42** Rollei. **S. 44-45** Ulrich Dorn. **S. 47** Christian Haasz. **S. 50** Ulrich Dorn. **S. 51-52** Adobe Stock. **S. 53** Ulrich Dorn. **S. 54-58** Christian Haasz. **S. 59-81** Ulrich Dorn. **S. 83** Christian Haasz. **S. 84-85** Ulrich Dorn. **S. 86** Christian Haasz. **S. 87** Ulrich Dorn. **S. 88-89** Christian Haasz. **S. 91-92** Ulrich Dorn. **S. 94** Christian Haasz. **S. 95** Ulrich Dorn. **S. 96** Christian Haasz. **S. 98-100** Ulrich Dorn. **S. 101-108** Christian Haasz. **S. 109** Canon. **S. 111** Adobe Stock. **S. 113-118** Ulrich Dorn. **S. 120-128** Christian Haasz. **S. 129-130** Ulrich Dorn. **S. 131-132** Christian Haasz. **S. 133** Adobe Stock. **S. 135-148** Christian Haasz. **S. 149-150** Ulrich Dorn. **S. 151-168** Christian Haasz. **S. 170** Ulrich Dorn. **S. 173-177** Christian Haasz. **S. 181-181** Adobe Stock. **S. 182-189** Christian Haasz. **S. 190-194** Ulrich Dorn. **S. 195** Christian Haasz. **S. 196-201** Ulrich Dorn. **S. 202-203** Christian Haasz. **S. 204-205** Ulrich Dorn. **S. 206-208** Dr. Hans-Joachim Zimmermann. **S. 210-219** Ulrich Dorn. **S. 221-231** Christian Haasz. **S. 235** Regine Heuser. **S. 236-240** Christian Haasz. **S. 242-243** Regine Heuser. **S. 247** Andreas Kolossa. **S. 248-250** Ulrich Dorn. **S. 251** Christian Haasz. **S. 253-255** Alexander Mett. **S 256** Walimex. **S. 260-262** Christian Haasz. **S. 263** Ulrich Dorn. **S. 265-267** Christian Haasz. **S. 269** Ulrich Dorn. **S. 270-275** Christian Haasz. **S. 277-279** Ulrich Dorn. **S. 281** Adobe Stock. **S. 282-297** Ulrich Dorn. **S. 299** Adobe Stock. **S. 301-305** Ulrich Dorn.